编写委员会

主 编 单 位： 上海富晨化工有限公司

参 编 单 位： 华东理工大学

中国成达工程有限公司

赛鼎工程有限公司

浙江晨诺高分子材料有限公司

中国五环工程有限公司

中国化学工程第三建设有限公司

金川集团股份有限公司

中昊（大连）化工研究设计院有限公司

上海富晨新材料有限公司

上海瑞义聚氨酯科技有限公司

上海市闵行区腐蚀科学技术学会

武汉理工大学

上海凯驰防腐工程有限公司

上海旭乐防腐设备有限公司

富凯罐箱服务（南通）有限公司

金陵力联思树脂有限公司

浙江顺豪新材料有限公司

河南华唐新材料股份有限公司

江苏兰陵高分子材料有限公司

中国电建集团核电工程有限公司

北京东方雨虹防腐技术有限公司

黄石汇欣材料科技有限公司

沁阳市平原防腐化工有限公司

河南亿耐集团有限公司

黄石汇波材料科技股份有限公司

陕西宝塔山油漆股份有限公司

河南省四海防腐集团有限公司

安徽申达建设工程有限公司
四川全丰新材料科技有限公司
唐山东亚重工装备集团有限公司
无锡光明化工有限公司
常州天马集团有限公司（原建材二五三厂）
中诚建设有限公司
全国化工施工标准化管理中心站

审查单位： 中国石油和化工勘察设计协会防腐蚀工程技术专业委员会

编写组主任： 陆士平　侯锐钢　张钧钧　芦　天

编写组成员：（以下按姓氏笔画排序）

王　昕　王　欣　王　磊　王天堂　王永飞　王志文
王晓东　朱友霞　朱四荣　刘广赞　刘全好　江先龙
许　冠　杜开颜　李　军　李　谦　李卫东　李向才
李杏恩　李现修　杨华平　杨秋芬　余　波　张丰琼
张庆虎　张诗光　陆　奇　陆齐奥　陈　杰　陈　明
陈　京　陈建刚　陈思潮　范东亮　林海侠　封　沙
封冠宇　侯中华　秦录平　贾　磊　柴华敏　展庆刚
彭　斌　葛　平　韩庆合　韩志民　程建斌　蔡　锐

前言

为了解决工业设备及管道防腐蚀工程技术人员在工程实践中遇到的材料选择、结构设计、专业施工、过程控制、质量检验、工程验收以及运行维护等技术难题，国家标准《工业设备及管道防腐蚀工程技术标准》GB/T 50726—2023主编单位上海富晨化工有限公司组织有关专家编写了与该标准配套的《工业设备及管道防腐蚀材料设计与施工手册》(以下简称本手册)。

本手册共十四章和四个附录，内容以国家标准《工业设备及管道防腐蚀工程技术标准》GB/T 50726—2023为依据，系统介绍了工业设备及管道常用防腐蚀衬里和外防护材料的类型、物理力学性能、耐腐蚀性能和机理，阐明了各类材料的适用范围、选择原则、构造要点、施工中易出现的缺陷及其预防措施、质量检验和运行维护要求，并简明介绍了材料使用定额。

工业设备及管道防护涉及的材料品种很多，各种防腐蚀衬里和外防护材料对酸、碱、盐、有机溶剂等介质、大气和地下等环境的耐腐蚀性能是不同的；即使同一介质，由于作用量（浓度）、温度以及压力等使用工况不同，其耐腐蚀性能也不同。从热力学规律来看，任何一种材料在某些环境作用下是相对稳定的，但在另外一些环境作用下便会发生破坏和变质。工程实践证明：材料不一定选“贵的”，但一定要选“对的”；防腐蚀构造不一定“越厚越好”，但一定要兼具有效性和综合性，且性价比越高越好。因此，需要从工业设备及管道防腐蚀工程全生命周期角度出发，在材料选择时应做到扬长避短、物尽其用；在施工时应精心组织、一丝不苟；在投入运行后应定期检查，发现问题及时检修维护。

本手册可作为防腐蚀工程设计、施工、制造、质检、运维等工程技术人员在使用国家标准《工业设备及管道防腐蚀工程技术标准》GB/T 50726—2023时的参考资料。同时可作为高等院校相关专业师生针对“工业防腐蚀工程”技术领域的教学参考书和实践性课程的指导用书。

本手册编写组由国家标准《工业设备及管道防腐蚀工程技术标准》GB/T 50726—2023主要起草人组成，并由中国石油和化工勘察设计协会防腐蚀工程技术专业委员会组织审查，主编单位和参编单位为本手册的编写提供了大力支持和帮助，在此表示衷心的感谢。由于水平有限，本手册中难免有不足之处，请广大读者批评指正，并将意见寄交《工业设备及管道防腐蚀工程技术标准》国家标准管理组（地址：上海市闵行区元江路525号2栋517、518室，上海富晨化工有限公司，邮编：200241，电子邮箱：lushiping@fuchem.com），以便今后修订完善。

《工业设备及管道防腐蚀材料设计与施工手册》编写组

2023年7月17日

目录

第一章 绪论

第二章 金属基体材料

第三章 纤维增强塑料衬里

第四章　橡胶衬里

第五章　铅衬里

第六章　涂料衬里

第七章　玻璃鳞片衬里

第八章　砖板衬里

第九章　热塑性塑料衬里

第十章 喷涂聚脲衬里

第十一章 氯丁胶乳衬里

第十二章 金属热喷涂

第十三章 设备及管道外表面涂层

14 第十四章　材料使用定额

附录

参 考 文 献

第一章

绪论

1

第一节　工业设备及管道防腐蚀工程技术标准概述

国家标准《工业设备及管道防腐蚀工程技术标准》GB/T 50726—2023是标准编制组经过广泛调查研究，特别是对典型行业实际工况进行分析，并对国际相关标准进行技术比对和先进技术转化，结合近十余年国家标准《工业设备及管道防腐蚀工程施工规范》GB 50726—2011和《工业设备及管道防腐蚀工程施工质量验收规范》GB 50727—2011的执行情况，开展专题研究、试验验证，并在两项标准合并、补充、修订的基础上编制完成。GB/T 50726—2023突出了工业设备及管道防腐蚀工程质量终身保障和绿色环保安全运维的全生命周期理念。

一、GB 50726—2011和GB 50727—2011的技术特点与作用回顾

为贯彻住房和城乡建设部标准定额司关于“验评分离、强化验收、完善手段、过程控制”的指导思想，结合我国工程建设实际，执行住房和城乡建设部标准定额司相关指示精神，将工程施工及验收规范分为“施工规范”和“施工质量验收规范”两项国家标准分别进行制订。

国家标准《工业设备及管道防腐蚀工程施工规范》GB 50726—2011是根据中华人民共和国住房和城乡建设部《关于印发〈2006年工程建设国家标准制订、修订计划（第二批）〉的通知》（建标〔2006〕136号）的要求，由中国工程建设标准化协会化工分会为主编部门，中国石油和化工勘察设计协会和全国化工施工标准化管理中心站为主编单位，会同中国化学工程第三建设有限公司、上海富晨化工有限公司、华东理工大学、中国二十冶集团有限公司等有关单位于2010年共同编制完成。住房和城乡建设部以第1142号公告批准发布。

《工业设备及管道防腐蚀工程施工质量验收规范》GB 50727—2011是根据中华人民共和国住房和城乡建设部《关于印发〈2008年工程建设国家标准制订、修订计划（第二批）〉的通知》（建标〔2008〕105号）的要求，由中国工程建设标准化协会化工分会为主编部门，中国石油和化工勘察设计协会和全国化工施工标准化管理中心站为主编单位，会同中国化学工程第三建设有限公司、上海富晨化工有限公司、华东理工大学、中国二十冶集团有限公司等有关单位于2010年共同编制完成。住房和城乡建设部以第1143号公告批准发布。

（一）两项规范的主要技术特点

根据2000年以来我国工业设备及管道防腐蚀材料和施工技术发展和现场验收的实际情况，结合我国各行业工业设备及管道防腐蚀工程在施工技术和施工质量验收现状，在标准采标等实际使用中体现：技术内容完整，结构科学合理，层次准确分明，表述严谨清楚，科学性、先进性、完整性、通用性和协调性较强的特点。

1. 通用性、完整性及与相关标准的协调性

两项规范在编制过程中，充分吸收了化工、石化、石油、冶金、电力等行业的中、外资企业工业设备及管道防腐蚀工程的施工及其质量验收采用的标准要求、方法和应用

经验，具有较强的通用性。在技术内容编排上，从材料、施工过程控制及施工质量验收等方面分别做了具体规定，内容完整、准确可靠，定性、定量的规定宽严适度，与其他相关标准进行了协调，并在此基础上深化了具体内容。

两项规范具有较强的完整性，根据施工技术内容按工业设备及管道防腐蚀工程材料选择、施工工艺特点等，对规范的适用范围、引用相关规范及标准、材料的质量要求等均作了定量或定性的规定，明确了施工质量的验收方法、施工要求以及施工记录和交工技术文件，同时以此为基础进行工程交接，提高了标准的可操作性。

2. 先进性、科学性兼顾相关行业特殊性

两项规范在编制过程中，充分吸收了国内外先进工业设备及管道防腐蚀工程施工中的新材料、新工艺、新装备及施工质量验收的最新实用技术，不仅对有关工业设备及管道防腐蚀施工工艺及检验项目提出了定量要求，同时对一些新的检测技术手段、仪器和装置进行了规定，符合当今工业设备及管道防腐蚀工程技术发展的现状和国家节能减排的要求，因此具有一定的先进性、科学性。

两项规范的技术编排除满足实用性、针对性外，操作流程更加合理、适用范围更加广泛。在编制过程中，编制组曾多次向各行业有关部门、一线工程技术人员征求意见，综合采纳并协调了相关规范、标准的规定。在两项规范中对各行业共同适用的部分做了统一规定，同时兼顾各行业的特殊性，在保证工程可操作性的前提下，照顾了各行业的专业特点和职业习惯。因此，两项标准适用于化工、石化、冶金、电力等行业工业设备及管道防腐蚀工程的施工及施工质量验收。

随着我国工业设备及管道防腐蚀工程的发展，新材料、新结构、新工艺、新装备得到了大力推广和应用，编制的标准覆盖面广、内容全面，能够反映我国工业设备及管道防腐蚀工程施工及质量验收的技术水平，两项规范的实施，可以对我国工业设备及管道防腐蚀工程施工及质量验收进行有效管理。

（二）两项规范的主要引领作用

工业设备及管道防腐蚀工程质量，除了取决于其结构设计、材料选用和施工过程三个要素外，还取决于施工质量验收这一重要环节。这一环节既直接保证防腐蚀工程质量，又影响到工业设备及管道防腐蚀工程投入使用后的技术经济效果。故严格控制工业设备及管道防腐蚀工程施工过程和施工质量验收是非常重要的。

两项规范强化了工业设备及管道防腐蚀工程施工过程和施工质量验收的控制、检查，对工业设备及管道防腐蚀工程施工质量作了更为严格的要求，使工业设备及管道防腐蚀施工质量有了进一步保证。同时，两项规范实施十多年来，对提高工业设备及管道防腐蚀工程质量、节约资源、保证安全生产、提高经济效益和社会效益起到了重要的引领和示范作用。

（三）两项规范的主要创新效应

鉴于两项规范技术内容的先进性、创新性以及在工业设备及管道防腐蚀工程领域应用所产生的巨大经济效益、社会效益和生态效益，经过专家广泛评议：《工业设备及管道防腐蚀工程施工规范》GB 50726—2011 于 2014 年获得中国石油和化学工业联合会科技进步三等奖；《工业设备及管道防腐蚀工程施工质量验收规范》GB 50727—2011 于 2015 年获得中国石油和化学工业联合会科技进步二等奖，并于 2017 年被中国石油和化学工业联合会授予“全国石油和化学工业优秀标准项目”荣誉称号。

二、编制 GB/T 50726—2023 的目的、意义与重要性

2015 年，国务院发布《深化标准化工作改革方案》（国发〔2015〕13 号），2016 年，住房和城乡建设部印发了《关于深化工程建设标准化工作改革的意见》（建标〔2016〕166 号），自此拉开了我国工程建设标准化的改革大幕，改革的目标是建立以强制性标准为核心、推荐性标准和团体标准相配套的标准体系。

按照“优化完善推荐性标准”“缩减推荐性标准数量和规模”“推荐性国家标准重点制定基础性、通用性和重大影响的专用标准”的原则，2018 年 11 月，住房和城乡建设部发布《关于印发 2019 年工程建设规范和标准编制及相关工作计划的通知》（建标函〔2019〕8 号），由工业和信息化部为主编部门，上海富晨化工有限公司为牵头起草单位，会同中国石油和化工勘察设计协会等多家单位，编制了国家标准《工业设备及管道防腐蚀工程技术标准》GB/T 50726—2023。这项国家标准主要对原国家标准《工业设备及管道防腐蚀工程施工规范》GB 50726—2011 和《工业设备及管道防腐蚀工程施工质量验收规范》GB 50727—2011 采取专题研究、科学验证、重新规划、顶层设计，在合并、补充、修订的基础上编制完成。标准名称更改为《工业设备及管道防腐蚀工程技术标准》GB/T 50726—2023，既突出工业设备及管道防腐蚀工程材料选择、结构设计、专业施工、质量检验、工程验收、运行维护等终身保障，又充分体现了绿色环保安全运行维护全生命周期先进理念。

《工业设备及管道防腐蚀工程技术标准》GB/T 50726—2023 对于指导工业设备及管道防腐蚀工程领域的选材、设计、施工、工程验收和运行维护，提高资源节约、安全和环保节能水平，提升工程质量和延长使用寿命具有十分重要的意义，将会产生重大的经济效益、社会效益和生态效益。

三、GB/T 50726—2023 标准编制及其关键技术研究

（一）标准编制工作组

2019 年 4 月 12 日至 13 日在河北省石家庄市召开该标准编制组成立暨第一次工作会议，参加会议的有 30 个单位。在标准编制第一次工作会议上成立了标准编制组，由陆士平、侯锐钢、芦天等 44 位专家组成。随着编制工作的推进，不断有新材料、新技术、新工艺和新方法出现，特别是将其成熟、有效的内容纳入编制大纲，因此经过统筹全过程编制工作，标准编制工作力量进一步壮大，最终形成了一支由 44 家设计、施工、制造、科研、高校等单位 64 位专家组成的编制工作队伍。

（二）编制工作原则

（1）在调查研究和技术研讨、开展必要试验验证的基础上，增加工业设备及管道防腐蚀工程的设计内容，完善标准从设计、施工到质量验收技术内容和技术措施。

（2）与现行国家相关标准进行协调，充分发扬民主，与有关各方协商一致，共同确认。

（3）与国外先进标准对接，提高标准水平，服务我国企业参与国际竞争，促进我国产品、装备、技术和服务输出。

（4）按住房和城乡建设部颁发的《工程建设标准编写规定》的标准编排格式和用词用语等要求进行修订。

（5）条文说明的编写与标准正文同步完成，其内容应简明扼要地阐述条文修订的主要依据，以及在执行过程中应注意的事项。

编制组成员对上述安排进行了热烈讨论，并达成了共识：认真学习编写工程建设标准规范的有关文件，在编写过程中，编制组成员应加强问题沟通与信息交流，保证编制工作协调统一，并按时保质完成国家下达的编制任务。

（三）编制过程中的关键技术研究

2019 年 4 月至 9 月，编制组先后在上海、苏州、常州、南京等地召开了涂料衬里、纤维增强塑料衬里、塑料衬里、橡胶衬里、砖板衬里、金属热喷涂、设备及管道涂层外防护章节的研讨会，分别重点研究相关章节技术内容的新颖性、标准编制的创新性等问题，解决薄涂层衬里技术在工业设备与管道应用中的“边界界定”；完成纤维增强塑料衬里与碳钢之间附着力试验验证、实验结果分析、标准中数据采用的原则与修整；明确金属基面的表面处理方法和等级，与国际相关标准的对接，完成基体表面缺陷的对比标准图；根据研讨内容和试验结果，在塑料衬里、橡胶衬里、砖板衬里等各相关章节充实最新技术内容和方法；同时实地考察相关企业、调查访问典型用户，共有百余人次的行业内专家参加，有效提升了技术标准的针对性、实用性。

2019 年 9 月 25 日至 27 日在江苏省苏州市召开该标准第二次工作会议，与会专家对编制大纲规定的研究课题进度、阶段性成果展开了充分讨论，对编入初稿的试验验证结果、初稿文字表述等逐章逐节讨论、补充和完善，并于 2019 年 10 月 31 日前完成了标准初稿。牵头起草单位上海富晨化工有限公司进行了技术统稿：首先，对列入初稿的与国际标准相关的技术参数反复核对可行性、准确性，使其“边界”清晰，适应我国现有工程建设实际；其次，对经过科学验证的结果与国内相关标准协调一致，既反映技术先进性，又体现国内普遍操作水平，做到量化指标宽严适度、科学合理；对大量纳入标准的新材料、新工艺、新检测方法、新仪器装备，逐项审核“闭环”，形成完整体系；对砖板衬里的内容重点核查，因其具有综合性、针对性，覆盖许多材料，因此有大量内容需要与相关章节进行技术协调。在此基础上完成了征求意见稿，并在编制组内充分征求意见，多次组织小范围专家讨论，避免出现差错，使全文表述准确、一致。2020 年 2 月 19 日，将征求意见稿正式提交住房和城乡建设部，并在住房和城乡建设部官网公示，与此同时，向几十家单位和专家发出定向征求意见函。

2020 年 3 月至 6 月，主编单位组织各章节负责人对收集到的共约 560 条意见进行研究，并提出处理意见。其中，涉及重要技术内容的约 100 条，一般技术内容的近 200 条，文字修改补充的近 260 条。

在此期间，因受新冠肺炎疫情影响，编制组取消了原定对征求意见稿返回意见召开的各章节负责人会议，改为主编分别与各章节负责人通过会议、视频和电话讨论等形式沟通交流。2020 年 6 月底完成了送审稿，2020 年 7 月 10 日将送审稿发送审查专家听取意见和建议，编制组对收到的返回意见进行了讨论和处理，形成审查会议送审稿。

（四）标准审查与报批

2020 年 9 月 17 日至 18 日，《工业设备及管道防腐蚀工程技术标准（送审稿）》审查会在江苏省无锡市举行。会议由标准组织单位中国石油和化工勘察设计协会主持，参加会议的有中国石油和化工勘察设计协会代表、有关单位的审查专家以及编制组全体成员，共计 30 个单位的 42 名代表。会议组成了以刘福云为组长的审查组。审查组和与会代表认真听取了编制组对标准编制过程和内容的介绍，对标准内容进行逐条讨论，并形成了审查结论：

（1）标准编制过程评价：《工业设备及管道防腐蚀工程技术标准》增加了设计内容，增强了标准的配套性；在编制过程中通过广泛调查研究，开展专题讨论和试验验证工作，同时借鉴了国内外相关标准和工程实践经验，对于指导工业设备及管道防腐蚀工程领域的设计、施工和工程质量验收，节约资源，提高安全和环保水平，提升工程质量和延长使用寿命起到积极作用。

（2）标准技术内容评价：《工业设备及管道防腐蚀工程技术标准》从设计、施工、质量验收和运行维护等方面，对工业设备及管道的基体和基体表面处理、各类防腐蚀衬里及外表面涂层防护等作了规定，与现行相关标准相协调。

（3）审查组专家最终达成一致意见：国家标准《工业设备及管道防腐蚀工程技术标准》技术先进，科学合理，层次清楚，定性、定量的规定宽严适度，准确可靠，可操作性强，对标国际先进标准，达到国际先进、国内领先水平。

标准编制组根据审查会提出的意见和建议，对标准进行了修改、调整和补充，于 2020 年 12 月完成了报批稿，共包括 18 章 55 节 755 条的标准正文、17 个附录和条文说明。

国家标准《工业设备及管道防腐蚀工程技术标准》编制工作共经历了准备、形成初稿、征求意见、送审和报批等阶段。在编制过程中，标准编制组进行了广泛调查研究，开展了树脂类材料、鳞片类材料、氯丁胶乳和涂料等材料性能指标的试验验证，总结了工程实践经验，参考有关国际标准和国外先进标准，通过寄发信函、上网公示、电话和视频交流等多种方式广泛征集意见，除在征求意见阶段征得反馈意见之外，在审查会前征得反馈意见约 350 条，对收集到的意见进行了认真研究和讨论，由主编单位上海富晨化工有限公司与各章节主笔人进行了归纳和处理。

第二节 工业设备及管道防腐蚀工程技术标准主要特点

一、GB/T 50726—2023 主要技术内容

国家标准《工业设备及管道防腐蚀工程技术标准》GB/T 50726—2023 共分 18 章和 17 个附录，包括：总则、术语、基本规定、基体表面处理、纤维增强塑料衬里、橡胶衬里、铅衬里、涂料衬里、热塑性塑料衬里、玻璃鳞片衬里、喷涂聚脲衬里、氯丁胶乳

衬里、砖板衬里、金属热喷涂层、设备及管道外表面涂层、职业健康与安全、环境保护、工程验收等。

二、GB/T 50726—2023 主要技术调整

（1）增加了“涂料衬里”一章，将原规范“涂料涂层”改为“设备及管道外表面涂层”，并对有关章节的编排顺序进行了调整；

（2）在“基本规定”“基体表面处理”“纤维增强塑料衬里”“橡胶衬里”“铅衬里”“涂料衬里”“热塑性塑料衬里”“玻璃鳞片衬里”“喷涂聚脲衬里”“氯丁胶乳衬里”“砖板衬里”“金属热喷涂层”“设备及管道外表面涂层”章节中增加了“设计”内容；

（3）在“基本规定”中增加了“施工，验收，包装、储存、运输和吊装，运行与维护”内容；

（4）在“基体表面处理”章节中增加了“检验”内容；

（5）在试验验证基础上，调整和补充了纤维增强塑料衬里、玻璃鳞片衬里、氯丁胶乳衬里等材料的部分性能指标；

（6）在调查研究基础上，增加了橡胶衬里、热塑性塑料衬里、砖板衬里、设备及管道外表面涂层材料中的部分品种及性能指标。

三、GB/T 50726—2023 主要适用范围

本标准适用于新建、改建和扩建以钢、铸铁为基体的工业设备及管道防腐蚀衬里和外表面涂层的工程设计、施工、检验、验收、运行和维护。适用范围的划分主要依据：

（1）按工程建设项目划分时，一般新建、改建、扩建工程其设计审查、施工组织、项目管理较为严格，而维修工程绝大多数由企业审查确定，应急因素较多，系统管理较欠缺，因此本标准不适合用于维修工程。但标准中的技术措施可供制订维修方案时参考。

（2）本标准在基体材料方面保留了原施工和验收规范中以碳素钢、低合金钢为代表的钢制和铸铁制工业设备及管道的金属基体材料；通过引用相应标准，将壳体材料的设计、制造、检验和验收与本标准规定一同形成了一个完整的工业设备及管道内防腐蚀衬里和外表面涂层设计、施工、检验和验收标准体系。

（3）本标准是工业设备及管道防腐蚀工程的专业标准，由于许多耐腐蚀材料都是化工产品或其他工业产品，其生产与制作过程对纯度、含量或过程未作严格的规定，因此当这些耐腐蚀材料或者衬里构造在制作过程中，其卫生、安全等指标较为“粗放”，因此在食品工业、医药制药工业等部门使用时，除应遵守本标准的规定外，还应符合有关卫生、环保和安全等要求。

（4）一些工业设备及管道由于工艺条件、生产过程、作业环境等限制，不适合采用本标准，其中，最具代表性的典型设备有：

1）直接受火焰加热的工业设备及管道；

2）受核辐射作用的工业设备及管道；

3）常移动、转动或有剧烈震动的工业设备及管道；

4）搪玻璃的工业设备及管道；

5）除铅衬里、金属热喷涂之外的金属衬里设备和热套衬里设备。

由于国家标准《工业设备及管道防腐蚀工程技术标准》GB/T 50726—2023中所采用的防腐蚀材料，无论是树脂、橡胶、热塑性塑料等高分子材料，还是砖板等无机材料、铅等金属材料，在设备及管道上均不能受到火焰和核辐射作用；设备及管道衬里不能承受经常性移动、转动或有剧烈震动带来的冲击，否则容易使衬里与基体之间粘结性能降低而引起衬里失效；对于搪玻璃设备及管道的制造和使用有其特殊性，已超出本标准范围；除铅衬里、金属热喷涂之外的金属衬里设备（如采用机械撑紧法衬里、包扎法衬里等）及热套衬里设备（如将碳钢外筒加热，将不锈钢内衬筒体套进碳钢外筒中）通常用于高温、高压条件下，也不包括在本标准范围内。

第三节 工业设备及管道防腐蚀材料分类与特点

国家标准《工业设备及管道防腐蚀工程技术标准》GB/T 50726—2023中涉及的耐腐蚀材料除包括非金属类材料，如纤维增强塑料、橡胶、热塑性塑料、喷涂聚脲、氯丁胶乳、涂料等有机材料，水玻璃、砖板等无机材料外，还包括铅、铝、锌等金属材料。它们的共同点是在工业设备及管道内外表面起到隔离腐蚀介质侵蚀、保护基体的作用。由于各类材料的性质不同，其耐腐蚀性能、物理力学性能、耐热性能和施工工艺性能也会有较大差异，所以每种材料均有其适用边界条件和使用范围，不存在所谓的“万能材料”。

《工业设备及管道防腐蚀工程技术标准》GB/T 50726—2023标准中涉及的主要材料包括：金属基体材料，各类衬里材料和外保护层材料。

一、金属基体材料

《工业设备及管道防腐蚀工程技术标准》GB/T 50726—2023标准中规定，工业设备及管道的基体材料是以碳素钢、低合金钢为代表的钢制和铸铁制材料。

二、衬里材料

衬里材料包括：纤维增强塑料、橡胶、铅、涂料、玻璃鳞片、砖板、热塑性塑料、喷涂聚脲、氯丁胶乳、金属热喷涂层等。

（一）纤维增强塑料衬里材料

纤维增强塑料衬里材料主要包括：乙烯基酯树脂、双酚A型和间苯型不饱和聚酯树脂、环氧树脂、酚醛树脂和呋喃树脂及配套的固化剂，玻璃纤维、涤纶纤维、碳纤维及其织物等增强材料。

（二）橡胶衬里材料

橡胶衬里材料按硫化方式可分为：加热硫化橡胶、自硫化橡胶、预硫化橡胶；按胶种可分为：氯丁橡胶、丁基橡胶、氯化丁基橡胶、溴化丁基橡胶、天然橡胶、丁腈橡胶、乙丙橡胶及配套的粘合剂。

（三）铅衬里材料

铅衬里材料包括铅板和焊条，搪铅的焊剂等。

（四）涂料衬里材料

涂料衬里材料可分为液体涂料衬里材料和静电喷涂粉末涂料衬里材料。

（1）液体涂料衬里材料包括无机富锌涂料、无溶剂聚氨酯涂料、溶剂型环氧涂料、无溶剂环氧涂料、常温固化型酚醛环氧涂料、加热后固化型酚醛环氧涂料和烘烤型酚醛涂料。

（2）静电喷涂粉末涂料衬里材料包括环氧粉末涂料、四氟乙烯－全氟代烷基乙烯基醚共聚物（PFA）涂料、三氟氯乙烯－乙烯共聚物（ECTFE）涂料和四氟乙烯－乙烯共聚物（ETFE）涂料。

（五）玻璃鳞片衬里材料

玻璃鳞片衬里材料按树脂品种可分为乙烯基酯树脂类、双酚A型不饱和聚酯树脂类和环氧树脂类，包括树脂玻璃鳞片胶泥和树脂玻璃鳞片涂料。

（六）砖板衬里材料

砖板衬里材料包括砖板、胶泥和隔离层。

（1）砖板包括耐酸砖板、耐酸耐温砖板、玄武岩铸石板、碳砖和合成树脂浸渍碳砖、石墨砖板和合成树脂浸渍石墨砖板。

（2）胶泥包括水玻璃胶泥（钠水玻璃、钾水玻璃）、树脂胶泥（环氧树脂、呋喃树脂、酚醛树脂、乙烯基酯树脂、不饱和聚酯树脂）。

（3）隔离层材料包括纤维增强塑料、橡胶、铅、涂料和玻璃鳞片胶泥。

（七）热塑性塑料衬里材料

热塑性塑料衬里材料包括聚氯乙烯类、聚烯烃类和氟塑料类。

（1）聚氯乙烯类材料包括硬聚氯乙烯（PVC-U）、软聚氯乙烯（PVC）、氯化聚氯乙烯（PVC-C）。

（2）聚烯烃类材料包括聚乙烯（PE）、聚丙烯（PP）、聚烯烃（PO）。

（3）氟塑料类材料包括聚四氟乙烯（PTFE）、四氟乙烯－全氟代烷基乙烯基醚共聚物（PFA）、四氟乙烯－乙烯共聚物（ETFE）、三氟氯乙烯－乙烯共聚物（ECTFE）、四氟乙烯－六氟丙烯共聚物（FEP）、聚偏氟乙烯（PVDF）。

（八）喷涂聚脲衬里材料

喷涂聚脲衬里材料包括底涂层涂料、喷涂聚脲料、聚脲修补料和聚脲层间处理剂。

（九）氯丁胶乳衬里材料

氯丁胶乳衬里材料包括氯丁胶乳、硅酸盐水泥、玻纤网和细骨料。

（十）金属热喷涂层材料

金属热喷涂层材料包括锌和锌铝合金线材、铝和铝镁合金线材。

三、外保护层材料

工业设备及管道外表面保护材料主要是各类涂料（金属热喷涂层材料也可用于设备及管道外表面保护），其主要品种包括：

（1）环氧类、聚氨酯类、丙烯酸类、玻璃鳞片类、乙烯基酯树脂类、氯化橡胶、高氯化聚乙烯、酚醛树脂类、醇酸树脂、聚硅氧烷、有机硅、有机硅铝粉、丙烯酸改性有机硅、环氧酚醛、无机硅类、熔结环氧粉末、热反射隔热等面涂层涂料。

（2）环氧云铁中间涂层涂料。

（3）冷涂锌、无机富锌、环氧富锌、环氧铁红和环氧磷酸锌等底涂层涂料。

第四节　工业设备及管道基体设计要点

一、基体设计标准

待衬里设备及管道的设计均有相应的国家现行标准作依据。如涉及设备的标准有现行行业标准《衬里钢壳设计技术规定》HG/T 20678；待衬里压力容器的设计有现行国家标准《压力容器　第1部分：通用要求》GB/T 150.1、《压力容器　第2部分：材料》GB/T 150.2、《压力容器　第3部分：设计》GB/T 150.3和《压力容器　第4部分：制造、检验和验收》GB/T 150.4等；其他可参考的国家现行标准有：《立式圆筒形钢制焊接油罐设计规范》GB 50341、《塔式容器》NB/T 47041、《卧式容器》NB/T 47042、《常压容器　第1部分：钢制焊接常压容器》NB/T 47003.1和《常压容器　第2部分：固体料仓》NB/T 47003.2等。

涉及工业管道的有国家标准《工业金属管道设计规范》GB 50316—2000（2008年版），但因其不能涵盖所有工业领域（如电力行业）而使其适用范围受限。

二、基体设计要点

待衬里设备及管道的设计要点如下：

（1）结构应满足衬里材料特性及衬里施工、安装和检修要求。设备刚度满足设计要求是防腐蚀衬里层施工的基础，设备刚度达到合格标准后进行防腐蚀衬里结构的施工，通常没有大问题；但是在施工过程中，有的设备制作中出现了刚度不足或者刚度接近下限的现象，特别是在改建、扩建工程中，这种现象更甚。此时，经验的做法是通过给设备设置加强筋的方式增强其刚度等力学性能。这种情况下如果加强筋设置在衬里一侧，则很难铺衬平整，会造成衬里层施工存在无法避免的缺陷。经验的做法就是将加强筋设置在设备的无衬里侧，有利于贴衬平整，保证防腐蚀施工质量。

（2）由于在设备内部焊接支撑构件或者连接构件等非常容易引起防腐蚀衬里层缺陷，从而削弱设备衬里的防腐蚀性能，甚至影响整个设备稳定运行，所以设备的结构和形状应尽量简单，在贴衬侧应避免焊接对防腐蚀性能有影响的构件。

（3）设备内部零部件设计要满足衬里施工要求；内表面要求平整、清洁，并无砂粒或熔渣、飞边毛刺、缩孔、局部孔隙等缺陷；焊接区要求光滑，且应无凹坑或凸起。

（4）壁厚设计应计入基体表面处理所造成的厚度减薄量，且减薄量不宜大于1.0mm。

（5）针对不同类型的衬里，表1–1给出了设备基体边、角的最小半径值，以使衬里与基体之间形成圆滑过渡。采用圆弧面过渡设计可以减少该处的应力集中，从而保证衬里与基体具有良好的贴合性。

表 1–1　设备基体边、角最小半径

类型			最小半径 /mm	
			边	角
衬里	纤维增强塑料		10	10
	橡胶		3	阴角：大于或等于5，且衬里设计厚度 +3 阳角：衬里设计厚度 +3
	铅		3	衬里设计厚度 +3
	涂料	液体涂料	3	6
		粉末涂料	2	3
	热塑性塑料		5	衬里设计厚度 +3
	玻璃鳞片		10	15
	喷涂聚脲		5	15
	氯丁胶乳		10	10
	砖板		与隔离层类型相同	与隔离层类型相同
	金属热喷涂		3	6
外表面涂层			3	6

注：1　表中数据是在参考 BS EN 14879–1：2005 *Organic Coating Systems and Linings for Protection of Industrial Apparatus and Plants against Corrosion Caused by Aggressive Media–Part 1：Terminology，Design and Preparation of Substrate*（以下简称“BS EN 14879–1：2005”）的基础上，结合国内实际工程应用情况补充、调整后确定的。

2　表中的“外表面涂层”包含了用于外表面防腐蚀层的金属热喷涂层。

（6）待衬里设备结构推荐采用可拆卸连接方式，对不可拆卸、整体密闭或空间受限的结构需要设置公称直径不小于 *DN*500 的人孔；当设备直径大于或等于 5 000mm 时，需要至少设置两个人孔。设置人孔的原因是：在防腐蚀工程施工过程中，防腐蚀材料会产生挥发性有机物（VOC），其中部分 VOC 有毒、易燃，设置人孔便于通风，同时也是今后设备检维修所需要的。

（7）由于衬里层和基体材料之间的膨胀系数有一定差异，如果局部过冷或过热，会导致衬里层与基体表面附着力下降，甚至导致衬里层开裂、脱层，故为了避免损坏衬里层，通常会采取防止局部过冷或过热的结构或措施。比如，为了防止过冷现象，会采用夹套进行加热，有时为了避免蒸汽对衬里层的热力冲击破坏，通常会在蒸汽入口设置防冲挡板，减少热力对衬里层的直接冲刷。

（8）带法兰的直管、弯管、三通（图 1–1）的最大长度按表 1–2 确定。

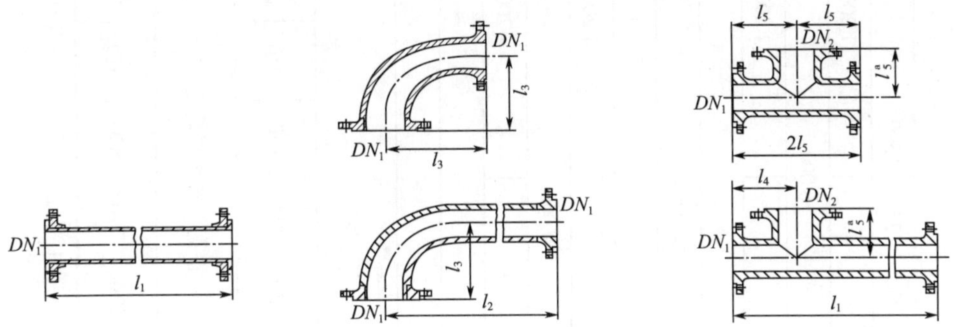

（a）直管 （b）弯管 （c）三通

图 1–1 带法兰的直管、弯管、三通

三、基体表面等级分类

对不同厚度衬里、金属热喷涂层和外表面涂层的设备及管道基体原始表面进行等级分类，目的是在基体表面处理前后，评估和确认其可能存在的缺陷是否适合所选衬里材料和施工工艺，这是确保设备及管道保护层施工质量的前提条件。

（一）等级分类

（1）当液体和粉末涂料衬里、金属热喷涂层、外表面涂层的厚度大于或等于 50μm 且小于或等于 200μm 时，为 A1 级。

（2）当液体和粉末涂料衬里、金属热喷涂层、外表面涂层、玻璃鳞片衬里的厚度大于 200μm 且小于或等于 1 000μm 时，为 A2 级。

（3）当玻璃鳞片衬里、喷涂聚脲衬里、氯丁胶乳衬里的厚度大于 1 000μm 时，为 A3 级。

（4）当纤维增强塑料衬里、橡胶衬里、铅衬里的厚度大于 1 000μm 时，为 A4 级。

（5）当热塑性塑料衬里的厚度大于 1 000μm 时，为 A5 级。

（二）基体表面等级与典型缺陷及控制要求

基体表面等级与典型缺陷及控制要求见表 1–3，其内容是依据国内工程实际情况，并参考 BS EN 14879–1：2005 确定的。

（三）基体表面等级与焊缝典型缺陷及控制要求

基体表面等级与焊缝典型缺陷及控制要求见表 1–4，其内容是依据国内工程实际情况，并参考 BS EN 14879–1：2005 的有关内容确定。采用喷射清理方法，对基体表面焊缝质量进行前后比对、对存在的焊缝质量缺陷是否适合所选衬里材料和施工工艺进行评估和确认，是确保衬里施工质量的主要因素之一。

表 1–2　带法兰的直管、弯管、三通的最大长度 /mm

衬里类型	最大长度															
	公称直径 ^{b}DN	25	32	40	50	65	80	100	125	150	200	250	300	350	400	500
纤维增强塑料	对应直管 DN_1 的推荐最大长度 l_1	根据工艺水平确定											1 200			
橡胶		1 000	1 000	1 000	3 000			5 000	6 000							
铅		根据工艺水平确定											1 200			
涂料：液体涂料		6 000														
涂料：粉末涂料		根据工艺水平确定			2 000			4 000								
热塑性塑料		根据工艺水平确定													1 200	
玻璃鳞片		根据工艺水平确定											1 200			
喷涂聚脲		根据工艺水平确定						6 000								
氯丁胶乳		根据工艺水平确定											1 200			
砖板		根据工艺水平确定														
金属热喷涂		根据工艺水平确定														
纤维增强塑料、橡胶、涂料、热塑性塑料、玻璃鳞片、氯丁胶乳	对应弯管 DN_1 的推荐最大长度 l_2	2 000		3 000												
	对应弯管 DN_1 的推荐最大长度 l_3	110	130	150	180	220	255	320	385	440	570	710	830	910	1 030	1 300
	对应三通 DN_2 的推荐最大长度 l_4	110	130	150	180	220	255	320	根据工艺水平确定							
	对应三通 DN_2 的推荐最大长度 l_5^{a}	110	130	150	180	220	255	320	385	440	570	710	830	910	1 030	1 300

注：[a] 规定值适用于接管（或分支）$DN_2=DN_1$；当 $DN_2<DN_1$ 时，表中规定值可按现行国家标准《钢制管法兰　第 1 部分：PN 系列》GB/T 9124.1、《钢制管法兰　第 2 部分：Class 系列》GB/T 9124.2 的有关规定取值。

[b] 大于 DN 500 的管道应视为设备的一部分。

表 1–3 基体表面等级与典型缺陷及控制要求

序号	缺陷类型	图示	缺陷特征	基体表面等级和控制要求				
				A1	A2	A3	A4	A5
1	沟槽	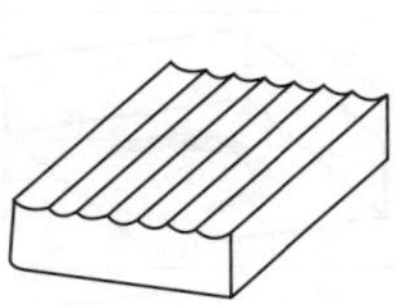	规则或不规则的凹痕或痕迹，边缘相对锋利。可单独出现，也可分组出现；可以是平行的，也可以是交叉的	$Rz \leqslant 50\mu m$时允许	$Rz \leqslant 100\mu m$时允许	$Rz \leqslant 160\mu m$时允许	采用带压硫化橡胶，$Rz \leqslant 160\mu m$时允许；其他衬里$Rz \leqslant 100\mu m$时允许	$Rz \leqslant 100\mu m$时允许采用接触型粘接剂；$Rz \leqslant 160\mu m$时允许采用反应型粘接剂
2	麻点	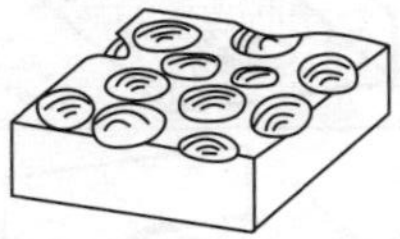	表面上不规则的凹坑，呈圆形或方形，单个或聚集	允许有表面光滑的单个局部浅坑	允许有表面光滑的浅坑	允许有浅坑	允许有宽度/深度比大于或等于30的浅坑	不允许有凹坑
3	局部腐蚀	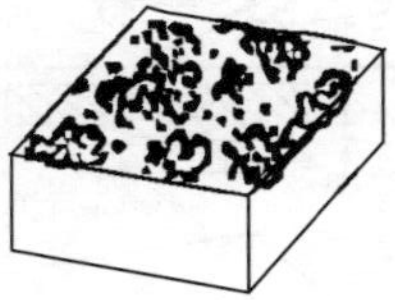	腐蚀产物的局部集中	基体的锈蚀程度应符合现行国家标准《涂覆涂料前钢材表面处理 表面清洁度的目视评定 第1部分：未涂覆过的钢材表面和全面清除原有涂层后的钢材表面的锈蚀等级和处理等级》GB/T 8923.1 的规定				
				当A、B锈蚀等级时，允许使用	当A、B、C锈蚀等级时，允许使用			
4	缩孔		深度应大于其直径的尖锐点状凹陷，单一或聚集形状	不允许	不允许	不允许	不允许	不允许
5	破裂	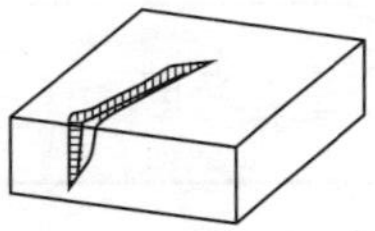	材料结构的局部不连续裂缝，宽度较小，但通常具有相当大的长度和深度	不允许	不允许	不允许	不允许	不允许

续表 1–3

序号	缺陷类型	图示	缺陷特征	基体表面等级和控制要求				
				A1	A2	A3	A4	A5
6	划痕	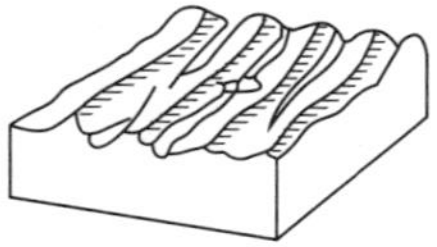	槽状的不规则痕迹，清晰可见且有形	$Rz \leqslant 50\mu m$ 时允许	$Rz \leqslant 100\mu m$ 时允许	$Rz \leqslant 160\mu m$ 时允许	采用带压硫化橡胶，$Rz \leqslant 160\mu m$ 时允许；其他衬里 $Rz \leqslant 100\mu m$ 允许	$Rz \leqslant 100\mu m$ 时允许采用接触型粘接剂；$Rz \leqslant 160\mu m$ 时允许采用反应型粘接剂
7	凸缺陷	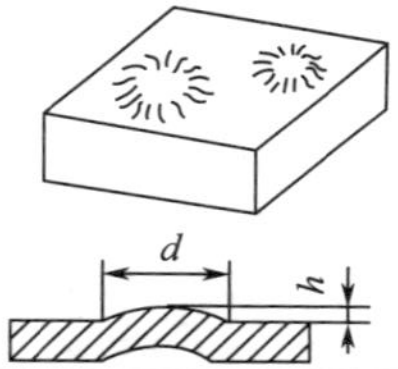	局部凸起区域	允许用于扁平截面			当 $d/h \geqslant 10$ 时，允许用于扁平截面	不允许用于扁平截面
8	阶梯面	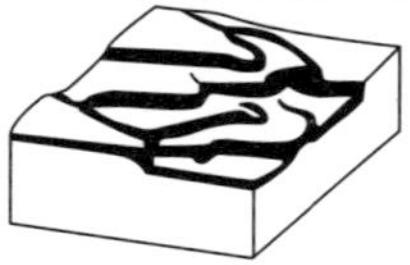	层状、片状和脉状表面	不允许	不允许	不允许	不允许	不允许
9	窝陷	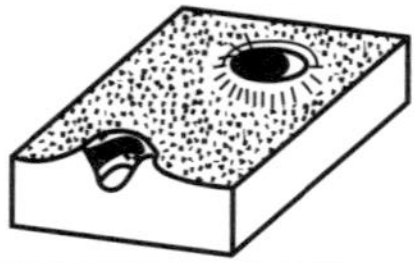	凹坑状局部凹陷，通常边缘凸起	不允许	当凹痕不深，边缘已磨平，衬里材料可完全填满凹痕，且不得形成气泡的情况下，则允许使用			
10	氧化皮		材料的局部分层	不允许	不允许	不允许	不允许	不允许
11	飞边	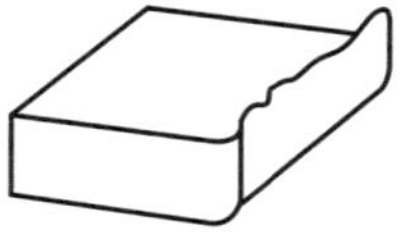	由机械加工或机械损伤而产生的锐边	不允许	不允许	不允许	不允许	不允许

注：Rz 的定义应符合现行国家标准《产品几何技术规范（GPS） 表面结构 轮廓法 术语、定义及表面结构参数》GB/T 3505 的规定。

表 1-4 基体表面等级与焊缝典型缺陷及控制要求

序号	缺陷类型	图示	缺陷特征	基体表面等级及控制要求				
				A1	A2	A3	A4	A5
1	余高和焊瘤	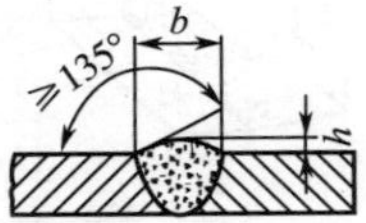	有余高或焊瘤，但与母材圆滑过渡	焊缝形状规则，允许使用	允许	当 $b/h \geq 4$ 时，不允许采用刮涂工艺	当 $b/h \geq 10$ 时，不允许用于角焊缝或 $DN \leq 500$ 的管道	不允许
2	未焊满	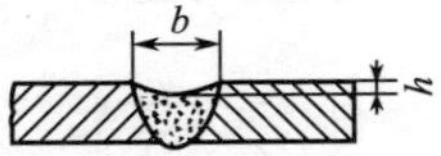	焊缝低于母材表面形成的连续或断续的沟槽	边缘应倒圆角，且 $b/h \geq 4$ 时，允许使用	边缘应倒圆角，且 $b/h \geq 4$ 时，允许使用	边缘应倒圆角，且 $b/h \geq 4$ 时，允许使用	当 $b/h \geq 10$ 时，不允许用于 $DN \leq 500$ 的管道	不允许
3	咬边	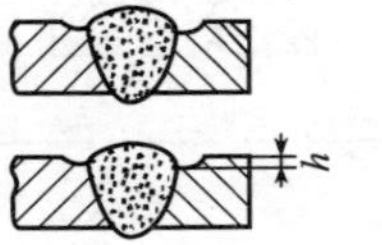	焊接导致的母材部位出现连续或间断的不规则凹槽	不允许	当咬边处边缘可通过喷射清理光滑时，允许使用	当咬边处边缘可通过喷射清理光滑时，允许使用	当咬边处边缘可通过喷射清理光滑，且 $h<0.10$mm 时，允许使用	当咬边处边缘可通过喷射清理光滑时，允许使用
4	弧坑	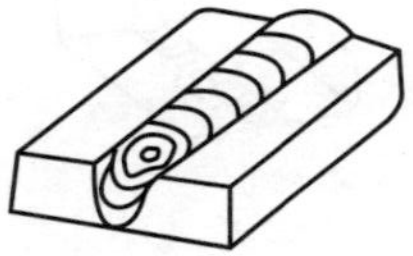	焊道末端收缩而产生的凹陷	不允许	不允许	不允许	不允许	不允许
5	夹渣	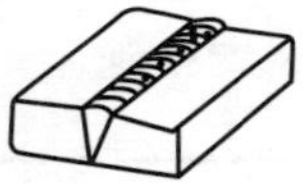	夹在焊接金属中的熔渣	不允许	不允许	不允许	不允许	不允许

续表 1–4

序号	缺陷类型	图示	缺陷特征	基体表面等级及控制要求				
				A1	A2	A3	A4	A5
6	飞溅	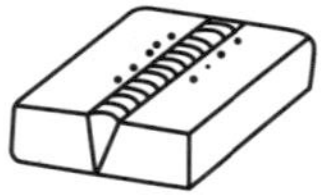	焊接过程中排出的焊接飞溅物；偏弧，散弧造成的母材金属损伤	不允许	不允许	不允许	不允许	不允许
7	未熔合、有间隙接头或烧穿	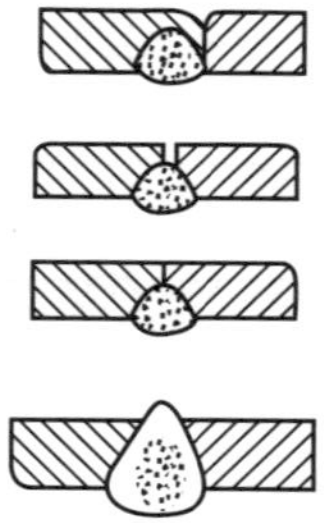	未熔合，有间隙接头或从一侧焊缝根部突出的多余焊缝金属	不允许	不允许	不允许	不允许	不允许
8	鳞状焊缝	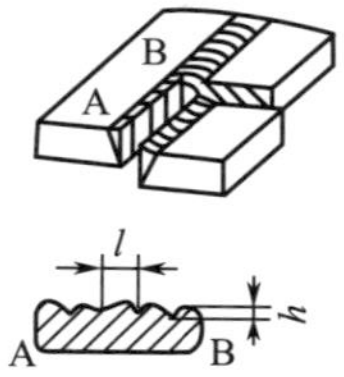	表面如鳞纹高低起伏的焊缝	不允许	当 $l/h \geq 4$ 时，允许使用	当 $l/h \geq 4$ 时，不允许采用刮涂工艺	当 $l/h \geq 30$，且 $h \leq 0.3$mm 时，允许使用	不允许

第五节 工业设备及管道防腐蚀衬里设计要点

一、设计条件

（一）腐蚀介质的组分和特性

在进行衬里设计前，需要了解腐蚀介质的性质，如酸碱盐、有机溶剂，氧化性等，以及其作用量（浓度）、相态（固、液、气）等。

1. 衬里耐腐蚀性能

衬里耐腐蚀性能确定是设计人员在选择技术方案时必须重点考虑的。衬里的耐腐蚀性能确定需要遵循下列原则：

（1）首选是“成熟的、可靠的、已被实际应用证明是行之有效的”工程使用经验。

（2）衬里材料制造商提供的耐腐蚀数据，使用者需要了解材料的使用边界条件。

（3）对于一些全新的腐蚀介质和使用工况，其耐腐蚀数据需要通过现场挂片或实验室的试验验证、分析和评价后确认是否适用。

（4）当采用不同方法获得衬里耐腐蚀性能时，应选用最低值。

2. 常见腐蚀介质分类

常见腐蚀介质分类、环境温度下部分衬里材料的选用见表 1-5。

（二）流体加载类型和频率

流体加载类型和频率对衬里设计的影响等级可按下列分类：

（1）不接触液体的，为 0 级。

（2）当气体管道、烟囱等产生的冷凝液，持续或频繁地接触衬里时，为 1 级。

（3）在无明显液柱静压力的情况下，管道衬里接触恒定流动液体时，为 2 级。

（4）当设备衬里长期暴露于液体中，并无时间限制时，为 3 级。

（三）使用温度

使用温度对衬里设计的影响主要包括：

（1）由高温导致的介质扩散渗透速度加快，腐蚀性增强。衬里材料绝大多数采用有机高分子聚合物，耐蚀性能的好坏与其抗溶胀和抗渗透能力直接有关。常温下高分子材料结构致密、大分子的热运动比较困难，腐蚀介质难以向其扩散；而在高温条件下，腐蚀介质向衬里材料内部扩散的速度明显增加，导致渗透和溶胀从而使衬里失效。

（2）由于金属基体与衬里材料之间存在膨胀系数差异，所以当热或冷的腐蚀介质直接作用，以及辐射热和极端环境温度作用，使装置偏离正常使用温度，在基体表面与衬里之间即产生热应力，当热应力大于衬里与基体之间附着力时，衬里易产生剥落、裂缝等现象。

（四）温度变化

温度变化的等级可按下列分类：

表 1–5　常见腐蚀介质分类、环境温度下部分衬里材料的选用

序号	腐蚀介质类型		示例	树脂或胶泥类型					水玻璃胶泥	液体涂料涂层		纤维类别	
				环氧	不饱和聚酯	乙烯基酯	呋喃	酚醛		加热后固化型酚醛环氧涂料	烘烤型酚醛涂料	表面毡类型	短切原丝毡类型
1	Ⅰ 无机腐蚀介质	无机、非氧化性酸	盐酸	△	√	√	√	√	√	√	√	C 或 E–CR	E–CR
			硫酸（≤ 70%）							√	√		
			磷酸							√	√		
2		无机、氧化性酸	硝酸	×	△	△	×	×	√	×	×	C 或 E 或 S	E 或 E–CR
			硫酸（>70%）							△	△		
			铬酸							×	×		
			氯酸							×	×	C 或 E–CR	E–CR
3		无机、二氧化硅溶解酸	氢氟酸	△	√	√	√	√	×	△	×	S	S
			六氟硅酸（含氢氟酸）							△	△		
			四氟硼酸（含氢氟酸）							△	△		
4		盐类	氯化钠	√	√	√	√	√	√	√	√	C 或 E–CR	E 或 E–CR
			硫酸（亚）铁							√	√		
			碳酸钠							√	√		
5		碱	氢氧化钠	√	△	△	√	×	×	√	×	S	E 或 E–CR
			氢氧化钾							√	×		
			氧化钙、氢氧化钙							√	×		
			氨溶液（氢氧化铵溶液）							√	×		
6		氧化性碱	次氯酸钠	×	△	√	×	×	×	×	×	S	E 或 E–CR

续表 1-5

序号	腐蚀介质类型		示例	树脂或胶泥类型					水玻璃胶泥	液体涂料涂层		纤维类别	
				环氧	不饱和聚酯	乙烯基酯	呋喃	酚醛		加热后固化型酚醛环氧涂料	烘烤型酚醛涂料	表面毡类型	短切原丝毡类型
7	Ⅱ 有机腐蚀介质	有机酸	甲酸	△	√	√	√	√	√	△	√	C 或 E–CR	E–CR
			乙酸							△	√		
			氯乙酸							×	√		
			草酸							√	√		
			乳酸							√	√		
8		脂肪烃	己烷	√	√	√	√	√	√	√	√	C 或 E	E 或 E–CR
			辛烷							√	√		
9		芳香烃	苯	△	×	△	√	√	√	△	√	C 或 E	E 或 E–CR
			甲苯							△	√		
			二甲苯							△	√		
10		醇类	甲醇	△	△	△	√	△	√	△	√	C 或 E	E 或 E–CR
			乙醇							△	√		
			丁醇							△	√		
			乙二醇							△	√		
11		酮	丙酮	△	×	×	×	×	√	△	√	C 或 E	E 或 E–CR
			甲基乙基酮（2–丁酮）							△	√		
12		醛、酯	甲醛	△	×	△	△	△	√	△	√	C 或 E	E 或 E–CR
			乙酸乙酯							△	√		

续表 1–5

<table>
<tr><th rowspan="2">序号</th><th rowspan="2" colspan="2">腐蚀介质类型</th><th rowspan="2">示例</th><th colspan="5">树脂或胶泥类型</th><th rowspan="2">水玻璃胶泥</th><th colspan="2">液体涂料涂层</th><th colspan="2">纤维类别</th></tr>
<tr><th>环氧</th><th>不饱和聚酯</th><th>乙烯基酯</th><th>呋喃</th><th>酚醛</th><th>加热后固化型酚醛环氧涂料</th><th>烘烤型酚醛涂料</th><th>表面毡类型</th><th>短切原丝毡类型</th></tr>
<tr><td rowspan="3">13</td><td rowspan="13">Ⅱ 有机腐蚀介质</td><td rowspan="3">脂肪族卤代烃</td><td>二氯甲烷</td><td rowspan="3">×</td><td rowspan="3">×</td><td rowspan="3">△</td><td rowspan="3">√</td><td rowspan="3">√</td><td rowspan="3">√</td><td>△</td><td>√</td><td rowspan="3">C 或 E</td><td rowspan="3">E 或 E–CR</td></tr>
<tr><td>三氯乙烯</td><td>△</td><td>√</td></tr>
<tr><td>三氯三氟乙烷</td><td>△</td><td>√</td></tr>
<tr><td rowspan="2">14</td><td rowspan="2">芳香卤代烃</td><td>氯苯</td><td rowspan="2">×</td><td rowspan="2">×</td><td rowspan="2">△</td><td rowspan="2">√</td><td rowspan="2">√</td><td rowspan="2">√</td><td>△</td><td>√</td><td rowspan="2">C 或 E</td><td rowspan="2">E 或 E–CR</td></tr>
<tr><td>三氟化氯苯</td><td>△</td><td>√</td></tr>
<tr><td rowspan="3">15</td><td rowspan="3">脂肪族胺</td><td>甲胺</td><td rowspan="3">×</td><td rowspan="3">△</td><td rowspan="3">√</td><td rowspan="3">√</td><td rowspan="3">√</td><td rowspan="3">√</td><td>△</td><td>√</td><td rowspan="3">C 或 E</td><td rowspan="3">E 或 E–CR</td></tr>
<tr><td>三乙胺</td><td>△</td><td>√</td></tr>
<tr><td>乙二胺</td><td>△</td><td>√</td></tr>
<tr><td rowspan="2">16</td><td rowspan="2">芳香胺和吡啶</td><td>苯胺</td><td rowspan="2">×</td><td rowspan="2">×</td><td rowspan="2">△</td><td rowspan="2">√</td><td rowspan="2">√</td><td rowspan="2">√</td><td>△</td><td>√</td><td rowspan="2">C 或 E</td><td rowspan="2">E 或 E–CR</td></tr>
<tr><td>吡啶</td><td>△</td><td>√</td></tr>
<tr><td rowspan="2">17</td><td rowspan="2">酚类化合物</td><td>苯酚</td><td rowspan="2">×</td><td rowspan="2">×</td><td rowspan="2">△</td><td rowspan="2">√</td><td rowspan="2">√</td><td rowspan="2">△</td><td>△</td><td>√</td><td rowspan="2">C 或 E</td><td rowspan="2">E 或 E–CR</td></tr>
<tr><td>甲酚</td><td>△</td><td>√</td></tr>
<tr><td>18</td><td>油脂</td><td>动物和植物油脂</td><td>△</td><td>√</td><td>√</td><td>√</td><td>√</td><td>√</td><td>△</td><td>√</td><td>C 或 E 或 S</td><td>E 或 E–CR</td></tr>
</table>

注：1 “√”表示推荐；“×”表示不推荐；“△”表示在低浓度或偶尔接触腐蚀介质情况下推荐。

2 C 代表耐化学玻璃纤维，E–CR 代表耐酸玻璃纤维，E 代表无碱玻璃纤维，S 代表合成纤维或碳纤维。

3 呋喃、酚醛树脂和胶泥不得直接接触基体。

4 加热后固化型酚醛环氧涂料和烘烤型酚醛涂料在温度条件下的耐腐蚀性能，当无耐腐蚀数据时，应经试验确定。

（1）无温度变化的，为0级。
（2）偶尔发生小于或等于50℃的温度变化，为1级。
（3）偶尔发生大于50℃的温度变化，为2级。
（4）经常发生小于或等于50℃的温度变化，为3级。
（5）经常发生大于50℃的温度变化，为4级。
（6）涉及热冲击的温度变化，为5级。

（五）机械载荷或液柱静压力

机械载荷或液柱静压力对衬里设计的影响等级可按下列分类：
（1）无载荷、液柱静压力小于或等于0.005MPa，为0级。
（2）液柱静压力大于0.005MPa且小于或等于0.05MPa，为1级。
（3）液柱静压力大于0.05MPa，为2级。

（六）气候条件

气候条件对衬里设计的影响等级可按下列分类：
（1）无气候影响，设备及管道位于建筑物内，为0级。
（2）有限气候影响，有棚盖保护的设备及管道，为1级。
（3）完全气候影响，设备及管道位于室外，为2级。

二、衬里选型

由于掌握的工程应用经验和数据有限，在国家标准《工业设备及管道防腐蚀工程技术标准》GB/T 50726—2023中只罗列了纤维增强塑料衬里、橡胶衬里、涂料衬里、热塑性塑料衬里、玻璃鳞片衬里和砖板衬里在上述不同设计条件组合情况下的适用性。至于衬里类型的最终选择和确定，需要从衬里在实际工况中的适用性、施工性、耐久性、可维护性等方面综合考虑。当遇到含氟类腐蚀介质时，应避免采用含硅、二氧化硅类材质的玻璃纤维、玻璃鳞片、砖板等做衬里。

（1）设备衬里类型按表1-6选择。

表1-6 设备衬里类型

腐蚀介质类型	流体类型和频率等级	使用温度/℃	温度变化等级	机械载荷等级	气候影响等级	衬里类型		
						纤维增强塑料、涂料、玻璃鳞片	橡胶、热塑性塑料	砖板
Ⅰ	3	20	1	0	0~2	R	R	R
Ⅰ	3	50	1	0	0~2	A	R	R
Ⅰ	3	50	3	0	0~2	A	R	R
Ⅱ	3	50	1	0	0~2	A	A	R
Ⅱ	3	50	3	0	0~2	A	A	R
Ⅱ	3	70	1~4	0	0~2	A	A	R

续表 1–6

腐蚀介质类型	流体类型和频率等级	使用温度/℃	温度变化等级	机械载荷等级	气候影响等级	衬里类型		
						纤维增强塑料、涂料、玻璃鳞片	橡胶、热塑性塑料	砖板
Ⅰ、Ⅱ	3	20	1	1	0～2	R	R	R
Ⅰ	3	50	1	1	0～2	A	R	R
Ⅰ	3	50	3	1	0～2	A	R	R
Ⅱ	3	50	1	1	0～2	A	A	R
Ⅱ	3	50	3	1	0～2	A	A	R
Ⅱ	3	70	1～4	1	0～2	A	A	R
Ⅰ、Ⅱ	3	20	1	2	0～2	A	R	R
Ⅰ	3	50	1	2	0～2	A	R	R
Ⅰ	3	50	3	2	0～2	A	R	R
Ⅱ	3	50	1	2	0～2	A	A	R
Ⅱ	3	50	3	2	0～2	A	A	R
Ⅰ、Ⅱ	3	70	1～4	2	0～2	A	A	R
Ⅰ、Ⅱ	3	20～70	5	0～2	0～2	A	A	R

注：1　腐蚀介质类型按表 1–5 分类。

2　R 代表推荐的衬里；A 代表可选择的衬里，取决于系统的耐久性。

（2）管道衬里类型按表 1–7 选择。

表 1–7　管道衬里类型

腐蚀介质类型	流体类型和频率等级	使用温度/℃	温度变化等级	机械载荷等级	气候影响等级	衬里类型		
						纤维增强塑料、涂料、玻璃鳞片	橡胶、热塑性塑料	砖板
Ⅰ、Ⅱ	2	20	1	0	0～2	A	A	R
Ⅰ、Ⅱ	2	50	1	0	0～2	A	A	R
Ⅰ、Ⅱ	2	50	3	0	0～2	A	A	R
Ⅰ、Ⅱ	2	70	1、2	0	0～2	A	A	R
Ⅰ、Ⅱ	2	70	3、4	0	0～2	N	A	R
Ⅰ、Ⅱ	2	20	1	1	0～2	A	A	R
Ⅰ、Ⅱ	2	50	1	1	0～2	A	A	R
Ⅰ、Ⅱ	2	50	3	1	0～2	A	A	R
Ⅰ、Ⅱ	2	70	1、2	1	0～2	A	A	R
Ⅰ、Ⅱ	2	70	3、4	1	0～2	N	A	R

注：1　腐蚀介质类型按表 1–5 分类。

2　R 代表推荐的衬里；A 代表可选择的衬里，取决于系统的耐久性；N 代表不建议采用的衬里。

第六节 工业设备及管道防腐蚀工程施工及管理要点

工业设备及管道防腐蚀工程施工是一项综合性系统工程，主要涉及施工前准备、施工技术准备和施工管理等。在国家标准《工业设备及管道防腐蚀工程技术标准》GB/T 50726—2023 第 3.5 节中要求防腐蚀工程施工前，施工单位应编制施工组织设计或施工方案，并对施工准备提出要求。目的就是通过科学施工管理手段和细化管理要求，在保证安全、质量、进度的前提下降低成本、提高工程质量、节约资源、保证安全生产与工期，起到提高经济效益和社会效益的作用。

一、施工前准备

施工前准备工作的内容主要包括：施工临建设施管理、作业人员组织安排、工艺设备和管道验收及保管、防腐蚀材料验收及保管、主要机械设备、测量和计量器具及作业条件的准备。

（一）施工临建设施的管理

（1）施工单位编制临建设施施工方案，并按程序要求组织审批。

（2）组织相关部门和使用单位对临建设施进行全面检查验收。

（3）工程结束后，对临建设施进行拆除回收，场地平整，移交后方可退场。

（二）作业人员组织安排

与工业设备及管道防腐蚀工程施工有关的主要作业人员包括：防腐蚀工、电工、起重工、机械操作工和辅助工等，这些作业人员均应进行相关基本知识和操作、质量、安全措施等的培训，经考核合格后方能上岗。

（三）工艺设备和管道验收及保管

（1）工艺设备和管道进场时，应对型号、规格、数量、类型、重量等检查及验收。

（2）检查产品合格证、产品质量证明书等技术文件。

（3）检查并验收工艺设备和管道焊缝高度、几何尺寸等指标，确保符合设计规定。

（4）验收记录应有相关检查验收人员签字，并留档保存。

（5）工艺设备和管道按型号、规格分类摆放，不同材质的构件应分别进行标识。

（四）防腐蚀材料验收及保管

1. 防腐蚀材料质量证明文件

防腐蚀材料应具有产品合格证、质量证明文件（含施工工艺要求说明、技术参数、施工环境要求）或第三方检测报告，其性能指标应符合设计要求或相关规范标准的规定。如对防腐蚀材料产品质量有异议时，应进行复检或技术鉴定。

2. 防腐蚀材料检查验收

防腐蚀材料检查验收内容包括：产品名称、产地、生产批号或标准号、数量、重量、出厂日期、使用有效期及检验报告等。

3. 质量管理文件的保管

对防腐蚀材料随箱文件及验货时，对经过检查和确认的产品合格证、质量证明书、复检报告、各种试验报告、检查记录等建立质量文件台账，并进行统一保管。

4. 防腐蚀材料的保管

防腐蚀涂料及各类稀释剂、固化剂应分类存放在危险化学品仓库中，建立严格的管理及领用制度。现场危险化学品仓库的设立必须按现场总图进行规划。

各仓库区的材料堆放应分门别类、码放整齐、使其高度符合规定；各类材料均应有标牌显示，防潮湿、防火灾并应配备足够的消防器材。

5. 主要施工机具

（1）喷砂、喷涂设备，起重、运输设备，搅拌机、卷扬机等及其他配套附属设备。

（2）手提砂轮机、喷砂管、高压气管、吊装索具及其他必备工具等。

6. 测量和计量器具

测量和计量器具包括称量器具、计量容器、温湿度计、丈量器具、漆膜测厚仪、经纬仪、水平仪等。

7. 作业条件

（1）施工场所已具备施工条件，所需的图纸资料和技术文件齐备，图纸会审已进行，施工方案已经编制且审核批准，并进行技术交底。

（2）工艺设备及管道已检查验收符合设计要求，并办理工序间交接手续。

（3）临时供水、供电、消防等设施已设置齐全，道路通畅。防腐蚀作业场地安全防护措施已经安全监督部门验收通过。

（4）人员防护、环境保护措施已落实。

（5）环境温度、相对湿度应满足施工要求。

二、施工技术准备

施工技术准备主要包括施工技术资料、常用现行施工标准和规范、施工方案以及现场技术交底等。

1. 施工技术资料

施工技术资料包括设计文件（施工图、材料表、设计说明及技术规定等）、设计交底文件、图纸会审记录、施工承包合同、施工组织（总）设计及其他有关资料。

2. 常用现行施工标准和规范

常用现行施工标准和规范见表 1–8。

表 1–8 常用现行施工标准和规范

序号	标 准 名 称
1	《工业金属管道工程施工质量验收规范》GB 50184
2	《工业金属管道工程施工规范》GB 50235
3	《工业安装工程施工质量验收统一标准》GB/T 50252
4	《工业金属管道设计规范》GB 50316

续表 1-8

序号	标 准 名 称
5	《立式圆筒形钢制焊接油罐设计规范》GB 50341
6	《钢质石油储罐防腐蚀工程技术标准》GB/T 50393
7	《乙烯基酯树脂防腐蚀工程技术规范》GB/T 50590
8	《建设工程施工现场消防安全技术规范》GB 50720
9	《工业设备及管道防腐蚀工程技术标准》GB/T 50726
10	《纤维增强塑料设备和管道工程技术规范》GB 51160

3. 施工方案

编制防腐蚀施工组织设计或施工方案（包括总体和分项），并已经批准。

4. 技术交底

施工前应对施工班组及操作工人进行施工技术交底和安全技术交底。施工技术交底和安全技术交底须有书面记录，且经交底人和被交底人签字，并留档保存。

三、施工管理

施工管理主要包括施工管理组织机构和体系的建立、施工进度、技术、质量等管理及施工安全和环保管理。

1. 施工管理组织机构和体系

（1）防腐蚀工程施工应建立相应的组织机构和体系，编制管理制度及流程程序。实施安全管理、质量管理、成本控制、进度管理、财务材料管理、机械管理等。

（2）以管理工作责任矩阵为基础，制订部门机构工作职责和员工岗位职责；按照专业细化技术管理人员的工作范围、内容、要求和流程。根据项目规模、施工难度、工期、安全风险等因素综合确定管理人员。

2. 施工进度管理

（1）根据合同工期和建设单位的要求，项目施工组织设计等有关文件，及时编制满足合同要求的项目进度计划。

（2）相关人员对施工进度进行日检查，按周、月检查项目进度是否满足工期要求。

（3）当项目工期与合同工期相比发生较大偏差，需要调整项目总体施工计划时，调整的总体施工计划须经业主或总包、监理等审批后实施。

3. 施工技术管理

（1）建立技术管理体系，明确技术岗位职责。

（2）设计工程师分专业按设计文件进行设计交底。

（3）施工技术负责人应组织各专业工程师制定本项目的施工方案编制计划，明确责任人、完成时间，确保施工前完成施工方案编制和审批工作。

（4）工程技术人员必须深入现场跟踪检查、监督与指导。对现场施工出现与技术交底有偏差时，应提出整改措施，并对整改情况进行验证，保留验证记录。

（5）因设计原因引起的设计修改，按照相关规定的控制程序执行。因施工工艺、环境、材料等原因需要变动设计时，由施工方提出，设计方进行审核。

（6）组织对施工组织设计和专项施工方案审核。重大施工方案，应组织专家评审。

（7）隐蔽工程施工过程中专业工程师或质检员应旁站监督检查。未经验收和验收不合格的隐蔽工程严禁覆盖，不允许进行下道工序施工。

4. 施工质量管理

（1）建立防腐蚀施工质量组织机构和质量保证体系，明确各级人员的质量职责。

（2）熟悉设计图纸，了解设计意图以及关键部位的质量要求，做好交底记录等。

（3）按照不同专业采取有针对性的质量过程控制措施，编制质量通病及防治措施。

（4）组织现场有关人员进行查设计漏项、查工程质量和隐患、查未完工程，对检查出来的问题，定任务、定人员、定时间、定措施，限期完成并形成记录。

5. 施工安全管理

施工安全管理包括建立安全生产组织、领导机构，成立安全生产领导决策机构；配齐配全专职安全管理人员；编制专项应急预案，定期组织应急预案演练，对应急预案的培训教育和演练及时进行总结。

6. 施工环保管理

工程项目施工应建立环境保护、环境卫生管理制度，制订环境保护计划和施工现场环境污染应急预案。

在国家标准《工业设备及管道防腐蚀工程技术标准》GB/T 50726—2023 第 16 章和第 17 章中，对施工安全和环境保护均有详细规定。

四、施工验收

施工验收主要包括质量验收标准、施工记录和质量记录等内容，其质量验收标准和质量验收记录的格式在国家标准《工业设备及管道防腐蚀工程技术标准》GB/T 50726—2023 的附录 E ~ 附录 H 中进行了规定。

（一）施工记录

施工记录包括以下内容：

（1）图纸会审记录。

（2）经审批的施工方案。

（3）施工及安全技术交底记录。

（4）设计变更、洽商记录。

（5）工序交接记录。

（二）质量记录

质量记录包括以下内容：

（1）质保资料及检验报告。

（2）检验批（次）质量检查表。

（3）分项工程质量检验评定表。

（4）隐蔽工程记录。

（5）施工日记。

第七节　工业设备及管道防腐蚀工程验收

交工验收是建设单位对已竣工工程的验收。施工单位所承包的防腐蚀工程全部完成后，建设单位应及时组织相关单位进行验收，这样既能保证工程质量，也容易分清责任界线。在国家标准《工业设备及管道防腐蚀工程技术标准》GB/T 50726—2023 第 18 章对工程验收中建设单位应检查和确认的内容及施工单位应向建设单位提交的资料等作了有关规定。

一、交工验收

（1）设备及管道防腐蚀工程完工后，建设单位应组织相关单位进行交工验收，未经验收合格，不得投入生产使用。

（2）对有特殊要求的设备及管道防腐蚀工程进行验收时，应按合同规定检测相关技术指标。

（3）施工质量不符合设计和规范要求的部位，应返修合格后方可办理交工。

（4）设备及管道防腐蚀工程交工验收时，建设单位应检查和确认：①施工范围和内容是否符合合同规定；②工程质量是否符合设计文件和本标准的规定。

（5）交接双方应办理交接证书。

二、交工验收的文件资料

设备及管道防腐蚀工程交工验收时，施工单位应向建设单位提交下列资料、设计文件和设计变更文件：

（1）原材料和制成品的产品出厂合格证、材料检测报告或现场抽样的复检报告。

（2）多组分材料的施工配合比和主要技术性能的试验报告。

（3）设计变更文件和材料代用文件。

（4）修补或返工记录。

（5）隐蔽工程记录。

（6）施工技术文件、施工记录和质量验收记录，且质量验收记录应符合有关标准的规定。

第八节　工业设备及管道防腐蚀工程运行维护

从工业设备及管道防腐蚀工程全生命周期角度，除建设阶段的设计、施工、制造、工程验收等需要按照标准规定进行质量把关外，投入运行阶段的维护也是延长工业设备及管道防腐蚀工程使用寿命的重要环节，必须高度重视。

一、运行维护中的检查

工业设备及管道防腐蚀衬里和外表面涂层在投入运行后需要进行相关检查，主要考虑以下几个方面：

（1）在投入运行后，对工业设备及管道防腐蚀衬里的使用温度、压力等参数和配件维修事件等进行记录。

（2）工业设备及管道防腐蚀衬里和外表面涂层要根据运行周期和运行记录的分析结果来制订检查计划。

（3）工业设备及管道防腐蚀衬里和外表面涂层的检查部位包括表面、结构以及配件、施工接口、阀门、膨胀节等附件。

（4）在检查前，制订详细的检查方案，包括检查部位、检查项目、检查方法、检查程序、对检查人员和设备及管道采取的安全措施等。

（5）工业设备及管道防腐蚀衬里和外表面涂层在运行中的每次检查须留有检查记录。

二、检查的项目和方法

（1）工业设备及管道防腐蚀衬里和外表面涂层的检查项目包括内外表面外观、壁厚、内外表面硬度、外表面温度等。

（2）检验方法分为目测、钻孔测厚、无损测厚、硬度计测量硬度、红外测温、X 射线或超声探伤、电火花针孔检测、材料试验机检测等。

三、维修

工业设备及管道防腐蚀衬里和外表面涂层在实际工况运行后，可能会出现表面磨损、局部破坏、材料劣化和性能下降等缺陷，需要针对不同情况采取措施进行维修和维护。

工业设备及管道防腐蚀衬里和外表面涂层运行中的维修应遵循下列原则：

（1）当外观缺陷面积、针孔检测结果偏离设计值 30% 以上时，不宜修复。ISO 12944-1：2017 *Paints and Varnishes-Corrosion Protection of Steel Structures by Protective Paint Systems-Part 1：General Introduction*（以下简称“ISO 12944-1：2017”）中规定：涂层 Ri3 锈蚀面积占比大于 10% 时需要进行重涂；当运行中防腐蚀衬里或涂层的外观缺陷面积占比大于 10% 时，腐蚀介质或锈蚀极大可能已在防腐蚀层下大面积发生并延伸，故不建议修复。综合国内防腐蚀工程实际案例调研情况，将外观缺陷面积、针孔检测结果偏离设计值设定在 30%，当超过这个范围值时，不推荐做修复。

（2）当防腐蚀衬里性能、附着力、厚度或硬度检测结果偏离设计值 50% 以上，且不能满足使用要求时，不得修复。其原因是：防腐蚀衬里运行后，影响其性能的因素较多，使用环境也更复杂。BS EN 14879-2：2006 *Organic Coating Systems and Linings for Protection of Industrial Apparatus and Plants against Corrosion Caused by Aggressive Media-Part 2：Coatings on Metallic Components*（以下简称“BS EN 14879-2：2006”）中规定：运行中防腐蚀衬里或涂层的硬度或其他材料性能偏离初始检测值 50% 时，防腐蚀衬里或涂层耐蚀性能急剧降低，无法继续对设备和管道提供有效的防腐蚀保护，故不建议修复；ISO 12944-6：2018 *Paints and Varnishes—Corrosion Protection of Steel Structures by Protective Paint Systems—Part 6：Laboratory Performance Test Methods*（以下简称“ISO 12944-6：2018”）中规

定：运行中防腐蚀衬里或涂层的附着力偏离初始检测值 50% 时，防腐蚀衬里或涂层极易发生脱落，导致防腐衬里或涂层失效，故不建议修复。国家标准《建筑防腐蚀工程施工质量验收标准》GB/T 50224—2018 附录 F 规定了对材料耐腐蚀性能的判定，聚脲、橡胶和热塑性塑料的拉伸强度低于初始值 20%，纤维增强塑料制成品、块材抗压强度低于初始值 40%，衬里耐蚀性能急剧降低，无法继续对设备和管道提供有效的防腐蚀保护，故不可选用。

综合上述国内外相关标准的有关规定，结合我国防腐蚀工程应用实际情况，将防腐蚀衬里性能、附着力、厚度或硬度检测结果偏离设计值设定在 50%。当超过这个范围值时，一般不能再满足使用要求，大部分情况需直接更换或重新施工。当仍难以确定是否值得修复时，可以借助破坏性试验等措施判断是否还具有继续使用或修复的使用价值。

（3）维修方案应经原设计单位或建设单位评估。就维修而言不仅涉及防腐蚀衬里和外表面涂层，还与工业设备及管道基体的结构性能是否满足维修需要有关。因此维修方案需经原设计单位或建设单位评估。

第二章

金属基体材料

2

金属材料是指由金属元素或以金属元素为主构成的具有金属特性的材料统称。绝大多数金属材料（如 Fe、Al、Ti、Ni、Cu、Zr、Pb、Zn 等）都是由金属氧化物或金属的其他化合物矿石经过提炼得到的，纯金属、合金、金属化合物和特种金属材料等均已成为人类社会发展的重要物质基础。

金属材料通常分为黑色金属、有色金属和特种金属材料。

1. 黑色金属

黑色金属习惯上又称钢铁材料，包括铁含量为 90% 以上的工业铁、碳含量为 1.7% ~ 4% 的铸铁、碳含量小于 1.7% 的碳钢、合金元素总量小于 3.5% 的低合金钢，以及各种用途的结构钢、不锈钢、耐候钢、耐热钢、高温合金、精密合金等。广义的黑色金属还包括铬、锰及其合金。

2. 有色金属

有色金属通常指除铁、铬、锰以外的其他所有金属及其合金。其中，密度小于 $4.5g/cm^3$ 的铝、镁等称为轻有色金属；密度大于 $4.5g/cm^3$ 的铜、铅、锌等称为重有色金属；密度大于 $10.5g/cm^3$ 的金、银、铂等称为贵金属；硅、硒、碲、砷、硼等性质介于金属和非金属之间称为半金属；钛、钨、钒、锆等称为稀有金属（包含：镭、铀、钍、钚等放射性金属以及稀土金属、稀有轻金属、稀有难熔金属、稀有分散金属）等。有色合金的特点是强度和硬度一般比纯金属高、电阻值大、电阻温度系数小。

3. 特种金属

特种金属一般指不同用途的结构金属材料和功能金属材料。其中有通过快速冷凝工艺获得的非晶态金属材料，准晶、微晶、纳米晶金属材料等，还有隐身、抗氢、超导、形状记忆、耐磨、减振阻尼等特殊功能合金，金属基复合材料等。

钢铁材料在工业上广泛应用于建筑、交通、石油化工、冶金、矿山和国防等各个领域，常用的是碳钢和低合金钢。各种牌号的碳钢和铸铁耐蚀性能大致相似，是制造工业设备及管道的主材。碳钢通常对腐蚀介质具有一定耐腐蚀能力，同时碳钢设备可通过采用各种衬里、涂料、缓蚀剂或电化学等手段进行防护，因而应用范围广，低合金高强度钢因其成本只比普通碳钢高 20% ~ 30%，所以在制造工业设备及管道的主材中使用也很普遍。

金属受到环境介质化学或电化学等作用引起变质或破坏的现象，称为金属腐蚀。“腐蚀”这个术语起源于拉丁文“Corrdere”，意思为“损坏”“腐烂”，20 世纪 50 年代以前，只局限于金属的腐蚀，指金属表面与周围介质发生化学及电化学作用而产生破坏。20 世纪 50 年代之后，非金属材料迅速发展，人们把腐蚀定义为：材料（金属、非金属和复合材料等）由于与环境作用而产生的损坏。从热力学观点分析，除少数贵金属（如 Au、Ag、Pt）外，大多数金属都会与周围介质发生作用而腐蚀损坏，金属腐蚀现象是自然趋势、普遍存在，如地下金属管道腐蚀穿孔、金属构件在大气中的锈蚀、化工设备及管道与介质作用被腐蚀，尤其在高温、高压和高流速工艺条件下，腐蚀更为严重。

金属设备腐蚀会引起停工、停产，致使产品质量下降；化工设备与装置“跑、冒、滴、漏”和大量地下油、气、水输送管网泄漏，会导致环境污染、资源浪费，有时甚至造成火灾、爆炸等重大事故，这些损失比起金属本身价值要大得多、严重得多。研究防腐蚀技术，将其应用在生产中，对提升社会效益、经济效益和环境效益起到了积极作用。

国家标准《工业设备及管道防腐蚀工程技术标准》GB/T 50726—2023 以新建、改建和扩建工程为主体，形成了从以钢、铸铁为基体的工业设备及管道的本体制作、表面处理到防腐蚀衬里和外表面涂层工程设计、制造、施工、检验和验收、运行维护等完整的工程质量体系。根本目的是提高工业设备及管道防腐蚀工程设计和施工技术水平，加强防腐蚀工程质量控制，强化验收，确保工程质量，做到技术先进、安全适用、经济合理，为工业设备及管道防腐蚀工程安全性、适用性和耐久性提供可靠的技术支持。

本章围绕国家标准《工业设备及管道防腐蚀工程技术标准》GB/T 50726—2023 的内容，重点介绍了钢和铸铁（碳素钢、低合金钢和铸铁）、耐候钢、不锈钢、有色金属等的基本性能特点，设计、施工要点和工程应用，简要介绍了耐热钢、高温合金等材料，为解决与应对工程中复杂问题提供参考路径。

第一节　钢和铸铁

一、腐蚀机理

（一）金属材料腐蚀机理

从分子运动稳定性角度分析，金属材料腐蚀的本质原因：金属具有和氧气、氧化性物质、能供给质子的路易斯酸、有化合价差的路易斯碱等物质反应，生成分子结构更为稳定、自由能更低的金属或金属化合物的变化趋势。在自然环境和工业环境中绝大多数金属材料易发生腐蚀。

热力学研究表明：化学反应如果伴随着能量（自由能）的降低，这些反应都可能自发进行。金属腐蚀就是这样一种自发反应。在腐蚀环境中金属由元素态变为化合态，同时放出能量。

大多数金属和溶液接触时，同样产生自发反应倾向，金属变成金属离子进入溶液，留下相应电子在金属表面。进入溶液的离子越多，留在表面的电子也越多，由于电子对离子的吸力，金属离子化倾向越来越困难，最终达到平衡。不同的金属在不同溶液中，离子化倾向不同，金属在溶液中建立了一个平衡（电极）电位，电位低表示容易离子化，如铁、锌、镁等所谓碱金属；电位高，表示不容易离子化，如金、银、铂等贵金属。金属的标准电极电位次序可在相关技术手册中查阅。

两种不同金属在溶液中互相接触，由于电位不同将构成一个原电池。显而易见，即使在同一金属表面，因各部分物理和化学性不均一（如金属的不同结构、杂质、氧化膜和膜的破损部位）、溶液与金属接触部位不均一（如不同的浓度、成分、含氧量、温度等），导致金属表面各部分电位存在差异。电位较低部分成为阳极，较高部分成为阴极，阳极、阴极和溶液共同构成一个原电池。

电位次序对于预测金属在自然环境、工业环境中是否产生腐蚀十分有效。一般情况，电池中电位较负的金属将被氧化，电位较正的金属将被还原。当金属和酸接触时，可能产生两个主要反应，金属的氧化－还原反应和氢的氧化－还原反应。预测金属是否会被酸腐蚀可根据电位次序的高低，如锌电位比氢电位低，锌在酸中就被腐蚀，同时氢被还原放出。再如铜在还原性酸中，铜电位比氢电位高，就不会发生放氢反应，铜在酸中就不会被腐蚀。但如果酸中含有氧，氧电位比铜电位高，那么就有可能发生氧的还原和铜的氧化反应，铜就会被腐蚀。

综上所述，金属材料的腐蚀按照环境可分为：干态腐蚀、潮湿态腐蚀、有机液体和气体腐蚀、熔岩和熔渣腐蚀、熔融金属腐蚀等。

金属材料的腐蚀按形态可分为：均匀（全面）腐蚀和局部腐蚀（孔蚀、缝隙腐蚀、脱层腐蚀、晶间腐蚀、应力腐蚀、腐蚀疲劳、选择性腐蚀、磨损腐蚀、空泡腐蚀、摩振腐蚀、氢脆、氢鼓泡、氢蚀）。

金属材料的腐蚀按照机理可分为：化学腐蚀、电化学腐蚀、物理腐蚀、生物腐蚀。

（二）金属材料腐蚀过程

根据金属材料腐蚀机理，化学腐蚀、电化学腐蚀、物理腐蚀、生物腐蚀过程的特点分别为：

1. 化学腐蚀

化学腐蚀是因金属与介质发生化学作用而引起的破坏，特点是在作用过程中没有电流产生。化学腐蚀分为：

（1）金属在干燥气体中（表面没有冷凝液）发生的腐蚀。轧钢时生成的氧化皮、内燃机活塞腐蚀等都属于高温气体腐蚀。金属在高温气体中氧化，开始是通过化学反应，但氧化膜是既能电子导电又能离子导电的半导体膜，其成长过程属于电化学作用机理，故高温氧化膜腐蚀不列入化学腐蚀范畴。

（2）金属材料在不导电的非电解质溶液中的腐蚀。

2. 电化学腐蚀

电化学腐蚀与化学腐蚀的不同点在于前者在进行过程中有电流产生，按照电化学作用机理，金属腐蚀反应有一个阳极反应和一个阴极反应，并以流过金属内部的电子流和溶液中的离子流联系在一起。阳极反应是金属离子从金属转移到溶液中和放出电子的过程，即阳极溶解（氧化）过程。阴极反应是溶液中氧化性物质（如 H^+、O_2 等）接收阳极放出的电子的还原过程。电化学腐蚀是最普遍、最常见的腐蚀。

3. 物理腐蚀

物理腐蚀是金属材料由于单纯物理溶解作用而引起的破坏。许多金属设备在高温熔盐、熔碱及液态金属中发生物理腐蚀。例如铜合金和高强度铝合金与汞接触时，可能产生破裂；盛放熔融锌的钢容器，由于铁被液态锌所熔蚀，钢容器逐渐地变薄；核电站的原子能反应堆中换热器材料经常受液态金属钠、钾等熔蚀作用逐渐地减薄。

4. 生物腐蚀

生物腐蚀是由微生物影响导致的腐蚀，其实质是微生物为金属材料化学腐蚀和电化学腐蚀创造必要条件并促进了金属材料加速腐蚀。微生物腐蚀具有局部性，腐蚀坑内有黑色产物，滴加稀盐酸能放出H_2S，被腐蚀金属常呈明亮、活泼态。坑外表面呈圆形，整个蚀坑呈锥形。采用经过水质处理的循环水处置可以防止这种腐蚀。

调查统计表明，埋地金属管道约50%的腐蚀是因微生物引起的，微生物腐蚀通常是孔蚀。在海湾、沼泽、湖泊、中性土壤中钢结构腐蚀，以及铸铁管在无氧土壤中发生石墨化腐蚀均属于微生物腐蚀。

（三）钢腐蚀机理

1. 钢的腐蚀

钢是铁和渗碳体的混合物，铁素体的电位较低，渗碳体的电位较高。在电解质溶液作用下，构成了以铁素体为阳极，渗碳体为阴极的微电池网络，并产生了电流。

在阳极区，由于极性水分子的作用，铁素体被析出，呈自由状态的铁离子而进入溶液，这就是钢的溶解过程，即阳极过程：

$$Fe \rightarrow Fe^{2+}+2e$$

在阴极区，由于电位差的作用，阳极区的电子经钢本体流到阴极，被溶液中的某些物质所吸收。在通常情况下，当溶液的pH>4时，表现为氧的还原：

$$O_2+2H_2O+4e \rightarrow 4(OH)^-$$

当溶液的pH<4时，表现为氢的析出：

$$H^++e \rightarrow H, \quad H+H \rightarrow H_2\uparrow$$

阳极产物铁离子与阴极产物氢氧根离子相结合，生成初步的腐蚀产物氢氧化亚铁而沉淀：

$$Fe^{2+}+2(OH)^- \rightarrow Fe(OH)_2\downarrow$$

氢氧化亚铁进一步为溶液中的氧所氧化，转变为氢氧化铁（即铁锈）：

$$4Fe(OH)_2+O_2+2H_2O \rightarrow 4Fe(OH)_3$$

氢氧化铁的溶解度较小，呈疏松的薄膜状包覆于钢铁的表面，有一定的保护作用，但抗渗能力很弱，当溶液中有充足的氧气供应时，则腐蚀过程一直进行，直至钢全部成为铁锈为止。

2. 设备及管道腐蚀

工业设备及管道在含有SO_2、H_2S、Cl_2、HCl、NaCl、NH_3、NO_x、尘埃等物质的化工大气中，设备及管道表面水膜溶解这些物质后就成为导电性良好的电解质溶液，而加速了腐蚀。当钢铁表面与比其温度高的大气接触时，大气中水分就会在钢铁表面凝结而使钢铁表面湿润并产生结露现象，这是工业设备及管道产生大气腐蚀的基本原因。其特点是钢铁表面的液膜层很薄，阻力很小，空气中的氧气可以自由渗透，阴极过程主要是氧去极化，而钢铁变为离子的过程进行得较为缓慢。由于铁离子浓度的增加，氧容易透过液膜使阳极产生钝化。钢铁的腐蚀产物包覆于钢铁表面，具有一定保护性。钢铁在大气中的腐蚀，初期进行得很快，随着时间的推移而逐渐减慢。

相对湿度对钢铁的腐蚀速度有影响，试验表明，临界湿度范围一般为60%～70%。低于临界湿度时，钢铁表面没有连续液膜产生，化学腐蚀速度不大。当高于临界湿度时，钢铁表面形成了连续液膜，其腐蚀类型由化学腐蚀转变为电化学腐蚀，因此腐蚀速度突然增加。

大气中含灰尘，特别是腐蚀性粉尘，对于工业设备及管道腐蚀有相当大影响。灰尘具有毛细管凝聚作用。钢铁表面有灰尘的地方，特别容易结露，为钢铁腐蚀创造了条件。腐蚀性粉尘或气体溶解于钢铁表面液膜，便形成腐蚀性极强的酸、碱、盐溶液。

在电解质溶液中，不同金属材料互相接触，腐蚀电位较低的金属表面是阳极，腐蚀加速。腐蚀电位较高的金属表面是阴极，腐蚀减缓。例如，用铝铆钉来铆接钢板，铝铆钉是阳极，面钢板则成为阴极。以小阳极与大阴极构成的电偶腐蚀是最危险的；以大阳极与小阴极构成的异金属连接，危害较小。因此，螺栓、焊接材料应采用比被连接金属更为稳定的材料。这样才能使螺栓、焊缝得到阴极保护。在普通钢板上，用Cr–Ni低合金钢作为螺栓和焊接材料，可使这些连接件的腐蚀大大减缓。

3. 合金元素和加工方式对钢铁腐蚀的影响

钢中加入合金元素如果溶于铁固溶体，依据合金元素特征，可以提高或降低钢铁耐蚀性能。向钢中加入比较稳定的元素（如铜）和较易钝化的元素（如铬），可以提高钢的耐蚀性。当钢中含有既不稳定又不易钝化的元素（如硫）时，则钢的耐蚀性能要降低。当加入的元素不溶于铁固溶体而形成第二相时，则在多数情况下会使钢腐蚀稳定性降低。碳元素在钢中形成的渗碳体，随含碳量增加，使钢的耐蚀性降低。

合金元素按其对钢耐大气腐蚀稳定性的影响，大致归纳为四类：

第一类是碳和硫等元素，对钢耐大气腐蚀稳定性极其有害，将显著增加钢在大气中的腐蚀速度。在腐蚀环境中钢结构应尽量选用含碳量和含硫量较低的钢材。

第二类是锰、硅、钒、钼等元素，当其含量不大时，并不影响钢耐大气腐蚀稳定性。

第三类是铜、镍、铬、磷和钛等元素，它们将增加钢耐大气腐蚀稳定性。低合金钢耐大气腐蚀稳定性一般要比碳钢高1～1.5倍，有的甚至高2～6倍。因此，在腐蚀环境中钢结构应尽量选用低合金钢制作。

第四类是稀土元素，钢中加入稀土元素可提高钢耐大气腐蚀能力。稀土元素与铝共存，耐蚀性还可提高。

二、碳素钢、低合金钢和铸铁

钢和铸铁均为铁碳合金，差别在于含碳量不同。含碳量大于2%称为铸铁，含碳量为0.05%～1.7%时称为钢，因所含合金元素种类、数量不同，又分为碳素钢、低合金钢。

（一）钢铁耐腐蚀性能评定标准

1. 质量变化评定

钢铁腐蚀程度可由钢铁样品在腐蚀前后质量变化来评定，其腐蚀速度按公式（2–1）计算：

$$K=\frac{g_0-g_1}{S_0t} \tag{2-1}$$

式中：K——腐蚀速度［g/（m^2·h）］；

g_0——样品在腐蚀前的质量（g）；

g_1——样品在腐蚀后的质量（g）；

S_0——样品的表面积（m^2）；

t——腐蚀的时间（h）。

2. 腐蚀深度评定

用质量变化来表示钢铁腐蚀速度，没有考虑到钢铁密度的影响，密度不同时，相同样品的损失质量和表面积，显然其腐蚀深度不相同。为了更准确地表示样品耐腐蚀性能，用腐蚀深度来评定钢铁腐蚀速度更为恰当，通常用mm/a来表示，并可按公式（2–2）计算：

$$s=8.76\times\frac{K}{d} \tag{2-2}$$

式中：s——用腐蚀深度表示的腐蚀速度（mm/a）；

K——由样品质量的减少求得的腐蚀速度［g/（m^2·h）］；

d——钢铁的密度（g/cm^3）。

3. 钢铁耐蚀标准

对钢铁设备材料进行耐蚀性评定，通常执行表2–1所列的十级标准。

表2–1　钢铁设备材料耐蚀性评定标准

耐蚀性分类		耐蚀性等级	腐蚀速度 /（mm/a）
Ⅰ	完全耐蚀	1	<0.001
Ⅱ	很耐蚀	2	0.001 ~ 0.005
		3	0.005 ~ 0.01
Ⅲ	耐蚀	4	0.01 ~ 0.05
		5	0.05 ~ 0.1
Ⅳ	尚耐蚀	6	0.1 ~ 0.5
		7	0.5 ~ 1.0
Ⅴ	稍耐蚀	8	1.0 ~ 5.0
		9	5.0 ~ 10.0
Ⅵ	不耐蚀	10	>10.0

（二）碳素钢耐腐蚀性能

碳素钢在大气、土壤、海水、淡水等介质中都不耐蚀，但是在低浓度碱溶液及浓硫酸、氢氟酸等介质中，碳素钢表面能生成稳定的耐蚀钝化膜。

碳素钢耐腐蚀性能见表2–2。碳素钢在不同地区大气中暴晒5年的腐蚀速度见表2–3。A3钢在不同地区大气中暴晒1年的腐蚀速度见表2–4。

表 2–2　碳素钢耐腐蚀性能

介质及浓度 /%		温度 /℃	腐蚀速度 /（mm/a）
硝酸	<1	20	5.0 ~ 10.0
	1 ~ 70	20	>10.0
	70 ~ 80	20	0.5 ~ 1.0
	80 ~ 100	20	0.1 ~ 0.5
硫酸	<5	20	1.0 ~ 0.5
	5 ~ 60	20	>10.0
	60 ~ 70	20	1.0 ~ 5.0
	80 ~ 100	20	0.1 ~ 0.5
醋酸	<20	20	>10.0
	20 ~ 80	20	不耐
	80 ~ 99.9	20	5.0 ~ 10.0
草酸		20	5.0 ~ 10.0
氢氟酸	60	20	2.3
	62	20	1.5
	63	20	0.22
	64	20	0.05
	无水的	65	0.62 ~ 0.74
	无水的	80	1.2

介质及浓度 /%	温度 /℃	腐蚀速度 /（mm/a）
氯气	20	1.0 ~ 5.0
碳酸钠溶液	20	0.1 ~ 0.5
硫酸钠溶液	20	1.0 ~ 5.0
硫酸亚铁溶液	20	1.0 ~ 5.0
氯化钾溶液	20	5.0 ~ 10.0
氯化钙溶液	20	5.0 ~ 10.0
氰化钾溶液	20	0.5 ~ 1.0
硫化钠溶液	20	0.5 ~ 1.0
苯胺	20	0.05 ~ 0.1
苯	20	0.05 ~ 0.1
甲醇	20	0.01 ~ 0.05
丁醇	20	0.5 ~ 1.0
甘油	20	0.01 ~ 0.05
苯酚	20	0.1 ~ 0.5
工业用水	14	0.1 ~ 0.5
水杨酸溶液	20	1.0 ~ 5.0
氯磺酸溶液	20	1.0 ~ 5.0
磷酸	20	>10.0
铬酸溶液	20	0.5 ~ 1.0
氯苯	20	0.1 ~ 0.5
甲苯	20	0.05 ~ 0.1

表 2–3　碳素钢在不同地区大气中暴晒 5 年的腐蚀速度

地区	腐蚀速度 /（mm/a）	地区	腐蚀速度 /（mm/a）
北京	0.010 3	青岛	0.033 7
包头	0.006 5	武汉	0.013 3
成都	0.023 3	广州	0.022 2

表 2–4　A3 钢在不同地区大气中暴晒 1 年的腐蚀速度

地区	腐蚀速度 /（mm/a）	地区	腐蚀速度 /（mm/a）
广州	0.121	察尔汉盐湖	0.021 9
湛江	0.150	拉萨	0.005

（三）低合金钢耐腐蚀性能

为改善碳素钢性能，在钢中加入一定量的合金元素，如铬、镍、铜等（总含量不超过5%），可得到性能特殊的低合金钢。低合金钢强度比碳素钢高，耐大气腐蚀性能好。

几种低合金钢在大气中暴晒5年的腐蚀速度见表2–5。从表中可以看出，16Mn钢耐大气腐蚀性能优于Q235钢，而16MnCu钢更耐大气腐蚀。

表2–5 几种低合金钢在大气中暴晒5年的腐蚀速度

钢种	地区					
	成都	广州	武汉	北京	包头	鞍山（4年）
Q235	0.027 5/100	0.027 3/100	0.014 2/100	0.011 7/100	0.006 7/100	0.019 5/100
16Mn	0.025 8/94	0.025 0/92	0.014 1/99	0.010 0/85	0.006 7/100	0.017 0/87
16MnCu	0.021 3/77	0.020 0/73	0.010 6/75	0.008 9/76	0.006 0/90	0.013 6/70

注：表中分子为腐蚀速度（mm/a），分母为相对腐蚀速度（以Q235为100）。

几种低合金钢在海水中的腐蚀速度见表2–6。从表中可以看出，合金元素对耐海水腐蚀性的影响不如耐大气腐蚀性那样显著，少量的铜、铬、镍等合金元素的加入对耐海水腐蚀性提高无明显影响。

表2–6 几种低合金钢在海水中腐蚀速度

试验地点	期龄	部位	腐蚀速度 /（mm/a）			
			Q235	16Mn	16MnCu	15MnVCu
天津	6个月	全浸区	0.096	0.086	0.090	0.081
		潮差区	0.391	0.391	0.337	0.380
		海洋大气区	0.057	—	—	0.042
湛江	6个月	全浸区	0.135	0.120	0.100	0.113
		潮差区	0.283	0.305	0.319	0.385
		海洋大气区	0.108	—	—	0.075

（四）铸铁耐腐蚀性能

铸铁一般分普通铸铁和合金铸铁。普通铸铁按化学成分、制造方法和碳的存在形态，可分为灰铸铁、可锻铸铁、球墨铸铁、白口铸铁。合金铸铁按用途分耐蚀铸铁、耐热铸铁和耐磨铸铁。

1. 普通铸铁耐腐蚀性能

在普通铸铁中，碳含量越高，石墨和渗碳体含量就越高。由于在普通铸铁中渗碳体的阴极性比铁素体强，而石墨又比渗碳体阴极性强，所以大量石墨和渗碳体的存在使普通铸铁中形成了许多微电池，从而降低了普通铸铁耐腐蚀性能。

（1）普通铸铁在酸中腐蚀。在非氧化性酸中，大量石墨的存在促进了氢去极化腐蚀，所以普通铸铁腐蚀速度比碳钢高。普通铸铁不耐任何浓度盐酸腐蚀，也不耐任何浓度和温度下磷酸腐蚀。普通铸铁在氧化性酸中石墨组织促进了钝化，所以普通铸铁耐蚀性比碳钢高。普通铸铁在浓度 35% 以上硝酸中有钝化倾向；硝酸浓度高于 50% 时，腐蚀率较低；当硝酸浓度高达 60% 时，会引起铁碳合金过钝化破坏。普通铸铁在稀硫酸中腐蚀很快，一定条件下随着硫酸浓度增高，铁表面生成保护膜。在浓度 70% 硫酸中会发生钝化，低于这个浓度就会引起腐蚀。醋酸、丁酸、草酸、柠檬酸和乳酸，甚至在低浓度下也能严重地腐蚀普通铸铁。

（2）普通铸铁在碱溶液中腐蚀。普通铸铁和钢一样，对碱溶液有相当好的耐蚀性，浓度超过 70%、温度接近沸点的 NaOH，对普通铸铁腐蚀速率迅速增加。

（3）普通铸铁在中性溶液、大气、土壤中腐蚀。普通铸铁对大多数中性溶液有相当好的耐蚀性，其腐蚀速度随溶液中盐含量、温度和通氧量提高而增大。普通铸铁在常温蒸馏水中腐蚀速度为 0.254mm/a，在海水中腐蚀速度为 0.203mm/a。

普通铸铁在大气和多数土壤中耐蚀性均为良好。

（4）普通铸铁在部分介质中的耐腐蚀性能见表 2–7。

表 2–7　普通铸铁在部分介质中的耐腐蚀性能

介质及浓度 /%		温度 /℃	腐蚀速度 /（mm/a）
硝酸	5 ~ 67	15 ~ 45	不可用
硫酸	61 ~ 100	20	0.07 ~ 0.2
	98	100	<3.6
盐酸	0.4 ~ 浓	—	不可用
氢氟酸		常温	不耐蚀
氢氧化钠		常温	可用
氢氧化钠（熔融）		510	0.645 ~ 3.43
二氧化硫（干燥）		>100	耐蚀
氯	干燥	—	耐蚀
	潮湿	—	耐蚀性差
氯化氢	100	<100	耐蚀
	100	100	1.10
氯化钠		<60	可用
醋酸	8 ~ 63	20 ~ 沸点	>10
	78 ~ 83	20	>6
	98 ~ 100	20	<1.0
海水		—	0.203
丙酮		—	可用

2. 合金铸铁耐腐蚀性能

合金铸铁中耐蚀铸铁主要合金元素是铬、镍、铜和硅。硅能促使铸铁在氧化性介质中形成保护性氧化膜。镍能提高铸铁对还原性酸和苛性碱的耐蚀性。铬有助于形成保护性氧化膜以抵抗氧化性酸腐蚀，但对还原性酸腐蚀无效。

常见的耐蚀铸铁品种有高硅铸铁、高铬铸铁、高镍铸铁等。

（1）高硅铸铁耐腐蚀性能。含硅量大于 14.5% 的高硅铸铁，耐 30% 以下沸腾硫酸腐蚀，对任何浓度和温度有机酸溶液都耐蚀，但对热强碱耐蚀性较差，不耐氟化氢或氢氟酸腐蚀。

（2）高铬铸铁耐腐蚀性能。高铬铸铁对硝酸和亚硫酸盐溶液耐蚀性极好，对亚硫酸盐废液和室温下次氯酸、漂白液、磷酸、硫酸铵、尿素、氢氧化钠、氢氧化钾等介质都耐蚀。高铬铸铁不耐盐酸、氢氟酸等还原性介质腐蚀。

（3）高镍铸铁耐腐蚀性能。高镍铸铁对高温、高浓度碱液和熔融碱都耐蚀。也耐许多酸腐蚀，但耐蚀性并不是特别好。在碱中使用要比在酸中使用更能体现其优越性。高镍铸铁对海洋大气、海水和中性盐溶液都很耐蚀。高镍铸铁抗缝隙腐蚀和孔蚀的能力比不锈钢高。

三、耐候钢

钢铁未加保护在大气中容易生锈，但含铜量 0.05% ~ 0.20% 的钢耐大气腐蚀性有所改善。为获得最佳耐大气腐蚀性能、良好力学性能和焊接性能，往往在含铜钢中加入多种合金元素。耐候钢即耐大气腐蚀钢。

我国耐候钢分为焊接结构用耐候钢和高耐候性结构钢。

（一）焊接结构用耐候钢

焊接结构用耐候钢是在钢中加入少量合金元素（如 Cu、Cr、Ni、Mo、Nb、Ti、Zr、V 等），使其在金属基体表面形成保护层，以提高钢材耐候性，同时保持钢材具有良好焊接性能。

（1）焊接结构用耐候钢牌号及化学成分见表 2–8。

（2）焊接结构用耐候钢的力学性能见表 2–9。

表 2–8　焊接结构用耐候钢牌号及化学成分

牌号	化学成分 /%						
	C	Si	Mn	P	S	Cu	Cr
16CuCr	0.12 ~ 0.20	0.15 ~ 0.35	0.35 ~ 0.65	≤ 0.040	≤ 0.040	0.20 ~ 0.40	0.20 ~ 0.60
12MnCuCr	0.08 ~ 0.15	0.15 ~ 0.35	0.60 ~ 1.00	≤ 0.040	≤ 0.040	0.20 ~ 0.40	0.30 ~ 0.65
15MnCuCr	0.10 ~ 0.19	0.15 ~ 0.35	0.90 ~ 1.30	≤ 0.040	≤ 0.040	0.20 ~ 0.40	0.30 ~ 0.65
15MnCuCr–QT	0.10 ~ 0.19	0.15 ~ 0.35	0.90 ~ 1.30	≤ 0.040	≤ 0.040	0.20 ~ 0.40	0.30 ~ 0.65

表 2–9　焊接结构用耐候钢的力学性能

牌号	钢材厚度 / mm	屈服点 σ_s/MPa ≥	抗拉强度 σ_b/MPa	伸长率 δ_s/% ≥	冷弯试验（180°）	V 形缺口冲击试验				
						等级	钢材厚度 / mm	试样方向	温度 / ℃	平均冲击功 /J ≥
16CrCu	≤ 16	245	402	22	*d*=*a*	A	12 ~ 15	纵向	—	—
	16 ~ 40	235		24	*d*=2*a*	B			0	27.5
	>40	216	382	22		C			20	27.5
12MnCuCr	≤ 16	294	421	22	*d*=2*a*	A			0	—
	16 ~ 40	284		24	*d*=3*a*	B			—	27.5
	>40	265	412	22		C			−20	27.5
15MnCuCr	≤ 16	343	490	20	*d*=2*a*	A			—	—
	16 ~ 40	333		22	*d*=3*a*	B			0	27.5
	>40	312	470	20		C			−20	27.5
15MnCuCr–QT	≤ 16	441	549 ~ 696	20	*d*=2*a*	—			−20	31.4
	16 ~ 40	431		22	*d*=3*a*					
	>40	412		20						

注：*d* 为弯心直径，*a* 为钢材厚度。

（二）高耐候性结构钢

在钢中加入少量合金元素（如 Cu、P、Cr、Ni、Mn、Nb、Ti、Zr、V 等），使其在金属基体表面形成保护层，以提高钢材耐候性能。这类钢耐候性能比焊接结构用耐候钢好，所以称作高耐候性结构钢。

（1）高耐候性结构钢牌号及化学成分见表 2–10。

（2）高耐候性结构钢的力学性能见表 2–11。

（3）高耐候性结构钢冲击试验见表 2–12。

表 2–10　高耐候性结构钢牌号及化学成分

牌号	化学成分 /%							
	C	Si	Mn	P	S	Cu	Cr	Ni
0.9CuPCrNi–A	≤ 0.12	0.25 ~ 0.75	0.20 ~ 0.50	0.07 ~ 0.15	≤ 0.040	0.25 ~ 0.55	0.30 ~ 1.25	≤ 0.65
0.9CuPCrNi–B	≤ 0.12	0.10 ~ 0.40	0.20 ~ 0.50	0.07 ~ 0.12	≤ 0.040	0.25 ~ 0.45	0.30 ~ 0.65	0.25 ~ 0.50
0.9CuP	≤ 0.12	0.20 ~ 0.40	0.20 ~ 0.50	0.07 ~ 0.12	≤ 0.040	0.25 ~ 0.45	—	—

表 2-11　高耐候性结构钢力学性能

牌号	交货状态	厚度 /mm	屈服点 σ_s/MPa	抗拉强度 σ_b/MPa	伸长率 δ_s/%	冷弯试验（180°）
0.9CuPCrNi-A	热轧	≤ 6	≥ 343	≥ 480	≥ 22	$d=a$
		>6				$d=2a$
0.9CuPCrNi-B		≤ 6	≥ 294	≥ 431	≥ 24	$d=a$
		>6				$d=2a$
0.9CuP		≤ 6	≥ 294	≥ 412	≥ 24	$d=a$
		>6				$d=2a$
0.9CuPCrNi-A	冷轧	≤ 2.5	≥ 314	≥ 451	≥ 26	$d=a$
0.9CuPCrNi-B			≥ 265	≥ 402	≥ 27	
0.9CuP						

注：d 为弯心直径，a 为钢材厚度。

表 2-12　高耐候性结构钢冲击试验

牌号	V 形缺口冲击试验			
	厚度 /mm	温度 /℃	试样方向	平均冲击功 /J
0.9CuPCrNi-A	12 ~ 16	0	纵向	≥ 27.5
0.9CuPCrNi-B				
0.9CuP				

（三）高耐候钢 10PCuRE

高耐候钢 10PCuRE 于 20 世纪 60 年代在上海研制成功，具有强度高、韧性好、易焊接的特点。

1. 物理化学性能

经过几十年的工程实践，高耐候钢 10PCuRE 是化工领域一种较理想的钢材。

（1）力学性能见表 2-13。

表 2-13　高耐候钢 10PCuRE 的力学性能

钢种	屈服点 σ_s/MPa	抗拉强度 σ_b/MPa	伸长率 δ_s/%	冷弯试验（$d=2a$，180°）	平均冲击功（-40℃）/J
10PCuREA	≥ 350	≥ 480	≥ 22	合格	≥ 27
10PCuRE	≥ 320	≥ 420	≥ 24	合格	≥ 27

注：d 为弯心直径，a 为钢材厚度。

（2）化学成分见表 2–14。

表 2–14　高耐候钢 10PCuRE 化学成分

元素名称	含量 /%	元素名称	含量 /%
C	0.51	P	0.29
Mn	0.51	Cu	0.29
Si	0.24	RE	0.037
S	0.025		

2. 耐腐蚀性能

（1）海南挂片 5 年的试验结果见表 2–15。

表 2–15　海南挂片 5 年的试验结果

试验钢种	腐蚀前质量 /g	腐蚀后质量 /g	5 年内减少的质量 /g	相对腐蚀率 /%
10PCuRE	434 ~ 443	300 ~ 361	134 ~ 82	52 ~ 31
08 钢	357 ~ 367	101	256 ~ 266	100

（2）厦门大气中暴晒试验结果见表 2–16。

表 2–16　厦门大气中暴晒试验结果

试验钢种	试验时间 /a	均匀腐蚀量 /（mg/cm²）	相对腐蚀率 /%
10PCuRE	0.5	29.21	85
BY3		34.22	100
10PCuRE	1.0	39.25	65
BY3		60.38	100
10PCuRE	2.5	117.25	45
BY3		261.67	100

（3）上海某工业区大气中暴晒试验结果见表 2–17。

表 2–17　上海某工业区大气中暴晒试验结果

试验钢种	试验时间 /a	腐蚀速度 /［mg/（cm²·h）］（质量评定）	相对腐蚀率 /%（质量评定）	腐蚀速度 /（mm/a）（深度评定）	相对腐蚀率 /%（深度评定）
10PCuRE	0.5	0.112 0	72	0.126 0	73
08 钢		0.152 4	100	0.171 2	100
10PCuRE	1.0	0.074 97	87	0.084 20	87
08 钢		0.086 18	100	0.096 79	100
10PCuRE	2.5	0.048 19	67	0.054 13	67
08 钢		0.071 96	100	0.080 82	100

（4）实验室模拟快速腐蚀试验。

1）盐雾快速腐蚀试验：在 0.5%NaCl 盐雾介质中 149h，10PCuRE 钢腐蚀量为 BY3 的 86% ~ 91%；在 3%NaCl 盐雾介质中 144h，10PCuRE 钢腐蚀量为 BY3 的 78%。耐久性腐蚀试验表明：在 0.5%NaCl 盐雾介质中，10PCuRE 钢腐蚀量为 BY3 的 59% ~ 62%；在 3%NaCl 盐雾介质中，10PCuRE 钢腐蚀量为 BY3 的 40%。

10PCuRE 强度损失比 BY3 钢少。在 3%NaCl 盐雾介质中，当 10PCuRE 钢屈服强度损失 3% 时，BY3 钢已达 8%；在 0.5%NaCl 盐雾介质中，当 10PCuRE 钢屈服强度损失 2% 时，BY3 钢已达 10%。这说明 10PCuRE 是一种极好的耐大气腐蚀结构钢。

2）全浸快速腐蚀试验：全浸溶液为 3%NaCl，龄期为 60d、90d、150d，10PCuRE 钢均匀腐蚀量为 BY3 钢的 83% 左右，90d 龄期 10PCuRE 钢强度损失 σ_s 为 0.2%，而 BY3 钢强度损失 σ_s 为 2%、σ_b 为 5%。

在 3%NaCl+100%H_2O 介质中加速腐蚀试验时，全浸 6d 均匀腐蚀量为 3%NaCl 全浸 60d 腐蚀量的 4 倍。当 10PCuRE 钢强度损失 σ_s 为 6% 时，BY3 钢已达 13%。

3. 耐蚀性特点

（1）在金属表面有自主合金富集层（钝化层），不仅减缓了腐蚀反应过程，同时增强了金属和涂层粘合能力，提高了自身保护性能。

（2）钢种金属破坏形式呈均匀腐蚀，锈层结构致密，锈粒细小，锈膜牢固不易脱落，能有效抑制氧和腐蚀性介质的渗透和扩散。随着时间延长，抑制作用增大，腐蚀速度减缓，耐蚀性更加明显。

（3）腐蚀后强度损失较少，比碳钢平均少 7%。

（4）具有良好的耐大气腐蚀性，比普通碳钢约提高 2.5 倍以上。

4. 焊接性能

试验表明，10PCuRE 钢的可焊性能良好，同钢种和异钢种的焊缝力学性能和耐蚀性均获得了满意效果。在焊接件腐蚀后，焊缝的强度仍超过母材。焊接方式为手工焊或自动焊，焊条可采用抗蚀元素药皮过渡或以本钢种线材作焊芯制作的专用焊条焊接。

5. 产品规格

10PCuRE 无缝管规格见表 2-18，型材规格包括：钢窗及钢窗料、角钢（等边、不等边）、小元钢、扁钢、热轧带钢、冷弯型钢、冷轧带钢、薄板等。

表 2-18 10PCuRE 无缝管规格

交货状态	外径 /mm	壁厚 /mm	定尺 /m
热轧管	ϕ57 ~ ϕ121	4 ~ 20	3 ~ 9
冷拔管	ϕ5 ~ ϕ57	0.5 ~ 10	最长 18

四、钢铁材料设计、施工要点

工程建设中以碳素钢、低合金钢为代表的钢制和铸铁制工业设备及管道，其设计和施工最基本的要求是保证材料基面与处理符合一定的质量规定。

在国家标准《工业设备及管道防腐蚀工程技术标准》GB/T 50726—2023 中，对金属基体材料引用相应标准，并保留了原施工和验收规范基体表面处理方法、基体表面处理等级、表面粗糙度等级等相关内容。

（一）设计文件选择基体表面处理方法

（1）当基体需要防腐蚀衬里时，应采用喷射或抛射清理。

（2）当基体需要外表面涂层时，宜采用喷射或抛射清理。

（3）当无法进行喷射和抛射清理或基体表面处理要求不高时，可采用动力工具或手工工具清理。

（二）设计文件规定基体表面处理等级

（1）衬里的基体表面处理等级应按表 2–19 确定。

表 2–19　衬里的基体表面处理等级

衬 里 类 别	基体表面处理等级
铅衬里（搪铅）、金属热喷涂层、涂料衬里（烘烤型酚醛涂料）	Sa3 级
纤维增强塑料衬里、橡胶衬里、涂料衬里、热塑性塑料衬里（粘接法）、玻璃鳞片衬里、喷涂聚脲衬里	Sa2 $\frac{1}{2}$级
氯丁胶乳衬里、砖板衬里	Sa2 级或 St3 级
铅衬里（衬铅）、热塑性塑料衬里（非粘接法）	Sa1 级或 St2 级

注：1　金属热喷涂层的基体表面处理等级适用于其在设备及管道外表面层的处理等级。

2　砖板衬里采用隔离层时，根据隔离层的类型确定基体表面处理等级。

（2）外表面涂层的基体表面处理等级宜按表 2–20 确定。

表 2–20　外表面涂层的基体表面处理等级

涂 料 类 别	基体表面处理等级
无机富锌、环氧富锌、环氧磷酸锌、环氧酚醛、有机硅、无机硅和氯化橡胶类（底涂层）涂料	Sa2 $\frac{1}{2}$级
环氧类、聚氨酯类、丙烯酸类、高氯化聚乙烯类、乙烯基酯树脂玻璃鳞片、酚醛类、醇酸类和环氧铁红（底涂层）涂料	Sa2 级或 St3 级
冷涂锌（底涂层）涂料	Sa2 $\frac{1}{2}$级

（三）设计文件规定基体表面粗糙度等级

（1）喷射或抛射清理后的基体表面粗糙度等级应符合表 2–21 的规定。

表 2–21　基体表面粗糙度等级

等级	粗糙度范围 Rz/μm	
	丸粒磨料	砂粒磨料
细	25 ~ 40	25 ~ 60
中	40 ~ 70	60 ~ 100
粗	70 ~ 100	100 ~ 150

（2）喷射或抛射清理后的基体表面粗糙度不得大于防腐蚀涂层设计厚度的 1/3。

（四）设计文件其他规定

（1）化工厂的钢结构可用 10PCuRE 钢，特别是室外钢结构。高耸结构（如塔架）使用该钢种制作，可提高结构的耐久性。

（2）钢结构的连接件（如节点板）必须采用同一钢种制作，不能采用碳钢制作，否则将影响结构的整体耐蚀性。

（3）焊接结构必须采用配套的专用焊条。

（五）喷射或抛射清理施工

（1）采用喷射或抛射清理时，应采取防止粉尘扩散的措施。

（2）喷射或抛射清理使用的压缩空气应干燥、洁净，不得含有水分和油污。

（3）喷射、抛射清理用金属磨料和非金属磨料，其质量应符合相关标准规定。

（4）当喷射清理薄钢板时，磨料粒度、空气压力、喷射距离和角度应及时调整。

（5）采用喷射或抛射清理时，不得损伤对基体表面不需要处理的螺纹、密封面及光洁面。

（六）动力工具或手工工具清理施工

（1）动力工具清理时，可采用电动钢丝刷、电动砂轮等工具。

（2）手工工具清理时，可采用钢丝刷、砂纸、铲刀等工具。

（3）采用动力工具或手工工具清理时，不得使基体受损或变形。

（七）基体表面处理其他施工

（1）表面处理后可溶性氯化物残留量应符合设计要求且不宜大于 50mg/m^2。

（2）处理合格的基体表面在涂装底涂层涂料前应保持干燥和洁净，当发生再度污染或锈蚀时，应重新进行表面处理。

（3）基体表面处理后应及时进行衬里施工或涂装底涂层涂料，间隔时间不宜大于 4h。

五、工程应用

（一）光伏发电行业

1. 平单轴跟踪支架主要材料要求

钢材：钢板 Q235-B 和 Q355-B、冷弯薄壁型钢、热浸锌支架（镀锌层厚度大于或等于 80μm），用于光伏支架防腐蚀，满足大于 25 年安全使用要求；

焊条：E43 和 E55；

螺栓：檩条、支撑连接螺栓，性能等级大于或等于 5.6 级；支架立柱与基础桩顶预埋螺栓连接；横梁与立柱连接节点采用可增强结构整体协调变形铰接连接。

2. 平单轴跟踪支架结构

支架由立柱、斜梁、斜撑、调节机构等组成。支架与基础为刚接，立柱、斜撑与横梁、斜撑与立柱等均为铰接。

3. 支架技术要求

平单轴系统属于长期转动机构，传动机构间长期摩擦，容易出现磨损、锈蚀等问题，影响精度、使用寿命，传动部位采用耐磨耐腐蚀耐老化材料。转动部位应采用专用轴承，禁止采用螺栓、销轴等方式。驱动系统具有大于或等于4点带自锁功能驱动机构。

4. 平单轴跟踪支架基础

场址区通常生态环境脆弱，从环保、进度、造价、地质条件以及应用情况等因素出发，并充分考虑施工周期和造价等，支架基础推荐外露地面高度0.5m，入土约2.5m，最终桩长、桩型及基础型式应结合试桩结果综合考虑优化调整。

（二）直驱永磁风力发电机定子表面防腐蚀

1. 工装、设备机具、主辅材料

直驱永磁风力发电机定子表面防腐蚀作业需要的工装、设备机具、主辅材料见表2–22。

表2–22 工装、设备机具、主辅材料

序号	设备机具		主辅材料
	类别	名称	
1	设备机具	起重机（行车）	环氧耐热耐蚀底涂料
2		风动抛光机	高固含环氧富锌底涂料
3		—	环氧涂料
4		手动/电动钢丝刷	丙烯酸聚氨酯面涂料
5		刀片/调墨刀	面涂料配套固化剂
6		涂料刷	面涂料配套稀释剂
7		涂料配制容器	氟碳表面涂料（磁）
8		塑料/橡胶刮板	表面涂料（磁）配套固化剂
9		多功能扳手	表面涂料（磁）配套稀释剂
10		—	防护布
11	量具	漆膜测厚仪	防护服、手套
12		电火花测试仪	防毒面具

2. 施工工艺过程

（1）在支架表面防腐蚀施工前，先将定子表面和线圈端部用专用布进行定子表面防护。

（2）定子支架上防护布上端用绳子系住，保证线圈端部全部被包入防护布内。

（3）将防护布下端全部塞入线圈端部与围板之间，将防护布下端用绳子系住。

（4）为避免涂料污染电缆线和温度传感器，对电缆线和温度传感器进行防护。

（5）将电缆线装入电缆线防护套并移入U形槽内。

（6）将电缆线分组绑成卷并采用塑料膜防护。

3. 定子中法兰止口面特别防护

（1）中法兰止口面有油污时使用清洁抹布蘸稀释剂擦拭；无油污时使用清洁抹布擦净。

（2）用防护帽将螺孔盖住，防止涂料等进入螺孔。

4. 支架表面清理

（1）检查喷涂位置打磨情况，如有较厚的未打磨区或打磨不合格区（表面厚度应满足190～500μm）需用风动抛光机（装千叶片）打磨至合格。

（2）绝缘涂膜较薄或不宜用风动抛光机的地方可用铲刀将涂膜铲净。

（3）清理要求：整体打磨毛糙，表面基本平整，无明显绝缘涂膜。

（4）结构复杂边角、框，必须打磨彻底并满足附着力要求。

（5）吹扫打磨后的残渣和灰尘。

（6）使用清洁抹布清除定子支架表面浮尘。

5. 涂装施工步骤

（1）涂料调配与熟化。

（2）喷枪顺着支架表面有序喷涂。

（3）为保证涂膜平整、无流挂现象，且厚度达到要求，需进行第二次喷涂。

（4）将涂料凸瘤或尺寸超差处铲刮平整，用毛刷蘸取配置好的涂料补刷。

（5）如定子表面涂层需加快固化，可按80℃、2h加热烘干固化处理。

6. 涂膜质量检验

（1）目测检查面涂膜平整，颜色均匀一致，光亮，无气泡、针孔、橘皮、流挂、粗粒等不良缺陷，肉眼看不到机械杂质和污浊。

（2）使用漆膜测厚仪对防腐蚀涂层厚度进行检测，要求漆膜厚度为240～600μm。

（三）某炼油厂ND钢应用

我国研制的09CrCuSb钢（ND钢）是一种新型的低合金结构钢，具有良好的耐硫酸露点腐蚀性能，与其他钢种如低碳钢、Cor-Ten、CRIA等相比，ND钢具有优良的耐腐蚀性能和力学性能。

1. 省煤器应用实例

省煤器管束以前常用碳钢无缝管制作，其寿命为二至三个月。自1995年7月开始，先后在1#、2#和3#催化余热锅炉省煤器上使用了ND钢，效果明显。其中2#催化省煤器从1995年7月使用到1998年7月，寿命达3年，自1998年7月第二次更换ND钢省煤器后使用超过3年，1#催化省煤器自1996年12月投用至2001年2月份大修更新，寿命达到4年2个月，取得了较好的经济效益。

2. 冷换设备应用实例

丙烷装置冷却器管束随着原油性质的变化腐蚀明显加剧，其中1#～14#和2#～4#管束尤为突出。这两台冷却器管束均为1996年5月投用，采用Ni-P化学镀防腐管束，运行不到半年就发生腐蚀穿孔泄漏，2#～4#管束从1996年9月20日第一次泄漏到1997

年7月先后抢修6次。每次抢修，该设备切出系统，降温降量，给装置正常生产和安全带来较大影响，对2#～4#管束表面焦质腐蚀物分析可以看出，焦质中含镍量高，这与抽芯检查发现原Ni–P化学镀层剥落相吻合，同时焦质中的硫含量达14.4%，铁含量达36.87%，这说明因镀层损坏而造成的硫对基体的腐蚀是比较严重的。

从1997年12月开始，该厂将ND钢管先后应用于1#～14#和2#～4#管束上，经生产考验，其使用寿命都在2年以上，其中2#～4#管束自1997年12月投用，寿命4年，是原来碳钢+Ni–P化学镀防腐管束寿命的7～9倍，取得了明显的效果。

第二节 覆面钢材

钢铁材料及其装备表面覆盖各种保护层可有效防止腐蚀发生，一般分金属保护层和非金属保护层。金属保护层施工比较复杂，但与非金属保护层相比，其性能稳定、强度高、韧性好、导电，与钢铁基层粘结力强，所以常在腐蚀环境严重和要求较长服役期的结构中使用。

一、腐蚀机理

从分子运动稳定性角度分析，金属和空气中氧、介质中氧化性物质等生成分子结构更为稳定、自由能更低的金属或金属化合物，就是金属材料腐蚀的趋势或本质所在。“金属腐蚀是冶金的逆过程”，任何金属材料的防腐蚀原理都是基于隔绝、阻碍、阻缓、延缓这类反应的发生，覆面钢材也不例外，不论采用金属保护层还是非金属保护层，其根本目的也都是“隔绝、阻碍、阻缓、延缓”腐蚀发生的过程，从而显著提高生产各个环节的社会效益、经济效益和环境效益。

（一）金属保护层

防护原理：将钢或铸铁制工件浸入熔融金属锌槽进行镀覆过程，从而在表面形成纯镀锌层、次表面锌合金化镀层，实现对钢铁的保护作用。热浸锌层较致密，能有效阻碍腐蚀介质浸入基体，实现对钢铁的阴极保护。

喷涂锌、铝及合金等金属喷涂层作为阳极对钢铁构件进行阴极保护，若再采用防腐蚀涂料封闭表面形成长效复合涂层，较厚涂层有效阻止腐蚀介质浸入钢铁基体。

（二）非金属保护层

防护原理：采用涂料、包覆等方式对钢或铸铁制工件实施保护。比如将纯锌粉溶于溶剂、助剂和成膜物质内形成富锌底涂层，借助成膜物固化于工件表面，一方面隔绝腐蚀介质浸入钢材而达到防护效果，另一方面富锌对工件具有阴极保护作用，成膜物多为有机物或其他非金属材料，随着时间延长，环境变化，这些有机物或非金属材料有效隔绝、阻碍了腐蚀发生过程。

覆面钢材腐蚀，除遵循本章第一节中表述的“金属材料腐蚀机理”外，其防护措施更多是将腐蚀源和被保护“钢或铸铁材料”隔开。金属表面涂、镀、渗、衬耐腐蚀材料都属于这一类。工业设备及管道所采用的防腐蚀内衬材料，无论是树脂、橡胶、玻璃鳞片衬里、喷涂聚脲衬里、涂层、氯丁胶乳衬里、热塑性塑料等高分子材料，还是砖板等无机材料，铅等金属材料，都是基于覆面钢材腐蚀与防护的基本原理，这正是国家标准《工业设备及管道防腐蚀工程技术标准》GB/T 50726—2023的核心内容，也是本手册讲述的主要内容。

二、金属喷镀层

按电化学性质，金属喷镀层可分为阳极性喷镀层、阴极性喷镀层。

1. 阳极性喷镀层

喷镀层金属电极电位比基体金属负时，喷镀层称为阳极性喷镀层。此时金属喷镀层是阳极，被保护的金属是阴极，在使用过程中，若喷镀层完整性受到破坏，它仍可借助电化学作用原理继续保护基体金属不受腐蚀，但喷镀层金属腐蚀速度要加快。这种保护特性只在一定保护范围内有效。阳极性喷镀层的保护能力，主要取决于喷镀层的厚度，厚度越厚，保护作用越强。作为阳极性喷镀层的金属有锌、铝、镉等。

2. 阴极性喷镀层

喷镀层金属电极电位比基体金属正时，喷镀层称为阴极性喷镀层。阴极性喷镀层只能机械地保护基体金属不被腐蚀，其作用和涂料一样。当喷镀层完整性较差或被破坏之后，喷镀层与基体金属之间形成小阳极—大阴极腐蚀电池，从而加速基体金属腐蚀。阴极性喷镀层保护能力取决于喷镀层孔隙率和厚度，喷镀层越厚，孔隙率越低，保护作用越强。作为阴极性喷镀层的金属有镍、铬、铜等。

（一）钢结构用金属面层种类与特点

工业领域钢结构防腐蚀多采用阳极性喷镀层，即锌、铝、镉金属覆面层。

1. 镀锌

钢铁表面锌镀层在中性到微碱性介质中耐蚀性很强，但锌镀层不耐强酸、强碱和海水腐蚀。温度超过60℃的热水（包括淡水和蒸馏水），锌层对于钢变为阴极保护层，只能机械地保护钢不被腐蚀。

在大气中，锌的腐蚀速度非常缓慢，为钢的1/10~1/25，锌表面产生致密氧化膜，对内部钢材起着保护作用。

（1）锌层在我国南方地区的腐蚀速度见表2–23。

表2–23　锌层在我国南方地区的腐蚀速度/（μm/a）

地区		腐蚀速度
上海	室外	3.2
	室内	0.52
海南	室外	0.66
	室内	0.013
广州	室外	0.66
	室内	0.052

（2）锌层在不同地区环境中估计耐用年限见表2–24。

表2–24 锌层在不同地区环境中估计耐用年限

腐蚀环境	锌层质量（厚度）					
	400g/m²（57μm）		500g/m²（71μm）		600g/m²（86μm）	
	年腐蚀量/（g/m²）	使用年数/a	年腐蚀量/（g/m²）	使用年数/a	年腐蚀量/（g/m²）	使用年数/a
重工业	40.1	9	40.6	11	40.1	13
海岸	10.8	33	10.9	41	10.8	50
郊外	5.4	67	5.2	86	5.2	104
市内	17.5	21	17.7	25	17.7	30

（3）锌层在不同国家和区域露天大气环境中腐蚀速度见表2–25。

表2–25 锌层在不同国家和区域露天大气环境中腐蚀速度/（μm/a）

腐蚀环境	中国	英国、美国	苏联
干燥农村大气	0.53 ~ 0.6	0.5	—
潮湿农村大气	—	0.4	0.51 ~ 1
湿热半工业大气	1 ~ 1.5	—	—
工业大气	2 ~ 2.5	4 ~ 1.5	2 ~ 6
海洋大气	海南：0.1 ~ 1 青岛：6.3 ~ 8	4 ~ 20	1 ~ 3

2. 镀铝

钢铁表面铝镀层具有抗氧化性酸腐蚀能力，在SO_2、SO_3、H_2S等气体中较稳定，对大气和含氯离子的水具有耐蚀性。实验表明：锌镀层在海水中产生强烈的腐蚀，但铝镀层在海水中可浸渍19年。

3. 镀镉

钢铁表面镉镀层是阳极性镀层。镉形成的原电池电位差低于锌形成的原电池电位差。在潮湿和海洋大气环境条件下，镉层耐蚀性比锌层高。镉氯化物溶解性小，具有较大的保护性。镉硫酸盐可溶性较大，对工业大气耐蚀性比锌差。镉层在潮湿室外环境下，一般来说优于锌层。在室内，镉层以抛物线规律腐蚀，而锌层却以直线规律腐蚀。与锌层相比，镉层更能有效减缓不同金属接触时的电偶腐蚀，但与镁合金电偶腐蚀除外。镉层比锌层软，强度较低，同时镉盐有毒，价格也比锌高。镉层在我国南方地区的腐蚀速度见表2–26。

表 2-26　镉层在我国南方地区的腐蚀速度 / (μm/a)

地区		腐蚀速度
上海杨树浦	室外	5.2
	室内	0.94
海南榆林	室外	0.21
	室内	0.013
广州	室外	0.62
	室内	0.21

（二）金属喷镀层施工工艺

工业领域包括化工钢结构金属覆面防腐蚀主要施工工艺有电镀、喷涂和热浸镀三种。

1. 电镀

电镀是在直流电作用下，金属盐水溶液中金属离子被试剂还原成金属，沉积在基材表面的过程。带正电荷金属离子同电子作用，在钢铁表面发生还原反应，结果形成了保护性能良好的金属覆盖层，金属析出量与通过溶液电量成正比。

2. 喷涂

喷涂是用压缩空气将熔融金属雾化成微粒，喷射在预先准备好的金属构件表面形成金属保护层的过程。喷涂工艺设备简单，可喷的金属种类多，基本上不受被喷构件尺寸、形状限制，亦不受施工场所限制。在车间、现场均可施工，所以应用较为广泛。金属喷涂可分为粉末喷涂、金属丝喷涂和离子喷涂等。金属丝喷涂是常用方法之一。

当熔融金属微粒与被保护构件表面碰击时，微粒变成鳞片状互相重叠形成多层构造覆盖层附着在构件表面。该保护层不与被保护金属形成合金或焊合，所以附着力较低。与电镀层相比，喷涂层孔隙率较高，但可以得到较厚涂层。在喷涂层表面再进行防腐蚀涂层保护，可以大幅提高喷涂层耐腐蚀能力。不易进行电镀的大型构件，可以采用简便且防护效果好的喷涂方法。

这部分技术内容在国家标准《工业设备及管道防腐蚀工程技术标准》GB/T 50726—2023 第 14 章“金属热喷涂层”中已经作出相关规定。即金属热喷涂层适用于常压工业设备及管道的表面防护；设备、管道和钢构件表面的金属热喷涂层应包括线材火焰或电弧喷涂锌、锌铝合金、铝和铝镁合金的涂层。本手册第十二章“金属热喷涂”也对相关内容进行了较为详细介绍，故本章不作赘述。

3. 热浸镀

金属构件浸渍在液态金属中，经过一段时间，就在构件表面“粘附”一层金属保护层，这种工艺称为热浸镀，热浸镀仅限于以低熔点金属作为保护层。为了使熔点降低，有时还需加熔剂，但这样做会使镀层中产生一定厚度金属化合物，使镀层变脆。热浸镀工艺比较简单、方便。钢是热浸锡、锌、铝等最常用的良好金属基材。由于保护层金属能向金属基材内扩散，在镀层和底层金属之间产生一层合金带，从而使镀层与金属基材之间有较大结合力。热浸镀锌层在大气中具有良好的抗蚀能力，热浸镀铝层具有极好的抗氧化能力。

（三）喷涂金属层物理性能

（1）铝与碳钢或铸铁为 1.96 ~ 2.45MPa；锌与碳钢或铸铁为 4.90 ~ 5.88MPa。

（2）喷涂金属层与原金属物理性能的比较见表 2–27。

表 2–27　喷涂金属层与原金属物理性能的比较

名称	密度 /（g/cm^3）		硬度 /HB		抗拉强度 /MPa		延伸率 /%	
	原金属	喷涂金属层	原金属	喷涂金属层	原金属	喷涂金属层	原金属	喷涂金属层
锌	7.14	5.5 ~ 6.8	24	32	117.6 ~ 137.2	31.8	40 ~ 50	1.3
铝	2.7	2.20 ~ 2.56	21	26 ~ 40	68.6 ~ 98.0	33.8	30 ~ 40	1.1

三、压型钢板

压型钢板是以镀锌钢板、冷轧钢板为基材，经成型机轧制，并涂敷以各种防腐蚀涂层与彩色烤漆而制成的型材。在大批量生产中，一般采用彩色涂层钢板作为基材。彩色涂层钢板是以冷轧钢板、电镀锌钢板或热镀锌钢板为基板，经过表面脱脂、磷化、铬酸盐等处理后，涂上有机涂层经烘烤而制成产品。彩色涂层钢板是一种复合材料，兼有钢板和有机材料两者优点，既有钢板机械强度好和易成型的性能，又有非金属材料良好的装饰性和耐蚀性。

（一）压型钢板耐蚀性

1．彩色镀锌压型钢板腐蚀过程

在阳光、空气、雨雪等环境条件下，彩色镀锌压型板先失去光泽；后涂层逐渐粉化，进而产生微小裂缝和小面积剥落，当进一步腐蚀时，镀锌层便产生白锈，并不断消耗镀锌层，最后导致钢板腐蚀。

一般来说，当涂层出现微裂纹时，应及时进行涂层维修，以保护锌层。普通聚酯涂层在不同区域环境粉化和锌层产生白锈的时间，可参见表 2–28。

表 2–28　普通聚酯涂层在不同区域环境粉化和锌层产生白锈的时间 /a

地区	时间	地区	时间
寒冷区	6 ~ 7	工业区	3 ~ 5
农村	6 ~ 7	潮湿地区	4 ~ 5
城市	5 ~ 6	—	—

2．镀锌层和涂料品种厚度

压型钢板耐久性主要取决于基材锌镀层厚度和涂料品种及其厚度。市场上常用彩板锌层的厚度：热镀锌板两面镀锌量为 $275g/m^2$；电镀锌板两面镀锌量为 $40g/m^2$。

一般来讲，耐久性与锌层厚度有关，锌层越厚越耐久。电镀锌板密实度虽然较高，但由于厚度较薄，其耐久性显然不及热镀锌板，所以工业钢结构构件通常采用热镀锌板。

影响耐久性另一个重要因素是表面涂层质量。工程使用经验表明，目前常用涂料的使用寿命见表 2-29。

表 2-29　常用涂料的使用寿命 /a

涂料的树脂品种	使用寿命	涂料的树脂品种	使用寿命
丙烯酸树脂系	3 ~ 5	聚氯乙烯	9 ~ 12
聚丙烯树脂	5 ~ 7	氟树脂	>12
有机硅	7 ~ 10	—	—

四、覆面金属设计、施工要点

（一）设计要点

（1）覆面金属一般可采用锌、铝，但在二氧化硫和硫化氢等气体腐蚀条件下应采用铝。

（2）采用蒸汽养护构件上的钢埋件，应采用铝镀层。

（3）在潮湿、海洋大气环境条件可采用镉。

（4）锌、铝层可单独使用，亦可复合使用，复合使用时一般锌层在下，铝层在上。

（5）海工钢结构采用喷涂金属，其在大气区和浪溅区的防护要求见表 2-30。

表 2-30　海工钢结构在大气区和浪溅区的防护要求

腐蚀部位	设计使用年限 T/a	喷涂金属及金属层厚度 /μm		封闭涂层厚度 /μm
大气区	$T \geqslant 20$	锌	250	30 ~ 60
		铝	200	30 ~ 60
	$10 \leqslant T<20$	锌	150	30 ~ 60
		铝	100	30 ~ 60
浪溅区	$T \geqslant 20$	锌	250	30 ~ 60
		铝	200	30 ~ 60
	$10 \leqslant T<20$	锌	150	30 ~ 60
		铝	100	30 ~ 60

注：表中喷涂金属选锌或铝其中一种即可。

（6）压型钢板虽然有锌层和涂料保护，但其使用寿命一般不大于 15 年，在严重腐蚀环境下，使用寿命可能不超过 5 年。

（7）化工领域压型钢板只适宜用于弱腐蚀环境，不能应用于强腐蚀和中等腐蚀环境。

（8）压型钢板可在气态介质中使用，不宜在盐、碱类和吸湿性粉尘环境中使用。

（二）施工要点

（1）施工方法宜采用热浸镀或喷涂，有条件时也可采用电镀。

（2）电镀层厚度一般比较薄，喷涂层厚度不应小于 120μm，热浸镀层厚度不应小于 50μm。

（3）国内经验表明，厚度为 80～150μm 喷涂层在海水、海洋大气和工业大气中使用超过 15 年未见腐蚀。

（4）喷铝钢桩在海洋环境条件下使用超过 10 年未见腐蚀。

五、工程应用

（1）东方明珠电视塔钢结构防护见表 2–31。根据室内盐水喷雾试验，加速暴晒试验和高、低温湿热试验，上述方案可满足 30 年不维修的要求。

表 2–31　东方明珠电视塔钢结构防护

部位	防护构造	质量要求
外露的钢结构	表面处理	瑞典除锈标准 SIS Sa3，粗糙度 60μm
	底层	喷铝合金，厚度 120μm
	封闭漆及中间漆	环氧云铁底漆，干漆膜厚度 120μm
	面漆	氯化橡胶或聚氨酯漆，干漆膜厚度 90μm
天线桅杆及平台	表面处理	瑞典除锈标准 SIS Sa3，粗糙度 40～70μm
	底层	喷铝合金，厚度 120μm
	封闭漆及中间漆	环氧云铁底漆，干漆膜厚度 120μm
	面漆	环氧聚酰胺铝粉面漆，干漆膜厚度 90μm
	罩光漆	丙烯酸清漆，干漆膜厚度 60μm

（2）上海杨浦大桥主桥人行道栏杆，酸洗后电镀锌 30μm，环氧云铁底漆 40μm，聚氨酯面漆两层厚度约 60μm。

（3）大庆电视塔钢结构，先喷锌 50μm，再喷铝 120μm，封闭漆为氯磺化聚乙烯涂料。

（4）光伏发电行业：光伏支架主要采用冷弯薄壁型钢，选用传统热浸锌，镀锌层厚度不小于 80μm，满足 25 年安全使用要求。

（5）田家庵到蚌埠之间的 264 座 35kV 铁塔，采用喷锌防护，锌层已使用超过 25 年。

（6）某高原风力发电机组钢制塔筒防腐蚀涂装，涂层干膜总厚度大于或等于 280μm：外表面底涂层环氧富锌，涂膜厚度大于或等于 50μm；中间涂层环氧涂料，干膜厚度大于或等于 180μm；面涂层聚氨酯涂料，干膜厚度大于或等于 50μm。其寿命不低于 20 年，寿命期内腐蚀深度小于或等于 0.5mm。

第三节 不 锈 钢

铬含量大于或等于 10% 的合金钢（耐酸钢）及在无污染大气环境中“不生锈”的钢统称为不锈耐酸钢（简称不锈钢）。不锈钢可耐大气、蒸汽和水等弱介质腐蚀，而耐酸钢则可耐酸、碱、盐等化学介质腐蚀。不锈钢具有“不锈”性，但不一定耐酸；而耐酸钢除耐化学介质腐蚀外，一般均具有“不锈”性。

不锈钢因其所具有的特性，加之品种、规格齐全，适应性广，已经成为工业部门不可缺少的重要金属材料。

一、腐蚀机理

金属腐蚀虽然是自发反应，但是在许多情况下，可以使反应变得缓慢，以致变为无害。这往往需要借助于少量腐蚀，正如不锈钢生成很薄的氧化膜后，腐蚀就会变得非常缓慢。从现实观点研究腐蚀速度，也就是从动力学观点去研究腐蚀活化能和扩散速度，比从热力学观点去研究腐蚀可能性更为重要。

不锈钢材料腐蚀机理符合本章第一节中表述的“金属材料腐蚀机理”，但从腐蚀形态具有显著特征来说，需要在设计、使用不锈钢材料时予以注意。不锈钢材料主要通过变化材料的组成和组织结构来改变、改善材料功能。因此，腐蚀形态更多情况表现为局部腐蚀，出现孔蚀、缝隙腐蚀、晶间腐蚀、应力腐蚀、疲劳腐蚀、选择性腐蚀、磨损腐蚀、氢脆、氢蚀等状况。

一些特定“材料－环境”体系，如“奥氏体不锈钢－氯离子”，在腐蚀与拉应力的同时作用下产生的破裂；溶液中的氧促进全面钝化，氯离子破坏局部钝化，同时进入裂缝尖端，构成盐酸，使腐蚀加速。

根据电化学机理，活化态比钝化态不锈钢电极电位要高，电解质溶液就具备了电化学腐蚀的热力学条件，活化态不锈钢成为阳极，钝化态不锈钢作为阴极。腐蚀点只涉及一小部分金属，其余的表面是一个大的阴极面积。在电化学反应中，阴极反应和阳极反应是以相同速度进行的，因此集中到阳极腐蚀点上的腐蚀速度非常显著，有明显的穿透作用，这样形成了点腐蚀。

通过热处理可消除或减小应力腐蚀；设计中选用低于非应力腐蚀破裂强度的应力值；改进设计结构，避免应力集中，表面施加压应力。

二、品种与性能

（一）分类

（1）不锈钢按组织结构可分为：马氏体不锈钢、铁素体不锈钢、奥氏体不锈钢、$\alpha+\gamma$ 双相不锈钢、沉淀硬化不锈钢等大类，主要按钢中奥氏体及其稳定性来确定类别。

（2）不锈钢按主要合金元素和特征元素可分为：铬不锈钢、铬镍不锈钢、铬镍钼不锈钢、铬锰氮不锈钢、超低碳不锈钢等。

（3）不锈钢按性能和用途可分为：耐硝酸（硝酸级）不锈钢、耐点蚀不锈钢、耐应力腐蚀不锈钢、高强度不锈钢等。

（4）不锈钢按功能特点可分为：无磁不锈钢、低温不锈钢、形状记忆不锈钢等。

（二）牌号

常用的不锈钢牌号见表 2–32。

表 2–32　常用的不锈钢牌号

类别		牌号
马氏体	马氏体铬不锈钢	1Cr13，2Cr13，9Cr18，11Cr17
	马氏体铬镍不锈钢	1Cr17Ni2，00Cr13Ni5Mo
	超低碳马氏体时效不锈钢	00Cr12Ni10AlTi
铁素体	铁素体铬不锈钢	0Cr11Ti，00Cr11Ti，00Cr12，0Cr13Al，1Cr17
	高纯铁素体不锈钢	高纯 Cr18Mo2，00Cr27Mo，00Cr30Mo2
	超级铁素体不锈钢	00Cr29Mo4Ni2，00Cr25Ni4Mo4（Ti，Nb）
奥氏体	奥氏体铬镍不锈钢	1Cr17Ni7，0Cr18Ni9，00Cr19Ni10，控氮 0Cr19Ni10，0Cr19Ni9N，00Cr18Nil0N，00Cr25Ni20
	奥氏体铬镍铜和铬镍硅不锈钢	0Cr18Ni9Cu3，00Cr18Ni14Si4（Nb），00Cr10Ni21Si6MoCu，00Cr9Ni25Si7
	奥氏体铬镍钼不锈钢	0Cr17Ni12Mo2，00Cr17Ni14Mo2，控氮 00Cr17Ni14Mo2，00Cr25Ni22Mo2N
	奥氏体铬镍钼铜不锈钢	00Cr18Ni14Mo2Cu2，00Cr20Ni25Mo4.5Cu，0Cr20Ni29Mo3Cu4Nb，0Cr27Ni31Mo3Cu
	超级奥氏体不锈钢	00Cr20Ni18Mo6CuN，00Cr24Ni17Mo4NNb，00Cr24Ni22Mo7CuN
	奥氏体节镍不锈钢	1Cr17Mn6Ni5N，00Cr17Mn6Ni5N，1Cr18Mn8Ni5N，0Cr18Mn13Ni3N
双相	双相铬镍不锈钢	0Cr21Ni5Ti，1Cr21Ni5Ti，00Cr26Ni6Ti，00Cr23Ni4N
	双相铬镍钼不锈钢	00Cr18Ni5Mo3Si2，00Cr18Ni6Mo3Si2Nb，00Cr22Ni5Mo3N，00Cr25Ni6Mo3N
	双相铬镍钼铜不锈钢	0Cr25Ni6Mo3CuN，00Cr25Ni7Mo3WCuN
	超级双相不锈钢	00Cr25Ni7Mo4N，00Cr25Ni6.5Mo3.5CuN
	双相铬锰氮不锈钢	0Cr17Mn14Mo2N
沉淀硬化	沉淀硬化不锈钢	0Cr17Ni4Cu4Nb，0Cr17Ni7Al，0Cr15Ni7Mo2Al

三、马氏体不锈钢

可以通过热处理对钢的性能，特别是强度、硬度进行调整。这类不锈钢一般需具备两个条件，即化学成分处于平衡相图中的奥氏体区，经热处理后可转变为马氏体；铬含量大于或等于 10.5% 以保证钢具有不锈性。

（一）马氏体铬不锈钢

马氏体铬不锈钢可分为低碳、中碳和高碳。为了提高耐蚀性，改善力学性能，有些牌号还含有钼、钒等元素。此类钢强度和硬度主要取决于碳含量。耐蚀性主要由铬含量及是否含有钼等元素来决定，一般高碳含量是有害的。这类钢淬透性好，同时焊接性不良，而高碳者基本不用于焊接，仅具有不锈性和耐弱介质均匀腐蚀。

马氏体铬不锈钢典型产品包括：

1. 1Cr13

在 1Cr13 ~ 4Cr13 不锈钢中，由于 1Cr13 钢的碳含量最低，因此塑性、韧性、冷成型性和焊接性俱佳，可抛光性良好，而且不锈性、耐弱介质腐蚀性也好。但是此钢的强度、硬度和耐磨性要低于 2Cr13 ~ 4Cr13 钢。马氏体铬不锈钢 1Cr13（国外牌号为 AISI 410、UNS S41000）的化学成分见表 2-33。

表 2-33　马氏体铬不锈钢 1Cr13 的化学成分 /%

元素	含量	元素	含量
C	≤ 0.15	S	≤ 0.03
Si	≤ 1.0	Cr	11.5 ~ 13.5
Mn	≤ 1.0	Ni	≤ 0.60
P	≤ 0.035	—	—

1Cr13 钢经适当热处理并抛光后，在温度不超过 30℃弱介质中有足够的不锈性和耐蚀性。主要用于各工业部门对韧性要求较高、具有不锈性、受冲击载荷的部件，如叶片、紧固件、阀门、设备、热裂解装置配件等。

2. 2Cr13

2Cr13 钢（国外牌号 AISI 420、UNS S42000）因含碳量略高，故强度、硬度、耐磨性较 1Cr13 钢高，而耐蚀性稍低。马氏体铬不锈钢 2Cr13 的化学成分见表 2-34。

表 2-34　马氏体铬不锈钢 2Cr13 的化学成分 /%

元素	含量	元素	含量
C	0.16/0.25	S	≤ 0.03
Si	≤ 1.0	Cr	12 ~ 14
Mn	≤ 1.0	Ni	≤ 0.60
P	≤ 0.035	—	—

2Cr13 钢淬火并回火后会有铬碳化物析出引发贫铬，导致耐蚀性，特别是耐点蚀性下降，即使在大气和自来水条件下也不例外。同时塑性、冷变形性能要低于 1Cr13 钢，尤其深拉、深冲性要比 1Cr13 钢低得多。2Cr13 钢经淬火并回火处理，可用于承受较高应力部件，如高压透平零件、管道与管件、阀件、螺钉及热裂解装置零件等。

3. 9Cr18

马氏体不锈钢 9Cr18 淬火后，具有高硬度。因有约 18% 含铬量，所以可耐酸、盐类水溶液腐蚀。

9Cr18 钢耐水性（海水除外），耐蒸汽、大气（海洋大气、严重污染大气除外）等腐蚀性良好；酸介质随种类、浓度、温度不同耐蚀性也有所不同。主要用于耐腐蚀滚珠、轴承、设备管道和要求耐磨蚀的部件。

（二）马氏体铬镍不锈钢

马氏体铬镍不锈钢以镍代替马氏体铬不锈钢中的碳，是既有强度又有韧性的钢种，含镍量为 2% ~ 5%。

马氏体铬镍不锈钢典型产品包括：

1. 1Cr17Ni2

将 Cr13 型不锈钢既提高铬含量又加入镍，则可获得耐蚀性与强度、韧性等匹配优化的马氏体铬镍不锈钢 1Cr17Ni2（国外牌号为 AISI 431、UNS S43100），其化学成分见表 2–35。

表 2–35 马氏体铬镍不锈钢 1Cr17Ni2 的化学成分 /%

元素	含量	元素	含量
C	0.11 ~ 0.17	S	≤ 0.03
Si	≤ 0.8	Cr	16 ~ 18
Mn	≤ 0.8	Ni	1.5 ~ 2.5
P	≤ 0.03	—	—

1Cr17Ni2 钢在中低浓度硝酸、有机酸以及盐类水溶液中，都有良好的耐蚀性。1Cr17Ni2 钢多用于硝酸、醋酸等生产和轻工、纺织等行业，制造耐蚀、强度和韧性俱佳的管道、轴、活塞杆、阀件和泵等零部件。

2. 00Cr13Ni5Mo

超级马氏体不锈钢 00Cr13Ni5Mo（国外牌号 UNS S41500）以高韧性低碳马氏体、镍、钼等作为补充强化手段，通过适宜热处理，使 00Cr13Ni5Mo 既获得高强度水平，又获得高韧性和优良的可焊性。马氏体铬镍不锈钢 00Cr13Ni5Mo 的化学成分见表 2–36。

主要用于需要焊接的高强度承受载荷设备和构件，在大型水电站中，已用于耐腐蚀转轮和转轮下环；在石油工业中，用于耐 CO_2–H_2S 腐蚀的焊接管线；在核工业中，用于压水堆核电站的泵传动轴和堆内构件。

表 2-36 马氏体铬镍不锈钢 00Cr13Ni5Mo 的化学成分 /%

元素	含量	元素	含量
C	≤ 0.03	S	≤ 0.035
Si	≤ 0.80	Cr	12 ~ 14
Mn	0.4/1.0	Ni	4 ~ 6
P	≤ 0.035	Mo	0.5 ~ 1.0

（三）超低碳马氏体时效不锈钢

超低碳马氏体时效不锈钢 00Cr12Ni10AlTi 通过时效处理，其强度水平较退火态可提高 1 倍，既有高强度、足够韧性和良好的塑性，又有相当或优于 Cr13 钢的不锈耐蚀性，易于焊接。主要用于高强度、良好韧性和不锈耐蚀性的装置和部件，如螺旋推进器、接合元件、破碎机衬板、塑料模具和模板等。

四、铁素体不锈钢

铁素体不锈钢是具有体心立方晶体结构的一类不锈钢，分为低铬型（10% ~ 15%）、中铬型（16% ~ 20%）和高铬型（21% ~ 32%）三种。化学成分特点主要是合金化元素铬，有的牌号还含有钼、铜、稳定化元素钛和铌，个别牌号镍含量小于或等于 4%，铁素体不锈钢是一类无镍和节镍不锈钢。铁素体不锈钢耐蚀性好，可加工、冷成型、焊接等性能优良，热处理工艺简单，但强度、硬度较低。

铁素体不锈钢中铬、钼元素合金化程度与奥氏体钢耐均匀腐蚀性能相近，耐点蚀、耐缝隙腐蚀、耐应力腐蚀等性能较显著；铁素体不锈钢热导率大，线胀系数小，冷作硬化倾向也较低。

（一）铁素体铬不锈钢

铁素体铬不锈钢典型产品包括：

1. 0Cr11Ti 和 00Cr11Ti

0Cr11Ti（国外牌号为 AISI 409、UNS S40900）和 00Cr11Ti（国外牌号为 AISI 409L）铬含量低，其化学成分见表 2-37。

表 2-37 铁素体铬不锈钢 0Cr11Ti 和 00Cr11Ti 的化学成分 /%

元素	产品	
	0Cr11Ti	00Cr11Ti
C	≤ 0.08	≤ 0.08
Si	≤ 1.0	≤ 1.0
Mn	≤ 1.0	≤ 1.0
P	≤ 0.04	≤ 0.04
S	≤ 0.04	≤ 0.04
Cr	10.00 ~ 11.75	10.00 ~ 11.75
其他	Ti：6× 碳含量 ~ 0.75	Ti：6× 碳含量 ~ 0.75

0Cr11Ti 和 00Cr11Ti 对氯化物应力腐蚀是免疫的，易进行热、冷加工。因铬、碳、氮含量低，故它们的平均塑性应变比较高，深拉伸性能较好，可用各种方法进行焊接。主要用于汽车排气系统，如消声器、尾气管、排气管等。

2. 00Cr12

铁素体铬不锈钢 00Cr12（国外牌号为 AISI SUS401L）中铬、碳含量均降低，使强度下降，但耐蚀性、塑性、韧性、可焊性等有明显改善，其化学成分见表 2–38。

表 2–38　铁素体铬不锈钢 00Cr12 的化学成分 /%

元素	含量	元素	含量
C	≤ 0.03	P	≤ 0.035
Si	≤ 1.0	S	≤ 0.03
Mn	≤ 1.0	Cr	11.0 ~ 13.5

铁素体铬不锈钢 00Cr12 在清洁水中有良好不锈性和耐蚀性，冷轧、冷拔等加工性能无困难，可采用通用方法和工艺进行焊接，可焊接性能较好，常用于石油炼厂蒸馏塔部件（快速压紧阀、筛盘、泡罩）和汽车排气系统部件等。

3. 0Cr13Al

铁素体铬不锈钢 0Cr13Al（国外牌号为 AISI 405、UNS S40500）具有不锈性，其耐蚀性也优于碳含量较高的 Cr13 钢，具有良好塑性、韧性和冷成型性，其化学成分见表 2–39。

表 2–39　铁素体铬不锈钢 0Cr13Al 的化学成分 /%

元素	含量	元素	含量
C	≤ 0.08	S	≤ 0.03
Si	≤ 1.0	Cr	11.5 ~ 14.5
Mn	≤ 1.0	Al	0.10 ~ 0.30
P	≤ 0.035	—	—

广泛应用于石油化工行业塔、槽等设备、精炼装置和构件，压力容器衬里，蒸汽透平叶片等。

4. 1Cr17

铁素体铬不锈钢 1Cr17（国外牌号 AISI 430、UNS S43000）用途较广，由于精炼技术进步，钢性能获得了相当程度提升，其化学成分见表 2–40。

表 2–40　铁素体铬不锈钢 1Cr17 的化学成分 /%

元素	含量	元素	含量
C	≤ 0.12	P	≤ 0.035
Si	≤ 0.8	S	≤ 0.03
Mn	≤ 0.8	Cr	16 ~ 18

铁素体铬不锈钢1Cr17可以进行冷弯、深冲等冷加工成型操作，易于抛光，比奥氏体钢易切削加工并易冷激。可焊性良好，截面厚度大于或等于6mm的板、管材不宜用作焊接结构件。可用于盛放稀硝酸、硝铵等的化工设备。

（二）高纯铁素体不锈钢

高纯铁素体不锈钢典型产品包括：

1. 高纯Cr18Mo2

高纯Cr18Mo2钢中碳、氮含量低，常规铁素体不锈钢存在的脆性转变温度高、晶间腐蚀敏感性大以及焊后性能劣化等得到了改善。在大气和水介质中，Cr18Mo2耐点蚀、耐应力腐蚀性能优良，其化学成分见表2–41。

表2–41 高纯Cr18Mo2钢的化学成分/%

元素	含量	元素	含量
C	≤ 0.01	P	≤ 0.03
N	≤ 0.01	S	≤ 0.02
C+N	≤ 0.015	Cr	18 ~ 19
Mn	≤ 0.5	Mo	1.5 ~ 2.5

高纯Cr18Mo2高温塑性良好，热加工变形较易，冷成型性良好，还有优良的切削性能。主要用于纺织、印染工业中的清洁设备，耐弱介质腐蚀家用电器和厨房设备以及化工厂耐水介质应力腐蚀的板式和列管式换热设备等。

2. 00Cr27Mo

00Cr27Mo（国外牌号为E26–1、UNS S44627）钢中碳和氮总含量小于或等于0.015%，所以脆性转变温度在室温以下，耐晶间腐蚀性能有明显改善。保留铁素体不锈钢耐应力腐蚀等特性，其化学成分见表2–42。

表2–42 00Cr27Mo不锈钢的化学成分/%

元素	含量	元素	含量
C	≤ 0.01	P	≤ 0.03
N	≤ 0.015	S	≤ 0.02
Cr	25 ~ 27.5	Ni	≤ 0.50
Mo	0.75 ~ 1.5	Cu	≤ 0.20
Mn	≤ 0.40	Ni+Cu	≤ 0.50

可用于含氯化物水介质、NaOH条件下解决Cr–Ni奥氏体钢应力腐蚀，制作各种水冷换热设备和隔膜法固碱降膜蒸发器等。

3. 00Cr30Mo2

高纯铁素体不锈钢00Cr30Mo2性能特点与00Cr27Mo相似，但耐蚀性等又优于

00Cr27Mo，可用于耐醋酸等有机酸设备，制造耐苛性碱设备以及耐氯化物应力腐蚀、点蚀、缝隙腐蚀等设备管道及其构配件制造。

（三）超级铁素体不锈钢

超级铁素体不锈钢典型产品包括：

1. 00Cr29Mo4Ni2

超级铁素体不锈钢 00Cr29Mo4Ni2 中镍、碳、氮含量低，铬、钼含量高。镍的加入，使其具有较好韧性和较低脆性转变温度；高铬钼含量使其具有更加优良的耐苛性碱介质腐蚀性能，其化学成分见表 2–43。

表 2–43　00Cr29Mo4Ni2 不锈钢的化学成分 /%

元素	含量	元素	含量
C	≤ 0.01	Cr	28 ~ 30
N	≤ 0.02	Ni	2.0 ~ 2.5
C+N	≤ 0.025	Mo	≤ 3.5 ~ 4.2
Mn	≤ 0.30	Si	≤ 0.20
P	≤ 0.025	Cu	≤ 0.15
S	≤ 0.02	—	—

在氯化物溶液、稀硫酸、含氟离子的磷酸、各种有机酸以及海水中均有良好耐蚀性，在氯化物中耐点蚀、缝隙腐蚀、应力腐蚀性能强，可以代替高镍含量不锈钢，甚至可代替镍基耐蚀合金和钛材。用于化工、冶炼行业制造各种塔、槽、容器、换热设备，包括海水冷凝器等代替高镍不锈钢和高镍耐蚀合金。

2. 00Cr25Ni4Mo4（Ti，Nb）

超级铁素体不锈钢 00Cr25Ni4Mo4（国外牌号为 MoNIT、UNS S44635）中的稳定化元素铬、钼含量高，碳、氮总含量小于或等于 0.04%，具有较高晶间腐蚀倾向，应防止焊后或高温冷却后在使用过程中产生晶间腐蚀。耐氯化物局部腐蚀性优良、强度高、塑性与韧性可接受、焊接性好，可部分代替高镍不锈钢、耐蚀合金，其化学成分见表 2–44。

表 2–44　00Cr25Ni4Mo4 不锈钢的化学成分 /%

元素	含量	元素	含量
C	≤ 0.025	P	≤ 0.04
N	≤ 0.025	Cr	24.5 ~ 26
Si	≤ 0.50	Ni	3.5 ~ 4.5
Mn	≤ 0.50	Mo	3.5 ~ 4.5
S	≤ 0.03	Ti+Nb	0.2+4（C+N）

00Cr25Ni4Mo4 不锈钢在还原性酸溶液中耐蚀优良，即使在含氟离子的磷酸中，耐蚀性也很好；强度高，韧性、焊接性良好，耐氯化物点蚀、缝隙腐蚀等显著，主要用于耐海水和其他含氟、含氯化物设备制造，如洗涤器、冷凝器和热交换器等。

五、奥氏体不锈钢

奥氏体不锈钢具有面心立方晶体结构，依照奥氏体组织主要合金化元素不同，奥氏体不锈钢分为铬镍和铬锰两大系列。

（一）奥氏体铬镍不锈钢

奥氏体铬镍不锈钢典型产品包括：

1. 1Cr17Ni7

亚稳奥氏体不锈钢 1Cr17Ni7（国外牌号为 AISI 301、UNS S30100）在固溶态下具有单一奥氏体组织，但经冷加工或冷成型，根据变形量大小，会有部分甚至大部分奥氏体组织转变为马氏体，从而使强度显著提高并保留足够的塑性、韧性，其化学成分见表 2–45。

表 2–45　奥氏体不锈钢 1Cr17Ni7 的化学成分 /%

元素	含量	元素	含量
C	≤ 0.15	P	≤ 0.035
Si	≤ 1.0	Cr	16 ~ 18
Mn	≤ 2.0	Ni	6 ~ 8
S	≤ 0.03	—	—

在无严重污染大气中不锈性良好，在中性、氧化性介质中耐蚀优良；在海洋性大气、酸、碱、盐等环境与介质条件下，耐蚀性欠佳。主要在冷加工态和固溶态使用，用于承受较高负荷，又希望减轻设备重量，防撞击且耐腐蚀设备和构件，特别是各种铁路车辆和汽车等结构件及零部件。

2. 0Cr18Ni9、00Cr19Ni10 和控氮 0Cr19Ni10

0Cr18Ni9（国外牌号为 AISI 304）在固溶态时，塑性、韧性、冷加工性等均良好；在氧化性酸、大气、水蒸气等环境介质中，耐蚀性亦佳。由于碳含量大于 0.03% 且不含稳定化元素，故仅适用于非焊接用途或用于薄截面尺寸焊接件。00Cr19Ni10 耐晶间腐蚀性能有改善，可用于大、小截面尺寸焊接用途，但强度较低。控氮 0Cr19Ni10 加入了小于或等于 0.10% 氮，既可强化耐晶间腐蚀性能，又可使碳含量小于或等于 0.035% 的钢强度达到 0Cr18Ni9 钢水平。这三种钢的化学成分见表 2–46。

奥氏体不锈钢 0Cr18Ni9（国外牌号为 AISI 304L）和 00Cr19Ni10（国外牌号为 AISI 304NG）广泛应用于石油、化工、动力、核工业、机械等行业设备、管道制造，轻纺工业、交通运输、建筑装饰、家用电器、厨房设备和用具，以及环保、市政设施等装备。

控氮 0Cr19Ni10 目前主要用于核动力反应堆中作为堆内构件，控制棒驱动机构导向组件等用途。

表 2-46　0Cr18Ni9、00Cr19Ni10 和控氮 0Cr19Ni10 的化学成分 /%

元素	产品		
	0Cr18Ni9	00Cr19Ni10	控氮 0Cr19Ni10
C	≤ 0.08	≤ 0.03	≤ 0.035
Si	≤ 1.0	≤ 1.0	≤ 1.0
Mn	≤ 2.0	≤ 2.0	≤ 2.0
S	≤ 0.03	≤ 0.03	≤ 0.02
P	≤ 0.035	≤ 0.035	≤ 0.030
Cr	17 ~ 19	18 ~ 20	18.5 ~ 20
Ni	8 ~ 11	8 ~ 12	9 ~ 10
N	—	—	0.06 ~ 0.10

3. 0Cr19Ni9N 和 00Cr18Ni10N

0Cr19Ni9 和 00Cr18Ni10 中加入 0.10% ~ 0.25% 的氮，形成了新的 0Cr19Ni9N 和 00Cr18Ni10N 钢种，在性能上可提高强度，且不显著降低塑性、韧性和其他工艺性能。加入氮使这两种钢耐蚀性，特别是耐晶间腐蚀、耐点蚀等性能有了进一步改善且奥氏体组织更加稳定。主要用于 0Cr19Ni9 和 00Cr18Ni10 强度不能满足要求或需要减轻重量，而又要求耐蚀性稍优的场合。例如，用于航空和航天装置、部件，海水设备中的泵、阀以及船舶推进器等。

（二）奥氏体铬镍铜和铬镍硅不锈钢

奥氏体铬镍铜和铬镍硅不锈钢典型产品包括：

1. 0Cr18Ni9Cu3

0Cr18Ni9 中加入 3% ~ 4% 铜显著提高了冷成型性，主要用于不锈钢需耐蚀冷操作用途。近年来，人们发现若奥氏体铬镍铜再经“抗菌”热处理，还具有独特的抗菌性能，从而进一步扩大了应用范围。

0Cr18Ni9Cu3 在弱介质，如蒸汽、大气（除海洋性大气外）、不含大量卤素离子的水中有抗锈性能。在化学介质、食品及消毒液中，耐蚀性良好。对稀硝酸、低温稀硫酸耐蚀性更优。对于要求无磁冷冲击构件，更具有其他不锈钢无法取代的优势。此钢主要用于弱腐蚀环境中汽车、家电、厨房设备、食品、运输等领域。

2. 00Cr18Ni14Si4（Nb）、00Cr10Ni21Si6MoCu 和 00Cr9Ni25Si7

00Cr18Ni14Si4（Nb）属于高硅不锈钢，可降低固溶态晶间腐蚀敏感性；00Cr10Ni21Si6MoCu，加入的硅与钼、铜相匹配，在 130℃及以下且浓度 93% ~ 98% 硫酸中具有独特耐蚀性。00Cr9Ni25Si7 用于耐高温浓酸。

00Cr18Ni14Si4（Nb）对浓硝酸和含氧化剂硝酸有出色的耐蚀性，在浓度超过 50% 的硝酸中，腐蚀速率小于或等于 0.02mm/a，但一般不适用浓度小于或等于 50% 的硝酸。

00Cr10Ni21Si6MoCu 可耐高温浓硫酸。

00Cr9Ni25Si7 耐高温高浓度硫酸及浓度大于或等于 63% 硝酸的性能优异。

因此，00Cr18Ni14Si4（Nb）主要用于浓度大于 65% 的硝酸生产和储运设备、装置，核燃料后处理溶解器和输送管线；00Cr10Ni21Si6MoCu 主要用于高温、浓度大于或等于 90% 硫酸设备和构件，如板式换热器和硫酸生产部件；00Cr9Ni25Si7 用途与 00Cr10Ni21Si6MoCu 相同，但此钢可提供薄壁焊管和复合板材。

（三）奥氏体铬镍钼不锈钢

奥氏体铬镍钼不锈钢典型产品包括：

1. 0Cr17Ni12Mo2、00Cr17Ni14Mo2 和控氮 00Cr17Ni14Mo2

0Cr17Ni12Mo2（国外牌号为 AISI 316）、00Cr17Ni14Mo2（国外牌号为 AISI 316L）和控氮 00Cr17Ni14Mo2 由于含钼，所以在耐稀硫酸、磷酸、各种有机酸（如醋酸、甲酸等）、尿素和耐氯化物孔蚀性能方面有明显提高，其化学成分见表 2–47。

表 2–47　奥氏体铬镍钼不锈钢的化学成分 /%

元素	产品		
	0Cr17Ni12Mo2	00Cr17Ni14Mo2	控氮 00Cr17Ni14Mo2
C	≤ 0.08	≤ 0.03	≤ 0.03
Si	≤ 1.0	≤ 1.0	≤ 0.75
Mn	≤ 2.0	≤ 2.0	≤ 2.0
S	≤ 0.03	≤ 0.03	≤ 0.03
P	≤ 0.035	≤ 0.035	≤ 0.035
Cr	16 ~ 18	16 ~ 18	17 ~ 18.5
Ni	10 ~ 14	12 ~ 15	11.5 ~ 13
Mo	2.0 ~ 3.0	2.0 ~ 3.0	2.0 ~ 3.0
Co	—	—	≤ 0.20
B	—	—	≤ 0.001 8

在耐晶间腐蚀性能方面，超低碳 00Cr17Ni14Mo2（316L）不锈钢很明显要优于 0Cr17Ni12Mo2（316），而控氮 00Cr17Ni14Mo2 又优于 00Cr17Ni14Mo2（316L）。这主要是氮的存在抑制了碳化物析出速度。

2. 00Cr25Ni22Mo2N

00Cr25Ni22Mo2N 是二氧化碳和氨汽提法尿素生产高压设备用关键材料。由于高铬，00Cr25Ni22Mo2N 在强氧化性介质中耐蚀性优良；铬和钼复合，使此钢耐氟化 – 还原性介质、耐氯化物点蚀等性能良好；镍和氮的加入，使此钢具有稳定、单一的奥氏体组织，氮还可使钢强度提高。00Cr25Ni22Mo2N 主要用于尿素生产中高压设备衬里和管件，也用于硫酸、磷酸、醋酸工业中热交换器和管线等。

3. 00Cr18Ni18Mo5（N）

00Cr18Ni18Mo5（N）钼含量和镍含量较高。钼含量提高使耐还原性酸介质和耐点蚀、耐缝隙腐蚀性能提高；镍含量增加除有益于耐蚀性外，主要是具有纯奥氏体组织并延缓金属间相；若再加入适量氮，则钢的耐全面腐蚀，耐局部腐蚀性能和强度还会有所增加。00Cr18Ni18Mo5（N）主要用于硫酸、甲酸、醋酸以及耐点蚀和缝隙腐蚀等用途，也用于既耐海水又耐硫化铵的碳化塔用管材。

（四）奥氏体铬镍钼铜不锈钢

奥氏体铬镍钼铜不锈钢典型产品包括：

1. 00Cr18Ni14Mo2Cu2

早期目的是改善在稀硫酸等还原性介质中耐全面腐蚀性能，进一步试验和实践证实，00Cr18Ni14Mo2Cu2 在磷酸、醋酸、甲酸等环境中耐蚀性亦佳，而且铜的加入使其冷加工性，特别是冷深冲击性能也有明显改善。00Cr18Ni14Mo2Cu2 主要用于化工、化肥、化纤工业中容器、塔、槽和管道等。

2. 00Cr20Ni25Mo4.5Cu

高钼含铜奥氏体不锈钢 00Cr20Ni25Mo4.5Cu（国外牌号 904L、UNS N08904）由于钼、铜复合作用和铬含量、镍含量较高，具有良好耐还原性介质全面腐蚀性能（如硫酸、磷酸、甲酸、醋酸等）和耐氧化物点蚀、缝隙腐蚀和应力腐蚀性能。因碳含量小于或等于 0.02%，因此虽承受敏化处理和焊接，也具有优良耐晶间腐蚀性能。其化学成分见表 2–48。

表 2–48 高钼含铜奥氏体不锈钢 00Cr20Ni25Mo4.5Cu 的化学成分 /%

元素	含量	元素	含量
C	≤ 0.02	Ni	24 ~ 26
Si	≤ 0.8	Cr	19 ~ 21
Mn	≤ 1.8	Mo	4 ~ 5
S	≤ 0.025	Cu	1 ~ 1.8
P	≤ 0.025	—	—

主要用于石油、石化、化工、化肥、海洋开发等行业，解决稀硫酸、磷酸、醋酸、甲酸等腐蚀和含氯化物点蚀，缝隙腐蚀等，可用于塔、槽、管道、换热器等设备和部件。

3. 0Cr20Ni29Mo3Cu4Nb

高铬镍钼铜型不锈钢 0Cr20Ni29Mo3Cu4Nb 在硫酸、硝酸及其混酸中耐蚀性优良，在浓度小于或等于 30% 的硫酸中最能发挥其耐蚀优势。在任何浓度硫酸中，可在 60℃及以下使用，在稀硫酸中可在 80℃使用；在共沸浓度小于或等于 67% 的氧化性酸、硝酸中，可耐蚀到沸腾温度；在热磷酸、热醋酸、热浓碱（苛性钠）以及混酸与盐类水溶液中，耐蚀性也较好。

主要用于耐氧化性、还原性以及氧化 – 还原复合酸介质腐蚀的反应器、储槽、换热器、泵、阀门及其他部件。

（五）超级奥氏体不锈钢

超级奥氏体不锈钢典型产品包括：

1. 00Cr20Ni18Mo6CuN

超级 Cr–Ni 奥氏体不锈钢 00Cr20Ni18Mo6CuN，在还原性介质中具有耐均匀腐蚀性能，在含氯化物介质中耐点蚀、缝隙腐蚀等局部腐蚀，同时由于氮的强化作用，比一般 Cr–Ni 奥氏体不锈钢强度高。主要用于耐海水腐蚀设备和构件；纸浆和造纸工业漂白装置；烟气脱硫装置结构件；处理和输送含卤化物容器和管线以及炼油装置等。

2. 00Cr24Ni17Mo4NNb

高强度且耐腐蚀超级奥氏体不锈钢 00Cr24Ni17Mo4NNb 的抗拉强度和屈服强度分别大于或等于 800MPa 和 420MPa，在氯化物环境中，具有优良的耐点蚀和缝隙腐蚀性能，推荐用于化学工业、造纸工业、海水淡化装备、海上采油平台以及电厂烟气脱硫装置、油气生产和输送装置及管线。

（六）奥氏体节镍不锈钢

奥氏体节镍不锈钢典型产品包括：

1. 1Cr17Mn6Ni5N、00Cr17Mn6Ni5N 和 1Cr18Mn8Ni5N

以锰、氮代替部分镍来节约奥氏体不锈钢中的镍。为了提高 1Cr17Mn6Ni5N 钢的耐敏化态晶间腐蚀性能，将钢中含碳量降至小于或等于 0.03%，与奥氏体不锈钢 1Cr17Ni7（301）、00Cr17Ni7（301L）和 1Cr18Ni9（302）具有相近耐腐蚀性能。以锰、氮代镍的 Cr–Mn–Ni–N 系钢强度较 Cr–Ni 奥氏体钢高。1Cr17Mn6Ni5N 与 1Cr17Ni7（301），1Cr18Mn8Ni5N 与 0Cr18Ni9（304）的耐蚀性基本相近。

主要应用领域是交通运输车辆（火车车厢和部件），厨房设备和器皿，建筑内装饰以及食品工业设备。00Cr17Mn6Ni5N 特别适用于盛液化天然气和液氮的容器。

2. 0Cr18Mn13Ni3N

0Cr18Mn13Ni3N 屈服强度较高、耐应力腐蚀性能较好，磁导率低和低温韧性优良且易于焊接。在一般大气环境中、淡水及蒸汽条件下具有不锈性，但是在海洋性大气和污染严重的大气中会有表面腐蚀。在弱酸和点蚀环境中与 0Cr18Ni9 钢耐蚀性相当，在低应力水平下，氯化物应力腐蚀性能优于 0Cr18Ni9，在高应力水平下则与 0Cr18Ni9 钢相当。此钢的母材（非焊接件）和焊接底样均可通过 65% 沸腾 HNO_3 法和 H_2SO_4+$CuSO_4$ 法晶间腐蚀检验，但敏化处理态则有晶间腐蚀倾向。主要用于在弱腐蚀环境中承受较大负荷的设备和构件，也可用于低温工作设备，如储槽、阀门和导管等。

六、双相不锈钢

不锈钢组织既有奥氏体（以 γ 代表）又有铁素体（以 α 代表），两相独立存在且含量较大，一般称为双相不锈钢。大量研究表明，双相不锈钢中两相适宜比例为含约 50% 的奥氏体和约 50% 的铁素体，两相比例近于 1 时不锈钢综合性能最佳。

由于双相不锈钢具有 α+γ 双相组织结构，它们性能特点是兼有奥氏体和铁素体特性。双相不锈钢与纯奥氏体相比，克服了强度较低的不足，而耐局部腐蚀，特别是耐晶间腐蚀、应力腐蚀、点蚀、缝隙腐蚀和磨蚀等性能有了显著提高。双相不锈钢与铁素体相比，韧性好，脆性转变温度下降，耐晶间腐蚀性能和焊接性能获显著改善。

（一）双相铬镍不锈钢

双相铬镍不锈钢典型产品包括：

1. 0Cr21Ni5Ti 和 1Cr21Ni5Ti

0Cr21Ni5Ti 和 1Cr21Ni5Ti 均含有稳定化元素钛，所以一般没有晶间腐蚀敏感性，在氧化性介质中具有较好耐蚀性。主要用于化学工业中，制造硝酸分离器、冷却塔、吸收塔等，也可适用于耐硝酸腐蚀且有较高强度要求的部件，如航空发动机壳体和火箭发动机燃烧室外壁等。

2. 00Cr26Ni6Ti

00Cr26Ni6Ti 中碳含量低，铬含量高，故耐氧化性介质腐蚀性能较好。在适宜热处理条件下，钢中 α/γ=70/30。在氯化物溶液中，当相比例控制适宜时，耐应力腐蚀性能也优良，耐均匀腐蚀性较好。用于制造耐应力腐蚀和耐腐蚀疲劳的设备和部件，特别是既有耐蚀又具有高强度紧固件等用途要求的设备和部件。国内在核反应堆上用此钢制造紧固件解决氯离子应力腐蚀和腐蚀疲劳破坏取得显著效果。

3. 00Cr23Ni4N

00Cr23Ni4N 具有较高强度和良好耐含氯化物水介质环境、各种酸性介质全面腐蚀和应力腐蚀、点蚀等性能。主要用于制作胺回收设备、碳氢化物发酵设备、工业用热交换器等，还可用于 Cr–Ni 奥氏体不锈钢强度不足条件下的设备和构件。

（二）双相铬镍钼不锈钢

双相铬镍钼不锈钢典型产品包括：

1. 00Cr18Ni5Mo3Si2 和 00Cr18Ni6Mo3Si2Nb

双相不锈钢耐应力腐蚀性能均显著优于 18–8 型和 18–12–2 型铬 – 镍奥氏体钢，两相比例和时效处理对耐应力腐蚀性能有重要影响，耐腐蚀疲劳性能较好。

主要用于化工、化肥、炼油、纸浆和造纸工业中制造塔、槽、容器、管线，特别是代替 18–8 型和 18–12–2 型铬 – 镍奥氏体不锈钢制造各种换热设备，以解决氯化物应力腐蚀问题。

2. 00Cr22Ni5Mo3N

00Cr22Ni5Mo3N 中固溶处理态相比例更加合理，焊后熔合线及其热影响区不易出现单相铁素体，耐蚀性更加突出。广泛用于炼油、化肥、石化等工业中制造热交换器、塔、槽、管线等装置和构件，解决磷酸、尿素、醋酸等腐蚀、含氯离子水介质点蚀和应力腐蚀等问题。

3. 00Cr25Ni6Mo3N

00Cr25Ni6Mo3N 耐晶间腐蚀和应力腐蚀、耐点蚀、耐缝隙腐蚀性能提高；组织更加稳定，相比例可控制在 γ/α=50/50 或 60/40；焊接性能有了根本改善，焊后热影响区可以不出现单相铁素体。在还原性酸介质，如硫酸、磷酸、醋酸、甲酸、尿素等环境中，耐蚀性均优良。主要用于石油化工和化肥等工业中，制造 U 形管式和列管式热交换设备，还可用于制造尿素装置中的甲铵泵泵体和阀件等。

（三）双相铬镍钼铜不锈钢

双相铬镍钼铜不锈钢典型产品包括：

1. 0Cr25Ni6Mo3CuN

0Cr25Ni6Mo3CuN 中铜含量约为 2%，碳含量小于或等于 0.04%。铜的加入使其耐硫酸腐蚀性能有所提高；经时效热处理后，由于双相结构和铜弥散硬化作用，不仅使强度、硬度增加，而且使耐磨性、耐气蚀性有了显著改善。可用于石油化工和造纸等工业，特别是在海洋环境条件下，制造泵、阀、螺旋推进器等耐海水腐蚀和磨蚀的装置、装备和管件配件。

2. 00Cr25Ni7Mo3WCuN

00Cr25Ni7Mo3WCuN 在含氯离子水中耐点蚀和缝隙腐蚀方面具有良好特性，主要用于耐自然界水、自来水、工业水、海水和卤水等热交换设备、管道、泵、阀等部件。

（四）超级双相不锈钢

超级双相不锈钢典型产品包括：

1. 00Cr25Ni7Mo4N

00Cr25Ni7Mo4N 中钼、氮含量稍高；在硫酸、盐酸、醋酸以及其他一些有机酸中耐全面腐蚀性能不仅优于 316L 和 904L 等牌号 Cr–Ni 奥氏体钢，而且与高钼（约 6%）钢相近。耐点蚀、耐缝隙腐蚀、耐应力腐蚀和耐磨蚀都超过 6Mo+N（00Cr20Ni18Mo6CuN）钢。主要用于石油化工、炼油工业和海水等腐蚀环境条件下，制造塔、设备及管道、槽、阀及相关管件等，特别是以海水为冷却介质的各种热交换器。

2. 00Cr25Ni6.5Mo3.5CuN

00Cr25Ni6.5Mo3.5CuN 耐还原性介质、硫酸腐蚀等性能明显增加，耐缝隙腐蚀性能也有所改善，主要用于石油化工、化肥、造纸和湿法冶金工业，制造塔、槽、管线容器、热交换器等，可解决硫酸、磷酸、含氯化物介质均匀腐蚀和点蚀、缝隙腐蚀、磨蚀等问题。

（五）双相铬锰氮不锈钢（0Cr17Mn14Mo2N）

0Cr17Mn14Mo2N 以锰、氮代替镍双相不锈钢。用于全循环法尿素生产装置合成塔、高压一段分离器等。不适用于 CO_2 汽提法生产尿素环境，可用于制造耐醋酸设备以及合成纤维工业设备和部件。

七、沉淀硬化不锈钢

沉淀硬化不锈钢在马氏体基体上析出细小弥散金属间相而使钢强化，强度大于或等于 1 350MPa，耐蚀性较好，热处理简单，易焊接。

半奥氏体沉淀硬化不锈钢是一类含沉淀硬化元素（如 Cu、Mo、Al、Ti、Nb 等）的 Cr–Ni 不锈钢。固溶态为奥氏体，通过调整处理和必要的负温处理使奥氏体转变为马氏体，最后再通过沉淀硬化析出金属间相（如 Ni3Al 和碳、氮化物等），进一步提高其强度至 1 600MPa 及以上。

沉淀硬化不锈钢典型产品包括：

1. 0Cr17Ni4Cu4Nb

0Cr17Ni4Cu4Nb（国外牌号为 17-4PH、UNS S17400）通过马氏体相变和时效热处理析出富铜的 ε 相沉淀硬化来提升强度，碳量较低、含铜且高铬，故耐蚀性优于马氏体铬不锈钢，其化学成分见表 2-49。

表 2-49　沉淀硬化马氏体不锈钢 0Cr17Ni4Cu4Nb 的化学成分 /%

元素	含量	元素	含量
C	≤ 0.07	Cr	15.5 ~ 17.5
Si	≤ 1.0	Ni	3 ~ 5
Mn	≤ 1.0	Cu	3 ~ 5
P	≤ 0.035	Nb	0.15 ~ 0.45
S	≤ 0.03	—	—

0Cr17Ni4Cu4Nb 沉淀硬化不锈钢多用于要求不锈、耐蚀且在 400℃及以下工作的高强度部件，是汽轮机末级叶片首选材料，水冷核反应堆控制棒驱动机构用材，也是航天用紧固件，发动机承力构件，船用螺旋桨、阀门、泵等部件用材料。

2. 0Cr17Ni7Al

0Cr17Ni7Al 是半奥氏体沉淀硬化不锈钢，耐蚀性一般优于 Cr17 铁素体不锈钢，但低于 1Cr17Ni7 奥氏体不锈钢。在硝酸、醋酸等介质中，耐蚀性尚好，但在硫酸、盐酸等环境中耐蚀性不良；在海水全浸条件下，耐均匀腐蚀优良。主要用于化工、航空航天以及原子能等工业中制作高强度耐蚀构件、容器、管道、弹簧、膜片以及齿轮、轴等。

3. 0Cr15Ni7Mo2Al

0Cr15Ni7Mo2Al 相比于 0Cr17Ni7Al 其主要成分中降低了钴含量、增加钼元素属于半奥氏体沉淀硬化不锈钢。用于航空、导航以及化学、核能工程中制造高强度耐蚀部件。

八、不锈钢设计、施工要点

（一）设计要点

应力腐蚀、疲劳腐蚀是不锈钢最常见的腐蚀形式，通过改变设计方案或通过热处理等方式可以消除或减小应力，设计中也有一些方法，可以实现这一目标。

（1）设计中选用低于非应力腐蚀破裂强度的应力值。

（2）改进设计结构，避免应力集中，表面喷丸施加压应力。

（3）采用电化学保护、涂料、缓蚀剂或电镀锌、铬、镍等，但要注意镀层中不可产生拉应力和氢扩散到金属内部。

（4）改变设计以减小流体动压差，减轻空泡腐蚀；也可选用更耐空泡腐蚀的材料或精磨表面，消除形成空泡的核点；用弹性保护层（塑料或橡胶）或阴极保护也有效。

（5）正确选材非常重要。避免两种不同金属接触和不同部位浓度差；消除不便排液的死角、缝隙，使溶液各部分浓度和含量均匀；避免各部位温度和应力的差别，消除应力腐蚀破裂的环境；对有残余应力的部件应消除应力或采取其他有效措施等。

（二）施工要点

（1）马氏体不锈钢焊前需预热，采取同层间保温措施和焊后热处理以及选用奥氏体不锈钢作填充金属等措施。

（2）硬化不锈钢热加工性良好，适宜的热加工温度为 950 ~ 1 150℃。

（3）0Cr17Ni7Al 半奥氏体沉淀硬化不锈钢具有良好的焊接性能。焊接一般系在固溶处理呈奥氏体组织状态下进行，因此可采用焊接 Cr–Ni 奥氏体不锈钢的通用焊接工艺。

九、工程应用

（一）马氏体铬镍不锈钢 00Cr13Ni5Mo

（1）用于焊接高强度承受载荷的设备和构件。在大型水电站中，已用于耐磨蚀转轮和转轮下环。

（2）在石油工业中，用于耐 CO_2–H_2S 腐蚀的焊接管线。

（3）在核工业中，用于压水堆核电站的泵传动轴和堆内构件。

（二）沉淀硬化不锈钢 0Cr17Ni4Cu4Nb

（1）汽轮机末级叶片材料，也常用于水冷核反应堆的控制棒驱动机构等。

（2）宇航用紧固件，发动机承力构件。

（3）船用螺旋桨、阀门、泵等部件。

（三）奥氏体铬镍钼不锈钢 00Cr25Ni22Mo2N

（1）二氧化碳和氨汽提法尿素生产高压设备用的关键材料。

（2）用于醋酸、磷酸、硫酸等耐蚀装置和部件。

第四节　有色金属及其合金

根据非铁金属及合金在工业设备及管道的生产应用情况，将重点介绍铝、钛、镍、铜、锆及其合金。对于耐蚀性能虽然优异，但价格昂贵或其他场合应用较少的铬、锌、镉、锡等不做介绍。金属铅的相关技术内容在国家标准《工业设备及管道防腐蚀工程技术标准》GB/T 50726—2023 第七章“铅衬里”中已经做出相关规定：铅衬里适用于腐蚀环境下设备及管道的内表面防护，也可用于砖板衬里的隔离层；铅板表面应光滑、清洁，不得有污物、泥沙和油脂，也不得有砂眼、裂缝、变形或厚薄不均等缺陷，其化学成分及规格应符合现行国家标准《铅及铅锑合金板》GB/T 1470 的有关规定。本手册第五章“铅衬里”也对相关内容进行了较为详细的介绍，故本节不作赘述。

一、腐蚀机理

有色金属及其合金在自然界或工业领域腐蚀机理基本符合本章第一节中“金属材料腐蚀机理”理论表述，但由于有色金属通常物理化学性质比较活泼，标准电极电位差异较大。在空气中氧化，生成致密而坚固氧化膜的情况、反应产物复杂，导致每一种金属及其合金的腐蚀过程与机理具有独特性。在大多数情况下，有色金属可以使腐蚀过程及反应变得缓慢，有利无害。

有色金属材料在设计、使用时应注意腐蚀形态的显著特征，以便改变、改善材料功能，通过改变材料组成和组织结构来实现防腐蚀功能及效果优化。有色金属腐蚀形态主要表现在局部腐蚀比较突出，典型腐蚀现象包括：晶间腐蚀、应力腐蚀、孔蚀、缝隙腐蚀、疲劳腐蚀等。

二、铝及其合金

化工行业通常使用的铝和铝合金是纯铝、铸造铝合金和防锈铝。

（一）铝的化学成分

铝按纯度分为高纯铝（铝含量≥ 99.93%）、工业高纯铝（铝含量为 99.85% ~ 99.90%）和工业纯铝（铝含量为 98% ~ 99.7%）。密度小是铝的特点之一，常温条件下，纯度 99.75% 铝的密度为 2.703g/cm^3；导热性和导电性（仅次于铜和银）良好是铝的另一个特点，铝的导电性和导热性差异取决于杂质含量，杂质含量越大，其导电性和导热性下降越多。

（二）铝合金种类

1. 铸造铝合金

化工行业常用铝硅合金、铝镁合金和铝铜合金，用于制造离心机、泵、阀等。

（1）铝硅铸造合金具有优良铸造性能，可以焊接，有良好的耐腐蚀性和力学性能。

（2）铝镁铸造合金耐蚀性好，强度高，密度低。

（3）铝铜铸造合金适合在较高温度下工作，室温强度超过其他铸造铝合金，故称为高强耐热铝合金，应用普遍。

2. 防锈铝合金

防锈铝合金铸造退火后是单相固溶体，因此耐蚀性、抛光性好，能长时间保持光亮表面，塑性、强度比纯铝高。用于制造与液体介质接触的零部件，该类合金主要有 Al–Mg 和 Al–Mn 两个系列。

高镁合金（镁含量为 6% ~ 7%）由于固溶体过饱和程度大，即使退火后 β 相也未完全析出，因此在制造和使用过程中，β 相仍会继续析出，从而降低合金的抗蚀性能，一般高镁合金仅限于 70℃以下使用。

（三）铝及其合金耐腐蚀性能

金属铝比较活泼，标准电极电位为 –1.67V。在空气中极易氧化，生成致密而坚固的氧化膜（Al_2O_3），厚度为（5 ~ 10）× 10^{-9}m，其熔点为 2 010 ~ 2 050℃。铝表面氧化膜对铝有保护作用。当其损坏时，只要有足够的氧存在，氧化膜还可以“自愈”。这层氧化膜只有在卤素离子或碱离子的激烈作用下才会受到破坏。铝在淡水、海水、浓硝酸、各种硝酸盐、汽油及许多有机物中都具有足够的耐蚀性。

三、钛及其合金

钛在地壳中藏量丰富，其平均含量约为0.61%，钛被誉为“现代金属”“海陆空金属”“宇宙金属”“崛起的第三金属”“未来金属”等。钛及其合金既是理想的结构材料，又是新兴的功能材料，因此在国内外军事、工业部门都有十分广泛的应用。作为结构金属，钛以高比强度（强度/密度）、强腐蚀环境中化学稳定性及在电解（含水）过程的自钝化能力，日益为工业界所瞩目，得到越来越广泛的应用。尤其近几十年来，在不锈钢和镍基合金之后，钛在化工装置中被作为一种耐腐蚀的结构材料发挥了重要作用。

（一）钛的化学成分

钛呈银白色，外观与不锈钢相似，熔点高，密度比钢轻43%。钛有两个同素异形体：在多晶转化温度（882.5℃）以下为 α 钛，具有密排六方结构；当温度高于多晶转化温度、低于熔点时，为 β 钛，具有体心立方结构。钛按其纯度（杂质含量）分级。杂质元素铁、硅、氢、氧和氮的微量波动，都能引起钛性能的较大变化，因此使用钛材时应注意严格控制这些元素。通常，在化工生产中大量使用的是工业纯钛。纯度越高，塑性越大，而强度越低。工业纯钛纯度可达99.5%，当其含杂质总量为0.05%时，抗拉强度为214～255MPa，屈服强度为118～171MPa，延伸率为50%～60%，断面收缩率为70%～80%，布氏硬度为HB130，标准弹性模量为106GPa，泊松比为0.34。室温下塑性显著降低，热导率为纯铝的1/16、纯铁的1/6，热胀系数是奥氏体不锈钢的50%。

此外工业纯钛加热时力学性能有较大幅度的变化。测定表明：随着温度升高，钛及焊缝的强度下降，断面收缩率增加，而延伸率增加不甚明显。

（二）钛合金种类

钛合金根据用途可分为：强度钛合金、耐蚀钛合金、功能钛合金等。

目前国内耐蚀钛合金主要有钛钯合金（Ti–Pd 合金）、钛钼合金（Ti–Mo 合金）和钛钼镍合金（Ti–Mo–Ni 合金）。

新型功能钛合金材料主要有 Ti–Ni 形状记忆合金，Nb–Ti 超导线材，Fe–Ti 储氢材料等。

在钛中加入合金元素（如 Pd、Mo、Ni）的种类和数量不同，耐蚀钛合金在物理力学性能上存在差异。

（三）钛及其合金耐腐蚀性能

1. 工业纯钛

钛属于热力学不稳定金属，通过溶解可产生 Ti^{2+}，金属钛离子化时的标准电极电位为 -1.68V，这样钛是很容易溶于水而释出氢。钛有可钝化性，在多种腐蚀性介质中，钛却有非常强的耐腐蚀性。它的钝化性超过了铬、镍和不锈钢。钛以优异的钝化能力使其成为化工领域重要的耐腐蚀结构材料。一般来说，能使钛钝化膜处于稳定状态的介质环境，是维持钛耐腐蚀的先决条件。这些介质一般都是氧化性的、中性的或弱还原性的介质，如海水、氯化物溶液、氧化性酸溶液（如硝酸、铬酸、醋酸、乳酸、苯二甲酸等）、浓度小于3%的盐酸和浓度小于4%的硫酸、尿素等。使钝化膜遭受破坏不能维持钛耐腐蚀的介质是：还原性酸溶液、不含水的强氧化性介质（如酸酐等）、氢氟酸、氟硅酸、氟硼酸、浓度大于3%的盐酸和浓度大于4%的硫酸、发烟硝酸、干氯气等。

2. 钛钯合金

钛中添加少量贵金属钯（0.10%～0.20%），可提高表面腐蚀电位，从而提高钛在还原性介质中的耐腐蚀性能，比工业纯钛有了更大的耐缝隙腐蚀能力。在高温高浓度的氯化物溶液中，Ti-Pd合金还具有优异的抗缝隙腐蚀能力。因此该合金还可应用在弱还原性、氧化性和还原性交替的介质，以及高温、高浓度、低pH值的各种氯化物环境中。

3. 钛钼合金

Ti-Mo系列合金被推荐用于还原性介质（如盐酸、硫酸和磷酸）中。钼含量（10%～32%）越高，耐蚀性越好，但熔炼加工困难也越大。因此在一定程度上影响了Ti-Mo合金的应用推广。

4. 钛钼镍合金

Ti-0.3Mo-0.8Ni合金在硝酸等氧化性介质中有优良的耐腐蚀性能，在还原性介质（如硫酸、盐酸、甲酸及柠檬酸）中，耐蚀性明显提高。合金中的Ti_2Ni相在腐蚀过程中作为活性阴极增加了材料的阴极活性，进一步促进了合金的阳极极化，使之表面钝化。在高温、高浓度的氯化物介质中，呈现良好的抗缝隙腐蚀性能。

（四）钛的耐局部腐蚀性能

1. 钛的吸氢和氢脆

钛表面氧化膜的完整性是氢向钛内部扩散渗透的有效屏障。维持和保护钛氧化膜可以阻止钛基体因吸氢而脆化。在300℃以上氢气氛或含氢气氛、还原性酸腐蚀、缝隙腐蚀发生过程或应力腐蚀开裂的裂纹尖端，以及在海水中处于阴极状态，且电位小于-0.70V时，钛会吸氢。当吸氢量超过钛的氢溶解极限，达到（80～150）$\times 10^{-6}$时，钛会产生针状氢化物沉淀，随着吸氢量的进一步增加，氢化物数量增多，且氢化物增大，这时有可能发生：

（1）若氢扩散速度很慢，氢化物仅在钛表面集中生成，引起脆性氢化物的层状剥落，使腐蚀失重明显增加，出现氢致腐蚀。

（2）钛基体中的氢在应力作用下，扩散到应力场强度高的地方富集形成氢化物，在氢化物－基材交界面或在基体中氢化物内产生微裂纹，这些微裂纹在应力作用下扩展贯通，造成氢致开裂。

（3）钛基体全面吸收大量氢而脆化，导致氢脆破坏。

钛设备直接从氢气氛中吸收氢或从腐蚀过程中产生的初生态氢相互反应引起氢脆破坏，故必须考虑氢（特别是初生态氢）来源。

2. 钛的缝隙腐蚀

钛制化工设备在一般含氯或氯化物热溶液中，按说应该是耐蚀的，但如果在设备上存在缝隙和溶液积滞区，那么就会在这些地方出现缝隙腐蚀，从而给设备带来灾难性后果。与高温氯化物浓溶液接触的钛设备、热海水条件使用的钛换热器都有因缝隙腐蚀而报废的实例。在含少量氨的 NH_4Cl 和氯化钠溶液中，钛也会产生缝隙腐蚀。

3. 钛的点蚀（或称孔蚀）

一般情况下，钛在氯化物溶液中的耐蚀性优于不锈钢和镍基合金。在温度不高时直至饱和的高浓度氯化物溶液中，钛几乎都是耐蚀的。钛在中性溶液中不会产生点腐蚀，主要原因是氧化膜的击穿电位值很高，即使在含氯溶液中有最强的氧化剂，也无法达到这样高的电位值。但当温度升高时，电位向较低方向移动，在氯化物溶液中会产生点腐蚀。在含无机酸或无机盐的甲醇溶液中，阳极活化电位与水含量有关，而与电流密度和溶液酸度无关。水含量不足会导致钝化程度下降。当水含量达到某一临界值时，即可防止钛在该有机介质中的点腐蚀。

4. 钛的接触腐蚀

接触腐蚀是不同金属在同一电解质溶液中构成电偶，阳极金属被加速腐蚀的现象。腐蚀速度取决于两种金属的电极电位差、阳阴极的面积比和两种金属的极化特性。钛一般和其他金属接触时处于阴极，不会腐蚀，但也有可能出现阴极吸氢。钛在既可能呈现活性态也可能呈现钝态的介质（如盐酸、硫酸等）中，与其他金属接触，对钛及其被接触的金属都会产生强烈影响。

四、镍及其合金

化工生产特别是在制碱工业中，镍常作为结构材料使用。镍还是耐蚀合金及耐热、电工用合金的基体金属或合金元素。纯镍具有高强度与塑性、良好延展性和可锻性，熔点为 1 455℃，空气中不会氧化，加热到 500℃时，仅表面有氧化膜，镍标准电极电位为 -0.25V，比铁正，比铜负。

在非氧化性稀酸（如盐酸、硫酸）无溶解氧的情况下，镍腐蚀也不会加速，因为镍有钝化能力，使其耐腐蚀性能显著提高，在中性和碱性溶液中也如此。碳酸盐、硝酸盐、硫酸盐、氯化物和醋酸盐等碱性或中性溶液对镍的影响极小，其腐蚀速率约为 0.013mm/a。镍特别耐碱的腐蚀，这主要是由于表面生成致密的氧化膜。在高温下，腐蚀速率只有 0.003～0.010mm/a。在熔融碱中，较其他许多金属稳定，但在高温（300～500℃）、高含量（75%～98%）的苛性碱中，未退火的镍易产生晶间腐蚀破裂，故使用前必须退火。

镍及其合金主要用于制碱工业中，作为制造蒸发管和碱泵等的材料。

五、铜及其合金

铜导电性和导热性高（仅次于银），有良好的耐蚀性。

铜及其合金可分为：紫铜、黄铜、青铜和白铜。按其加工状态可分为铸造铜合金和加工铜合金。

（一）紫铜（纯铜）

纯铜表面呈紫红色，故习惯称为紫铜，标准电极电位比氢要正，在非氧化性酸中不产生放氢反应，其热力学稳定性好。腐蚀时不发生氢去极化作用，而主要是靠氧去极化作用，其钝化能力很小。

铜在中等浓度非氧化性稀酸，如盐酸、硫酸、醋酸、磷酸、柠檬酸、乳酸、脂肪酸等溶液中，显示出足够的稳定性，但这些酸中含有氧（空气饱和）或氧化剂时，则腐蚀速度明显提高。铜对苛性碱耐蚀性较好，在中性盐溶液中也相当稳定。在中性、弱碱性溶液有溶解氧存在时，铜可钝化，表面生成一层氧化膜而阻止对铜的进一步腐蚀。但在氨和氰的溶液中，铜是不稳定的。因为这时转入溶液中的铜离子会形成络合物离子，使溶液中铜离子大为减少，降低了铜的电位。同时溶液中（或大气中）微量的氨或铵离子都会使铜及其合金产生应力腐蚀开裂。

潮湿状态的化工大气能使铜腐蚀，铜不耐熔融金属腐蚀。可以作热交换设备，如蒸发器、蒸馏釜、蒸馏塔、冷凝器、管道、离心机转鼓、泵等。

（二）黄铜

以铜、锌为主的二元和多元黄铜有优良的力学性能和工艺性能，二元铜锌合金称为普通黄铜。为进一步改善和提高其性能而加入锡、锰、铝等元素称为特殊黄铜。

锡能提高黄铜强度，并能显著提高其对海水的耐蚀性，故锡黄铜又称海军黄铜。加1%～2%的锰能明显提高黄铜的工艺性、强度和耐蚀性。铝能提高黄铜强度、硬度和耐蚀性，但塑性降低。铝和镍同时加入，形成固溶体，可改善力学性能和耐蚀性。硅和铅同时加入，不仅能使黄铜有较好的力学性能和耐蚀性，低温下也有良好的强度和塑性，而且耐磨性提高，切削加工性能也得到改善。

黄铜根据用途、加工工艺和力学性能分为加工黄铜和铸造黄铜两大类。

黄铜在苛性碱溶液中腐蚀速率约为0.5mm/a，而当溶液中有空气存在和温度提高时，腐蚀速率达1.8mm/a，脱锌和腐蚀破裂是黄铜常见的腐蚀形式。

黄铜在化工生产中作为耐蚀材料并不多见，常用作泵、阀零部件及热交换器列管等。

（三）青铜

青铜属于有色金属合金。一般按铜中第一主添加元素（如锡、铝、铍）分别命名为锡青铜、铝青铜、铍青铜等。按用途、生产方式又可分为加工青铜（或变形青铜）和铸造青铜。

1. 锡青铜

锡青铜是铜锡合金，但只有添加磷、锌、铅、镍和其他元素的锡青铜才有实际意义。锡青铜具有化学稳定性，锡青铜在非氧化性稀酸以及盐溶液中都具有良好的耐蚀性，当溶液中有氧化剂存在时，则腐蚀加剧。氧化性酸及其他氧化剂、氨溶液均对锡青铜有腐蚀作用，锡青铜在大气、淡水、海水中稳定性好，干燥气体（如氯、溴、氟、二氧化碳等）实际上与锡青铜不起作用。但在高温下，氯、溴、碘等容易与锡形成挥发性化合物而使其迅速腐蚀。氧在常温下对锡青铜无显著影响。另外，锡青铜耐冲蚀性能较好。

由于锡青铜有较好的耐磨、耐蚀性能，通常用作化工机械中的零部件，如制造氧气和压缩空气的配件，以及泵、阀门、小齿轮、轴承、旋塞等。

2. 铝青铜

铝含量为 5%～10% 的铝青铜具有比锡青铜高的强度、塑性、冲击韧性和耐疲劳性，耐腐蚀性能优于纯铜和锡青铜，同时耐磨、耐热。可用热处理方法提高其力学性能。铝青铜在大气、海水、碳酸溶液以及大多数有机酸（柠檬酸、醋酸、乳酸）中都较为稳定，在磷酸中也有较好的耐蚀性。铝青铜在高温氧化性气氛或在氢氟酸中会发生“脱铝”腐蚀。在氨介质中也会出现应力腐蚀开裂，这在使用中应注意。

由于铝青铜有良好的综合力学性能和耐蚀性能，因此常用来制造高负荷及高速度下耐蚀抗磨的零部件，如制造硫酸铵分离机的刮刀和扒齿，也可以制造耐磨蚀泵、齿轮、涡轮、轴套等零部件。

3. 铍青铜

铍含量不超过 2.6% 的铍青铜，具有高强度极限、弹性极限、屈服点和疲劳极限，具有较高的导电性、导热性、硬度、耐磨性、抗蠕变性、耐蚀性和耐疲劳性，因此较广泛地用来制造一些特殊用途的弹簧和弹簧零件。

铍青铜在各种气态介质中稳定，高温下氧化程度比纯铜及其他铜合金都小。铍青铜在海水和淡水中也稳定，耐冲蚀性也较纯铜为好。铍青铜的晶间腐蚀倾向小，但在应力状态下，受湿空气和氨的作用时，和其他铜合金一样有应力腐蚀开裂倾向。高温下，卤族气体能引起选择性腐蚀，这主要是由于富铍相受到氧化。另外，铍青铜在熔融碱中具有较好的耐腐蚀性能。

（四）白铜

铜镍组成的二元合金叫普通白铜。在此基础上加入锌、铝、铁、锰等元素就分别称为锌白铜、铝白铜、铁白铜和锰白铜。

白铜的耐腐蚀性能基本上类似于纯铜。在无机酸特别是硝酸中会发生严重腐蚀。但在无氧和沸腾温度以下可以耐不超过 30% 的氢氟酸。碱对白铜的腐蚀作用不大，但如有氧化性杂质存在时，腐蚀就会大幅加速。在有机酸、碱性盐、溶液和有机化合物中，腐蚀速度都不大，在氨水和酸性溶液中腐蚀速度大幅增加。

通常白铜在造船、发电站、石油化工等部门中被用作冷凝器、热交换器及各种耐蚀零部件。舰艇用冷凝器多用含镍量为 10%～30% 的白铜代替黄铜，不仅避免了脱锌腐蚀，而且使用温度和强度范围均有所提高。

锌白铜（又称“中国银”）由于在铜镍合金中加入了锌，耐大气腐蚀能力提高，而且强度和弹性均高，通常在精密仪器、医疗卫生、通信工程的零部件和弹性元件的制造中使用。

铝白铜中含铝，能提高铜镍合金的强度、耐蚀性、低温性能及弹性。

六、锆及其合金

锆（Zr）原子序数为 40，相对原子质量为 91.224，位于元素周期表Ⅳ B 族。锆呈银白色、熔点为 1 845℃，具有低热中子吸收截面、优异的耐腐蚀性能、良好的力学性能和加工性能。纯锆有两个同素异形体：在 865℃以下为 α 相，是密排六方晶格；高于865℃是 β 相，为体心立方晶格。纯锆共分两个级别：无铪铅的原子能级和含铪的工业级，锆和铪是共生矿，具有十分相似的化学性质。

为了提高强度、改善耐腐蚀性能，锆合金应运而生，如Zr-2.5Sn，锡的加入抵消了杂质氮的有害影响；2Zr-1.5Sn-0.12Fe-0.10Cr-0.05Ni合金，在原子能高温介质中的耐蚀性大大提高；Zr-1.5Sn-0.2Fe-0.10Cr-0.05Ni，能够更好地抵抗氢脆；Zr-（1~2.5）Nb合金则有良好的综合性能。

在核工业中，锆作为燃料铀的包壳和其他结构件已在水冷核反应堆中长期有效地使用。锆耐盐酸腐蚀性能突出，工业纯锆在沸腾的所有浓度的盐酸中，腐蚀速率均小于0.025mm/a。一般说来，锆能耐沸腾的甲酸、醋酸、乳酸、柠檬酸等侵蚀，但二氯醋酸、三氯酸、草酸例外。另外，有些钛不能胜任的石油化工设备，可用锆代替，锆在染料、农药、制药和食品工业中也有使用。

七、有色金属设计、施工要点

（一）设计要点

（1）铝合金具有铸造性能，可以焊接，有良好的耐腐蚀性能和力学性能，强度大，密度小。

（2）铝铜合金在较高温度下工作，常称为高强耐热铝合金。晶体氧化铝可使金属表面有效钝化，使之不受腐蚀。卤素离子能破坏铝表面的致密保护层，引起材料的孔蚀，使铝及铝合金构件不能在卤素介质中使用。

（3）介质性质、缝隙、应力、铁污染和电偶腐蚀等导致钛吸氢引起腐蚀加剧。另外，设备结构设计不当、加工制造工艺和设备使用操作违规、阴极保护过度、酸洗规程不当等也是直接影响因素。

（4）钛制化工设备在一般含氯或氯化物热溶液中应该是耐蚀的，但如果在设备上存在缝隙和溶液积滞区，就会在这些地方出现缝隙腐蚀，从而给设备带来灾难性的后果。

（5）钛与非金属材料接触间隙，要比钛与钛间隙的缝隙腐蚀倾向大得多。同时缝隙腐蚀发生的过程还伴随着吸氢，并形成大量针叶状氢化物，形成一种恶性自催化过程，加快腐蚀速度，最终造成局部损坏。

（6）点腐蚀和钛中铁、氧含量有关，此外，点腐蚀容易在有缝隙部位、接触铁的部位、接触氟塑料垫圈的部位。不恰当的热处理、热加工、施焊变色部位及加工造成铁污染、表面损伤等都是点腐蚀的敏感地区。对钛设备的使用、设计、制造应予以足够的注意。

（二）施工要点

（1）防锈铝合金为热处理不强化合金，冷作硬化是提高强度的唯一途径。铸造退火后是单相固溶体，耐蚀性能好，抛光性好，能长时间保持其光亮的表面。同时具有足够高的塑性和比纯铝高得多的强度。多用于制造与液体介质相接触的零部件。

（2）铝在海水、浓硝酸、各种硝酸盐及许多有机物中易生成氧化膜，而有足够的耐蚀性，但这层氧化膜给焊接带来了不便。同时，氧化物夹杂也是锻件中常遇到的缺陷。

八、工程应用

（一）铝及其合金应用

（1）在尿素和聚丙烯腈生产中，耐低压和常压尿液、丙烯腈及丙烯醛介质的腐蚀。

（2）在许多有机介质中有优良的耐蚀性能，因此在食品工业中得到广泛应用。

（二）钛及其合金应用

（1）钛及其合金既是结构材料，又是功能材料，已经是化工生产当中很重要的耐腐蚀金属材料，广泛应用于氯碱、化肥、有机合成、纯碱、精细化工、农药、电解电镀、海水淡化等行业中。

（2）航空、航天、兵器、舰船及海洋开发等装备。

（3）化工设备中几乎所有钢与其他金属制造的设备都可以用钛来制造。

（4）容器（如塔、槽、罐、釜等）、换热器（包板式换热器、管壳式换热器、管式换热器）。

（5）氯碱工业的电解槽、电极板、电镀槽等，以及泵、风机、分离机、压缩机、冷冻设备、空分设备及阀门、管件、检测仪表等。

（6）石油化工、冶金、机电设备、车辆制造等。

（7）医疗卫生、记忆合金、超导及储氢材料、火力发电及核电工业装备等。

（三）镍及其合金应用

纯镍主要用于制碱工业中，作为蒸发管和碱泵等的材料。但作为降膜蒸发管腐蚀严重，不是理想的材料。

（四）锆及其合金应用

（1）锆在核工业中用量最大。

（2）锆及其合金已在国内外许多化工设备中使用，如在塔、釜、泵、阀、热交换器及管道中均有使用。

（3）化工行业最早是制造盐酸设备和用于双氧水生产。盐酸和硫酸交替操作的脉冲塔；用锆泵代替高硅铸铁泵输送含盐酸和一些氯盐的液体，其使用寿命比高硅铸铁大大提高。另外，在盐酸工业的冷凝器、蒸发器、阀门、管道、热电偶套管和浸入式加热器的外壳等应用广泛。

（4）在双氧水生产中锆制管式换热器代替石墨换热器，用于浓缩浓度为75%的硫酸。锆制换热器的无维修使用寿命已高达12年，避免了石墨换热器常见的脆断问题。

（5）在丙烯酸纤维和丙烯酸膜生产中，也采用锆管式热交换器替代石墨换热器，处理150℃的浓度为60%的硫酸。在沸点以上的浓度为60%～65%的硫酸中锆丁醇再沸器，使用也很理想。浓度为5%～10%的硫酸、浓度小于15%的盐酸、温度小于100℃的二氯蒽醌分解釜的搅拌材料采用锆，使用寿命达10年以上，几乎无腐蚀迹象。

（6）在硝酸生产中，1982年美国一家公司用锆制作浓缩栓和再沸器，用来将硝酸浓度从 57% 浓缩到 67%。1984 年采用重达 27t 大型锆提高器，用来在 205℃条件下生产浓度为 65% 的硝酸。

（7）在尿素系统中使用的锆制热交换器和反应塔的使用寿命在美国已超过 25 年。日本在改良 C 法尿素合成中，用锆制作减压阀。与钛和不锈钢设备相比，锆可以在更高的温度和压力下使用，从而提高 CO_2 到尿素的转化率。

第三章

纤维增强塑料衬里

3

纤维增强塑料衬里是利用了纤维增强塑料的化学稳定性和物理力学性能来达到工业设备及管道内防腐蚀目的。施工原理是通过热固性树脂与纤维及其制品的黏合、固化作用，覆盖被保护设备及管道的表面，防护作用较涂层有很大提高。与涂料相比，由于存在纤维增强材料，提高了保护层厚度，改善了衬里层的物理力学性能。纤维增强塑料衬里的施工工艺简单，成本较低，修复方便。同时，衬里层材质及厚度可随介质条件和使用工况合理设计和调整，衬里设备及管道所需刚度可由碳钢或其他壳体等材料来承载，并可承受一定的外力冲击和振动。因此，纤维增强塑料衬里在工业设备及管道防腐蚀方面有着广泛应用，包括：

（1）石油化工、环保等领域的容器、贮槽、反应器和塔类等设备内衬防护。

（2）大型地下槽罐及管道的衬里防护。

（3）砖板衬里设备的隔离层。

（4）其他非金属衬里设备损坏后的修复，如橡胶衬里，砖板衬里设备等。

本章主要介绍五类在工程上常用的纤维增强热固性树脂衬里，包括乙烯基酯树脂、不饱和聚酯树脂、环氧树脂、酚醛树脂和呋喃树脂衬里。尽管纤维增强塑料衬里有许多性能优点，但它依然存在一定的渗透性、易受热应力和固化收缩应力作用而导致衬里层的开裂或与基体设备间的脱壳等缺点。为避免这些情况发生，本章第六节介绍了纤维增强塑料衬里及界面温度应力计算方面的内容。

第一节　乙烯基酯树脂衬里

乙烯基酯树脂（Vinyl Ester Resin，VER）是由环氧树脂与甲基丙烯酸或丙烯酸通过开环加成化学反应而制得，别名环氧丙烯酸树脂。它保留了环氧树脂的基本链段，又有不饱和聚酯树脂的良好工艺性能，在适宜条件下固化后，表现出某些特殊物理力学性能和耐腐蚀性能。自 20 世纪 60 年代以来，乙烯基酯树脂获得了迅速发展，首先由美国壳牌化学公司推出 Epocrgl 品牌，然后在 1966 年由美国陶氏化学公司推出 Derakane 品牌，紧随推出的是亚什兰集团的 Hetron 品牌，以及日本的昭和高分子株式会社的 Ripoxy 品牌，其他的国外品牌或生产商有 AOC、Interplastics 等，而我国自 20 世纪 70 年代起，开始研发自主品牌的乙烯基酯树脂，如上海富晨 Fuchem、原华东化工学院 MFE、上纬 Swancor 等。

乙烯基酯树脂的一个重要用途是与各类纤维增强材料结合，施衬于工业设备及管道表面，固化形成纤维增强的乙烯基酯树脂衬里，起到保护基体、免受腐蚀介质侵蚀的作用。

一、原材料及其性能

乙烯基酯树脂衬里所使用的原材料包括：树脂、固化剂、稀释剂、纤维增强材料、填料等。

（一）树脂

1. 分类

常用的乙烯基酯树脂是由双酚 A 型环氧树脂或酚醛环氧型树脂与甲基丙烯酸反应

得到的一类变性环氧树脂，能溶解于苯乙烯以及丙烯酸系单体，为热固性树脂。根据原料不同，可分为双酚 A 型环氧乙烯基酯树脂、酚醛环氧型乙烯基酯树脂、阻燃乙烯基酯树脂等。由于树脂合成的工艺和方法的不同，各种乙烯基酯树脂的结构、性能及应用也会略有差别。

需要说明的是采用丙烯酸与上述环氧树脂反应，也可得到环氧乙烯基酯树脂，但其耐腐蚀性、耐温性远不如采用甲基丙烯酸反应得到的环氧乙烯基酯树脂，所以在防腐蚀工程中不推荐采用。本节主要介绍甲基丙烯酸型的环氧乙烯基酯树脂及其衬里。

2. 品种型号

（1）标准双酚 A 型环氧乙烯基酯树脂。该类型树脂是由甲基丙烯酸与双酚 A 型环氧树脂反应合成的乙烯基酯树脂，已溶于苯乙烯溶液，分子结构示意图见图 3–1。

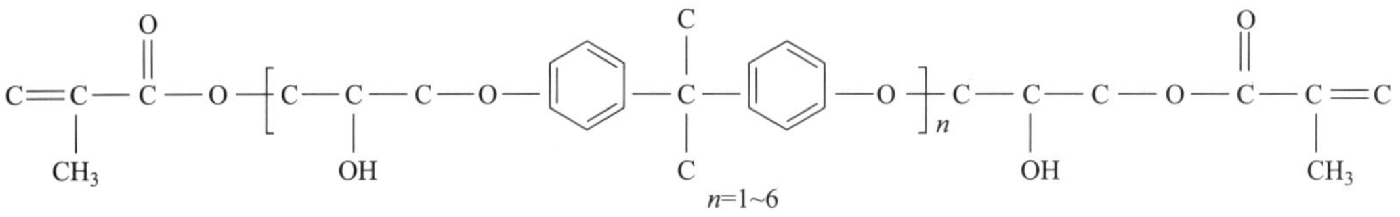

图 3–1　标准双酚 A 型环氧乙烯基酯树脂分子结构示意图

表 3–1 中列出了国外和中国台湾品牌的标准双酚 A 型环氧乙烯基酯树脂的典型性能，其产品性能是按照 ASTM 标准或其他国外标准进行检测；为便于比较，选取一款典型的国外产品与国内产品（Fuchem 854 树脂）进行测试比对，采用相同制样方法和我国国家标准的测试方法，见表 3–2。

表 3–1　国外和中国台湾品牌标准双酚 A 型环氧乙烯基酯树脂的典型性能

牌号	拉伸强度 / MPa	拉伸模量 / GPa	断裂延伸率 / %	弯曲强度 / MPa	弯曲模量 / GPa	HDT/ ℃
Derakane 411	83	2.9	7.0 ~ 8.0	148	3.4	102
Hetron 922	86	3.2	6.7	141	3.5	105
Ripoxy 806	79	—	3.2	135	3.1	110
Atlac 430	95	3.6	6.1	150	3.4	105
Swancor*901	85	3.4	5.5	127	3.3	101
Dion 9100	80	3.4	5.0	95	3.3	100

注：*Swancor 是中国台湾品牌。

表 3–2　国外产品与 Fuchem 854 树脂的力学性能比较

项目	国外产品	Fuchem 854 树脂
HDT/℃	105	105
抗张强度 /MPa	81	82
抗张模量 /GPa	3.30	3.28
断裂伸长率 /%	4.7	4.8
弯曲强度 /MPa	116	115
弯曲模量 /GPa	3.6	3.7

（2）酚醛环氧乙烯基酯树脂。该类型树脂是将酚醛环氧树脂引入乙烯基酯树脂的骨架中，合成的乙烯基酯树脂，可称为 Novolac 乙烯基酯树脂，分子结构示意图见图 3-2。

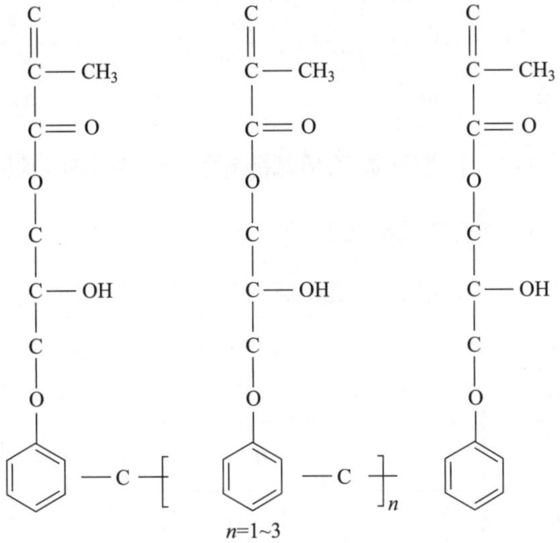

图 3-2　酚醛环氧乙烯基树脂分子结构示意图

国外和中国台湾品牌的酚醛环氧乙烯基酯树脂的典型性能见表 3-3。同样，选取一款典型的国外产品与国内产品（Fuchem 890 树脂）按我国国家标准进行测试比对，见表 3-4。

表 3-3　国外和中国台湾品牌酚醛环氧乙烯基酯树脂的典型性能

牌号	拉伸强度 / MPa	拉伸模量 / GPa	断裂延伸率 / %	弯曲强度 / MPa	弯曲模量 / GPa	HDT/ ℃
Derakane 470	85	3.6	3.0 ～ 4.0	131	3.8	149 ~ 154
Hetron 980	88	3.3	4.2	150	3.4	133
Ripoxy 630	74	—	2.5 ~ 3.0	135	3.7	137
Atlac 590	90	3.5	4.0	155	3.6	140
Swancor 907	82.6	3.54	2.7	134	3.9	148
Dion 9400	72	3.7	3.0	125	3.6	135

表 3-4　国外产品与 Fuchem 890 树脂的力学性能比较

项目	国外产品	Fuchem 890 树脂
HDT/℃	137	130
抗张强度 /MPa	59	72
抗张模量 /GPa	3.60	3.45
断裂伸长率 /%	2.75	2.73
弯曲强度 /MPa	116	122
弯曲模量 /GPa	3.90	3.99

（3）阻燃环氧乙烯基酯树脂。该类型树脂一般采用溴化环氧树脂合成，分子结构示意图见图 3–3。

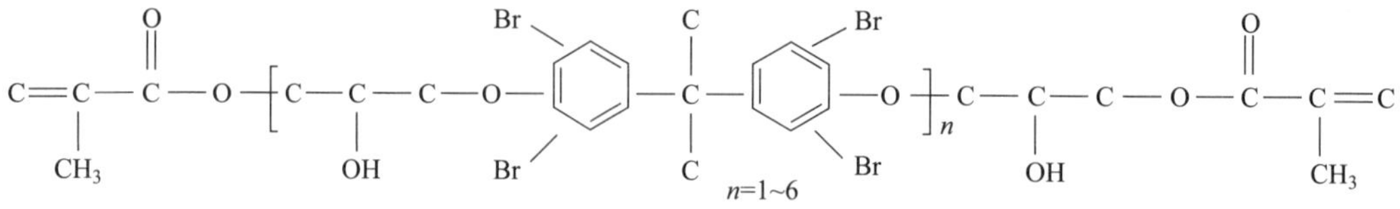

图 3–3　阻燃环氧乙烯基酯树脂分子结构示意图

国内外品牌的阻燃环氧乙烯基酯树脂的典型性能见表 3–5。

表 3–5　国内外品牌的阻燃环氧乙烯基酯树脂的典型性能

牌号	拉伸强度 / MPa	拉伸模量 / GPa	断裂延伸率 / %	弯曲强度 / MPa	弯曲模量 / GPa	HDT/ ℃
Derakane 510A	69 ~ 76	3.40	7.0 ~ 8.0	110 ~ 124	3.7	107
Hetron 992	90	3.50	5.0	145	3.6	108
Ripoxy 550	74	3.20	3.0	105	3.3	108
Atlac 750	90	3.60	4.0	155	3.7	110
Swancor 905	83	3.60	3.5	131	3.7	110
Fuchem 892	50	3.12	2.0	100	3.3	105
Dion 9300	76	3.50	4.0	145	3.4	110

注：表中的 Fuchem 892 是按我国国家标准进行测试。

（4）高交联密度酚醛环氧乙烯基酯树脂。该类型树脂的国内外生产厂家较少，表 3–6 列出了国外和中国台湾几个产品的典型性能，表 3–7 中列出 Fuchem 898 树脂及玻璃纤维板的力学性能测试结果，表中各项性能指标按我国国家标准进行测试。

表 3–6　国外和中国台湾品牌的高交联密度酚醛环氧乙烯基酯树脂的典型性能

牌号	拉伸强度 / MPa	拉伸模量 / GPa	断裂延伸率 / %	弯曲强度 / MPa	弯曲模量 / GPa	HDT/ ℃
Hetron 970	78	3.70	2.9	111	3.90	149
Ripoxy 600	74	—	2.5	135	3.70	151
Swancor 977	76	3.60	2.1	117	3.90	154
Dion 9700	73	3.36	3.3	146	3.46	160

表 3–7 Fuchem 898 树脂及玻璃纤维板的力学性能

项目	拉伸强度 / MPa	拉伸模量 / GPa	延伸率 / %	弯曲强度 / MPa	弯曲模量 / GPa	冲击强度 /（kJ/m^2）	Barcol 硬度	热变形温度 / ℃
树脂浇铸体	70	3.50	2.2	122	4.10	10	45	152
玻璃纤维增强薄板	230	14.50	—	320	13.50	230	—	—

注：1 树脂采用 MEKP 固化剂，室温固化 24h 后，在 80℃下 2h，110℃下 1h，155℃下 1h。
2 增强薄板铺层：表面毡 1 层 / 短切毡 1 层 /04 无碱玻璃布 9 层 / 短切毡 1 层 / 表面毡 1 层；总厚度 4mm，总体树脂含量约 60%，后处理 80℃下 2h，110℃下 2h，155℃下 2h。

（5）柔性乙烯基酯树脂。为了适应各种防腐蚀工程需要，发展了柔性乙烯基酯树脂，柔性乙烯基酯树脂具有对钢和混凝土表面很高的粘接性，与传统的环氧乙烯基酯树脂相比，其延伸率更高，粘结强度有较大提高，抗冲击强度提高近 4 倍，层间强度提高 20%，并具有独特的耐磨性。表 3–8 列出了国外和中国台湾产品的典型性能，同样选取一款典型的国外产品与国内产品（Fuchem 810 树脂）按我国国家标准进行测试，见表 3–9。

表 3–8 国外和中国台湾品牌柔性乙烯基酯树脂的典型性能

牌号	拉伸强度 / MPa	拉伸模量 / GPa	断裂延伸率 / %	弯曲强度 / MPa	弯曲模量 / GPa	HDT/ ℃
Derakane 8084	72	3.2	11	117	3.0	79
Swancor 980	66	3.2	11	110	3.0	79

表 3–9 国外产品与 Fuchem 810 树脂的力学性能比较

项目	国外产品	Fuchem 810 树脂
HDT/℃	75	74
抗张强度 /MPa	83	82
抗张模量 /GPa	3.20	3.35
断裂伸长率 /%	6.0	6.1
弯曲强度 /MPa	109	105
弯曲模量 /GPa	3.60	3.64

柔性乙烯基酯树脂独特的力学性能赋予了其广泛的应用：耐腐蚀内衬、灌缝材料或底涂树脂；管接件等各种材料的粘接；与 Kevlar 纤维或其他增强材料合用，制作高强度和耐疲劳的产品，如运动或军用的头盔、帆船等。

（6）PU 改性环氧乙烯基酯树脂。该类型树脂是通过氨基甲酸酯，如 TDI 对环氧乙烯基酯树脂进行改性而成，兼有链内不饱和性和链端的不饱和性，和通常的双酚 A 型环氧乙烯基酯树脂相比，具有优良的耐腐蚀性、柔韧性和良好工艺性，由于氨基甲酸酯的引入，提高了树脂与纤维的相容性，并能保持树脂表面良好的气干性，能适合缠绕等各种工艺。在表 3-10 中列出了几个产品的典型性能。

表 3-10 PU 改性环氧乙烯基酯树脂的典型性能

牌号	拉伸强度 / MPa	拉伸模量 / GPa	断裂延伸率 / %	弯曲强度 / MPa	弯曲模量 / GPa	HDT/ ℃
Atlac 580	83	3.5	4.2	153	3.6	115
Fuchem 820	82	3.2	4.3	115	3.7	115
Dion 9800	80	3.3	4.2	145	3.2	115

注：表中的 Fuchem 820 是按我国国家标准进行测试。

（7）其他品种。目前国内市场上乙烯基酯树脂除上述品种外，还有两类：一类是丙烯酸型乙烯基酯树脂，或在该树脂基础上用氨基甲酸酯改性处理，该类型树脂耐温等级比相应的甲基丙烯酸型乙烯基酯树脂下降 10～20℃，树脂延伸率上升，但由于缺乏甲基对酯键的保护作用，导致树脂的耐碱性下降；另一类树脂是我国特色产品，它是富马酸改性双酚 A 型环氧乙烯基酯树脂，从严格意义上说它不属于乙烯基酯树脂，而是乙烯基酯树脂与双酚 A 型不饱和聚酯树脂中的一个过渡品种，这种类型的乙烯基酯树脂具有交联密度高、脆性和收缩大的特点，由于树脂中的酯键含量比标准型乙烯基树脂高 40%～50%，因此其耐碱性相对较差。

3. 质量及性能指标

乙烯基酯树脂质量应符合现行国家标准《乙烯基酯树脂防腐蚀工程技术规范》GB/T 50590 的有关规定。由中国石油和化工勘察设计协会发布实施的团体标准《乙烯基酯树脂防腐蚀工程技术标准》T/HGJ 50590—2019 规定的乙烯基酯树脂质量严于《乙烯基酯树脂防腐蚀工程技术规范》GB/T 50590。用于纤维增强衬里的液体乙烯基酯树脂性能指标见表 3-11，乙烯基酯树脂浇铸体的性能指标见表 3-12。

表 3-11 液体乙烯基酯树脂的性能

项目	树脂类型			检测方法
	甲基丙烯酸环氧型	酚醛环氧型	化学阻燃型	
外观	均匀透明液体			目测
酸值 /（mg KOH/g）	10.0 ± 4.0	10.0 ± 4.0	10.0 ± 4.0	《塑料 聚酯树脂 部分酸值和总酸值的测定》GB/T 2895
固体含量 /%	57.0 ± 3.0	65.0 ± 3.0	63.0 ± 3.0	《不饱和聚酯树脂试验方法》GB/T 7193
黏度（25℃）/（Pa · s）	0.40 ± 0.10	0.30 ± 0.10	0.40 ± 0.10	
凝胶时间（25℃）/min	20.0 ± 5.0	25.0 ± 7.0	20.0 ± 5.0	
储存期	阴凉通风处，25℃以下，3 个月			—

表 3-12　乙烯基酯树脂浇铸体的性能

项目		树脂类型			检测方法
		甲基丙烯酸环氧型	酚醛环氧型	化学阻燃型	
巴柯尔硬度		≥ 35	≥ 40	≥ 35	《增强塑料巴柯尔硬度试验方法》GB/T 3854
热变形温度（1.80MPa）/℃		≥ 100	≥ 130	≥ 100	《塑料　负荷变形温度的测定　第 2 部分：塑料和硬橡胶》GB/T 1634.2
阻燃性（OI）		—	—	≥ 27	《塑料　用氧指数法测定燃烧行为　第 2 部分：室温试验》GB/T 2406.2
耐碱性 /h	100	无异状	—	无异状	《树脂浇铸体性能试验方法》GB/T 2567
	50	—	无异状	—	

（二）固化剂

乙烯基酯树脂固化剂包括引发剂和促进剂，其配套及使用方法应符合国家标准《建筑防腐蚀工程施工规范》GB 50212—2014 的有关规定。

1. 树脂固化机理

从游离基聚合化学动力学角度分析，乙烯基酯树脂的固化属于自由基共聚合反应，固化反应具有链引发、链增长、链终止、链转移四个游离基反应的特点。

（1）链引发：从过氧化物引发剂分解形成游离基到这种游离基加到乙烯基酯基团上的过程。

（2）链增长：单体不断地加合到新产生的游离基上的过程。与链引发相比，链增长所需的活化能要低得多。

（3）链终止：两个游离基结合，终止了增长着的聚合链。

（4）链转移：一个增长着的大的游离基能与其他分子，如溶剂分子或抑制剂发生作用，使原来的活性链消失成为稳定的大分子，同时原来不活泼的分子变为游离基。

2. 固化过程中分子结构变化

乙烯基树脂的固化过程是乙烯基树脂分子链中的双键与交联单体（通常为苯乙烯）的双键发生交联聚合反应，由线型长链分子形成三维立体网络结构的过程。在这一固化过程中，存在三种可能发生的化学反应：

（1）苯乙烯与乙烯基酯树脂分子之间的反应。

（2）苯乙烯之间的反应。

（3）乙烯基酯树脂分子之间的反应。

值得注意的是，在乙烯基酯树脂分子结构中有反式双键存在时，易发生上述（3）中的反应，也就是乙烯基酯树脂分子之间的反应，这种反应可以使分子之间结合得更紧密，因而可以提高树脂的各项性能。

3. 固化过程中表观特征变化

乙烯基酯树脂的固化过程可分为三个阶段，分别是：

（1）凝胶阶段（A 阶段）：从加入固化剂、促进剂以后算起，直到树脂凝结成胶冻状而失去流动性的阶段。该阶段中，树脂能熔融，并可溶于某些溶剂（如乙醇、丙酮等）中。这一阶段大约需要几分钟至几十分钟。

（2）硬化阶段（B 阶段）：从凝胶以后算起，直到树脂变成具有足够硬度，达到基本不粘手状态的阶段。该阶段中，树脂与某些溶剂（如乙醇、丙酮等）接触时能溶胀但不能溶解，加热时可以软化但不能完全熔化。这一阶段大约需要几十分钟至几小时。

（3）熟化阶段（C 阶段）：在室温下放置，从硬化以后算起，直到达到制品要求硬度，具有稳定的物理与化学性能可供使用的阶段。该阶段中，树脂既不溶解也不熔融。通常所指的后期固化就是指这个阶段。这个阶段通常是一个很漫长的过程，需要几天或几星期甚至更长的时间。

4. 对树脂固化程度的影响

影响树脂固化程度的因素包括树脂类型、阻聚剂等其他添加剂、固化剂和促进剂的加入量、施工环境和制品结构等。

（1）树脂类型对固化程度的影响。包括分子链中双键的含量、反式和顺式双键比例和苯乙烯含量等。

1）分子链中双键的含量（即双键的密度）。树脂的反应活性通常是以所含不饱和二元酸的摩尔数占整个分子主链百分比来衡量，不饱和双键含量越高，树脂的反应活性越高，达到完全固化的时间越短。

2）线性树脂分子中反式双键和顺式双键两种双键的比例。反式双键含量越高，固化程度越高。

3）树脂中应有适当的苯乙烯含量，过多或过少都会使树脂固化不良。

（2）树脂中阻聚剂等其他添加剂的影响。在保存未固化的液体树脂时，要加入阻聚剂，使树脂在贮存过程中免于过早胶凝变质。引发剂和促进剂反应释放出的游离基，最初是被阻聚剂消耗掉，阻聚剂变为稳定的大分子失去阻聚能力。因此，低反应活性的树脂有可能因为其中加入的阻聚剂量很少而显得反应活性很高，而高反应活性的树脂也可能因其中加入了较大量的阻聚剂变得不甚活泼。另外树脂中的填料、色浆、玻璃钢内脱模剂、低收缩添加剂等也会影响树脂的固化程度。

（3）固化剂、促进剂加入量对树脂固化的影响。为了加快施工进度，以及其后制品性能的稳定性，希望树脂能尽快固化完全。对于一定反应活性的树脂来说，固化剂、促进剂的加入量对树脂的固化速度及其后的固化程度有很大的影响。通过理论和实践总结出如下的固化规律：

1）要有足够的固化剂的加入量以保证足够的放热峰温度，从而达到较高的固化程度，而固化剂的量过少有可能造成永久的欠固化。

2）在环境温度较高的条件下，可适当减少促进剂的加入量，以得到足够长的凝胶时间和较完全的固化程度。

3）采用钴盐促进剂与其配套的过氧化物引发剂的摩尔比应小于 1，否则促进剂与初级游离基的逆反速度会大于初级游离基引发单体的速度，使转化率下降。因此，过多地使用促进剂并不能达到加速固化的效果，反而会使产品性能下降。

4）对于低反应活性树脂的固化，宜选用低活性的固化系统。

5）在低温或高湿度的环境条件下，可采用复合固化系统：钴盐促进剂、过氧化甲乙酮和 N，N- 二甲基苯胺。固化的原则为足够的固化剂的加入量和适当的促进剂的加入量。

（4）施工环境对树脂固化的影响。施工环境对树脂固化影响很大，施工时环境温度越高，胶凝和固化时间越短。有时施工温度升高 10℃，可使凝胶时间缩短将近 1/2。如果施工环境温度过低，易造成永久的欠固化。因为树脂在低温下虽然能够胶凝，但胶凝后形成的大分子却不能移动，由于没有足够的放热峰温度引发固化剂不断释放自由基，使得连锁交联反应不易进行，最终导致永久的欠固化。一般要求施工温度不低于 15℃，相对湿度不大于 80%。

为了使树脂充分固化，固化成型后最好进行高温后固化处理。后固化处理方法见本节施工养护内容。如施工单位无热处理条件，可在施工后常温养护 15d 以上，环境温度低时还要适当延长养护时间，使其充分固化，再投入使用。这一点对于耐腐蚀用途的树脂固化尤为重要。

（5）制品结构对树脂固化程度的影响。一定量的树脂混合物固化时所放出的热量是固定的，取决于其组分的化学成分。但是放热的速度及由此而引起的温度上升速度和体系所能达到的最高放热峰温度则取决于树脂混合物的形状与尺寸、周围的温度、所加入的引发剂、促进剂及阻聚剂的成分与浓度等诸多因素。在同样成分下，大制件相对于小制件热损失少，温升就较高。如果参与固化的树脂量太大，有可能造成放热失控，体系会因放热、收缩而开裂，更严重的还会分解冒黑烟，甚至起火。因此施工时要注意以下几点：

1）树脂制品体积较大，应适当减少固化剂、促进剂的加入量。

2）树脂制品体积小，应适当增加固化剂、促进剂的加入量。

3）对于薄型衬里或大面积喷涂成型树脂，可能因为交联剂的挥发而导致交联剂不足，也应适当增加促进剂、固化剂的量，以缩短凝胶时间。

（三）稀释剂

乙烯基酯树脂稀释剂采用苯乙烯，苯乙烯既是参与反应的交联剂，又具有稀释树脂黏度的功能，通常加入量控制在树脂量的 3% 左右。加入量过大会影响树脂性能。

（四）纤维增强材料

乙烯基酯树脂衬里采用的纤维增强材料包括玻璃纤维、涤纶纤维、碳纤维及其织物等，纤维增强材料的选型除应符合现行国家标准《纤维增强塑料设备和管道工程技术规范》GB 51160 的有关规定外，尚应符合国家标准《工业设备及管道防腐蚀工程技术标准》GB/T 50726—2023 附录 D 的规定，且纤维增强材料表面处理采用的偶联剂应与树脂匹配。在工程应用中，乙烯基酯树脂衬里常采用玻璃纤维增强材料。

（1）玻璃纤维增强材料宜采用 C、E、E-CR 型。不得使用高碱玻璃纤维及陶土坩埚生产的玻璃纤维增强材料，高碱玻璃纤维碱金属氧化物的含量较高，对水汽、碱性溶液的耐腐蚀性较差。

（2）当采用玻璃纤维短切毡时，单位质量宜为 300 ~ 450g/m^2。

（3）当采用非石蜡乳液型的无捻粗纱玻璃纤维方格布时，单位质量宜为 200 ~ 400g/m^2。

（4）当采用玻璃纤维表面毡时，单位质量宜为 30 ~ 50g/m^2。

（5）当用于含氟类介质的衬里时，应采用涤纶晶格布或涤纶毡，涤纶毡单位质量宜为 30g/m^2，涤纶晶格布使用前应进行防收缩处理。

（五）填料

当衬里施工需要填料时，应采用铸石粉、石英粉、瓷粉、石墨粉或硫酸钡粉等惰性材料。

（1）当用于含氟类介质的衬里时，应选用硫酸钡粉或石墨粉。

（2）当用于含碱类介质的衬里时，应选用铸石粉或石墨粉。

需要注意的是，如果树脂中加入其他物质，如橡胶、硫、铜与铜盐、苯酚、酚醛树脂、粉尘及炭黑等，即使是少量的也可以抑制聚合反应，有时甚至会使树脂完全不固化。

二、衬里的物理力学性能、耐蚀机理和耐腐蚀性能

（一）衬里的物理力学性能

（1）增强材料为玻璃纤维短切毡，采用 300g/m^2 规格，标准乙烯基酯树脂 ATLAC 430 和酚醛环氧乙烯基酯树脂 ATLAC590Z，制作含胶量 70% 左右的衬里，在不同的养护温度之后，其力学性能测试结果与国家标准《工业设备及管道防腐蚀工程技术标准》GB/T 50726—2023 中的标准设定值见表 3-13。

表 3-13　增强材料为玻璃纤维短切毡时的力学性能

项目		常温	50℃	100℃	标准设定值
双酚 A 型环氧乙烯基酯树脂	弯曲强度 /MPa	168	164	160	130
	弯曲模量 /GPa	6.6	7.4	8.3	7.0
	拉伸强度 /MPa	102	83	101	80
	拉伸模量 /GPa	7.9	8.4	8.3	8.0
	断裂延伸率 /%	1.6	1.1	1.4	1.0
	粘结强度（底涂层，拉开法）/MPa	8.0	—	—	5.0
	线收缩率 /%	0.15	—	—	—
酚醛环氧乙烯基树脂	弯曲强度 /MPa	182	180	175	130
	弯曲模量 /GPa	7.6	8.3	9.4	7.0
	拉伸强度 /MPa	94	99	95	80

续表 3-13

项目		常温	50℃	100℃	标准设定值
酚醛环氧乙烯基树脂	拉伸模量 /MPa	8.0	8.6	9.7	8.0
	断裂延伸率 /%	1.4	1.3	1.1	1.0
	粘结强度（底涂层，拉开法）/MPa	7.0	—	—	5.0
	线收缩率 /%	0.27	—	—	—

3

（2）增强材料为玻璃纤维方格布，采用400g/m^2 规格，标准乙烯基酯树脂 ATLAC 430 和酚醛环氧乙烯基酯树脂 ATLAC590Z，制作含胶量 50% 左右的衬里，在不同的养护温度之后，其力学性能测试结果与国家标准《工业设备及管道防腐蚀工程技术标准》GB/T 50726—2023 中的标准设定值见表 3-14。

表 3-14 增强材料为方格布时各材料的力学性能

项目		常温	50℃	100℃	标准设定值
双酚 A 型环氧乙烯基酯树脂	弯曲强度 /MPa	397	481	401	350
	弯曲模量 /GPa	12.3	13.3	13.3	12.5
	拉伸强度 /MPa	329	316	338	250
	拉伸模量 /GPa	16.1	17.2	18.3	17.0
	断裂延伸率 /%	2.6	2.7	2.5	2.2
酚醛环氧乙烯基树脂	弯曲强度 /MPa	389	464	370	350
	弯曲模量 /GPa	15.4	16.2	13.1	12.5
	拉伸强度 /MPa	339	359	321	250
	拉伸模量 /GPa	17.6	18.7	16.6	17.0
	断裂延伸率 /%	2.5	2.6	2.7	2.2

在上述（1）和（2）力学性能检测中，制样及试验条件按国家标准《纤维增强塑料性能试验方法总则》GB/T 1446—2005 有关规定进行；弯曲强度和模量检测按国家标准《纤维增强塑料弯曲性能试验方法》GB/T 1449—2005 有关规定进行；拉伸强度、模量和断裂延伸率检测按国家标准《纤维增强塑料拉伸性能试验方法》GB/T 1447—2005 有关规定进行；与碳钢的附着力检测按国家标准《色漆和清漆 拉开法附着力试验》GB/T 5210—2006 有关规定进行；线收缩率测定参照中国石油和化工勘察设计协会团体标准《乙烯基酯树脂防腐蚀工程技术标准》T/HGJ 50590—2019 有关方法进行。制样后样条的三种养护条件分别为：

1）常温固化养护 15d。

2）制样后在 50℃热空气中固化养护 0.5h。

3）常温固化不少于 1d，再在 100℃下固化 4h。

（3）按国家标准《纤维增强塑料平均线膨胀系数试验方法》GB 2572—2005 的规定，在温度范围从室温到 100℃检测了乙烯基酯树脂衬里的线膨胀系数，见表 3–15。

表 3–15　乙烯基酯树脂衬里从室温到 100℃ 的线膨胀系数平均值

树脂类型	玻璃纤维短切毡 /（$\times 10^{-5}$/K）		玻璃纤维方格布 /（$\times 10^{-5}$/K）	
	检测值	标准设定值	检测值	标准设定值
双酚 A 型环氧乙烯基酯树脂	2.36	3.50	1.29	2.00
酚醛环氧乙烯基酯树脂	3.14	3.50	1.50	2.00

（二）耐蚀机理

当纤维选对且与树脂类型匹配时，衬里的耐腐蚀性能主要取决于树脂。

1. 双酚 A 型环氧乙烯基酯树脂

该类型树脂具有以下特点：

（1）在分子链两端的双键极其活泼，使乙烯基酯树脂能迅速固化，很快达到使用强度，得到具有高度耐腐蚀性聚合物。

（2）采用甲基丙烯酸合成，酯键边的甲基可起保护作用，提高耐水解性。

（3）树脂含酯键量少，每摩尔比耐化学聚酯（双酚 A- 富马酸 UPR）少 35%~50%，使其耐碱性能提高。

（4）较多的仲羟基可以改善对玻璃纤维的湿润性与粘结性，提高了层合制品的力学强度。

（5）由于仅在分子两端交联，因此分子链在应力作用下可以伸长，以吸收外力或热冲击，表现出耐微裂或开裂。

2. 酚醛环氧乙烯基酯树脂

酚醛环氧乙烯基酯树脂具有较高的热稳定性。树脂固化后，交联密度大，热变形温度达 120~135℃，可以延长使用寿命并具有优良的耐腐蚀性，特别对含氯溶液或有机溶剂耐腐蚀性好。

3. 阻燃环氧乙烯基酯树脂

由于阻燃环氧乙烯基酯树脂中含溴，因此树脂在具有耐化学性的同时，又可以阻燃。

4. 高交联密度酚醛环氧乙烯基酯树脂

为了适应耐高温强度需要，对酚醛环氧乙烯基酯树脂进行改性，提高了树脂交联密度和耐热性能，具有优良的耐酸、耐溶剂腐蚀性和抗氧化性能，适用于各种高温强腐蚀情况，如脱硫装置（FGD）、高温烟囱等。

（三）耐腐蚀性能

（1）乙烯基酯树脂在腐蚀介质中的耐腐蚀性能，在各品牌企业的产品样板中均有详细数据，在选用树脂品种时，可以请供应商提供。

（2）常见腐蚀介质在环境温度下，部分乙烯基酯树脂衬里材料的选用见本手册表 1–5。

（3）乙烯基酯树脂衬里的耐腐蚀性能评估和判定，可以参照国家标准《纤维增强塑料设备和管道工程技术规范》GB 51160—2016 附录 A.4 中的方法。需要注意的是：乙烯基酯树脂衬里在介质使用温度和压力的共同作用下，其耐腐蚀性能和力学性能比在常温、常压下会有不同程度的下降。

三、设计要点

（一）适用范围

（1）乙烯基酯树脂衬里适用于腐蚀介质下的设备及管道内表面防护，可与涂料衬里、玻璃鳞片衬里复合使用，也可用于砖板衬里的隔离层。

（2）设计压力宜为 0 ~ 0.3MPa。

（3）设计温度宜为 –20 ~ 80℃。

（二）构造

乙烯基酯树脂衬里结构包括底涂层、中间层、纤维增强层、面涂层、封面层、（图 3–4）。

（1）底涂层应采用树脂胶料。

（2）中间层宜由树脂胶料和耐腐蚀粉料组成胶泥料。

（3）纤维增强层应包括一层或多层纤维织物。当采用玻璃纤维增强材料时，宜采用玻璃纤维短切毡，也可采用玻璃纤维短切毡和玻璃纤维方格布复合；玻璃纤维短切毡含胶量不得低于 65%，玻璃纤维方格布含胶量不得低于 45%。

（4）面涂层应包括一层或多层表面毡，采用玻璃纤维表面毡时，含胶量不得低于 90%；面涂层应采用与纤维增强层相同的树脂类型。

（5）封面层应采用与前一层相同的树脂类型。

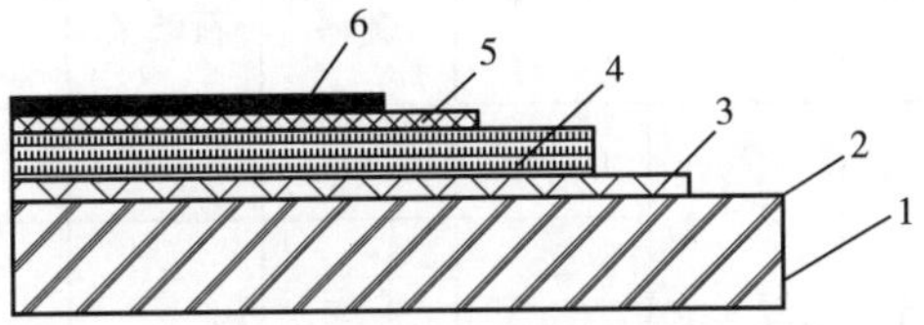

1—基体；2—底涂层；3—中间层；4—纤维增强层；5—面涂层；6—封面层。

图 3–4　乙烯基酯树脂衬里

（三）厚度

乙烯基酯树脂衬里各层厚度见表 3–16。

表 3–16　乙烯基酯树脂衬里各层厚度

衬里结构	厚度 /mm	衬里结构	厚度 /mm
底涂层	≥ 0.05	面涂层	0 ~ 1.0
中间层	0 ~ 1.0	封面层	0 ~ 0.4
纤维增强层	1.5 ~ 4.0	—	—

（四）节点处理

（1）乙烯基酯树脂衬里在接管、阴阳角、开孔等部位应采取局部加强措施。

（2）乙烯基酯树脂衬里可与涂料衬里、玻璃鳞片衬里、树脂耐磨胶泥复合使用。

四、施工要点

（一）基体要求及表面处理

（1）衬里施工前的基体、基体表面和焊缝要求应符合国家标准《工业设备及管道防腐蚀工程技术标准》GB/T 50726—2023 第 3.2 节和第 3.3 节的有关规定，衬里侧焊缝余高不得超过 1.0mm。

（2）衬里施工前的基体表面处理等级应符合国家标准《工业设备及管道防腐蚀工程技术标准》GB/T 50726—2023 第 4.2.2 条的有关规定。

（3）基体表面喷射处理后的粗糙度等级应符合国家标准《工业设备及管道防腐蚀工程技术标准》GB/T 50726—2023 中表 4.2.3 的“中等级”要求。

（二）施工配合比

乙烯基酯衬里材料需要现场配制时，应根据施工环境温度、相对湿度、原材料性能及施工工艺特点，通过试验确定施工配合比，经试验确定的配合比不得任意改变。乙烯基酯衬里材料的施工配合比见表 3-17。

表 3-17　乙烯基酯衬里材料的施工配合比（质量比）

材料名称	树脂	引发剂	促进剂	苯乙烯	矿物颜料	苯乙烯石蜡液	粉料	
							耐酸粉	重晶石粉
底涂料	100	1～4	0.5～4	0～15	—	—	—	—
修补料				—	—	—	200～350	（400～500）
衬布胶料				—	0～2	—	—	0～15
封面料				—	0～2	3～5	—	—

注：表中括号内的数据适用于含氟类防腐蚀工程。

在使用时需注意以下几点：

（1）过氧化甲乙酮二甲酯溶液、过氧化环己酮二丁酯糊引发剂应与钴盐的苯乙烯液配套；过氧化二苯甲酰二丁酯糊引发剂应与 N，N- 二甲基苯胺苯乙烯液促进剂配套。

（2）应按确定的施工配合比和配制顺序混合均匀，每次配制数量应满足施工需要，并应在凝胶前用完。

（3）衬里施工最后一遍树脂封面胶料中应含有苯乙烯石蜡液。苯乙烯石蜡液的配合比应为 100 :（3～5）。配置时，先将石蜡削成碎片，加入苯乙烯中，用水浴法加热至

60℃；待石蜡完全溶解后冷却至常温使用。

（三）施工注意事项

（1）施工环境温度宜为15～30℃，相对湿度不宜大于80%；当施工环境温度低于10℃时，应采取加热保温措施，但不得用明火或蒸汽直接加热。

（2）树脂、固化剂、引发剂、促进剂、稀释剂等材料的储存和使用应遵守材料安全数据说明书（MSDS）的规定，并应密闭储存在阴凉、干燥的通风处，并应采取防火措施。促进剂和固化剂不得堆放在一起。

（3）施工时不得与其他工种交叉作业，受限空间施工时要注意通风。

（四）养护

（1）乙烯基酯树脂衬里常温固化的养护时间为15d。

（2）乙烯基酯树脂衬里在50℃热空气下的固化时间为0.5d。

（3）乙烯基酯树脂衬里需要热处理时，热处理温度及保温时间见表3–18，且应严格控制升降温度速度，不得局部过热。

表3–18 乙烯基酯树脂衬里热处理温度及保温时间

<table>
<tr><th rowspan="3">常温固化时间 /h</th><th colspan="6">热处理温度及时间 /h</th><th rowspan="3">降温速度 15℃ /h</th></tr>
<tr><th>常温～40℃</th><th>40℃</th><th>40～60℃</th><th>60℃</th><th>60～80℃</th><th>80℃</th></tr>
<tr><th>升温</th><th>保温</th><th>升温</th><th>保温</th><th>升温</th><th>保温</th></tr>
<tr><td>8～24</td><td>1</td><td>2</td><td>2</td><td>2</td><td>2</td><td>4～8</td><td>80℃～常温</td></tr>
</table>

五、质量检验

在国家标准《工业设备及管道防腐蚀工程技术标准》GB/T 50726—2023第5.5节中，对各类树脂衬里及原材料的取样方法、检查数量和判定方法均作了详细规定，乙烯基酯树脂衬里的检验项目、要求和检验方法见表3–19。

表3–19 乙烯基酯树脂衬里的检验项目、要求和检验方法

项目	要 求	检验方法
外观	衬里与基体的粘结应牢固，并应无纤维裸露、色泽明显不匀等现象	观察检查、敲击检查
气泡	衬里表面应平整光滑，并不得出现分层和发白现象。允许最大气泡直径应为3mm；每平方米面积内直径1～3mm的气泡应少于3个	观察检查、尺量检查和敲击检查
针孔	衬里层应无影响衬里性能的针孔、裂纹或杂质等缺陷，进行电火花针孔检测时，衬里层应无击穿现象	外观检查、采用电火花针孔检测仪检查。测试电压宜按3 000 V/mm确定，探头行走速度宜为50～100mm/s

续表 3–19

项目	要　求	检验方法
厚度	符合设计要求；总厚度的允许偏差应为设计总厚度的 –10% ~ 50%	磁性测厚仪检查
固化度	树脂应固化完全，表面应无黏丝或流淌等现象；当需测定树脂固化度时，其值不应小于 85% 或应符合设计规定	采用白棉花球蘸丙酮擦拭方法检查；巴柯尔硬度检测按现行国家标准《增强塑料巴柯尔硬度试验方法》GB/T 3854 的规定

六、运行维护

在乙烯基酯树脂衬里设备及管道的使用过程中，要做好详细运行记录，特别是温度、压力和介质变化的记录；定期检测衬里使用情况，检查项目包括衬里外观、厚度、表面硬度、针孔电火花检测等。衬里的维修应按国家标准《工业设备及管道防腐蚀工程技术标准》GB/T 50726—2023 第 3.8.4 条的要求执行，并遵循下列原则：

（1）当衬里外观缺陷面积、针孔检测结果偏离设计值 30% 以上时，不宜修复。

（2）当衬里性能、附着力、厚度或硬度检测结果偏离设计值 50% 以上时，且不能满足使用要求时，不得修复。

（3）维修方案需经原设计单位或建设单位评估后进行。

七、工程案例

乙烯基酯树脂衬里的应用案例见表 3–20。

表 3–20　乙烯基酯树脂衬里的应用案例

使用单位	工程名称	介质工况	防腐蚀构造	使用效果
广东某纸浆公司	二氧化氯漂白塔（碳钢）	最高 85℃；Cl_2 : ClO_2=4 : 1（重量比，均为 100% 纯度，用药量 3%，按有效氯计）	150×150×20 耐酸砖板 2 层 +854 乙烯基酯树脂短切毡 2 层 + 专用底涂 + 喷砂达 Sa2 $\frac{1}{2}$	2003 年使用至今完好
大庆某油田公司	储罐内壁防腐	汽油、柴油	喷砂除锈，812 底涂，1 毡 2 布 1 毡，3mm 854 乙烯基酯树脂玻璃钢内衬	良好
青岛某农业发展公司	储罐内壁防腐	正己烷	喷砂除锈，812 底涂，2 道玻璃鳞片胶泥，1 毡 2 布 1 毡，3mm890 乙烯基酯树脂玻璃钢内衬	良好
漳州某金属制造公司	电镀槽内防腐	电镀液	喷砂除锈，812 底涂，1 毡 2 布 1 毡，3mm854 乙烯基酯树脂玻璃钢内衬	良好
河南某设备公司	汽车电泳槽内防腐	电泳漆	喷砂除锈，812 底涂，1 毡 2 布 1 毡，3mm854 乙烯基酯树脂玻璃钢内衬	良好

第二节　不饱和聚酯树脂衬里

1929 年，华莱士・卡罗瑟斯（Wallace H. Carothers）首次制备了聚酯，他发明的制造技术至今仍在使用[①]。直到 20 世纪 30 年代后期，研究人员布拉德利（Bradley）、克罗帕（Kropa）和约翰逊（Johnson）报告称，在（无交联单体的）基体树脂中引入不饱和成分的聚酯在固化后是不溶解和不熔融的（被称为热固性的）。同一时期，卡尔顿・埃利斯（Carlton Ellis）发现，如果引入不饱和单体（如苯乙烯）会提高固化速率 30 倍。虽然这些知识今天看来还有些粗糙，但这就是当时所知的关于不饱和聚酯树脂的基本技术资料。1941 年，不饱和聚酯树脂开始了商业应用，而且基本上都是浇铸产品。1942 年，美国橡胶公司发明了玻璃纤维增强不饱和聚酯树脂，并首先工业化规模成功地应用于军事上的雷达天线罩。1945 年，这些军工材料充分转向民用。1946 年，开始用玻璃纤维增强树脂制成船壳。1942 年不饱和聚酯树脂的产量不到 500t，到 1952 年产量达到了 8 600t，1962 年达 10.2 万 t，1972 年超过 31.75 万 t[②]，又经过近 50 年发展，2021 年全世界的不饱和聚酯树脂产量达到了 508 万 t，其中中国大陆占 62%。

由于不饱和聚酯树脂可根据所服务介质的酸性、弱碱性、盐溶液和溶剂的腐蚀性及渗透特性选择不同化学组分来合成，其固化工艺也可以根据需要选择使用室温固化体系、热水、蒸汽或者红外辐射加热固化体系、紫外光固化体系，其加衬积层工艺可以选择手糊、喷射、真空导入、预浸渍等多种工艺或其组合，且原材料价格相对低廉，便于储存和运输，因而迄今为止一直在纤维增强聚合物衬里防腐蚀工程中广泛地使用。

一、原材料及其性能

纤维增强不饱和聚酯树脂衬里所使用的原材料包括：树脂、固化体系、交联稀释剂、增强纤维、填料等。

（一）不饱和聚酯树脂

1. 分类

（1）按树脂的化学组成分类。本节中所指的不饱和聚酯树脂是以不饱和二元羧酸（通常为顺丁烯二酸或反丁烯二酸）、饱和二元酸（通常为邻苯二甲酸、间苯二甲酸、对苯二甲酸）、二元醇（通常为乙二醇、二乙二醇、丙二醇、二丙二醇、新戊二醇）或双酚 A 型化合物为原料，在催化剂作用下缩聚而成的一定分子量的树脂（常称为基体树脂）并溶解在交联单体（常为含烯键的苯乙烯单体）中形成的树脂溶液。

为了帮助用户理解不同的不饱和聚酯树脂制成的衬里对工业设备及管道耐腐蚀性能以及寿命的影响的复杂性，表 3-21 介绍了典型的不饱和聚酯树脂合成所用原材料的化学组分对其性能的影响。

① 资料来源：Philip A. Schweitzer. Corrosion of Polymers and Elastomers [M]. 2nd ed., CRC Press, 2006.

② 资料来源：Paul F. Bruins. Unsaturated Polyester Technology [M]. Gord and Breach Science Publishers, 1976.

表 3-21 典型的不饱和聚酯树脂合成所用原材料的化学组分及其性能

原料类型	化学名称	性能
饱和二元羧酸	邻苯二甲酸（酐）	酯化缩聚位阻小，耐化学性能弱，价格较低
	间苯二甲酸	酯化缩聚位阻中等，耐化学性能良好，热变形温度中高
	对苯二甲酸	酯化缩聚位阻高，耐化学性能优异，热变形温度高
	己二酸	柔韧性好，酯化缩聚位阻小，耐化学性能弱
	海特酸	阻燃，耐化学腐蚀，耐氧化性介质
不饱和二元羧酸	顺丁烯二酸（酐）	热变形温度中等，反应性高，价格低
	反丁烯二酸	热变形温度高，反应性更高
改性材料	双环戊二烯	收缩低，气干性好，价格低
二元醇	乙二醇	耐水性差，价格低
	二乙二醇	柔韧性好，耐水性差，价格低
	二丙二醇	柔韧性好，耐水性较好，价格高
	丙二醇	浸润性好，耐水性好，价格高
	新戊二醇	粘接力强，耐水性极好，价格很高
	2-羟基-丙氧基双酚A二醚	耐化学性能优异，热变形温度高
交联单体	苯乙烯	反应性高，力学性能好，与多种树脂相容性很好，热变形温度高，价格低
	甲基丙烯酸酯类	无苯乙烯树脂，气味低，适用于接触食品和接触生物的应用

不饱和聚酯树脂的性能不仅受到化学成分类型的影响，也受到组成成分含量、缩聚物分子量大小及其分子量分布、缩聚反应条件对聚合物骨架分子空间排列方式的影响。其中不饱和二元酸——顺丁烯二酸在缩聚反应时聚合物分子链骨架可以由顺式结构转化为反式结构，而且在纤维增强聚合物制备过程中的自由基聚合反应中，酯键中的 α-碳上甲基或其他基团也会在空间位置上形成某种有规律的倾向性构象（酯的E或Z构象），从而导致三维聚合物网络结构的原子分布密度的差异，它们对化学品的攻击、溶剂渗透或者热力攻击都会表现出差异。所以通常仅从单一组分，如邻苯型、间苯型、对苯型、双酚A型不饱和聚酯树脂不足以定义和甄别树脂性能。为了便于在工程实践中正确选用适用于工业设备及管道防腐蚀衬里的不饱和聚酯树脂，本手册推荐选用邻苯-丙二醇型、间苯-丙二醇型、对苯-丙二醇型、间苯-新戊二醇型、丙氧基双酚A型这五种常用的不饱和聚酯树脂类型，也会在后面章节按照物理和化学性能定义其性能指标。

（2）按树脂的加衬施工或固化工艺分类。不饱和聚酯树脂在对工业设备及管道进行防腐蚀衬里施工时，可以采用不同的施工工艺，目前已经在工业应用的有手糊工艺、喷射工艺、真空导入工艺、预浸料光固化工艺。同一种耐腐蚀的不饱和聚酯树脂基体在使用不同的工艺时会有不同的要求，如喷射工艺和真空导入工艺要求相对较低的黏度；手糊工艺的树脂黏度大小相对适中，对于垂直面施工，又希望使用预触变的树脂以防止垂直面流挂；预浸料用树脂不仅黏度高，而且要求基体树脂是可增稠的。

根据加衬现场的工况以及目标设备经加衬后的性能要求决定使用何种固化工艺，常用的固化工艺有室温固化、热水或蒸汽固化、紫外光固化等。对应所用的不饱和聚酯树脂，除了有相应的凝胶固化所需操作时间要求外，树脂的放热峰温度、最终的固化度以及固化后的收缩量，都是特定应用要考虑的因素。对于紫外光固化，甚至树脂本身的吸收紫外光的量都是工艺要研究的对象。

3

（3）按树脂在衬里结构中的功能分类。纤维增强不饱和聚酯树脂衬里通常至少有底涂过渡层、结构增强层和面涂层这三层，底涂过渡层主要对工业设备及管道待衬里基材表面进行封闭处理，并为纤维增强不饱和树脂衬里与基材之间提供更好的界面粘接；结构增强层更多地承担机械力学性能；面涂层需要直接接触腐蚀性介质，有可能需要导静电、阻燃等。根据具体使用工况和结构功能需要，不同的功能层可以使用同种基体树脂，也可以分别选择不同类型的树脂。

2. 衬里用不饱和聚酯树脂与工程施工相关的液体性能

（1）液体树脂的流体性能。在实际工程施工中，液体树脂的黏度直接影响了工程施工时树脂对玻璃纤维的浸润速度。如果是垂直面施工，黏度的大小也会影响树脂在垂直面上分布的均匀性。液体树脂的黏度不仅取决于树脂溶液的化学组分类型、分子量大小及其分布、固含量，也与施工时的环境温度高度相关；添加降黏剂、增稠剂或触变助剂等化学助剂，将对树脂的流动性与黏滞性产生巨大影响。在实际工程施工中，为了保证施工质量，对于特定的施工环境可采用不同的施工工艺，其中手糊工艺是常用的施工方法；在操作空间有限的情况下，也可采用喷射工艺；在地下储油罐加衬时，除了手糊或者喷射工艺外，也可采取真空导入工艺或者预浸料贴铺工艺；在管道加衬修复时，最常用的是预浸料工艺。

通常手糊树脂在操作温度下的黏度宜为300～500cps，有利于树脂对玻璃纤维的浸润和施工作业时的气泡排放；对于垂直面施工，推荐采用引入触变剂的方法，即在操作动力下黏度较低，静态下黏度较高，根据操作经验通常控制其触变指数为1.8～3.0；对于不适宜使用触变剂的介质环境，在垂直面施工时，往往通过缩短凝胶时间或选择黏度较高的树脂来控制树脂的流挂。在温度较低时，为了获得较适宜的施工黏度，可以使用树脂所用的交联剂作为稀释剂，通常为苯乙烯，其用量通常小于树脂总重量的5%，多于这个用量时要通过关键应用性能的变化来评估是否可行。

（2）液体树脂的化学反应性能。液体树脂的凝胶、固化反应性能通常与基体树脂自身的反应活性、固化体系、施工操作的环境温度和湿度有关。通常希望在操作温度下，液体树脂的凝胶时间要大于施工操作时间，但是过长的凝胶时间容易使得空气中氧气和水分产生阻聚而导致固化不完全，这也是施工完成后试水试验时，树脂衬里表面发白的主要原因。对于垂直面施工，过长的凝胶时间也会导致树脂流挂严重，甚至部分地方缺树脂。因此，常用的手糊与喷射工艺通常通过调整固化体系将其凝胶时间控制在20～40min。在相同的凝胶时间下，对于较薄（小于5mm）的铺层，宜选择高活性、快固化、高放热的树脂及其固化反应体系；对于较厚（5～10mm）的铺层，宜选择低放热、低活性的树脂及其固化反应体系。对于较厚的衬里层，在实际工程施工时，宜选择分次施工，两次施工之间的时间间隔为 4～24h。如果发现上次施工后衬里表面已经足够气干或者施工本身所用的树脂中已经添加了蜡液，则无论多长时间的间隔，再次施工前均需要对其表面进行打磨处理，以防止铺层之间发生分层。

（3）液体树脂的储存稳定性。液体树脂的储存稳定性对施工的影响首先表现在采购后到施工前的保存条件和保存时间上。含有苯乙烯交联剂的不饱和聚酯树脂闪点为 32℃左右，这是由苯乙烯及其含量决定的，所以其保存温度应该低于 32℃；但是当低于 -20℃时，会发生假凝胶状态，而且在没有外力搅拌下，需要很长时间解凝，因此在北方寒冷的冬天，也是不能放在室外的。树脂最好的储运及使用温度为 18～30℃，过低的温度，不利于树脂的操作，过高的温度会缩短树脂的储存期。液体树脂在施工过程中的储存稳定性能表现在暴露于室外阳光下时，有些树脂很快就会发生凝胶而失效，这是因为阳光中的紫外线可以引发不饱和聚酯树脂发生自由基反应，只是各自的阻聚体系和反应活性不同，所以储存稳定性能会展现出巨大的差异。在工程施工过程中，推荐树脂避光、隔离水汽密封储存，以保持其质量和性能的稳定性。

3. 衬里用不饱和聚酯树脂与工程应用相关的性能

（1）不饱和聚酯树脂对基材界面的粘接性能。不饱和聚酯树脂对基材界面的粘接性能既体现在与所加衬的基材界面粘结强度上，也体现在与所用的增强材料界面粘结强度上。界面粘结强度既源自材料界面间化学键合力，也源自材料的物理几何特性。在国家标准《工业设备及管道防腐蚀工程技术标准》GB/T 50726—2023 第 4 章中对基体表面处理作了很多规定，不仅要处理掉影响化学粘接的表面油脂及侵蚀层，也要提高表面粘接面积或者形成物理性锚固点。

不饱和聚酯树脂对金属基材界面的粘接性能可采用国家标准《色漆和清漆　拉开法附着力试验》GB/T 5210—2006 来测定其拉拔强度，在 BS EN 14879-2：2006 的 5.1.5.5.1 附着力中要求拉拔强度不得小于 $5N/mm^2$。

不饱和聚酯树脂对增强材料界面的粘接性能也可以反映在树脂与增强材料的相容性（也称匹配性）或者树脂对增强材料的浸润性上。从直观上看，用树脂和增强材料制作的玻璃钢积层复合材料呈现较高的透明度；从力学性能上看，其层间剪切强度较高；从化学结构上看，树脂中含有极性的基团有利于与纤维表面键合，纤维表面的不饱和成分的偶联剂与树脂不饱和键也可以键合。

（2）不饱和聚酯树脂浇铸体力学性能。由于合成不饱和聚酯树脂的原材料组分化学类型和组成比例的变化，其浇铸体力学性能也会有很大变化，以 AOC 不饱和聚酯树脂浇铸体力学性能典型值示例来说明，见表 3-22。

表 3-22　AOC 不饱和聚酯树脂浇铸体典型力学性能

树脂牌号	化学类型	拉伸强度 / MPa	拉伸模量 / GPa	断裂延伸率 / %	弯曲强度 / MPa	弯曲模量 / GPa
Palatal A400-972	间苯二甲酸 - 丙二醇	80	3.3	4.0	140	3.3
Palatal A410-901	间苯二甲酸 - 新戊二醇	85	3.6	4.4	150	3.95

续表 3-22

树脂牌号	化学类型	拉伸强度 / MPa	拉伸模量 / GPa	断裂延伸率 / %	弯曲强度 / MPa	弯曲模量 / GPa
Vipel F774	对苯二甲酸 - 丙二醇	74	3.3	2.7	125	3.5
Atlac 382H	富马酸 - 双酚 A	70	3.3	3.0	125	3.3
Firepel K130	溴化间苯二甲酸 - 丙二醇	73.8	4.0	2.2	106	4.1
Vipel K190	氯菌酸 - 丙二醇	76	3.9	2.9	119	3.7

需要指出的是上表数值并不意味着是适用性数据，只是很多应用案例的总结值。从材料力学分析角度看，树脂浇铸体试样的弯曲性能关联到试样外边缘拉伸强度、内侧边缘压缩强度以及截面剪切强度，弯曲断裂破坏的最大值一般都出现在试样外边缘，因而弯曲强度与拉伸强度是正相关的。在大量的不饱和聚酯树脂浇铸体拉伸性能测试中发现，拉伸应力下的断裂破坏，有的树脂会经历塑性屈服，有的没有塑性屈服；通常拉伸断裂延伸率较高（大约 3.5%）的树脂，会出现屈服，拉伸断裂延伸率较低时，没有明显的屈服。拉伸强度的高低与断裂延伸率的大小以及屈服与否也没有特别的规律可循。通常可以把断裂延伸率的大小与其韧性联系起来。在德国标准 DIN 16946-2-1989 表 3 固化的不饱和聚酯树脂浇铸体性能分类表中，列出了拉伸强度、拉伸模量、拉伸断裂延伸率以及弯曲强度。在选用不饱和聚酯树脂时，推荐高拉伸强度和高断裂延伸率的树脂。

（3）不饱和聚酯树脂浇铸体耐热性能。不饱和聚酯树脂浇铸体的耐热性能一般用热变形温度或者玻璃化转变温度来表征，也可以使用不同温度下的性能变化曲线来描述。

热变形温度是对高分子材料或聚合物施加一定的负荷，以一定的速度升温，当达到规定形变时所对应的温度。除了本身的化学成分和固化度外，施加载荷、升温速率、试样尺寸的变化也会影响达到该规定形变时的温度值。因此，是否使用玻璃纤维增强、不同的玻璃纤维品种或者不同的玻璃纤维含量，对抵抗载荷变形是不同的。

聚合物材料通常处于三种物理状态或称力学状态：玻璃态、高弹态（橡胶态）和粘流态。而玻璃化转变则是高弹态和玻璃态之间的转变，从分子结构上讲，玻璃化转变是高聚物无定形部分从冻结状态到解冻状态的一种松弛现象。在温度较低时，材料为刚性固体状，与玻璃相似，在外力作用下只会发生非常小的形变，此状态即为玻璃态；当温度继续升高到一定范围后，材料的形变明显地增加，并在随后的一定温度区间形变相对稳定，此状态即为高弹态；温度继续升高形变量又逐渐增大，材料逐渐变成黏性的流体，此时形变不可恢复，此状态即为粘流态。我们通常把玻璃态与高弹态之间的转变，称为玻璃化转变，它所对应的转变温度即是玻璃化转变温度，简称玻璃化温度。从纤维增强不饱和聚酯树脂衬里工程应用角度而言，玻璃化转变温度是工程使用温度的上限，是橡胶或弹性体的使用下限。决定不饱和聚酯树脂玻璃化转变温度高低的因素不仅是其组分与配方、合成工艺，还有固化体系，以及相应的固化工艺参数，且固化工艺参数反映在固化交联密度即固化度上。固化度越高，玻璃化转变温度越高。提高固化温度和延长后固化时间可以提高固化度。固化度越高就意味着其力学性能、耐腐蚀能力、耐热能力越好。测定玻璃化转变温度的方法，依据其性能与温度的关系有膨胀计法、折光率法、热机械法（温度－变形法）、热分析方法（差热分析、差示扫描量热分析法）、动态力学性能分析法、核磁共振法。

按照国内外涉及不饱和聚酯树脂应用和设计的相关标准，选择不饱和聚酯树脂作为结构材料时，其热变形温度必须要比设计温度或者长期使用温度高出20℃以上。通常同类型化学组分的不饱和聚酯树脂，热变形温度或者玻璃化转变温度越高，耐受化学介质的服务温度也会越高；在服务温度相同的情况下，其力学性能保留率也会越高，因而服务寿命也会越长。了解不饱和聚酯树脂玻璃化转变温度，有助于用来判断其玻璃钢制品中不饱和聚酯树脂的固化水平。

对于纤维增强不饱和聚酯树脂衬里实际允许的长期使用温度，不仅要考虑腐蚀介质在相应温度下的腐蚀强度，还要考虑衬里与被加衬基材之间热膨胀系数不同而导致的应力，还有性能随温度升高而下降。这些热力影响共同决定了衬里适宜的长期服务温度。

（4）不饱和聚酯树脂浇铸体的耐腐蚀性能。不饱和聚酯树脂浇铸体耐腐蚀性能是由其化学组分与配方、固化度来决定的，其检测方法可参照国家标准《塑料　耐液体化学试剂性能的测定》GB/T 11547—2008、《玻璃纤维增强热固性塑料耐化学介质性能试验方法》GB/T 3857—2017的相关规定，评价方法可参考国家标准《纤维增强塑料设备和管道工程技术规范》GB 51160—2016第4.2.3条和附录A.3的要求。需要说明的是用于测试的浇铸体应当充分后固化至试样达到热变形温度，这样可以消除来自因固化不充分造成的测试误差。如果在实际工程中不对衬里做后固化，随着时间的推移或者其实际使用温度高于引发剂的自分解温度，衬里的固化度是逐渐上升的，因而性能也会逐渐提高，但是也会有因起始固化度不高或某种原因导致永久欠固化情况，投入使用后就开始发生化学介质的渗透腐蚀破坏，极大地影响了衬里可以实现的服务寿命，有时甚至就是一种临界状况，即经过后固化的衬里可长期耐腐蚀，不经过后固化的衬里则不可长期耐腐蚀。这也是国家标准《工业设备及管道防腐蚀工程技术标准》GB/T 50726—2023第5.4.13条～第5.4.16条中推荐衬里养护或热处理的重要原因之一。

（5）不饱和聚酯树脂浇铸体阻燃性能。作为有机高分子聚合物的不饱和聚酯树脂，目前还不能达到不能燃烧的阻燃等级。在工程实践中最好的方法是规避火源，同时一旦着火，也要从技术上将火对实际应用产生的危害和风险降至最低。想要达到离火自熄又不降低耐腐蚀性能，通常含卤素型不饱和聚酯树脂是最佳选择。如果涉及生物生存环境，则不宜使用烟毒性高的含卤树脂，可以选择低烟密度、无卤无毒、低释放热量、低燃烧速率的不饱和聚酯复合材料的耐腐蚀解决方案。

不饱和聚酯树脂浇铸体的阻燃性能通常按国家标准《塑料　用氧指数法测定燃烧行为　第2部分：室温试验》GB/T 2406.2—2009测试氧指数来表征。氧指数越高，表示越难以燃烧或阻燃性能越好。

（二）衬里用固化体系

随着不饱和聚酯树脂衬里的应用领域不断拓宽，其固化体系的类型也更加多样化。传统的室温固化体系主要为过氧化物－钴盐或过氧化苯甲酰－胺；对于管道加衬技术，1975 年开发出热水固化的中高温固化体系，采用中低温引发的过氧化物与中高温引发的过氧化物组合；近 20 年来，在管道加衬和地下储油罐加衬的应用上，已经广泛使用紫外光引发剂组合的新型固化体系。

1. 室温固化体系

（1）过氧化物—钴盐溶液。低含水量、高二聚体含量与中高氧含量（约 9%）的过氧化甲乙酮（MEKP）通常是过氧化物—钴盐溶液固化体系首选的引发剂。辛酸钴或环烷酸钴的苯乙烯溶液作为促进剂是蓝色或紫色液体，市场上最常见的是 1% 或 6% 的活性钴的商品。为了获得最佳产品性能和一致的产品颜色，建议过氧化物与钴的比例为 2∶1 至 20∶1。为了降低放热峰温度，减少收缩、翘曲和微裂纹，可以引入少量的环烷酸铜，但是过量的环烷酸铜会导致欠固化，所以其加入量要谨慎。N，N–二甲基苯胺和 N，N–二乙基苯胺是用量小的胺类加速剂，用于缩短凝胶时间和加速固化，通常在室外施工温度为 5 ~ 15℃时需要添加，但提高了放热峰温度。为了实现良好的施工工艺并得到最佳性能的制品，可参考表 3–23 中的按树脂重量所推荐的过氧化物—钴盐溶液固化体系。

表 3–23 过氧化物－钴盐溶液固化体系推荐配比表

过氧化物－钴盐体系	添加范围（以树脂重量计）/%	首选添加范围（以树脂重量计）/%
过氧化甲乙酮	1.00 ~ 2.00	1.25 ~ 1.60
钴盐溶液（1% 或 6%）	0.05 ~ 0.50	0.20 ~ 0.50
N，N–二甲基苯胺	0 ~ 0.25	0.085 ~ 0.150
N，N–二乙基苯胺	0 ~ 0.25	0.085 ~ 0.150

（2）过氧化苯甲酰－胺。当化学介质为次氯酸盐或过氧化物时，推荐使用过氧化苯甲酰（BPO）－胺作为固化体系。因为使用过氧化物－钴盐溶液固化体系，钴（金属）确实对耐化学性能有不利影响，因此固化体系一般用二甲基苯胺（DMA）做促进剂，BPO 做固化剂。当需要更长的凝胶时间时，也可以使用二乙基苯胺（DEA）。采用叔丁基邻苯二酚（TBC）可延缓 BPO–胺体系的凝胶时间，添加超过 250ppm[①] 的 TBC 会导致制品欠固化或不固化，在车间温度低于 15℃时不推荐添加 TBC。为了获得最佳结果，BPO 与 DMA 的比率最好为 8∶1 ~ 16∶1，BPO/DEA 的比率最好为（4∶1）~（10∶1）。当必须在低温下进行维修（室外连接或修补、加衬里等）或高湿度下进行作业时，建议采用 BPO—胺固化体系。用量可参考表 3–24 中的按树脂重量所推荐的过氧化物－胺的

① ppm 是英文 parts per million 的缩写，非法定计量单位。考虑到在行业中的使用习惯和便于读者理解，不作修改。

固化体系。需要注意的是，采用 BPO– 胺体系的固化制品表面气干性通常不够好，可以在最后一层树脂中加入 10% 的含 5% 石蜡（熔点为 46 ~ 48℃）的苯乙烯溶液。

表 3–24　过氧化物 – 胺固化体系推荐配比表

过氧化苯甲酰 – 胺体系	添加范围（以树脂重量计）/%	首选添加范围（以树脂重量计）/%
过氧化苯甲酰	1.00 ~ 2.00	1.00 ~ 1.60
N，N– 二甲基苯胺	0 ~ 0.25	0.08 ~ 0.15
N，N– 二乙基苯胺	0 ~ 0.25	0.08 ~ 0.15
10% TBC 的苯乙烯溶液	0 ~ 0.30	0.05 ~ 0.25

2. 中高温固化体系

中高温固化体系推荐双特丁基环己基过氧化碳酸酯与过氧化苯甲酰叔丁酯。为了使不饱和聚酯树脂 – 纤维预浸料有足够的储存期（一般在 0 ~ 5℃下，适用期可长达 30d），同时获得所需要的固化效率和固化性能，可设计预添加在一定温度下引发固化的过氧化物，施工过程中通过 60 ~ 80℃热水或 100 ~ 120℃的热蒸汽来实现快速固化，并达到比常温固化高得多的固化度。这样的固化体系一般由分解温度为 35 ~ 65℃的过氧化物组成，低分解温度过氧化物在中低温度下引发聚合反应，固化反应是放热反应，会伴随温度的升高，为了保证固化充分，需添加在中高温度下引发聚合的过氧化物。根据分解速度和升温曲线，并结合施工适用期的需要，可以获得较为理想的中高温固化体系比例，以树脂重量计的双特丁基环己基过氧化碳酸酯与过氧化苯甲酰叔丁酯的配比推荐为（0.5 ~ 1.0）%：（0.5 ~ 1.0）%，其特性见表 3–25。

表 3–25　双特丁基环己基过氧化碳酸酯与过氧化苯甲酰叔丁酯的特性

项目	形态	含量 /%	活性氧 /%	分解温度 /℃	临界温度 /℃
双特丁基环己基过氧化碳酸酯	粉状	95	3.8	40	35
过氧化苯甲酰叔丁酯	液体	98	8.1	60	50

3. 紫外光固化体系

为了使得不饱和聚酯树脂 – 玻璃纤维预浸料有足够的储存期（一般在常温下，适用期可长达 180d），同时获得所需要的固化效率和固化性能，也可设计预添加紫外光固化的引发剂。常见的紫外光引发剂及其吸收紫外光的波长见表 3–26。

表 3–26　常见的紫外光引发剂及其吸收紫外光的波长

紫外光引发剂化学名称	吸收峰波长 /nm
1– 羟基 – 环己基 –1– 苯基 – 酮	246，280，333
2– 羟基 –2– 甲基 –1– 苯基 –1– 丙酮	245，280，331
2– 羟基 –1–［4–（2– 羟乙氧基）苯基］–2– 甲基 –1– 丙酮	276

续表 3–26

紫外光引发剂化学名称	吸收峰波长 /nm
甲基苯甲酰基甲酸酯	255，325
羟苯基 – 乙酸 2–［2– 氧代 –2 苯基 – 乙酰氧基 – 乙氧基］– 乙酯与羟苯基 – 乙酸 2–［2– 羟基 – 乙氧基］– 乙酯混合物	255，325
α，α – 二甲氧基 –α – 苯基苯乙酮	250，340
2– 苯甲基 –2–（二甲胺基）–1–［4–（4– 吗啉基）苯基］–1– 丁酮	233，324
2– 甲基 –1–［4–（甲硫基）苯基］–2–（4– 吗啉基）–1– 丙酮	230，304
二苯基(2，4，6– 三甲基苯甲酰基）– 氧化膦	295，368，380，393
二（η5–2，4– 环戊二 –1– 基）二［2，6– 二氟 –3–（1H– 吡咯 –1– 基）苯基］钛	398，470
4– 甲基苯基 –［4–（2– 甲基丙基）苯基］碘鎓六氟磷酸酯	242

3

不同的紫外光光源波长组成不同，不同波长的辐射强度不同、不同树脂与玻璃纤维对紫外光的折射、吸收和透射的性能不同，紫外光在不饱和聚酯树脂 – 玻璃纤维预浸料中从入射表面垂直向内随着厚度的增强而光强下降。为了达到更好的固化效果，也经常采用多种紫外光引发剂联合使用，一般单一紫外光引发剂用量为树脂重量的 0.1%~1.0%。对于厚度大于 12mm 的不饱和聚酯树脂 – 玻璃纤维积层材料，为了获得理想的固化性能，也可以复合加入过氧化物引发剂，这样做的结果会导致常温下的预浸料的适用期大大缩短，使用前需要仔细评估。

（三）衬里用纤维增强材料

纤维增强不饱和聚酯树脂衬里所选用的纤维及其织物依据应用可以有很多品种和织物形态，在品种上有玻璃纤维、聚酯纤维、碳纤维及其织物等；在纤维织物形态上有纤维初纱、表面毡、短切毡、连续毡、针织毡、针刺毡、单向布、方格布、多轴向织物、3D 立体毡或者 3D 中空机织布、聚酯纤维与玻璃纤维混编、碳纤维与玻璃纤维混编等。

增强材料的选型除应符合国家标准《纤维增强塑料设备和管道工程技术规范》GB 51160—2016 的有关规定外，尚应符合国家标准《工业设备及管道防腐蚀工程技术标准》GB/T 50726—2023 附录 D 的规定，且增强材料表面处理采用的偶联剂应与树脂匹配。对于需要表面导静电的应用，优先选择碳纤维表面毡；对于可蚀刻玻璃纤维的含氟离子应用环境，优先选择聚酯纤维或碳纤维表面毡；对于需要采用真空导入树脂浸渍技术的应用，需要考虑高孔隙率和一定硬挺度的纤维毡，或者选择有利于流动的织物；考虑到层间剪切强度与总增强结构层强度的平衡，宜考虑毡布交替结构。

（四）衬里用功能填料

纤维增强不饱和聚酯树脂衬里为了实现更好的导静电性能、导热性能、耐磨性能、阻燃性能、电绝缘性能，会在不饱和聚酯树脂中添加相应功能的填料。常用的功能填料，如石墨粉、炭黑粉、碳化硅粉、氧化铝粉、三氧化二锑粉、云母粉、滑石粉等。选择这些功能填料时，首先要考虑它们是否会与所服务的化学介质反应，从而降低了耐化学腐蚀性能；其次要考虑是否会影响树脂的固化性能；再次要选择合适的粒径或者做适当表面处理的填料，以满足施工性能的需要；最后要控制好加入量，以平衡所需功能与制品的机械性能。

二、衬里的物理力学性能和抗渗透性能

（一）衬里的物理力学性能

（1）增强材料为玻璃纤维短切毡，采用 300g/m^2 规格，双酚 A 型不饱和聚酯树脂 ATLAC382H 和间苯二甲酸－丙二醇型树脂 PALTAL A400–972，制作含胶量 70% 左右的衬里，在不同的养护温度之后，其力学性能测试结果与国家标准《工业设备及管道防腐蚀工程技术标准》GB/T 50726—2023 中的标准设定值见表 3–27。

表 3–27　增强材料为玻璃纤维短切毡时的材料力学性能

项目		常温	50℃	100℃	标准设定值
双酚 A 型不饱和聚酯树脂	弯曲强度 /MPa	153	168	155	130
	弯曲模量 /GPa	5.8	6.7	8.2	6.0
	拉伸强度 /MPa	94	98	81	80
	拉伸模量 /GPa	6.6	8.1	7.4	7.5
	断裂延伸率 /%	1.7	1.5	1.3	1.2
	粘结强度（底涂层，拉开法）/MPa	6.5	—	—	5.0
间苯二甲酸－丙二醇型树脂	弯曲强度 /MPa	187	195	218	150
	弯曲模量 /GPa	6.7	7.6	9.9	7.5
	拉伸强度 /MPa	116	121	110	95
	拉伸模量 /GPa	6.8	8.2	8.8	8.0
	断裂延伸率 /%	2.0	1.8	1.5	1.4
	粘结强度（底涂层，拉开法）/MPa	6.8	—	—	5.0

（2）增强材料为玻璃纤维方格布时，采用 400g/m^2 规格，双酚 A 型不饱和聚酯树脂 ATLAC382H 和间苯二甲酸－丙二醇型树脂 PALTAL A400–972，制作含胶量 50% 左右的衬里，在不同的养护温度之后，其力学性能测试结果与国家标准《工业设备及管道防腐蚀工程技术标准》GB/T 50726—2023 中的标准设定值见表 3–28。

表 3–28 增强材料为方格布时的材料力学性能

项目		常温	50℃	100℃	标准设定值
双酚 A 型不饱和聚酯树脂	弯曲强度 /MPa	282	327	350	260
	弯曲模量 /GPa	15.6	17.1	14.4	16.5
	拉伸强度 /MPa	362	361	368	280
	拉伸模量 /GPa	16.5	18.2	18.2	18.0
	断裂延伸率 /%	2.7	2.5	2.3	2.0
间苯二甲酸 – 丙二醇型树脂	弯曲强度 /MPa	357	406	336	300
	弯曲模量 /GPa	12.8	14.9	13.3	14.0
	拉伸强度 /MPa	342	335	351	260
	拉伸模量 /GPa	15.8	17.2	17.2	17.0
	断裂延伸率 /%	2.5	2.5	2.6	2.0

上述表 3–27 和表 3–28 力学性能检测中，制样及试验条件按国家标准《纤维增强塑料性能试验方法总则》GB/T 1446—2005 有关规定进行；弯曲强度和弯曲模量检测按国家标准《纤维增强塑料弯曲性能试验方法》GB/T 1449—2005 有关规定进行；拉伸强度、拉伸模量和断裂延伸率检测按国家标准《纤维增强塑料拉伸性能试验方法》GB/T 1447—2005 有关规定进行；与碳钢的附着力检测按国家标准《色漆和清漆 拉开法附着力试验》GB/T 5210—2006 有关规定进行；线收缩率测定参照中国石油和化工勘察设计协会团体标准《乙烯基酯树脂防腐蚀工程技术标准》T/HGJ 50590—2019 有关方法进行。制样后样条的三种养护条件分别为：

1）常温固化养护 15d；

2）制样后在 50℃热空气中固化养护 0.5h；

3）常温固化不少于 1d，再在 100℃下固化 4h。

（3）按国家标准《纤维增强塑料平均线膨胀系数试验方法》GB 2572—2005 规定，在温度范围从室温到 100℃检测了双酚 A 型不饱和聚酯树脂和间苯二甲酸 – 丙二醇型树脂衬里的线膨胀系数，见表 3–29。

表 3–29 乙烯基酯树脂衬里从室温到 100℃ 的线膨胀系数平均值

树脂类型	玻璃纤维短切毡 /（$\times10^{-5}$/K）		玻璃纤维方格布 /（$\times10^{-5}$/K）	
	检测值	标准设定值	检测值	标准设定值
双酚 A 型不饱和聚酯树脂	3.1	3.5	1.5	2.0
间苯二甲酸 – 丙二醇型树脂	2.1	2.5	1.4	1.8

（二）衬里的抗渗透性能①

由于不饱和聚酯树脂和乙烯基酯树脂衬里可以在高温下接受浸泡，高抗渗透性能是避免因鼓泡或失去附着力而失效所必需的。引入增强材料和填料可降低渗透性。填料的种类和数量对衬里的渗透性有重要影响。大型玻璃鳞片经镘涂和辊压而取向平行于基材，是降低渗透性最有效的。采用二氧化硅、石墨和其他颗粒填料是有效的，因为可以大量添加到树脂中而形成更厚的耐腐蚀层。各种形式的玻璃纤维虽然对力学性能增强很有效，但对降低渗透性作用不大，因为其用量很少（体积占5%～20%）。

各种衬里类型的渗透率（Permeability）和渗透性能（Permeance）见表3–30。渗透率是材料的性质，与厚度无关，而渗透性能即渗透率除以厚度，是衬里在给定厚度下的性能。这些性能是采用ASTM E 96 *Test Methods for Water Vapor Transmission of Materials*（材料水蒸气透过测试方法）中概述的程序来测量的。

表3–30　各种不饱和聚酯树脂与乙烯基酯树脂衬里的渗透率和性能

衬里类型			渗透率/[g/(Pa·s·m)]	厚度/mm	渗透性能/[g/(Pa·s·m^2)]	相对渗透性	最高湿态服务温度/℃
树脂	填料/增强材料	应用方法					
酚醛环氧型乙烯基酯	玻璃鳞片3mm	镘涂与辊压2涂层	1.6×10^{-13}	1.8	9.15×10^{-11}	1	>93
双酚A不饱和聚酯	玻璃鳞片3mm	镘涂与辊压2涂层	3.19×10^{-13}	1.8	1.77×10^{-10}	2	>93
酚醛环氧型乙烯基酯	玻璃鳞片0.4mm	喷射3涂层	1.4×10^{-12}	1.4	1.06×10^{-9}	12	66
双酚A型不饱和聚酯	二氧化硅填料玻璃纤维布	镘涂/滚涂再镘涂面涂层	4×10^{-12}	3.8	1.18×10^{-9}	13	71
双酚A型不饱和聚酯	二氧化硅填料玻璃纤维毡	镘涂基础涂层毡/树脂涂层	6×10^{-12}	3.2	2.01×10^{-9}	22	71
双酚A型不饱和聚酯	云母鳞片	喷射2涂层	2×10^{-12}	0.9	2.61×10^{-9}	29	54
双酚A型不饱和聚酯	玻璃纤维毡	辊压玻璃纤维毡	1.1×10^{-11}	1.5	7.44×10^{-9}	81	49
间苯型不饱和聚酯	云母鳞片	喷射2涂层	4×10^{-12}	0.46	9.54×10^{-9}	104	49

① 资料来源：https://www.paintsquare.com/library/articles/Polyester_and_Vinyl_Ester_Coatings.pdf.

需要注意的是，使用不同的填料在渗透率上有着巨大差异。排列的玻璃鳞片填料是迄今为止最有效降低渗透作用的填料，反过来也提高了承受更高的温度浸泡服务能力。最大湿态服务温度随衬里渗透性能而变化，该温度是根据 ASTM C 868 *Test Method for Chemical Resistance of Protective Linings* 来测试的。本方法适用于单侧浸泡试验或 Atlas cell 试验。这是一个重要的实验室测试，以评估衬里用于较高温度下的水溶液环境，因衬里内温度梯度产生的“驱动力”影响，基材侧比浸泡侧表面温度低（图 3–5），通常被称为“冷壁效应”，在液体 – 衬里界面比衬里 – 钢界面有更大的水压，这可能会导致水在基材表面凝结，从而导致腐蚀、鼓泡和脱层。

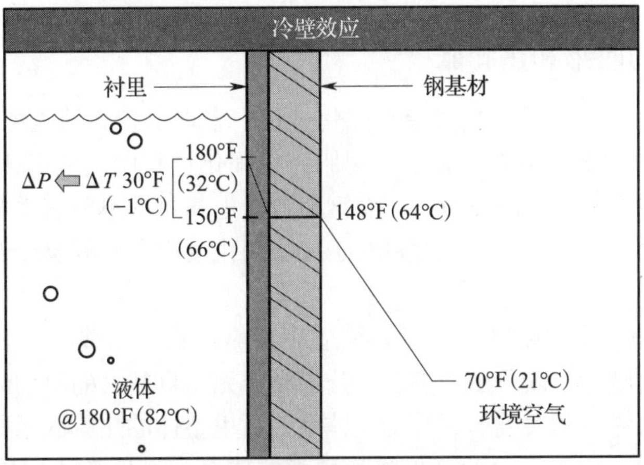

图 3–5　冷壁效应示意图

三、设计要点

（一）设计要素

不饱和聚酯树脂衬里被广泛使用是因为它们具有耐多种化学品腐蚀的性能，所以总体上在室温下制作衬里可以参照本章第一节的乙烯基酯树脂衬里。而预浸渍热固化或光固化的衬里的设计要点要结合具体的应用和工艺来设定，这方面已经有具体的行业标准可以参照执行，在此不展开叙述。

间苯型不饱和聚酯树脂的耐化学性能虽然比乙烯基酯树脂差一些，但也属较强的不饱和聚酯，尤其是间苯型不饱和聚酯树脂比乙烯基酯树脂和其他不饱和聚酯树脂更便宜，在特定的服务环境下可以有足够的性能。富马酸双酚 A 型不饱和聚酯树脂具有非常广泛的耐腐蚀性能，包括耐强碱性环境的优点。氯化不饱和聚酯的耐化学性能虽然在碱性条件下不好，但在强无机酸和氧化性酸中表现优异。氯化不饱和聚酯是耐强铬酸的最佳选择。

即使可以根据树脂和增强材料的类型对这些衬里进行概括，但由于每种产品都是专用配方，因此性能也不会是完全统一的。如果可能的话，咨询衬里制造商以获得具体的建议，最好是进行样品现场服务测试。当涉及高温应用时，最好的测试方法是直接应用于容器壁，以便评估温度梯度对渗透的影响。

用于生产这些衬里的耐化学腐蚀树脂相对来说是刚性的，最大延伸率为 2%～5%。一些特殊树脂有较高的伸长率，高达 10%，一般来说，随着伸长率和柔韧性的提高，耐化学性能和热稳定性会降低。

通过添加填料和增强材料来增强并提高抗渗透性能，会大幅降低衬里体系的延伸率，使这些衬里产生裂纹的延伸量或施加的应变通常控制在 0.25%～0.5%。大多数碳钢基材的正常设计应会具有足够的刚性，最大表面应变为 0.07%～0.1%。侧重点应放在局部高应变或弯曲的区域，包括储罐底与壁的连接和缺支撑的底部区域。具有搭接焊底部的某些类型储罐，在设计和应用衬里时需要特别注意。如果罐底支撑不完整，建议进行灌浆以最大限度地减少弯曲应力。

（二）衬里的收缩和热膨胀

不饱和聚酯树脂和乙烯基酯树脂在固化过程中表现出较高的收缩率。对体积而言，对于没有填料、添加剂或增强材料的纯树脂，在固化过程中收缩率为 8%～10%，热膨胀系数为（36～72）$\times 10^{-6}$mm/mm/℃。而钢和混凝土基材的热膨胀系数为（10～20）$\times 10^{-6}$mm/mm/℃，因此，填料和增强材料对于减小固化过程中及因温度变化而在衬里中产生的应力至关重要。

考虑到基材的厚度和刚度，衬里必须适应其热膨胀和加载在其表面的收缩。衬里必须经受住施加的应力，以及不开裂、不分层时或无来自基材的剪切时产生的应力。对于填充的、增强的体系和大玻璃鳞片增强体系，衬里整体的热膨胀系数为（22～27）$\times 10^{-6}$mm/mm/℃；对于用于喷涂的云母鳞片填充的体系，衬里整体的热膨胀系数应大于 36×10^{-6} mm/mm/℃。这些系统通常有足够的柔韧性来适应热应变[①]。

有关对衬里及界面温度应力的研究和计算，在本章第六节有详细叙述。

四、施工要点

不饱和聚酯树脂常温积层施工的要点基本上与乙烯基酯树脂衬里是一致的，这里不再赘述。预浸渍加热固化或光固化的衬里的施工要点要结合其具体的应用和工艺来设定，这方面已经有具体的行业标准可以参照执行。对于预浸渍加热固化的衬里，其加热升温速度、最高加热温度和加热时间及固化后的降温冷却速度都是需要控制的，不同的树脂会有所差别；对于预浸渍紫外光固化的衬里，其使用的紫外光光源的波长和强度、光源至辐射的预浸渍料面的间距和辐射角、光源辐射时间都对预浸渍紫外光固化的衬里的最终固化度有很大的影响。室温固化的不饱和聚酯树脂衬里的固化度通常受积层厚度与环境温度的影响，初始固化度通常也不高，但是加热固化或者紫外光固化的不饱和聚酯树脂衬里的固化度通常非常高，有的接近 100%，所以室温固化的不饱和聚酯树脂衬里需要一个长达 14d 以上的养护时间，而热固化和紫外光固化的不饱和聚酯树脂衬里可以不需要这样的养护期，基本上可以做到加衬施工结束就可以投入使用。

---

① 资料来源：William R. Slama.Polyester and vinyl ester coatings［J］. Journal of protective coatings & linings, 1996: 88-109.

五、质量检验

（一）检测项目和指标控制值

在国家标准《工业设备及管道防腐蚀工程技术标准》GB/T 50726—2023 第 5.5 节中，对各类树脂衬里检查数量、检验项目、指标和方法均作了详细规定，包括原材料、制成品、衬里层的外观、针孔电火花检测、树脂固化度、衬里含胶量等，可以按标准要求进行衬里质量检验。对于预浸渍热固化或光固化的不饱和聚酯树脂衬里的检测项目和指标控制值要结合其具体的应用和工艺来设定，这方面已经有具体的行业标准可以参照执行。

（二）检测结果

若不饱和聚酯树脂衬里某些检测项目没有达到相关标准，可按照国家标准《工业设备及管道防腐蚀工程技术标准》GB/T 50726—2023 的规定进行整改和修复，这也是纤维增强聚合物衬里的一个优势。若不是可修复项，需按失败工程来处理。

六、运行维护

（1）做好详细运行记录，特别是温度、压力和介质变化的记录。

（2）定期检测衬里使用情况，检查项目包括衬里外观、厚度、表面硬度、针孔电火花检测等。

（3）衬里的维修应按照国家标准《工业设备及管道防腐蚀工程技术标准》GB/T 50726—2023 第 3.8.4 条的要求执行。

七、工程案例

不饱和聚酯树脂衬里的应用案例见表 3–31。

表 3–31 不饱和聚酯树脂衬里应用案例

使用单位	工程名称	介质工况	防腐蚀构造	使用效果
赞比亚某钴工厂	钴冶炼工厂碳处理罐	钢罐	（1）喷砂处理； （2）底涂：Atlac4010A+Atlac387； （3）中间层：Atlac4010A+ 三两层 450g/m² 短切毡； （4）面层：Atlac4010A+ 蜡液	良好
南非某煤油气公司	尾气中硫化氢去除和硫回收的脱硫塔（高度 85m，直径 7m）	含硫尾气	（1）喷砂处理； （2）底涂：Atlac4010+Atlac387； （3）基于 Atlac4010 树脂 + 两层 450g/m² 短切毡； （4）面层：Atlac4010+ 蜡液	良好

续表 3–31

使用单位	工程名称	介质工况	防腐蚀构造	使用效果
我国某建设工程公司	地下油罐双层罐改造	加油站的汽油	（1）喷砂处理； （2）底涂：Atlac410； （3）Atlac490 树脂约 5.0mm+3D 立体织物，光固化	良好
哥伦比亚某管理公司	油罐内防腐	燃油	（1）喷砂处理； （2）底涂：Vipel017； （3）VipelF764 或 F774 树脂手糊	良好

第三节　环氧树脂衬里

环氧树脂的发明经历了相当长的时期。早在 1891 年，德国的林德曼（Lindmann）通过对苯二酚与环氧氯丙烷反应，缩聚成树脂并用酸酐使之固化。环氧树脂第一次具有工业价值的制造是在 1947 年，由美国德沃 – 雷诺兹（Devoe–Raynolds）公司完成的，它开始了环氧氯丙烷 – 双酚 A 树脂的技术历史，且被认为是优于老的酚醛树脂和不饱和聚酯树脂的一种技术进步。环氧树脂几乎能与大多数其他热固性塑料的性能相媲美，在一些特种应用领域其性能优于酚醛树脂和不饱和聚酯树脂。1955 年夏季，四种基本环氧树脂在美国获得生产制造许可证，欧洲工业化脂环族环氧树脂于 20 世纪 60 年代初问世。从 1960 年以来，已有数百种环氧树脂完成工业化开发，同时有 40 ~ 50 种不同结构的环氧树脂可生产制造或由中间试验厂提供，同时有 100 多种工业化固化剂和许多的改性剂和稀释剂与之配套。我国研制环氧树脂始于 1956 年，在沈阳、上海两地首先获得了成功。1958 年上海、无锡开始了工业化生产。20 世纪 60 年代中期，开始研究新型的脂环族环氧、酚醛环氧树脂、聚丁二烯环氧树脂、缩水甘油酯环氧树脂和缩水甘油胺环氧树脂等，到 20 世纪 70 年代末期，我国已形成了从单体、树脂、辅助材料科研、生产到应用的完整的工业体系。

由于环氧树脂的综合性能良好，与各类基体和材料的粘结优异，长期以来一直是工业设备及管道防腐蚀工程中使用最广泛的材料，其中以双酚 A 型环氧树脂为代表的纤维增强环氧树脂衬里是主要应用之一。

一、原材料及其性能

纤维增强环氧树脂衬里所使用的原材料包括：双酚 A 型环氧树脂、固化剂、稀释剂、增强纤维、增韧剂、填料等。

（一）树脂

1. 分类

环氧树脂是指分子中含有两个及以上环氧基团的有机高分子化合物，除个别外，相对分子质量都不高。环氧树脂的分子结构是以分子链中含有活泼的环氧基团为其特征，环氧基团可以位于分子链的末端、中间或成环状结构。由于分子结构中含有活泼的环氧基团，使它们可与多种类型的固化剂发生交联反应而形成不溶、不熔的具有三向网状结构的高聚物。

环氧树脂的种类繁多（见表 3–32），但其中用途最广、产量最大的是双酚 A 型环氧树脂，又称为二酚基丙烷缩水甘油醚或二酚基丙烷环氧树脂，约占环氧总产量的 90%。

表 3–32　环氧树脂的分类代号

代号	环氧树脂类别	代号	环氧树脂类别
E	二酚基丙烷环氧树脂	G	硅环氧树脂
ET	有机钛改性二酚基丙烷环氧树脂	N	酚酞环氧树脂
EG	有机硅改性二酚基丙烷环氧树脂	S	四酚基环氧树脂
EX	溴改性二酚基丙烷环氧树脂	J	间苯二酚环氧树脂
EL	氯改性二酚基丙烷环氧树脂	A	三聚氰酸环氧树脂
EI	二酚基丙烷侧链型环氧树脂	R	二氧化双环戊二烯环氧树脂
F	酚醛多环氧树脂	Y	二氧化乙烯基环己烯环氧树脂
B	丙三醇环氧树脂	W	二氧化双环氧戊二基醚
ZQ	脂肪酸甘油酯环氧树脂	D	聚丁二烯环氧树脂
IQ	脂肪族缩水甘油酯	H	3，4– 环氧基 –6 甲基环己烷甲酸
L	有机磷环氧树脂	—	3′ –4′ –6 甲基环己烷甲酯

2. 品种及型号

在防腐蚀工程中，为了便于施工，应选用分子量不大于 500、软化点不高于 30℃的低分子量品种。按照国家标准《双酚 A 型环氧树脂》GB/T 13657—2011 中的型号及主要用途划分，EP01431 310、EP01441 310 和 EP01451 310 是纤维增强环氧树脂衬里中常用的树脂品种及型号，其对应的牌号为 E54、E51 和 E44。

3. 质量和性能指标

环氧树脂在未固化前为线型的热塑性树脂，在中性条件下十分稳定，在 200℃以下不发生明显化学变化，因而它可以较长时期存放而不变质，本身也不会固化。在工业设备及管道防腐蚀工程中所用环氧树脂的质量指标见表 3–33。

表 3–33　环氧树脂的质量指标

序号	项目	E–54（EP01431 310）	E–51（EP01441 310）	E44（EP01451 310）
1	环氧当量 /（g/mol）	170 ~ 184	183 ~ 200	210 ~ 240
2	黏度（25℃）/（MPa · s）	≤11 000	11 000 ~ 16 000	—
3	软化点 /℃	—	—	14 ~ 20

续表 3–33

序号	项目	E–54（EP01431 310）	E–51（EP01441 310）	E44（EP01451 310）
4	色度（铂 – 钴色号）/Hazen	≤60	≤60	≤100
5	无机氯 /W%	≤0.001 0	≤0.001 0	≤0.010
6	易皂化氯 /W%	≤0.10	≤0.10	≤0.50
7	挥发物（150℃，60 min）/W%	≤0.3	≤0.3	≤0.5
检测方法		按《塑料　环氧化合物　环氧当量的测定》GB/T 4612、《塑料　环氧树脂　黏度测定方法》GB/T 22314、《塑料　环氧树脂氯含量的测定》（系列标准）GB/T 4618.1 ~ 2、《环氧树脂》（系列标准）GB/T 12007.1 ~ 7、《色漆、清漆和塑料　不挥发物含量的测定》GB/T 1725 测定		

（二）固化剂

环氧树脂在未固化前是热塑性的线型结构，加入固化剂固化后才使其成为体型网状结构。环氧树脂必须经过固化反应使它从线型结构转变成体型网状结构，才具有使用价值。固化剂按照所需固化温度可分为低温（低于 –5℃）固化型、常温固化型和高温固化型，特殊情况下还可在低温、潮湿条件下甚至可在水下进行固化。固化过程中往往伴随放热，放热反过来又促进固化。固化后产物的性能在很大程度上取决于固化剂结构。因为固化剂分子引入环氧树脂中，使分子间距离、形态、热稳定性、化学稳定性均发生了显著变化。

1. 分类和品种

环氧树脂的固化剂种类很多，工程中需要根据使用条件和施工条件进行选择。环氧树脂固化剂的分类方法很多：按反应机理分类，可分为反应型固化剂和催化型固化剂；按固化温度的不同，可分为室温固化剂和高温固化剂；按固化剂的化学结构，可分为胺类、酸酐类、高分子合成树脂类、咪唑类、潜伏性和潮湿条件下应用的固化剂等。每类固化剂都有它的特点，可根据具体情况选用。

按反应机理分为反应型（或称加成型）和催化型的固化剂有如下特点：

（1）反应型固化剂。这类固化剂分子参与环氧树脂的交联反应。固化剂与环氧分子结构中的环氧基和羟基发生交联反应，使树脂变成不溶、不熔的三向网状结构。反应型固化剂有：

1）碱性固化剂，如带活性氢的伯胺、仲胺和多元胺及其衍生物；

2）酸性固化剂，如多元酸及酸酐类；

3）含有活性反应基团的树脂，如酚醛、呋喃、苯胺甲醛、脲醛、聚酯和聚酰胺等合成树脂。

（2）催化型固化剂。这类固化剂分子不参与环氧树脂的交联反应，只是引发或促进环氧基开环而使树脂本身发生均聚交联反应，生成以醚键为主要结构的均聚产物。催化型固化剂用量比反应型固化剂的要低。同时这类固化剂还可作为反应型固化剂的促进剂。催化型固化剂有：

1）碱性固化剂，如大多数叔胺类、咪唑类化合物以及双氰双胺等；

2）酸性固化剂，如三氟化硼络合物、氯化亚锡、异辛酸亚锡、辛酸亚锡等。

常用环氧树脂固化剂的名称、结构和使用条件见表 3–34。

表 3–34　常用环氧树脂固化剂的名称、结构和使用条件

类别	固化剂名称	分子量	用量 /（g/100g 环氧）	性质及固化条件
脂肪族胺类	乙二胺	60	6 ~ 8	液体，有毒，有刺激臭味，挥发性大，25℃，2d
	二乙烯三胺	103	8 ~ 11	液体，有毒，有刺激臭味，挥发性大，25℃，2d
	三乙烯四胺	146	9 ~ 12	液体，低毒，25℃，2d
	四乙烯五胺	189	13 ~ 15	液体，低毒，25℃，2d
	多乙烯多胺	<200	14 ~ 15	液体，低毒，25℃，2d
	二甲氨基丙胺	102	4 ~ 7	液体，毒性大，60 ~ 70℃，4h
	二乙氨基丙胺	130	5 ~ 8	液体，毒性大，60 ~ 70℃，4h
	己二胺	114	12 ~ 15	白色固体，有毒，25℃，2d
脂环族胺类	孟烷二胺	170	22	黄色液体，低毒，100℃ 2h，200℃ 3h，固化速度较快
	N– 氨基乙基哌嗪	128	23	液体，室温 3h，200℃ 3h
	六氢吡啶	85	5 ~ 7	液体，有刺激性臭味，毒性大，60℃ 24h，150℃ 2h
胺衍生物	羟甲基二乙基三胺	133	16 ~ 18	液体，低毒，28 ~ 30℃，3d
	羟甲基乙二胺	90	15	液体，低毒，30℃，3d
	β – 羟乙基二乙基三胺	—	18 ~ 20	25℃ 7d，80 ~ 100℃ 3h
	β – 羟乙基乙二胺	104	16	25℃ 7d，80 ~ 100℃ 3h，低毒
	β – 羟乙基己二胺	—	30	液体，70℃，2h
	一氰乙基二乙三胺	156	20 ~ 25	液体，80℃，3h
芳香族胺类	间苯二胺	108	14 ~ 16	固体，熔点 63℃，80℃ 4h，120℃ 2h
	间苯二甲胺	136	18 ~ 20	液体，低毒，常温固化，可长期使用
	N，N– 二甲基苯胺	121	1 ~ 3	黄色液体，室温固化，有刺激性臭味
	4，4– 二胺基二苯基甲烷	198	27 ~ 30	淡黄色粉末，熔点 85℃，80℃ 3 ~ 4h，160℃ 4 ~ 6h
	二氨基二苯砜	175	27 ~ 35	淡黄色粉末，熔点 177℃，100℃ 2 ~ 4h，130℃ 2 ~ 4 h，使用寿命长

续表 3-34

类别	固化剂名称	分子量	用量 /（g/100g 环氧）	性质及固化条件
叔胺类固化剂	三乙醇胺	149	10 ~ 15	液体，150℃ 4 ~ 6h，120℃ 12h
	三乙胺	101	10 ~ 15	易挥发，无色液体，25℃ 7h
	苄基二甲胺	135	15	液体，室温 2h，80℃ 2h
	2，4，6- 三（二甲氨基甲基）苯酚	265	10 ~ 13	淡黄色液体，50℃ 12h，80℃ 2h，低毒，操作方便
芳香族酸酐	邻苯二甲酸酐	98	39 ~ 45	白色粉末，熔点 53 ℃，130 ℃ 5h，150℃ 2 ~ 4h
	偏苯三甲酸酐	192	33	白色粉末，熔点 168 ℃，150 ℃ 1h，180℃ 4h，易水解
	均苯四甲酸二酐	218	20 ~ 25	白色粉末，熔点 286℃，热固化，耐热性高
脂环族酸酐	顺丁烯二酸酐	98	30 ~ 35	白色结晶，熔点 53℃，160℃ 2 ~ 4h，有刺激性臭味
	十二烷基代顺丁烯二酸酐	268	130 ~ 180	浅黄色油状物，毒性大，100 ℃ 2h，150℃ 2h
	甲基内次甲基四氢邻苯二甲酸酐	178	72 ~ 90	浅黄色液体，熔点小于 12℃，120℃ 3h，25℃ 10d，黏度小，浸润性好
	六氢邻苯二甲酸酐	154	65 ~ 80	粉末，熔点 36℃，150℃ 2 ~ 4 h，低毒，使用寿命长
	四氢邻苯二甲酸酐	152	65 ~ 80	白色结晶，熔点 102 ~ 103℃，80℃ 2h，150℃ 2h
	甲基四氢邻苯二甲酸酐	166	70 ~ 90	液体（异构化），80℃ 2h，150℃ 2h，低毒
	内次甲基四氢邻苯二甲酸酐	164	70 ~ 90	白色粉末，150℃ 2h，180 ~ 200℃ 2h，低毒
	戊二酸酐	114	50 ~ 60	白色粉末，熔点 56 ℃，100 ℃ 1h，150℃ 4h
线型酸酐	聚壬二酸酐	2 000 ~ 5 000	20 ~ 25	白色粉末，熔点 60 ℃，170 ℃ 17h，150℃ 17h，适用期长
含氯酸酐	二氯代顺丁烯二酸酐	167	38	白色固体，120℃ 1h，85℃ 4h
	六氯内次甲基四氢邻苯二甲酸酐	371	100 ~ 180	白色粉末，熔点 239 ℃，104 ℃ 2h，160℃ 4h，180℃ 24h

续表 3-34

类别	固化剂名称	分子量	用量 /（g/100g 环氧）	性质及固化条件
潜伏型固化剂	三氟化硼 - 单乙胺	—	1～5	120℃ 3h，200℃ 1h
	三氟化硼苄胺	—	10	液体，130℃，4h
	双氰胺	84	6	白色结晶，150℃，4h
咪唑类	2- 甲基咪唑	—	3～5	白色结晶，熔点 135～139℃，80℃ 2h，120 ℃ 1h，150 ℃ 2h；活性温度 82～87℃，低毒
	2- 乙基 -4 甲基咪唑	—	2～5	液体，80℃ 2h，120℃ 1h，150℃ 2h
	2- 乙基咪唑	—	3～5	固体，熔点 275℃，80℃ 2h，120℃ 1h，150℃ 2h
	2，4- 二甲基咪唑	—	3～5	固体，熔点 92℃，80℃ 2h，120℃ 1h，150℃ 2h
	咪唑	—	3～5	固体，熔点 89～90℃，低毒，80℃ 2h，120℃ 1h，150℃ 2h
	二甲基咪唑与环氧丙烷丁基醚	—	10	棕黑色液体，70℃，6h
树脂类	线型酚醛（加苄基二甲胺 0.6%）	—	30～40	黏稠液体，180 ℃ 2h，可用乙二胺 5%～6% 促进
	苯胺甲醛树脂	—	28～35	液体至固体，120 ℃ 16h，无毒，无味，可作增韧剂，固化剂
	桐油酸酐树脂	—	40～50	黄色黏稠液，100 ℃ 2～3h，作固化剂及增韧剂
	聚酰胺树脂（非尼龙型）	—	25～40	红棕色黏稠液，25 ℃ 7d，无毒，无味，可作固化剂或增韧剂
	糠醛树脂	—	25～85	160～170℃，4h

2. 固化剂的用量

环氧树脂固化剂用量分为以下几种类型：反应型固化剂中的伯胺等可通过环氧值和胺中的活泼氢来定量计算它的用量；反应型固化剂中的酸酐类固化剂用量既与酸酐类别有关，又与促进剂所具活性有关，所以它的用量计算公式中还要引入一个经验系数；反应型中的树脂类固化剂用量是通过试验确定下来的经验数；催化型固化剂用量一般较少，也是由试验确定的经验值，约为树脂量的 10%。

（1）胺类固化剂的用量可根据固化剂中氮原子上所连接的活泼氢数目来计算（按每个活泼氢原子可使一个环氧基开环计算），见公式（3-1）：

$$W=(M/H)\cdot E \qquad (3\text{–}1)$$

式中：M——固化剂胺的分子量；

H——固化剂中氮原子上活泼氢数；

E——环氧值（mol/100g）；

W——100 份环氧树脂所用胺的份数。

（2）酸酐类固化剂的用量可按下式计算：

$$W' = K \cdot M' \cdot E \tag{3-2}$$

式中：K——利用系数，对于一般酸酐为 0.85，含卤素酸酐为 0.60，添加叔胺促进剂的酸酐为 1.0；

M'——酸酐当量。

（3）苯酚 – 甲醛 – 二元脂肪伯胺缩合物（曼尼斯碱）固化剂用量可按下式计算：

$$W'' = (1.3 \sim 1.4) \times 43E \tag{3-3}$$

不同牌号的环氧树脂由于 E 值不同，它们所需固化剂胺类或酸酐类用量也不同。

（三）促进剂

为了降低环氧树脂的固化温度、加速固化反应、降低放热峰，常引入促进剂，如羧酸、叔胺、咪唑等。水、醇、酚类，由于结构中含有羟基，也具有显著促进作用。叔胺类由于氮原子上电子云密度大，分子链短，促进反应效果很显著。

（1）用于胺类固化剂的促进剂有：双酚 A、苯酚、间苯二酚、间苯二胺、三氟化硼 – 单乙胺、叔胺类（三乙醇胺）、硫脲、氟化硼甲乙酮络合物。

（2）用于酸酐类固化剂的促进剂有：吡啶、哌啶、苄基二甲胺、二甲苯胺、二乙氨基丙胺、硼酸三乙醇胺、2– 乙基 –4 甲基咪唑、三乙醇胺等。

（3）用于酚醛树脂固化剂的促进剂有：苄基二甲胺（叔胺的用量为 0.5%）、咪唑类。

（四）稀释剂

在环氧树脂中引入稀释剂的目的是降低环氧树脂的黏度，提高流动性，增加浸润性，方便使用和施工。稀释剂按性能分为活性和非活性两类：

1. 活性稀释剂

活性稀释剂的分子结构中含有活性基团（如含有环氧基），它参加环氧的固化交联反应，直接影响环氧树脂固化后的性能。活性稀释剂又有单功能团和双功能团之分：

（1）单功能团的活性稀释剂起着终止链的作用，从而使交联密度下降，当用量超过 15% 时，会大幅降低耐热性和耐溶剂性。单功能团的活性稀释剂有环氧丙烷丙烯醚、甲基丙烯酸缩水甘油酯等。

（2）双功能团的活性稀释剂能参与到体型交联结构中去，且能提高增强塑料的抗剪强度，具有增塑作用。例如，甘油环氧、二环氧双戊二烯等双功能团的活性稀释剂，既能起稀释作用，又能延长树脂的适用期。

由于活性稀释剂参加固化反应而不逸出，故固化的体收缩率较小，固化后的制品交联密度高，相应耐热和耐蚀性优于非活性稀释剂，同时还增加树脂的韧性。常用的活性稀释剂见表 3–35。

表 3-35　环氧树脂的常用活性稀释剂

名称	分子量	沸点 /℃	闪点 /℃	黏度 /（mPa·s）	代号
环氧丙烷丙烯醚	114	154	57	1～2	AGE（Allyl Glycidyl Ether）
环氧丙烷丁基醚	130	170	56	2	BGE（Butyl Glycidyl Ether）
环氧丙烷苯基醚	150	245	110	7	PGE（Phenyl Glycidyl Ether）
二缩水甘油醚	131	260	64	6	DGE（Diglycidyl Ether）
脂环族环氧 6269	180	242	113	84	—
乙烯基环己烯二环氧化物	140	227	86	8	ERL-4206（1-Epoxyethyl-3, 4-Epoxycyclohexane）
3，4- 环氧基环己烷甲基 -3，4 环氧基环己烷甲酸酯	252	355.5	118	200～350	ERL-4221（3, 4-Epoxycyclohexylmethyl 3, 4-Epoxycyclo-Hexaneca）
乙二醇二缩甘油醚	174	175	110	100	EGDE（Ethylene Glycol Diglycidyl Ether）
丙三醇三缩水甘油醚	260	379	159	100～350	GEP（Glyceryl Epoxy Resin）

2. 非活性稀释剂

非活性稀释剂不参与环氧树脂的固化反应，在树脂固化时会有一部分逸出，从而增加树脂的收缩率，并降低粘结力，严重时会产生气泡及龟裂，影响最终制成品的质量、物理力学性能和耐腐蚀性能。因此非活性稀释剂在工业设备及管道纤维增强环氧树脂衬里施工中不推荐使用，在现场施工必须使用时也应严格控制在 3%～5% 以内，起到调节树脂黏度、提高施工工艺性作用，且适合用于薄层的间歇式施工。非活性稀释剂又有挥发性和非挥发性之分：

（1）挥发性非活性稀释剂在固化过程中大部分要逸出，会给制品留下许多孔隙，使收缩率很大，树脂强度和耐热性均受到影响；

（2）非挥发性非活性稀释剂只有小部分逸出，大部分仍留在树脂中，如邻苯二甲酸二丁酯，它与环氧中的羟基进行酯交换而融合成一体，对增强塑料性能影响不大。

常用的非活性稀释剂见表 3-36。

表 3-36　常用的非活性稀释剂

名称	分子量	沸点 /℃	闪点 /℃	名称	分子量	沸点 /℃	闪点 /℃
丙酮	58	56.5	-18	甲苯	92	110	4
甲乙酮	72	79.5	-9	二甲苯	106	144	17～25
环己酮	98	156	44	正丁醇	74	117	29
苯	78	80	-11	苯乙烯	104	146	31.1

（五）增强纤维

环氧树脂衬里用的增强纤维，通常采用玻璃纤维表面毡、短切毡、方格布等；接触氢氟酸等含氟类介质时，选用涤纶等合成纤维，需要注意的是，由于涤纶等合成纤维毡、布的力学性能（如耐热、线膨胀系数、抗拉等）不如玻璃纤维，因此在环氧树脂衬里的构造设计时，可根据使用工况与玻璃纤维复合使用。

增强纤维表面浸润剂不宜选用石蜡型而应选择树脂型，这种增强纤维易被环氧胶液浸透又能使环氧胶液与增强纤维结合得牢固。这类纤维表面界面处理剂中通常含有与环氧树脂及固化剂所匹配的 KH550 或 KH560 浸润剂。

（六）增韧剂

环氧树脂的韧性较差，常引入增韧剂改善韧性。根据增韧的性能分为活性和非活性两类。

1. 活性增韧剂

活性增韧剂分子中含有活性基团，直接参与环氧树脂的固化反应，能较大幅度地改善环氧树脂的韧性，提高抗冲击强度和延伸率。常用的活性增韧剂有聚酰胺（650，651）、聚硫橡胶、聚丁二烯环氧、聚环氧氯丙烷、不饱和聚酯树脂等。

（1）聚酰胺是一种多元胺，分子结构中含有氨基、羟基及酰胺基等活性基团。聚酰胺的用量改变幅度较大，可以按要求来选择适宜用量。

（2）聚环氧氯丙烷作增韧剂时，可使双酚 A 环氧的抗冲击值提高近 30 倍。

（3）聚丁二烯环氧作增韧剂时，由于主链为 C—C 结构，所以固化后的制品韧性较好。聚硫橡胶引入后，制品的抗震性、耐蚀性都很好。

2. 非活性增韧剂

非活性增韧剂不带有活性基团，不参加固化反应。其用量为树脂重量的 5%～20%。常用的非活性增韧剂有邻苯二甲酸二甲酯、邻苯二甲酸二乙酯、邻苯二甲酸二丁酯、邻苯二甲酸二戊酯、邻苯二甲酸二辛酯、磷酸三乙酯、磷酸三丁酯、磷酸三苯酯等。

（七）填料

环氧树脂材料在施工应用中可根据需要加入一定比例的填料。在环氧树脂中引入填料，可以降低收缩性、放热效应和热膨胀系数，提高粘结性、耐磨性，并可改善热性能、电性能和机械性能。在配制玻璃钢衬里打底料时，需要加入粉料。

常用的填料有陶土、滑石粉、石英粉、石墨粉、磁粉、铸石粉、金属粉、云母、金刚砂、硫酸钡等。但是任何一种耐酸粉料的耐酸率都不应小于 95%，含水率都不应大于 0.5%。

二、衬里的物理力学性能、耐腐蚀性能、试验方法和评定标准

（一）耐蚀机理

环氧树脂类材料由于含有稳定的苯环、醚键，因此具有良好的耐蚀性，常温下耐盐酸、中等浓度的硫酸、稀硝酸、大多数盐类介质和有机萃取剂等。由于环氧树脂的脂肪性羟基不与碱起作用，所以它在众多的树脂类材料中具有较好的耐碱性能。多元胺固化的环氧树脂由于网络结构中含—C—N—键，致使其粘结性、耐碱性优良，氨基中的氮和金属易形成氢键，因此防锈效果好，且通常芳香胺优于脂肪胺；酸酐和环氧树脂的环

氧基反应形成酯键，耐有机酸、无机酸，在碱作用下易水解，故耐碱性较差。

（二）衬里的物理力学性能

环氧树脂类材料具有很高的粘结强度，这是由于环氧树脂结构中含有羟基、醚基及极为活泼的环氧基，使环氧树脂的分子和相邻界面之间容易产生电磁引力。环氧树脂与固化剂是直接加成反应，因此在固化过程中没有副产物产生，也不会产生气泡，而且在液态时就有高度的缔合，因此固化产物的收缩率小。

1. 环氧树脂的耐热性

采用E51环氧树脂，分别与乙二胺、T31固化剂进行混合后制样，在室温下养护1d、并在100 ℃下4h的加热后固化处理，按照国家标准《塑料　负荷变形温度的测定　第2部分：塑料和硬橡胶》GB/T 1634.2—2019中的A法测得：

（1）E51环氧树脂加乙二胺固化剂的热变形温度（HDT）为111℃，试样的巴柯尔硬度为45；

（2）E51环氧树脂加T31固化剂的热变形温度（HDT）为84℃，试样的巴柯尔硬度为32。

2. 纤维增强环氧树脂衬里类材料的物理力学性能

采用不同纤维增强的环氧树脂衬里类材料的物理力学性能是不一样的：

（1）增强材料为玻璃纤维短切毡时，采用300g/m^{2}规格，含胶量67%左右的E54环氧树脂衬里，分别采用乙二胺、T31固化剂，在不同的养护温度之后，其力学性能测试结果与国家标准《工业设备及管道防腐蚀工程技术标准》GB/T 50726—2023中的标准设定值见表3-37和表3-38。

表3-37　增强材料为玻璃纤维短切毡时的E54环氧树脂（乙二胺）衬里力学性能

项目	常温	50℃	100℃	标准设定值
弯曲强度 /MPa	182	198	176	150
弯曲模量 /GPa	7.9	7.7	6.7	7.0
拉伸强度 /MPa	86	113	117	90
拉伸模量 /GPa	7.4	8.1	7.8	7.5
断裂延伸率 /%	1.6	1.8	1.9	1.4
粘结强度（拉开法）/MPa	7.8	—	—	6.0
线收缩率 /%	0.11	—	—	—

表3-38　增强材料为玻璃纤维短切毡时的E54环氧树脂（T31）衬里力学性能

项目	常温	50℃	100℃	标准设定值
弯曲强度 /MPa	189	197	230	150
弯曲模量 /GPa	7.4	7.5	8.9	7.0
拉伸强度 /MPa	104	105	112	90
拉伸模量 /GPa	7.5	8.0	7.9	7.5

续表 3-38

项目	常温	50℃	100℃	标准设定值
断裂延伸率 /%	1.8	1.7	1.7	1.4
粘结强度（拉开法）/MPa	10.2	—	—	6.0
线收缩率 /%	0.18	—	—	—

（2）增强材料采用玻璃纤维方格布时，采用 400g/m² 规格，含胶量 53% 左右的 E54 环氧树脂衬里，分别采用乙二胺、T31 固化剂，在不同的养护温度之后，其力学性能测试结果与国家标准《工业设备及管道防腐蚀工程技术标准》GB/T 50726—2023 中的标准设定值见表 3-39 和表 3-40。

表 3-39 增强材料为玻璃纤维方格布时的 E54 环氧树脂（乙二胺）衬里力学性能

项目	常温	50℃	100℃	标准设定值
弯曲强度 /MPa	356	399	390	300
弯曲模量 /GPa	14.4	13.5	13.4	10.0
拉伸强度 /MPa	257	257	273	200
拉伸模量 /GPa	16.4	16.5	15.8	15.5
断裂延伸率 /%	2.2	2.1	2.0	1.6

表 3-40 增强材料为玻璃纤维方格布时的 E54 环氧树脂（T31）衬里力学性能

项目	常温	50℃	100℃	标准设定值
弯曲强度 /MPa	311	313	269	300
弯曲模量 /GPa	10.8	10.6	11.3	10.0
拉伸强度 /MPa	212	213	251	200
拉伸模量 /GPa	14.7	14.5	14.9	15.5
断裂延伸率 /%	1.9	2.0	1.9	1.6

在上述（1）和（2）力学性能检测中，制样及试验条件按国家标准《纤维增强塑料性能试验方法总则》GB/T 1446—2005 有关规定执行；弯曲强度和模量按国家标准《纤维增强塑料弯曲性能试验方法》GB/T 1449—2005 有关规定执行；拉伸强度、模量和断裂延伸率按国家标准《纤维增强塑料拉伸性能试验方法》GB/T 1447—2005 有关规定执行。制样后样条的三种养护条件分别为：

1）常温固化养护 15d；

2）制样后在 50℃热空气中固化养护 1d；

3）常温固化不少于 1d，再在 100℃下固化 4 h。

（3）按国家标准《纤维增强塑料平均线膨胀系数试验方法》GB 2572—2005 规定，温度范围从室温到 100℃，检测环氧树脂衬里的线膨胀系数，见表 3-41。

表 3–41 环氧树脂衬里从室温到 100℃ 的线膨胀系数平均值

树脂类型	玻璃纤维短切毡 /（$\times 10^{-5}$/K）		玻璃纤维方格布 /（$\times 10^{-5}$/K）	
	检测值	标准设定值	检测值	标准设定值
E54 环氧树脂 – 乙二胺	2.9	3.0	1.8	1.9
E54 环氧树脂 –T31	1.7	3.0	1.4	1.9

3

（三）衬里的耐腐蚀性能

玻璃纤维增强环氧树脂衬里在常温下和一定温度下的耐腐蚀性能，与所用的胺类或酸酐类固化剂品种有关，通常数据均为采用胺类固化剂进行的评估，见表 3–42 和表 3–43。

表 3–42 常温下玻璃纤维增强环氧树脂衬里的耐腐蚀性能

介质	浓度 /%	性能	介质	浓度 /%	性能	介质	浓度 /%	性能
硫酸	≤60	耐	硝酸	≤10	尚耐	醋酸	≤10	耐
	80	不耐		20	不耐		20	不耐
盐酸	≤31	耐	铬酸	≤10	尚耐	磷酸	≤50	耐
	37	尚耐		20	不耐		85	尚耐
氢氟酸	≤5	尚耐	氢氧化钾	—	耐	乙醇	—	耐
	10	不耐	碳酸钠	—	耐	汽油	—	耐
氟硅酸	≤10	耐	氨水	—	耐	苯	—	耐
	>10	尚耐	尿素	—	耐	甲苯	—	耐
亚硫酸	—	耐	氟化铵	—	耐	丁醇	—	耐
碳酸	—	耐	硝酸铵	—	耐	四氯化碳	—	耐
脂肪酸	—	耐	硫酸铵	—	耐	醋酸丁酯	—	不耐
柠檬酸	—	耐	硫酸钠	—	耐	三氧乙烯	—	不耐
草酸	—	耐	磷酸钠	—	耐	环己酮	—	尚耐
苯磺酸	—	耐	氯化钠	—	耐	5% 硫酸和 5% 氢氧化钠交替作用	—	耐
氯磺酸	—	不耐	次氯酸钠	≤5	耐			
氢氧化钠	—	耐	丙酮	—	尚耐			

表 3–43 一定温度下玻璃纤维增强环氧树脂衬里的耐腐蚀性能

介质	浓度 /%	温度 /℃	性能
水	—	20 ~ 70	6 个月，稳定
		100	3 个月，稳定
氢氧化钠	10	60 ~ 100	6 个月，完全破坏
盐酸	36	60	6 个月，呈棕色

续表 3–43

介质	浓度 /%	温度 /℃	性能
硫酸	10 50 50	20 ~ 100 20 ~ 60 100	6 个月，稳定 6 个月，稳定 10d，完全溶解
盐水	10	20 ~ 70	6 个月，稳定
汽油	—	20 ~ 80	6 个月，稳定
苯	—	60 ~ 80	4 ~ 10d，完全破坏
甘油	—	20 ~ 100	6 个月，稳定
氰化钾电镀液	—	80	6 个月，稳定

三、设计要点

纤维增强环氧树脂在防腐蚀领域中应用得较早和最广泛的是作为设备的衬里。被衬设备基体一般为碳钢。所用的增强材料有玻璃纤维表面毡、短切毡、方格布等，接触氢氟酸等含氟类介质时，选用涤纶等合成纤维。衬里的工艺方法主要有手糊内衬贴工艺、喷射工艺等。

纤维增强环氧树脂衬里的等级与结构应根据工业设备及管道储存介质腐蚀性的强弱、使用寿命、经济性综合考虑，选用不同等级的内衬层，需满足国家标准《工业设备及管道防腐蚀工程技术标准》GB/T 50726—2023 第 5.3 节设计内容的规定。

四、施工要点

（一）基体要求

（1）在钢基层上施工环氧树脂衬里时，首先应进行认真的除锈和打磨焊缝，去除焊渣、焊瘤，使钢基层表面光洁、平整，并用软毛刷、压缩空气或吸尘器将表面和角落清理干净。除锈质量等级应达到现行国家标准《涂覆涂料前钢材表面处理　表面清洁度的目视评定　第 1 部分：未涂覆过的钢材表面和全面清除原有涂层后的钢材表面的锈蚀等级和处理等级》GB/T 8923.1 规定的 Sa2$\frac{1}{2}$级，锚纹深度宜为 40 ~ 80μm；局部喷射达不到的地方，可采用工具除锈，其除锈质量等级不应低于现行国家标准《涂覆涂料前钢材表面处理　表面清洁度的目视评定　第 1 部分：未涂覆过的钢材表面和全面清除原有涂层后的钢材表面的锈蚀等级和处理等级》GB/T 8923.1 中规定的 St3 级；喷射作业时，应按先顶、再壁、后底的顺序进行；附件的表面预处理应与设备内壁相同。

（2）喷射处理完毕，应立即用洁净、干燥、无油的压缩空气将表面吹扫干净。表面灰尘度不应超过现行国家标准《涂覆涂料前钢材表面处理　表面清洁度的评定试验　第 3 部分：涂覆涂料前钢材表面的灰尘评定（压敏粘带法）》GB/T 18570.3 规定的 3 级。

（3）当发现基层表面有油脂、化学药品污染时，应采用溶剂、洗涤剂或碱液等方法处理。

（二）施工配合比

环氧树脂衬里胶料的施工配合比见表 3–44，并需要注意以下几点：

（1）胶料配制应按下列顺序进行：称取定量环氧树脂（当黏度较大时可间接加热至 40～60℃），按要求加入适量的稀释剂，充分搅拌均匀，待温度降至常温后，加入定量固化剂，并边加入边搅拌均匀。配制好的胶料应熟化后使用，并应在 30～40min 内用完。

（2）胶料配制要求：封底胶料以能盖住锚纹深度为宜，衬布胶料以能浸透增强材料为宜，面层胶料以能盖住发白毛刺为宜。胶料黏度［涂 –4 黏度计，（25±1）℃］分别为：封底胶料 20～40s，衬布胶料 50～70s，面层胶料 110～130s。每次配料应做好记录。

（3）纤维增强环氧树脂衬里施工前，应按施工方案，选择与工业设备及管道同材质、厚度大于 4mm 的钢板作为试件进行现场适应性试验，试件面积不小于 $1m^2$。试件固化后应按要求对其外观、厚度、硬度、针孔与粘结力等进行检验，检验结果应做好记录。

（4）封底胶料、衬布胶料和面层胶料的配制，均应严格称量、随配随用、充分搅拌均匀。特别在夏季气温较高时更要注意每次配制量不可太多，应根据施工人员多少、施工速度快慢分多次勤配快用。因为当固化剂加入后环氧树脂的固化反应即开始，这一化学反应过程是放热反应，使胶液温度升高。温度越高，固化反应越快，放出的热量越多，如不及时使用即会出现“暴聚”现象，树脂胶料由液态变成面包状的固体，不能再使用。所以在气温高时应采取冷水浴的方法，将有胶料的容器放入冷水中，使胶料温度不至急剧升高。

表 3–44　环氧树脂衬里胶料的施工配合比

材料名称	环氧树脂	稀释剂	T31 低毒固化剂	乙二胺	矿物颜料	耐酸粉料
封底胶料	100	40～60	15～20	（6～8）	—	—
修补胶泥料		10～20			—	150～200
衬布与面层胶料		10～20			0～2	—

注：1　除 T31 低毒固化剂和乙二胺外，还可用其他胺类固化剂，应优先选用低毒固化剂，用量应按供货商提供的比例或经试验确定。

2　当采用乙二胺时，为降低毒性可将配合比所用乙二胺预先配制成乙二胺丙酮溶液（1∶1）。

3　当使用活性稀释剂时，固化剂的用量应适当增加，其配合比应按供货商提供的比例或经试验确定。

4　本表以环氧树脂 EP01451–310（E–44）为例。

（三）施工要点

（1）在处理好的钢铁基材上，采用环氧打底料涂刷两道。涂刷后经 24h 常温养护，再用环氧腻子料对基层的凹凸不平处修补、填平、刮平。

（2）施工环境温度宜为 15～25℃。温度过低时，树脂衬里固化太慢，制成品的质量差，温度高时，树脂衬里固化太快，难以施工。固化剂的用量应在施工前根据实际情况先做现场适应性试验来确定。

（3）玻璃布的准备。施工前应先将玻璃布烘一下，以去除布表面吸附的水分。应剪去玻璃布的厚边，以提高玻璃钢的质量。

（4）衬布前，应根据设备结构、形状及尺寸裁剪布料；平面可用整幅玻璃布一次连续成型；复杂部位应放样编号，然后下料剪布；裁剪好的布料不得折叠，应平铺或卷成布卷放好。

（5）衬布时，应先在涂刷过底胶的表面均匀地涂刷一遍中间胶，然后铺贴玻璃布（或者将裁剪好的玻璃布放入配好的胶料容器内浸透）。衬布通常用毛刷刷贴，毛刷应与衬贴的布面尽量保持垂直状态；每次用毛刷蘸少许胶料点击布面，使玻璃布全部浸透胶料，同时赶排残存于布面中的气体；衬布顺序通常为先上后下，先立面后平面，先壁后底。

（6）玻璃布的搭接宽度不应小于 50mm，上下层的搭接缝应相互错开，其距离不得小于 50mm。纵向玻璃布搭接如图 3-6 所示，横向玻璃布搭接同纵向。

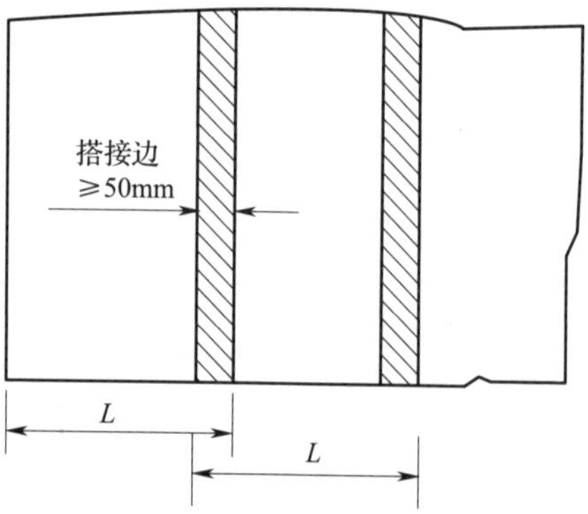

（a）第一层玻璃布搭接

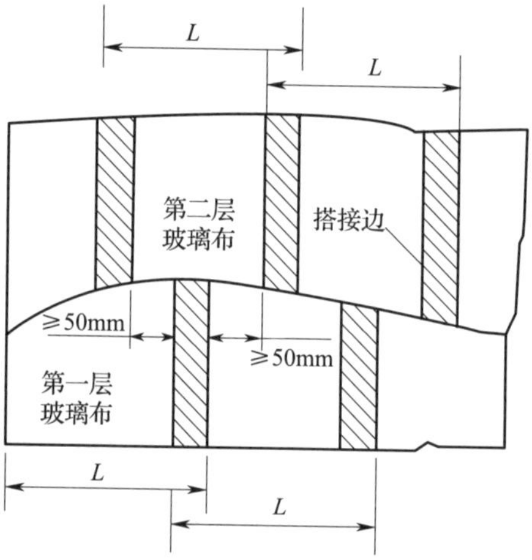

（b）第二层玻璃布搭接

图 3-6 纵向玻璃布搭接示意图

（7）环氧树脂衬里的施工程序：环氧树脂衬里一般采用手糊法施工。手糊法施工有连续铺贴法和间断铺贴法两种，施工要点如下：

1）间断铺贴法是层与层之间有一定间隔时间的铺贴法。在第一层玻璃布铺贴完实干后，仔细处理衬层表面的毛刺、气泡及流挂的胶料；再按施工方案的程序和要求铺贴至所需层数。

2）连续铺贴法是按设计的层数连续成型的铺贴法。连续铺贴法的衬布采取鱼鳞式搭接法，即将一块玻璃布按纬向分成三等分，当铺完第一层布后，第二层布贴在第一层布的 2/3 处（即第一层布留出 1/3），第三层布贴在第二层的 2/3 处（即第二层布留出 1/3），如图 3-7 所示。

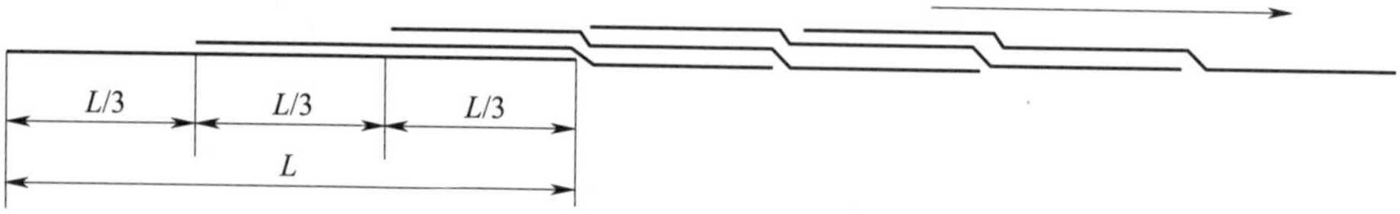

图 3-7 鱼鳞式搭接法示意图

（8）玻璃布铺贴完毕实干后，应对其表面进行外观检查，做到平整、无缺陷，方可涂刷面胶。

（9）涂面胶：涂刷第一遍面胶并实干后，再涂刷第二遍面胶。涂刷面胶应均匀，无漏刷、流挂、气泡等缺陷，表面应平整光滑。

（四）养护

（1）纤维增强环氧树脂衬里施工完成后，可常温或加温固化。常温固化时，固化时间不得少于 15d；加温固化时，在 50℃热空气下保持 24h，然后自然降温。

（2）为了获得更好的耐腐蚀和耐热性能，环氧树脂衬里往往需要进行热处理，热处理温度及保温时间可按表 3–45 确定，且要严格控制升降温度速度，不能局部过热而影响衬里质量。

表 3–45　环氧树脂衬里热处理温度及保温时间

温度 /℃		时间 /h
常温固化		12 ~ 24
热处理温度	常温 ~ 40	1
	40	4
	40 ~ 60	2
	60	4
	60 ~ 80	2
	80	6 ~ 12
降温	80 ~ 常温	15℃ /h

五、质量检验

在国家标准《工业设备及管道防腐蚀工程技术标准》GB/T 50726—2023 第 5.5 节中，对各类树脂衬里检查数量、检验项目、指标和方法均作了详细规定，包括原材料、制成品、衬里层的外观、针孔电火花检测、树脂固化度、衬里含胶量等，可按标准要求进行衬里质量检验。主要的检验项目和要求可参考本章表 3–19 内容。

六、运行维护

环氧树脂衬里交付使用后的运行维护是一项十分重要的工作，它关系到衬里实际使用寿命的长短，涉及安全生产和环境保护问题。需要关注以下几点：

（1）做好运行详细记录。在衬里投入使用后，有一定时间的施工质量保证期，如果没有运行详细记录，一旦出现腐蚀问题，将无法确定谁对质量问题负责的界限，因为每种衬里材料均有其适用介质、温度和压力等工艺条件范围，超范围使用常常会给衬里使用带来破坏。

（2）定期检测衬里使用情况，检查项目包括衬里外观、厚度、表面硬度、针孔电火花检测等。防腐蚀衬里只能起到延缓设备及管道的腐蚀、增加其使用寿命的作用，而非一劳永逸，因此定期检测衬里使用情况，发现问题及时采取修补措施等，是能够保证衬里安全、可靠使用的基本要求。

（3）衬里的维修应按国家标准《工业设备及管道防腐蚀工程技术标准》GB/T 50726—2023 第 3.8.4 条的要求，并遵循下列原则：

1）当衬里外观缺陷面积、针孔检测结果偏离设计值 30% 以上时，不宜修复；

2）当衬里性能、附着力、厚度或硬度检测结果偏离设计值 50% 以上时，且不能满足使用要求时，不得修复；

3）维修方案需经原设计单位或建设单位评估后进行。

七、工程案例

环氧树脂衬里的应用案例见表 3-46。

表 3-46　环氧树脂衬里的应用案例

使用单位	工程名称	介质状况	防腐蚀构造	使用效果
西安某加油站	碳钢储油罐改造	汽油、柴油	喷砂处理后： （1）用 FXR-6 环氧树脂打底一道； （2）用 FXR-6 环氧树脂堆高料补平； （3）FXR-6 环氧树脂玻璃钢 2 布 2 毡； （4）FXR-6 环氧树脂 3D 中控层； （5）FXR-6N 环氧树脂玻璃钢 2 布 2 毡	好
辽宁东港市某加油站	碳钢储油罐改造	汽油、柴油	喷砂处理后： （1）用 FXR-6 环氧树脂打底一道； （2）用 FXR-6 环氧树脂堆高料补平； （3）FXR-6 环氧树脂玻璃钢 2 布 2 毡； （4）FXR-6 环氧树脂 3D 中控层； （5）FXR-6N 环氧树脂玻璃钢 2 布 2 毡	好
安徽某加油站	碳钢储油罐改造	汽油、柴油	喷砂处理后： （1）用 FXR-6 环氧树脂打底一道； （2）用 FXR-6 环氧树脂堆高料补平； （3）FXR-6 环氧树脂玻璃钢 2 布 2 毡； （4）FXR-6 环氧树脂 3D 中控层； （5）FXR-6N 环氧树脂玻璃钢 2 布 2 毡	好
无锡某加油站	碳钢储油罐改造	汽油、柴油	喷砂处理后： （1）用 FXR-6 环氧树脂打底一道； （2）用 FXR-6 环氧树脂堆高料补平； （3）FXR-6 环氧树脂玻璃钢 2 布 2 毡； （4）FXR-6 环氧树脂 3D 中控层； （5）FXR-6N 环氧树脂玻璃钢 2 布 2 毡	好

3

第四节 酚醛树脂衬里

在各类树脂材料中，酚醛树脂的工业生产与应用最早。1872 年，德国化学家拜耳（A. Baeyer）首先发现酚和醛在酸的存在下可以缩合得到无定形棕红色的不可处理的树枝状产物，但未开展研究。1902 年，布卢默（L.Blumer）用 135 份酒石酸作催化剂，用 150 份 40% 的甲醛溶液与 195 份苯酚进行反应，得到了第一个商业化酚醛树脂，命名为 Laccain，但没有形成工业化规模。20 世纪初期，酚醛树脂创始人美国科学家巴克兰（Baekeland）对酚醛树脂进行了系统而广泛的研究，并于 1907 年提出了关于酚醛树脂“加压、加热”固化的专利，实现了酚醛树脂的实用化，有人提议将此年定为酚醛树脂元年。

由于酚醛树脂具有优良的耐酸性，对大多数盐类和某些溶剂的耐蚀性也较好，其耐热性也优于采用常规胺类固化的环氧树脂，而且酚醛树脂的生产工艺较简单，原材料价格较低，因而迄今在防腐蚀工程中的应用仍很广泛，纤维增强酚醛树脂衬里就是应用之一。

一、原材料及其性能

纤维增强酚醛树脂衬里所使用的原材料包括：酚醛树脂、固化剂、稀释剂、增强纤维、填料等。

（一）树脂

1. 分类

酚醛树脂是以酚类和醛类化合物为原料，在酸或碱等催化剂作用下缩聚而成的一类合成树脂统称。最常用的原料是苯酚和甲醛。当苯酚和甲醛采用不同的摩尔比和不同的催化剂反应时，制成的酚醛树脂的性能也不相同。酚醛树脂按受热后性状的不同可分为热塑性酚醛树脂和热固性酚醛树脂两类。在工业设备及管道防腐蚀工程中主要采用热固性酚醛树脂（以下简称酚醛树脂），它是当醛过量，并选用碱性化合物作为催化剂时的合成产物。

2. 品种及型号

酚醛树脂的品种及型号和特点见表 3–47。

表 3–47 酚醛树脂的品种及型号和特点

品种及型号	苯酚与甲醛的摩尔比	催化剂	特 点
2130	1 : 1.4	碳酸钠	（1）红棕色黏稠液； （2）游离酚≤ 10%，游离醛≤ 2%，水分≤ 12%，黏度（落球黏度计，25℃），45 ~ 65s； （3）黏度适中，黏结力强，适用于制作纤维增强塑料（玻璃钢）、胶泥、砂浆

续表 3–47

品种及型号	苯酚与甲醛的摩尔比	催化剂	特　　点
2127	（1∶1.2）～（1∶1.4）	氢氧化钡	（1）红棕色黏稠液； （2）游离酚≤ 20%，游离醛≤ 2%，水分≤ 20%，黏度（涂 –4 黏度计）：100～150s； （3）黏度低，但含水量较大，适用于制作纤维增强塑料（玻璃钢）
2124	（1∶1.2）～（1∶1.4）	氨水	（1）红棕色黏稠液； （2）游离酚≤ 10%，固体含量≥ 55%，黏度（涂 –4 黏度计）：10～30s； （3）黏度低，含乙醇溶剂，适用于浸渍、热固性涂料

3. 质量和性能指标

（1）在工业设备及管道防腐蚀工程中所用酚醛树脂的质量见表 3–48。

表 3–48　酚醛树脂的质量

项目	指标	检测方法
游离酚含量 /%	<10	按照国家标准《建筑防腐蚀工程施工规范》GB 50212—2014 附录第 A.2.1 条第 2 款的规定进行
游离醛含量 /%	<2	
含水率 /%	<12	
黏度（落球黏度计，25℃）/s	40～65	

需要注意的是，如果酚醛树脂中的含水率过高，其固化物的气孔率会增多，致密性变差；而游离酚量过高，则树脂与固化剂反应速度会大大加快。

（2）酚醛树脂分子结构中的羟甲基酚具有较高活性，在常温下储存过程中会自行缓慢聚合，黏度逐渐增大，最后会凝成固体状而报废。环境温度越高，酚醛树脂的储存期越短，常温下的储存时间不超过 1 个月；在 20℃以下，一般可储存 3 个月；在 0℃以下可储存 6 个月。

（3）在酚醛树脂中加入适量苯甲醇，将酚醛树脂中的羟甲基醚化，则可延长树脂的储存期，苯甲醇的加入量为 5%～10%；如果苯甲醇加入量过大，会使得羟甲基醚化程度过高，导致树脂使用时固化困难，甚至不固化。

（二）固化剂

要使酚醛树脂在常温下短时间内固化，就需要加入一定量的固化剂，这类固化剂均为酸性化合物。

1. 品种和特点

（1）酚醛树脂常用固化剂品种和特点见表 3–49。

表 3-49 酚醛树脂常用固化剂品种和特点

固化剂名称	外观	指标	用量 /%	特 点
NL 固化剂	暗灰色液体	黏度：（20 ~ 30）s； 密度：1.16； 总酸度：（18 ± 2）%； 游离酸 <5%	6 ~ 10	（1）低毒，无刺激味； （2）固化物强度较高，耐蚀性好； （3）气温高时（>30℃）加入量较难掌握
苯磺酰氯	黄色油状液体	熔点：14.5℃； 纯度≥ 95%； 水分≤ 2%； 游离酸≤ 1%	8 ~ 10	（1）常温下为液体，易于树脂混合； （2）酸度适中，固化速度较理想，固化物的性能好； （3）在空气中冒烟，有刺激性，毒性较大
对甲苯磺酰氯	灰白或淡黄色固体	熔点：64℃； 纯度≥ 97%； 水分≤ 2%	8 ~ 12	（1）固化速度较慢，固化物强度好； （2）具有吸湿性，在空气中易潮解； （3）常温下为固态，使用不便，且有使人不适的臭味
硫酸乙酯	无色透明液体	硫酸与无水乙醇的质量比为：（1∶2）~（1∶3）	6 ~ 10	（1）价格较低； （2）气味较小； （3）加入量和固化速度不易掌握，固化物性能较脆

注：表中用量以酚醛树脂为 100%。

（2）NL 固化剂是萘磺酸溶于乙醇中的酸性液体，由于其低毒和无刺激性味道，其固化物有良好的物理力学性能和耐蚀性，经过磷酸、硫酸、化肥、制药等行业几十年来的应用实践，效果较好，是目前采用酚醛树脂防腐蚀工程中的常用固化剂。

（3）苯磺酰氯在 15℃以上时是油状液体，在 14.5℃时会凝固，这也是在防腐蚀施工标准中，要求酚醛树脂采用苯磺酰氯固化剂时施工环境温度大于 15℃的原因，因为一旦凝固，其在酚醛树脂中的分散混合作用就差，会影响固化物性能。苯磺酰氯酸度适中，与酚醛混溶性好，固化物的综合性能好，使用方便，但它挥发出刺激性很强的气体，所以施工时应加强通风和劳动保护。

（4）当固化剂采用硫酸乙酯时，需要预先进行配置：先把无水乙醇放入容器中，在不断搅拌下，缓慢加入比例量的浓硫酸，控制反应温度不超过 50℃。严禁将无水乙醇加入浓硫酸中。配置好的硫酸乙酯在室温下储存于耐腐蚀的密闭容器内备用。

2. 树脂固化度

树脂固化度即树脂不可溶分含量，其值高低与固化物的强度、耐蚀性、耐溶剂性等性能有密切关系。按照国家标准《纤维增强塑料树脂不可溶分含量试验方法》GB/T 2576—2005 规定的方法，使用不同的酚醛树脂固化剂，进行酚醛树脂固化度检测，对比试验结果见表 3-50。

表 3-50　酚醛树脂固化度的对比试验结果

固化剂及用量	固化温度 /℃	酚醛树脂的固化度 /%		
		1d	7d	28d
NL 固化剂	22 ± 2	83.6	90.7	92.2
苯磺酰氯（8%）	22 ± 2	76.3	89.6	90.1
苯磺酰氯（10%）	22 ± 2	74.1	—	87.9
对甲苯磺酰氯	22 ± 2	80.7	—	90.0
硫酸乙酯	22 ± 2	58.9	—	80.6

注：固化剂用量以酚醛树脂用量为 100%。

（三）稀释剂

酚醛树脂黏度较大，为便于施工需要添加稀释剂。酚醛树脂常用稀释剂为乙醇，其纯度不应小于 95%，用量控制在树脂量的 15% 以内。甲醇、苯甲醇、丙酮也可作为酚醛树脂的稀释剂，但这些溶剂有的毒性大，有的价格高，效果也没有乙醇好，因而一般不予采用。

（四）增强纤维

酚醛树脂衬里用的增强纤维，通常采用玻璃纤维表面毡、短切毡、方格布等；接触氢氟酸等含氟类介质时，选用涤纶等合成纤维，需要注意的是，由于涤纶等合成纤维毡、布的力学性能（如耐热、线膨胀系数、抗拉等）不如玻璃纤维，因此在酚醛树脂衬里的构造设计时，可根据使用工况与玻璃纤维复合使用。

（五）填料

1. 品种和特点

在酚醛树脂衬里施工中，如腻子修补、稀胶泥衬布等需要采用耐酸粉料作为填料，如石英粉、瓷粉、石墨粉、硫酸钡粉等。

由于酚醛树脂的固化剂为酸性较强的物质，如果粉料中含有铁质、碳酸盐等杂质，这些杂质会与酸性固化剂发生如下化学反应：

$$Fe+2H^{+} \rightarrow Fe^{2+}+H_2 \uparrow$$

$$CO_3^{2-}+2H^{+} \rightarrow H_2O+CO_2 \uparrow$$

反应生成的氢气、二氧化碳等气体释放出来，会使衬里层起鼓，固化物内布满微小的气泡，致使固化物的强度下降，对介质的抗渗透性能也将大幅度下降。因此酚醛树脂的耐酸粉料应选用精制粉，最好是使用经过酸洗处理过的粉料。辉绿岩、铸石粉因含铁质较多，且对酚醛树脂有一定的缓凝作用，因而不推荐采用。酚醛树脂衬里需要接触氢氟酸等含氟类介质时，不推荐采用石英粉、瓷粉等硅质填料，而推荐采用硫酸钡粉、石墨粉等填料。

2. 填料的耐酸率

与乙烯基酯树脂、环氧树脂衬里相比，酚醛树脂衬里中对需要使用的粉料质量要求更严格，所以在国家标准《建筑防腐蚀工程施工规范》GB 50212—2014 中规定了酚醛树脂用耐酸填料的耐酸率不得小于 98%，其耐酸率的检测方法和步骤如下：

（1）取原有细度的粉料，并采用蒸馏水洗涤。

（2）洗涤后的试样需在 105～115℃下烘干至恒重，冷却后采用 1‰ 天平称取试样 10g，置于 300mL 的锥形烧瓶内；加入重量百分比均为 10% 的硫酸、盐酸和硝酸的等体积混合液 100mL；在烧瓶上连接冷凝管，并应在（90±1）℃水浴锅中加热 5h，且加热至 2.5h 时将锥形烧瓶摇动一次。

（3）停止加热后，取出锥形烧瓶，慢慢注入蒸馏水 50mL，宜静止冷却 30min，同时用少量蒸馏水冲洗冷凝管和塞子，并将冲洗后的水收集在同一烧瓶内。

（4）过滤时向烧瓶内加入少量用无灰滤纸制成的纸浆，先将定量纸浆放在带有中速滤纸（蓝带的）的漏斗底上；用热蒸馏水冲洗烧瓶，并将此水注入漏斗，然后用热蒸馏水洗涤滤纸上的残渣，应至洗涤水与 0.1% 甲基橙溶液试验无反应为止。

（5）将带有残渣的滤纸干燥并在瓷坩埚内灰化，应灼烧至恒重。

（6）耐酸率应按式（3–4）计算，并应取两次平行试验的平均值作为试验结果，平行试验的误差应在 0.5% 以内：

$$耐酸率（\%）=\frac{G_1}{G}\times 100\% \tag{3–4}$$

式中：G_1——灼烧后残渣的质量（g）；

G——试样的质量（g）。

（六）增韧剂

酚醛类材料固化后的性能较脆，通常需要加以增韧改性。增韧剂可分非活性增韧剂和活性增韧剂两大类。

1. 非活性增韧剂

非活性增韧剂，如邻苯二甲酸二丁酯等，不参与反应，在一段时间内虽然可提高固化物的塑性，但时间长了效果不明显，还有可能降低其耐蚀性能，所以目前国内防腐蚀工程施工中不推荐使用。

2. 活性增韧剂

活性增韧剂参与酚醛树脂固化反应，如采用桐油钙松香作酚醛树脂的增韧剂，桐油钙松香一般由使用单位自行配制，加入量为树脂用量的 10%。也有用 2602 二甲苯甲醛树脂作增韧剂来制作酚醛树脂腻子和胶泥，它是将疏水性结构的二甲苯环引进酚醛树脂分子结构中，从而提高了酚醛树脂的耐水性和耐碱性，加入量为树脂用量的 10%；改性后的树脂韧性和机械强度有较明显提高，固化时间延长，适用于低压成型工艺，广泛应用于防腐蚀、建筑和电气方面。

聚乙烯醇缩丁醛也可作为酚醛玻璃钢的增韧剂，它是聚乙烯醇缩丁醛分子中的羟基与酚醛树脂中的羟甲基反应而形成的接枝共聚物，但要求进行加热处理。

二、衬里的物理力学性能、耐蚀机理和耐腐蚀性能

（一）衬里的物理力学性能

酚醛树脂衬里的物理力学性能与树脂、固化剂、纤维增强材料（如玻璃布、毡）、填料等原材料的品种、质量、用量、成型方法和固化反应的温度等多种因素有关。

（1）增强材料采用玻璃纤维短切毡时，采用 300g/m^2 规格，含胶量 67% 左右的酚醛树脂衬里，在不同的养护温度之后，其力学性能测试结果与国家标准《工业设备及管道防腐蚀工程技术标准》GB/T 50726—2023 中的标准设定值见表 3–51。

表 3–51　增强材料采用玻璃纤维短切毡时的酚醛树脂衬里力学性能

项目	常温	50℃	100℃	标准设定值
弯曲强度 /MPa	212	192	196	150
弯曲模量 /GPa	7.8	7.2	8.1	7.0
拉伸强度 /MPa	113	108	104	80
拉伸模量 /GPa	7.2	7.5	7.4	7.0
断裂延伸率 /%	2.1	2.0	1.9	1.6
粘结强度（拉开法）/MPa	5.2	—	—	4.0
线收缩率 /%	0.28	—	—	—
氧指数	—	—	57	—

在喷砂处理的铁板上，分别用 VEGF– 底涂和用乙二胺固化的 E51 环氧树脂做底涂，制作 4mm 左右厚度的酚醛树脂衬里，经过 33d 的常温养护，其表面的邵氏（D）硬度达到 89，采用 100℃（15min）~ 常温水（15min）之间的交变试验，进行了 15 次，二块衬里样板均未发生开裂、起壳现象。

（2）增强材料采用玻璃纤维方格布时，采用 400g/m^2 规格，含胶量 53% 左右的酚醛树脂衬里，在不同的养护温度之后，其力学性能测试结果与国家标准《工业设备及管道防腐蚀工程技术标准》GB/T 50726—2023 中的标准设定值见表 3–52。

表 3–52　增强材料采用玻璃纤维方格布时的酚醛树脂衬里力学性能

项目	常温	50℃	100℃	标准设定值
弯曲强度 /MPa	264	314	228	250
弯曲模量 /GPa	10.7	10.6	11.4	10.0
拉伸强度 /MPa	254	255	242	200
拉伸模量 /GPa	13.5	13.4	13.9	13.0
断裂延伸率 /%	2.5	2.5	2.3	2.0
氧指数	—	—	60	—

在上述（1）和（2）力学性能检测中，制样及试验条件按国家标准《纤维增强塑料性能试验方法总则》GB/T 1446—2005 有关规定进行；弯曲强度和模量检测按国家标

准《纤维增强塑料弯曲性能试验方法》GB/T 1449—2005 有关规定进行；拉伸强度、模量和断裂延伸率检测按国家标准《纤维增强塑料拉伸性能试验方法》GB/T 1447—2005 有关规定进行；与碳钢的附着力检测按国家标准《色漆和清漆　拉开法附着力试验》GB/T 5210—2006 有关规定进行；线收缩率测定参照中国石油和化工勘察设计协会团体标准《乙烯基酯树脂防腐蚀工程技术标准》T/HGJ 50590—2019 有关方法进行；氧指数检测按国家标准《塑料　用氧指数法测定燃烧行为　第 2 部分：室温试验》GB/T 2406.2—2009 有关规定进行。制样后样条的三种养护条件分别为：

1）常温固化养护 25d；

2）制样后在 50℃热空气中固化养护 2d；

3）常温固化不少于 1d，再在 100℃下固化 4h。

（3）按照国家标准《纤维增强塑料平均线膨胀系数试验方法》GB/T 2572—2005 规定，温度范围从室温到 100℃，检测了酚醛树脂衬里的线膨胀系数，见表 3–53。

表 3–53　酚醛树脂衬里从室温到 100℃ 的线膨胀系数平均值

玻璃纤维短切毡 /（$\times10^{-5}$/K）		玻璃纤维方格布 /（$\times10^{-5}$/K）	
检测值	标准设定值	检测值	标准设定值
2.03	3.0	1.40	2.0

（二）耐蚀机理

（1）热固性酚醛树脂是在碱性催化剂，如碳酸钠、氢氧化钠、氢氧化钡、氨水等作用下，用过量的甲醛与苯酚反应而制得。热固性酚醛树脂受热后分子间会互相交联而成为不溶、不熔的固体。防腐蚀施工环境为常温，酚醛树脂是通过加入酸性固化剂的方法，使其在常温下就产生交联反应而成为体型结构的固化物。

（2）从酚醛树脂固化物的分子结构来看，分子中含有大量苯环，苯环与苯环之间通过亚甲基（—CH—）联结成较稳定的结构，因而酚醛树脂有较好的耐蚀性和耐热性，特别是有优良的耐酸性能。由于分子中含有一定量的羟基（—OH）和羟甲基（—CHOH），会与碱作用而遭受破坏，所以酚醛树脂不耐碱的腐蚀。

（三）衬里的耐腐蚀性能

（1）酚醛树脂衬里材料可耐除浓硝酸、浓硫酸等氧化性酸之外的几乎所有的无机酸，对大多数有机酸也有较好的耐蚀性，耐大多数中性或酸性盐类，耐汽油、苯等溶剂。酚醛树脂衬里不耐碱性介质，不耐丙酮、乙醇等溶剂的腐蚀。常温下酚醛树脂衬里类材料的耐腐蚀性能见表 3–54。

表 3–54　常温下酚醛树脂衬里类材料的耐腐蚀性能

介质	性能	介质	性能	介质	性能
硫酸 /%	≤ 70，耐	硝酸 /%	≤ 10，耐	醋酸	耐
盐酸	耐	铬酸 /%	≤ 20，耐	柠檬酸	耐
磷酸 /%	≤ 85，耐	氢氟酸 /%	≤ 10，耐	酒石酸	耐

续表 3–54

介质	性能	介质	性能	介质	性能
乳酸	耐	硫酸钾	耐	苯酚	不耐
油酸	耐	硝酸铵	耐	乙二醇	耐
氢氧化钠	不耐	氯化铵	耐	甲醛	耐
氨水	不耐	氯化铁	耐	苯	耐
碳酸钠	尚耐	苯甲醇	不耐	汽油	耐
硫酸钠	尚耐	乙醇	不耐	5% 硫酸和 5% 氢氧化钠交替	不耐
尿素	耐	丙酮	不耐		

注：1　表中“%”是指介质的质量浓度百分比。

2　氢氟酸中，酚醛树脂衬里采用有机纤维。

（2）酚醛树脂衬里的耐腐蚀性能评估和判定，可以参照国家标准《纤维增强塑料设备和管道工程技术规范》GB 51160—2016 附录 A.3 中的方法进行。需要注意的是，酚醛树脂衬里在介质使用温度和压力的共同作用下，其耐腐蚀性能和力学性能比在常温、常压下会有较大幅度的下降。

三、设计要点

（一）适用范围

（1）采用 2130 酚醛树脂与 NL 固化剂制得的浇铸体，经 100℃下 4h 后固化处理，其热变形温度（HDT）为 134℃，巴柯尔硬度为 56。通常酚醛树脂的可使用温度在液态介质里为 120℃以下，气相介质里为 150℃以下。

（2）由于现在工业设备及管道防腐蚀工程中的衬里材料可选范围较广，又因酚醛树脂衬里的间隙法施工效率较低，因此一般不用作整体面层，而可作为隔离层与砖板衬里配合使用。

（3）考虑到酚醛树脂衬里的线膨胀系数与钢铁基体之间的差异，为避免此应力差异导致衬里起壳、脱层等现象发生，国内外的标准均对衬里的使用温度限制在 80℃以下。

（4）酚醛树脂适用于酸性介质或酸性盐类介质的防腐蚀，不得用于强氧化性酸、碱性介质和酸碱交替作用的场合。

（二）衬里构造要求

（1）酚醛树脂的固化剂是强酸性物质，能腐蚀钢铁表面，也能与碱性物质发生化学反应而不能粘结在一起，因此它不能与钢铁、水玻璃类材料和混凝土等表面直接接触，需要采用环氧树脂或乙烯基酯树脂等打底料和腻子料加以隔离。

（2）酚醛树脂用于氢氟酸、氟硅酸的防腐蚀时，不能采用硅质填料及玻璃纤维材料，而应采用硫酸钡粉、石墨粉及涤纶布、碳纤维等。

（3）衬里厚度通常以 1 ~ 3mm 为宜。

四、施工要点

（一）基体要求

（1）在钢基层上施工酚醛树脂衬里时，除了基体刚度及表面应符合标准要求之外，还应进行认真的除锈和打磨焊缝，去除焊渣、焊瘤，使钢基层表面光洁、平整，并用软毛刷、压缩空气或吸尘器清理干净各个表面和角落。

（2）当发现基层表面有油脂、化学药品污染时，应采用溶剂、洗涤剂、碱液等方法处理。

（二）施工配合比

（1）酚醛类材料的施工配合比见表 3–55。

表 3–55　酚醛类材料的施工配合比（质量比）

<table>
<tr><th colspan="2">材料名称</th><th>酚醛树脂</th><th>稀释剂</th><th>NL 固化剂</th><th>苯磺酰氯</th><th>耐酸粉料</th></tr>
<tr><td colspan="2">封底料</td><td colspan="5">同环氧树脂、乙烯基酯树脂或不饱和聚酯树脂封底料</td></tr>
<tr><td colspan="2">修补料</td><td colspan="5">同环氧树脂、乙烯基酯树脂或不饱和聚酯树脂修补料</td></tr>
<tr><td>衬里胶料</td><td>铺衬与面层胶料</td><td rowspan="3">100</td><td rowspan="3">0 ~ 15</td><td rowspan="3">6 ~ 10</td><td rowspan="3">（8 ~ 10）</td><td>—</td></tr>
<tr><td>胶泥</td><td>砌筑</td><td>150 ~ 200</td></tr>
<tr><td>稀胶泥</td><td>灌缝料</td><td>100 ~ 150</td></tr>
</table>

（2）应尽量少加甚至不加稀释剂，因为乙醇为非活性稀释剂是不参与酚醛树脂的固化交联反应。在固化过程中和固化后，乙醇会逐渐挥发出来。因此加入稀释剂会降低衬里和胶泥的强度和致密性。但有时树脂黏度较大，需要加入少量稀释剂才能施工操作。另外，夏天气温高时树脂固化很快，适当加入一些稀释剂可调节固化速度，以延长固化的时间。

（3）耐酸粉料中的杂质（如铁、碳酸盐等）应严格控制，检查粉料的简易方法是：在烧杯中放一些稀盐酸溶液，加入一些粉料后，如有许多气泡逸出，则说明粉料中的杂质较多。施工中如遇到衬里或胶泥起鼓而影响工程质量时，也可自行对粉料进行酸洗处理，其方法是：将粉料浸泡在稀盐酸液中，保持溶液酸度至无气泡逸出，然后弃去酸液，再用清水反复洗去残余酸（弃去的酸液和余酸的处理必须符合环保和安全法规要求），直至中性，再将粉料烘干、冷却至室温即可使用。

（三）施工

（1）在处理好的钢铁基材上，采用环氧打底料涂刷两道。涂刷后经 24h 常温养护，再用环氧腻子料对基层的凹凸不平处修补、填平、刮平。

（2）酚醛树脂衬里胶料与玻璃布的准备：在配置酚醛树脂衬里胶料时，可按配合比先将酚醛树脂倒入塑料容器内（不推荐用铁质容器），加入稀释剂搅匀，再加入固化剂搅匀，最后加入粉料搅匀。配好的胶料应在45min内用完，因此一次性配的量不宜过多，特别是夏天气温较高时更要注意。配制好的酚醛胶泥会逐渐变稠，如若放置时间过长，就会因失去黏性而无法使用。在使用过程中要适当搅动，以免粉料沉底，保持胶料均匀。

施工前应先将玻璃布烘一下，以去除布表面吸附的水分；应剪去玻璃布的厚边，以提高玻璃钢的质量。

（3）施工环境温度宜为15～25℃。温度过低时，树脂衬里固化太慢，制成品的质量差；温度过高时，树脂衬里固化太快，难以施工。配制酚醛树脂材料时应根据环境温度的高低来选择固化剂用量，温度较低时，固化剂的用量稍多加；温度较高时，固化剂的用量可少加一些。固化剂的用量应在施工前根据实际情况先做小试来确定。

（4）酚醛树脂衬里的施工程序：酚醛树脂衬里一般采用手糊法施工。手糊法施工有连续法和间断法两种。由于酚醛树脂的含水量大，在固化过程中又有小分子排出，因而酚醛树脂衬里需要采用间断法施工，施工要点如下：

1）施工时，先在已做好环氧打底料的基层上均匀涂刷一层酚醛树脂胶料，随即铺贴上一层玻璃布，然后用刷子、刮板或滚子将玻璃布贴实，使胶料完全浸透到玻璃纤维中去，同时赶尽气泡，保持胶料均匀饱满。

2）施工时要注意玻璃布之间的搭接，压边宽度不应小于50mm。

3）贴衬完第一层玻璃布，经24h以上，待胶料硬化后，便可清除表面的毛刺，修补缺陷，然后再用同样方法铺贴以下各层玻璃布，直至达到规定的厚度或层数。

4）衬里层在转角处应增贴1～2层玻璃布。

5）在贴完玻璃布后经常温24h养护后，再涂2道面层胶料。

6）当衬里作隔离层时，在铺完最后一层布后，应涂刷一层面层胶料，同时应均匀稀撒一层粒径为0.7～1.2mm的石英砂。

（四）养护

衬里固化和养护可以采用下列三种方式：

（1）酚醛树脂衬里常温下的养护时间不少于25d。

（2）在50℃热空气下，酚醛树脂衬里的固化时间需要2d。

（3）为了获得更好的耐腐蚀和耐热性能，酚醛树脂衬里往往需要进行热处理，热处理温度及保温时间可按表3–56确定，且要严格控制升降温度速度，不能局部过热而影响衬里质量。

表3–56 酚醛树脂衬里热处理温度及保温时间

常温固化时间/h	热处理温度及时间/h						降温速度15℃/h
24～48	常温～40℃	40℃	40～60℃	60℃	60～80℃	80℃	80℃～常温
	2	4	2	4	4	12～24	

五、质量检验

在国家标准《工业设备及管道防腐蚀工程技术标准》GB/T 50726—2023 第 5.5 节中，对各类树脂衬里检查数量、检验项目、指标和方法均作了详细规定，包括原材料、制成品、衬里层的外观、针孔电火花检测、树脂固化度、衬里含胶量等，可以按标准要求进行衬里质量检验。

六、运行维护

酚醛树脂衬里交付使用后的运行维护是一项十分重要的工作，它关系到衬里的实际使用寿命长短，涉及安全生产和环境保护问题，需要关注以下几点：

（1）做好运行详细记录。在衬里投入使用后，有一定时间的施工质量保证期，如果没有运行详细记录，一旦出现腐蚀问题，将无法确定谁对质量问题负责，因为每种衬里材料均有其适用介质、温度和压力等工艺条件范围，超范围使用常常会给衬里带来破坏。

（2）定期检测衬里使用情况，检查项目包括衬里外观、厚度、表面硬度、针孔电火花检测等。我们知道防腐蚀衬里只是起到延缓设备及管道的腐蚀、增加其使用寿命，而非一劳永逸，因此定期检测衬里使用情况，发现问题及时采取修补措施等，都是能够保证衬里安全、可靠使用的基本要求。

（3）衬里的维修应按照国家标准《工业设备及管道防腐蚀工程技术标准》GB/T 50726—2023 第 3.8.4 条的要求，并遵循下列原则：

1）当衬里外观缺陷面积、针孔检测结果偏离设计值 30% 以上时，不宜修复；

2）当衬里性能、附着力、厚度或硬度检测结果偏离设计值 50% 以上时，且不能满足使用要求时，不得修复；

3）维修方案需经原设计单位或建设单位评估后进行。

七、工程案例

酚醛树脂及衬里的应用案例见表 3–57。

表 3–57　酚醛树脂及衬里的应用案例

使用单位	工程名称	介质工况	防腐蚀构造	使用效果
浙江某航运公司	运稀酸的驳船	稀硫酸	铁驳船体喷砂处理后： （1）乙烯基酯树脂打底二道； （2）乙烯基稀胶泥刮腻子一道； （3）酚醛树脂玻璃钢五层布； （4）刮酚醛玻璃钢腻子一道； （5）涂刷二道酚醛玻璃钢封面料二道	好
宜兴市某化工公司	20t 钢制储罐	50% 醋酸	喷砂处理后： （1）用乙烯基酯树脂打底二道； （2）乙烯基稀胶泥刮腻子一道； （3）酚醛树脂玻璃钢五层布；	很好

续表 3–57

使用单位	工程名称	介质工况	防腐蚀构造	使用效果
宜兴市某化工公司	20t 钢制储罐	50% 醋酸	（4）刮酚醛树脂稀胶泥一道； （5）在上面涂刷二道酚醛树脂玻璃钢封面料	很好
上海某防腐绝热公司	钢制储罐	15% 稀盐酸，常温	防腐蚀措施： （1）清理储罐表面的油污、焊缝、焊渣、浮砂、浮尘等； （2）喷砂处理清除表面锈迹、锈斑、氧化皮； （3）用乙烯基树脂打底料涂刷二道； （4）酚醛玻璃钢五布二毡衬里	很好
贵州某磷酸化工公司	氧化吸收循环塔	70% 磷酸	（1）用酚醛树脂作粘接剂粘接石墨板制成大小不等的石墨循环吸收塔； （2）外面用不锈钢角钢做夹具箍紧粘结好的石墨板，使其形成一个整体塔	良好

第五节　呋喃树脂衬里

呋喃树脂（Furan Resin）是分子结构中含有呋喃环的一类合成树脂的总称，具有突出的耐碱、耐酸、耐酸碱交替腐蚀、耐溶剂、耐热和阻燃等性能。呋喃树脂最早是由糠醇和糠醛作为原材料直接进行合成得来的一种热固性树脂，其在强酸作用下可发生固化。糠醛是以玉米芯、稻壳、麦壳、棉籽壳、甘蔗渣等农副产品为原料制成，糠醛在催化剂的作用下加氢反应制成糠醇。国外从 20 世纪 20 年代开始试制呋喃树脂，而我国是从 20 世纪 50 年代开始研制防腐蚀用呋喃树脂，早期应用于工程上主要是糠醇树脂，黏度大，用苯磺酰氯、硫酸乙酯作固化剂，固化效果差，常常发生“假凝”现象。由于其粘结强度低、脆性大、使用复杂、质量不稳定，在防腐蚀工程中使用受到限制。

20 世纪 70 年代我国武汉钢铁集团公司在引进的“170 轧机”工程中采用了德国呋喃树脂，原冶金部建筑研究总院消化吸收国外呋喃树脂技术，自 1983 年以来先后研制成功 YJ 型糠醇糠醛型呋喃树脂及胶泥系列产品、YJ–Ⅱ型呋喃树脂系列产品和 YJKF 型呋喃树脂系列产品，使用性能得到质的提升。同时，其他类型的呋喃树脂也不断推出，如糠醇型、糠酮复合型、糠酮缩醛型等呋喃树脂。经过近 40 年的防腐蚀工程应用，目前形成了以糠醇糠醛型和糠醇型为代表的呋喃树脂系列产品和应用。纤维增强呋喃树脂衬里为防腐蚀工程应用品种之一，既可作为工业设备及管道的耐腐蚀衬里使用，也可作为砖板衬里的隔离层，同时呋喃树脂常用于砖板衬里的砌筑胶泥，也用于纤维增强塑料设备及管道的耐蚀层，在有碱、酸和有机溶剂介质及温度较高场合使用。

一、原材料及其性能

纤维增强呋喃树脂衬里所使用的原材料包括呋喃树脂、玻璃钢粉（含酸性固化剂的胶料粉）或复配固化剂、增强纤维。

（一）树脂

1. 分类

呋喃树脂主要有糠醇树脂、糠酮树脂、糠醛－丙酮－甲醛树脂等及以这些树脂为基础改性的呋喃树脂。工程上可使用的有糠醇系列呋喃树脂和糠酮系列呋喃树脂。糠醇系列呋喃树脂又可分为糠醇糠醛型呋喃树脂和糠醇型呋喃树脂；糠酮系列呋喃树脂可分为糠酮复合型呋喃树脂和糠酮糠醛型呋喃树脂。

2. 品种及型号

目前用于呋喃树脂衬里的主要是糠醇糠醛型呋喃树脂，型号有 YJ 型、XLZ 型、GM-2 型；还有糠醇型呋喃树脂，型号有 FC 型、GM-1 型。二者从树脂到粉料或固化剂的生产工艺和产品性能都有所不同。用于纤维增强衬里的呋喃树脂品种型号和特点见表 3-58。随着技术的发展呋喃树脂正在形成可低温固化、高黏结强度等特点的新品种。

表 3-58　呋喃树脂的品种型号和特点

品种	型号	特　点
糠醇糠醛型呋喃树脂	YJ 型、XLZ 型、GM-2 型	（1）棕褐色或棕黑色黏稠液体； （2）黏度（涂 -4 黏度计，25℃）20～30s； （3）黏度低，耐温 140℃，粘结强度高，适用于制作玻璃钢、胶泥、砂浆、混凝土
糠醇型呋喃树脂	FC 型、GM-1 型	（1）棕褐色黏稠液体； （2）黏度（涂 -4 黏度计，25℃）100～200s； （3）黏度高，耐温 160℃，粘结强度高，适用于制作玻璃钢、胶泥

3. 质量指标

呋喃树脂的质量见表 3-59。

表 3-59　呋喃树脂的质量

项目	糠醇糠醛型	糠醇型	检测方法
外观	棕褐色或棕黑色液体	棕褐色黏稠液体	按照国家标准《建筑防腐蚀工程施工规范》GB 50212—2014 附录 A.2 的有关要求进行
黏度（涂 -4 黏度计，25℃）	20～30s	100～200s	
含水率 /%	—	≤ 1.0	
pH 值	—	6.5～7.0	
树脂含量 /%	—	≥ 60	
储存期（常温下）	≥ 1a		

注：1　表中所列黏度为树脂出厂时的黏度；黏度随储存时间的延长而增大。

2　不当的储存条件，可能导致储存期缩短，甚至导致产品失效。

3　超过储存期的材料，在使用前需做测试。

4　储藏和运输温度较高时，会缩短储存期。

（二）固化剂

配制糠醇糠醛型呋喃树脂（玻璃钢）胶料的固化剂是固体粉状物，是由酸性固化剂、各种助剂、耐酸粉料组成，称为呋喃玻璃钢粉或呋喃胶料粉。所以作为固化剂的粉状物并不是简单由酸性物质和粉料组成，是否添加助剂也会影响产品的性能、质量和成本。

糠醇型呋喃树脂采用复配固化体系，它由固化剂和硬化剂组成，固化剂（液体）用量为 4%～7%，硬化剂（固体）用量为 4%～8%。呋喃树脂固化剂的性能指标见表 3–60。

表 3–60　呋喃树脂固化剂的性能指标

材料名称		固化温度 /℃	固化时间 /h
糠醇糠醛型	含酸性固化剂的粉料	20～25	≤ 12
	含酸性固化剂的低温施工型粉料	–5	≤ 24
糠醇型	复配固化剂	20～25	≤ 24

（三）稀释剂

糠醇糠醛型呋喃树脂的玻璃钢胶料配制时严禁加入稀释剂，否则会严重影响质量。

糠醇型呋喃树脂黏度适合于 FRP 施工，一般情况下无须调节树脂黏度，如需调节，可根据工艺要求加入不超过 3%～5% 的糠醛活性稀释剂。

（四）纤维

（1）呋喃树脂衬里用的增强纤维，通常采用玻璃纤维表面毡、短切毡、方格布等；试验表明糠醇型呋喃树脂衬里选用 KH550（或 KH560）偶联剂，用量以 1.0%～1.5% 为佳，偶联剂的加入能提高其 FRP 制品的机械强度，但会延长凝胶时间。

（2）接触氢氟酸等含氟类介质时，选用涤纶等合成纤维，需要注意的是，由于涤纶等合成纤维毡、布的力学性能（如耐热、线膨胀系数、抗拉等）不如玻璃纤维，因此在呋喃树脂衬里的构造设计时，可根据使用工况与玻璃纤维复合使用。

二、衬里的物理力学性能、耐蚀机理和耐腐蚀性能

（一）衬里的物理力学性能

呋喃树脂衬里的物理力学性能与树脂、固化剂、纤维增强材料（如玻璃布、毡）、填料等原材料的品种、质量、用量、成型方法和固化反应的温度等因素有关：

（1）增强材料采用玻璃纤维短切毡时，采用 300g/m^2 规格，含酸性固化剂粉料的糠醇糠醛型呋喃树脂衬里含胶量为 50% 左右，在不同的养护温度之后，其力学性能测试结果与国家标准《工业设备及管道防腐蚀工程技术标准》GB/T 50726—2023 中的标准设定值见表 3–61。

表 3–61　增强材料为玻璃纤维短切毡时的呋喃树脂衬里力学性能

项目	常温	50℃	100℃	标准设定值
弯曲强度 /MPa	176	193	189	150
弯曲模量 /GPa	8.2	8.9	9.5	8.5
拉伸强度 /MPa	100	99	98	80
拉伸模量 /GPa	8.3	9.4	9.3	9.0
断裂延伸率 /%	1.5	1.4	1.6	1.0
与碳钢附着力（专用底涂，拉开法）/MPa	5.0	—	—	4.0
线收缩率 /%	0.17	—	—	—
氧指数	—	—	60	—

在喷砂处理的铁板上，分别用 VEGF- 底涂和用乙二胺固化的 E51 环氧树脂做底涂，制作 4mm 左右厚度的糠醇糠醛型呋喃树脂衬里，经过 33d 的常温养护，其表面的邵氏 D 硬度达到 80，采用 100℃（15min）~ 常温水（15min）之间的交变试验，进行了 15 次，二块衬里样板均未发生开裂、起壳现象。

（2）增强材料采用玻璃纤维方格布时，采用 400g/m^2 规格，含酸性固化剂粉料的糠醇糠醛型呋喃树脂衬里含胶量为 40% 左右，在不同的养护温度之后，其力学性能测试结果与国家标准《工业设备及管道防腐蚀工程技术标准》GB/T 50726—2023 中的标准设定值见表 3–62。

表 3–62　增强材料为玻璃纤维方格布时的呋喃树脂衬里力学性能

项目	常温	50℃	100℃	标准设定值
弯曲强度 /MPa	160	190	165	150
弯曲模量 /GPa	13.5	12.5	12.0	12.0
拉伸强度 /MPa	158	171	159	130
拉伸模量 /GPa	14.8	15.5	15.0	15.0
断裂延伸率 /%	1.2	1.4	1.3	1.2
氧指数	—	—	63	—

在上述（1）和（2）力学性能检测中，制样及试验条件按国家标准《纤维增强塑料性能试验方法总则》GB/T 1446—2005 有关规定进行；弯曲强度和模量检测按国家标准《纤维增强塑料弯曲性能试验方法》GB/T 1449—2005 有关规定进行；拉伸强度、模量和断裂延伸率检测按国家标准《纤维增强塑料拉伸性能试验方法》GB/T 1447—2005 有关规定进行；与碳钢的附着力检测应按国家标准《色漆和清漆　拉开法附着力试验》GB/T 5210—2006 有关规定进行；线收缩率测定参照中国石油和化工勘察设计协会团体标准《乙烯基酯树脂防腐蚀工程技术标准》T/HGJ 50590—2019 有关方法进行；氧指数检测按国家标准《塑料　用氧指数法测定燃烧行为　第 2 部分：室温试验》GB/T 2406.2—2009 有关规定进行。制样后样条的三种养护条件分别为：

1）常温固化养护 25d；

2）制样后在 50℃热空气中固化养护 2d；

3）常温固化不少于 1d，再在 100℃下固化 4h。

（3）按照国家标准《纤维增强塑料平均线膨胀系数试验方法》GB/T 2572—2005 规定，温度范围从室温到 100℃，检测了糠醇糠醛型呋喃树脂衬里的线膨胀系数，见表 3-63。

表 3-63　呋喃树脂衬里从室温到 100℃ 的线膨胀系数平均值

玻璃纤维短切毡 / ($\times 10^{-5}$/K)		玻璃纤维方格布 / ($\times 10^{-5}$/K)	
检测值	标准设定值	检测值	标准设定值
1.44	1.8	0.9	1.0

（4）采用玻璃布为增强纤维时，糠醇型呋喃树脂衬里的物理机械性能见表 3-64。

表 3-64　糠醇型呋喃树脂衬里的物理机械性能

项目	指标	项目	指标
拉伸强度 /MPa	210	巴柯尔硬度	50
拉伸弹性模量 /GPa	13	固化度 /%	92
弯曲强度 /MPa	225	含胶量 /%	42

需要指出的是采用糠醇型呋喃树脂，在室温下固化一般不够完全，通常需要在常温固化 3d 后进行加温后固化处理，才能达到应有的性能。加温后固化处理要采取逐步升温方式。若玻璃钢设备不易加温后处理，但其使用在酸性介质及有温度情况下，则放置一段时间后再投入使用，使用过程中将进一步固化完全。

（二）耐蚀机理

（1）糠醇糠醛型呋喃树脂是以糠醇和糠醛单体为原料，在酸性催化剂作用下通过缩聚反应，由糠醇的醇羟基与呋喃环中氧原子相连的 α 位氢原子进行缩合脱水，得到液态线型的缩聚物。该缩聚物可在酸性较强的催化剂作用下继续反应，通过交联形成体型网状结构，成为不溶、不熔的坚硬固体。交联后的糠醇糠醛型呋喃树脂结构中，不含能与酸、碱作用的基团，它的耐溶剂性能好，同时具有较高的耐热性与较好的阻燃性，这是环氧树脂与耐蚀性不饱和聚酯树脂所不能相比的。但由于分子结构中还留有部分双键，易被氧化性介质破坏，故它不耐浓硫酸及硝酸之类的强氧化剂侵蚀。由于呋喃结构中不含极性基团，因此它与金属间的直接粘结力较差。

（2）沿用国外采用糠醇为主要原料制造呋喃树脂的经验，FC 型、GM-1 型糠醇型呋喃树脂在配方中加入偶联剂，在保证呋喃玻璃钢有较好耐腐蚀性能的同时，也改善了其脆性和提高了粘结强度。

（三）衬里的耐腐蚀性能

（1）由于呋喃树脂的分子结构中含有呋喃环，不含有酯基和苯环，因此具有优异的耐腐蚀性能，能耐酸、碱、酸碱交替或溶剂。但不耐氧化性介质的腐蚀。呋喃树脂与酚醛树脂相比，有两个优点：一是耐酸和耐溶剂性能与酚醛树脂相似，但它突出的耐碱性优于酚醛树脂；二是呋喃树脂自身缩聚过程缓慢，储存期比酚醛树脂长的多，在常温下经 1～2 年的黏度变化不大。

常温下呋喃树脂材料的耐腐蚀性能见表 3–65。

表 3–65　呋喃树脂材料的耐腐蚀性能（常温）

介质	糠醇糠醛型	糠醇型
硫酸 /%	≤ 60，耐 ≤ 70，耐（XLZ 型）	≤ 60，耐
盐酸 /%	≤ 20，耐 31，尚耐	≤ 37，耐
硝酸 /%	≤ 10，耐	≤ 10，尚耐
铬酸 /%	≤ 5，耐 10，尚耐	≤ 10，耐
醋酸 /%	≤ 20，耐	≤ 20，耐
磷酸 /%	≤ 75，耐	—
氢氟酸 /%	≤ 20，耐	≤ 20，耐
氢氧化钠 /%	≤ 25，尚耐	5，耐
	>25，耐	40，耐
碳酸钠	耐	耐
氨水	尚耐	耐
尿素、氯化铵、氯化钠、硝酸铵、硫酸钠、硫酸铵	耐	耐
汽油、苯	耐	耐
乙醇	尚耐 耐（XLZ 型）	耐
丙酮	不耐 尚耐（XLZ 型）	尚耐
5% 硫酸和 5% 氢氧化钠的交替作用	耐	耐

注：1　“%”指介质的质量百分比浓度。

2　耐氢氟酸的指标适用于耐氢氟酸型呋喃树脂材料和纤维。

（2）呋喃树脂衬里的耐腐蚀性能评估和判定，可以参照国家标准《纤维增强塑料设备和管道工程技术规范》GB 51160—2016 附录 A.3 中的方法进行。需要注意的是，呋喃树脂衬里在介质使用温度和压力的共同作用下，其耐腐蚀性能和力学性能比在常温、常压下会有较大的下降。

三、设计要点

（一）适用范围

（1）采用糠醇糠醛型呋喃树脂与含酸性固化剂粉料制得的浇铸体，经 100℃下 4h 后固化处理，其热变形温度（HDT）为 129℃，巴柯尔硬度为 45，因此 YJ 呋喃树脂可使用温度在 140℃以下。

（2）糠醇型呋喃树脂，采用玻璃纤维布时衬里的耐热性能见表 3-66。

表 3-66　糠醇型呋喃树脂衬里的耐热性能

测试温度 /℃	弯曲强度保留率 /%	测试温度 /℃	弯曲强度保留率 /%
25	100	105	87
65	100	120	86
85	91	—	—

（3）由于呋喃树脂衬里物理性能不如环氧树脂、乙烯基酯树脂等树脂，一般在耐温和耐腐蚀要求高时选用，但不得用于耐强氧化性酸的场合。

（4）呋喃树脂衬里可用于隔离层，特别适用呋喃胶泥衬砌砖板块材和施工现场湿度大的情况。

（二）衬里构造要求

（1）呋喃树脂的固化剂是酸性物质，不能与钢铁、混凝土等表面直接接触，需要采用环氧树脂或乙烯基酯树脂等打底料和腻子料加以隔离。

（2）呋喃树脂用于氢氟酸、氟硅酸的防腐蚀时，可采用专门耐氢氟酸型号的糠醇糠醛型呋喃树脂胶料，以及涤纶布、碳纤维等。

（3）衬里厚度通常以 1 ~ 3mm 为宜。

四、施工要点

（一）基体要求

（1）在钢基层上施工呋喃树脂衬里时，除了基体刚度及表面应符合标准要求之外，还应进行认真的除锈和打磨焊缝，去除焊渣、焊瘤，使钢基层表面光洁、平整，并用软毛刷、压缩空气或吸尘器清理干净各个表面和角落。

（2）当发现基层表面有油脂、化学药品污染时，应采用溶剂、洗涤剂、碱液等方法处理。

（二）施工配合比

（1）呋喃树脂（玻璃钢）胶料的施工配合比见表 3-67。

表 3-67 呋喃树脂的施工配合比（质量比）

项 目	糠醇糠醛型呋喃树脂	呋喃玻璃钢粉	糠醇型呋喃树脂	复配固化剂	苯甲酰氯	偶联剂KH550
封底料	同环氧树脂、乙烯基酯树脂或不饱和聚酯树脂封底料					
糠醇糠醛型呋喃玻璃钢胶料	100	30 ~ 50	—	—	—	—
糠醇型呋喃玻璃钢胶料	—	—	100	6 ~ 13	（4 ~ 8）	1.0 ~ 1.5

注：苯甲酰氯可替代复配固化剂。

（2）糠醇糠醛型呋喃玻璃钢粉或胶料粉的加入量应根据施工环境温度调节。若环境温度低于 10℃时，应选用低温施工型呋喃树脂材料。

（3）糠醇糠醛型呋喃树脂可在 –5 ~ 30℃的环境温度下施工。糠醇型呋喃树脂的施工环境温度宜在 10 ~ 30℃范围内。

（4）在容器中，将胶料粉或复配固化剂加入呋喃树脂中，用搅拌机搅拌均匀。配制好的呋喃胶料应在树脂凝固前用完。温度越高，可操作时间越短。

（三）施工

1. 封底层

在经过处理的基层表面，应均匀地涂刷两遍环氧树脂、乙烯基酯树脂或不饱和聚酯树脂等封底料，不得有漏涂、流挂等缺陷，自然固化不宜少于 24h。

2. 修补层

在基层的凹陷不平处，应采用环氧树脂、乙烯基酯树脂或不饱和聚酯树脂胶泥料修补刮平基层。

3. 衬里施工

呋喃树脂衬里的施工宜采用手糊法。手糊法分间歇法和连续法两种。呋喃树脂纤维增强塑料铺衬时一般采用间歇法施工：

（1）玻璃纤维布需剪边。涤纶要进行防收缩的前处理。

（2）先均匀涂刷一层呋喃树脂胶料，随即衬上一层纤维增强材料，必须贴实，赶净气泡，其上再涂一层胶料，胶料应饱满。

（3）自然固化 24h 后，修整表面，再按上述程序铺衬以下各层，直至达到设计要求的层数或厚度。

（4）每铺衬一层，均应检查前一铺衬层的质量，当有毛刺、脱层和气泡等缺陷时，应进行修补。

（5）铺衬时，同层纤维增强材料的搭接宽度不应小于 50mm；上下两层纤维增强材料的接缝应错开，错开距离不得小于 50mm；阴阳角处应增加 1 ~ 2 层纤维增强材料。

4. 连续法施工

施工铺衬的纤维增强材料比较薄，且层数不大于两层时，可采用连续法施工，并满足下列要求：

（1）铺衬后不应产生滑移，固化后不应起壳或脱层。

（2）铺衬时，上下两层纤维增强材料的接缝应错开，错开距离不得小于 50mm；阴阳角处应增加 1 ~ 2 层纤维增强材料。

（3）应在前一次连续铺衬层固化后，再进行下一次连续铺衬层的施工。

（4）连续铺衬到设计要求的层数或厚度后，应自然固化 24h，即可进行封面层施工。

5. 连续法与间歇法相结合的施工

当铺衬纤维材料层数较多，且每层纤维较薄时，可采用上述连续法与间歇法相结合的施工方法：

（1）下一次连续铺衬层应在前一次连续铺衬层固化后再进行施工。

（2）每次连续铺衬时，上下两层布的接缝应错开不小于 50mm。

（3）阴阳角处应增加 1 ~ 2 层玻璃布。

（4）每次衬布时均不应有滑移或滑垂以及固化后起壳或脱层等缺陷。

6. 封面层的施工

呋喃树脂衬里封面层的施工，应均匀涂刷面层胶料。当涂刷两遍以上时，待第一遍固化后，再涂刷下一遍。

施工完毕的呋喃树脂衬里表面应平整、色泽均匀、与基层结合牢固，无起壳、脱层和固化不完全等现象。

（四）养护

衬里养护过程中应防水、防暴晒。衬里固化和养护可以采用下列三种方式：

（1）呋喃树脂衬里常温下的养护时间因材料品种不同而不同，标准设定值为不少于 20d，见表 3–68；

表 3–68 呋喃树脂衬里常温下的养护时间

呋喃树脂材料类别	温度 /℃	试验值 /d	标准设定值 /d
YJ 型呋喃树脂衬里	25	14	≥ 20
XLZ 型呋喃树脂衬里	25	10	
低温施工型呋喃树脂衬里	–5	10	
糠醇型呋喃树脂衬里	25	20	

（2）在 50℃热空气下，呋喃树脂衬里的固化时间需要 2d；

（3）为了获得更好的耐腐蚀和耐热性能，呋喃树脂衬里往往需要进行热处理，热处理温度及保温时间可按表 3–69 确定，且要严格控制升降温度速度，不能局部过热而影响衬里质量。

表 3-69 呋喃树脂衬里热处理温度及保温时间

常温固化时间 /h	热处理温度及时间 /h						降温速度 15℃ /h
	常温～40℃	40℃	40～60℃	60℃	60～80℃	80℃	
24～48	2	4	2	4	4	12～24	80℃～常温

注：当衬里质量满足要求时，呋喃树脂衬里热处理温度、升温和保温时间可不受表 3-69 的限制。

五、质量检验

在国家标准《工业设备及管道防腐蚀工程技术标准》GB/T 50726—2023 第 5.5 节中，对各类树脂衬里检查数量、检验项目、指标和方法均作了详细规定，包括原材料、制成品、衬里层的外观、针孔电火花检测、树脂固化度、衬里含胶量等，呋喃树脂衬里需要从以下几个方面进行衬里质量检验：

（1）衬里树脂含胶量的检测可分为：

1）采用含酸性固化剂粉料的呋喃树脂衬里，其玻璃纤维布的含胶量不应少于 37%，玻璃纤维短切毡的含胶量不应少于 50%，玻璃纤维表面毡的含胶量不应少于 64%。

2）直接采用酸性固化剂的呋喃树脂衬里，其玻璃纤维布的含胶量不应少于 45%，玻璃纤维短切毡的含胶量不应少于 65%，玻璃纤维表面毡的含胶量不应少于 90%。

检测按国家标准《玻璃纤维增强塑料树脂含量试验方法》GB/T 2577—2005 进行。

（2）对钢基层上的呋喃树脂衬里面层，采用电火花探测仪，通过的检测电压为 3 000～5 000V/mm。

（3）呋喃树脂衬里防腐蚀面层的表面树脂应固化完全，并应无起壳、脱层等现象。树脂固化度采用白棉花球蘸丙酮擦拭方法检查。

（4）呋喃树脂衬里厚度小于设计规定厚度的测点数不得大于 10%，测点处实测厚度不得小于设计规定厚度的 90%，采用磁性测厚仪检测。

（5）呋喃树脂衬里防腐蚀面层或隔离层的表面胶料应饱满，并应无气泡、皱褶、纤维露出，垂直面应无胶料流挂。

六、运行维护

呋喃树脂衬里交付使用后的运行维护是一项十分重要的工作，它关系到衬里的实际使用寿命，涉及安全生产和环境保护问题。需要关注以下几点：

（1）做好运行详细记录。在衬里投入使用后，有一定时间的施工质量保证期，如果没有运行详细记录，一旦出现腐蚀问题，将无法确定谁对质量问题负责，因为每种衬里材料均有其适用介质、温度和压力等工艺条件范围，超范围使用常常会给衬里带来破坏。

（2）定期检测衬里使用情况，检查项目包括衬里外观、厚度、表面硬度、针孔电火花检测等。发现问题及时采取修补措施等，都是能够保证衬里安全、可靠使用的基本要求。

（3）衬里的维修应按照国家标准《工业设备及管道防腐蚀工程技术标准》GB/T 50726—2023 第 3.8.4 条的要求执行，并遵循下列原则：

1）当衬里外观缺陷面积、针孔检测结果偏离设计值 30% 以上时，不宜修复；

2）当衬里性能、附着力、厚度或硬度检测结果偏离设计值 50% 以上时，且不能满足使用要求时，不得修复；

3）维修方案需经原设计单位或建设单位评估后进行。

七、工程案例

呋喃树脂及衬里的应用案例见表 3–70。

表 3–70　呋喃树脂及衬里的应用案例

使用单位	工程名称	介质工况	防腐蚀构造	使用效果
四川某大型磷化集团公司	磷酸浓缩塔	含氟介质	耐氢氟酸型呋喃玻璃钢隔离层 + 耐氢氟酸型呋喃胶泥衬碳砖	良好
湖北某精细化工集团公司	H 酸、蒽醌等反应设备	有机酸	呋喃树脂纤维增强塑料衬里 5mm	良好
贵州某大型磷化集团	大型储罐设备围堰	磷酸、硫酸	呋喃树脂纤维增强塑料隔离层 + 呋喃胶泥衬砌花岗岩板	良好
江西某锂冶炼公司	大型反应槽	硫酸	呋喃树脂纤维增强塑料隔离层 + 呋喃胶泥衬砌耐酸砖	良好
湖南某氟化工公司	污水池	含氟废水	耐氢氟酸型呋喃树脂纤维增强塑料防腐层 1.5mm	良好

第六节　纤维增强塑料衬里及界面温度应力计算

国家标准《工业设备及管道防腐蚀工程技术标准》GB/T 50726—2023 第 5 章纤维增强塑料衬里中规定了各类树脂衬里的设计要求，树脂衬里在成型或服役过程中不可避免地产生温度的变化以及内外温差，例如，固化收缩应力、固化后的冷却时的温度应力以及服役时温差引起的应力等，而衬里材料与金属管罐材料的线膨胀系数不同，从而产生温度应力与界面应力。过大的界面应力会使界面破坏，影响结构的防腐蚀效果，甚至使结构失效。

为保证工业设备与管道能正常服役，有必要在相关材料物理力学性能测试的基础上，对温度应力及由此产生的界面应力进行计算。

由于衬里材料的非均匀性、衬里结构受力的复杂性及其操作过程中的动态性能，从理论上精确地计算预应力衬里结构的应力分布情况比较困难，工程简化计算中引入以下假设：

（1）将衬里看作是各向同性的弹性体，即变形局限在弹性限度以内，应力与应变为线性函数。

（2）解析计算中将应力看作均匀分布，且衬里层与结构层保持位移连续，无脱粘。

（3）材料的性能参数不随温度而改变。

（4）对于圆柱形容器，认为是一个薄壁容器，采用简化公式计算。

一、温度应力与界面应力的解析计算

（一）平板结构与衬里界面应力

如图 3–8 所示衬里与基材粘结板材，厚度分别为 t_1 和 t_2，界面面积为 $l \times b$。由于温度的变化，导致衬里形成横截面以及界面应力。

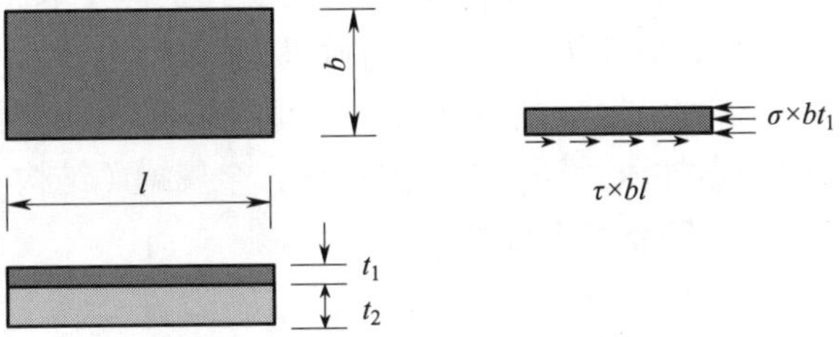

（a）粘接结构尺寸　　（b）衬里横截面与界面应力

图 3–8　衬里与金属粘结板材示意图

设衬里温度变化为 ΔT_1，线膨胀系数为 α_1，弹性模量为 E_1，泊松比为 ν_1，基材温度变化为 ΔT_2，线膨胀系数为 α_2，则温度变化引起的应变简化表达为：

$$\varepsilon=\alpha_1 \Delta T_1-\alpha_2 \Delta T_2 \tag{3–5}$$

由广义胡克定律可以求得衬里横截面上的应力为：

$$\sigma=\frac{E_1(\alpha_1 \Delta T_1-\alpha_2 \Delta T_2)}{1-\nu_1} \tag{3–6}$$

由衬里的平衡条件，可得界面上的切应力为：

$$\tau=\frac{E_1(\alpha_1 \Delta T_1-\alpha_2 \Delta T_2)bt_1}{(1-\nu_1)lb} \tag{3–7}$$

若界面应力是由于衬里固化收缩引起，则可令式中 $\alpha_1 \Delta T_1=\frac{\Delta V}{3V}$，$\Delta T_2=0$ 即可，其中 $\frac{\Delta V}{V}$ 为体收缩率。

输入下列材料性能参数，可得应力结果见表 3–71。

（1）衬里弹性模量为 12GPa，泊松比为 0.3，固化体收缩率为 0.402%，线膨胀系数为 2.36×10^{-5}/℃。

（2）基材的性能参数：拉伸弹性模量为 200GPa，泊松比为 0.3，线膨胀系数为 1.2×10^{-5}/℃。

值得注意的是，由式（3–7）计算得到的界面切应力为均布应力，由于界面应力分布极不均匀；而且解析模型没有考虑界面的滑移，所以该式并不能表达真实的截面应力。

表 3–71 不同厚度的衬里固化收缩应力、温度应力与界面应力的大小

衬里层厚度 /mm	衬里固化收缩温度应力 /MPa	固化收缩时界面切应力 /MPa	温度升高 60℃时衬里温度应力 /MPa	温度升高 60℃时界面切应力 /MPa
2	23.0	0.005	−11.9	0.002 4
3	23.0	0.007	−11.9	0.003 6
4	23.0	0.009	−11.9	0.004 8
5	23.0	0.011	−11.9	0.006 0

（二）圆柱形结构与衬里界面应力及强度条件

圆柱形结构为现行国家标准《工业设备及管道防腐蚀工程技术标准》GB/T 50726—2023 的主要研究对象之一，本小节导出该结构与衬里界面应力。

如图 3–9 所示圆柱形结构，温度的变化导致衬里径向受压或受拉［例如温度升高时，衬里（结构 1）承受均布外压，环向与轴向受压；金属罐（结构 2）承受均布内压，环向与轴向受拉］，导致界面脱粘甚至失稳。

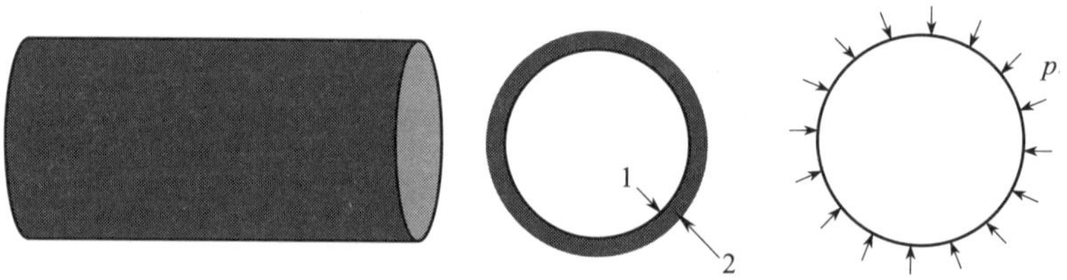

1—衬里（结构 1）；2—金属罐（结构 2）。

图 3–9 圆柱形结构及衬里受力示意图

仍然设衬里厚度为 t_1，温度变化为 ΔT_1，线膨胀系数为 α_1，弹性模量为 E_1，泊松比为 ν_1，金属基材厚度为 t_2，温度变化为 ΔT_2，线膨胀系数为 α_2，弹性模量为 E_2，泊松比为 ν_2，并设罐体直径为 D，结构与衬里之间的接触压力为 p。

对于衬里，环向应力与轴向应力分别为：

$$\sigma_{t1}=-\frac{pD}{2t_1}，\sigma_{x1}=-\frac{pD}{4t_1} \tag{3–8}$$

对于金属外壳，环向应力与轴向应力分别为：

$$\sigma_{t2}=-\frac{pD}{2t_2}，\sigma_{x2}=-\frac{pD}{4t_2} \tag{3–9}$$

由于衬里与金属外壳的变形协调条件即径向、环向的应变连续，则有：

$$\frac{1}{E_1}(\sigma_{t1}-\nu_1\sigma_{x1})+\alpha_1\Delta T_1=\frac{1}{E_2}(\sigma_{t2}-\nu_2\sigma_{x2})+\alpha_2\Delta T_2 \tag{3–10}$$

$$p=\frac{\alpha_1\Delta T_1-\alpha_2\Delta T_2}{\left(\frac{2-\nu_1}{4E_1t_1}+\frac{2-\nu_2}{4E_2t_2}\right)D} \tag{3–11}$$

式（3-11）为温差引起的衬里与外壳的界面接触压力。接触压力是非常关键的一个物理量，与内外壳的线膨胀系数、弹性模量、厚度以及温度有直接的关系。

若界面应力是由于衬里固化收缩引起，则可令式中 $\alpha_1\Delta T_1=\dfrac{\Delta V}{3V}$，$\Delta T_2=0$ 即可。

通过比较接触压力与界面粘结强度的大小，控制接触压力，即可控制衬里的脱粘。

其强度为：

$$p\leqslant\frac{\sigma_u}{n} \tag{3-12}$$

式中：σ_u——界面粘结强度，通过实验测得；

n——安全因数。

不同厚度的衬里固化收缩应力与界面应力的大小见表 3-72。

表 3-72　不同厚度的衬里固化收缩应力与界面应力的大小

衬里厚度 / mm	衬里固化收缩正应力 /MPa	固化收缩时界面接触压力 /MPa	温度升高 60℃时衬里温度应力 /MPa	温度升高 60℃界面接触压力 /MPa
2	18.5	0.019	–9.63	0.009 6
3	18.4	0.028	–9.54	0.014
4	18.2	0.036	–9.45	0.019
5	18.0	0.045	–9.36	0.023

二、温度应力与界面应力的有限元计算算例

以上给出了平板结构、圆柱形容器等简单结构的温度应力与界面应力的解析计算方法。但复杂结构或复杂载荷作用下的温度应力与界面应力，却没有精确的解析解。

有限单元法是将连续体结构离散成有限个单元体，各单元再通过节点连接，计算时把荷载简化到节点上，计算在外荷载作用下各节点的位移，进而计算各单元的应力和应变。用离散体的解答近似代替原连续体解答，当单元划分足够密时，有限元解与真实解是接近的。

本计算采用的计算方法是 ANSYS 商业有限元软件。该软件是融结构、热、流体、电磁、声学于一体的大型计算机辅助设计软件，其中包含了丰富的复合材料结构计算模块，为工程界和学术界普遍应用。

（一）平板结构温度应力、界面应力的有限元计算

1. 材料性能参数与结构尺寸

（1）材料性能参数。衬里采用短切玻纤毡手糊铺设，其性能参数如下：

1）拉伸强度为 120MPa，拉伸弹性模量为 12GPa，泊松比为 0.3，固化体收缩率为 0.402%，线膨胀系数为 2.36×10^{-5}/℃。

2）钢板的性能参数为：剪切强度为 240MPa，拉伸弹性模量为 200GPa，泊松比为 0.3，线膨胀系数为 1.2×10^{-5}/℃。

（2）平板结构尺寸为 10m×4m×9mm，其中衬里层的厚度为 3mm，钢板厚度为 6mm。

2. 有限元模型

按以上平板结构为例，根据对称性，取 1/4 模型进行结构计算，分析其固化收缩应力与温度应力。

本次计算分别计算固化收缩以及升高温度两种工况，其中收缩应力采用衬里温度降低的方法来模拟，降温为：

$$\Delta T=\frac{\Delta V}{3V\alpha} \tag{3-13}$$

有限元模型如图 3-10 所示，衬里与钢板采用 solid185 单元、界面采用 inter205 单元及双线性内聚力模型，界面剪切强度 5MPa，界面完全脱粘时切向特征位移 5mm，界面切应力最大时切向特征位移与界面完全脱粘时切向特征位移之比为 0.641。

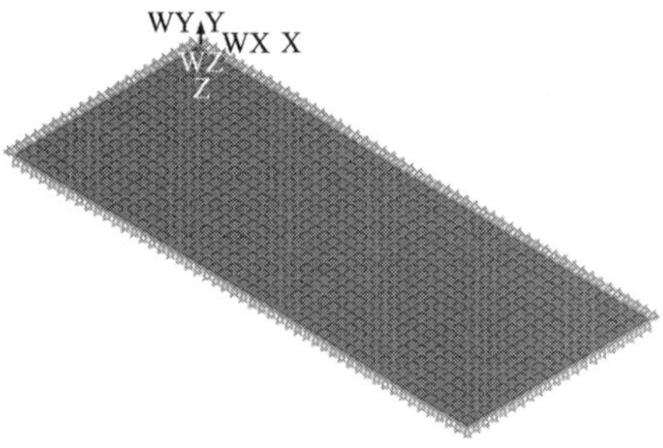

图 3-10　平板受约束的有限元模型

模拟平板实际结构服役条件，计算中边界约束取为：底面节点采用固支约束，限制所有自由度；相邻两个侧面对称约束。

3. 收缩应力计算结果

收缩应力采用玻璃钢温度降低的方法来模拟，由 $\Delta T=\frac{\Delta V}{3V\alpha}$ 得等效降温 56.78℃。通过对上述模型进行降温分析，衬里层固化收缩应力分布如图 3-11 所示。

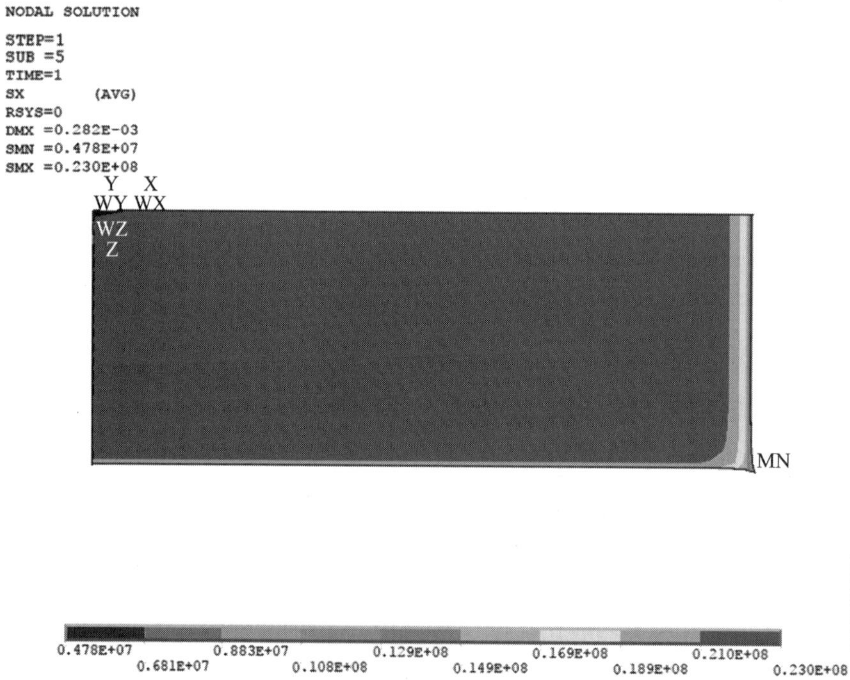

图 3-11　玻璃钢衬里正应力云图

玻璃钢衬里最大拉应力为 23.0MPa，最小拉应力为 4.78MPa。玻璃钢和基材钢板界面切应力分布如图 3–12 所示。界面最大 τ_{yx} 切应力为 0.426MPa，位于界面边缘处。

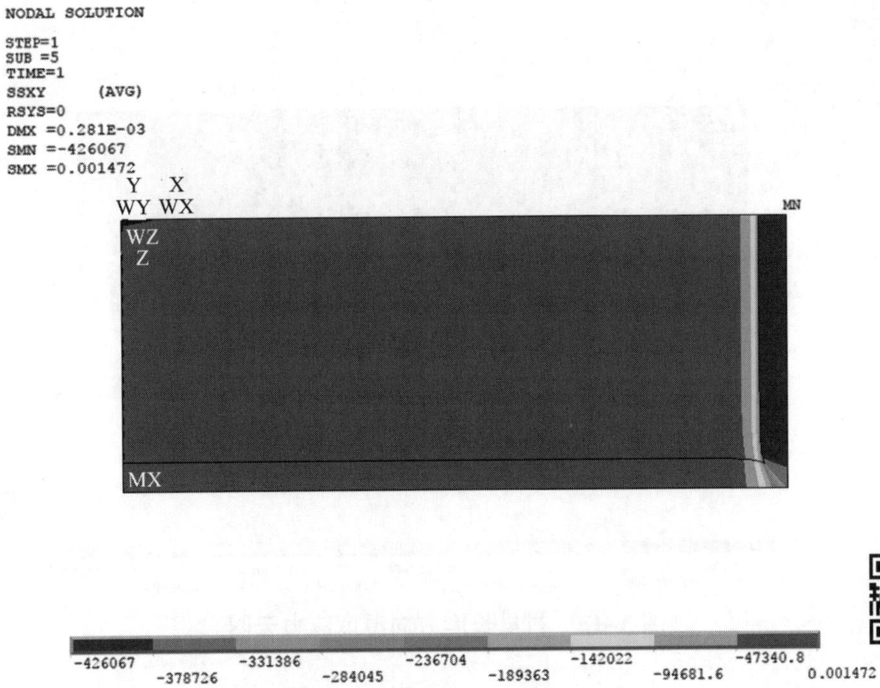

图 3–12　界面 τ_{yx} 切应力云图

不同厚度时，衬里层的最大固化收缩应力、界面切应力见表 3–73。

表 3–73　不同厚度的玻璃钢板固化收缩应力与界面应力

衬里层厚度 /mm	衬里层固化收缩时最大拉应力 /MPa	衬里层固化收缩时最小拉应力 /MPa	界面最大切应力 /MPa
2	23.0	5.74	0.338
3	23.0	4.78	0.426
4	23.0	4.19	0.500
5	23.0	3.78	0.566

4. 温度升高计算结果

通过对上述模型进行室温条件下升温 60℃分析，衬里层温度应力分布如图 3–13 所示。

衬里层最大压应力为 16.2MPa，最小压应力为 3.01MPa，最小压应力位于衬里边缘处。

界面切应力分布如图 3–14 所示。界面最大 τ_{yx} 切应力为 0.269MPa，位于界面边缘处。

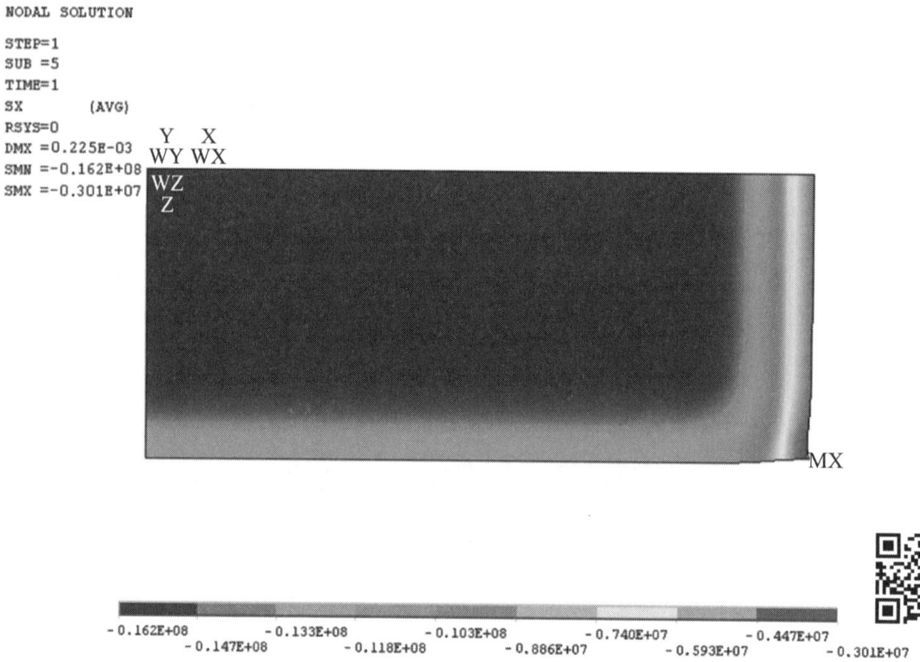

图 3–13 衬里长度方向温度应力云图

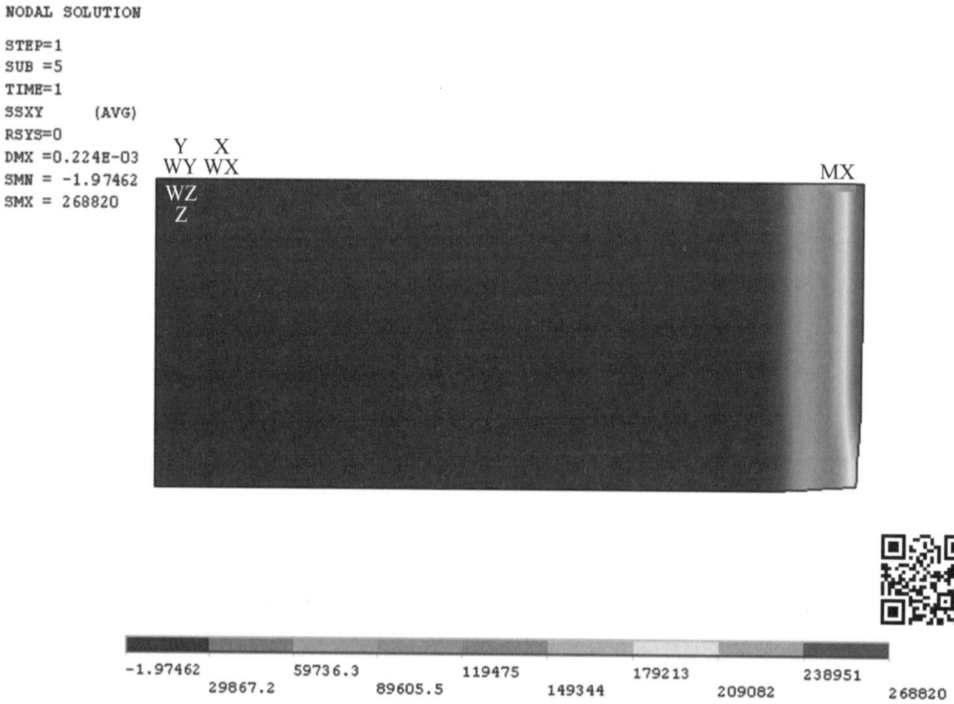

图 3–14 界面 τ_{yx} 切应力云图

衬里层取不同厚度时，其温度应力、界面切应力见表 3–74。

表 3–74　不同厚度的衬里在整体升温 60℃ 时温度应力与界面应力

衬里厚度 /mm	衬里最大温度应力 /MPa	衬里最小温度应力 /MPa	界面最大切应力 /MPa
2	–16.2	–3.61	0.214
3	–16.2	–3.01	0.269
4	–16.2	–2.63	0.315
5	–16.2	–2.37	0.356

5. 结果分析

从表 3–73、表 3–74 与表 3–71 结果来看，平板结构的衬里固化收缩应力和升温时的温度应力的有限元结果比其解析结果略大；但对于界面应力，有限元结果远远大于解析解，这就是因为解析方法没有考虑到界面的位移，而认为界面连续所致。有限元方法则考虑了衬里与平板结构的界面变化，应力也是非均匀分布，与真实应力更接近。

（二）圆筒结构的温度应力、界面应力的有限元计算

1. 材料性能参数与结构尺寸

（1）材料性能参数：衬里与圆筒基材的性能参数与平板结构相同。

（2）圆筒结构尺寸；圆筒直径为 D=4m，其中衬里层的厚度为 3mm，钢筒厚度为 6mm。

2. 有限元模型

根据对称性，取 1/2 模型进行结构计算，分析其固化收缩应力与温度应力。

固化收缩以及升高温度两种工况与平板结构计算方法相同，单元类型与界面设置均与平板结构类似。玻璃钢 / 钢板有限元模型如图 3–15 所示。

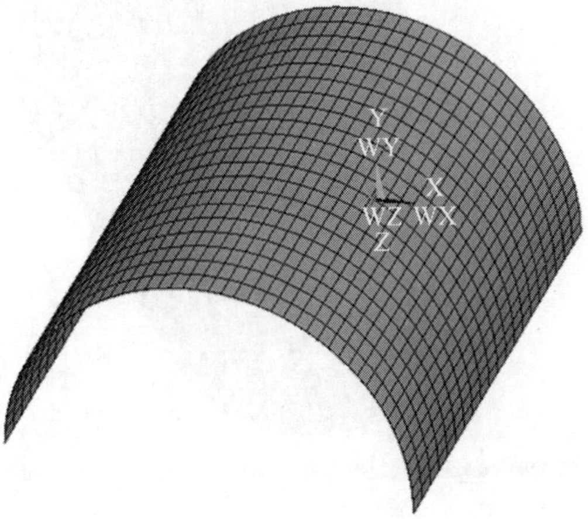

图 3–15　圆筒结构的有限元模型

3. 收缩应力计算结果

（1）收缩应力采用衬里层温度降低的方法来模拟，等效降温 56.78℃。通过对上述模型进行降温分析，衬里层环向应力分布如图 3–16 所示。最大拉应力为 22.4MPa，最小拉应力为 18.8MPa。

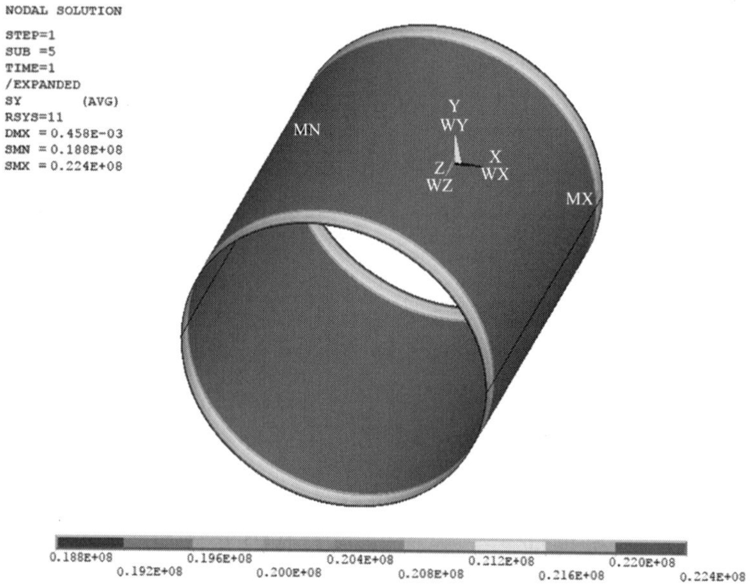

图 3–16 衬里层环向应力云图

（2）衬里层和圆筒基材界面粘结应力分布如图 3–17 所示。界面最大粘结应力为 0.033 5MPa，位于界面边缘处。

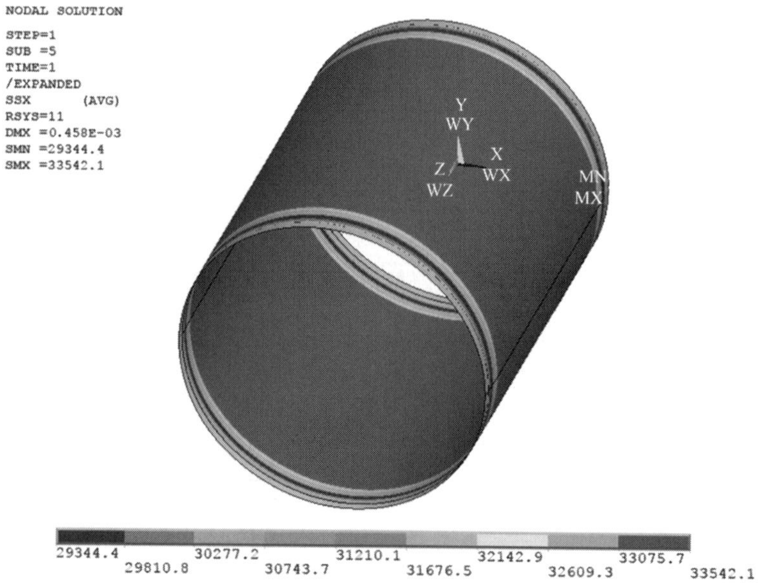

图 3–17 界面粘结应力云图

（3）不同厚度的衬里的最大应力、界面切应力见表 3–75。

表 3–75 不同厚度的衬里时固化收缩应力与界面应力

衬里厚度 /mm	衬里固化收缩时最大拉应力 /MPa	衬里固化收缩时最小拉应力 /MPa	界面最大粘结应力 /MPa
2	22.7	19.5	0.022
3	22.4	18.8	0.034
4	22.2	18.3	0.044
5	21.9	17.8	0.055

3

4. 温度升高计算结果

（1）通过对上述模型进行室温条件下升温 60℃分析，衬里层环向应力分布如图 3–18 所示。

（2）衬里层最大压应力为 7.75MPa，最小压应力为 6.50MPa。

玻璃钢和钢板界面切应力分布如图 3–19 所示。界面最大 τ_{yx} 切应力为 0.012MPa。

（3）不同厚度的衬里的温度应力、界面粘结应力见表 3–76。

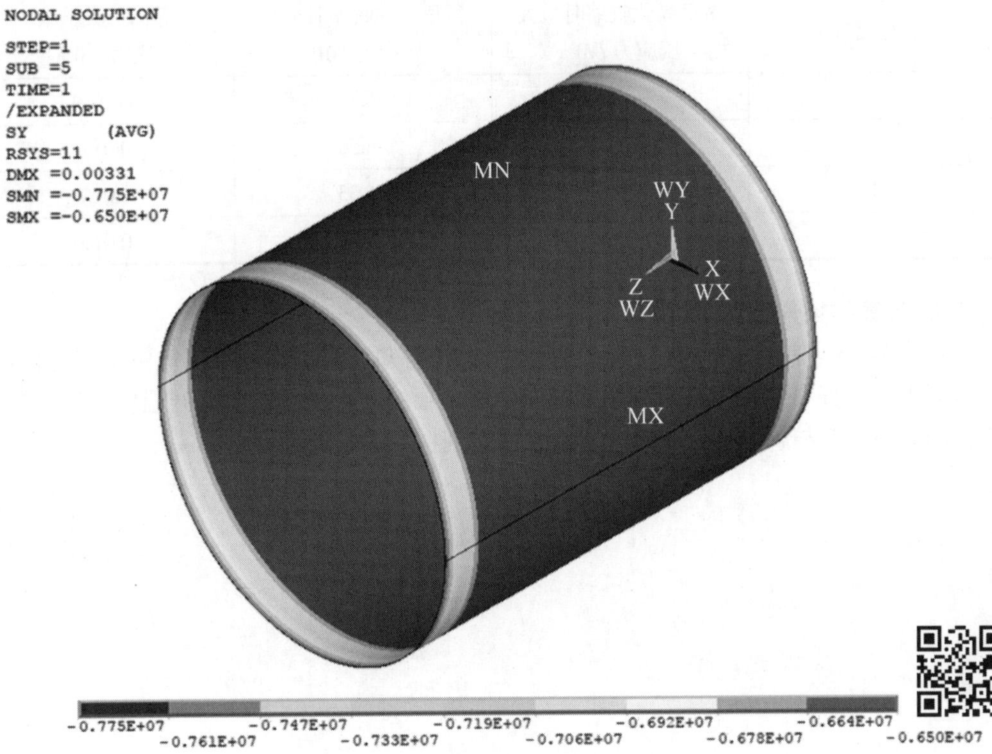

图 3–18 衬里层环向应力云图

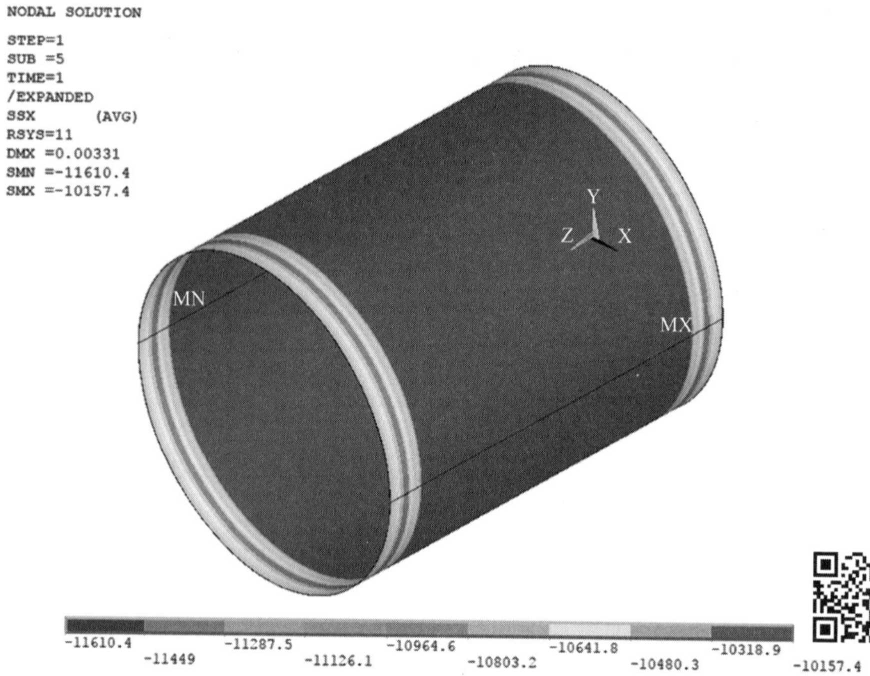

图 3–19　界面 τ_{yx} 切应力云图

表 3–76　不同厚度的衬里在整体升温 60°C 时温度应力与界面应力

衬里厚度 /mm	衬里固化收缩时最大压应力 /MPa	衬里固化收缩时最小压应力 /MPa	界面最大粘结应力 /MPa
2	–7.86	–6.74	0.007 9
3	–7.75	–6.50	0.012
4	–7.67	–6.33	0.015
5	–7.06	–6.18	0.019

5. 计算结果分析

从表 3–75、表 3–76 结果与表 3–72 结果比较得知，对于圆筒形结构由于其对称性，使得应力均匀分布，在一定的变温范围内，衬里层的固化收缩应力、升温应力以及界面应力的有限元解与解析解比较接近，其大小差别在可接受的范围内。

第四章

橡胶衬里

4

橡胶衬里是指选用特定厚度的耐腐蚀橡胶片材（胶板），复合或粘贴在金属、混凝土或其他容易被腐蚀的基体表面，经过特殊的工艺处理，形成连续完整的覆盖层，以阻隔介质对基体的腐蚀作用，从而实现对基体的防护。

橡胶衬里在腐蚀控制领域的应用最早可以追溯到100多年前。早在1874年托马斯和沃森就针对硬质橡胶衬里申请了专利，并确认其具有优异的耐化学腐蚀性能，1885年拉柯朗格获得了用于化工设备防腐的复合橡胶衬里专利（底层为硬质胶、面层为软质胶），但直到1924年古德里奇发表了异构化增强橡胶黏结体系、解决了橡胶与金属的黏结问题之后软质橡胶衬里才得以面世。20世纪30年代，国外首先推出了橡胶衬里的工业化生产设备和硬质、软质及半硬质等加热硫化橡胶衬里的工业化应用产品，随着橡胶衬里技术的不断发展，自硫化和预硫化橡胶衬里产品也相继应用于防腐工程施工。

我国的橡胶防腐蚀衬里技术基本是在引进国外技术的基础上发展起来的，经历了热硫化天然硬质橡胶衬里（20世纪50年代引进苏联技术）、常压蒸汽或热水硫化天然橡胶衬里（20世纪70～80年代引进罗马尼亚技术）、自硫化氯丁橡胶衬里（20世纪80年代引进日本技术）和预硫化丁基橡胶衬里（20世纪80年代引进德国技术）、室温自硫化丁基橡胶衬里（20世纪90年代国内自主开发）、耐高温（120℃）橡胶衬里和烟气脱硫用橡胶衬里以及工业排放系统用橡胶衬里等专用型橡胶衬里（21世纪国内自主开发）等五个阶段，实现了引进、消化、吸收和自主创新的阶段性进展。经过70多年的发展，取得了长足的进步，为国家石油、化工、能源、环保等重大建设项目的配套做出了应有的贡献。

第一节 橡胶衬里原材料

橡胶衬里由胶板和粘合剂体系组成，而胶板由生胶和各种配合剂等原材料经加工挤出或压延成型。

一、生胶及品种

橡胶衬里所用橡胶生胶品种可分为天然胶和合成胶两类。主要有：天然橡胶（NR）、丁腈橡胶（NBR）、氯丁橡胶（CR）、三元乙丙橡胶（EPDM）、丁基橡胶（IIR）、氯化丁基橡胶（CIIR）、溴化丁基橡胶（BIIR）、异戊橡胶（IR）、丁苯橡胶（SBR）、顺丁橡胶（BR）、氯化聚乙烯橡胶（CPE或CM）及氯磺化聚乙烯橡胶（CSM或CSP）等。在国家标准《工业设备及管道防腐蚀工程技术标准》GB/T 50726—2023表6.2.1-2中罗列了前7种胶。实际应用中，这些生胶按其自身的耐腐蚀性能或其他特性可单独使用、并用或复合使用。

（一）品种

1. 天然橡胶和异戊橡胶（NR/IR）

天然橡胶（NR）和异戊橡胶（IR）的分子结构式相同，都是聚异戊二烯，分子结构式见图4-1。

$$\left[CH_2 - CH = CH - CH_2 \right]_n$$

图 4–1　NR 和 IR 的分子结构式

（1）NR 是从天然植物（三叶橡胶树、银菊、杜仲等）中采集胶乳并经加工而得，IR 则是通过异戊二烯的聚合化学反应合成而得，所以也称为合成天然胶。NR 的主要成分包括橡胶烃（92%～97%）和非橡胶物质（蛋白质为 2.0%～3.0%；丙酮抽出物为 1.5%～4.5%；水分为 0.3%～1.0%；水溶物小于 1.0%；灰分为 0.2%～0.5%）。

按照国家标准《天然生胶 技术分级橡胶（ TSR ）规格导则》GB/T 8081—2018 规定的分级方法，TSR 的分级应根据 TSR 的性能和生产 TSR 所用的原料（胶乳）而定，其中所用原料可分为：全鲜胶乳（CV，L，WF）、胶片或凝固的混合胶乳（S）、胶园凝胶和（或）胶片（10 或 20，10CV 或 20CV）。

（2）IR 是通过异戊二烯的聚合化学反应合成而得，所以也称为合成天然胶。其主要成分是聚异戊二烯，非橡胶物质含量很低，其分类主要依据为门尼黏度（分子量及其分布）和 1，4– 异戊二烯结构单元含量。

（3）NR 和 IR 均属于二烯类不饱和橡胶，不耐老化（热、天候、臭氧），也不耐矿物油或烃类溶剂。但 NR 具有良好的自补强性（结晶性所致）、物理机械性能、加工工艺性能等综合性能。对于加热硫化橡胶衬里，尤其是硬质橡胶衬里，NR 仍是首选生胶。

2. 丁腈橡胶（NBR）

丁腈橡胶是丁二烯与丙烯腈的无规共聚物，分子结构见图 4–2。

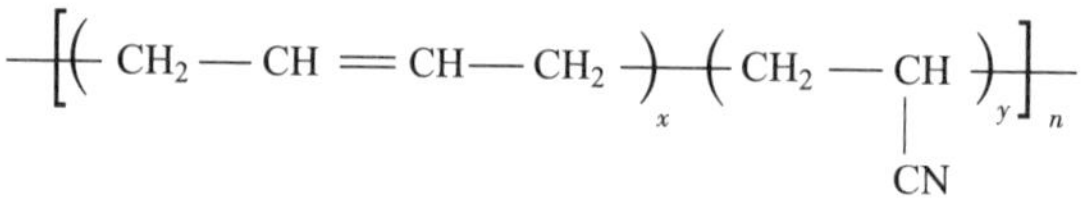

图 4–2　NBR 的分子结构式

丁腈橡胶的品种可结合丙烯腈含量、聚合工艺（高温乳液聚合、低温乳液聚合）、门尼黏度（分子量及其分布）等进行分类，属于二烯类不饱和橡胶，不耐天候和臭氧老化。但由于其分子结构中的腈基（—CN）的极性效应，与 NR、IR、SBR 和 BR 等二烯类橡胶相比，耐热性、耐矿物油和烃类溶剂性、耐磨性好，加工工艺性能良好，耐水、酸碱溶液性能相当，可单独用于耐非极性化学品、耐热（120℃）、耐磨性加热硫化橡胶衬里。

3. 氯丁橡胶（CR）

氯丁橡胶是氯丁二烯的均聚物，分子结构式见图 4–3。

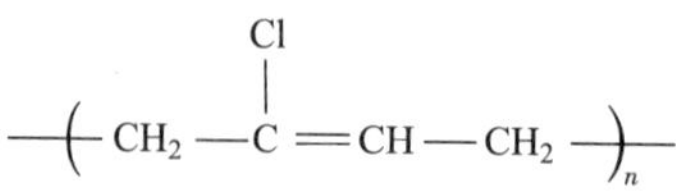

图 4–3　CR 的分子结构式

氯丁橡胶的品种主要依据调节剂种类（硫调节型——G 型；非硫调节型——W 型）、门尼黏度（分子量及其分布）等进行分类，属于二烯类不饱和橡胶，但由于其分子结构中双键 α–C 上的 –Cl 侧基作用，与 NR、IR、SBR 和 BR 等二烯类橡胶相比，耐低温性差，但耐老化（天候、臭氧）性好，也具有较好的耐矿物油和烃类溶剂性（次于 NBR），自粘和互粘性好，可单独用于耐非极性化学品、耐热（120℃）、耐磨性加热硫化橡胶衬里。

4. 三元乙丙橡胶（EPDM）

三元乙丙橡胶是聚乙烯和聚丙烯以及少量的不饱和第三单体（乙叉降冰片烯——E 型；双环戊二烯——D 型）无规共聚物，分子结构式如图 4–4 所示。

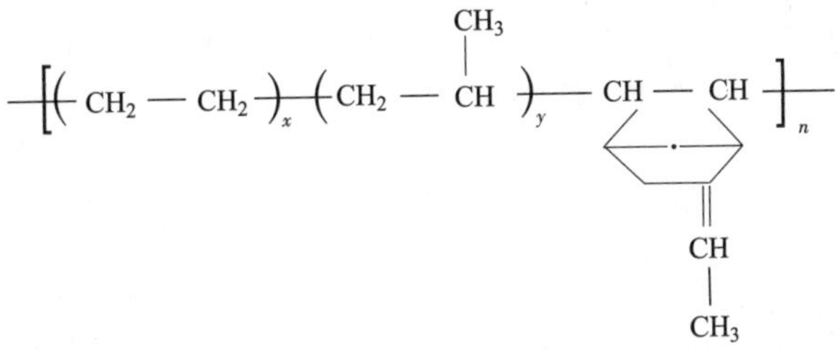

（a）E型EPEM

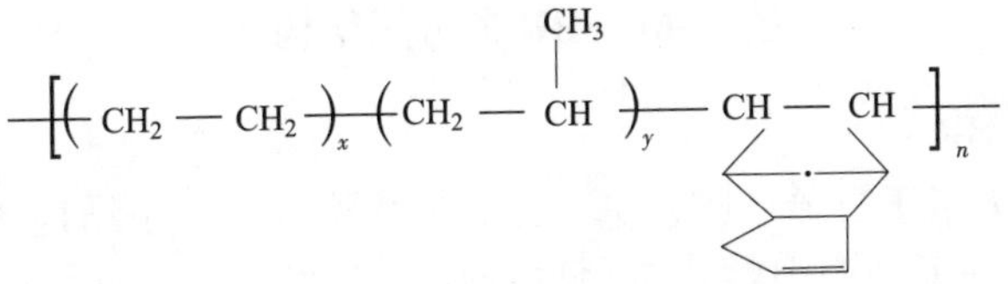

（b）D型EPEM

图 4–4　EPDM 的分子结构式

三元乙丙橡胶的品种主要依据乙烯（或丙烯）含量、第三单体含量、门尼黏度（分子量及其分布）等进行分类，属于饱和碳链橡胶，与二烯类不饱和橡胶相比，化学结构稳定，耐老化（热、天候、臭氧）性、耐酸碱溶液及极性化学品腐蚀性优异，但自粘和互粘性差、硫化速度慢，不是加热硫化橡胶衬里的首选生胶。

5. 丁基橡胶（IIR/CIIR/BIIR）

丁基橡胶中，IIR 是异丁烯和少量异戊二烯的无规共聚物，分子结构式见图 4–5；氯化丁基橡胶（CIIR）和溴化丁基橡胶（BIIR）是 IIR 的卤化改性品种，分别在 IIR 分子主链的双键 α–C 上引入了—Cl 或—Br 侧基。

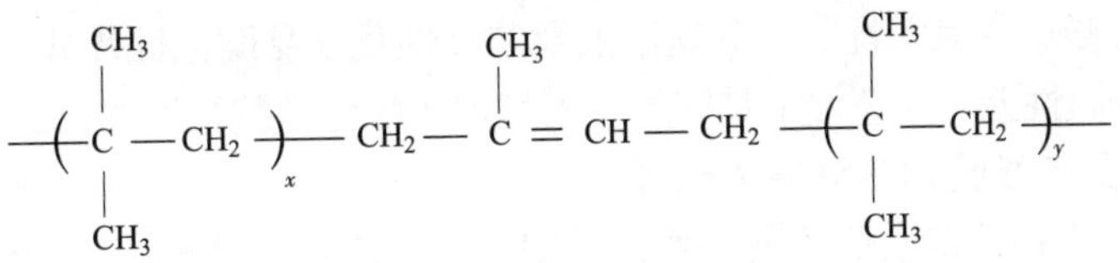

图 4–5　IIR 的分子结构式

丁基橡胶的品种主要依据不饱和度（双键含量 0.6mol% ~ 3.3mol%）、门尼黏度（分子量及其分布）、卤素（氯或溴）含量等进行分类，属于饱和度较高的碳链橡胶，与二烯类不饱和橡胶相比，化学结构稳定，耐老化（热、天候、臭氧）性、耐酸碱溶液及极性化学品腐蚀性优异。由于 CIIR 和 BIIR 分子主链的双键 α–C 上引入了—Cl 或—Br 极性侧基，改善了 IIR 硫化性能和粘合性能，因此它们作为耐高温、耐强腐蚀性加热硫化软质橡胶衬里的首选生胶品种。

6. 丁苯橡胶（SBR）

丁苯橡胶是由丁二烯和苯乙烯通过乳液聚合或溶液聚合而成的合成橡胶，分子结构式见图 4–6，其品种依据苯乙烯含量、聚合工艺（高温乳液聚合、低温乳液聚合、溶液聚合）、门尼黏度（分子量及其分布）等进行分类。丁苯橡胶属于二烯类不饱和橡胶，不耐老化（热、天候、臭氧）、矿物油或烃类溶剂。但耐磨性好，加工工艺性能良好，可与 NR 并用或单独用于加热硫化橡胶衬里。

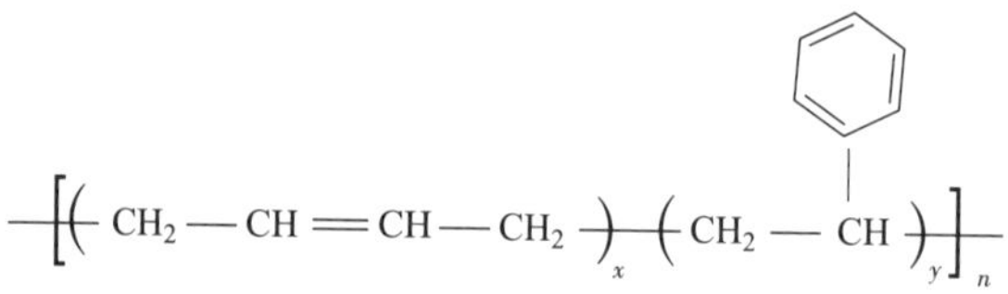

图 4–6　SBR 的分子结构式

7. 顺丁橡胶（BR）

顺丁橡胶全称为聚丁二烯橡胶，是丁二烯的均聚物，分子结构式见图 4–7，其主要性能特点依赖于其分子结构中顺式丁二烯含量（高顺式 BR：97% ~ 99%；中顺式 BR：90% ~ 95%；低顺式 BR：32% ~ 40%）。顺丁橡胶属于二烯类不饱和橡胶，不耐老化（热、天候、臭氧）、矿物油或烃类溶剂。但 BR 低温弹性良好，耐磨性好，可与 NR 并用于加热硫化橡胶衬里。

$$\left[CH_2 - CH = CH - CH_2 \right]_n$$

图 4–7　BR 分子的结构式

8. 氯化聚乙烯橡胶（CPE 或 CM）

氯化聚乙烯橡胶是由聚乙烯氯化改性而来，它是用—Cl 无规取代聚乙烯碳链上的部分氢原子而得到的一种改性高聚物，降低了结晶性，使其具有橡胶弹性。橡胶型的 CPE 也称为 CM，其品种主要依据氯含量（30% ~ 45%）、门尼黏度（分子量及其分布）等进行分类。氯化聚乙烯橡胶属于饱和碳链橡胶，与二烯类不饱和橡胶相比，化学结构稳定，耐老化（热、天候、臭氧）性、耐酸碱溶液及非极性化学品腐蚀性优异。但硫化速度慢、自粘性差、耐低温性差、工艺性不是很好，不是加热硫化橡胶衬里的首选生胶品种。

9. 氯磺化聚乙烯胶（CSM 或 CSP）

氯磺化聚乙烯胶是聚乙烯的衍生物，是用氯和二硫化碳处理而得到的一种高分子弹性体，分子结构式见图 4–8。

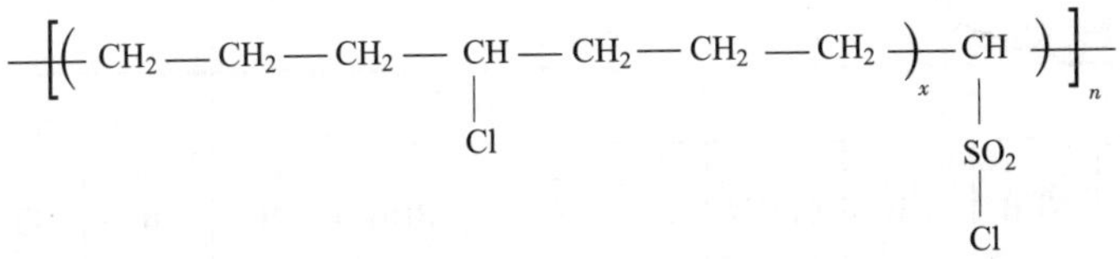

图 4–8　CSM/CSP 的分子结构式

氯磺化聚乙烯胶的品种主要依据氯含量（30%~45%）、门尼黏度（分子量及其分布）等进行分类。CSM 的分子结构特点与 CM 有些类似，具有化学结构稳定、耐老化（热、天候和臭氧）性、耐酸碱溶液及非极性化学品腐蚀性优异的特点，但硫化性能较好。不足之处主要是自粘和互粘性差、耐低温性差。在高温（120℃）强腐蚀条件下，CSM 还是加热硫化橡胶衬里备选生胶品种之一。

（二）生胶选择原则

首先根据橡胶衬里的工况条件选定生胶，生胶可以单独使用，也可以根据需要，两种以上的生胶并用，原则上是极性相近、不饱和度相近的生胶并用，这样才能保证并用体系的相容性。如 NR（或 IR）、SBR、BR 之间并用；NBR、CR、CM、CSM 之间并用；EPDM、IIR、CIIR（或 BIIR）之间并用。

通常生胶选择遵循如下基本原则：

（1）普通硬质胶衬里——NR、SBR、BR；

（2）普通软质胶衬里——NR、CR；

（3）高温硬质胶衬里——NR、IR；

（4）高温软质胶衬里——IIR、EPDM；

（5）真空硬质胶衬里——NR；

（6）真空软质胶衬里——IIR、CIIR（或 BIIR）；

（7）耐油胶衬里——NBR、CSM；

（8）耐强氧化剂软质衬里——CSM、CM；

（9）耐磨胶衬里——BR、SBR、NR；

（10）软胶 / 硬胶复合衬里——NR 。

橡胶衬里用生胶的特性见表 4–1。

表 4–1　橡胶衬里用生胶的特性

项 目	胶料品种											
	NR	NBR	CR	EPDM	IIR	CIIR	BIIR	IR	SBR	BR	CPE/CM	CSM/CSP
耐撕裂	√	○	○	△	○	○	○	○	△	○	△	△
耐冲刷磨耗	√	√	√	○	○	○	○	√	√	√	○	○
粘结性	√	√	√	×	○	○	○	√	√	√	○	√

续表 4-1

项 目	胶料品种											
	NR	NBR	CR	EPDM	IIR	CIIR	BIIR	IR	SBR	BR	CPE/CM	CSM/CSP
耐燃性	×	△	√	×	×	△	△	×	×	×	√	√
耐水性	√	○	○	√	√	√	√	√	√	√	○	○
耐油性	×	√	○	×	×	×	×	×	×	×	○	√
耐酸性	○	○	√	√	√	√	√	○	○	○	○	√
耐碱性	○	○	√	√	√	√	√	○	○	○	○	√
耐候性	×	×	√	√	√	√	√	×	×	×	√	√
耐低温 / ℃	–55	–45	–30	–50	–55	–55	–55	–55	–45	–60	–30	–30
耐高温 / ℃	100	125	125	150	150	150	150	100	100	100	125	125

注："√"代表优，"○"代表良好，"△"代表一般，"×"代表差。

二、配合剂

配合剂主要包括补强填充剂、增塑剂、防老剂、增粘剂、硫化促进剂、硫化剂和硫化活性剂等。

（一）补强填充剂

可用于橡胶衬里的补强填充剂包括：炭黑类、无机填料类和树脂类。

（1）橡胶衬里用炭黑按国家标准《橡胶用炭黑》GB 3778—2021 可分为：N100 系列炭黑，N200、S200 系列炭黑，N300、S300 系列炭黑，N500 系列炭黑，N600 系列炭黑，N700 系列炭黑，N900 系列炭黑，天然气半补强炭黑，混气炭黑，喷雾炭黑。其中，超耐磨炭黑（N220）、高耐磨炭黑（N330）、快压出炭黑（N550）、通用炭黑（N660）、半补强炭黑（N770）和热裂法炭黑（N990）等品种都可用在加热硫化橡胶衬胶料中。

（2）无机填料中的滑石粉、硫酸钡、陶土、蒙脱土、白炭黑都是备选的无机填充剂。

（3）酚醛树脂、石油树脂和高苯乙烯树脂都可以作为补强树脂用在橡胶衬里胶料中，酚醛树脂和石油树脂还具有增粘作用，所以可优先考虑使用。

（4）石墨粉也是耐腐蚀性能良好的填充剂，但由于石墨粉具有导电性，所以就不能采用通常标准中规定的用电火花检测仪，对添加石墨粉的橡胶衬里进行完好性检测。需考虑采用其他的方法来检测橡胶衬里的完好性。

（二）增塑剂

用于橡胶衬胶料的增塑剂包括：

（1）矿物油系增塑剂：凡士林、石蜡油、机械油、环烷油、芳烃油、古马隆树脂等。

（2）动植物油系增塑剂：松焦油、妥尔油、骨胶、菜籽油等。

（3）合成增塑剂：脂肪酸酯、磷酸酯、钛酸酯、苯二甲酸酯等。

（三）防老剂

防老剂是防止橡胶老化的助剂，包括物理防老剂（防护蜡）和化学防老剂（胺类、酚类、有机杂环化合物类等）两大类。

需要指出，防护蜡是通过迁移到橡胶表面的防护膜延缓和防止橡胶老化的，然而橡胶衬里要与基体黏合牢固才能有效发挥防腐蚀作用，所以防护蜡的迁移势必会影响橡胶与防腐蚀基体的黏合，所以应尽量避免使用。

（四）增粘剂

酚醛树脂、石油树脂、古马隆树脂、松香树脂、松焦油、煤焦油、萜烯树脂以及硅烷偶联剂等都具有一定的增粘作用，均可在橡胶衬里胶料中选用。

（五）硫化促进剂

硫化促进剂是提高硫化速度的助剂，有机促进剂是常用的促进剂，主要包括：噻唑类、次磺酰胺类、秋兰姆类、二硫代氨基甲酸盐类、磺酸盐类、胍类、醛胺类、硫脲类等。

各类促进剂的活性特征不同，如秋兰姆类、磺酸盐类和二硫代氨基甲酸盐类为超速促进剂；噻唑类和次磺酰胺类为半超速促进剂；胍类和硫脲类为中速促进剂；醛胺类为慢速促进剂。

橡胶衬里胶料所用促进剂可根据需求从上述促进剂中选用。

（六）硫化剂

硫黄、活性载硫体（秋兰姆、二硫代吗啡啉等）、硫化树脂（环氧树脂、卤化酚醛树脂等）、有机过氧化物、金属氧化物（氧化锌、氧化铅、氧化镁）、有机酸等可作为表 4–1 橡胶衬里用生胶的硫化剂。不过硫化树脂作为硫化剂容易起泡，有机过氧化物硫化的胶料撕裂性能差，所以二者不推荐使用。

（七）其他助剂

除上述助剂之外，硫化活性剂和防焦剂也可能在热硫化橡胶衬里胶料中使用。

（1）硫化活性剂用于活化硫化过程，在表 4–1 所示的生胶中，除 CR 和 CSM 之外，氧化锌和硬脂酸二者配合可作为硫化活性剂使用；防焦剂用于防止胶料焦烧（早期硫化）、保证工艺操作安全性。

（2）常用的防焦剂有亚硝基化合物（如亚硝基二苯胺）、硫氮类化合物（如 CTP）及有机酸和酸酐类化合物（如水杨酸、邻苯二甲酸酐等）。

三、粘合剂胶浆

粘合剂胶浆是橡胶衬里重要的辅助材料，与胶板配套使用，使用时分别涂刷在防护基体和未硫化胶板表面，然后进行衬贴。

粘合剂胶浆主要由溶剂和胶料调制而成。溶剂品种和质量应符合现行国家标准《油漆及清洗用溶剂油》GB 1922的有关规定；石油甲苯品种和质量应符合现行国家标准《石油甲苯》GB/T 3406 的有关规定。常用的橡胶衬里用粘合剂胶浆溶剂见表 4–2。需要注意，对使用低闪点、易燃溶剂，需要做好安全防护和采取环境保护措施。

表 4–2　常用的橡胶衬里用粘合剂胶浆溶剂

溶剂名称	胶料品种								
	NR	NBR	CR	EPDM	IIR	IR	SBR	BR	CSM
汽油	√			√	√	√	√	√	
苯	√	√	√			√		√	√
甲苯	√	√					√		√
二甲苯	√	√	√			√	√		
庚烷					√		√		
醋酸乙酯		√	√						√
甲乙酮		√							
丙酮		√	√						
醋酸戊酯			√						
己烷					√				
四氯化碳					√				

第二节　橡胶衬里分类、规格和性能

一、橡胶衬里分类

橡胶衬里按硫化方式不同，可分为加热硫化橡胶衬里、自硫化橡胶衬里、预硫化橡胶衬里。

（一）加热硫化橡胶衬里

加热硫化橡胶衬里是指将未硫化的橡胶板用粘合剂粘贴在设备防腐蚀面上，在常压热水或常压蒸汽及加压蒸汽等加热条件下完成硫化过程形成的衬里。

加热硫化橡胶衬里技术是第一代橡胶衬里技术，由于其材料配方、生产工艺及施工技术比较成熟，是橡胶衬里最基础的技术，尤其是对于小型衬胶设备采用加热硫化橡胶衬里具有一定的优势。

硫化是橡胶制品制造工艺的最后一个流程，在一定的温度、压力和时间作用下，胶料组分中的生胶与硫化剂或生胶与生胶之间发生化学反应，由线型的橡胶大分子交联成立体网状结构的大分子。通过这一反应大大改善了橡胶的各项性能，使橡胶制品获得了能满足产品使用需要的物理机械性能和其他性能。硫化的实质是交联，即线型的橡胶分子转化为空间网状结构过程。

硫化的主要影响因素包括：硫化压力、温度、时间，它们通常被称为“硫化三要素”。硫化条件对硫化工艺至关重要，而且不同制品硫化的硫化条件也不尽相同。

1. 硫化压力

硫化压力是指在硫化过程中橡胶制品所承受的单位压力。所施加的压力通常情况下分为常压和高压。施加压力的主要作用是排除橡胶制品在硫化过程中内部产生的气体，防止制品内部出现气泡，提高胶料的致密性。同时，施加压力还能加速胶料的流动和充满模腔，达到提高制品的物理机械性能的目的。对于一些薄壁制品施加常压就可以达到其目的，而对于一些厚制品则需施加高压才能达到其目的。对于橡胶衬里来说，不像模压制品那样施加压力，通常是采用高压热空气或蒸汽的压力来实现。

2. 硫化温度

硫化属于一种化学反应，使得内部分子结构发生改变，因此它同其他一般化学反应一样都依赖温度，随着温度的升高，硫化反应的速率也不断升高，从而直接影响生产效率。但是并不能无限制的提高硫化温度，一般硫化温度越高，胶料的物理机械性能越低，过高的温度会引起橡胶分子链的降解和发生硫化返原现象，使性能下降并且工艺控制困难。此外，橡胶是热的不良导体，特别是对于厚橡胶制品，采用高温硫化很难使内外层胶料同时达到正硫化，并且各种橡胶的耐高温能力也不相同，因此选择适当的硫化温度，才能保障产品质量和提高硫化效率。

3. 硫化时间

在一定的硫化温度和压力的作用下，只有经过一定的硫化时间才能达到符合设计要求的硫化程度。通常硫化时间要根据胶料达到正硫化的时间范围、制品的厚度、增强骨架材料等进行调整。

（二）自硫化橡胶衬里

自硫化橡胶衬里是指将未硫化的橡胶板用粘合剂粘贴在设备防腐面上，在自然（室温环境）条件下完成硫化过程形成的衬里。

理论上，加热硫化橡胶衬里所用的各种生胶和配合剂都可以被自硫化橡胶衬里所用，只是其配方体系不同而已。自硫化橡胶衬里胶料要适应自然硫化（室温硫化）的工艺条件，就必须通过胶料配方来解决，尤其是硫化促进剂体系的协效配合，既要保证胶料自然条件下能够尽快硫化（工程上一般要求在30d内能够完成自然硫化过程），又要保证胶料在加工过程和胶板在储运及粘贴过程中不能产生焦烧（提早硫化）。

目前工程上投入应用的自硫化橡胶衬里有：天然橡胶（NR）衬里、氯丁橡胶（CR）衬里、丁基橡胶（IIR）衬里、氯化丁基橡胶（CIIR）衬里和溴化丁基橡胶（BIIR）衬里。其中自硫化丁基橡胶（IIR、CIIR、BIIR）衬里最受业界关注和青睐。

自硫化丁基橡胶衬里于20世纪90年代在国内研发成功，产品很快便投入防腐工程应用，既解决了大型设备的现场防腐蚀衬胶难题，同时又克服了NR和CR衬里无法在强腐蚀、高温条件下工作的弊病。

（三）预硫化橡胶衬里

预硫化橡胶衬里是指先将预先硫化好的橡胶板用室温固化粘合剂（冷粘粘合剂）粘贴在设备防腐面上、在自然（室温环境）条件下停放一定时间使胶板粘合牢固制成橡胶衬里。

原则上加热硫化橡胶衬里所用的各种生胶和配合剂都可以用于预硫化橡胶衬里，但配方体系设计所考虑的侧重点应该有所不同。预硫化橡胶衬里胶料配方除考虑橡胶衬里的性能要求之外，还应该兼顾预硫化胶板制造过程的工艺性能，如挤出或压延等胶板预成型工艺、硫化罐硫化或鼓式硫化机硫化等胶板硫化工艺。此外，还应注意预硫化胶板表面不能有太多的迁移物，如迁移性的工艺操作助剂、迁移性的防老剂（防护蜡、防老剂 A、防老剂 4010 等）、容易喷霜的硫化体系、过量或配合不当的增塑剂等。

为了综合解决上述问题，预硫化橡胶衬里常常也采用复合成型胶板，即外层采用防腐蚀功能优异和耐热性良好的丁基橡胶，内层采用与金属或水泥粘合性能良好且能够与丁基橡胶互粘的氯丁橡胶或顺丁橡胶。

预硫化橡胶衬里技术研发于 20 世纪 70 年代的中后期，当时主要是基于氯化丁基橡胶的工业化产品上市，为了解决大型设备的现场防腐衬胶难题而开发的防腐衬胶技术。

二、胶板规格和表面质量

1. 规格尺寸和偏差

胶板的规格尺寸和偏差要求与橡胶衬里的整体质量有着直接的关系。胶板的厚度是关键指标，因而需要对于厚度及其偏差有明确规定；宽度和长度尺寸与生产条件有关，不好统一规定，但宽度的偏差与施工工艺设计还是有一定的相关性，因此在国家标准《工业设备及管道防腐蚀工程技术标准》GB/T 50726—2023 中均有规定。橡胶衬里胶板的规格尺寸和允许偏差见表 4–3。

表 4–3 橡胶衬里胶板的规格尺寸和允许偏差

厚度		宽度偏差 /mm
公称尺寸 /mm	偏差 /%	
2.0、2.5、3.0、4.0、5.0、6.0	–10 ~ +15	–10 ~ +15

注：其他规格尺寸由供需双方协商确定。

2. 表面质量

胶板的表面质量对于橡胶衬里的整体质量具有举足轻重的作用，它会对橡胶衬里的完好性及使用寿命产生很大的影响。在目前条件下，对于胶板的表面质量判定基本上依靠目测方式来完成。在电火花针孔检验合格的条件下，胶板表面的外观缺陷允许范围见表 4–4。

表 4-4　胶板表面的外观缺陷允许范围

外观缺陷	允许范围
气泡	（1）当胶板设计温度小于或等于 100℃时，每平方米面积内的气泡深度不宜大于胶板厚度的允许偏差，且长端尺寸小于 3mm 的气泡不得多于 5 处； （2）当胶板设计温度大于 100℃且小于或等于 120℃时，不得有气泡
表面杂质	（1）当胶板设计温度小于或等于 100℃时，每平方米面积内深度和长度不大于胶板厚度允许偏差的杂质不得多于 5 处； （2）当胶板设计温度大于 100℃且小于或等于 120℃时，每平方米面积内深度和长度不大于胶板厚度允许偏差的杂质不得多于 3 处
水波纹	允许有不超过胶板厚度偏差的轻微痕迹，弯曲 90° 检查应无裂纹
斑痕和凹凸不平	深度和高度不超过胶板厚度的允许偏差

当然随着设备技术不断进步，希望能实现在生产线设备上配备自动检测和缺陷识别装置。

三、橡胶衬里的物理性能和耐腐蚀性能

（一）橡胶衬里的性能特点

橡胶材料是具有可逆形变的高弹性聚合物材料，在室温下富有弹性，在很小的外力作用下能产生较大形变，除去外力后又能恢复原状。其主要物理性能包括：密度、硬度、拉伸强度、拉断伸长率、拉断永久变形、撕裂强度、粘合（粘结）强度、耐冲击强度（硬质橡胶）、绝缘性、阻燃性、耐热老化性、耐天候老化性、耐疲劳性等。对于不同的橡胶制品，所要求的物理性能项目也不同。对于橡胶衬里来说，硬度、拉伸强度、拉断伸长率、粘合（粘结）强度、耐冲击强度（硬质橡胶）和耐热老化性（老化后橡胶衬里的力学性能变化）是关注的重点。

橡胶衬里材料与其他高分子材料一样，随着时间和温度的变化其性能会产生变化（老化过程），不同种类的橡胶材料其变化的趋势区别很大，但变化规律是相同的，即在环境条件（温度、氛围）一定的情况下，性能随着时间延长呈现非等速下降（初期变化较快，然后在较长一段时间内缓慢变化，最后又快速下降直至老化破坏），环境条件越严酷，下降幅度就越大。因此在评价橡胶材料对环境的适应性（耐老化性能）时，常采用“时温等效原理”来设计试验条件，也就是在试验温度和实验时间一定的条件下对橡胶材料的性能进行考核。

（二）橡胶衬里的腐蚀机理和适用介质

1. 腐蚀机理

液态或气态腐蚀介质对橡胶衬里的破坏主要取决于其在橡胶衬里层中的渗透或扩散。当橡胶衬里表面与液态或气态腐蚀介质接触时，介质的分子首先与衬里材料表面上的橡胶分子链上的某些基团产生物理或化学亲合作用，橡胶分子的交联（硫化）网络随之扩展，这样介质就在橡胶分子网络内外产生了浓度梯度，从而产生了渗透压，在渗透

压的作用下，介质分子将克服橡胶分子网络的弹性收缩应力向其中间渗透。当橡胶分子网络的收缩应力与介质的渗透压平衡时，腐蚀介质在橡胶衬里层中的渗透或扩散过程就达到了平衡状态。腐蚀介质在橡胶衬里层中的这种渗透或扩散将会导致橡胶体的体膨胀、力学性能大幅下降，进而使橡胶衬里与防护的刚性基体之间粘结脱落，形成间隙，加快介质的渗透（扩散）和集聚，再进一步穿过粘结层、腐蚀破坏防护基体。这便是基于“渗透压理论模型”对液态或气态腐蚀介质破坏橡胶衬里过程的描述，可以认为橡胶衬里耐介质的腐蚀性能与液态或气态介质在橡胶衬里层中的渗透或扩散直接相关。

关于液态或气态腐蚀介质在橡胶材料中渗透或扩散的机理，有很多理论模型，如渗透压理论模型（Flory–Tanaka 模型）、电场力分布理论模型（Sakohara 模型）、热力学理论模型（Flory–Huggins 模型）、体积相变理论模型（Tanaka 模型）和取向相互作用能理论模型（Monika 模型）等。归纳起来，可认为液态或气态腐蚀介质在橡胶材料中渗透或扩散速率和程度主要与其浓度梯度、温度、浸润时间成正比。因此，在考核橡胶衬里的耐介质腐蚀性时，首先要确定介质种类、介质浓度、温度、浸泡时间等实验条件。

2. 适用介质

在国家标准《工业设备及管道防腐蚀工程技术标准》GB/T 50726—2023 附录 N 中列出了硬质橡胶、丁基橡胶、卤化丁基橡胶和氯丁橡胶衬里的适用介质，见表 4–5。

表 4–5 橡胶衬里适用介质

序号	介质	pH 值或浓度	硬质橡胶	丁基橡胶、卤化丁基橡胶	氯丁橡胶
1	非氧化性无机盐水溶液（pH 值）	6 ~ 8	√	√	√
2	无机碱液，碱性无机盐的水溶液（pH 值）[氨溶液和氧化性盐（如次氯酸盐）溶液除外]	>8	√	√	√
3	酸性非氧化性无机盐水溶液（pH 值）	<6	√	√	√
4	盐酸 /%	≤ 30	√	√（最高储存温度 ≤ 25℃）	—
		≤ 35	√	—	—
		≤ 37	√（最高储存温度 ≤ 30℃）	—	—
5	硫酸 /%	≤ 50	√	√	√
		≤ 60	√*	√	√
		≤ 70	—	√	—

续表 4–5

序号	介 质	pH 值或浓度	硬质橡胶	丁基橡胶、卤化丁基橡胶	氯丁橡胶
6	磷酸 /%	任意浓度	√	√	√
7	氟硅酸 /%	≤ 30	√	√	—
		≤ 40	—	√（最高储存温度≤ 30℃）	√（最高储存温度≤ 30℃）
		任意浓度	√*	—	—
8	氢氟酸 /%	≤ 10	—	√	√
9	氯水 /%	≤ 0.5（以游离 Cl_2 含量计）	√	—	—
10	氯漂白剂 /（g/L）	≤ 80（以 NaClO 和 KClO 活性氯计）	√（最高储存温度≤ 30℃）	—	—
11	氨溶液 /%	≤ 25（最高储存温度≤ 25℃）	√	√	√
12	甲酸 /%；甲酸盐水溶液	≤ 10；任意浓度	√	—	—
13	醋酸 /%；醋酸盐水溶液	≤ 10；任意浓度	√	—	—
14	单价和多价醇类及其水溶液（易燃类除外）	任意浓度	√	—	—

注：1　* 只适用于加压加热硫化，不适用于热水硫化。

2　“√”代表适用，“—”代表不适用或无数据。

3　介质表包括各类腐蚀性介质的化学纯及其水溶液。

4　介质表内最高适用温度为 40℃。

在使用表 4–5 时，需要注意以下几点：

（1）硬质橡胶衬里是由天然橡胶（NR）、合成异戊二烯橡胶（IR）、丁苯橡胶（SBR）或其组合制成，并有下列限定：

1）组合制成的橡胶衬里中，丁苯橡胶（SBR）含量不应大于总含胶量 50%；

2）根据不同的配比，最低含胶量不得小于 40%；

3）添加剂应包括硬质胶粉、炭黑或其他惰性填料；

4）硫化方式应为加压加热硫化或热水硫化。

（2）丁基橡胶、卤化丁基橡胶衬里是由丁基橡胶（IIR）或卤化丁基橡胶（CIIR 或 BIIR）制成的软质橡胶衬里，并有下列限定：

1）可最多混入总含胶量 10% 的其他橡胶；
2）根据不同的配比，最低含胶量不得小于 40%；
3）可通过蒸汽或热空气进行硫化，也可制成自硫化或预硫化橡胶衬里。
（3）氯丁橡胶衬里是由氯丁橡胶（CR）制成的软质橡胶衬里，并有下列限定：
1）可最多混入总含胶量 10% 的其他橡胶；
2）可与任何比例的丁基或卤化丁基橡胶混合；
3）根据不同的配比，最低含胶量不得小于 40%；
4）可通过蒸汽或热空气进行硫化，也可制成自硫化或预硫化橡胶衬里。

（三）加热硫化橡胶衬里的性能

加热硫化橡胶衬里被广泛应用于石油、化工、冶金、电力、食品、医药及环境保护行业，其种类包括：普通硬质胶衬里、普通软质胶衬里、高温硬质胶衬里、高温软质胶衬里、真空硬质胶衬里、真空软质胶衬里、耐油胶衬里、耐强氧化剂软质衬里、耐磨胶衬里等。

1. 物理性能

加热硫化橡胶衬里的性能是与橡胶衬里的使用工况条件密切相关，要给出一个统一的性能指标比较困难。因此国外的相关标准如 BS EN 14879-1：2005、DIN EN 14879-4：2008 *Organic Coating Systems and Linings for Protection of Industrial Apparatus and Plants against Corrosion Caused by Aggressive Media – Part 4*：*Linings on Metallic Components*（以下简称“DIN EN 14879-4：2008”）、美国的 NACE SP0298-2007 *Standard Practice sheet Rubber Linings for Abrasion and Corrosion Service*（以下简称“NACE SP0298-2007”）中，涉及性能试验方法的内容较多，具体性能指标性的内容较少，很多性能指标是通过供需双方的磋商来决定的。

基于国内实际情况，对于通用条件下的加热硫化橡胶衬里胶板还是应当给出一个参考的性能指标。因此在国家标准《工业设备及管道防腐蚀工程技术标准》GB/T 50726—2023 和《橡胶衬里　第 1 部分：设备防腐衬里》GB 18241.1—2014 中给出了通用条件下的加热硫化橡胶衬里胶板的物理性能指标，见表 4-6。

表 4-6　通用条件下的加热硫化橡胶衬里胶板的物理性能指标

项　目	加热硫化硬质衬里	加热硫化软质衬里	
		NR	IIR、EPDM、NBR
邵氏A硬度 / 度	—	40 ~ 80	40 ~ 80
邵氏D硬度 / 度	40 ~ 85	—	—
拉伸强度/MPa	≥ 10.0	≥ 9.0	≥ 4.0
拉断伸长率 /%	—	≥ 250	
冲击强度 / （J/m^3）	≥ 200×10^3	—	
粘合强度（二板法）/MPa	≥ 6.0	—	
粘合强度（90° 剥离法）/（kN/m）	—	≥ 3.5	

特殊条件下的加热硫化橡胶衬里胶板物理性能指标可另行规定或由供需双方协商，以技术协议的形式约定。例如：

（1）真空设备橡胶衬里用的硬质胶板的粘合强度应不小于8.0MPa、软胶板衬里粘合强度应不小于6.0kN/m；

（2）为了考核衬里胶板的耐热老化性能也可以在一定条件下（NR、SBR和BR材料：85℃ ×168h；IIR、EPDM和NBR材料：120℃ ×168h）测试其物理性能变化，具体指标可酌情商定。

2. 物理性能的试验方法

硫化胶板试样的制备推荐在150℃ ×40min条件下模压完成。加热硫化橡胶衬里的胶板物理性能试验方法按表4–7中所列标准执行：

表4–7　试验参考标准

序号	标 准 名 称
1	《橡胶物理试验方法试样制备和调节通用程序》GB/T 2941
2	《硫化橡胶或热塑性橡胶　压入硬度试验方法　第1部分：邵氏硬度计法（邵尔硬度）》GB/T 531.1
3	《硫化橡胶或热塑性橡胶　拉伸应力应变性能的测定》GB/T 528
4	《硬质橡胶拉伸强度和拉断伸长率的测定》HG/T 3849
5	《硬质橡胶冲击强度测定》HG/T 3845
6	《硫化橡胶或热塑性橡胶与金属粘合强度的测定　二板法》GB/T 11211
7	《硫化橡胶或热塑性橡胶与硬质板材粘合强度的测定　90°剥离法》GB/T 7760
8	《硫化橡胶或热塑性橡胶热空气加速老化和耐热试验》GB/T 3512

3. 耐腐蚀性能

（1）加热硫化橡胶衬里的应用场合多种多样，如化工、石化行业的各种酸碱贮罐、反应器，运输酸碱的轮船、火车、汽车槽罐，湿法冶金行业及氯碱行业的电解槽，电力、锅炉行业软化水设备，轧钢厂的酸洗系统，啤酒、酱油、醋等食品贮罐，制药设备，火力发电厂排烟脱硫装置，污水处理厂的防腐防渗层等。介质的种类、浓度和温度很难统一。

（2）国家标准《工业设备及管道防腐蚀工程技术标准》GB/T 50726—2023和《橡胶衬里　第1部分：设备防腐衬里》GB 18241.1—2014规定了在代表性介质中，硫化胶板的耐腐蚀性能。通用条件下加热硫化橡胶衬里的胶板耐介质腐蚀性能见表4–8。

表 4-8 通用条件下加热硫化橡胶衬里的胶板耐介质腐蚀性能

耐温级别	耐温范围 T/℃	试验条件		$\Delta\omega$/%			
				代表性介质			
		浸泡时间 /h	温度 / ℃	20% 盐酸	70% 磷酸	40% 硫酸	40% 氢氧化钠
1	$T \leqslant 55$	168	55 ± 2	−2 ~ +2	−2 ~ +1	−2 ~ +1	−2 ~ +1
2	$55 < T \leqslant 70$		70 ± 2	−2 ~ +8	−2 ~ +3	−2 ~ +3	−2 ~ +3
3	$70 < T \leqslant 85$		85 ± 2	−3 ~ +10	−3 ~ +5	−3 ~ +5	−3 ~ +5
4	$85 < T \leqslant 100$		100 ± 2	—	−3 ~ +5	−3 ~ +5	−3 ~ +5
5	$100 < T \leqslant 120$		120 ± 2	—	−3 ~ +5	−3 ~ +5	−3 ~ +5

注：1 试验用样品采用模压制备，硫化条件为 150 ℃ ×40 min。

2 根据实际工作介质，选取一种或多种代表性介质试验。

3 “$\Delta\omega$”代表胶板质量变化率。

4 在非代表性介质中的耐腐蚀试验和判定由供需双方协商，选择合适的试验条件进行试验。

4. 耐腐蚀性能的试验方法

加热硫化橡胶衬里的胶板耐介质腐蚀性能试验应按现行国家标准《橡胶物理试验方法试样制备和调节通用程序》GB/T 2941 和《硫化橡胶或热塑性橡胶耐液体试验方法》GB/T 1690 所规定的方法进行。试验需要关注以下几点：

（1）腐蚀试验所用的盛放试验介质的容器必须能够密封，以保证试验过程中介质的浓度恒定。

（2）盛放试验介质容器的材料不能与试验介质发生反应或有析出物进入试验介质，避免实验过程中介质成分发生变化，污染试验介质。

（3）条件允许的情况下，试验介质的用量尽可能大，这样既能保证试样能够完全被试验介质浸没，也可能防止试样中的迁移成分污染试验介质。

（4）挥发性试验介质或温度超过 100℃的腐蚀性水溶液介质须在耐腐蚀高压釜，如具有聚四氟乙烯内衬的高压水热釜，或附带高温回流装置的密封釜中完成。

5. 国外标准中的耐腐蚀试验

在 DIN EN 14879-4：2008 中，对实验室浸泡橡胶衬里试验有下列要点：

（1）试验采用钢板 + 加衬里（带接缝）和直径约为 36 mm 的胶板样。如果衬里与钢板之间无法贴实，则选用胶板样试验。

（2）以立方厘米为单位的测试液体体积与暴露于以平方厘米为单位的液体中的内衬面比例至少为 8:1。可采用钢板衬里的适当试验组件，如符合 BS EN 977：1997 *Underground Tanks of Glass-reinforced Plastics*（*GRP*）– *Method for One Side Exposure to Fluids*（以下简称“BS EN 977：1997”）的试验装置或类似试验组件，其中上下两块试验板应夹紧，以便同时测试液相和汽相的影响。胶板样同时浸入。

（3）测试应在40℃或预期的工作温度下进行。

（4）浸泡应持续进行，直到胶板样质量不变，至少应持续28d。在第7、14、21、28d（或任何倍数）进行硬度和质量变化的检测和记录。通常试验持续时间不得超过168d。

（5）如果在试验期间，胶板样质量变化恒定，则认为满足要求。试样在接触测试液体后，在目测时应无明显变化（颜色或光泽变化除外）。应根据ISO 1817：2022 *Rubber，Vulcanized or Thermoplastic—Determination of the Effect of Liquids*（以下简称ISO 1817：2022）进行评估。

（6）应检查试验钢板上的衬里接缝，接头不得出现裂缝。

（四）自硫化橡胶衬里的性能

1. 物理性能

自硫化橡胶衬里的物理性能与加热硫化橡胶衬里基本相同，商品化自硫化橡胶衬里的物理性能指标见表4–9。

表4–9　商品化自硫化橡胶衬里的物理性能指标

项　目		CR胶料1	CR胶料2	NR胶料	IIR胶料1	IIR胶料2
邵氏A硬度/度		55～70	55～65	55～70	45～70	60±5
拉伸强度/MPa		≥10.0	≥10.0	≥8.0	≥5.0	≥8.0
拉断伸长率/%		≥350	≥350	≥300	≥300	≥250
拉断永久变形/%		—	—	—	—	≤30
90°剥离强度/（kN/m）		≥7.0	—	≥5.0	≥5.0	≥6.0
黏合强度/MPa		—	≥3.5	—	—	—
120℃下72h热空气老化后性能变化	硬度变化	—	—	—	—	±5
	拉伸强度/MPa	—	—	—	—	≥5.0
	拉断伸长率/%	—	—	—	—	≥200
	90°剥离强度/（kN/m）	—	—	—	—	≥6.0

在国家标准《橡胶衬里　第1部分：设备防腐衬里》GB 18241.1—2014、《橡胶衬里　第4部分：烟气脱硫衬里》GB 18241.4—2006、《橡胶衬里　第5部分：耐高温防腐衬里》GB 18241.5—2015、《工业烟气排放系统防腐衬里技术要求及评价方法》GB/T 36208—2018、《工业设备及管道防腐蚀工程技术标准》GB/T 50726—2023以及团体标准《纳米改性丁基橡胶衬里》T/ZZB 1010—2019也都有涉及自硫化橡胶衬里的物理性能指标，见表4–10。

表 4–10　橡胶衬里标准中的自硫化橡胶衬里物理性能指标

项 目	《橡胶衬里　第1部分：设备防腐衬里》GB 18241.1—2014	《橡胶衬里　第4部分：烟气脱硫衬里》GB 18241.4—2006			《橡胶衬里　第5部分：耐高温防腐衬里》GB 18241.5—2015	《工业烟气排放系统防腐衬里技术要求及评价方法》GB/T 36208—2018	《纳米改性丁基橡胶衬里》T/ZZB 1010—2019	《工业设备及管道防腐蚀工程技术标准》GB/T 50726—2023	
		CIIR	BIIR	IIR				BIIR	CR
邵氏 A 硬度 / 度	40 ~ 80	40 ~ 70			52 ~ 75	40 ~ 75	60 ± 5	55 ~ 70	
拉伸强度 / MPa	≥ 4.0	≥ 3.0	≥ 4.0	≥ 5.0	≥ 6.0	≥ 5.0	≥ 8.0	≥ 5.0	≥ 8.0
拉断伸长率 / %	≥ 250	≥ 300			≥ 250	≥ 250	≥ 250	≥ 250	
拉断永久变形 /%	—	—			—		≤ 30	—	
90° 剥离强度 /（kN/m）	≥ 3.5	≥ 4.0			≥ 6.0	≥ 5.0	≥ 6.0	≥ 5.0	

2. 物理性能的试验方法

为了便于实际应用中的检测作业，自硫化橡胶板试样的制备推荐在 150℃ ×40min 条件下模压完成。表 4–9 和表 4–10 中的自硫化橡胶衬里胶板的物理性能试验方法按表 4–11 中所列标准执行：

表 4–11　试验参考标准

序号	标准名称
1	《橡胶物理试验方法试样制备和调节通用程序》GB/T 2941
2	《硫化橡胶或热塑性橡胶　压入硬度试验方法　第 1 部分：邵氏硬度计法（邵尔硬度）》GB/T 531.1
3	《硫化橡胶或热塑性橡胶　拉伸应力应变性能的测定》GB/T 528
4	《硫化橡胶或热塑性橡胶与硬质板材粘合强度的测定　90° 剥离法》GB/T 7760

3. 耐腐蚀性能

（1）自硫化橡胶衬里与加热硫化橡胶衬里的应用场所和工况条件基本相同，只是自硫化橡胶衬里可以进行现场施工，例如湿法冶金选矿的浓密机内衬（直径 36m）、燃煤电厂烟气排放系统设备（烟囱、吸收塔等）内衬、工业污水处理的水泥池内衬等。

（2）自硫化橡胶衬里的耐介质腐蚀性能见本节表 4–8。

（3）表 4–12 ~ 表 4–16 罗列了其他相关标准对自硫化橡胶衬里耐腐蚀性要求，可供参考。需要说明的是，这些标准中的试验介质、温度和浸泡时间只是作为代表性的试验条件来推荐的。在具体应用过程中，是直接采纳标准推荐的试验介质、温度和浸泡时间等实验条件和性能指标，还是另行提出或补充，则由供需双方协商而定。另外，为了便于实际应用中的检测作业，硫化胶板试样的制备推荐在 150℃ ×40min 条件下模压完成。

表 4–12　GB 18241.1—2014 中自硫化橡胶衬里的耐腐蚀性要求

使用条件	耐温等级				测试方法
	1	2	3	4	
使用温度 T/℃	常温	$T \leqslant 70$	$70<T \leqslant 85$	$T>85$	《硫化橡胶或热塑性橡胶耐液体试验方法》GB/T 1690
试验温度 /℃	23 ± 2	70	85	标记温度	
试验条件	质量变化率 Δm/%				
40%H_2SO_4 × 168h	–2 ~ +1	–2 ~ +3	–3 ~ +5	–3 ~ +5	
70%H_3PO_4 × 168h	–2 ~ +2	–2 ~ +8	–3 ~ +10	—	
20%HCl × 168h	–2 ~ +1	–2 ~ +3	–3 ~ +5	–3 ~ +5	
40%NaOH × 168h	–2 ~ +1	–2 ~ +3	–3 ~ +5	–3 ~ +5	

表 4–13　GB 18241.4—2006 中自硫化橡胶衬里的耐腐蚀性要求

试验介质	质量变化率 Δm/%		测试方法
	23℃，浸泡 28d	80℃，浸泡 28d	
60%H_2SO_4	–2 ~ +5	–2 ~ +8	《硫化橡胶或热塑性橡胶　耐液体试验方法》GB/T 1690
CaCl 溶液（浓度为 150g/L，用 HCl 调节 pH 值至 4.0）	–2 ~ +8	–2 ~ +10	
去离子水（用 HCl 调节 pH 值至 2.0）	–2 ~ +15	–2 ~ +20	

表 4–14　GB 18241.5—2015 中自硫化橡胶衬里的耐腐蚀性要求

试验介质	质量变化率 Δm/%		测试方法
	23℃，浸泡 7d	120℃，浸泡 7d	
40%H_2SO_4	–2 ~ +1	–3 ~ +5	《硫化橡胶或热塑性橡胶　耐液体试验方法》GB/T 1690
70%H_3PO_4			
40%NaOH			

表 4–15 GB/T 36208—2018 中自硫化橡胶衬里的耐腐蚀性要求

试验介质	质量变化率 Δ*m*/%		测试方法
	23℃，浸泡 28d	93℃，浸泡 28d	
60%H_2SO_4	± 2	± 10	《硫化橡胶或热塑性橡胶 耐液体试验方法》GB/T 1690
CaCl 溶液（浓度为 150g/L，用 HCl 调节 pH 值至 4.0）	−2 ~ +6	−2 ~ +12	
去离子水（用 HCl 调节 pH 值至 2.0）	−2 ~ +10	−2 ~ +20	

表 4–16 T/ZZB 1010—2019 中自硫化橡胶衬里的耐腐蚀性要求

试验介质	质量变化率 Δ*m*/%		测试方法
	23℃，浸泡 168h	85 ~ 120℃，浸泡 168h	
40%H_2SO_4	−2 ~ +1	−3 ~ +5	《硫化橡胶或热塑性橡胶 耐液体试验方法》GB/T 1690
70%H_3PO_4	−2 ~ +1	−3 ~ +5	
40%NaOH	−2 ~ +1	−3 ~ +5	
20%HCl	−2 ~ +2	−10 ~ +10	

4. 自硫化丁基橡胶衬里的适用性能

适用性能是国家标准《工业烟气排放系统防腐衬里技术要求及评价方法》GB/T 36208—2018 是基于自硫化丁基橡胶衬里大量的实验数据和实际工程施工案例的验证而提出的，针对工业烟气排放系统采用自硫化丁基橡胶衬里所提出的特殊性能，见表 4–17。

表 4–17 自硫化丁基橡胶衬里的适用性能要求

试验项目	试验条件	性能要求
耐酸腐蚀性	20%H_2SO_4，冷热循环 30 次	无裂纹、气泡、气孔和剥落
耐热老化性	93℃ ×168h，热空气	无裂纹、气泡、气孔和剥落
介质试验后硬度（邵氏 A 硬度）	20%H_2SO_4，冷热循环 30 次	40 ~ 90
	93℃ ×168h，热空气	
与钢板的粘合强度 /（kN/m）	未浸入酸溶液部分	≥ 3.5
	浸入酸溶液部分	≥ 2.0

表 4–17 内项目的试验可按如下方法进行：

（1）试样制备：预制尺寸为 150mm × 100mm × 4mm 的碳钢板 6 块，按照橡胶衬里的施工工艺将 6 块钢板衬橡胶并完成硫化。将试样分成 2 组（每组 3 块试样），一组用于 20%H_2SO_4 冷热腐蚀循环试验，另一组用于 93℃ ×168h 热空气老化试验。

（2）热空气老化试验：按国家标准《硫化橡胶或热塑性橡胶　热空气加速老化和耐热试验》GB/T 3512—2014 进行 93℃ ×168h 热空气老化试验，试验完成后，目视观测试样状态，并按现行国家标准《硫化橡胶或热塑性橡胶　压入硬度试验方法　第 1 部分：邵氏硬度计法（邵氏硬度）》GB/T 531.1 测试试样硬度。

（3）冷热腐蚀循环试验：将试样的一半高度（75mm）浸入试验介质（20%H_2SO_4 溶液）中，盖好试验介质容器的口盖，将其放入 93℃的烘箱中 1h 后取出试样在室温下晾干 15min，再将试样浸入 93℃的试验介质中 16h，然后将试样连同试验介质容器（保持试样浸入试验介质）一起取出试样室温冷却 5h，此过程为一个循环，按此程序进行以后的冷热循环试验。试验完成后，用水将试验后的试样冲洗干净，目视检查试样状态。

（4）与钢板粘合强度试验。从冷热腐蚀循环试验后的试样上切割出剥离试验的试样，按现行国家标准《硫化橡胶或热塑性橡胶与硬质板材粘合强度的测定　90° 剥离法》GB/T 7760 所规定的方法进行剥离试验，测试其与钢板的粘合强度。

5．自硫化丁基橡胶衬里的有害物质限量

自硫化丁基橡胶衬里在一些特殊设备上使用，会有一些特殊的性能要求，如离子膜烧碱设备橡胶衬里就对橡胶材料中的 Ca^{2+}、Mg^{2+} 离子有限量要求，核电冷却水系统设备橡胶衬里有对一些金属离子含量有限量要求，食品加工和储存设备橡胶衬里也有对有害物质有限量要求。基于国家标准《食品安全国家标准　食品接触用橡胶材料和制品》GB 4806.11—2016 和浙江制造团体标准《纳米改性丁基橡胶衬里》T/ZZB 1010—2019，对自硫化丁基橡胶的衬里材料的有害物质限量提出了要求，见表 4–18。

表 4–18　自硫化丁基橡胶衬里材料的有害物质限量

测试项目		技术要求	检测方法
总迁移量 /（mg/dm²）	10% 乙醇，40℃，10d	≤ 10	《食品安全国家标准　食品接触材料及制品　总迁移量》GB 31604.8
高锰酸钾消耗量，水，60℃，0.5h/（mg/kg）		≤ 10	《食品安全国家标准　食品接触材料及制品　高锰酸钾消耗量的测定》GB 31604.2
重金属含量（以 Pb计），4% 乙酸，60℃，0.5h/（mg/kg）		≤ 1.0	《食品安全国家标准　食品接触材料及制品　食品模拟物中重金属的测定》GB 31604.9
丙烯腈迁移量 /（mg/kg）	10% 乙酸，60℃，10d	≤ 0.01	《食品安全国家标准　食品接触材料及制品　丙烯腈的测定和迁移量的测定》GB 31604.17

注：试验用样品制备的硫化条件：150℃ ×40min。

（五）预硫化橡胶衬里的性能

1．物理性能

预硫化橡胶衬里的性能指标与加热硫化橡胶衬里基本相同，商品化预硫化橡胶衬里的性能指标见表 4–19。

表 4-19 商品化预硫化橡胶衬里的性能指标

项目		CIIR/CR 胶料	CIIR 胶料	IIR 胶料	IIR/BR 胶料	
					粘合层：BR	外层：IIR
邵氏 A 硬度 / 度		53 ± 5	55 ± 5	50 ~ 65	60 ± 5	60 ± 5
拉伸强度 /MPa		≥ 10.0	≥ 10.0	≥ 8.0	≥ 10	≥ 10
拉断伸长率 /%		≥ 350	≥ 350	≥ 300	≥ 300	≥ 250
拉断永久变形 /%		—	—	≤ 30	≤ 18	≤ 30
热硫化制样 90° 剥离强度 /（kN/m）		≥ 3.5	≥ 3.5	—	≥ 3.5	—
室温放置 240h，胶板自粘，90° 剥离强度 /（kN/m）		—	—	≥ 2.0	—	—
室温放置 240h，胶板与金属粘合，90° 剥离强度 /（kN/m）		—	—	≥ 2.0	—	—
在代表性腐蚀介质中浸泡后的质量变化 Δ*m*/%	40%H_2SO_4	—	—	−3 ~ +5	—	—
	70%H_2SO_4	—	—	−3 ~ +5	—	—
	30%HCl	—	—	−3 ~ +25	—	—
	20%HCl	—	—	−3 ~ +15	—	—
	75%H_3PO_4	—	—	−3 ~ +5	—	—
	40%NaOH	—	—	−3 ~ +5	—	—

注：表中腐蚀性介质试验条件为 40% H_2SO_4（80℃ ×240h）；70% H_2SO_4（室温 ×240h）；30% HCl（室温 ×240h）；20% HCl（80℃ ×240h）；75% H_3PO_4（80℃ ×240h）；40% NaOH（室温 ×240h）。

在国家标准《工业设备及管道防腐蚀工程技术标准》GB/T 50726—2023 和《橡胶衬里 第 1 部分：设备防腐衬里》GB 18241.1—2014 规定了通用条件下预硫化橡胶衬里胶板的物理性能，见表 4-20。

表 4-20 通用条件下预硫化橡胶衬里胶板的物理性能

项目	IIR 胶料	CIIR 胶料	CR 胶料
邵氏 A 硬度 / 度	50 ~ 65		
拉伸强度 /MPa	≥ 6.0	≥ 4.0	≥ 8.0
拉断伸长率 /%	≥ 250		
90° 剥离强度 /（kN/m）	≥ 3.5		

注：表中各性能项目的试验方法可参见本节“自硫化橡胶衬里的性能”相关内容。

2. 耐腐蚀性能

国家标准《工业设备及管道防腐蚀工程技术标准》GB/T 50726—2023 和《橡胶衬里 第 1 部分：设备防腐衬里》GB 18241.1—2014 规定了在代表性介质中，预硫化橡胶衬里的胶板耐介质腐蚀性能，可参见本节表 4-8。

四、橡胶衬里材料发展动态

（一）耐高温橡胶衬里

我国橡胶衬里高温下的设计使用温度限制在120℃内，主要基于现有橡胶衬里材料的耐热性能。目前国际上已经出现耐热可达到150℃的胶板，如德国STEULER-KCH公司的KERABUTYL HT胶板，属于加热硫化溴化丁基橡胶，其主要性能见表4-21，已在国内多个项目中采用。

（二）无溶剂自粘型橡胶衬里

传统橡胶衬里施工，胶板衬贴离不开配套的粘合剂体系，而这些粘合剂中大多含有易燃、易爆、易挥发的有机溶剂。为满足环保和安全施工的需求，目前在行业中已经出现了无溶剂自粘型橡胶衬里。该类产品可在设备进行喷砂后，直接衬贴，并进行硫化，无须额外涂刷胶粘剂。代表产品为上海凯驰的EBOLOBK D3系列加热硫化衬里，其主要性能见表4-21。

表4-21 KERABUTYL HT和EBOLOBK D3胶板主要性能

项目	KERABUTYL HT 加热硫化软质衬里	EBOLOBK D3 加热硫化硬质衬里
胶种	BIIR	NR
邵氏A硬度/度	65～75	—
邵氏D硬度/度	—	65～80
拉伸强度/MPa	≥5.0	≥10.0
拉断伸长率/%	≥250	—
粘合强度（拉开法）/MPa	—	≥10.0
粘合强度（90°剥离法）/（kN/m）	≥4	—

第三节 橡胶衬里设计要点

一、设计压力和设计温度

（一）设计压力

橡胶衬里设备及管道的设计压力范围宜为：-0.1～1.60MPa。

（二）设计温度

（1）橡胶衬里设备及管道的设计温度范围宜为：-20～120℃。

（2）橡胶衬里的最高使用温度宜比设计温度上限低5℃，最低使用温度宜比设计温度下限高5℃。

（三）超范围的处理

当橡胶衬里设备及管道的设计压力、设计温度超出以上范围时，橡胶衬里材料性能的确定应遵循下列原则：

（1）工程应用经验和胶板制造商提供的性能数据。在采用一些外资品牌等高性能橡胶材料的工程应用中，已有案例证明设备设计压力可达 2.5MPa、胶板使用温度可达 150℃。因此当遇到超过国家标准《工业设备及管道防腐蚀工程技术标准》GB/T 50726—2023 中规定的 1.60MPa 的设计压力或 120℃的设计温度时，可参考实际案例以及供应商进行数据确定。

（2）现场挂片。通过现场挂片试验来确定其是否满足工况的使用要求。

（3）实验室试验验证。按国家标准《硫化橡胶或热塑性橡胶　耐液体试验方法》GB/T 1690—2010 规定的试验方法，对胶板性能进行实验室试验验证，评估和确定其在腐蚀介质中的性能是否满足使用要求。

二、设备和管道的基体设计

（一）基体要求

1. 基体

（1）设备和管道基体的设计应符合国家标准《工业设备及管道防腐蚀工程技术标准》GB/T 50726—2023 和相关国家标准的规定。

（2）基体的结构应满足橡胶衬里材料的特性及衬里施工、安装和检修要求。

（3）设备和管道基体的结构和形状应简单，衬里侧不宜焊接其他附属构件；当需要加强筋时，应设置在设备的无衬里侧。

（4）橡胶衬里设备及管道涉及的焊接接头、螺栓连接、法兰连接、接管和排放口、边和角及角焊缝、筒体与封头连接、支撑及焊接部件和换热管管头及分程隔板等典型结构应符合国家标准《工业设备及管道防腐蚀工程技术标准》GB/T 50726—2023 附录 B 的有关规定。

（5）当橡胶衬里设备及管道采用本体加压硫化时，应按使用操作压力和衬里硫化压力两者中的较大值确定设计压力，并应对设备及管道进行强度计算和校核。

2. 边、角、直管、法兰、三通

（1）设备的边、角应圆滑过渡，其最小半径宜符合国家标准《工业设备及管道防腐蚀工程技术标准》GB/T 50726—2023 表 3.2.2 和本手册表 1–1 的规定。

（2）直管、法兰、三通等管件的最大长度宜符合国家标准《工业设备及管道防腐蚀工程技术标准》GB/T 50726—2023 表 3.2.5 和本手册表 1–2 的规定。

（3）需衬胶的法兰宜采用全平面密封，密封面不得加工密封水线。

3. 表面及焊缝

（1）衬里的基体表面等级分类、基体表面等级与典型缺陷及控制要求应符合国家标准《工业设备及管道防腐蚀工程技术标准》GB/T 50726—2023 第 3.2.7 条和第 3.2.8 条规定，见本手册表 1–3；基体表面等级与焊缝典型缺陷及控制要求应符合国家标准《工业设备及管道防腐蚀工程技术标准》GB/T 50726—2023 附录 C 的有关规定，见本手册表 1–4。

（2）内表面应平整、清洁，并应无砂粒或熔渣、飞边、毛刺、缩孔、局部孔隙、冷重叠或结痂等缺陷；焊接区应光滑，且应无凹坑或凸起。

（3）真空设备及管道橡胶衬里侧所有焊缝表面应进行 100% 渗透检测，并应符合现行行业标准《承压设备无损检测 第 5 部分：渗透检测》NB/T 47013.5 的 Ⅰ 级规定。

（二）基体表面处理

（1）在衬里侧基体表面处理前，应先对衬里侧基体表面进行预处理，通常采用初喷砂方法，使金属基面及焊缝的缺陷得以暴露，并采用焊补、打磨等方法进行修补和处理，再对基体表面进行清理。

（2）衬里侧基体表面处理后应达到 Sa2 $\frac{1}{2}$级；基体表面粗糙度等级应符合国家标准《工业设备及管道防腐蚀工程技术标准》GB/T 50726—2023 表 4.2.3 中的“中等级”规定。

三、衬里设计

（一）设计条件

橡胶衬里的设计应考虑下列内容：

（1）腐蚀介质的组分和特性。

（2）正常使用温度、最高或最低温度、温度变化周期。

（3）正常工作压力、最高或最低压力、压力变化周期。

（4）间隙操作或连续操作。

（5）磨损。

（6）设备清洗、操作要求。

（7）机械损伤。

（8）设备搬运、储存期间的特殊气候条件。

（9）大规格设备、管道或部件道路运输条件。

（10）硫化罐尺寸。

（11）现场施工时的蒸汽量、水源条件。

（二）胶板的选择

橡胶衬里胶板的选择除应考虑上述设计条件外，还需遵守下列原则：

（1）能进入硫化罐的衬里设备及管道，衬里应优先选用硫化罐硫化的胶板。

（2）无法进入硫化罐或运输受限、体积较大的橡胶衬里设备及管道，衬里胶板选择次序应为：

1）带压本体硫化胶板；

2）常压蒸汽硫化胶板；

3）常压热水硫化胶板；

4）自硫化胶板；

5）预硫化胶板。

（3）真空操作的衬里设备及管道，衬里应采用硫化罐硫化的胶板；无法进入硫化罐的，应采用带压本体硫化。

（4）当介质含有固体悬浮物且有耐磨损要求时，宜采用软胶板，也可采用一层硬胶板作底层，一层软胶板作面层；两层胶板需加热硫化时，应采用相同硫化条件。

（5）介质含有较多固体颗粒或管内流速较大的管道，应优先选用硫化罐硫化的预制成型无接缝软胶筒或软胶板。

（6）需进行机械切削加工的橡胶衬里构件，衬里应采用硬胶板。

（三）厚度设计

（1）当采用一层衬里时，厚度宜为 4 ~ 6mm；最小厚度不应小于 3mm，最大厚度不应大于 8mm。

（2）当有特殊要求时，可采用多层衬里，但总层数不应超过 3 层，总厚度不宜大于 8mm。

（3）衬里搭接接头厚度可不受上述限制。

（四）衬里接头设计

1. 接头形式

（1）衬里接头可分为搭接、对接等形式（图 4–9），并应优先采用搭接接头。

（2）单层衬里、多层衬里面层、设备转角处应采用搭接接头。

（3）多层衬里底层和中间层宜采用对接接头。

图 4–9　橡胶衬里接头形式

2. 接头搭接要求

（1）衬里接头搭接宽度不应小于胶板厚度的 4 倍，且不宜超过 32mm。设备转角处搭接宽度不应小于 50mm。

（2）相邻衬里接头应错开，其最小距离不宜少于 200mm。采用多层衬里时，相邻衬里层的接头也应错开，其距离不宜少于 200mm。

（3）衬里纵、环接头相交处，不得采用十字形接头，应采用 T 字形接头，T 字形接头错缝距离应大于 200mm。贴衬 T 字形接头时，应先将下层搭接处的凸面削成斜面，然后贴衬上层胶板。

（4）衬里削边和接头搭接方向应根据设备及管道结构确定。衬里接头搭接方向应与介质流向一致。

第四节　施工要点

一、施工前准备

（一）环境条件

环境和气候条件应符合橡胶衬里制造工厂的工艺文件和规定：

（1）在衬里施工过程中，基体和半成品的温度不得降至露点以下。

（2）一般要求，环境干净整洁，温度为 10～30℃，湿度不高于 75%，基体温度至少高于露点 3℃。

（二）材料检查

施工用衬里材料和粘合剂应检查检测报告和合格证，在保质期内使用。对于低温储存的材料，在调配前应放置到室温状态下至少调节 24h。

（三）施工前试板和检测

在满足上述条件下，进行施工前试板制作：

（1）制作过程参考厂家的工艺文件，同时记录材料用量。

（2）制作完成后，进行物理性能测试，测试项目至少包括硬度和粘贴强度。

（3）测试结果合格后，提交施工前试板测试报告，申请正式施工。

二、施工

在满足本节“施工前准备”条件下，进行衬里施工。

（一）施工场所温度和湿度控制

施工过程中，如实记录施工场所温度、湿度及露点：

（1）每日开工前必须进行测试，此后每隔 4h 须进行测试，对于气温变化明显的时段，增加测试记录。

（2）若环境条件不符合要求，需采取措施，如加开除湿机或加热器等，将环境条件调整到符合要求的状态，否则应该停止施工。

（3）记录材料配比及消耗量，及时检查材料库存，规避耗用不正常。

（二）基体的表面条件和要求

1. 基体检查和清理

（1）衬里前，检查基体结构和表面状况，并应满足国家标准《工业设备及管道防腐蚀工程技术标准》GB/T 50726—2023 和现行行业标准《衬里钢壳设计技术规定》HG/T 20678 中规定的要求。

（2）对于设备机加工面或加工过程经过油脂润滑的表面，因有油脂残留，需要进行脱脂清洗等处理。表面清理合格后，才能进行下一道工序。

2. 基体表面处理

（1）钢结构表面一般进行喷砂处理，使其达到设计规定的光洁度（图 4–10）和粗糙度（图 4–11），检查合格后，对喷砂表面进行适当处理，如涂刷底漆或者粘胶剂，以防止生锈。

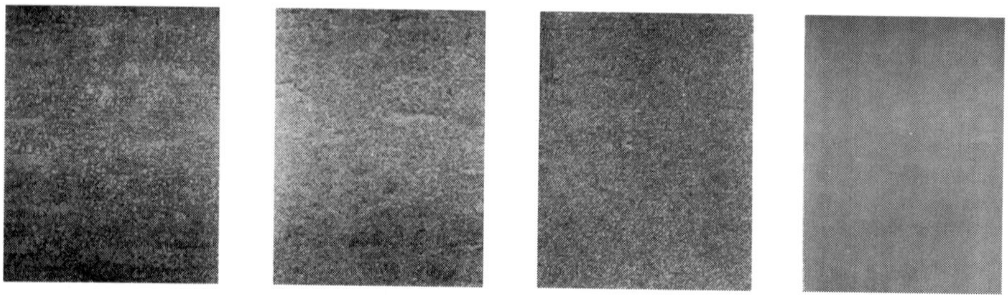

（a）Sa1　（b）Sa2　（c）Sa2 $\frac{1}{2}$　（d）Sa3

图 4–10　钢基体表面处理光洁度等级示意图

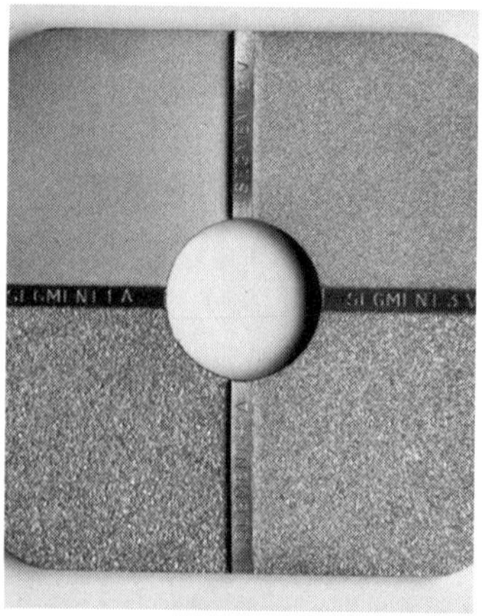

图 4–11　钢基体表面粗糙度比对板

（2）对于较小表面积的维修或者喷砂设备难以覆盖的区域，可以通过打磨来进行表面处理，以达到所需要的表面粗糙度和光洁度。

3. 基体表面清灰

（1）在喷砂完成后，用压缩空气或洁净气源吹净表面灰层，吹掉附着磨料，检查处理后外观，特别是焊缝和边角处，检查合格后方可进入下一道工序。

（2）对于奥氏体不锈钢，可加设含盐量测试，合格后进入下一道工序。

（3）若出现外观不合格，如粗糙度不达标或者焊缝缺陷，需进行返工处理，待处理合格后，再重复表面处理直至合格。

（三）衬里施工

1. 底涂和粘合剂

（1）表面处理合格后的基体，为防止返锈和污损，应尽快进行底涂涂刷，底涂干燥后，即可进行粘合剂的涂刷。

（2）底涂和粘合剂在使用前，应采用防爆搅拌机充分搅拌，一般时间不低于10min，使底部固形物与溶剂混合均匀。

（3）根据供应商的产品说明，辊涂刷涂是常用的形式，底涂也可以采用喷涂，注意涂刷的厚度和用量应符合工艺文件的要求。

（4）涂刷应厚薄均匀，涂刷面应完全覆盖防腐蚀面并越过防腐蚀边缘线至少10mm，在干燥间隔时间合格后，进行上层涂刷。注意上层材料应能完全覆盖下层材料。

2. 衬里裁切

（1）根据设备部件图纸、实际尺寸，以及衬里材料本身性能，考虑施工及硫化过程收缩和重力影响，配合划线、模板等进行衬里材料下料尺寸设计。

（2）使用下料刀进行下料，预留硫化收缩和封头弯曲度的用量。

（3）施工下料应减少 T 形缝，杜绝十字缝。

3. 衬里粘贴顺序

涂刷好粘合剂的衬里，按照施工顺序进行粘贴。按照从上到下，先内后外，先细部后大面，先法兰后筒体的原则进行施工。注意规避过度拉扯，防止过度延展，以避免损坏已完工衬里。

4. 衬里的搭接

衬里的搭接需要注意以下几点：

（1）搭接通常会导致接头区域的衬里厚度增加。如果在某些区域不允许这样增加厚度，则应由衬里制造商和客户商定，并应在相关图纸上进行标记。

（2）为了确保粘合接头有足够大的接触面积，衬贴接头的搭接边通常应以 15° ~ 30° 的角度进行切割。

（3）接头应符合图 4–12或图 4–13 的要求。在特定情况下，允许通过加衬覆盖条对接头进行更宽的重叠或覆盖保护。

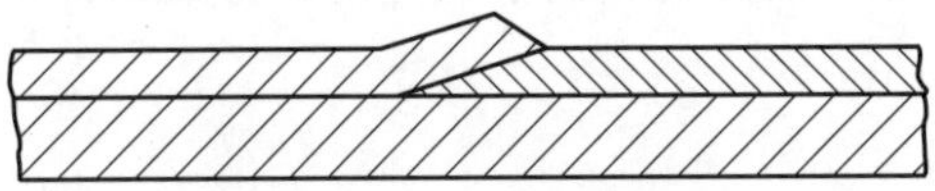

图 4–12　A 型粘合接头

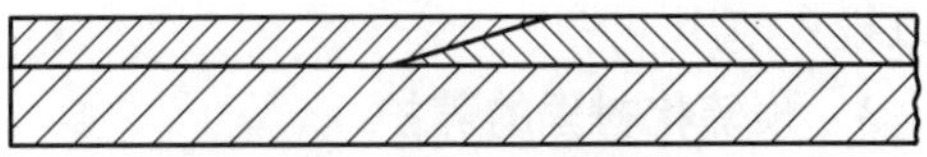

图 4–13　B 型结合接头

（4）搭接时应注意介质流向，对于预硫化衬里，禁止最外层搭接方向与介质流向异向。

5. 管道衬里

对于非胶筒衬里，需先进行搭接粘贴，对于搭接处进行电火花测试；对于胶筒衬里，要注意胶筒尺寸与基体内径的匹配度，再使用拉管机压实粘贴。

6. 多层衬里

多层衬里施工，上下两层衬里搭接缝应错开至少 100mm，并随同第一层施工时连续进行施工，规避第一层施工结束后再行第二层施工导致第一层表面损伤。

（四）试板制作

按照施工流程，同步进行施工试板的制备，一般同批（同一批材料、同一台设备）不少于 3 块，试板尺寸不小于 100mm × 150 mm。有特别要求时可按供需双方的约定。

（五）硫化与养护

衬里施工结束后，检查搭接情况，进行整体外观检查、电火花测试、厚度测试。合格后按照工艺要求进行硫化或养护，注意过程中的压力和温度控制。

1. 热硫化衬里

（1）硫化罐硫化。根据工艺文件要求，将已完工衬里设备放入硫化罐中，根据硫化曲线进行硫化。注意，硫化罐压力表和温度计应提前校准，至少各配置 2 块。

（2）本体硫化。对于尺寸超过硫化罐尺寸的特大设备，若其设计压力大于衬里硫化最大压力 0.1MPa，可以使用设备本体进行衬里硫化，硫化前需要编制本体硫化方案提请审批后实施。

注意：配置压力表不少于 2 块，等级不低于 1.6 级，量程为硫化最大压力的 1.5～2.0 倍。分别放置在设备最低和最高处，并在设备上设置安全阀和最低处设置疏水阀。同时，在设备最低和最高处配置两个温度计，量程不低于硫化最高温度的 1.5～2.0 倍。温度计和压力表在使用前，应送有资质的第三方进行校验，偏差符合标准要求。

（3）热水硫化。对于可在较低压力下硫化的衬里，通过给承装溶液加热的方式，进行热水硫化。最高温度为 95～98℃，硫化温度保持时间一般为 72h，待试板测试合格，硫化过程结束。

注意：硫化结束后，硫化用水的排放和处理要符合相关标准的要求。试板在设备的高、中、低部各放置至少 1 块。待试板测试结果全部合格时，停止加热，硫化结束。

2. 自硫化衬里（常压硫化）

对于自硫化衬里，施工结束检查合格后，进行衬里防护。然后进入衬里自硫化阶段，记录温、湿度情况；根据现场温湿度，一般 2～3 个月后测试粘贴强度和硬度，当数据达到规定值后，自硫化过程即结束；若数据不满足，则需继续等待，待数据合格后可以投入使用。

3. 预硫化衬里的养护

预硫化衬里施工结束后应对衬里进行养护。一般情况下，至少 48h 后，粘贴强度可以达到合格值，此时应对试板进行测试，粘贴强度满足要求后，即可以投入使用。

（六）硫化后的法兰面处理

对于有装配要求的法兰面或内外部装配面，施工前要考虑后期硫化收缩及打磨余量，施工时要确认厚度余量，硫化后进行打磨修整，并进行预组装：

（1）确保装配面平整，装配厚度满足要求，装配后密封良好，能满足装配和使用的要求。

（2）对于有特别要求的表面，可以使用机加工精细处理或者预留配重件处理。

（3）打磨一般先使用粗砂盘打磨，再精磨使用细沙盘打到要求厚度和平整度。

（4）过程中应通过厚度测试和平整度测试，即时控制打磨余量。

三、使用前养护

衬里施工结束后不能及时投入使用或长周期停用的衬里设备或构件，则需要对衬里进行防护和养护，并联络衬里制造商确认材料温度和养护盛装溶液的耐受性。

（1）一般对于储罐类设备，推荐盛装水到设计规定的液位。

（2）冬季易冻地区，可以考虑盛装稀盐水。

（3）对于搅拌桨、叶轮等硬质橡胶衬里构件，宜存放在室内，环境温度不低于 5℃。

（4）在正式启用或停机再次复用前，进行衬里检查。

四、缺陷修复

（一）一般要求

当衬里出现缺陷时，应及时进行修复：

（1）衬里制造商可以使用已被证明适合修复的相同类型的材料或胶泥来专业修复衬里中的任何缺陷，修补工艺参考衬里制造商的工艺规范要求。

（2）对于需要切除有缺陷衬里部位的修补，需将缺陷部位衬里斜切出搭接坡度，沿用原施工流程和原来材料进行修补，修补大小不小于 100mm × 100mm。对于连续出现的缺陷，可以优先选用较大的修补尺寸合并进行修补。

（3）若缺陷是因为基体不合格导致，应先对基体进行修复合格后，再行修补衬里。

（二）施工过程中缺陷的修补

应对施工过程中的缺陷进行原因分析。如果是基体原因，应先修复基体；非基体原因，则直接用同种材料和原工艺进行施工。检查合格后，进入硫化或养护工序。

（三）硫化后出现缺陷的修补

对于硫化后出现缺陷，应进行原因分析：

（1）对于非基体原因导致的缺陷修补，推荐使用原衬里、原施工工艺修补后，再行硫化工序。

（2）在此之前需确认重复硫化的影响。在无影响的情况下，缺陷面积较大的修补，推荐整体进罐硫化。

（3）设备及管道的任何部位，总硫化次数不得超过 3 次。

（4）缺陷面积较小的局部维修，如单个尺寸小于 500mm × 500mm 或单个面积小于 $0.25m^2$ 进行热处理硫化，热处理方式有灯烤硫化或加热板加热硫化。需要注意的是，硫化过程中应严格控制升温速度。

（四）使用一定周期后的缺陷维修

橡胶衬里使用一定周期后出现缺陷，分两种情况：

1. 选型错误或衬里不耐受

因衬里不耐受或选型错误导致的不耐受缺陷或系统不适用，表现为：

（1）介质接触面胶板明显发粘、溶胀、硬度变化、大面积脱层或粘贴不牢。

（2）磨蚀超过原设计厚度1/3，要考虑是否有维修必要。

出现上述情况，应进行衬里更换或更新选型。

2. 非选型错误或衬里不耐受导致的缺陷

因施工原因导致的局部粘贴不牢，使用中少量搭接冲刷脱开，非正常外力撞击导致变形破损等非衬里选型耐受问题，可以通过原材料修补进行修复。修补前，对于腐蚀的结构进行预先修补，打磨平滑，满足基体要求后再行安排，并注意下列几点：

（1）使用原同型号材料进行修补。

（2）使用已经验证可行的胶泥或其他修补材料进行修补。

（3）修补流程参考衬里供应商提供的工艺文件。

第五节 质量检验

一、橡胶衬里质量的主要检验项目

在国家标准《工业设备及管道防腐蚀工程技术标准》GB/T 50726—2023 第 6.5 节中，对橡胶衬里设备及管道的胶板和粘合剂质量及其取样数量和质量判定、待衬里设备及管道衬胶前耐压试验和泄漏试验、基体表面处理等级、衬里接头、法兰面衬胶等均作了检验规定，橡胶衬里质量的主要检验项目见表 4–22。

表 4–22 橡胶衬里质量的主要检验项目

序号	项目	要求	检验方法
1	胶板贴衬	不得漏压或漏刮，排净粘合面间的空气；胶板搭接接头应压合严实，边沿应圆滑过渡，不得有翘起、脱层、空鼓等现象	目测检查，硬质衬里硫化后可以用检验锤检查
2	衬里层厚度	允许偏差应为 −10% ~ +15%	采用磁性测厚仪检查，按《磁性基体上非磁性覆盖层 覆盖层厚度测量 磁性法》GB/T 4956—2003 有关规定
3	衬里层完好性	无漏电现象	电火花针孔检测仪，按《工业设备及管道防腐蚀工程技术标准》GB/T 50726—2023 附录 M 的规定
4	硫化胶板硬度	硬度应符合设计规定值。根据测点数取算术平均值： （1）硫化罐硫化，可在设备本体或与设备一起硫化的产品试板上进行，每罐不得少于 5 点； （2）常压本体硫化的设备，可在设备本体或与设备一起硫化的产品试板上进行，每个衬胶面不得少于 2 处，每处测点应为 3 个； （3）常压热水硫化和自硫化的设备，可在与设备一起硫化的产品试板上进行，每个衬胶面产品试板不得少于 2 块，每块产品试板的测点不得少于 3 个	按《压入硬度试验方法 第 1 部分：邵氏硬度计法（邵氏硬度）》GB/T 531.1

续表 4–22

序号	项目	要　求	检验方法
5	施工前后粘合强度	（1）非真空设备应符合《工业设备及管道防腐蚀工程技术标准》GB/T 50726—2023 表 6.2.3 和本手册表 4–6、表 4–10、表 4–18 有关规定； （2）真空设备的粘合强度：硬质胶板不应小于 8.0 MPa；软胶板不应小于 6.0kN/m	硬质橡胶按《硫化橡胶或热塑性橡胶　与金属粘合强度的测定　二板法》GB/T 11211 及《工业设备及管道防腐蚀工程技术标准》GB/T 50726—2023 附录 P 的有关规定； 软质橡胶按《硫化橡胶或热塑性橡胶与硬质板材粘合强度的测定　90° 剥离法》GB/T 7760 有关规定
6	真空设备的真空试验	试验时间不应小于 1h，试验合格后应对衬里层进行检查，不得有脱层、鼓泡、起皱等缺陷	按设计规定进行

二、使用检测仪器和检测方法注意点

在使用表 4–22 检测项目的检测仪器和检测方法时，有以下几个注意点：

（一）衬里厚度的测量

测量衬里厚度的目的是通过对特别关键的点进行测量，确定衬里的实际总厚度和与设计值的偏差。通常衬里的整体厚度是由不同的复合层，如软性橡胶 – 硬性橡胶、软性橡胶 – 热塑性塑料。如果需要测量单个层的厚度，应在后续层施工之前进行。

衬里厚度应使用以下规定的无损方法之一进行测量。该方法的选择应根据基材的特性、基材和衬里的规定的最大和最小厚度。

对于铁磁性基底，可使用国家标准《磁性基体上非磁性覆盖层　覆盖层厚度测量　磁性法》GB/T 4956—2003 和 EN ISO 2178：2016 *Non-magnetic Coatings on Magnetic Substrates—Measurement of Coating Thickness—Magnetic Method*（以下简称“EN ISO 2178：2016”）中规定的磁性方法。

1. 粘附力法

这种方法是通过测量基板和放置在衬里表面上的永磁体之间的磁性吸引力来确定衬里的厚度。衬里越厚，磁通量（即磁性吸引力）就越低。

2. 磁感应法

根据测量装置的类型，一个带有一个或两个磁极的探头被放置在衬里上。在磁场中受影响的任何变化都是通过它们在活线圈中产生的感应反应来测量的。衬里越厚，诱导反应就越低。

3. 涡流法

在国家标准《非磁性基体金属上非导电覆盖层 覆盖层厚度测量 涡流法》GB/T 4957—2003 和 EN ISO 2360：2003 *Non-conductive Coatings on Non-magnetic Electrically Conductive Basis Materials-Measurement of Coating Thickness Amplitude-Sensitive Eddy Current Method*（以下简称"EN ISO 2360：2003"）中规定的涡流方法，可用于不适用于磁性试验方法的非铁磁性金属材料。其原理是在衬底中诱导涡流，并测量在探针中产生的反应。

4. 影响测量值的因素

（1）温度。随着温度的升高，金属材料的电磁电感降低，有机材料的极化率提高。这两种效应都对测量值都有影响。

（2）传感器的放置。测量探头应垂直、轻轻地放置在衬里表面。应特别注意使用软材料，其中传感器的负载压力应尽可能保持在最低限度。

（3）间距。在探针与边缘、孔、孔或轮廓变化的一定边缘距离内的测量会产生测量误差。距离这些区域的最小距离应为 20mm。

（4）表面曲率。表面的曲率会对测量值有影响。为了获得正确的测量值，最小半径通常由测量设备的制造商指定。如有疑问，可能需要使用具有相同曲率半径的参考样品来校准测量装置。

（5）表面粗糙度。随着表面粗糙度的增加，单次测量的可靠性降低，因此对粗糙衬里应采取高于平均水平的测量次数进行测量取值。

（6）铁磁性或导电性填料和中间层。当填料或中间层是铁磁性或导电性时，测量可能会受到相当大的影响。应使用相同衬里系统的参考样品来进行校正。

（二）衬里层完好性检测

该测试旨在检测延伸到基底的孔隙和裂纹以及其他缺陷。适用于导电基体的电绝缘衬里。如果衬里完好，施加的电压只有在达到击穿电压时才会产生破坏性击穿。衬里的缺陷会在较低的电压下产生击穿。

1. 检测仪种类

衬里层完好性检测通常采用电火花针孔检测仪，属高压检测设备，通常有三种：

（1）交流电火花针孔检测仪，适用于击穿强度很高的材料，且其填料不易发生电介质极化。该检测仪不允许对峰值电压的高度和持续时间进行精确限制。

（2）恒直流（DC）电火花针孔检测仪，它可能引起衬里的电荷和电性能永久性变化，从而产生错误的结果，不推荐使用。

（3）脉冲直流电火花针孔检测仪，适用于所有应用领域。

2. 检测仪特性和要求

（1）电火花针孔检测仪的最大输出电压不得小于 20kV，电压应稳定在设定值的 ±10% 以内。应带有缺陷报警功能，并宜带有灵敏度调节功能。

（2）检测电压的选择应以发现针孔或裂缝等缺陷而又不损坏衬里为原则。每毫米厚胶板的检测电压宜为 3kV，特殊情况下由供需双方协商选定。

（3）检测电极的选择：在检测衬里面积较小、接头及形状复杂部位，应选用直形电极；当检测衬里面积较大且形状规则时，可使用扇形电极，电极与衬里接触部位的长度不应超过 150mm。

（4）电火花针孔检测仪应保证当人体接触探头部分时不会造成危险。

3. 检测步骤与判定

（1）检测前应保持衬里表面清洁、干燥。将调节好的检测探头可采用 200 ~ 400mm/s 的速度平稳地扫过衬里表面和接头。检测时，探头在任一位置的停留时间不宜过长。

（2）当进行多次检测时，可适当调低检测电压，每毫米厚胶板的检测电压不得高于 3kV。

（3）检测时，探头与衬里间无明亮火花出现且无报警或有火花但无报警，则应判定为衬里完好；当某处产生明亮火花且报警时，则应判定为该处有针孔或裂纹类缺陷。

（三）硫化胶板硬度的测量

检测新完工或维修的橡胶衬里硬度目的是验证其是否符合标准和设计要求，同时对使用后的橡胶衬里进行检测，以确定使用过程中产生的应力导致性能变化情况。有下列要点：

（1）橡胶衬里的硬度可以表征交联的程度。

（2）衬里硬度应通过规定的试样来测量其抗压痕性来确定。

（3）硬度受环境温度和基体温度影响。

（4）衬里的任何后续机械处理也可能影响结果。

（5）待测衬里表面应光滑，无可见缺陷，如划痕或气孔。

（6）邵氏 A 硬度检测适用于软橡胶衬里，邵氏 D 硬度检测适用于硬橡胶衬里。手工试验需要注意考虑测量值的离散性。

（四）粘合强度测试

（1）软质橡胶衬里的粘合强度应根据现行国家标准《硫化橡胶或热塑性橡胶与硬质板材粘合强度的测定　90°剥离法》GB/T 7760 测试试样。

需要指出，在 DIN EN 14879-4：2008 的 9.3.3 中要求，在工作温度为 60℃时，抗剥离强度至少应为 3N/mm。在较高的工作温度下，应在介质中进行试样的验证。

（2）硬橡胶衬里的测试应按国家标准《硫化橡胶或热塑性橡胶与金属粘合强度的测定　二板法》GB/T 11211—2009 检测，粘合强度不得小于 6MPa。

需要注意的是，在 DIN EN 14879-4：2008 的 9.3.3 中，要求按照 EN ISO 4624：2002 *Paints，Varnishes—Pull-off Test for Adhesion*（对应国家标准《色漆和清漆　拉开法附着力试验标准》GB/T 5210—2006）的拉拔方法进行，在工作温度为 60℃时，粘合强度至少应为 6N/mm^2。在较高的工作温度下，应在介质中进行试样的验证。

三、橡胶衬里的防静电检测

在 DIN EN 14879-4：2008 的 9.2.4、9.3.4、9.4.7 中，设置了橡胶衬里的防静电检测条款。主要用于处理在易燃、高度易燃或极易燃液体使用或环境中，橡胶衬里能够消散静电荷，以避免火花带来的危险。要点如下：

（1）测试应在钢板上进行，衬里具有最大厚度。测量前，试样应在正常气候下至少调整 24h，应避免在测量前用有机溶剂处理试样。

（2）绝缘电阻应根据 IEC 60167—1964 *Methods of Test for the Determination of the Insulation Resistance of Solid Insulating Materials*（对应国家标准《测定固体绝缘材料绝缘电阻的试验方法》GB/T 10064—2006）进行测量，电压为 100V DC。

（3）衬里每个点的体积电阻不应大于 $1\times10^{8}\Omega$，表面电阻不应大于 $1\times10^{9}\Omega$。

第六节　运 行 维 护

一、设备及管道衬胶完成后注意事项

（1）设备不得再进行电焊、气割等动火作业。

（2）不得对设备进行剧烈的敲击、振动。

（3）电火花检测时，应使用相对应的电流及电压进行检测，以防击穿胶板。

（4）因检查衬胶质量而需要搭设脚手架时，竖杆底部要加上厚垫，竖杆不能直接与设备胶板接触，以免损伤胶板。

（5）不得使橡胶衬里设备及管道长时间处于超过设计工况条件下的疲劳作业状态；使用温度的骤热骤冷变化，会引起胶板热胀冷缩，导致胶板起鼓、离层等现象，缩短橡胶衬里的使用寿命。

二、设备及管道维修要求

每年至少对橡胶衬里设备及管道检查一次，若发现胶板有裂纹、空鼓、脱落等现象，要及时进行局部维修。胶板修补须选派具有熟练专业技术的人员，精心操作，确保修补质量，同时不得损伤其他防腐蚀层。

（一）预硫化、自硫化胶板的维修

（1）对胶板空鼓和脱落部位，要先铲除原损坏的胶板，并清理露出基体本色，然后按照衬胶要求进行第一层胶板修补，待第一层胶板修补平整后，再将第一层胶板四周扩大 100 ~ 150mm，并先进行清理打磨处理，然后按照衬胶要求再补衬第二层胶板。

（2）对胶板裂纹要铲成小 V 字形，采用橡胶修补膏分多次抹平，修补后可采用玻璃钢加强。

（二）加热硫化胶板的维修

（1）对胶板空鼓和脱落部位的维修方法同上述预硫化、自硫化胶板的维修；需要硫化时，应按胶板厂家的工艺要求进行。

（2）对较大的负压（真空）设备及管道的胶板修补完成后，可采用碳板或碳砖砌体进行有效保护。其原因是通常所衬胶板在拐角等应力集中处，料浆长期磨损导致胶板损坏；在进行胶板修补后，已不具备再次硫化条件，因此修补的胶板一般采用预硫化胶板；为更好地保护胶板，在胶板表面再衬砌一层碳板或碳砖进行有效保护。

第七节　橡胶衬里工程案例

一、成功案例

橡胶衬里成功工程案例很多，具有代表性案例见表 4–23 ~ 表 4–28。

表 4–23　成功案例（一）

建设单位	某化工有限公司	装置规模	10 万 t/ 年湿法磷酸精制技术改造项目 F 套浓缩装置
竣工时间	2021 年 9 月	使用情况	
设备概况			
设备名称	规格　数量	使用环境	施工工艺
蒸发器（真空设备）	ϕ8 000 × 17 155	介质：浓磷酸；压力：0.088MPa；温度：90℃	钢 +4mm 硫化胶板
大气冷凝器（真空设备）	ϕ3 100 × 13 750	介质：含污气体、冷凝水；压力：0.091MPa；温度：40℃	钢 +4mm 硫化胶板
雾沫分离器（真空设备）	ϕ6 000 × 13 450	介质：氟气、磷酸气体；压力：0.01MPa；温度：88℃	钢 +4mm 硫化胶板
第一氟吸收塔（真空设备）	ϕ6 000 × 20 600	介质：氟气、氟硅酸；压力：0.09MPa；温度：60℃	钢 +4mm 硫化胶板
第二氟吸收塔（真空设备）	ϕ5 500 × 18 300	介质：氟气、氟硅酸；压力：0.09MPa；温度：60℃	钢 +4mm 硫化胶板

表 4–24 成功案例（二）

建设单位	某肥业有限公司	装置规模	60 万 t 磷酸二铵工程
竣工时间	2012 年 12 月	使用情况	
设备概况			
设备名称	规格 数量	使用环境	施工工艺
浓酸澄清槽	ϕ 18 200 × 12 500	介质：50%P_2O_5 硫酸钙； 压力：ATM； 温度：75℃	钢 + 衬胶 + 碳砖
反应槽 消化槽	5 940L × 5 920W 7 940H 9 室	介质：磷酸料浆； 压力：常压； 温度：80℃	钢 +（2+2mm）丁基胶 + 碳砖
低位闪冷器	ϕ 8 400 × 9 255 （直段）	介质：磷酸料浆； 压力：0.028MPa； 温度：78℃	钢 +4mm 硫化胶板 +65mm 碳砖
闪蒸室	ϕ 7 000 × 7 000	介质：磷酸料浆； 压力：–0.1MPa； 温度：83℃	钢 + 丁基胶 + 碳砖
闪蒸旋风 除沫器	ϕ 5 000 × 10 713	介质：氟水蒸气； 压力：0.011MPa； 温度：85℃	钢 +4mm 硫化胶板 +65mm 碳砖
氟回收旋风 除沫器	ϕ 5 000 × 5 000 （直段）	介质：氟水蒸气； 压力：0.011MPa； 温度：85℃	钢 +4mm 硫化胶板
第一氟 吸收塔	ϕ 340 × 17 317	介质：氟气、18% 氟硅酸； 压力：0.01MPa； 温度：49℃	钢 +4mm 硫化胶板
第二氟 吸收塔	ϕ 3 400 × 17 317	介质：氟气、35% 氟硅酸； 压力：0.01MPa； 温度：46℃	钢 +4mm 硫化胶板
浓缩大气 冷凝器	ϕ 3 000 × 12 400	介质：磷酸、氟、 循环水； 压力：常压； 温度：45℃	钢 +（2+2mm）胶板

表 4–25　成功案例（三）

建设单位	某化工股份有限公司	装置规模	12 万 t/ 年磷铵工程
竣工时间	2002 年 9 月	使用情况	良好
设备概况			
设备名称	规格　数量	使用环境	施工工艺
磷酸反应槽	12 000 × 12 000 × 6 080	介质：磷酸料浆； 压力：常压； 温度：80℃	混凝土 + 自然硫化丁基胶板（ δ =3mm ）2 层 + 碳砖
消化槽	ϕ 7 100 × 5 400	介质：磷酸料浆； 压力：–0.12kPa； 温度：80℃	钢 + 自然硫化丁基胶板（ δ =3mm ）2 层 + 碳砖
磷酸贮槽	ϕ 8 000 × 8 000	介质：20% 磷酸； 压力：常压； 温度：65 ~ 75℃	钢 + 自然硫化丁基胶板（ δ =3mm ）2 层 + 碳砖
闪蒸冷却器	ϕ 4 800 × 7 900	介质：磷酸料浆； 压力：0.024MPa； 温度：73℃	钢 + 自然硫化丁基胶板（ δ =3mm ）2 层 + 碳砖
尾气洗涤器	ϕ 3 600 × 2 000	介质：氟气； 压力：常压； 温度：75℃	钢 + 自然硫化丁基胶板（ δ =3mm ）2 层
大气冷凝器	ϕ 1 300 × 7 800	介质：废气与水； 压力：–0.08MPa； 温度：50℃	钢 + 加热硫化丁基胶板（ δ =4mm ）2 层
旋风除沫器	$V = 8.3m^3$	介质：闪蒸气体； 压力：0.002 5MPa； 温度：73℃	钢 + 自然硫化丁基胶板（ δ =2.5mm ）2 层
滤布冲洗水槽	ϕ 2 500 × 2 200	介质：酸性污水； 压力：常压； 温度：65℃	钢 + 自然硫化丁基胶板（ δ =3mm ）2 层

表 4–26　成功案例（四）

建设单位	湖北某磷化公司	装置规模	20 万 t/ 年磷酸工程
竣工时间	1996 年 11 月	使用情况	优　良
设备概况			
设备名称	规格　数量	使用环境	施工工艺
石膏再浆槽	ϕ45 000 × 45 000	介质：石膏料浆； 压力：常压； 温度：40℃	钢 + 热硫化胶板 6mm+ 碳砖
蒸发给料槽	ϕ11 000 × 10 000	介质：磷酸； 压力：常压； 温度：70℃	钢 + 热硫化胶板 6mm+ 碳砖
蒸发酸槽	ϕ11 000 × 10 000	介质：磷酸； 压力：常压； 温度：70℃	钢 + 热硫化胶板 6mm+ 碳砖
氟硅酸贮槽	ϕ6 000 × 6 000	介质：氟硅酸； 压力：常压； 温度：65℃	钢 + 热硫化胶板 6mm
50% 澄清酸槽	ϕ18 000 × 10 000	介质：磷酸； 压力：常压； 温度：70℃	钢 + 热硫化胶板 6mm+ 碳砖
真空冷却器	ϕ6 000 × 6 000	介质：磷酸； 压力：负压； 温度：60 ~ 80℃	钢 + 热硫化胶板 6mm+ 碳砖

表 4–27　成功案例（五）

建设单位	某磷硫化工基地	装置规模	PPA 装置
竣工时间	2012 年	使用情况	良好
设备概况			
设备名称	规格　数量	使用环境	施工工艺
工业级产品酸缓冲槽	*DN*6 300 × 8 000	介质：磷酸； 压力：负压； 温度：60 ~ 80℃	碳钢 + 食品级胶板（2206P）
工业级产品酸贮槽	*DN*14 000 × 10 500	介质：磷酸； 压力：负压； 温度：60 ~ 80℃	碳钢 + 食品级胶板（2206P）

表 4–28　成功案例（六）

建设单位	新疆某纤维有限公司	装置规模	废酸回收项目
竣工时间	2019 年	使用情况	良好
设备概况			
设备名称	规格　数量	使用环境	施工工艺
Ⅰ、Ⅱ效蒸发室	ϕ（3 200+3 800）× 7 000	介质：废酸溶液； 压力：负压； 温度：117℃	碳钢 + 溴化丁基胶板
闪发罐	ϕ4 400 × 7 000	介质：废酸溶液； 压力：负压； 温度：117℃	碳钢 + 溴化丁基胶板
管道	*DN*50 ~ *DN*1 300	介质：废酸溶液； 压力：负压； 温度：117℃	碳钢 + 溴化丁基胶板

4

二、失效案例

失效案例见表 4–29 和表 4–30。

表 4–29　失效案例（一）

建设单位	某复肥厂	设备名称	ϕ1 000mm × 1 000mm 磷酸贮槽
失效时间	1996 年	衬里工艺	碳钢设备内衬预硫化胶板（δ =4mm）
维修部位	磷酸贮槽胶板衬里的阴阳角胶板离层		
原因分析			
橡胶衬里设备应该在衬胶前消除碳钢设备的应力后才能进行衬胶施工作业，因设备制作时，电焊朝着一个方向施焊，其所形成的应力没有消除，致使碳钢设备变形，导致使用过程中贮槽阴阳角部位的胶板被拉裂，结果使用不到一年，设备内衬防腐层的胶板离层，碳砖衬体裂缝，致使钢体被腐蚀			
改进方法			
通过分析研究，首先消除了设备的应力，并对腐蚀的钢体进行补焊打磨，再进行胶板的修补维修，该设备使用至今仍没有质量问题。 在今后的衬胶防腐施工前，要对碳钢设备制作提出了严格要求，确保了橡胶衬里设备的正常使用			

表 4-30　失效案例（二）

建设单位	某化肥厂	设备名称	磷酸装置负压设备（闪蒸室）
失效时间	2000 年	衬里工艺	碳钢设备内衬热硫化胶 + 酚醛胶泥衬碳砖（规格 230 × 113 × 65）
原因分析			
施工单位衬完胶板后，要进行高温高压本体硫化，设备所有管口需要盲板密封后再开始通蒸汽硫化，由于盲板直接贴在法兰表面胶板上，法兰表面的胶板没有达到充分硫化，在对接安装时胶板就容易损坏造成渗漏			
改进方法			
改进硫化方法，即将法兰外围加上一个钢圈，放到法兰的边沿，再加垫对称紧固螺栓密封后进行通入蒸汽硫化，结果设备及法兰所衬胶胶板的粘结强度和硬度都满足了技术指标要求。 多年来，所承接的热硫化胶板的硫化均采用了此方法，且效果良好			

第五章

铅衬里

5

铅是化学工业中很早应用的耐腐蚀金属材料，具有优良的耐酸性，是很好的耐硫酸、磷酸、溴水等介质材料。铅机械强度低，不能单独使用，主要用于钢制化工设备及管道衬里，也可用于砖板衬里的隔离层。铅是有毒金属，不允许用于饮用水、食品、医药设备中。铅具有阻止 γ 射线、X 射线和中子穿透的能力，从而被用作屏蔽材料，铅的另一个重要的应用领域是在原子能工业中用来屏蔽核辐射。铅衬里一般分为衬铅和搪铅。

第一节　铅衬里材料和设计要点

一、原材料及其性能

铅衬里所使用的原材料包括：铅板、铅管、铅焊条和搪铅焊剂等。

（一）铅板

钢制化工设备及管道等的铅衬里原材料一般采用工业纯铅。为了保证铅衬里质量，铅板、铅管表面应光滑清洁，不得有污物、泥砂和油脂，也不得有砂眼、裂缝或厚薄不均等缺陷。工艺纯铅及铅合金牌号及化学成分见表 5–1。铅板质量要求和检测方法应符合现行国家标准《铅及铅锑合金板》GB/T 1470 的有关规定。

表 5–1　工艺纯铅及铅合金牌号及化学成分

牌号	主成分 /%		杂质含量 /% ≤								
	Pb	Sb	Ag	Cu	Sb	As	Bi	Sn	Zn	Fe	杂质总和
Pb1	>99.994	—	0.000 5	0.001	0.001	0.000 5	0.003	0.001	0.000 5	0.000 5	0.006
Pb2	>99.9	—	0.002	0.01	0.05	0.01	0.03	0.005	0.002	0.002	0.10
PbSb0.5	余量	0.3 ~ 0.8	—	—	—	0.005	0.06	0.008	0.005	0.005	0.15
PbSb2		1.5 ~ 2. 5	—	—	—	0.010	0.06	0.008	0.005	0.005	0.2
PbSb4		3.5 ~ 4.5	—	—	—	0.010	0.06	0.008	0.005	0.005	0.2
PbSb6		5.5 ~ 6.5	—	—	—	0.015	0.08	0.01	0.01	0.01	0.3
PbSb8		7.5 ~ 8.5	—	—	—	0.015	0.08	0.01	0.01	0.01	0.3

注：铅含量按 100% 减去所列元素含量的总和计算，所得结果不再进行修约。

（二）铅焊条

在铅衬里的铅焊施工中，焊条的质量直接影响焊接质量。焊条材质化学成分应与焊件铅板材质相同，焊条材质化学成分见表 5–1。焊条规格见表 5–2。铅焊条质量要求和检测方法应符合现行国家标准《铅及铅锑合金板》GB/T 1470 的有关规定。

表 5–2　焊条规格

焊条号	直径 × 长度（mm × mm）
特	（2 ~ 3）× 220
1	5 × 230
2	8 × 250
3	11 × 280
4	14 × 300
5	18 × 320

目前，也有铅焊工采用母材自行制作焊条，制作方法通常采用钢模浇铸法或将铅板剪成正方条形。由于铅焊时，熔铅的流动性大，加入焊条的速度必须准确迅速。自行制作的焊条最好是圆形或近似圆形，直径需均匀。为了保证焊缝质量，焊条表面应干净、无氧化膜及污物。如果表面有氧化膜，使用前应将焊条表面氧化膜刮净。

（三）搪铅焊剂

搪铅焊剂是搪铅施工中不可缺少的重要材料，其作用是：

（1）保护被搪金属表面不被高温气体氧化。

（2）消除搪铅表面的氧化物，使其被溶解或被还原。

（3）降低熔铅的表面张力，增加流动性，改善熔铅对被搪表面的浸润作用。

（4）锌与锡对钢铁具有较强的亲和力。焊剂在高温作用下可以被热解或还原，使锌和锡成为铅和钢铁的中间媒介层，弥补铅对钢铁的亲和力较差的弱点，从而提高搪铅层与钢铁的结合强度。

搪铅焊剂通常由搪铅施工人员自行配制，配制的原材料为氯化锌、氯化锡 、氯化亚锡和水。搪铅采用的焊剂配比见表 5–3。

表 5–3　搪铅采用的焊剂配比

序号	成分（质量比）			
	氯化锌	氯化锡	氯化亚锡	水
1	65	—	35	300
2	25	—	5 ~ 7	75
3	45	25	—	30
4	2	1	—	6

注：氯化锌、氯化锡和氯化亚锡的纯度应大于 98%，水应采用蒸馏水。

四种配方中以第 1 种、第 2 种最为常用。第 1 种搪铅效果好，但搪铅时有刺激性较大的烟雾发生，其焊剂也容易成黏液状附在搪道上不易清除；第 2 种结合情况较好，烟雾较小，对搪铅的工作环境有很大的改善。

二、铅衬里的物理力学性能、耐蚀机理和耐腐蚀性能

衬里的物理力学性能、耐蚀机理、耐腐蚀性能和原材料应一致。

（一）铅衬里的物理力学性能

铅呈苍灰色，有金属光泽。铅的原子序数为 82，原子量为 207.21，铅的晶体结构为立方晶格。铅的密度大、强度及硬度小、熔点低、沸点高（1 746.7℃），对电和热的传导性能差，温度超过 400℃时即有大量铅蒸气逸出，在空气中迅速氧化成氧化铅烟。铅是有毒金属，施工中应注意防护。铅塑性变形能力极好，且不会产生加工硬化。工业纯铅的物理力学性能见表 5–4。

表 5–4　工业纯铅的物理力学性能

熔点 / ℃	密度 / （g/cm^3）	抗拉强度 / MPa	屈服点 / MPa	延伸率 / %	硬度 / HB	热导率（20℃，$\times 10^2$）/［W/（m·K）］	线膨胀系数（20～100℃）/（$\times 10^{-6}$/K）
327.4	11.37	14.7～17.7	4.90～9.81	35～50	3.8～4.2	0.348	28

（二）铅衬里的耐蚀机理和耐腐蚀性能

铅是活性金属，其标准电极电位为 –0.126V，在电位次序中的电位低于氢、在酸中可以产生放氢反应。铅的耐腐蚀性能主要取决于它的腐蚀产物在该化学介质中的溶解度。

（1）铅在干燥或潮湿空气中均较为稳定，无论是纯铅还是含铅的合金，在所有大气中的腐蚀速率均不超过 2.5 μm/a。铅在农村大气中的腐蚀速率为 0.23～0.48 μm/a，在工业大气中为 0.43～0.68 μm/a，在海洋大气中为 0.41～0.56 μm/a。

（2）在既无氧又无二氧化碳的蒸馏水中，铅不发生腐蚀，在仅含有二氧化碳而无氧的蒸馏水中也几乎不腐蚀。铅在含二氧化碳和有氧蒸馏水中的腐蚀行为取决于含二氧化碳的量。铅在海水中腐蚀速率为 0.001～0.015mm/a。铅在淡水中基本上是耐蚀的，然而铅在水中的很小溶解也会造成水污染（世界卫生组织规定，Pb 最大量为 0.05～1mg/kg）。铅在水中的腐蚀取决于水的温度、成分、pH 值、电导及所溶解的气体含量，这些因素共同决定最终形成的腐蚀产物。铅的腐蚀是阳极控制的，取决于铅表面形成的腐蚀产物膜及其在水中的溶解度。铅盐在水中的溶解度见表 5–5。

（3）硝酸盐和氯化物均加快铅的腐蚀，这是由于两者可能妨碍保护膜的形成或者可以形成穿透性膜层。

（4）铅在酸中虽有放氢反应，但它在稀硫酸、浓度小于 80% 的磷酸、亚硫酸、铬酸、浓度小于 60% 的氢氟酸中是稳定的。这是因为其腐蚀产物硫酸铅、磷酸铅等在铅上的附着力很强、溶解度极低。但在高温高浓度下，这些附着膜会被溶解，因此其耐腐蚀性差。

表 5–5 铅盐在水中的溶解度

化合物分子式	冷水		热水		溶于下列介质
	温度 /℃	溶解度 /（g/100mL）	温度 /℃	溶解度 /（g/100mL）	
$Pb(ClO_4)_2\cdot 3H_2O$	25	499.7	—	—	酒精
$Pb(ClO_3)_2\cdot 3H_2O$	18	151.3	80	171	酒精
$Pb(NO_3)_2$	20	56.5	100	127.3	NH_3、强碱
$Pb(C_2H_3O_2)_2$	20	30.7	50	22.1	甘油
$PbCl_2$	20	0.99	100	3.34	—
$Pb(BrO_3)_2$	20	1.34	—	—	—
$PbBr_2$	20	0.844	100	4.71	酸、KBr
$Pb(ClO_2)_2$	20	9.5×10^{-2}	100	0.42	KOH
PbF_2	20	6.4×10^{-2}	—	—	硝酸
PbI_2	20	6.3×10^{-2}	100	0.41	强碱、KI
PbO_2–H_2O	25	1.48×10^{-2}	—	—	—
PbO	20	1.7×10^{-2}	—	—	硝酸、强碱、醋酸铅、NH_4Cl、$CaCl_2$、$SrCl_2$
$PbSO_4$	25	4.25×10^{-3}	40	5.6×10^{-3}	铵盐
$Pb(IO_3)_2$	20	1.83×10^{-3}	—	—	稀硝酸
$PbCO_3$	20	$(1.1\sim1.75)\times10^{-4}$	—	分解	酸、强碱
PbS	18	8.6×10^{-5}	—	—	酸
PbO_2	—	2.3×10^{-5}	—	—	热稀盐酸
$Pb_3(PO_4)_2$	20	1.4×10^{-5}	—	—	硝酸、强碱
$PbCrO_4$	25	5.8×10^{-6}	—	—	酸、强碱

（5）在盐酸中，只有当浓度小于 10%，且温度不高时，铅才稳定。铅在硝酸、醋酸、甲酸等有机酸中是不耐蚀的。这是因为相应的腐蚀产物硝酸铅、醋酸铅、甲酸铅等在这些溶液中溶解度很大。当酸中有氧存在时，铅的腐蚀速率显著增大。铅在氢氟酸中耐蚀性属中等，在无空气条件下腐蚀速率小于 510 μm/a。此外，当对铅腐蚀性较强的一些酸中添加适量硫酸，可以使铅的腐蚀速率减慢，例如稀硝酸中添加硫酸，会使铅的腐蚀速率小于 500 μm/a。

（6）铅在苛性碱溶液中溶解而生成亚铅酸盐（Na_2PbO_4），因此铅在苛性碱溶液中不耐腐蚀。铅在氨溶液中耐腐蚀，在碳酸盐溶液中也耐腐蚀，但有过量游离二氧化碳时，则腐蚀严重。

（7）铅在氰化物、氯化物、有机氯化物、过硫酸盐、醋酸盐、次氯酸盐、醛类、酚类中不稳定，但在酮、醇、醚中耐蚀。铅在大多数土壤中腐蚀速率均较低，通常不超过2.5～10μm/a。

铅在各种化学介质中的耐腐蚀性能见表5–6。

表5–6　铅在各种化学介质中的耐腐蚀性能

耐腐蚀性	化学介质
耐蚀性优	硫酸（至96%）、过磷酸钙、二氧化硫、苯酚、硫酸镁、铬酸、三氧化硫、乙炔、硫酸铝、稀铬酸盐、干氧气、丙酮、稀硫酸盐、草酸–硫酸、干氯气、酒精、稀硫酸氢盐、碳酸钠、干氨气、汽油、亚硫酸、碳酸钙、水杨酸、醚、亚硫酸盐废液、硼酸、酒石酸、尿素、磷酸、氯化钠、甲苯、吡啶、稀磷酸盐、二氧化碳、苯、人造丝溶液
耐蚀	浓硝酸、氯化钙、四氯化碳、湿氨气、盐酸（≤20%）、氯漂白液、干氯化氢、硫化钠、氢氰酸、氯化亚铁、湿氯气、脂肪酸、硝化干油、氢氧化钠（≤30%）、萘、磷酸铵、氢氧化钾（≤30%）、砷
尚耐蚀	碳酸、单宁酸、冷溴气、过氧化氢、氢氟酸、氟化铵、硝酸盐、湿氧气、浓甲酸、氯化铵（≤10%）、亚硫酸钠（≤20%）、氢氧化钙、冰醋酸、稀亚氯酸钠、硫代硫酸钠、氢氧化铵
不耐蚀	硫酸（>96%）、盐酸（>20%）、盐酸（酸洗用浓度）、氯化镁

三、设计要点

（一）适用范围

1．应用领域

由于材料工业的发展和施工技术进步，现在工业设备及管道防腐蚀工程中的衬里材料多，可选范围较广。由于铅有毒，在衬铅焊接或搪铅施工过程中有较多铅蒸气逸出，对施工人员身体健康影响较大，因此目前工业设备及管道防腐蚀工程中的铅衬里基本被其他材料替代，但仍有少数特殊工业腐蚀环境的设备及管道在应用，如硫酸、磷、溴水和有色湿法冶金及盐化工等工业领域。

2．温度与压力

衬铅一般适用于常压或压力不高、工作温度小于90℃的工艺条件；搪铅适用于真空、振动、较高温度和传热等工艺条件。

（1）铅的腐蚀除与温度和压力有关外，还与工艺环境有关，如浓度、介质中的悬浮物、固体颗粒、杂质等，所以铅衬里设计使用温度和压力应根据铅的腐蚀数据、工程应用经验、结合现场挂片或实验室试验验证和耐蚀性能等级评定等确定。铅耐蚀性能等级评定见表5–7。例如铅衬里是很好的耐硫酸材料，但随着硫酸的浓度和温度的提高，其腐蚀速率增加，在硫酸浓度大于75%、温度高于120℃时，硫酸铅保护膜被溶解即产生急剧腐蚀。

（2）铅衬里作为隔离层与砖板衬里配合使用，使用温度和压力有较大提高。例如搪铅作为砖板衬里隔离层的设备，在温度为220℃、压力为2.3MPa、介质为稀硫酸及硫酸盐的腐蚀环境下应用，已有很多成功案例。

表 5–7 铅耐腐蚀性能等级评定

腐蚀速率 δ /（mm/a）	等级
$\delta \leqslant 0.05$	优良
$0.05<\delta \leqslant 0.50$	良好
$0.50<\delta \leqslant 1.50$	可用，但腐蚀较重
$\delta >1.50$	不适用，腐蚀严重

3. 其他设计注意点

（1）铅的保护膜耐磨性比较差，带搅拌装置的设备和液体含有固体颗粒的设备及管道不应直接采用铅衬里结构，应与砖板衬里相配套，作为砖板衬里的隔离层。

（2）铅的腐蚀速率还与介质的流动速度有关，设备及管道中的流速增大，其腐蚀速度就增加。一般设计流速不应超过 1.5m/s。

（3）铅衬里厚度，应按耐腐蚀性能等级和材料设备及管道预期使用寿命确定。

（二）衬里构造

衬里构造分为衬铅构造和搪铅构造。

1. 衬铅构造

衬铅就是将铅板衬在金属设备及管道的表面，形成铅衬里耐腐蚀层。铅的机械强度低、质地软、相对密度大，即使施加很小的应力也会产生蠕变现象。因此，衬铅层与基体必须固定。

衬铅固定的方法有搪钉固定法、悬挂固定法、焊接压板固定法、螺栓固定法、焊接铅铆钉固定法和拉筋固定法等。目前一般普遍采用的是搪钉固定法、悬挂固定法和焊接压板固定法。而螺栓固定法、焊接铅铆钉固定法等需在壳体上钻孔，损伤了设备，不能保证壳体的严密性，不宜采用。

（1）搪钉固定法：在设备内表面某些部位搪上铅，其形状为圆形或方形，称为搪钉。把铅衬里板焊在这些搪钉上的固定方式，称为搪钉固定法，如图 5–1 所示。

搪钉固定法的优点是不损坏设备壳体，保证壳体的严密性；缺点是若施工不好，会发生搪钉脱落的现象。搪钉形状一般为正方形或圆形。圆形直径为 80mm 左右，正方形边长为 80 ~ 100mm；其高度应高出衬铅板 3 ~ 5mm；各固定点间距以 250 ~ 900mm 为宜，呈等边三角形排列，如图 5–2 所示。

设备顶部可适当增加固定点，平底设备的底部可不设固定点。铅板厚度与各固定点间距离的关系也可按式（5–1）计算确定：

$$S=0.335\times a\times\sqrt{\frac{P}{1+\left(\frac{a}{b}\right)^2}} \qquad (5\text{–}1)$$

式中：S——铅板厚度（mm）；

a、b——固定点所形成的长边与短边间距（mm）；

P——设计压力（MPa）。

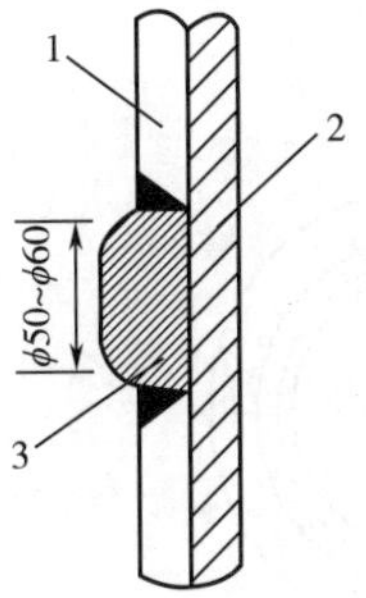

1—衬铅板；2—设备本体；3—搪钉。

图 5–1　搪钉固定法

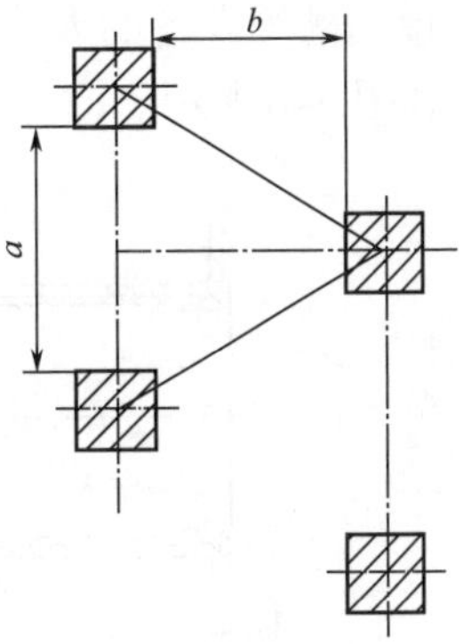

图 5–2　固定点间成等边三角形排列

搪完之后再挂衬铅板。挂衬铅板后需拍打铅板，使之与壳体贴靠，这时搪钉的部分即凸起，将覆盖搪钉的铅板割掉，露出搪钉，然后将铅板与搪钉边缘焊接即可。

（2）悬挂固定法：在设备上部结构为敞口式或分段组装的可拆卸式，衬铅板在法兰表面翻边固定，而后使衬铅板悬挂于壳体内壁并紧贴壳体，并对所有焊缝进行焊接，使铅板形成一个整体的铅衬里层的固定方式，称为悬挂固定法，如图 5–3 所示。一般用于小型或分段组装衬铅面积小的设备。优点是不损坏设备本体、施工较方便，但只能与砖板衬里相配套，作为砖板衬里的隔离层。

（3）焊接压板固定法：在衬铅层需要固定的位置开两个方孔，用钢制压板两头与设备基体焊接固定衬铅层，最后再用铅板覆盖住压板和铅板开孔处，其周边与衬铅层施以铅焊封闭的方法，称为焊接压板固定法，如图 5–4 所示。

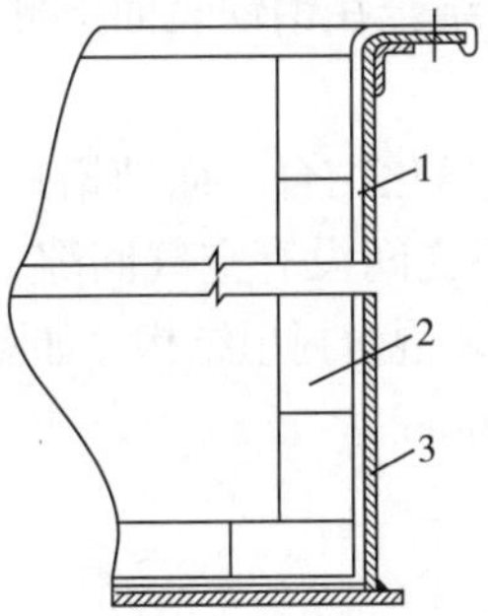

1—衬铅层；2—块材衬里层；3—设备基体。

图 5–3　悬挂固定法

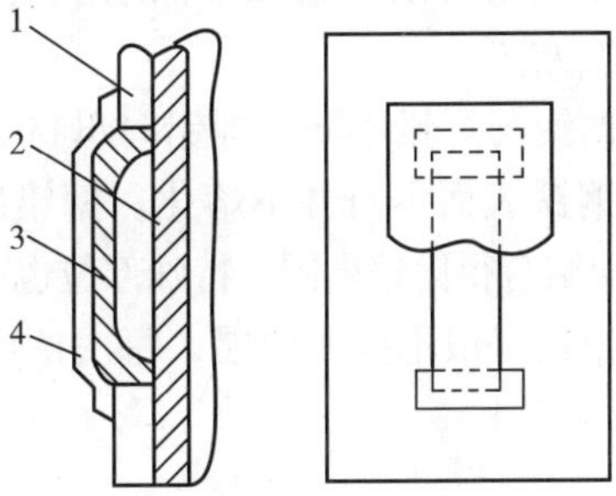

1—衬铅层；2—设备本体；3—碳钢压板；4—铅覆盖板。

图 5–4　焊接压板固定法

方孔之间的距离根据实际情况而定，一般为 300 ~ 500mm。压板是由碳钢制作的，规格一般为长 300 ~ 500mm、宽度为 50mm、厚度为 3mm 左右。压板的数量和分布位置按设备大小、衬里面积、铅板厚薄及使用条件而定。铅覆盖板的材质及厚度应与衬铅板的材质及厚度相同。一般情况下，铅覆盖板的形状与钢制压板的形状类似，铅覆盖板的边缘覆盖伸出量不小于 20mm。优点是不损坏设备本体、施工较方便、施工质量容易保证等特点。

（4）塔、罐、槽等设备的人孔、进出料口的焊接、铅板搭接方向应与介质流向一致，如图 5–5 和图 5–6 所示。

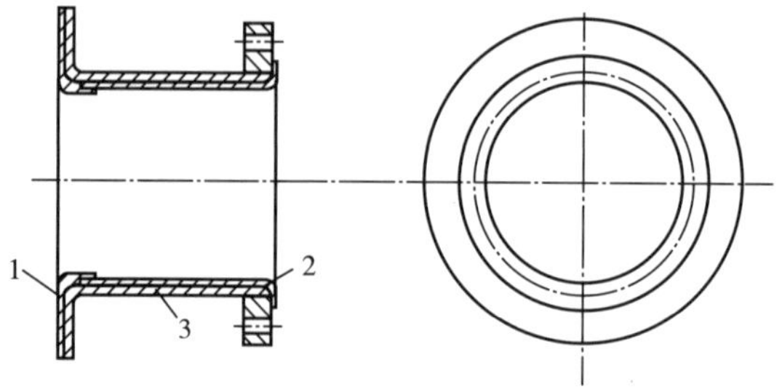

1—衬铅板；2—孔衬铅板；3—设备基体。

图 5–5　横向人孔衬里及焊接

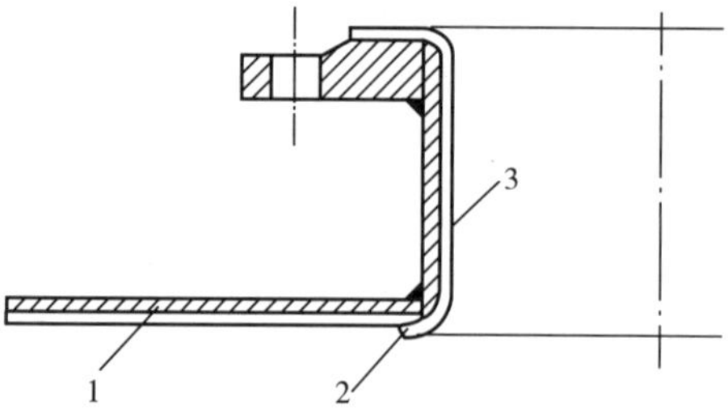

1—衬铅板；2—焊缝；3—孔衬铅板。

图 5–6　上下人孔衬里及焊接

2. 搪铅构造

搪铅是利用铅在熔融状态下的熔合力或黏着力紧密结合在钢铁表面上形成铅衬里层的一种施工方法。

（1）搪铅与焊铅不同，焊铅时母材焊口与焊道均需熔化结合，而搪铅只是与钢铁表面结合，钢铁表面本身并不熔化。搪铅层与被搪的钢板之间没有空气间隙，致密无孔，与被搪表面结合得比较牢固。特殊部位也可采用衬铅和搪铅混合衬里结构，如图 5–7 所示。

（2）搪铅一般不少于两层，每次搪铅厚度宜为 2 ~ 4mm。

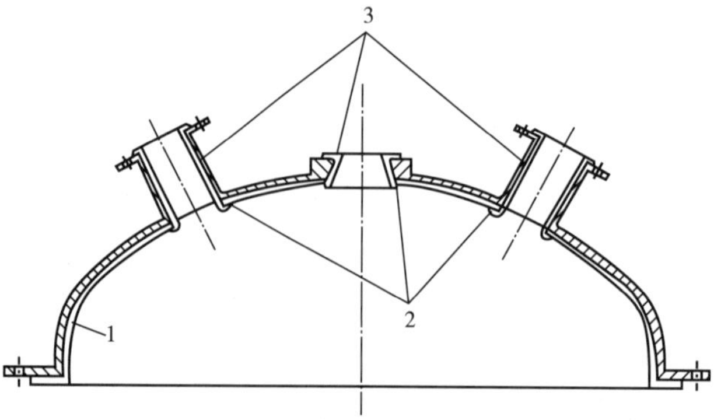

1—搪铅层；2—铅焊接；3—衬铅层。

图 5–7　混合铅衬里结构

第二节　衬铅施工及检验

一、衬铅要点

（一）施工前准备

衬铅施工前需要注意以下几点：

（1）为了保证设备及管道结构安全和便于施工，待衬里设备基体应符合国家标准《工业设备及管道防腐蚀工程技术标准》GB/T 50726—2023 第 3 章和第 7.1.6 条的规定，并经过检查验收合格；压力容器已完成压力试验检验且合格。

需要说明的是在工程实践中，也会遇到一些超高、超宽、超长非整体制作的大型铅衬里设备，通常这类情况由设计方根据实际情况组织进行专门研究，并在设计文件中进行约定，对这些不便于运输、安装和不满足国家标准《工业设备及管道防腐蚀工程技术标准》GB/T 50726—2023 规定的铅衬里施工条件的大型设备进行相应制造、无损检测、铅衬里施工和耐压试验方法的进行说明。

（2）待衬里设备基体表面处理完成，并已检验满足国家标准《工业设备及管道防腐蚀工程技术标准》GB/T 50726—2023 第 4 章的有关要求。

（3）衬铅前完成在壳体根部（立式平底容器设在距底板 10 ~ 30mm 处，卧式或立式球底容器设在最低点）钻直径 5 ~ 10mm 的孔 2 个或 4 个（对称分布），目的是作为铅衬里完成后试漏的检漏孔。

（4）铅焊接对从业人员有较高的技术要求，从事铅焊接作业的技术工人，在焊接施工前进行技术培训，考试合格，持证上岗。技术工人培训由具有相应专业技术能力和资质的单位负责进行。

（5）由于铅质软，铅板下料的场地应平整清洁，设置木质平台，下料者应穿软底鞋。敲打铅板使用木制工具，不得使用金属工具。吊装铅板，应轻起轻放，不得使用钢丝绳直接绑扎起吊。

（6）下料前必须检查铅板和铅焊条的质量是否符合铅衬里标准要求，不合格者不得使用。下料时应根据设备形状、面积，合理规划焊缝，尽量减少仰焊、立焊和焊缝数量。

（7）已下好料的铅板，应注明尺寸、编号，妥善存放，防止油脂、泥砂、水或酸碱等的污染、损伤和变形。

（8）为了减少仰焊、立焊，方便施工并提高施工质量，应准备好胎具、起重设备和能够承载圆形设备转动的托辊等一些必要的辅助设备和工装。

（9）应备齐可燃贮气罐、焊枪、焊嘴和通风设备及相应劳动保护用品。

（二）铅板焊接的施工准备

铅板焊接的施工准备需要注意以下几点：

（1）固定方法的确定。当设计有规定时按设计要求执行，当设计无规定时，应根据设备现状、大小、使用工艺情况及施工方便程度选择。当选择搪钉固定法时，搪钉处的表面处理质量应达到搪铅工艺表面质量的标准，防止搪钉脱落。

（2）铅板与设备内壁应紧密贴合，不得凹凸不平。方槽设备拐角处应采用立焊，搭接宽度应为 30 ~ 40mm。焊缝位置不应设置在设备拐角上，应采用卷边，距离不得少于 150mm。

（3）施焊前，应清除焊缝中的油脂、泥砂、水或酸碱等杂质。

（4）铅板焊接一般采用氢氧中性焰，氢气与氧气配合比为 2∶1，燃烧时是中性焰。火焰温度约为 2 500℃，冲击力小，并且氢和氧全部燃烧，不会产生氧化或还原反应，生成的水蒸气已全部蒸发掉，不会产生有害杂质，因此熔池表面清洁，焊缝表面也比较整齐光滑。在焊接铅板厚度大于 8mm 的平缝时，也可采用乙炔氧焰，提高焊接速度。

（5）由于氧化铅的熔点高会影响焊缝质量，所以在施焊前应采用刮刀刮净，使焊缝区域露出金属光泽。应随焊随刮，刮净的焊口应在 3h 内焊完。多层焊时，每焊完一层，应刮净后再焊下一层。焊缝的刮净宽度，可以由焊件的厚度或施焊的范围而定。一般焊件的厚度在 5mm 以下时，刮净宽度应为 20 ~ 25mm；厚度为 5 ~ 8mm 时，刮净宽度应为 30 ~ 35mm；厚度为 9 ~ 12mm 时，刮净宽度应为 35 ~ 40mm。

（6）对接焊缝应根据焊件的厚度，留出不同的间隙，并应切出适当的坡口。

（7）厚度在 7mm 以下的焊件，应采用搭接焊，搭接尺寸应为 25 ~ 40mm。

（8）铅板焊接时，焊缝应错开，不得十字交叉。错开距离不应小于 100mm。

（9）焊接前应将焊缝相互对正，可采用点焊固定，点焊间距应为 200 ~ 300mm。

（三）铅板焊接

1. 铅板组对

衬铅的质量优劣，关键在于铅板质量和焊接质量，而焊接质量取决于铅板的组对是否妥善、焊缝的多少及位置是否合理。因此在下料和组对时，应该注意以下几点：

（1）可在设备外面组焊的应预先焊好，以使铅板面积尽量增大，从而减少焊缝的数量。

（2）挂铅板时应将焊缝组对到有利于施焊的位置上，以免施焊者看不到或焊炬施展不开。

（3）除较厚铅板外，一般衬里均应采用搭接形式，尽量避免对接形式。

（4）搭接焊缝应尽量组对成易施焊的形式。

（5）各种衬铅结构应尽量避免仰焊。

2. 点焊固定

铅板组对时，应靠打平整紧贴基体，并点焊固定。点焊固定分为长线点焊和短线点焊、单层点焊和多层点焊。长线点焊适用于大型设备及受力较大的焊缝，短线点焊适用于小型设备及一般焊缝，不加焊条的单层点焊用于较薄铅板或协助组对。

3. 焊接

板材的焊接可按焊缝所处的位置分五种形式，即平焊、坡焊、横焊、立焊和仰焊。铅板的气焊焊接工艺见表 5-8，焊条的选用见表 5-9。

表 5-8 铅板的气焊焊接工艺

板厚 /mm	焊接位置							
	平焊		立焊		横焊		仰焊	
	焊嘴号	焰心长度 / mm	焊嘴号	焰心长度 / mm	焊嘴号	焰心长度 / mm	焊嘴号	焰心长度 / mm
1 ~ 3	1 ~ 2	8	0 ~ 1	4	0 ~ 2	6	0 ~ 1	4
4 ~ 7	3 ~ 4	8	0 ~ 2	6	1 ~ 2	8	0 ~ 2	6
8 ~ 10	4 ~ 5	12	2 ~ 3	8	3 ~ 4	10	2 ~ 3	8
12 ~ 15	6	15	2 ~ 3	8	3 ~ 4	10	2 ~ 3	8

注：立焊、横焊应为搭接。

表 5-9 焊条的选用

板厚 /mm	焊接位置			
	平焊	立焊	横焊	仰焊
1 ~ 2	1	特	特	特
3 ~ 4	2	特	特	特
5 ~ 7	3	1	1	特
8 ~ 10	4	4#	2	—
12 ~ 15	5	5#	3	—

注：1 # 为档模焊。

2 立焊应为对接焊。

（1）平焊：焊缝在水平面上的焊接称为平焊。平焊操作方便，焊缝质量好。一般焊缝多采用搭接形式，板材过厚不适于搭接时，才采用对接形式。对接焊接运行方向一般采用左向焊接法，焊接时，焊炬与焊缝保持 50° ~ 70°夹角，焊条与焊缝约呈 40° ~ 50°夹角，火焰正对焊缝，以免发生焊道歪斜和咬肉现象。火焰的大小根据焊缝所处的位置、焊件的厚度来决定。焊炬摆动的频率、幅度、角度决定着焊道的质量、外观和焊接速度。常用的摆动方法有直线形、锯齿形、尖圆形、折线形、月牙形等。由于火焰的摆动，熔池的形成是连续的，冷凝也是连续的，从而使焊道上形成各种花纹。常见的花纹如图 5-8 所示。

平焊时，经常采用的焊炬摆动方法有直线形、折线形和尖圆形，形成的花纹应是“鱼鳞花”或“箭尖花”。“鱼鳞花”或“偏尖花”的形状说明焊缝质量最好。而杂乱无规则的花纹，焊道的质量往往不合格，易产生未焊透、缩孔、夹层、气孔、咬肉等缺陷。

平焊对接焊缝，当板厚为 1.5 ~ 3mm 时，焊接不应少于 2 层，也可采用卷边对接，卷边高度应等于板厚，施焊时可不加焊条；当板厚为 3 ~ 6mm 时，焊接不应少于 3 层；当板厚为 6 ~ 10mm 时，不应少于 4 层；当板厚为 10mm 以上时，不应少于 5 层。平焊接头形式见表 5-10。

（a）鱼鳞花　（b）箭尖花　（c）偏尖花　（d）偏鳞花

图 5-8　焊道上形成的几种花纹

表 5-10　平焊接头形式 /mm

焊缝形式	板厚 s	间隙 a	钝边 b	焊缝宽 a_1	焊缝高 a_2
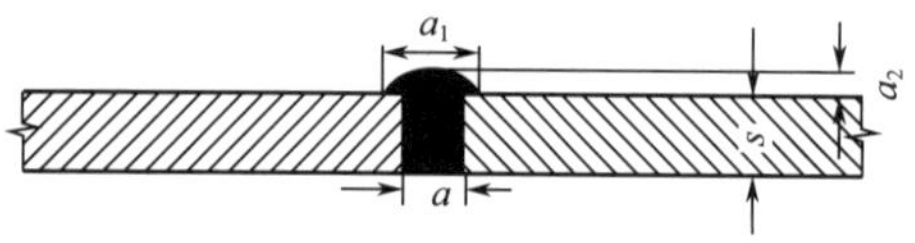	3 ~ 5	1 ~ 3	—	2s	1 ~ 2
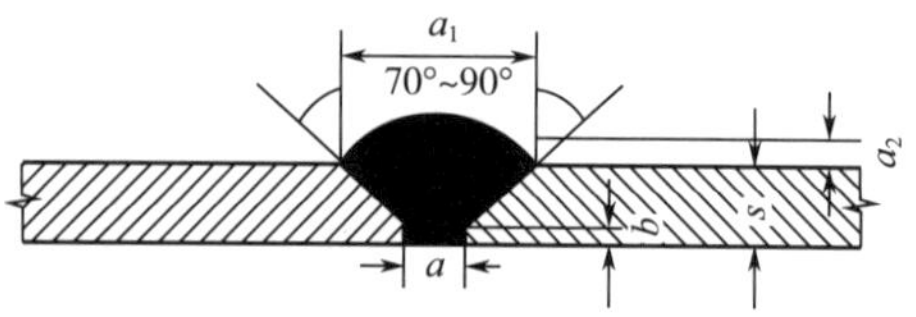	>5	<2	2 ~ 3	2s	2 ~ 3
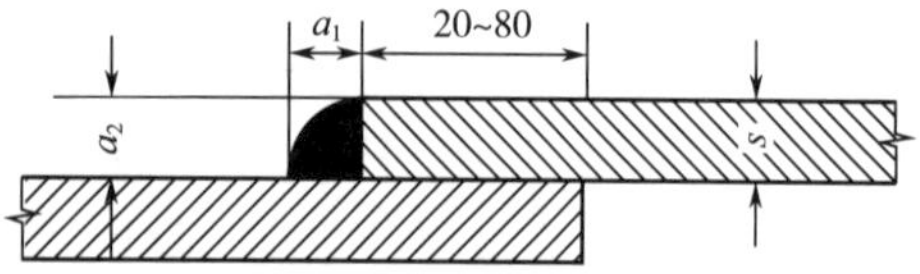	1.5 ~ 6	—	—	1.5s	s+1 ~ 1.5

分层焊时，第一层应少加焊条，火焰主要对准母材的焊口处，使之焊透；第二层施焊时，火焰针对第一层焊道，左右摆动，使加入焊条与底层的焊道、两侧的母材牢固结合；最后一层施焊时，应根据焊道的高低、宽窄熔化适量的焊条，使其形成的花纹为“鱼鳞花”或“箭尖花”。

搭接平焊的施工方法基本上和对接平焊相同。但第一层施焊时，火焰主要对准下部铅板并稍微摆动，焊炬与搭接边缘略倾斜 20°，加入的焊条可同时熔接在下部铅板与搭接的焊口上。最后一层施焊时，焊道应高出上部搭接铅板，焊炬的角度、摆动方式和幅度可相应调整。

（2）坡焊：焊缝与水平面相倾斜的焊接，称为坡焊。焊接方法基本与平焊相同，分层焊时，焊炬与焊缝角度略小，以避免熔铅沿着倾斜角被火焰赶到下面去。火焰摆动常采用折线形、月波形、尖圆形，并应均匀对准焊缝。熔池一旦成型，应立即加入焊条，根据熔池的温度，即铅化情况适当抬起火焰，防止流淌。搭接与对接的主要区别在于火焰摆动方法。搭接一般采用锯齿形摆动，火焰主要对准下部母材焊口，以阻止熔铅流淌，火焰上移时只要使上部母材焊口边缘熔化即可。

（3）横焊：在垂直平面内对水平焊缝施焊的焊接方式，称为横焊。横焊一般采用搭接，施焊前应把搭接部分打靠，再把搭接在上部焊口边缘撬起约 1.5mm 宽，使之和下部母材有 1.5～2mm 的间隙。此种焊缝施焊的层数，根据铅板的厚度而定。铅板厚度为 1～2mm 的可不加焊条，一次焊成；3～4mm 厚的可焊两层；5～7mm 厚的可焊三层。第一层不加焊条，焊炬采用直线形，锯齿形或点线形摆动。火焰直对准搭接缝，使上、下两部铅板完全熔接。第二层和第三层施焊时，火焰不能侧重于上部铅板，靠焊炬的快速摆动来避免上部铅板发生咬肉现象。厚度在 13mm 以上的铅板焊接，可以采用对接焊，但上部铅板应剖成 60° 单面坡口，为了便于施焊常用铅条，石棉板围成一个类似挡模的承托件，再施焊。

（4）立焊：焊缝垂直、运行方向自下而上的焊接，称为立焊。立焊接头型式也有对接和搭接两种。铅板厚度在 7mm 以下时应采用搭接立焊。焊接时不用加焊条，而是将搭接在上部的母材焊口边缘熔化流入熔池代替焊条，焊接速度较快。焊接前把搭接部分的铅板采用木制工具相互敲打平整后，再将上部的铅板焊口边缘撬起 20mm 宽，使两铅板之间约有 1.5mm 的间隙，焊接时，由下向上焊，焊接火焰应对着下部铅材，焊炬可采用锯齿形摆动。焊炬除了应与焊缝保持 80° 左右夹角外，还应与板面呈 15° 左右夹角。当开始熔化后立即抬起火焰并烧熔上部母材边缝，同时用火焰随即将熔铅带下，而与下部铅相熔合，形成熔池。然后再立即抬起，烧熔上部母材，增高焊道。立焊技术要求较高，火焰作锯齿形摆动，视熔池的温度高低适当地分配热量。当熔池温度太高时，应稍停一下待冷凝后再焊，再施焊时先将原熔池熔化，加入焊条即稍抬高火焰，趁熔池还没完全冷凝时，继续向上施焊。为了便于焊接，对接立焊常借助于挡模，先将立缝底部堆焊，焊至 20～30mm 高后再用挡模围成熔池焊接，从而防止熔铅流淌，待挡模焊满熔铅冷凝后用锤在挡模下部向上敲打，使挡模上移其高度的 1/2。

（5）仰焊：焊缝位置在焊工头部上面，需仰脸焊接的焊接方式，称为仰焊。仰焊是铅焊中最难掌握的焊接方法，应尽量避免。仰焊应采用搭接，焊接厚度不得大于 6mm。焊接前，一定要把搭在下部的铅板打靠，然后撬起 0.5～0.7mm 的间隙，仰焊动作要准确迅速，当熔池一旦形成应立即加入焊条，并稍用力有触入熔池的感觉。

二、衬铅施工中的质量缺陷及原因

（1）铅衬里与设备壳壁贴靠不良，有凹凸不平现象，常发生在设备拐角部位，这种缺陷，只要仔细拍打即可消除。如不予打靠，则会加速衬铅板的脱落。

（2）铅衬里的固定是衬铅工作的重要环节。如焊接压板固定法的压板电焊时焊接没有满焊；搪钉固定法搪钉的尺寸和质量不符合设计规定等。这些质量缺陷会使铅板局部甚至全部脱落。

（3）施工时，铅板没有妥善保护，受到碰伤、刺孔、踩踏；铺放铅板的地面不洁，有铁渣、砂子嵌入铅板中；击打铅板过重或者击打过于集中，这些均能损害铅衬里的质量。

（4）铅衬里的材质不合格，或选择不当，所用的焊条混入了杂质，这些都会降低焊缝的耐腐蚀性能。

（5）焊接质量不高，焊缝部分不严密，不平整均匀，有漏焊、虚焊、缩孔、错口或咬肉等现象。导致耐腐蚀性能和强度降低，也会加速铅衬里的破坏。

（6）施焊前，焊缝中有油脂、泥砂、水或酸碱等杂质。

（7）焊缝内部有夹层、气孔或未焊透等现象。

三、质量检验

衬铅施工应按国家标准《工业设备及管道防腐蚀工程技术标准》GB/T 50726—2023 第 4 章和第 7.5 节的相关要求进行基体处理及衬里的质量检验。主要检验项目见表 5–11。

表 5–11　主要检验项目

项目	方法	质量标准
铅板和焊条	检查产品出厂合格证、材料检测报告和现场抽样的复验报告	铅板的化学成分及规格应符合设计要求或现行国家标准《铅及铅锑合金板》GB/T 1470 的有关规定；铅板表面应光滑清洁，不得有污物、泥砂和油脂，且无砂眼、裂缝或厚薄不均匀等缺陷
衬铅层厚度	尺量检查	符合设计要求
搪钉固定法搪钉的尺寸和质量	观察检查和尺量检查	符合设计要求
焊接压板固定法的压板焊缝	观察检查	符合设计要求
衬铅焊缝	观察检查；用（5～10）倍放大镜观察检查、剖视检查	施焊前，应清除焊缝中的油脂、泥砂、水或酸碱等杂质；铅板焊接前，应用刮刀将焊缝区域刮净，使其露出金属光泽。应随焊随刮，刮净的焊口应在 3h 内焊完。多层焊时，每焊完一层，应刮净后再焊下一层；焊缝应平整均匀，并应无漏焊、虚焊、缩孔、错口或咬肉等现象；焊缝内部不得有夹层、气孔或未焊透等现象
常压设备试漏	观察检查	设备采用盛水试验，水盛满后，保持 24h，检漏孔应无漏水
受压设备试漏	观察检查	设备采用水压试验，试验压力为工作压力的 1.5 倍，保压时间 3～5min，检漏孔应无漏水

对不适合水压检验的设备，也可采用下列气压检查：

1. 压缩空气检验

设备封闭后，向设备内通入压缩空气，使压力达到 0.2 ~ 0.3MPa，在设备下部小孔或法兰铅翻边处涂上肥皂水进行检查。若有气泡产生，说明有渗漏，需对铅板、焊缝重新检查并对缺陷处重新施焊，直至无渗漏为止。

2. 氨气试验检验

采用氨气做气密性试验。将氨气通入设备内部或设备与衬里的夹层中，但严格控制氨气的流速和压力，不得将铅板吹凸。在衬里的焊道上涂抹酚酞酒精溶液，溶液不变红色，即说明焊道无渗漏。

第三节 搪铅施工及检验

一、搪铅要点

（一）施工前准备

搪铅施工前准备需要注意以下几点：

（1）为了保证设备、管道结构安全和便于施工，待搪铅设备基体应符合国家标准《工业设备及管道防腐蚀工程技术标准》GB/T 50726—2023 第 3 章和第 7.1.6 条的规定，并经过检查验收合格；受压设备已完成压力试验检验且合格。

需要说明的是，在工程实践中，经常会遇到一些超高、超宽、超长非整体工厂制作的大型搪铅设备，通常这类情况由设计方根据实际情况组织进行专门研究，并在设计文件中进行约定，对这些不便于运输、安装和不满足国家标准《工业设备及管道防腐蚀工程技术标准》GB/T 50726—2023 规定的搪铅施工条件的大型设备进行相应制造、无损检测、搪铅施工和耐压试验方法的进行说明。

目前工程中一般采用的方法是：为了便于设备的运输和现场安装，首先在工厂按设计要求将设备分别加工成封头、筒节等单元模块，完成质量检验和焊缝无损检测，再按设计要求分别对封头、筒节等单元模块进行表面处理和搪铅施工，其中，搪铅施工时将现场组装焊缝两边分别预留 100mm 左右不搪铅。搪铅施工完成后进行质量检验，检验合格后，将其运到工程现场组装焊接。组装焊接完成后进行相关质量检验及耐压试验，最后将焊缝处搪铅，完成后按设计要求进行质量检验、检测。

（2）待搪铅设备基体表面处理完成，设备的表面应平整，焊缝应采取对接形式，焊缝余高不应大于 3mm，并应磨光，不应有焊渣或毛刺等缺陷。基体表面处理后应露出金属光泽，满足国家标准《工业设备及管道防腐蚀工程技术标准》GB/T 50726—2023 的第 4 章的有关要求。

（3）搪铅对从业人员有较高的技术要求，从事搪铅作业的技术工人，在搪铅施工前应进行技术培训，考试合格，持证上岗。搪铅技术工人培训由具有相应专业技术能力和资质的单位负责进行。

（4）根据待搪铅设备结构形式、体积等，准备必要的起重、转动胎架、托辊等必要设备及工装。

（5）计量器具、配制和盛装焊剂的器皿、涂刷焊剂用的毛刷等，应保持清洁，不能被油脂等污染，其材质可用搪瓷、塑料、玻璃或铅等。

（6）搪铅过程中产生大量的铅蒸气等有害气体，对人体危害很大。施工现场应选择灰尘少、通风良好的场地。若在设备内部搪铅时，应设有机械通风和安全照明装置。

（7）应备齐可燃贮气罐、焊枪、焊嘴及焊条和敲打的木制工具。

（8）施工人员应穿软底鞋和配备相应的劳动保护用品。

（二）搪铅焊剂的配制

搪铅焊剂在搪铅过程中起着重要作用。搪铅焊剂效果好坏，直接影响搪铅的质量。虽然焊剂的配制比较简单，但是如果随意配制会造成搪铅困难，甚至铅无法搪在被搪表面上，故配制时应特别注意。焊剂所用的氯化锌、氯化锡和氯化亚锡的纯度应在98%以上；所用的水应该是纯净的，最好是蒸馏水。配制时，称量要准确，先在容器内加入按配比称量的水，然后加入氯化锌和氯化亚锡充分搅拌溶解，必要时可加热到50～80℃，以利于焊药的快速溶解。

（三）搪铅火焰和焊嘴的选择

选择搪铅火焰和焊嘴时需要注意以下两点：

（1）搪铅火焰一般用氢氧中性焰或乙炔氧中性焰。通常乙炔氧中性焰最为常用。因为它的温度比较高，能使搪铅表面迅速达到需要的温度，并且易于维持而不致波动过大。还原焰温度略低，不太适用，氧过剩焰由于冲击力较大，会把熔池中的熔铅和焊剂吹跑，使搪铅层氧化，所以更不宜采用。

（2）焊嘴大小一般根据搪铅设备的钢板厚薄来决定。通常在3～5mm厚的钢板上搪铅，选用75#～100#焊嘴；在5～10mm厚的钢板上搪铅，选用100#～500#焊嘴。在搪制较薄的设备或零件时，采用氢氧焰比较合适，尤其5mm以下钢板的双面搪铅最合适，焊嘴可选用6#～7#。

（四）搪铅方法

搪铅施工方法有直接搪铅和间接搪铅。直接搪铅是在基体表面处理合格的被搪表面上搪铅；间接搪铅是在基体表面处理好的被搪表面上，先挂一层锡，再把铅搪在锡层上。因为间接搪铅法多了一道挂锡工序，成本较高。从寿命上来看，直接搪铅比间接搪铅耐用。间接搪铅易脱层，尤其在80℃以上使用时，更为严重。另外，若挂锡层较厚，容易使锡混入铅层，从而减弱铅层的耐腐蚀性能。目前常用的是直接搪铅法。搪铅施工应注意以下事项：

（1）为使铅与被搪表面粘结，火焰摆动的方法与铅焊方法相同，只是搪铅摆动的频率比铅焊要慢得多、幅度也小。焊嘴与被搪表面呈70°～80°夹角，内焰离熔池5～7mm，焊条与搪道约呈60°～70°夹角。

（2）搪铅应在水平位置上平搪和在30°以下坡搪。当基体倾斜超过30°时，倾斜会显著降低搪铅速度。搪铅时熔池尚未冷凝就会沿着坡度迅速流走，而温度过低又粘结不好，搪铅质量难以保证，应尽量避免。

1. 直接搪铅法

搪铅时先在处理好的被搪表面涂一层焊剂，然后局部加温，当温度达到200～230℃时，再涂一层焊剂，当表面形成的焊剂层呈现湿润且有光泽时，就可以把铅焊条熔化搪上去。初搪时的粘结比较困难，这往往是加热温度还尚不合适或焊剂层未能很好地形成等原因所致。只要经过多次涂抹焊剂，在周围加温，同时用焊条摩擦，温度适宜时就可以结合了。搪铅操作过程中要特别注意以下几点：

（1）火焰不得直接对着未搪铅的设备表面，而应该对着已搪铅的表面，加入焊条以后，火焰再向前移动，熔铅就会被火焰推向前，使之粘在被搪表面上。这是因为焊剂的作用，使溶池中铅的表面张力变小，流动性增强，易于黏结的缘故。同时，熔池周围的温度稳定，能保持搪铅所需的温度，焊条加入熔池，熔池中熔铅饱满。由于焊炬倾斜，使得前部温度自然升高，焊炬向前推进，熔铅也会向前流动，黏结在被搪表面上。若火焰直接对着未搪表面，则易破坏焊剂层，火焰向前移动时，熔池温度降低，会使熔铅速度减慢，甚至产生黏结不全的现象。

（2）搪铅层每次可以搪2～4mm厚，搪道的宽度宜为15～25mm，长度一般在500mm左右，不宜过长。每次搪道宜平行排列，后一搪道叠压在前一搪道的1/4宽度上。

（3）第一层铅搪完毕，用清水刷净附在表面上的焊剂，并用刮刀将表面刮光，然后与第一层一样，一层层地搪至所需要的厚度，特别注意，不得再涂焊剂，以免焊剂中的锌和锡混入搪铅层中，影响其耐腐蚀性能。这也是搪铅不宜少于两层的原因。

（4）搪完最后一层铅，必须再用火焰跑一遍，目的是使其平整并清除缺陷。火焰再跑一遍能使表面铅层熔化，可消除铅层中的气孔，夹渣也可以漂浮到表面，并能消除一些缺陷。

2. 间接搪铅法

间接搪铅是先在被搪工件表面挂一层锡，再进行搪铅。间接搪铅挂锡的方法，常用的有锅内挂锡和加热涂锡两种。

（1）锅内挂锡法：先将锡在锅内熔化，温度在350℃左右，将处理好的工件涂上焊剂，在锅内烘干，待其温度达到80℃左右时，投入锅内，翻转搅动。当发现有挂不到的部位，要及时涂抹焊剂，并用锡条在其表面摩擦，待全部挂上锡层后，取出用抹布擦净。该法具有省锡、速度快的特点，但只适用于较小的工件。

（2）加热涂锡法：先在工件上欲涂锡的表面涂上焊剂，并用焊炬或喷灯局部加热到230～260℃，边涂焊剂，边用锡条在其表面摩擦，使之熔化黏结。同时用抹布将锡层擦均匀。熔锡（锡焊条）也可以采用铅锡合金，其配比（锡铅）可为60：40、50：50、40：60三种。上述三种配比的合金挂锡都很好，但锡的含量越高，其耐热性越低。除了需要先挂锡外，间接搪铅和直接搪铅的施工方法也不同，其要点是，工作施搪温度控制为120～180℃，温度不能再高，否则锡层熔化后会流淌。为保持该施搪温度，火焰不能对着工件表面，而是用余火对工件加温。火焰要先烧熔焊条，使之滴落在被搪表面，靠火焰吹动，使熔铅淌开与锡层结合。

二、搪铅层施工中的缺陷和消除方法

在搪铅过程中，由于技术不熟练和设备表面处理不好等原因，容易产生一些缺陷，造成不良后果，必须消除。

（一）搪铅层常发生的缺陷

（1）搪铅层不平整，表面凹凸不平，有裂纹、焊熘等现象。

（2）搪铅层薄厚不均。

（3）搪铅层与被搪表面没有黏结牢，仅仅是覆盖在上面，局部有鼓包现象。

（4）搪铅层中有夹层、夹渣和氧化物等杂质。

（5）搪铅层中有气孔或熔池缩孔。

（6）搪铅层中铅的纯度低，含锡、锑等杂质过多。

（二）缺陷的消除方法

在上述缺陷中，最常见的是搪铅层不平整。消除的方法是将缺陷处的位置垫平，再用火焰跑一遍，其要点与跑铅板的方法相同，此时火焰走动略慢。

搪铅层用火焰跑一遍还可以消除一些其他缺陷，因为火焰再一次使铅熔化，铅层中的气孔被堵死，夹渣能够漂浮到表面。凡是没有与被搪表面黏结的地方，火焰跑过时熔池呈黑色。遇到此情况，火焰可以稍停，使该处温度升高，铅就会黏结。如果面积较大，经过加温仍没有黏结，应该把该处的铅烧去，此处被搪表面重新处理，涂刷焊剂，进行补搪。

遇到搪铅层厚薄相差过大的地方，用火焰跑时，薄的地方可以适当加入焊条，厚的地方可以用刮刀刮削，也可以用火焰熔削，然后跑平，至表面平滑整齐为止。

搪铅层中含有其他杂质，不符合设计要求，遇此情况，应该烧掉重搪。

铅层用火焰跑完以后，必要时可进行刮光处理。

三、质量检验

搪铅衬里可按国家标准《工业设备及管道防腐蚀工程技术标准》GB/T 50726—2023第4章和第7.5节的相关要求进行基体表面处理和衬里的质量检验。主要检验项目见表5-12。

在对搪铅衬里进行质量检验中，通常还可采用下列几种检测措施：

1. 超声波检测

搪铅层没有与被搪表面黏结的地方和厚度，也可采用超声波检测仪检验。

（1）当采用超声波检测仪检测搪铅层是否与基体脱层或有无与被搪表面黏结的质量缺陷时，将超声波检测仪调到探伤界面，然后进行检测，探头在搪铅层背面移动。若黏结良好、与基体没有脱层，其示波器中显示波形是均匀的；若黏结不好、有脱层，则示波器上波形是杂乱的。

（2）当采用超声波检测仪检测搪铅层厚度时，将超声波检测仪调到检测厚度界面，调整声速为2 400m/s。选取衬里检测点，对其进行轻微打磨，使检测面保持平整，并将表面清理干净，然后涂抹耦合剂。将测厚仪传感器探头贴靠在检测处进行检测。

表 5-12 主要检验项目

项目	方法	质量标准
焊条	检查产品出厂合格证、材料检测报告和现场抽样的复验报告	焊条的化学成分及规格应符合设计要求或现行国家标准《铅及铅锑合金板》GB/T 1470 的有关规定；焊条表面应光滑清洁，不得有污物、泥砂和油脂，且无砂眼、裂缝或厚薄不均匀等缺陷
搪铅层厚度	剖视检查和磁性测厚仪检查	搪铅层厚度应一致，且应符合设计要求。当设计对厚度偏差无规定时，厚度允许偏差为（0 ~ 25）%
搪铅层数及表面	观察检查、磁性测厚仪检查和剖视检查	符合设计要求。搪铅不应少于 2 层。当搪完第一层铅后，应用清水将附着在表面上的焊剂洗净，并应采用刮刀将表面刮光，再进行第二层搪铅，直至所需厚度。最后一层应用火焰重熔一次。搪铅层的表面应平整均匀，并应无微孔、裂纹、缩孔、夹渣、鼓包、气孔、焊瘤缺陷。搪铅层中应无夹层、夹渣和氧化物等杂质
搪铅层与基体表面结合情况	锤击检查和超声波探伤检查	符合设计要求，搪铅层与基体表面应结合紧密，并应无脱层或起壳等现象
搪铅层整体点蚀试验	观察检查	在搪铅设备内，盛满 5% 的硫酸溶液，停放 24h 后，排空硫酸溶液，再停放 24h，搪铅表面应无锈点。或采用 20% 的硫酸溶液，均匀涂刷在搪铅表面，停放 48h 后，搪铅表面应无锈点

需要说明的是，不同型号或不同品牌的超声波检测仪，检测方法稍有区别，检测时应按照超声波检测仪说明书进行操作。

2. 蒸汽检查法

蒸汽检查法就是在搪铅设备内通入蒸汽，保持设备特别潮湿，停放 48h 后，检查无锈斑出现即为合格。

3. 滚酸点蚀试验

对于大型设备不便于采用盛酸或涂刷酸溶液进行点蚀试验的，可采用滚酸点蚀试验。目前国外公司一般做法是将设备置于有动力驱动辊的工装上，将 20% 硫酸溶液加入设备内，加入量的高度一般为设备直径的 1/7 ~ 1/6，管口密封。每小时滚动 6 ~ 10 圈，滚动 48h，搪铅表面应无锈点。

第四节 运行维护

铅衬里设备及管道在运行维护中需要注意以下几点：

（1）使用时，工况条件不能超过设计规定；如工况条件发生改变，则需取得设计方认可，按照设计说明制订详细的使用维护、检修制度。

（2）衬铅设备及管道的安装、维护检查过程中需注意对衬铅层的保护；进入衬里设备的检查者应穿软底鞋，爬梯底部需设置防护胶套；检查敲打铅板应使用木制工具，不得使用金属工具。

（3）使用过程中，对于衬铅设备，应定期检查检漏孔是否有渗漏；如果出现漏液，则必须停产进行检查，找出漏点并进行修复。

（4）对于受压、高温搪铅设备，应定期检查搪铅层腐蚀情况，发现搪铅层腐蚀且减薄量超过规定值时，应进行维修。

（5）对于受压、高温搪铅衬砖设备，应定期检查釜体表面温度变化情况，发现表面温度超出设计温度、可能存在砖板脱落等问题，应停产检查；如有衬砖层脱落，应及时检修恢复。

第五节 工程案例

搪铅工程案例见表 5-13；某冶炼厂高压釜内搪铅见图 5-9。

表 5-13 搪铅工程案例

使用单位	工程名称	工况条件	衬里结构	使用效果
广东某铅锌冶炼厂	铅锌湿法冶炼高温高压浸出釜（ϕ4 200×32 000 球形封头）	稀硫酸、有色金属盐类；温度：150℃；压力：1.5MPa	钢搪铅＋衬砖	2010 年使用至今效果良好
西宁某铅锌冶炼厂	铅锌湿法冶炼高温高压浸出釜（ϕ4 200×32 000 椭圆封头）	硫酸、有色金属盐类；温度：150℃；压力：1.3MPa	钢搪铅＋衬砖	2014 年使用至今效果良好
呼伦贝尔某铅锌冶炼厂	铅锌湿法冶炼高温高压浸出釜（ϕ4 200×35 000 椭圆封头）	硫酸、有色金属盐类；温度：150℃；压力：1.4MPa	钢搪铅＋衬砖	2015 年使用至今效果良好
甘肃某冶炼厂	镍钴湿法冶炼高温高压浸出釜（ϕ2 800×9 000 椭圆封头）	硫酸、有色金属盐类；温度：160℃；压力：1.6MPa	钢搪铅＋衬砖	1988 年使用至今效果良好
江西某硫酸铜厂	镍钴湿法冶炼高温高压浸出釜（ϕ3 200×13 000 椭圆封头）	—	钢搪铅＋衬砖	2010 年使用至今效果良好
甘肃某冶炼厂	镍钴湿法冶炼高温高压浸出釜（ϕ3 800×19 000 椭圆封头）	硫酸、有色金属盐类；温度：190℃；压力：2.0MPa	钢搪铅＋衬砖	正在建设中
某央企海外项目	镍冶炼高温高压闪蒸槽（ϕ4 500×10 000 椭圆封头）	硫酸、有色金属盐类；温度：230℃；压力：2.3MPa	钢搪铅＋衬砖	2010 年使用至今效果良好
广西某铜业公司	铅锌湿法冶炼高温高压浸出釜（ϕ5 200×35 000 椭圆封头）	硫酸、有色金属盐类；温度：190℃；压力：2.0MPa	钢搪铅＋衬砖	正在建设中
某民企海外项目	镍冶炼高温高压闪蒸槽（ϕ5 000×10 000 椭圆封头）	硫酸、有色金属盐类；温度：230℃；压力：2.3MPa	钢搪铅＋衬砖	正在建设中

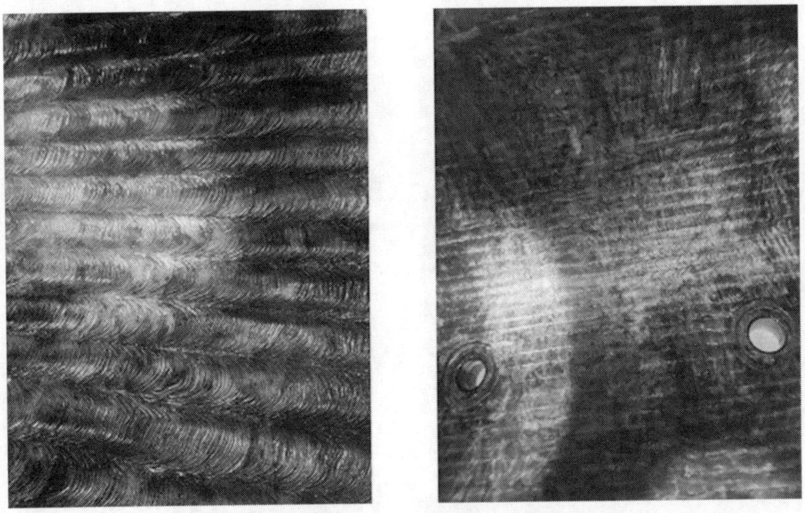

图 5-9　某冶炼厂高压釜内搪铅照片

第六章

涂料衬里

6

随着石油化工、冶金矿业、食品制药、环境保护等工业的迅速发展，对与腐蚀介质和水接触的各种设备，如储罐、塔器、过滤器、离心机和热交换器等的需求越来越多，选用一个安全、经济、合理的防腐蚀措施，是一个应该予以重视的问题。近四十年来，涂料衬里作为一种快速发展的新型耐腐蚀衬里，因其受结构影响小、施工便利、附着力好、易维修、品类多等优点，得到了广泛应用。

工业设备及管道内的防腐蚀衬里，按施工方法可分为衬板、喷涂和涂覆；按厚度可分为“薄衬里”和“厚衬里”。涂料衬里在国外通常归于“可喷涂和涂覆的薄衬里”。

需要说明的是，在国家标准《工业设备及管道防腐蚀工程技术标准》GB/T 50726—2023 中的“涂料衬里”主要用于设备及管道内表面，且材料品种有限，主要起到保护基体免受腐蚀介质的影响，保护化学品不被基体材料释放成分污染，实现特定的表面性能，如耐腐蚀、导静电、耐磨等要求，因此其耐腐蚀性能、物理力学性能和施工要求有别于本手册第十三章“设备及管道外表面涂层”采用的常规涂层。常规涂层防护是以 ISO 12944–1：2017 及与之等效的国家标准《色漆和清漆　防护涂料体系对钢结构的防腐蚀保护　第 1 部分：总则》GB/T 30790.1—2014 为适用范围，在这两个标准中，明确了对化学品（酸、碱、有机溶剂和气体等）、机械作用（磨损）等的防护功能不包含在其范围之内。在国外有关涂料衬里的标准中，如 BS　EN 14879–2：2006 *Organic Coating Systems and Linings for Protection of Industrial Apparatus and Plants against Corrosion Caused by Aggressive Media Part–2：Coatings on Metallic Components*（以下简称 BS　EN 14879–2：2006）中也明确该标准适用范围不包括 EN ISO 12944–1：2017 中规定的涂层。

本章中的涂料衬里主要有两类：一类是液体涂料衬里，液体涂料包括无机富锌涂料、无溶剂聚氨酯涂料、溶剂型环氧涂料、无溶剂环氧涂料、酚醛环氧涂料和烘烤型酚醛涂料；另一类是粉末涂料衬里，品种包括环氧粉末涂料、四氟乙烯 – 全氟代烷基乙烯基醚共聚物（PFA）涂料、三氟氯乙烯 – 乙烯共聚物（ECTFE）涂料、四氟乙烯 – 乙烯共聚物（ETFE）涂料。水性厚涂 PFA 涂料衬里是近年来进入市场应用的新品种，在本章第三节作了介绍。

第一节　液体涂料衬里

一、原材料及其性能

涂料是一种材料，这种材料可以用不同的施工工艺涂覆在物件表面，形成黏附牢固、具有一定强度、连续的固态薄膜。这样形成的膜通称涂膜，又称漆膜或涂层。涂料一般包含四大组分：成膜物质、溶剂、颜填料和助剂。

成膜物质又称基料，是构成涂料的基础，决定着涂料的基本性质。涂料衬里的成膜物质一般选择合成高分子化合物，常用的有聚氨酯树脂、环氧树脂、酚醛树脂等。这些树脂通过自聚或与固化剂发生交联反应形成致密网络结构的防护层，从而对被涂设备和管道基体提供保护。

颜填料是一种有色的细颗粒粉状物质，一般不溶于水、油、溶剂和树脂等介质，是涂料中的次要成膜物质。就其用途而言，可分为填料和颜料。涂料衬里的填料除无机富锌涂料衬里的填料为金属锌外，其他液体涂料衬里主要选用无机盐。填料可分为非功能性填料和功能性填料。前者主要起增量作用，以降低涂料的原材料成本；后者除具有增量作用外，还具有改进涂料或涂膜的耐化学品性能，涂料衬里常用填料的性能见表 6–1。

表 6–1 涂料衬里常用填料的性能

名称	主要成分	结构	化学特性
碳酸钙	$CaCO_3$	粒状	不耐酸
滑石粉	$Mg_3[Si_4O_{10}](OH)_2$	片状、纤维状	耐酸差、易粉化
云母粉	$KAl_2[AlSi_3O_{10}](OH)_2$	片状	耐酸碱、耐候、耐温
硅微粉	SiO_2	粒状	耐酸碱、硬度高
硫酸钡	$BaSO_4$	粒状	耐酸碱、易沉降
高岭土	$Al_2O_3 \cdot 2SiO_2 \cdot 2H_2O$	片状	耐酸碱
硅灰石	$CaSiO_3$	针状	耐酸、不耐碱

用于易燃、易爆介质的涂料应考虑涂层的导静电性能，可加入导静电填料，优选包覆型复合材料，如导电云母。其他导静电填料，如碳系填料结构不稳定、石墨具有迁移性，可能造成油料变质。

一般情况下，涂料衬里对颜色没有特别要求。颜料选择时，首先要考虑耐化学稳定性，如在国家标准《颜料耐性测定法》GB/T 5211.5—2008 中要求满足耐酸碱、耐水、耐油、耐溶剂等级别达 5 级的颜料，以保障涂料衬里的耐化学介质性能。同时颜料能提供良好的遮盖性，常见的颜料有钛白粉、复合钛红，镍钛黄等。

助剂在涂料中用量很少，但作用很大，不可或缺。主要用来改善涂料某一方面的性能，如消泡剂、分散剂、乳化剂、润湿剂等用来改善涂料生产过程中的性能等；防沉剂、稳定剂、防结皮剂等用来改善涂料的储存稳定性等；流平剂、增稠剂、防流挂剂、成膜助剂、固化剂、催干剂等用来改善涂料的施工性和成膜性等；防霉剂、增塑剂、UV 吸收剂、阻燃剂、防静电剂等用来改善涂膜的某些特殊性能。

除无溶剂涂料衬里外，一般液体涂料衬里中会加入溶剂。溶剂起着溶解或分散成膜物质的作用，并能改善颜料润湿与分散性能，调整成膜物质和涂料的黏度，改善涂料流动性，使涂料形成平整光滑的涂膜，以满足各种涂料施工工艺。涂料涂覆在物件表面后形成液膜，分散介质从液膜中挥发，使液膜干燥成固态的漆膜。水性涂料的分散介质为水，溶剂型涂料的分散介质为有机溶剂。有机溶剂的选用除了要考虑其对基料的相溶性外，还需要注意其挥发性、毒性、闪点及价格等。常用的有机溶剂具有挥发性，且有毒。在涂料涂覆成液膜后，有机溶剂从液膜中挥发出来，不仅对环境造成极大污染，还对资源也造成浪费，所以要优选反应性溶剂或活性稀释剂。

（一）无机富锌涂料

无机富锌涂料由于其成膜物和填料基本都是无机物，不受有机溶剂的影响，甚至强溶剂（如丙酮、氯化烃类、芳烃等）和精炼石油产品［如汽油、柴油、润滑油、喷气煤油（航空煤油）等］也不受影响。因此可以单独在这些化学介质中长期连续的暴露使用，不会像有机树脂那样出现溶解、溶胀等问题，可作为管道和罐体中的内衬涂料，其应用比较广泛。

无机富锌涂料主要原料有基料、颜料（锌粉）、溶剂和助剂。

1. 基料和分类

依据不同的基料，美国钢结构涂装协会（Steel Structure Paint Council，SSPC）在 SSPC-Paint 20 *Zinc-Rich Coating Type Ⅰ-Inorganic and Type Ⅱ-Organic* 中把无机富锌涂料分为三大类：

1A 型：水溶性后固化型；

1B 型：水溶性自固化型；

1C 型：溶剂型自固化型。

（1）1A 型涂料由于需要后固化，施工复杂，不容易控制效果，所以基本上不再使用，当前应用比较多的是 1B 型和 1C 型两类。

1A 型无机富锌涂料的成膜基料是硅酸钠，特点是成膜性好、易溶于水、极易制成涂料、价格低，但易被碳化，制成单组分涂料时漆膜耐水性很差。

（2）1B 型无机富锌涂料的成膜基料主要是各种硅酸盐系列，如硅酸钾、硅酸锂、硅酸胺、硅溶胶以及聚硅酸和磷酸盐等，其中：

1）硅酸钾：易溶于水、成膜性好、价格适中。

2）硅酸锂：较难溶于水、不易得到较高的浓度、能耐较高的温度，但热应变性差。

3）硅酸胺：耐水性良好、成膜性差、高温易变色、溶液不稳定。

4）聚硅酸：成膜性好，耐高温，但价格较高、生产工艺复杂。

上述硅酸盐系列基料自固化模数顺序为：硅酸锂模数大于或等于 2；硅酸钠模数大于或等于 4；硅酸钾模数大于或等于 6。作为水溶性无机富锌涂料使用的硅酸钾，其模数为 2.2 ~ 5.0 时，附着力最好。随着模数的提高，硅酸钾、硅酸钠的黏度增大，呈现不稳定性。而硅酸锂虽较难溶于水，不易得到较高的浓度，但能制得模数为 1 ~ 25 的稳定溶液。模数小于 2.2 时，易沉淀；模数大于 10 时，附着力有所下降；模数为 3.9 ~ 4.7 时，性能最好。目前，硅酸锂是水性无机富锌涂料最常用的基料。

（3）1C 型醇溶性无机富锌涂料的成膜基料主要是正硅酸乙酯预聚物，正硅酸乙酯预聚物一般采用合适比例的正硅酸乙酯和酸性催化剂配制。涂料固化时，正硅酸乙酯中的烷氧基吸收空气中水分并发生水解反应，交联固化成高分子硅氧烷聚合物。为了进一步增进漆膜的附着力、减少脆性，加入少量极性相近的抗皂化聚乙烯醇缩丁醛树脂或其他树脂的效果很好。

2. 颜填料

（1）无机富锌涂料中的主要颜填料是锌粉。其中水溶性自固化无机富锌漆中的锌粉不仅作为颜料，它还与空气中的二氧化碳和湿气与硅酸盐进行反应，在生成碳酸盐的同时，锌粉也同硅酸盐充分反应成为碱式碳酸锌［$3Zn(OH)_2 \cdot 2ZnCO_3$］，沉积于漆膜的空隙中，可以增加漆膜的致密性，加强漆膜的屏蔽作用。

（2）为确保锌粉在富锌底漆中能够被涂基层钢材紧密结合而起到导电和牺牲阳极的作用，国际上对不同类型的富锌底漆的锌粉含量也作了相应的规定。如在无机富锌底漆中，锌粉在干膜中的总含量不应少于74%。目前市场上的锌粉主要有球状和片状两种形态，涂层中球状锌粉是以锌球之间的点接触导通腐蚀电流的，而片状锌粉是以平行搭接的方式而接触导通腐蚀电流的，片状锌粉比球状锌粉在同一厚度时涂层形成的层数较多并且平行搭接，交叠排列，减少孔隙和渗透率，可起到较好的屏蔽作用，达到了优异的防腐蚀效果。对锌粉细度的选择，应大于325目，锌粉细度并不是越细越好，而是以500目为最佳。

（3）其他填料的加入是为了降低涂料成本，亦可提高防腐蚀性能。可选择硅微粉、磷铁粉、碳酸钙、膨润土等作为填料：

1）硅微粉主要成分为二氧化硅，化学性质稳定，且与主剂的成分相似，能够提高硅的含量，进一步提高附着力。同时，硅微粉稳定的化学性质和疏水性能够屏蔽水汽、紫外线的进入，从而提高耐蚀性及耐候性。

2）惰性而导电的磷铁粉能够很好地分散在锌粉中，填补锌粉之间的空隙，与锌粉一起保持涂料的导电性，提高锌粉的利用率。

3）碳酸钙可分为天然和合成两种，天然如方解石之类为重质碳酸钙，合成为轻质碳酸钙；重质碳酸钙是碱性颜料，密度轻，加入后使整体粉料比较蓬松，而且通过试验发现碳酸钙也能增加体系的粘结性。

4）膨润土与主剂混合后，膨润土中的氢键会和主剂中的辅助乳液和水进行缔合，形成增稠作用。

3. 溶剂和助剂

水性无机富锌涂料以水作为溶剂，大大降低了涂料中的VOC含量，甚至可以制成完全不含溶剂的零VOC产品，是一种环保型涂料。

溶剂型无机富锌涂料采用醇类稀释剂，如乙醇、正丁醇。

（二）无溶剂聚氨酯涂料

无溶剂聚氨酯涂料是由含多元醇的A组分和多异氰酸酯的B组分组成的双组分材料，无溶剂聚氨酯防腐层应为规定比例的A、B两组分经反应形成的。当两种组分混合时，反应形成聚氨酯涂层，聚氨酯的化学反应是一种放热反应，即多异氰酸酯与端羟基多元醇反应放出热量，如图6-1所示。

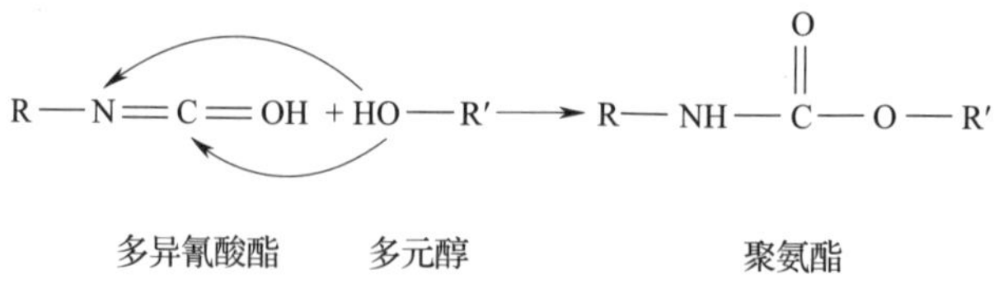

图6-1 聚氨酯聚合反应

无溶剂聚氨酯涂料使用原料主要有端羟基多元醇（聚酯多元醇、聚醚多元醇、端氨基聚醚等）。多异氰酸酯选用二苯基甲烷二异氰酸酯（MDI），主要物理性能见表6-2；当有耐候性要求时，可选用1，6-己二异氰酸酯（HDI）或四甲基间苯二亚甲基二异氰酸酯（TMXDI），扩链剂可选用低分子二醇或二胺；交联剂可选用三羟甲基丙烷（TMP）或季戊四醇。

表 6–2　MDI 的主要物理性能指标

项目	指标	项目	指标
纯度 /%	>99.5	水解氯含量 /%	<0.05
凝固点 /℃	>38	酸度（以 HCl 计）	0.02 ~ 0.002
相对密度	1.19	总氯含量 /%	<0.1

国家标准《色漆和清漆用漆基　多异氰酸酯树脂　通用试验方法》GB/T 33312—2016 规定了涂料用多异氰酸酯树脂的项目和检测方法，见表 6–3。

表 6–3　多异氰酸酯树脂的项目和检测方法

项目	检测方法
颜色	《透明液体　以铂–钴等级评定颜色　第 1 部分：目视法》GB/T 9282.1—2008 或 DIN ISO 6271–2：2004 *Clear Liquids–Estimation of Colour by the Platinum–Cobalt Scale–Part 2：Spectrophotometric Method*
	《透明液体　以铂–钴等级评定颜色　第 1 部分：目视法》GB/T 9282.1—2008 或 ISO 4630–2：2004 *Clear Liquids–Estimation of Colour by the Gardner Colour Scale–Part 2：Spectrophotometric Method*
黏度	《塑料　液态或乳液态或分散体系聚合物 / 树脂用旋转黏度计在规定剪切速率下黏度的测定》GB/T 21059—2007
不挥发物	《色漆、清漆和塑料　不挥发物含量的测定》GB/T 1725—2007，《色漆和清漆用漆基　多异氰酸酯树脂　通用试验方法》GB/T 33312—2016 中表 2
闪点	《闪点的测定　闭杯平衡法》GB/T 21775—2008 或《闪点的测定　快速平衡闭杯法》GB/T 5208—2008
密度	《色漆和清漆　密度的测定　比重瓶法》GB/T 6750—2007，《色漆和清漆　密度的测定　第 2 部分：落球法》GB/T 21862.2，《色漆和清漆　密度的测定　第 3 部分：振动法》GB/T 21862.3，《色漆和清漆　密度的测定　第 4 部分：压杯法》GB/T 21862.4
多异氰酸酯含量	《色漆和清漆用漆基　多异氰酸酯树脂　通用试验方法》GB/T 33312—2016 中附录 A
二异氰酸酯单体含量	《色漆和清漆用漆基　异氰酸酯树脂中二异氰酸酯单体的测定》GB/T 18446—2009

（三）溶剂型环氧涂料

1. 树脂

溶剂型环氧涂料多采用双酚 A型环氧树脂，其结构式如图 6–2 所示。

双酚 A 型环氧树脂的性能指标可参考国家标准《双酚 A 型环氧树脂》GB/T 13657—2011。溶剂型环氧涂料常用的双酚 A 型环氧树脂牌号及性能指标见表 6–4。

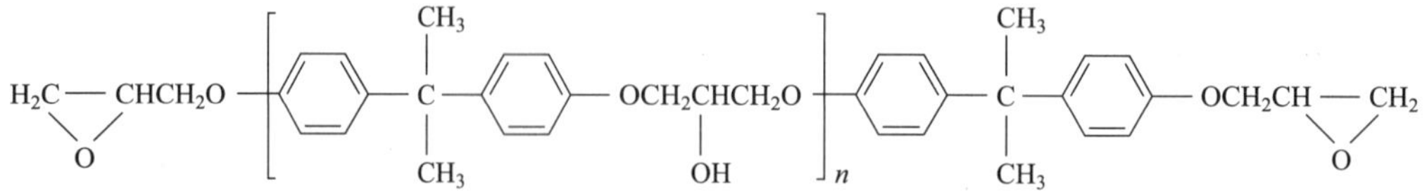

图 6–2 双酚 A 型环氧树脂结构式

表 6–4 溶剂型环氧涂料常用双酚 A 型环氧树脂的牌号及性能

旧牌号	现牌号	国标牌号	黏度 /（Pa·s）	软化点 /℃	环氧当量 /（g/mol）	易皂化氯 /（mg/kg）	无机氯 /（mg/kg）
618	E–51	EP1441 310	<2.5	—	183 ~ 200	≤ 1 000	≤ 100
6101	E–44	EP1451 310	—	14 ~ 23	210 ~ 240	≤ 5 000	≤ 100
634	E–42	EP1551 310	—	24 ~ 35	238 ~ 270	≤ 500	≤ 100

除了环氧树脂本身质量外，涂料中的环氧树脂含量对涂层质量也有至关重要的影响。经试验研究表明，环氧树脂含量最少不应低于 25%。涂料中的环氧树脂含量高，防腐蚀层的粘结力大、机械强度高、涂敷时固化速度快、涂层密实，可以得到优良的防腐蚀性能。

2. 固化剂

环氧树脂配套使用的固化剂可根据固化温度分为四类：

（1）低温固化剂：在室温以下；

（2）室温固化剂：室温 ~ 50℃；

（3）中温固化剂：50 ~ 100℃；

（4）高温固化剂：在 100℃以上。

溶剂型环氧树脂涂料衬里一般选择低温和室温固化剂。低温固化剂品种很少，有聚硫醇型、多异氰酸酯型等；国内研制、现已广泛使用的 T–31 改性胺、YH–82 改性胺也可在 0℃以下固化。室温固化剂的种类很多，如脂肪族多胺、脂环族多胺、低分子聚酰胺以及改性芳胺等。

常用脂肪族多元胺固化剂的品种和指标见本手册第三章表 3–34 相关内容。胺类固化剂的性能比较见表 6–5。

表 6–5 胺类固化剂的性能比较

性能	比较情况
适用期（从长到短）	芳香胺→聚醚胺→酰胺基胺→聚酰胺→脂环胺→脂肪胺
柔韧性（一般到好）	脂肪胺→芳香胺→脂环胺→酰胺基胺→聚酰胺→聚醚胺
粘接性（一般到好）	脂肪胺→芳香胺→脂环胺→酰胺基胺→聚酰胺→聚醚胺
耐水性（从低到高）	聚醚胺→芳香胺→脂肪胺→脂环胺→酰胺基胺→聚酰胺
低温性（从差到好）	芳香胺→聚醚胺→酰胺基胺→聚酰胺→脂环胺→脂肪胺

续表 6–5

性能	比较情况
耐酸性（一般到好）	聚酰胺→聚醚胺→酰胺基胺→脂肪胺→脂环胺→芳香胺
黏度（从低到高）	聚醚胺→脂环胺→酰胺基胺→脂肪胺→芳香胺→聚酰胺
颜色（从浅到深）	聚醚胺→脂环胺→脂肪胺→聚酰胺→酰胺基胺→芳香胺

3. 溶剂

溶剂的作用是使涂料成为有一定黏度的溶液，便于施工以及控制涂层厚度，形成良好的涂膜。溶剂型环氧涂料衬里配方中常用的溶剂见表 6–6。

表 6–6　溶剂型环氧涂料中常用的溶剂和稀释剂

溶剂及稀释剂类别	举例	溶剂及稀释剂类别	举 例
芳烃类	二甲苯，甲苯，高沸点芳烃混合溶剂	醇醚类	丙二醇甲醚，丙二醇乙醚，丙二醇丁醚，乙二醇甲醚，乙二醇乙醚
醇类	正丁醇，异丙醇，乙醇，甲醇	酯类	丙二醇甲醚醋酸酯，乙二醇乙醚醋酸酯，醋酸丁酯
酮类	环己酮，甲乙酮 - 丙酮，甲基异丁基酮，甲基异戊基酮		

在表 6–6 的各类溶剂中，酮、醇醚和酯类溶剂是环氧树脂的优良溶剂，二甲苯和醇类主要作为稀释剂使用。制备涂料时，一般使用混合溶剂，主要由二甲苯与一定量的极性溶剂（酮、醇醚和酯类）混合使用。

使用溶剂时应注意以下几点：

（1）酮类溶剂可以额外延长环氧涂料的使用期。

（2）尽可能使用较高沸点、闪点和毒性低的溶剂。

（3）酮和酯类溶剂不可用于固化剂组分的溶剂或稀释剂。

涂膜中滞留的溶剂对涂膜防腐蚀性的影响见表 6–7。

表 6–7　滞留溶剂对环氧涂层防腐蚀性的影响

溶剂	加入量 /%	14d 后滞留量（25℃）/%	防腐蚀性能（与无溶剂涂料比较）
二甲苯	9	5	无明显变化
甲乙酮	9	4	无明显变化
乙二醇乙醚	9	4	耐盐水、氨水和盐酸性下降
醋酸乙酯	9	4	耐氨水和盐酸性下降
正丁醇	9	3	耐乙醇、氨水和盐酸性下降
二丙酮醇	9	7	耐盐、盐酸性下降

涂料中的溶剂含量高低直接影响着涂层的致密度和针孔数量，还关系到涂敷遍数、工效、工期、人工和机械费用。在选用涂料时，应首选溶剂含量低、固体分含量高的涂料，因为溶剂在漆膜干燥过程中全部挥发，造成浪费、污染和危害，并使干膜厚度减少。由于涂料中含溶剂，在漆膜干燥过程中溶剂挥发会产生针孔和表面缺陷，为了消除针孔和增加防腐层厚度，要涂敷第二遍涂料，把上遍涂膜的针孔大部分覆盖，只有少量重叠，靠这样多层的涂敷才能达到无针孔的防腐蚀层。在第一层、第二层及以后涂的若干层中留下前层的隐蔽下的针孔，称为盲孔；在表层留下的针孔，称为显孔。盲孔、显孔和隐藏的裂痕缺陷会造成涂层致密性变差，在使用中遇到化学介质的长期浸渍，腐蚀性的酸、碱、盐会进入缺陷中并存留，造成涂层的电性能下降、强度降低，导致涂层失效，逐渐失去对基体的防护作用。

（四）无溶剂环氧涂料

无溶剂环氧涂料与溶剂型环氧涂料产品的最大区别在于涂料制造及施工应用过程中不采用挥发性有机溶剂作为分散介质，而采用低黏度的胺类固化剂、液态的环氧树脂经交联反应固化而形成涂层，具有非同一般的特性。

1. 树脂

无溶剂环氧涂料常用双酚 F 型环氧树脂（图 6–3），特点是黏度小，不到双酚 A 型环氧树脂黏度的 1/3，固化物的性能与双酚 A 型环氧树脂几乎相同，但耐热性稍低而耐蚀性稍优。双酚 F 型环氧树脂在 20 世纪主要以进口产品为主，目前国内企业的产能在 2 万 t/a 左右，使用量和范围在不断扩大，产品质量也在不断提升，该产品的行业标准正在制订之中。

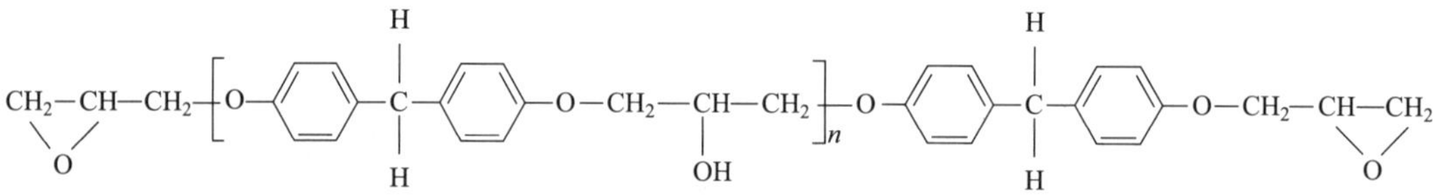

图 6–3 双酚 F 型环氧树脂结构

2. 固化剂

无溶剂环氧涂料在选择固化剂、促进剂等方面极为关键。

（1）固化剂一般也选无毒、无味的低黏度液体化合物。通常脂肪族多胺虽然黏度低，但施工时限短，发热量大，而脂环族胺的反应性稍慢，常被用作固化剂，如异佛尔酮二胺［胺氢当量：42.6，熔点：10 ~ 14℃，黏度（20℃）：18mPa · s］以及 Laromine C260（熔点：–7℃，胺氢当量：60，BASF）。

不仅如此，常以二乙烯二胺和环氧丙烷丁基醚的反应产物与其他固化剂混合后一起用作无溶剂环氧防腐蚀涂料的固化剂。酮亚胺、间苯二胺或二胺基二苯基甲烷的共溶物，间苯二胺或二胺基二苯基甲烷与环氧丙烷异辛基醚的加成物等均为低黏度液体，可直接或加入适当促进剂后作无溶剂环氧防腐蚀涂料的固化剂。

（2）常用苯乙烯和苯酚及多元芳香族叔胺作为促进剂。

3. 活性稀释剂

无溶剂环氧涂料中降低黏度的措施除了加入低黏度的环氧树脂和固化剂外，尚可采用加入不挥发的活性稀释剂来实现，如单官能团的苯基缩水甘油醚、丁基缩水甘油醚；双官能团的乙二醇二缩水甘油醇醚，含两个环氧基，固化后有弹性，耐热性好，稀释力比较强；而异辛基缩水甘油醚作为稀释剂使用，一般对人体皮肤敏感性较小。活性稀释剂一般加入量为环氧树脂量的 15% 以下。常用活性稀释剂见表 6–8。

表 6–8　常用活性稀释剂

名称	环氧当量 /（g/mol）	黏度（25℃）/（mPa·s）	密度 /（g/cm^3）
甲苯基缩水甘油醚	170 ~ 179	约为 8	1.08
苯基缩水甘油醚	150 ~ 170	4 ~ 7	1.10
丁基缩水甘油醚	145 ~ 155	1 ~ 3	0.92
烯丙基缩水甘油醚	约为 114	1.2	0.96
异辛基缩水甘油醚	179 ~ 215	2 ~ 15	0.89
对叔丁苯基缩水甘油醚	220 ~ 240	20 ~ 40	1.02
新戊二醇二缩水甘油醚	135 ~ 145	15 ~ 35	1.04
1，4– 丁二醇二缩水甘油醚	120 ~ 140	15 ~ 20	1.10
叔碳酸缩水甘油酯（Cardura E10）	240 ~ 265	5 ~ 20	0.97

（五）酚醛环氧涂料

酚醛环氧涂料依据固化特性可分为常温固化型酚醛环氧涂料和加热后固化型酚醛环氧涂料。

1. 树脂

酚醛环氧树脂（图 6–4）是以线型酚醛树脂（Novolac）与环氧氯丙烷为原料，在氢氧化钠存在下缩聚反应制得。其突出的特点是环氧基含量高（大于 2 个，而双酚 A 型环氧基只有 2 个），黏度较大，固化后产物交联密度高、耐热性高于其他类型环氧树脂。常用的酚醛环氧树脂型号和指标见表 6–9。采用酚醛环氧制得的涂料，有时也叫诺伏勒克环氧涂料，常用于化学品储罐中。

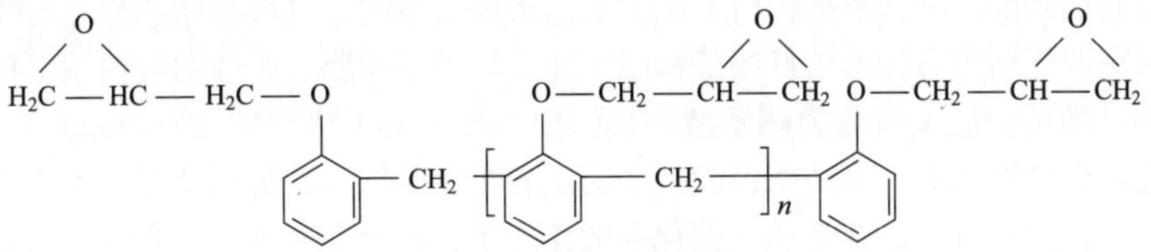

图 6–4　酚醛环氧树脂

表 6–9　酚醛环氧树脂的型号和指标

型号	外观	环氧值 /（mol/100g）	无机氯值 /（mg/kg）	易皂化氯 /（mg/kg）	软化点 /℃
F–51	高黏度棕色透明液体	≥ 0.50	≤ 180	≤ 4 000	≤ 28
F–44（644）		≥ 0.40	≤ 180	≤ 4 000	≤ 40

2. 固化剂

部分酚醛环氧涂料采用改性胺类固化剂，常温固化后可通过加热到 80 ~ 120℃，并维持 2 ~ 4h 的后固化，以进一步提高涂层的交联密度，从而提高涂层的致密性和硬度，可以有效应对小分子腐蚀介质的渗入，大幅提高耐化学介质腐蚀性能。

需要指出的是，在行业标准《涂料用环氧树脂》HG/T 4765–2014 中，对环氧类涂料包括溶剂型、无溶剂型和酚醛环氧型等涂料品种采用的环氧树脂，提出了比表 6–4、表 6–9 更高的检测指标要求，见表 6–10。

表 6–10　涂料用环氧树脂的检测指标

项目	指标	
	合格品	优等品
外观	无色至淡黄色透明液体，无肉眼可见的颗粒	
环氧当量 /（g/mol）	商定	
无机氯 /（mg/kg）	≤ 100	≤ 50
易皂化氯 /（mg/kg）	≤ 1 000 或商定	≤ 500
挥发分（未加溶剂稀释型）/%	≤ 0.3	≤ 0.2
不挥发分（加溶剂稀释型）/%	商定	
黏度 /（mPa · s）	商定	
颜色（铂 – 钴法）/%	≤ 150	≤ 100

（六）烘烤型酚醛涂料

1. 树脂

烘烤型酚醛涂料衬里的基料为酚醛树脂，主要由酚和醛（在酸或碱催化下）按不同比例缩合而得到的产物，根据原料配比和工艺条件的不同，可得不同类型的酚醛树脂。

酚醛树脂涂料可分为醇溶性酚醛树脂、油溶性酚醛树脂、改性酚醛树脂三种类型。

醇溶性酚醛树脂又可分为热塑型和热固型两种。由于热塑型酚醛树脂附着力不好，力学性能随温度变化大，在防腐蚀涂料中应用较少。热固型酚醛树脂是含有较多羟甲基的带分支的线型高分子，在受热或催化剂的作用下，彼此交联缩聚，形成不溶的网状立体结构（图 6–5）。

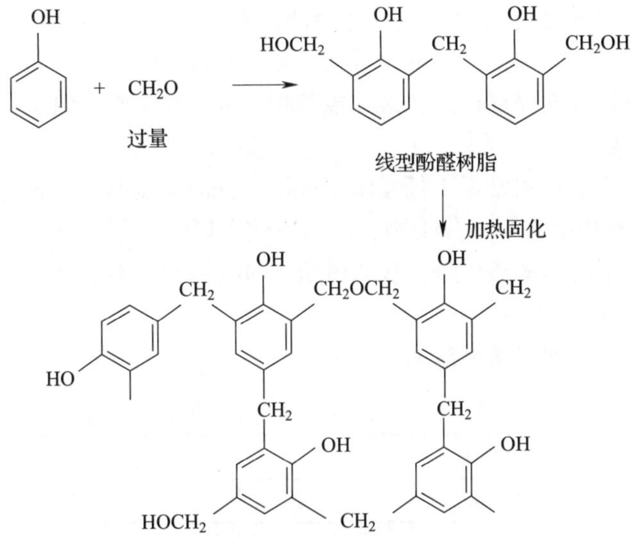

图 6-5 热固性酚醛树脂的合成与固化

2. 固化剂

醇溶性热固型涂料是以醇溶性热固型酚醛树脂为成膜物质的通用防腐蚀涂料。通常将醇溶性热固型酚醛树脂溶于工业乙醇中，再和适当的惰性颜料、填料一起研磨，即可配制成各种用途的防腐蚀涂料，这类涂料需要加热固化，但也可加入酸性固化剂常温固化成膜（也称为冷固化醇溶性酚醛树脂防腐蚀涂料）。

酚醛树脂涂料具有良好的耐热性（130℃长期使用）、耐热酸、有机试剂、水蒸气的侵蚀，常用作换热器防腐保护。

（七）其他涂料

近年来随着树脂合成技术的发展，如利用互穿网络、超支化反应、Sol-Gel 技术制备“有机 - 无机”等，出现了许多耐化学品性能更好的树脂和涂料产品。

其中 Sol-Gel 技术制备有机 - 无机杂化涂料有美国先进聚合物涂料公司开发的 ChemLine 784 高性能重防腐蚀涂料。ChemLine 784 由高度耐腐蚀、耐温的无机结构二氧化硅与有机环氧丙烷苯基醚相连接，生成环硅的多缩水甘油醚，分子结构中具有 28 个可交联官能团，在固化过程中通过芳香型交联剂作用，可结合转变成 784 个交联点，形成高度交联密度的网络结构。与一般的防腐蚀涂料不同的是：分子间以醚键占主导地位，与环氧树脂相比不含有羟基；与乙烯基树脂相比没有酯键，因此能经得起各种水解、酸碱盐、有机溶剂等的侵蚀，其在介质品种中的耐蚀性广度和深度远高于现有涂料产品，专门用于各种重防腐衬里领域，如洗涤塔、移动罐、管道、储罐衬里等。

1. 产品特点

（1）VOC 含量小于 108g/L，固体含量为 95%，属于低有机挥发物含量、高固体分涂料；

（2）不含铅、铬盐等有害金属；

（3）高延伸率和高硬度相结合，常温下高于韧性较好的乙烯基树脂涂膜延伸率 2 ~ 3 倍，巴柯尔硬度达到 75 ~ 80，是一般耐蚀涂膜硬度的 2 倍左右；

（4）涂覆厚度通常为 0.25 ~ 0.40mm；

（5）耐阳光、可满足美国 FDA 食品接触测试标准 FDA 21 CFR 175.300 的要求；

（6）良好的耐温性，按不同品种，可在 -40 ~ 260℃使用；

（7）对施工基体表面要求很高，必须控制相对湿度在 70% 以下。

2. 耐腐蚀性能

ChemLine 784 涂层可耐常温下任意浓度硫酸、任意浓度盐酸、任意浓度醋酸、氢氧化钠（50%）、甲醇和甲酸等小分子物、二氯甲烷等氯强溶剂、其他强酸、碱和极性溶剂；耐腐蚀等级高于乙烯基酯树脂、呋喃树脂、酚醛树脂和不锈钢。

3. 物理力学性能

ChemLine 784 涂层的性能指标见表 6-11。

表 6-11 ChemLine 784 涂层的性能指标

序号	项目	指标	参考标准
1	弯曲试验（3/4"Diam.）/（°）	270	ASTM D522
2	冲击试验 /（cm · kg）	150	ASTM D2794
3	剥离强度 /MPa	19.3 ~ 21.3	ASTM D4541
4	巴柯尔硬度	75 ~ 80	ASTM D2583
5	泰伯磨损量（cs-17，1 000g，1 000r）/mg	3.92	ASTM D4060-90
6	吸水率（30d，30℃）/%	0.89	ASTM D570

注：表中标准为美国材料试验协会（ASTM）的标准。

二、衬里的物理力学性能、耐腐蚀性能、评定标准和试验方法

（一）衬里的物理力学性能

无机富锌涂料衬里的物理力学性能主要依据国家标准《钢质石油储罐防腐蚀工程技术标准》GB/T 50393—2017。另外可参考的标准有：美国钢结构涂装协会 SSPC-Paint 20 *Zinc-Rich Coating Type Ⅰ-Inorganic and Type Ⅱ-Organic*、日本 JISK 5553：2010《厚膜富锌底漆》以及我国行业标准《富锌底漆》HG/T 3668—2020。

无溶剂聚氨酯涂料衬里的物理力学性能主要依据国家标准《球墨铸铁管和管件 聚氨酯涂层》GB/T 24596—2021。另外，可参考的标准有：行业标准《钢质管道及储罐无溶剂聚氨酯涂料防腐层技术规范》SY/T 4106—2016 和《无溶剂防腐涂料》HG/T 5177—2017。

环氧类涂料衬里的物理力学性能主要依据国家标准《钢质石油储罐防腐蚀工程技术标准》GB/T 50393—2017。另外，可参考的标准有：国家标准《无溶剂环氧液体涂料的防腐蚀涂装》GB/T 31361—2015、《钢质管道液体环氧涂料内防腐技术规范》SY/T 0457—2019、《钢质储罐防腐层技术规范》SY/T 0319—2021、《无溶剂防腐涂料》HG/T 5177—2017 和《钢质输水管道无溶剂液体环氧涂料》HG/T 4337—2012。

烘烤型酚醛涂料衬里的物理力学性能可参照国家标准《工业设备及管道防腐蚀工程技术标准》GB/T 50726—2023。

几种液体涂料衬里常见的物理力学性能及检测方法见表 6-12。

表 6-12　液体涂料衬里常见的物理力学性能及检测方法

项目	无机富锌涂料	无溶剂聚氨酯涂料	溶剂型环氧涂料	无溶剂环氧涂料	酚醛环氧涂料	烘烤型酚醛涂料	检测方法
固体含量 /%	—	—	—	≥ 98	—	—	《钢质管道液体环氧涂料内防腐技术规范》SY/T 0457
不挥发物含量 /%	—	≥ 98	≥ 80	—	80	—	《色漆、清漆和塑料　不挥发物含量的测定》GB/T 1725
不挥发物金属锌含量 /%	≥ 70	—	—	—	—	—	《富锌底漆》HG/T 3668
柔韧性 /mm	—	—	1	1	1	—	《漆膜、腻子膜柔韧性测定法》GB/T 1731
耐冲击性 /mm	500	—	500	500	500	500	《漆膜耐冲击测定法》GB/T 1732
耐冲击性 /J	—	5，无漏点	—	8，无漏点	—	—	《钢质管道熔结环氧粉末外涂层技术规范》SY/T 0315—2013 中附录 E
抗弯曲性 /（°）	—	1.5，无裂纹	—	3，无裂纹	—	—	《钢质管道熔结环氧粉末外涂层技术规范》SY/T 0315—2013 中附录 D
耐磨性（cs-17 砂轮，1kg，1 000r）/mg	—	≤ 100	—	≤ 100	—	—	《色漆和清漆　耐磨性的测定　旋转橡胶砂轮法》GB/T 1768
硬度（Shore D）/ 度	—	≥ 65	—	—	—	—	《塑料和硬橡胶使用硬度计测定压痕硬度（邵氏硬度）》GB/T 2411
附着力 /MPa	≥ 3.0	≥ 10.0	≥ 8.0	≥ 10.0	≥ 8.0	≥ 8.0	《色漆和清漆拉开法附着力试验》GB/T 5210

（二）耐腐蚀性能

1. 无机富锌涂料衬里

无机富锌涂料衬里由于其成膜物是无机物，不受有机溶剂的影响，甚至不受强溶剂

（如丙酮，氯化烃类、芳烃等）的影响，也不受汽油、柴油、润滑油、喷气煤油（航空煤油）和许多类似精炼石油产品的影响。因此可以单独在这些化学介质中长期使用。无机富锌涂层中含有大量的锌粉还可提供电化学防护和屏蔽作用。

无机富锌涂料衬里耐化学介质性能见本手册附录一。

2. 无溶剂聚氨酯涂料衬里

无溶剂聚氨酯涂料衬里是由多异氰酸酯（—NCO）和大分子多元醇（—OH）聚合而成。聚氨酯大分子中由于存在大量的氢键，使得分子间作用力大，大分子链对多数化学物质稳定，因此以聚氨酯为成膜物质而配成的聚氨酯防腐蚀涂料具有优良的耐化学腐蚀性、抗渗透性、耐磨性、坚韧性及较好附着力等特性。

在行业标准《钢质管道及储罐无溶剂聚氨酯涂料防腐层技术规范》SY/T 4106—2016中规定无溶剂聚氨酯涂料可用于：①储存介质为原油和水且最高设计温度不大于70℃的储罐内防腐层；②输送介质为原油及成品油、水、天然气且最高设计温度不大于70℃的管道的内防腐层。

3. 环氧类涂料衬里

环氧类涂料衬里的树脂中有烃基及醚键，没有酯键，所以耐碱性尤其突出。环氧树脂固化后呈三维网状结构，能耐油类浸渍，大量应用于管道、油槽、油轮的油箱内壁衬里等。环氧固化剂方面，选用不同的固化剂及比例会影响涂层衬里的耐化学介质性能。例如，环氧树脂与聚酰胺配比不同时，所得漆膜性能不同：聚酰胺用量大，漆膜弹性增加，而耐腐蚀性能下降。

溶剂型、无溶剂型和酚醛环氧涂料衬里的耐化学介质性能见本手册附录一“无机富锌涂料衬里和环氧类涂料衬里耐蚀表”。

（三）评定标准和试验方法

1. 耐腐蚀试验方法

涂料衬里通常是与水、油、酸、碱、有机物等介质接触，有时候还存在较高的温度和压力。因此评定涂料衬里的选择是否适用于应用工况至关重要。目前测试和评定方法有以下几种：

（1）耐化工气体介质性能评定：试验方法可参照ISO 3231-1993 *Paints and Varnishes-Determination of Resistance to Humid Atmospheres Containing Sulfur Dioxide*。

（2）耐常温液体介质性能试验可采用浸泡测试：

1）除水之外液体中的试验方法应按国家标准《色漆和清漆　耐液体性的测定　第1部分：浸入除水之外的液体中》GB/T 30648.1—2014中的方法B进行；

2）耐水性能试验可采用部分浸入方法，并应按国家标准《色漆和清漆　耐液体性的测定　第2部分：浸入法》GB/T 30648.2—2015中的方法进行。

以上的方法标准大多是描述单一介质的试验情况，如果遇到复杂或多品种混合介质，一是可直接从现场取介质；二是可在现场实际挂板，现场的实际挂板也可认为是浸泡测试方法的一种。试验需要时，浸泡试验可考虑通过加热升温模拟涂料衬里应用时的温度。一般实验周期为1个月、3个月、6个月、12个月。

（3）为更好模拟实际工况，也可进行高压釜测试，参照NACE TM0185-2006 *Standard*

Test Method Evaluation of Internal Plastic Coatings for Corrosion Control of Tubular Goods by Autoclave Testing 测试方法进行。高压釜测试和普通浸泡试验的区别是在浸泡试验的基础上还可模拟高温和高压的环境，同时增加了对气相介质的考察。高压釜测试也可以模拟卸压过程。压力的急剧变化对涂层的损害很大，尤其是迅速卸压，如事故时的卸压。高压釜内是一个密闭的环境，可以模拟高温高压和复杂的多相环境（气相、油相、水相）。

（4）在NACE TM0174–2002 *Laboratory Methods for the Evaluation of Protective Coatings and Lining Materials on Metallic Substrates in Immersion Service* 里面描述的测试方法叫作阿特拉斯测试（Atlas Cells），可以表征衬里涂料在温度梯度下对化学介质的耐受性，并模拟了无保温的管道和储罐的冷壁效应。

阿特拉斯测试是浸泡试验的一种，但更加接近现实情况，只浸没单面，另一面和大气接触，和普通浸泡试验的区别在于同时考虑了介质耐受性和冷壁效应。阿特拉斯测试的设备是在玻璃容器内盛放了液体介质，外带加温装置以维持一定的温度，样板带涂料的一面直接和化学介质接触，可做气相和液相交界面模拟实验。如果改变介质，还可做水相、油相、气相的交界面模拟实验。阿特拉斯的设备也可做成耐温、耐压力的，即同时考虑温度、压力、化学介质及冷壁效应对涂料的影响。

阿特拉斯测试条件苛刻，严于很多实际使用环境。有些涂膜在实际服役中并不起泡，却不能通过阿特拉斯测试，也有在高压釜测试中表现良好的涂膜不能通过阿特拉斯测试。

2. 评定标准

涂料衬里耐化工气体性能及耐液体性能的等级评定，可按国家标准《建筑防腐蚀工程施工质量验收标准》GB/T 50224—2018 附录 F.6 的要求进行，其评定等级见表 6–13。

表 6–13　涂料衬里耐化工气体性能及耐液体性能评定等级

等级	外观	评定等级	评定标准
耐腐蚀	无失光变色、起泡、开裂、剥落、生锈等缺陷及附着力降低等变化	变化 0 级，起泡 0 级，开裂 0 级，剥落 0 级，生锈 Ri0 级	现行国家系列标准《色漆和清漆　涂层老化的评价　缺陷的数量和大小以及外观均匀变化程度的标识》GB/T 30789
尚耐蚀	表面略有失光或变色，但无起泡、开裂、剥落、生锈等缺陷及附着力降低等变化	变化≤ 2 级，起泡 0 级，开裂 0 级，剥落 0 级，生锈 Ri0 级	
不耐蚀	表面有起泡、开裂、剥落、生锈等缺陷及附着力降低等变化	变化 >2 级，起泡 >0 级，开裂 >0 级，剥落 >0 级，生锈 >Ri0 级	

需要说明的是，涂料衬里的变色经常被错误解读，尤其是在一些高温带化学介质的场合，涂料衬里经常会发生变色，这可能是涂料衬里在更高温度下进一步固化的结果。许多高温耐受的衬里在较高的温度下都会发生变色，如采用了某些咪唑类环氧固化剂，使得环氧涂料衬里在高温下发生固化变色，这种变色并不影响涂料衬里的性能。所以单纯的变色并不能认定是涂料衬里的失效。但在测试中对介质的污染则是需要考虑的，如在酸性条件下服役的涂料衬里可能会变色，这种变色虽然不被认定为衬里涂料的失效，然而如发生污染其所储存的介质时，则需要考虑选择这类涂层是否适用的问题。

测试后即使涂料衬里的耐腐蚀评定等级为尚耐蚀或耐腐蚀，也推荐做拉拔法附着力测试和硬度测试，观察测试后所剩下的附着力和硬度。如果附着力或硬度低于初始值的50%，应审慎研判涂料衬里是否失效。

三、设计要点

（一）适用范围

1. 温度

各类涂料衬里的耐温一般有三种情况：

（1）耐干温，即在干燥空气状态下的耐温情况；

（2）耐湿温，即在有水或水蒸气时的耐温情况；

（3）耐介质温度，即在有腐蚀介质时的耐温情况。

在国家标准《工业设备及管道防腐蚀工程技术标准》GB/T 50726—2023 第 8.1.6 条规定：涂料衬里适用的设计温度范围应根据衬里材料的允许使用温度范围确定。工程上应用通常不超过 200℃。

2. 压力

涂料衬里适用的设计压力一般为低压，且可耐受一定的负压，范围为 –0.02 ~ 0.10MPa。

（二）涂层构造和厚度

1. 构造

涂料衬里可由一层或多层构成（图 6–6）。

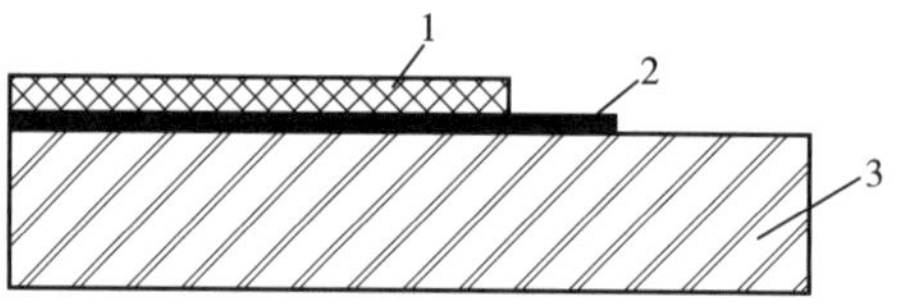

1—面涂层；2—底涂层；3—基体。

图 6–6 涂料衬里系统

2. 厚度

常用液体涂料衬里的设计厚度和层数见表 6–14。

表 6–14 涂料衬里设计厚度和层数

树脂类型	厚度 /mm	层数
无机富锌涂料	0.08 ~ 0.10	1
无溶剂聚氨酯涂料	0.5 ~ 2.0	1 ~ 3
液体环氧涂料	0.3 ~ 1.0	1 ~ 3
烘烤型酚醛涂料	0.125 ~ 0.250	3 ~ 4

注：液体环氧涂料包括溶剂型环氧涂料、无溶剂环氧涂料、常温固化型和加热后固化型酚醛环氧涂料。

在设计涂料衬里厚度时，需要注意下列几点：

（1）无机富锌涂料衬里一般采用单道涂层，用于成品油或化学品的储罐舱室内壁中，设计漆膜干膜厚度在 80 ~ 100μm，最大为 125μm，过厚有开裂风险。水溶性无机富锌漆用于储罐舱室内壁时，设计漆膜干膜厚度建议为 125 ~ 150μm。

（2）溶剂型环氧涂料的适用范围与常规涂料基本相似，适用于常规原油和一般"黑色"燃油的储罐内衬，一般采用聚酰胺固化的环氧漆。适用温度为 -20 ~ 90℃，为避免针孔和施工缺陷，涂装两道及以上，干膜厚度在 300 ~ 1 000μm，如果加入玻璃纤维则最高膜厚可达 1 500μm 以上。

（3）无溶剂环氧涂料由于溶剂含量微乎其微，消除了涂层针孔，提高了抗渗透性、耐腐蚀性能；适用于储存常规汽油和成品油等的储罐内衬及输送管道内壁，同时在含水量较高的环境下有较高的防腐蚀性能。一般涂装 1 ~ 2 道，干膜厚度可为 100 ~ 600μm，特殊设计或添加玻璃纤维厚度为 2 ~ 3mm。

（4）常温固化的酚醛环氧涂料衬里适用于储存含有混合大量助剂的高级汽油的储罐、各类能够装载化学液体的运输罐及管道内壁，包括原油、汽油、醇类、航空燃料、无机盐及芳烃和脂肪族溶剂。一般涂装 2 道，干膜厚度可为 100 ~ 800μm。

（5）后固化型环氧酚醛涂料衬里与常温固化的酚醛环氧涂料衬里设计相同，因交联密度高，使其耐化学品性能大幅提高，可耐更小分子介质、溶剂和更强的酸碱腐蚀介质，如浓硫酸等。

四、施工要点

（一）基体要求

工业设备及管道的结构设计需要充分考虑后续的涂料衬里施工工艺要求，如基体刚度、工艺与结构的配套、部件连接方式、管子和管件直径对应的可施工长度等。

国家标准《工业设备及管道防腐蚀工程技术标准》GB/T 50726—2023 第 3.2.7 条和附录 A 中规定了在基体表面宜达到 A2 级的要求及满足基体表面典型缺陷控制要求的前提下，方可采用涂料衬里的规定。

（二）表面处理

涂料衬里施工前可先进行待涂装表面的油脂紫外灯检测，有机烃检测及氯离子、硝酸根离子、硫酸根离子的检测，以确保表面无污染物。

待涂装表面的表面处理优选采用喷射或抛射清理，钢材表面的处理等级要求达到 Sa2 $\frac{1}{2}$ 级，部分涂层如酚醛烤漆要求达到 Sa3 级。粗糙度不宜太大也不宜太小，一般为 50 ~ 75μm，且不超过设计衬里干膜厚度的 1/3。

表面处理等级是从表面清洁度的维度出发，以减少甚至清除引起表面腐蚀的一些要素，从而为涂层的附着力提供保障；粗糙度可增加比表面积，从而增加涂层与基体表面的机械结合力。

（三）施工环境条件

在涂料衬里施工环境无其他特殊要求时，涂料施工的温度宜为5～35℃，基体表面温度不低于5℃。为防止凝露，基体表面温度还应大于露点温度3℃以上。

为保障涂层的附着力，减少待涂装表面被空气中的水分污染的风险，一般要求相对湿度不宜大于80%。部分环氧类涂料，无溶剂聚氨酯涂料等对相对湿度要求更高，需参照施工指南设置除湿机等设施控制相对湿度；无机富锌涂料施工时相对湿度不能太低，一般在50%以上为宜。

（四）施工要点

1．涂料混合搅拌器

单组分涂料均匀搅拌和双组分涂料混合搅拌，建议使用专门的搅拌器，只有混合均匀的涂料才有最佳的施工工艺性能。

2．高压无气喷涂工艺

涂料衬里施工建议采用高压无气喷涂工艺，高压无气喷涂工艺分为单管进料的高压无气喷涂和双管进料高压无气喷涂。单管进料喷涂系统适合单组分和双组分液体涂料的喷涂；双管进料仅用于双组分液体涂料的喷涂。

在喷涂每一道涂层前，宜先用刷涂的方法对边角、焊缝等不易喷涂的部位进行预涂。喷涂施工中，应检测每道涂层的湿膜厚度，每道涂层厚度应在设计规定的范围内。

3．无溶剂涂料施工

无溶剂涂料的黏度较高，这对喷涂设备提出了较高的要求。以往产品使用的传统有空气喷涂工艺及老的无空气喷漆泵，不能将此涂料正常喷出，所以需添置压力比更高的新型无空气喷漆泵。但在施工过程中，由于它不含溶剂，其干燥、固化过程中不是靠溶剂的挥发，而完全依赖于自身的固化反应，其反应过程较快，且受温度影响较大，因此双组分涂料混合后的操作使用期较短。虽然涂料的操作使用期可以通过配方中固化剂的选用而进行调整（一般可调整范围为25℃，5～120min），但相对于传统溶剂型环氧涂料的2～8h的操作使用期，仍然是大大缩短了，而且涂料的操作使用期越长，所需的干燥时间亦越长，这就增加了施工的难度。为解决这一难题，可采取以下措施：

（1）在无溶剂环氧涂料选购时应注意所要求的施工条件，包括现场可行的施工方式（如双进料热喷涂、单进料无气喷涂、辊刷等）和施工环境温度。根据施工条件选择合适的无溶剂环氧涂料品种或要求涂料厂家调整其施工性能以满足现场施工条件要求。通常在低于10℃时，不适宜选用无溶剂环氧涂料；在20℃以下时，建议选用冬用型无溶剂环氧涂料；在20℃以上时，选用夏用型无溶剂型环氧涂料，这有利于获得适宜的操作期和涂膜干燥时间。

（2）采用单管进料的高压无空气喷涂方式施工时，宜选用压力比大的无空气喷泵，适当的喷嘴管长度，提高总输出流体压力以保证顺利进料和雾化良好，选用合适口径和流量的喷嘴以保证能在操作期内用完所混合好的涂料。另外，冬季施工由于温度较低，涂料的黏度大大增加，按以往的经验是用增加稀释剂的方法来降低黏度，但在使用无溶剂环氧涂料时，如果仅依靠这种方法将失去使用无溶剂环氧涂料的意义。因此在使用过程中尽量将涂料存放在室内或适当预热，使涂料本身的温度不低于15℃，通过提高涂料的温度来降低黏度而达到能喷涂的要求，同时适当提高涂料泵的压力，尽量缩短喷漆皮管的长度，以使涂料能正常地喷涂。

（3）采用带加热装置的双管进料高压无空气喷涂装置进行施工是最佳方式，见图 6–7。如美国固瑞克公司 Xtreme Mix & XTR 产品喷涂机及重庆长江涂装机械厂 SZD2 电子配比双组分喷涂机，这种装置的特点是：

1）对于高黏度的无溶剂环氧涂料可预先对甲乙组分分别进行预热，再黏稠的无溶剂环氧涂料如果预热到 40～70℃都可获得较低的黏度，以适合进料和雾化。

2）由于甲乙组分分别进料，按比例在混合腔中混合后很快喷涂出去，这就解决了因无溶剂环氧涂料预先混合后的操作使用期太短而造成的施工难题，而且可以施工快干型无溶剂环氧涂料，达到 2h 内实干，12h 内完全固化，单道膜厚甚至可达到 2 500μm。

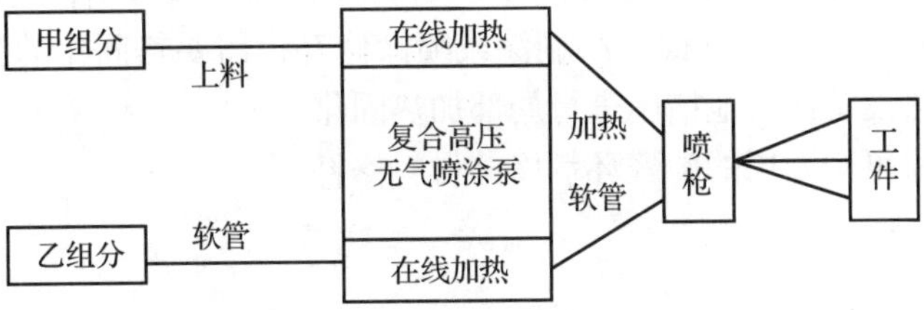

图 6–7　带加热装置的双管进料高压无空气喷涂装置

有些特别黏稠的无溶剂环氧涂料，在小面积修补施工时，如管道补口，可采用刮涂的方式，单道刮涂施工可达 500μm，通过选用快速反应固化剂，可达到 2h 实干。

4. 无溶剂聚氨酯涂料施工

无溶剂聚氨酯涂料采用带加热装置的双管进料高压无空气喷涂装置进行施工。其固化速度非常快，固化速度可根据施工难度和需要在 1～30min 任意选择，甲乙两组分经喷枪喷出后，一般在 1min 内即可表干，5～10min 即可完全固化，从而大幅加快现场施工进度，一台喷涂设备每天可喷涂 800～1 000m^2，正是由于无溶剂聚氨酯涂料的快速固化性能，施工过程中第一道涂层喷涂完毕后，马上可以进行下一道涂层的涂敷，不会产生流淌、凸瘤、麻面等缺陷。每道涂层之间的时间间隔非常短，可同时进行多道涂层的涂敷，一次可涂装所需要的任意厚度，而且中间过程产生污染的可能性降到了最低，形成完全一致的整体涂层；无溶剂聚氨酯涂料甲乙两组分发生反应形成涂层的过程是一个放热反应过程，利用自身的热量可大大加快反应的速度，即使在 –40℃的低温情况下，几十分钟也会完全固化，因而特别适合冬季防腐施工作业。

5. 涂料衬里的热固化

（1）常温固化型涂料衬里的固化采用温度大于 50℃的热空气进行热处理时，固化时间应符合涂料的施工指南的规定。

（2）加热后固化型酚醛环氧涂料衬里的固化，采用通入热空气循环加热的方式，在设备的横向、纵向，远端、近端合理布置热电偶监测温度，控制升温速度均匀，每小时升温速度不宜超过 28℃；待升温达到加热后固化温度要求后，在规定的时间内应保持该温度，固化温度曲线应符合该涂料工艺施工要求。

（3）烘烤型酚醛涂料衬里必须进行热固化处理：①每道涂层喷涂后先进行中间烘

烤，通入 65℃左右的热空气进行强制通风至少 90min，让溶剂充分挥发；②将最初温度大于或等于 107℃的热空气通入，并在衬里设备中循环，每小时提升基材温度 5℃，至中间烘烤基材温度达到 121℃后，保持 60min。需要特别注意的是，在涂层间进行过度烘烤会导致失去附着力；③施工到设计规定层数和厚度范围后，进行最终烘烤，提升基材温度（大约每小时 5℃），支撑部位钢材温度至少达到 191℃（硫酸罐体须达到 204℃）。保持该温度至少 90min 或至少漆膜固化的颜色应与烘烤标准样板一致。

6. 涂料衬里缺陷的修补

涂料衬里缺陷的修补优选用同种材料。

（1）加热后固化型酚醛环氧涂料衬里和烘烤型酚醛涂料衬里的修补最好在最终热固化前完成，可减少对涂层的层间附着力的影响。

（2）当最终热固化或烘烤后发现缺陷需要修补时，需打磨缺陷处直到露出基体，保护好周围完好涂层后依据修补面大小刷涂或喷涂修补，需要热固化的涂料衬里修补后，修补处需使用加热设备或其他措施进行局部加热固化。

（3）酚醛烤漆可用专用的酚醛环氧修补材料修补。

（五）养护

（1）无机富锌固化的无机富锌涂料衬里的养护应以相对湿度和温度为基础。相对湿度要求 65% 以上，在低温、低湿环境下，漆膜的固化时间会延长。相对湿度过低时，可采取喷洒清洁水以解决低湿度下的固化问题。

（2）其他自然固化的涂层衬里与环境温度有关，常温养护期 7d 以上，低温时需适当延长养护期。

（3）加热固化涂层衬里和酚醛烤漆一般无须养护期。

五、质量检验

（一）液体涂料衬里检验项目

液体涂料衬里检验项目见表 6–15。涂层的使用寿命主要取决于干膜厚度、完整性和附着力，而硬度和溶剂擦拭可反映涂层的固化度。

表 6–15　液体涂料衬里检验项目

项目	无机富锌涂层	无溶剂聚氨酯涂层	环氧树脂涂层	加热后固化型酚醛环氧涂层	烘烤型酚醛涂层
干膜厚度	√	√	√	√	√
涂层连续性（漏点检测）	—	√	√	√	√
邵氏硬度	—	√	—	—	—
附着力（拉开法）	√	√	√	√	√
溶剂擦拭	√	—	—	√	√

注：1　环氧树脂涂层包括溶剂型环氧涂料、无溶剂环氧涂料、常温固化型酚醛环氧涂料的涂层。

2　“√”为必检项目，“—”为不检项目。

（二）检验要求

1. 外观

目视检查或采用 5 ~ 10 倍放大镜检查涂料衬里的外观，外观应光滑平整，无流挂、干喷、针孔、起泡、起皱、开裂或杂质等缺陷；颜色应均匀一致；烘烤型酚醛涂层颜色应符合颜色比对板要求。

2. 干膜厚度

涂层的干膜厚度直接影响涂层的使用寿命，膜厚过低会导致涂层过早失效，太高亦会降低涂层的力学性能，产生开裂，脱层等问题导致涂层失效。涂层的干膜厚度偏差控制见表 6–16。

表 6–16　干膜厚度偏差

偏差	干膜厚度（DFT）/%	
	烘烤型酚醛涂料涂层	其他涂层
下限	15	20
上限	40	50

3. 涂层连续性

涂料衬里应该完整连续、无针孔或漏点。厚度小于 500μm 的涂层优先选用低压湿海绵针孔检测；厚度大于或等于 500μm 的涂层选用高压电火花针孔检测，探头移动速度宜为 0.3m/s，测试电压可按下列公式计算：

当 T_c<1mm 时：

$$V=3\,294\sqrt{T_c} \tag{6–1}$$

当 $T_c \geqslant$ 1mm 时：

$$V=7\,843\sqrt{T_c} \tag{6–2}$$

式中：V——检漏电压（V）；

T_c——防腐层厚度（mm）。

4. 邵氏硬度

邵氏硬度检测按现行国家标准《塑料和硬橡胶使用硬度计测定压痕硬度（邵氏硬度）》GB/T 2411 执行，无溶剂聚氨酯涂层检测值不得小于 70，采用邵氏 D 硬度检测仪检测，检测在平行试验板上进行。

5. 附着力

液体涂料衬里的附着力检测可按现行国家标准《色漆和清漆拉开法附着力试验》GB/T 5210 执行。由于附着力检测为破坏性试验，所以应在平行试验板上进行，涂层衬里附着力（拉开法）控制指标见表 6–17。

表 6–17　涂层衬里附着力（拉开法）/MPa

项目	附着力
无机富锌涂层	≥ 3.0
无溶剂聚氨酯涂层	≥ 10

续表 6-17

项目	附着力
溶剂型环氧涂层	≥ 8.0
无溶剂环氧涂层	≥ 10.0
常温固化型酚醛环氧涂层	≥ 8.0
加热后固化型酚醛环氧涂层	≥ 8.0
烘烤型酚醛涂层	≥ 8.0

6. 溶剂擦拭

溶剂擦拭可检测涂层固化度。无机富锌涂层、加热后固化型酚醛环氧涂层和烘烤型酚醛涂料涂层在最终热固化后可检测其涂层固化度。检验方法为在同一已清洁涂层区域，按现行国家标准《涂料耐溶剂擦拭性测定法》GB/T 23989 的有关规定进行溶剂擦拭，使用白色洁净的棉布往复擦拭不应低于 25 次，白布不变色则判定涂层固化完全。

六、运行维护

液体涂料衬里投入运行一个月后，建议做首次检查；之后每半年定期检查。检查时关注外观、硬度和附着力等指标，并需要注意以下几点：

（1）如果局部外观明显变化，如发生开裂、剥落、鼓泡，应及时维修。

（2）若发现涂层缺陷无规律均匀散布在几乎所有衬里上，且面积超过 5%，建议重涂。

（3）硬度和附着力测量值小于初始值的 50% 时，建议重涂。

（4）涉及破坏性试验的项目，如硬度和附着力，可在腐蚀监测试板上进行。

投入运行的液体涂料衬里的定期检查可参照国家标准《输气管道内腐蚀外检测方法》GB/T 34349—2017 和《输油管道内腐蚀外检测方法》GB/T 34350—2017，关注管道本体、介质、腐蚀检测数据及操作工况等的变化，及时记录评估。

无机富锌涂料用在轻质油管及管路的衬里防腐蚀层时，必须杜绝含酸性液体的流通，因为锌和酸发生反应容易产生氢气，造成氢气凝聚，一旦遇火则会发生爆炸。

七、工程案例

（一）无机富锌涂料衬里

无机富锌涂料衬里用于化工设备的案例见表 6-18。

表 6-18 无机富锌涂料衬里用于化工设备的案例

设备名称	设备型式及规格	介质	使用时间
合成氨冷凝器	淋洒式或管式 ϕ 40/60mm，L728m	管内 15MPa 氨气	涂两层使用 4 年
焦化车间贫油冷却器	淋洒式或管式 ϕ 65mm，L900m	管内 110℃贫油	涂两层使用 2 年，仍在用

续表 6–18

设备名称	设备型式及规格	介质	使用时间
制碱冷却排管	淋洒式或管式 ϕ220mm，L576m	管内 40～60℃含氨盐水	涂两层使用 3 至 4 年
大庆某石化厂	4 座（300m³ 罐 2 台，500m³ 罐 1 台，700m³ 罐 1 台）	汽油罐	涂两层使用 4 年多，完好无脱落

（二）环氧类涂料衬里

环氧类涂料衬里用于储罐的案例见表 6–19。

表 6–19　环氧类涂料衬里用于储罐的案例

厂名	油罐名称	罐型材质及容积	防腐方案	使用情况
茂名某炼油厂	汽油罐	拱顶罐，材质 A_3F，2 000m³，2 座	环氧富锌底漆 1 道，环氧呋喃涂料 4 道	使用 5 至 6 年，良好
长岭某炼油厂	汽油罐	拱顶罐，材质 A_3F，5 000m³，7 座	衬环氧玻璃钢	良好
	蜡油罐	拱顶罐，材质 A_3F，5 000m³，5 座	涂环氧涂料	良好
安庆某炼油厂	汽油罐	拱顶罐，材质 A_3F，3 000m³，6 座	涂环氧导静电涂料	良好
	石脑油罐	拱顶罐，材质 A_3F，5 000m³，4 座	涂环氧导静电涂料	良好
	污油罐	拱顶罐，材质 A_3F，5 000m³，2 座	涂环氧银粉涂料	使用 5 年，良好
锦州某炼油厂	航煤罐	拱顶罐，材质 A_3F，5 000m³，1 座	涂环氧富锌底漆，环氧导静电面漆	使用 6 至 7 年，良好
	汽油罐	拱顶罐，材质 A_3F，2 000m³，3 座	涂环氧富锌底漆，环氧导静电面漆	使用 6 至 7 年，良好
	原油罐	拱顶罐，材质 A_3F，30 000m³，4 座	涂环氧富锌底漆，环氧导静电面漆	使用 6 至 7年，良好
	污水处理罐	3 台	涂酚醛环氧耐油导静电涂料	良好
	石蜡罐	4 台	涂酚醛环氧耐油导静电涂料	良好
	柴油罐	拱顶罐，材质 A_3F，500m³，2 座；旧罐，管壁多出腐蚀穿孔，罐底完全腐蚀	环氧富锌底漆，再用环氧胶液加 15% 石墨粉衬 5 层 0.2m 厚的玻璃布增强，再涂刷两道环氧石墨面漆，具有导静电作用	良好，已使用 3 至 4 年，仍在使用

续表 6–19

厂名	油罐名称	罐型材质及容积	防腐方案	使用情况
某天然气净化厂	原油罐	内浮顶罐，材质 A_3F，1 000m^3	环氧富锌底漆，再用环氧胶液加 15% 石墨粉衬 5 层 0.2m 厚的玻璃布增强，具有导静电作用	良好

（三）烘烤型酚醛涂料衬里

烘烤型酚醛涂料衬里用于储罐的案例见表 6–20。

表 6–20 烘烤型酚醛涂料衬里用于储罐的案例

使用单位	工程名称	介质工况	防腐蚀部位	使用效果
某新材料公司	储罐项目	245fa 制冷剂	储罐内壁	良好
某国际物流公司	罐箱内衬项目	245fa 制冷剂	罐式集装箱内壁	2.5 年检验，良好； 5 年检验出现鼓泡和局部脱落
某罐箱租赁公司	ISO 罐箱内衬项目	≥ 98% 苯磺酰氯	罐式集装箱内壁	2.5 年检验，良好； 5 年检验，出现鼓泡和局部脱落

（四）ChemLine 784 涂料衬里

ChemLine 784 涂料衬里用于储罐的案例见表 6–21。

表 6–21 ChemLine 784 涂料衬里用于储罐的案例

使用单位	工程名称	介质工况	防腐蚀部位	使用效果
某化工公司	ISO 移动式罐箱	双氢化牛脂基二甲基氯化铵	304 不锈钢罐内壁，300 ~ 450μm	2.5 年检验，良好；5 年检验，维修 12 个碰坏点；使用至今
国外某公司	ISO 移动式罐箱	各类含氯有机介质	316L 不锈钢罐内壁，300 ~ 450μm	2.5 年、5 年检验，良好。预期使用寿命在 10 年以上
某物流公司	ISO 移动式罐箱	氯化苄	316L 不锈钢罐内壁，300 ~ 450μm	完好

第二节 粉末涂料衬里

随着人们环保意识的不断增强，环境友好型涂料日益显示出其重要性。实现低VOC的主要途径之一是粉末涂料的开发与应用。从化学性质上来看，粉末涂料可分为热固性粉末涂料和热塑性粉末涂料。常用的热固性粉末涂料衬里是环氧粉末涂料；热塑性粉末涂料衬里有四氟乙烯－全氟代烷基乙烯基醚共聚物（PFA）涂料、三氟氯乙烯－乙烯共聚物（ECTFE）涂料和四氟乙烯－乙烯共聚物（ETFE）涂料。

一、环氧粉末涂料衬里

环氧粉末涂料又称熔融结合环氧粉末涂料，是一种以空气为载体进行输送和分散的固体涂料，将其施涂于经预热的钢铁制品表面，熔化、流平、固化形成一道均匀的涂层，故得此名，英文名称为Fusion Bonded Epoxy Powder Coatings，简称FBE。环氧粉末的每个颗粒都均匀地包含所有组成成分，使涂敷的操作过程以及形成的涂层都具有连续稳定的均匀性。环氧粉末涂料以双酚A型环氧树脂、线型酚醛树脂改性环氧树脂和脂肪族环氧树脂等为主体，在一定的温度下混炼，冷却后粉碎而形成。它无污染，熔融指数低，涂膜坚固，流平性好，不需要底漆涂膜，力学性能好，有优异的反应活性、贮藏稳定性和耐腐蚀性，涂料的配色好，固化剂选择范围宽，应用范围广。迄今为止，全球已有20余万公里以上的管道使用了环氧粉末。环氧粉末涂层能够在各种极端的气候条件和苛刻的机械应力作用、化学介质侵蚀的环境中广泛应用，足以证明环氧粉末涂层是一种可靠的保护涂层，经得起实践和时间的考验。我国环氧粉末技术起步较晚，20世纪80年代，才开始引进国外先进的环氧粉末工艺、设备。

（一）原材料及其性能

1. 组分

环氧粉末涂料没有溶剂，其组成结构比较简单，通常包括下列几个组分：

（1）成膜物质环氧树脂：它是涂料成膜的基础，又叫基料；树脂是黏结颜填料形成坚韧连续膜的主要组分。

（2）固化剂：一般为酚醛树脂；用以增加粉末涂料的成膜性，改善或消除涂膜的缺陷，使涂膜形成纹理。

（3）颜料：赋予粉末涂料遮盖性和颜色。

（4）填料：在一定情况下，增加粉末涂料涂膜的耐久性和耐磨性，降低涂膜的收缩率和降低成本。

（5）功能组分，赋予涂膜某种特殊功能，如导电、伪装、阻燃等。

2. 成膜物质环氧树脂

树脂质量指标应符合国家标准《热固性粉末涂料用双酚A型环氧树脂》GB/T 27809—2011的规定，见表6–22。

表6–22中的各项目指标含义如下：

（1）环氧当量。环氧当量理论上是用来进行固化剂用量计算的数值，是设计配方时

表 6–22 热固性粉末涂料用双酚 A 型环氧树脂质量指标

项　目	指　标	
	防腐型	
	优等品	合格品
外观 *	浅色或无色透明制粒；无肉眼可见的夹杂物	
软化点 /℃	商定	
环氧当量 /（g/mol）	商定	
无机氯 ω /（mg/kg）	≤ 20	≤ 30
易皂化氯 ω /（mg/kg）	≤ 250	≤ 500
挥发分 ω /%	≤ 0.2	≤ 0.3
熔体黏度（150 ℃）/（mPa · s）	商定	
颜色（铂 – 钴法）/%	≤ 100	≤ 150

注：* 表示有特殊要求的产品指标需要商定。

固化剂用量的计算依据，也可以用它来判断固化体系交联密度的大小，在相同体系的系列中进行交联密度的比较。

（2）易皂化氯。在环氧树脂合成反应过程中，副反应使树脂分子中含有的氯为环氧树脂的有机氯，其含量即为有机氯值，双酚 A 型环氧树脂的有机氯分为水解氯（易皂化氯）和不可水解氯，但水解氯（易皂化氯）会对环氧树脂的固化行为与固化产物的性能产生不良影响，因而其含量是环氧树脂一项十分重要的特性指标。水解氯（易皂化氯）的测定按国家标准《塑料　环氧树脂含氯量的测定　第 2 部分：易皂化氯》GB/T 4618.2—2008 的要求进行。

（3）无机氯。环氧树脂中的无机氯离子来自残留的氯化钠。无机氯值的高低反映的是树脂生产后期清洗程度的好坏。无机氯含量高说明环氧树脂含水溶性杂质多，这将影响涂膜的介电性能、耐蚀性和耐久性。环氧树脂中残存的氯以氯离子、水解氯和不可水解氯三种形式出现，氯离子来自残留的氯化钠，后两种是反应的副产物。

（4）软化点对于非结晶的材料，固 – 液相的转变是一个由软化进而熔融的渐变过程，没有一个确定的转变温度，软化点是指固 – 液相转变临界温度。对于环氧树脂来说，树脂的分子量不是单一值，是在一定范围内呈分布状态的，因此树脂没有一个确定的熔点，但是有一个较大变形的温度，此温度称为树脂的软化点。在同类树脂中，通过软化点的数值可以比较出树脂平均分子量的大小。通过对同类树脂软化点和反应性官能团含量的对比分析，也可以粗略地判断出树脂分子量分布的情况。软化点的高低对物料在挤出机的混炼效果和涂膜的流平性有一定影响，软化点低的环氧树脂较利于物料的混炼和涂膜的流平。

（5）挥发分。有的环氧树脂在合成过程中加入有机溶剂，并且在反应结束后进行水洗，真空脱除不彻底会造成环氧树脂挥发分含量高，可能会造成涂膜出现针孔。一般环氧树脂的挥发分，按质量分数应小于或等于 0.3% 为宜。

3. 固化剂

环氧树脂的固化剂有很多品种，但作为粉末涂料的固化剂要考虑易加工性、与环氧树脂的混溶性、加工的稳定性、贮存稳定性和粉末涂料的耐化学介质性能等。经常使用的固化剂是多元酚固化剂。

多元酚固化剂是使用苯酚和甲醛缩合的酚醛树脂作为粉末涂料环氧树脂的固化剂，此类固化剂是较早开发的环氧固化剂之一，品种也较多。酚醛树脂的反应活性基团主要是酚羟基，含量以羟值表示，即每100g酚醛树脂所含羟基的当量值。酚醛树脂固化剂与环氧树脂的反应速率较快，200℃时可在2min内固化，虽然反应活性高，但配置的粉末涂料具有很好的储存稳定性。

酚醛环氧粉末涂料具有较好的耐温性能和极好的耐腐蚀、耐溶剂、耐化学性能，但颜色较深，不能做浅色产品；抗紫外线性能差。

4. 环氧粉末涂料性能指标

国家标准《熔融结合环氧粉末涂料的防腐蚀涂装》GB/T 18593—2010中规定了环氧粉末涂料性能指标，主要的性能指标及检测方法见表6–23。

表6–23　环氧粉末涂料性能指标及检测方法

序号	项目	性能指标	检测方法
1	外观	均匀，不结块	目测
2	密度*/（g/cm^3）	1.3 ~ 1.6	《化工产品密度、相对密度的测定》GB/T 4472
3	挥发分/%	≤ 0.6	《电气绝缘用树脂基反应复合物　第2部分：试验方法　电气用涂敷粉末方法》GB/T 6554
4	粒度分布/%	粒径（>150μm）≤ 3 粒径（>250μm）≤ 0.2	《电气绝缘用树脂基反应复合物　第2部分：试验方法　电气用涂敷粉末方法》GB/T 6554
5	胶化时间/s	厂商提供值 ±20%	《电气绝缘用树脂基反应复合物　第2部分：试验方法　电气用涂敷粉末方法》GB/T 6554
6	固化时间/min	厂商提供值 ±20%	《钢质管道熔结环氧粉末外涂层技术规范》SY/T 0315

注：*表示对特殊用途的环氧粉末的密度值应控制在厂商提供值 ±20%以内。

（二）衬里的物理力学性能、耐蚀机理、评定标准和试验方法

1. 衬里的物理力学性能

国家标准《熔融结合环氧粉末涂料的防腐蚀涂装》GB/T 18593—2010中将涂层类型分为三类，其中无特殊需要时，第1、2类涂层的固化是利用预热基体的余热完成的，不需要另外加热固化；第3类涂层在涂敷后还需要再加热固化。在该标准中还规定了三类涂层的参考厚度。按此分类，环氧粉末涂料衬里的物理力学性能及检测方法见表6–24。其中，用于输送石油、天然气、淡水、海水或污水的管道衬里的指标见第1类；重防腐蚀环境下工作的结构件（如罐、槽等衬里）的指标见第3类。

表 6–24　环氧粉末涂料衬里的物理力学性能及检测方法

项目	性能指标			检测方法
	第 1 类	第 2 类	第 3 类	
外观	平整、色泽均匀、无气泡			目测
抗冲击性（常温）/J	—	>9	—	《环氧树脂涂层钢筋》JG/T 502
抗冲击性（–30℃）/J	≥ 1.5	—	≥ 3	《钢质管道熔结环氧粉末外涂层技术规范》SY/T 0315
抗弯曲性（3°，常温，级）	—	—	1，无裂纹	《钢质管道熔结环氧粉末外涂层技术规范》SY/T 0315
抗弯曲性（3°，0℃或 –30℃）/ 级	1 ~ 2，无裂纹	—	—	《钢质管道熔结环氧粉末外涂层技术规范》SY/T 0315
抗弯曲性（常温）	—	无裂纹	—	《环氧树脂涂层钢筋》JG/T 502
附着力 /MPa	≥ 20			《色漆和清漆拉开法附着力试验》GB/T 5210

需要说明的是，表 6–24 中的附着力指标在国家标准《熔融结合环氧粉末涂料的防腐蚀涂装》GB/T 18593—2010 中采用了《钢质管道单层熔结环氧粉末外涂层技术规范》SY/T 0315—2005 附录 G 中的撬剥法，且在《钢质管道熔结环氧粉末外涂层技术规范》SY/T 0315—2013 中撬剥法仍然保留，此方法受测试者主观判断的影响较大，因此，在国家标准《工业设备及管道工程技术标准》GB/T 50726—2023 第 8.2.2 条中规定了采用拉开法进行附着力检测，便于实验室和现场操作。拉开法的附着力检测控制值来源于行业标准《钢制管道熔结环氧粉末内防腐层技术标准》SY/T 0442—2010 表 3.2.2–2 中的规定。

2. 耐蚀机理

（1）环氧粉末涂料衬里的基料为改性环氧树脂，它的结构中含有高极性和高活性的环氧基，能与金属表面形成化学键且有很强的附着力，固化剂采用胺类和酚类物质，属于加成固化反应，没有小分子挥发物逸出，不会形成针孔而影响涂膜防腐蚀性能。

（2）普通环氧树脂结构中，环氧基只在端基上，因此涂膜交联密度小，具有很好的柔韧性，但防腐蚀性、耐高温性较差。而粉末涂料衬里使用的环氧树脂是酚醛改性环氧树脂，即在双酚 A 型环氧树脂的基础上，引入部分苯酚甲醛或甲酚甲醛环氧树脂，这两种树脂是多官能度热固性酚醛环氧树脂，反应性很强，涂膜具有优异的耐热性、耐化学品性及很高的玻璃化温度和硬度，但交联密度大，屈挠性较差，与双酚 A 型环氧树脂掺混，则可成为既有屈挠性又兼顾防腐蚀性能的粉末涂料。

（3）采用的酚类固化剂是带有酚羟基的线型酚醛树脂或多官能度邻甲酚甲醛树脂。线型酚醛固化剂的结构和玻璃化温度与双酚 A 型环氧树脂相似，能与环氧树脂很好地溶合，并有很好的颜、填料润湿性。此固化剂高温下与环氧树脂反应性极强，形成的涂层柔韧致密，具有良好的物理及化学性能；邻甲酚甲醛树脂是一种多官能度的固化剂，与酚醛改性环氧树脂结合将得到非常好的抗高温、抗化学品性能。

（4）环氧粉末涂料衬里固化后不会生成酯键，所以不会产生逆反应降低防腐蚀效果。

（5）环氧粉末涂料衬里一般选择经表面处理的钛白粉、铬绿、铁红等无机颜料，这些颜料具有很好的防腐蚀性能。填料主要有超细石英粉、云母、硅灰石等惰性功能填料，适当加入填料有利于降低涂膜的收缩和膨胀系数，并使涂层防腐蚀性能大大提高。填料一般要用偶联剂处理，偶联剂分子一端与无机填料连成一个整体，提高了涂层的致密性及附着力，降低了吸水性，增强了耐盐雾、耐海水及耐阴极剥离的能力。

（6）环氧粉末涂料一般会加入不同种类的助剂，以调整加热融化时的流变学性能、胶化时间、消除膜内及界面气泡，并增强涂料的耐水、耐热、导静电、抗流挂等性能。

3. 评定标准和试验方法

环氧粉末涂料衬里的耐腐蚀性能评定可参照本章第一节中的液体涂料衬里的评定标准和试验方法。

（三）设计要点

环氧粉末涂料衬里多用于管道内衬，一般为单层熔结环氧防腐蚀层，具有黏结力强、衬里层坚固、耐腐蚀和耐溶剂性能好等特点。但是该衬里层的吸水率较大，耐湿热性能有限，不适用于输送介质温度过高的管道，抗冲击损伤能力也比较有限。应当注意，增加衬里层厚度能够提高耐温性能，但不能提高衬里层的抗机械损伤能力，衬里层过厚，抗冲击性能、抗弯曲性能反而可能下降，其原因是较大的固化交联密度使得衬里层存在的内应力过大，导致部分物理力学性能下降。内衬厚度宜为300～500μm。

（四）施工要点

1. 喷涂前的准备

在环氧粉末涂料衬里进行静电粉末喷涂施工前，需要做好下列准备工作：

（1）预热（300℃）待衬里钢基体，去除表面杂物，疏松氧化皮。

（2）基体进行喷砂或抛丸处理至Sa2 $\frac{1}{2}$，粗糙度控制在40～100μm，然后清除表面灰尘。

（3）经过表面处理的钢管采用无污染的热源均匀加热。一般利用中频线圈加热钢管，即采用电感应加热，钢管通过载有交变大电流的线圈所形成的交变磁场产生涡流加热；加热温度可根据生产速度、管壁的厚薄以及希望的涂层胶化、固化时间进行调整，一般控制在180～250℃，以230℃为宜。

2. 静电粉末喷涂工艺

（1）环氧粉末先在流化床内充分流化，然后通过静电喷枪使带负电的粉末颗粒均匀地粘附在经预热的接地钢管表面。粘附在预热钢管表面的环氧粉末受热熔化并流动，进一步流平覆盖整个钢管表面，特别是覆盖在钢管表面的凹陷处和焊道两侧，使涂层与钢管紧密结合，最大限度地减少了孔隙。流平后的涂层进一步胶化、固化。根据不同的生产速度，以及对胶化、固化温度、时间的要求，选用不同类型的环氧粉末涂料。涂膜厚度普通级为300～500μm，加强级最高可达到700μm。

（2）静电粉末喷涂工艺可采用内壁喷涂机或真空吸涂机喷涂。真空吸涂属于热涂敷技术。粉末与空气混合后进入管道内，它与高温管壁接触时熔融粘附于管壁表面。抽吸过程中气流带走管壁部分热量使其温度下降，粉末粘附量也随之减少，甚至粘附不上，因此管道预热温度的高低对涂膜厚度影响很大。由于真空吸涂时粉床涂料总是过量供给，多余粉末被抽入回收装置，吸涂时涂膜厚度随供粉量增大仅略有增加。涂膜厚度对供粉时间十分敏感，在同等条件下供粉时间越长涂膜越厚。吸涂施工过程中，管道温度因散热、粉末吸热和抽吸气流不断下降，当管壁温度下降到难以熔粘粉末时，即使供粉时间再长，涂膜厚度也不可能增加。在生产施工中，随着管径大小、批量大小、生产节拍等因素的变化，应该调整有关工艺参数来获取满意的涂膜。

静电粉末喷涂最后一步工艺是采用浇水冷却，终止反应。当温度降到 90℃以下时，进行涂膜性能检测。

环氧粉末衬里施工工艺流程见图 6–8。

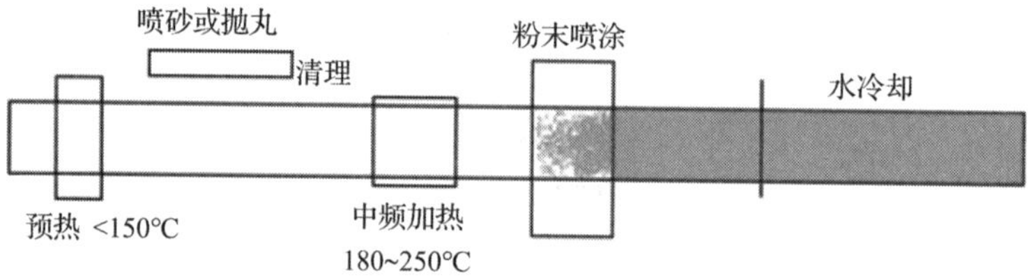

图 6–8　环氧粉末衬里施工工艺流程图

（五）质量检验

1. 外观检验

应在光线充足的条件下，进行目测检查，外观要求平整、色泽均匀，无气泡、开裂及缩孔等缺陷。

2. 厚度检验

应采用测厚仪，逐根测量沿管长方向任意分布的至少 10 个点的衬里层厚度，测量点宜包括距管端 1m 以上位置的 4 个点，结果应满足设计的厚度要求。

3. 漏点检验

应采用电火花检漏仪进行衬里层检漏。检漏电压按本章式（6–1）和式（6–2）计算。

电火花检漏仪应至少每班校准一次。防腐层每根管漏点数量不超过 2 个的，可进行修补。成品钢管内防腐层不应有漏点。

（六）运行维护

运行中如发现环氧粉末涂料衬里层脱落碎片、本体穿孔导致介质泄漏，应立即停车检修，查找原因，分析判断管段部位，及时维修衬里层或更换管道。

环氧粉末涂料衬里投入运行一个月后建议做首次检查，之后每半年定期检查。检查时关注外观、硬度和附着力指标。若局部外观明显变化，发生开裂、剥落、鼓泡时，应及时维修；若发现涂层缺陷无规律均匀散布在几乎所有的衬里上，且面积超过 5%，建议重涂；若硬度和附着力测量值小于初始值的 50%，建议重涂。涉及破坏性试验的项目（如硬度和附着力），可在腐蚀监测试板上进行。

投入运行的环氧粉末涂料衬里的定期检查可按照国家标准《输气管道内腐蚀外检测方法》GB/T 34349—2017 和《输油管道内腐蚀外检测方法》GB/T 34350—2017 的要求进行，关注管道本体、介质、腐蚀检测数据及操作工况等的变化，并及时记录评估。

（七）工程案例

环氧粉末涂料用于管道衬里的案例见表 6–25。

表 6–25　环氧粉末涂料用于管道衬里的案例

厂名	项目名称	防腐蚀方案	使用情况
宝鸡某输送管公司 / 某钢管公司 / 辽阳某钢管制造公司 / 秦皇岛某钢管公司	中俄东管线（2018—2020 年）	3PE 环氧粉末	良好
陕西某防腐工程公司	长庆油田地面建设项目（2018 年至今）	外壁单层环氧粉末，厚度 ≥ 400μm	良好
山东某管业公司 / 连云港某防腐保温工程公司	黄水东调项目（2020 年）	内壁单层环氧粉末，厚度 ≥ 400μm；外层 3PE 环氧粉末	良好
浙江某管道工业公司 / 上海某钢管制造公司	尼日尔贝宁项目（2019—2022 年）	3PE 环氧粉末	良好
甘肃某科技公司	甘肃引洮供水工程（2020 年）	内壁单层环氧粉末，厚度 ≥ 400μm；外层 3PE 环氧粉末	良好
衡阳某钢管公司 / 河北某管道公司	新奥燃气项目（2019—2022 年）	外壁双层粉末；底层环氧粉末，厚度 ≥ 200μm；面层聚酯粉末，厚度 ≥ 150μm	良好
中石化某分公司	新气工程（2018 年）	3PE 环氧粉末	良好
宝鸡某石油输送管公司	天水引洮项目（2020 年）	内壁单层环氧粉末，厚度 ≥ 400μm；外层 3PE 环氧粉末	良好
辽阳某钢管制造公司	长管道项目（2020 年）	3PE 环氧粉末	良好
湖南某管业公司	东江引水工程　（2021 年）	内壁单层粉末，厚度；外壁单层粉末，厚度≥ 400μm	良好
重庆某金属结构公司、某金属防腐公司	渝西水资源工程（2021 年至今）	内壁单层粉末涂料，厚度 ≥ 400μm；外壁双层加强级环氧粉末，底层厚度 ≥ 300μm，面层厚度 ≥ 500μm	良好
东营市某工贸公司	输送介质：高温度胜利盐水（2019 年至今）	内壁单层耐高温涂层，厚度≥ 300μm	良好

二、热塑性粉末涂料衬里

热塑性粉末涂料衬里主要是有机氟树脂涂料及改性涂料。在化工和石油化工等行业中，高温、高压（或负压）和强腐蚀环境条件下运行设备的防腐蚀备受关注。氟树脂粉末涂料具有良好的防腐蚀性能和耐热性能，是上述腐蚀环境中防腐蚀涂料的最佳选择，也是今后重防腐蚀涂料的发展方向。目前使用较为广泛的氟树脂粉末涂料包括四氟乙烯－全氟代烷基乙烯基醚共聚物（PFA）涂料、四氟乙烯－六氟丙烯共聚物（也称全氟乙丙烯；FEP，也称 F46）涂料、三氟氯乙烯－乙烯共聚物（ECTFE）涂料和四氟乙烯－乙烯共聚物（ETFE，也称 F40）涂料。

（一）原材料及其性能

常用 FEP涂料的性能见表 6–26。

表 6–26　FEP 涂料的性能

项目	上海氟塑料研究所	日本大金公司 NC–1519
表观密度 / (g/cm^3)	0.6 ~ 0.9	0.6 ~ 0.9
粉末球形度	1.3 ~ 1.53	1.2 ~ 1.5
粉末流动性	好	好
热稳定性	好	优
涂层厚度	一次喷涂约 150μm，可多次喷涂	厚

ETFE 的熔点低和熔融流动性好，其性能与 FEP 相似，可用粉末涂料制备涂层。熔体指数为 20 ~ 40 的 ETFE 共聚物，其熔点为 310 ~ 330℃，适合粉末涂料用的 ETFE 粒径为 40 ~ 100μm。

ECTFE 和 ETFE 涂料的性能指标见表 6–27。

表 6–27　ECTFE 和 ETFE涂料的性能指标

项目	指标
粉末外观	色泽均匀、干燥松散，无结块或结团现象
粒度分布 /μm	商定
密度 / (g/cm^3)	商定
流动性 /g	120 ~ 180
溶剂可溶物中氟含量 /%	≥ 3.0

注：ECTFE 和 ETFE 系交联型氟树脂类粉末涂料。

（二）衬里的物理力学性能、耐蚀机理、评定标准和试验方法

1. 衬里的物理力学性能

热塑性粉末涂料衬里的物理性能及检测方法见表 6–28。

表 6-28　热塑性粉末涂料衬里的物理性能及检测方法

项目	PFA	FEP	ECTFE	ETFE	检测方法
密度 /（g/cm^3）	2.12 ~ 2.17	2.12 ~ 2.17	1.68	1.83 ~ 1.89	《塑料　非泡沫塑料密度的测定　第 1 部分：浸渍法、液体比重瓶法和滴定法》GB/T 1033.1
熔点 /℃	310	255 ~ 275	220	210 ~ 230	《塑料　差示扫描量热法（DSC）　第 3 部分：熔融和结晶温度及热焓的测定》GB/T 19466.3
拉伸强度 / MPa	20 ~ 31	27 ~ 32	47 ~ 55	28 ~ 33	《塑料　拉伸性能的测定　第 2 部分：模塑和挤塑塑料的试验条件》GB/T 1040.2
伸长率 /%	250 ~ 350	310 ~ 360	250 ~ 300	350 ~ 430	《塑料　拉伸性能的测定　第 2 部分：模塑和挤塑塑料的试验条件》GB/T 1040.2
弯曲模量 / MPa	500 ~ 600	490 ~ 590	1 400 ~ 1 700	900 ~ 1 200	《塑料　弯曲性能的测定》GB/T 9341
邵氏 D 硬度 / 度	60	55 ~ 65	75	60	《塑料和硬橡胶　使用硬度计测定压痕硬度（邵氏硬度）》GB/T 2411

2. 耐蚀机理

（1）聚四氟乙烯为白色蜡状热塑性树脂，是由四氟乙烯共聚而成的全氟聚合物。聚四氟乙烯具有结晶度高、分子量大、分子中没有支链、氟原子紧密排布在碳 - 碳骨架的周围、碳原子链扭曲成 Z 字形、碳氟键能高和氟原子对主链起屏蔽作用等结构特点。聚四氟乙烯的这种特殊结构，决定了其具有摩擦系数小、不吸水、不粘、不燃、耐候性好、使用温度范围宽和介电性能优异等特点。

（2）以四氟乙烯为主要单体，通过与其他单体共聚获得新型氟树脂品种，如 ETFE、FEP 共聚物等。这类树脂主要是改进聚四氟乙烯的熔融加工性能，利用这类树脂制备的涂料与聚四氟乙烯一样，属于非交联型氟树脂涂料，但是与聚四氟乙烯涂料相比，加工性能明显提高，容易形成无针孔的涂层。从结构上看，这些共聚改性聚合物的主链保留了聚四氟乙烯的基本结构，主链上部分氟原子被其他基团取代，或者在侧链取代基团上引入了醚基等。从性能上讲，它保留了聚四氟乙烯的基本性能，在某些应用性能得到显著改善和提高的同时，另一些性能则有不同程度的降低，如从其他含氟单体开始合成新型氟树脂产品——聚三氟氯乙烯等。

3. 耐腐蚀性能

几种氟聚合物涂层的耐腐蚀性能见表 6-29。

表 6–29　几种氟聚合物涂层的耐腐蚀性能

品种	A–B	B–C	C–D	X–Y
FEP	除三氯甲烷以外	三氯甲烷	—	—
ETFE	硫酸、盐酸、苛性钠	—	氨水、丙酮、甲苯、乙二胺	硝酸、三氯甲烷
ECTFE	硫酸、盐酸、氢氧化钠	—	丙酮、甲苯、二乙胺	硝酸、氨水、三氯甲烷

注：1　浸渍条件：95℃，50d。

2　浸渍化学品：98% 硫酸，36% 盐酸，60% 硝酸，50% 氢氧化钠，20% 氨水，其余为纯化学品。

3　评价标准：A–B 代表优秀；B–C 代表可充分使用；C–D 代表根据条件使用；X–Y 代表不能使用。

4　平衡吸附（mg/cm）：A 代表小于 1；B 为 1 ~ 2；C 为 2 ~ 3；D 为 3 ~ 6；X 代表大于 6；Y 代表溶解。

4. 评定标准和试验方法

氟树脂粉末涂料衬里的耐腐蚀性能评定可参照本章第一节“液体涂料衬里”中有关评定标准和试验方法。

（三）设计要点

1. 厚度

PFA 、FEP、ETFE 及 ECTFE 粉末涂料一般设计厚度 0.3 ~ 1.5mm，需要喷涂 3 ~ 10 层。

2. 适用场合

（1）PFA 涂料具有优异的耐蚀性、不粘性、电性能和耐候性等。在化工和石油化工等行业中，PFA 涂料用于强腐蚀介质，特别是在高温（200 ~ 250℃）和强酸、强碱、强氧化剂以及强极性溶剂介质条件下，管道、阀门、储罐和其他设备的防腐蚀应用。

（2）在 200℃的长期使用温度下，FEP 的耐化学品侵蚀、疏水性和不粘性等与 PTFE 非常接近，但是由于 FEP 耐热性能比 PIFE 低，当温度高于 200℃时，相应的性能明显比聚四氟乙烯低。与聚四氟乙烯相比，聚全氟乙丙烯熔融黏度低和熔体的流动性好，很容易形成无孔的薄膜或涂层，抗介质渗透能力增强。

（3）ETFE 具有优良的耐化学品性能，在 150℃以下对大部分溶剂和化学品都是惰性的，与 PTFE 和 FEP 相似。对水稳定，连续工作温度可达 150℃，只有强氧化性酸（如硝酸等）、有机碱、磺酸等在高浓度和接近沸点温度下对它有不同程度的影响。

（4）ECTFE 的化学稳定性能与 PTFE 接近，在 150℃以下不溶于一般有机溶剂中，也不被酸、碱、氧化剂和还原剂等侵蚀，只有强氧化剂（70% 硝酸，大于 100℃）、强有机碱、熔融碱金属和氟与之反应。

（四）施工要点

工业设备及管道内壁防腐蚀涂层需要相当厚度来保证涂层的连续性与致密性，所以一般采用粉末涂料，也有用微粒子分散于液体中的高黏度液体涂料。可加工方法分为：滚动涂装成膜法、（静电）流动浸渍涂装成膜法、静电喷涂涂装成膜法等。

1. 滚动涂装成膜工艺

滚动涂装是通过粉末树脂在熔点以上三维转动的容器中自然流动而形成涂膜的方法。滚动涂装工艺适用于可以密封的容器、管道，同时对支管道的直径长度比有一定要求。目前适用于滚涂的氟树脂涂料种类为 PFA 及 ETFE 两种。滚动涂装成膜工序见表 6–30，工艺示意见图 6–9。

表 6–30　滚动涂装成膜工序

序号	工序	目的及主要内容
1	基材前处理	除油（高温或溶剂）、粗面化，保护，将支架密封、固定于转动台等
2	底涂准备	底涂为液体涂料时，需确认其是否完全分散均匀
3	喷涂底涂	目的是增强附着力。涂料品种及涂料生产厂家不同，则其底涂不同，有些不用底涂
4	底涂干燥成型	底涂分为液体型和粉体型，可根据涂料生产厂家技术文件实施具体操作
5	定量加料	根据被涂面积及厚度来计算所需粉末涂料用量；加料时被加工工件的温度根据加工厂家的技术及习惯分为室温和加温两种。目前这两种工艺均被采用
6	加温及保温	根据不同品种、不同厂家型号，按照涂料生产厂家技术指导、加工厂家的技术经验及加工设备的能力，设定升温速度及保温时间；设备公转速度与自转速度（比例）根据被涂装工件形状及技术经验实施调整
7	再次定量加料	根据总涂膜厚度要求以及对表面层要求，可以实施两次及以上加工，加工工艺与第一次基本相同
8	降温冷却	边转动边降温，直到涂膜成型
9	打开固定支架	使被涂涂层不受损害
10	固定支架 接口处理	保证涂层连续平整，必要时需要精度加工
11	包装进库	等待验收

需注意：在操作中保证加工过程中气体的顺利放出，防止基材在前处理过程中产生氧化，保证加热及保温过程均匀受热，做好固定支架的不粘性及厚度管理。

2.（静电）流动浸渍涂装成膜工艺

在特殊容器中的粉末，在压力空气作用下形成均匀分散的粉末空间，压力空气是否带电决定了漂浮粉末是否带电，从而将上述加工方法分别定义为静电流动浸渍涂装成膜工艺与流动浸渍涂装成膜工艺。加热的涂装面，进入粉末空间，通过热量或者静电吸附上树脂粉末，加热熔融成膜，多次反复，直至所需要的涂膜厚度。

（静电）流动浸渍涂装工艺适用于高度不高，形状简单的桶管类设备及管道，优点是涂装时产生的粉体损失很少。该工艺在国外被较为广泛地应用，各种氟树脂涂料种类均适用。（静电）流动浸渍涂装成膜工序见表 6–31，工艺示意见图 6–10。

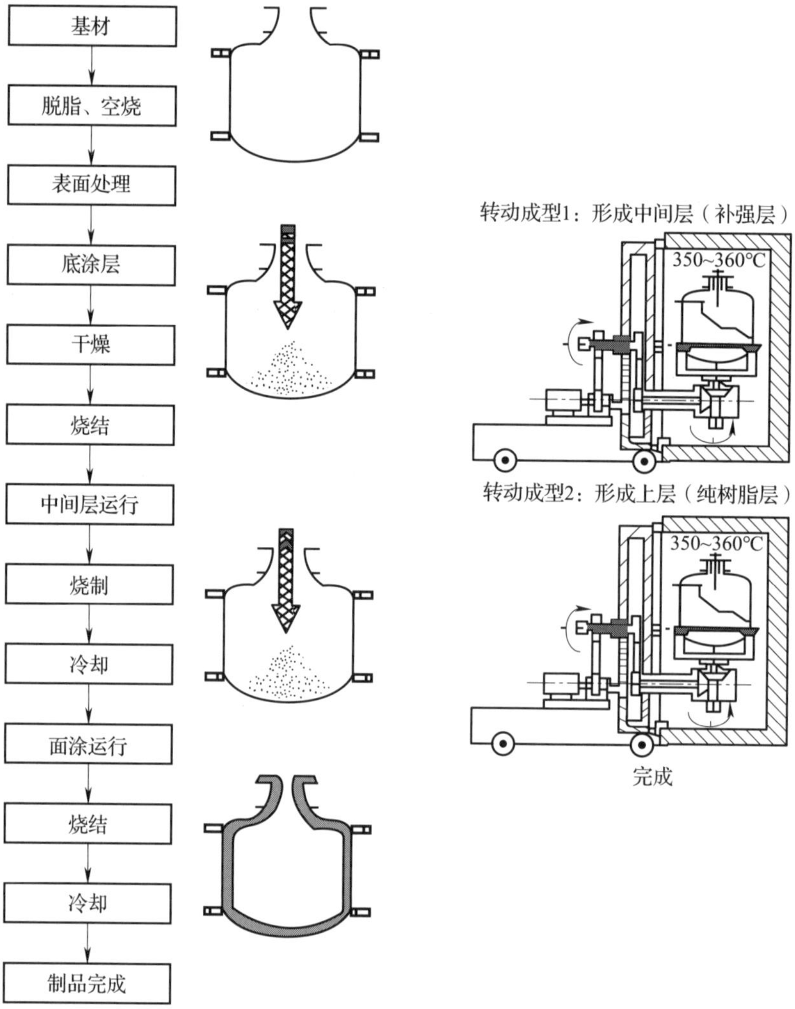

图 6-9　滚动涂装成膜工艺示意图

表 6-31　（静电）流动浸渍涂装成膜工序

序号	工序	主要内容
1	流动浸渍装置准备	清扫，检查静电及接地点，根据容积加入所涂涂料，确认流动状态
2	底涂准备	底涂为液体涂料时，需确认其是否完全分散均匀
3	基材前处理	除油（高温或溶剂），粗面化，保护，支架固定（上架）等
4	喷涂底涂	目的为增强附着力。涂料品种及涂料生产厂家不同，则其底涂不同，有些品种不用底涂
5	底涂干燥成型	底涂分为液体型和粉体型，可根据涂料生产厂家技术文件实施具体操作，确定基材是否需要预热、喷涂厚度、干燥温度及时间
6	基材加温预热	根据不同品种、不同厂家型号，按照涂料生产厂家技术指导、加工厂家的技术经验及基材热容量，设定被加工基材的预热温度

续表 6–31

序号	工序	主要内容
7	粉末涂装	根据基材形状及热容量、客户厚度要求及单次涂装厚度来设定涂装时间（速度），运行方向（涂装方向）视被涂装工件形状及技术经验来确定
8	加热成膜	根据不同品种、不同厂家型号，按照生产厂家技术指导及加工厂家的技术经验，以及基材热容量设定被加工基材的加热温度及保持时间
9	多次（反复）涂装	根据总厚度要求，设定粉末涂装－加热成膜反复涂装的次数
10	出炉冷却	涂膜成型
11	下架及处理	涂膜整理，保证涂层连续平整
12	包装进库	等待验收

需注意：在操作中粉体雾化区高度与被涂装工件高度要匹配。为了厚度均匀，可以调整涂装方向。工件热容量分布尽可能均匀，以保证涂膜厚度尽可能均匀。

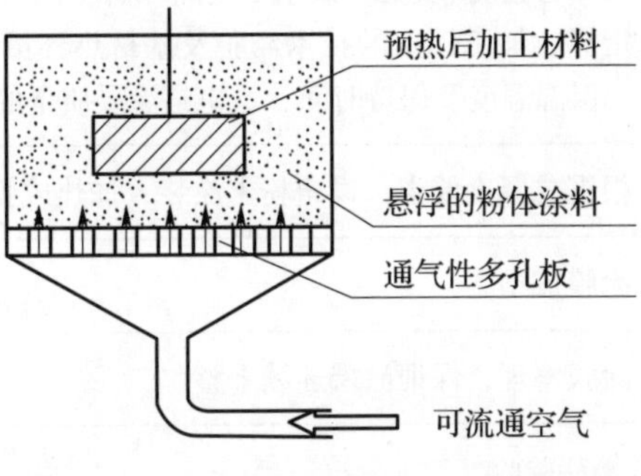

图 6–10　流动浸渍涂装工艺示意图

3. 静电喷涂涂装成膜法

在静电喷涂设备中的粉末，在压力空气作用下形成均匀分散的带静电的粉末空间，粉体因电压差而被吸附于被涂装工件表面，经过加热形成致密的涂膜，上述加工方法称为静电喷涂涂装成膜工艺。通过反复涂装，加热成形，可以达到客户要求的涂膜厚度，并根据涂料树脂种类、型号及涂料生产厂家不同，确认其极限厚度。

静电喷涂涂装成膜工艺适用于口径大于 40mm 的管道及容器，但内部障碍物造成涂装死角的需要更改设计，由于涂装喷枪的长度有限，需要对长度（深度、高度）实施评估。在特殊定制喷枪及固定支架条件下，以及加热设备配套、加工技术可靠的前提下，长管道也可实施喷涂。

该工艺目前广泛地被应用于各个工业领域，各种氟树脂涂料种类均适用。流动浸渍涂装成膜工序见表 6–32，工艺示意见图 6–11。

表 6–32　流动浸渍涂装成膜工序

序号	工序	主要内容
1	喷涂装置准备	清扫，检查静电及接地点，确认粉体流化状态
2	底涂准备	底涂为液体涂料时，需确认其是否完全分散均匀
3	基材前处理	除油（高温或溶剂），粗面化，保护，支架固定（上架）等
4	喷涂底涂	目的为增强附着力。涂料品种及涂料生产厂家不同，则其底涂不同，有些品种不用底涂
5	底涂喷涂	底涂分为液体型和粉体型，可根据涂料生产厂家技术文件实施具体操作
6	基材加温	目的为底涂干燥成型。根据不同品种、不同厂家型号，按照该涂料生产厂家技术指导及加工厂家的技术经验，设定温度及时间
7	粉末涂装	根据基材形状及热容量、客户厚度要求及单次涂装厚度来设定涂装时间（速度），厚度均匀是技术关键，由于是人工涂装，所以涂装技术是涂层质量的关键保证之一
8	加热成膜	目的为涂膜成型。根据不同品种、不同厂家型号，按照该生产厂家技术指导、加工厂家的技术经验及基材热容量，设定被加工基材的升温速度、保温温度及保持时间，这也是涂层质量的关键保证之一
9	多次涂装	根据总厚度要求，设定粉末涂装－加热成膜反复涂装的次数
10	出炉冷却	涂膜成型
11	下架及处理	涂膜整理，保证涂层连续平整
12	包装进库	等待验收

需注意：在操作中粉体雾化区高度与被涂装工件高度要匹配。为了厚度均匀，可以调整涂装方向。工件热容量分布尽可能均匀，以保证涂膜厚度尽可能均匀。

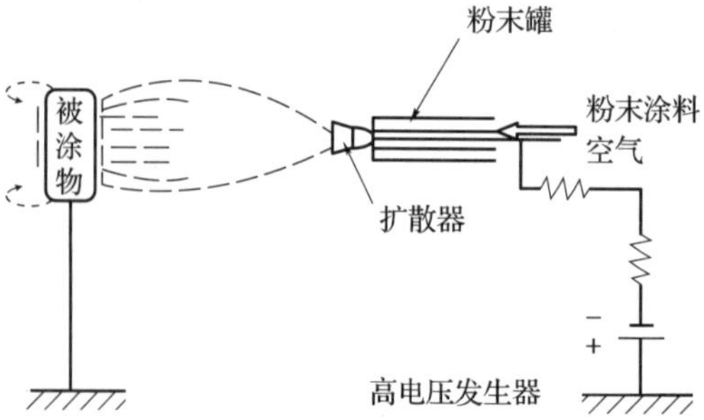

图 6–11　流动浸渍涂装工艺示意图

（五）质量检验

1. 检验项目

氟树脂粉末衬里检验项目及检测方法见表 6-33。

表 6-33　氟树脂粉末衬里检验项目

项目	PFA	FEP	ETFE	ECTFE	检测方法
干膜厚度	设计厚度的 80%～150%				—
涂层连续性（漏点检测）	无漏点				《管道防腐检漏试验方法》SY/T 0063
邵氏硬度	≥ 60	≥ 55	≥ 60	≥ 75	《塑料和硬橡胶　使用硬度计测定压痕硬度（邵氏硬度）》GB/T 2411
附着力（90° 剥离法）	3N/mm				《硫化橡胶或热塑性橡胶与硬质板材粘合强度的测定　90° 剥离法》GB/T 7760

2. 干膜厚度检查数量和方法

（1）检测面积小于或等于 $1m^2$，应检测 5 个点；

（2）检测面积大于 $1m^2$ 且小于或等于 $3m^2$，测点不得少于 10 个；

（3）检测面积大于 $3m^2$ 且小于或等于 $10m^2$，测点不得少于 15 个；

（4）检测面积大于 $10m^2$ 且小于或等于 $30m^2$，测点不得少于 20 个；

（5）检测面积大于 $30m^2$ 且小于或等于 $100m^2$，测点不得少于 30 个；

（6）当检测面积大于 $100m^2$ 时，第一个 $100m^2$ 内测点不得少于 30 个；每增加 $100m^2$，增加测点数不得少于 10 个。

在测量中，单个干膜厚度值不合格时，可在距离原测试点不超过 10mm 的地方进行重复测量。再次测量的数据将取代初次不合格的数据。当该厚度值仍不合格时，应判定该处为不合格。

（六）运行维护

氟树脂粉末涂料衬里投入运行一个月后建议做首次检查，之后每半年定期检查。检查时关注外观、硬度和附着力指标。若局部外观明显变化，发生开裂、剥落、鼓泡时，应及时维修；若发现涂层缺陷无规律均匀散布在几乎所有衬里上，且面积超过 5%，建议重涂；若硬度和附着力测量值小于初始值的 50%，建议重涂。涉及破坏性试验的项目（如硬度和附着力），可在腐蚀监测试板上进行。

投入运行的氟树脂粉末涂料衬里的定期检查可按照国家标准《输气管道内腐蚀外检测方法》GB/T 34349—2017 和《输油管道内腐蚀外检测方法》GB/T 34350—2017，关注管道本体、介质、腐蚀检测数据及操作工况等的变化，并及时记录评估。

（七）工程案例

氟树脂粉末涂料衬里应用案例见表 6–34。

表 6–34　氟树脂粉末涂料衬里应用案例

产品名称	防腐蚀方案	设备照片
制药储罐	食品级氟树脂涂层，涂层膜厚：0.5 ~ 1.0mm	
压力容器	氟树脂防腐蚀涂装，涂层膜厚：0.5 ~ 1.0mm	
三合一设备	氟树脂防腐蚀涂装，涂层膜厚：0.5 ~ 1.0mm	
过滤器	氟树脂防腐蚀涂装，涂层膜厚：0.5 ~ 1.0mm	

续表 6-34

产品名称	防腐蚀方案	设备照片
移动罐	抗静电防腐蚀氟树脂涂装，涂层膜厚：0.5 ~ 1.0mm	
转鼓	氟树脂防腐涂装，涂层膜厚：0.5 ~ 1.0mm	
搅拌桨叶	氟树脂防腐涂装，涂层膜厚：0.5 ~ 1.0mm	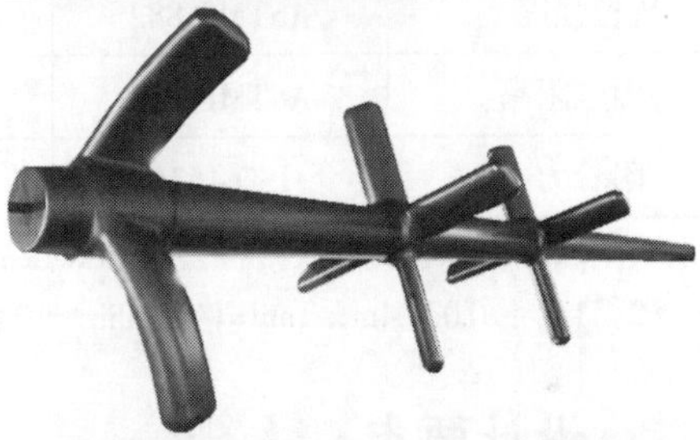
反应釜	氟树脂防腐涂装，涂层膜厚：0.5 ~ 1.0mm	

第三节　水性厚涂 PFA 涂料衬里

PFA 材料因其优越的耐渗透性能常被用作重防腐蚀材料，即耐强酸、强碱等腐蚀性极强的化学介质腐蚀。水性厚涂 PFA 涂料衬里不同于常见的静电喷涂粉末，是一种固态含量较高的水性涂料，无色母和填充剂，采用新型活化剂，对 PFA 材料进行研磨及混合，大大提升了材料的加工性能。水性厚涂 PFA 涂料（又称“氟盾”）可应用于食品、医药、化工等行业。涂层外观为乳色半透明态，可涂覆于各类金属基材上。

一、衬里的物理力学性能

水性厚涂 PFA 涂料衬里的物理性能指标见表 6–35。

表 6–35　水性厚涂 PFA 涂料衬里的物理性能指标

项目	参考标准	单位	检测数据
密度	ASTMD 1505	lb/in^3	0.074
应用温度		℃	−190 ~ +260
热膨胀线性系数	ASTMD 696	1×10^{-5}/℃	9.7
可燃性			不可燃
水渗透性	ASTMD 50	%	<0.03
断裂强度	ASTMD 1922	g/mil	40 ~ 70
断裂延伸率	ASTMD 638	%	300
邵氏硬度 D	ASTMD 785	度	57 ~ 65
氧指数		%	>95
抗拉强度	ASTMD 882	lb/in^2	4 000 ~ 7 000
表面电阻率	ASTMD 257	Ω/in^2	1 017
附着力	ISO 4624	MPa	11 ~ 22

注：1　数据来源于美国沃格特公司 LLC 产品资料。

　　2　1in ≈ 0.025 4m，1mil=1/1 000in ≈ 0.025 4mm。1lb ≈ 0.453kg。

二、设计要点

（一）涂料衬里的主要结构、厚度及选用

1. 结构形式和厚度

水性厚涂 PFA 涂料衬里的类型、结构形式和厚度见表 6–36 和图 6–12。

表 6–36　水性厚涂 PFA 涂料衬里的类型、结构形式和厚度

项目	GSC–C	GSC–CS	GSC–CE	GSC–M	GSC–MS	GSC–HC
特点	化学结合型	含有活性炭层的化学结合型	含有导静电层的化学结合型	含有丝网的机械结合型	含有丝网和活性炭层的机械结合型	耐磨、化学结合型
结构形式	面涂、底涂、基材	面涂、活性炭层、底涂、基材	面涂、导静电层、底涂、基材	PFA 涂层、丝网、基材	PFA 涂层、活性炭层、丝网、基材	PFA 耐磨层、底涂、基材
厚度 / mm	1.0 ~ 1.5	1.0 ~ 1.5	1.0 ~ 1.5	1.5 ~ 2.5	2.0 ~ 2.5	1.0 ~ 1.5

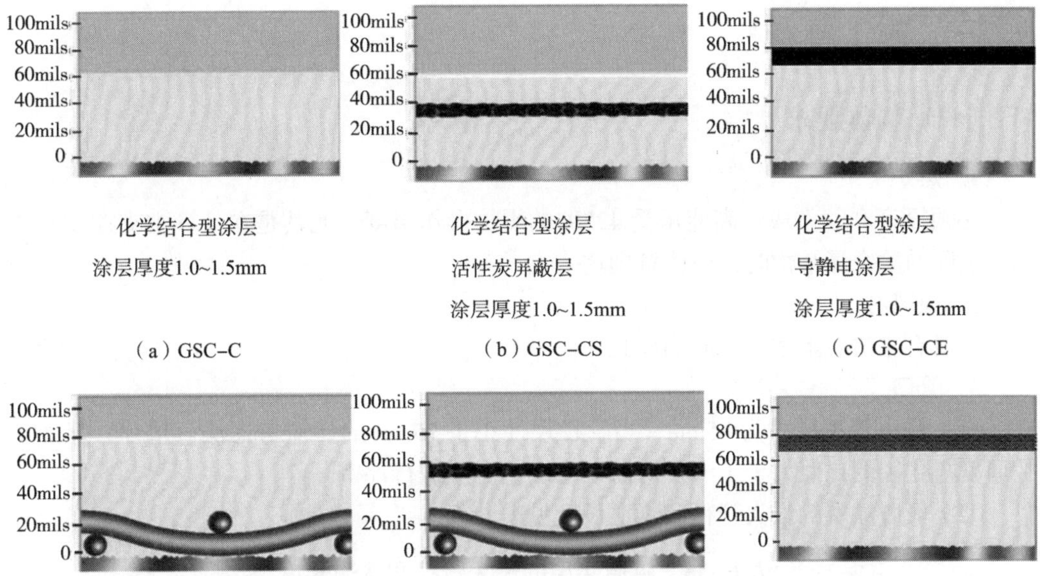

化学结合型涂层
涂层厚度1.0~1.5mm

（a）GSC–C

化学结合型涂层
活性炭屏蔽层
涂层厚度1.0~1.5mm

（b）GSC–CS

化学结合型涂层
导静电涂层
涂层厚度1.0~1.5mm

（c）GSC–CE

机械结合型涂层
涂层厚度1.5~2.5mm

（d）GSC–M

机械结合型涂层
活性炭屏蔽层
涂层厚度2.0~2.5mm

（e）GSC–MS

化学方式结合的涂层
超硬耐磨 PFA 层
涂层厚度1.0~1.5mm

（f）GSC–HC

图 6–12　水性厚涂 PFA 衬里的结构形式和厚度

2. 选用

水性厚涂 PFA 涂料衬里的选用见表 6–37。

表 6–37　水性厚涂 PFA 涂料衬里的选用

使用工况	无机酸（HCl，HF，H_2SO_4）	碱［NaOH，Ca（OH）$_2$］	含卤有机物	含氧有机物、醚类、酯类、酸类
夹套反应器　≥ 93℃	GSC–MS	GSC–M	GSC–M	GSC–MS
夹套反应器　≤ 100℃	GSC–M	GSC–M	GSC–M	GSC–M
高温　≥ 150℃	GSC–MS	GSC–M	GSC–M	GSC–MS
中等温度　93 ~ 150℃	GSC–M	GSC–CS	GSC–CS	GSC–M
一般腐蚀　40 ~ 93℃	GSC–C	GSC–C	GSC–C	GSC–C
环境温度　<40℃	GSC–C	GSC–C	GSC–C	GSC–C

（二）应用领域

可应用于搅拌器、隔板、离心机、斜槽、墨槽、精馏塔、锥形桨、盖体、浸槽、蒸馏塔、干燥剂、风扇、电解单元、过滤机壳体、冲洗阀出口、热交换机管、玻璃容器配件、叶轮、ISO 集装箱、壶罐、脱模罐、人孔盖、除雾器、管体管道、反应釜、法兰等衬里。

三、施工要点

（一）基体要求

1. 烘炉

必须设计和制作成最高能承受425℃的烘炉操作温度。尤其是在计算主支撑物和使用无加固的薄金属结构时，应注意到这一点。

2. 通风孔

在所有主法兰上都应留有通风孔。

3. 管口

（1）最小管径尺寸为75mm，当管径尺寸小于75mm时，应考虑法兰垫片，保证垫片厚度与孔径的比值大于1∶1。对需缩小法兰的应进行评审。

（2）氟盾涂层的最大管径和管道长度见表6–38。

表6–38 氟盾涂层的最大管径和管道长度

内径 /mm	最大长度 /mm	
	氟盾 GSC–C	氟盾 GSC–M
≤ 80	152	152
100 ~ 127	914	457
150 ~ 200	1 524	762
254 ~ 305	1 524	914
350 ~ 508	2 440	1 219
550 ~ 660	3 048	2 440
>660	7 010	7 010

注：推荐使用无缝管。

（3）管口内壁应打磨光滑。

4. 构件要求

（1）所有配件，如不能涂层的螺纹螺丝连接处，应由耐腐蚀材料制成。

（2）结构加固构件应焊接到设备的未涂层区域。但是，如果需要喷涂，则这些构件应采用光滑圆杆或圆管等简单形状，并被充分焊接、打磨。

（3）应尽量避免使用焊接在管壁上的内部挡板或凸耳。应当设计出可从管道口处拆卸的挡板。如果必须在适当的位置焊接挡板，则需要设计成由客户和涂装工达成一致的三角形。

（4）应尽量避免使用角钢、槽钢、工字钢等复杂形状。

（5）火焰切割的零件必须加工，以打磨去凹沟、波纹和不规则处。

（6）所有内部钢表面必须无氧化皮、空隙、起鳞和其他缺陷。

（7）铸件必须无开口气孔，所有铸造纹理必须打磨光滑。

（8）在给多孔钢涂层时，孔径与金属厚度比为1∶1，并要求半径合适。

（9）半径要求：①外角（凸）最小半径为6mm，内角（凹）最小半径为12mm；

②将壳体贴在平直的管道底部的内凹焊缝，其最小半径为 25mm。

5. 焊缝

（1）氟盾 GSC-C 涂层：所有内部焊缝（纵向和周向）都要光滑。打磨过程应使余下的焊缝没有尖锐的边缘。

（2）氟盾 GSC-MC 涂层：所有内部焊缝都要打磨平。

（3）虽然搭接焊缝在某些特定情形下可以接受，但首选对接焊缝。在考虑搭接焊缝时，设备制造商要经过涂装施工方的同意，以确保设备制造、焊接符合喷涂氟盾要求。

（4）焊缝必须牢固、不间断，无论在什么情况下都要满焊。

（5）焊缝必须无针孔、气孔、凹坑、切口和其他缺陷。

（6）在第二次焊缝通过之前，必须将第一次焊缝打磨成合格。

（7）所有焊接产生的飞溅物必须清除。

（8）所有内部钢表面必须无氧化皮、孔洞和其他缺陷。

（9）不得在涂层上进行焊接。

（二）表面处理

（1）应特别注意保护不需要涂层的关键区域，如轴的金属密封区域或任意机加工表面。

（2）所有需要喷涂的区域都应该喷砂至 Sa3，碳钢工件使用 GL17 铁砂，不锈钢和合金工件使用氧化铝。根据使用的磨料，喷砂压力应为 0.34 ~ 0.62MPa。

（3）在工件上选出一块约 25cm^2 的区域进行喷砂，该区域后续与工件同步施工，用于对比试验和破坏性试验，但该区域的选择要取得客户的同意，并达成一致后方可施工。如工件表面不适用此方式，则需要准备与工件材质相同的样板同步施工，用于后续对比试验和破坏性试验。

注意：此步骤不适用于轴类金属密封区域、加工表面和完全密封的工件。

（4）吹去零件上的砂砾，并在喷砂后装上装配夹具。

（三）施工环境条件

在干净、无灰尘的环境下进行涂装和固化。

（四）施工要点

（1）丝网焊接尽量减少裁剪。

（2）尽量减少在拐角处焊接。

（3）涂层采取一层一烤的加工方式，严禁在现有的一层上再涂一层。

（4）施工后必须在环境温度下干燥，密闭容器需要风扇循环通风。

（5）必须按规定的温度及时间进行固化。

四、质量检验

（一）喷砂

所有需要喷涂的区域都应该喷砂至 Sa3。

（二）外观检测

（1）确保所有需要涂层的区域与工艺记录卡上显示的区域一致。

（2）在加工和终检过程中，所有外观缺陷都必须记载在工艺记录卡的外观缺陷表上。

（3）如果外观缺陷不造成实质性的影响，则可以接受。

（4）不可接受的外观缺陷是那些没有通过电火花测试和与附着力有关的缺陷，如起泡、脱落和涂层剥离。

（三）涂层厚度测试

（1）小工件（涂层表面10平方米以下）每平方米应有5个厚度读数。

（2）超过10平方米的涂层，每平方米应有1个厚度读数。

（3）在复杂程度大的部分，每平方米的读数应增加到3～5个。

（4）终检时，任何低于规定厚度的点都要标记出测得的厚度，然后在以该点为圆心，半径为25mm的圆上等分测试6个点，取6个点的平均数作为第一个厚度数据；之后再以该点为圆心，分别取得半径50mm、75mm、100mm的各6个厚度值的平均数作为第二、第三、第四个数据（见图6–13），如四个数据的平均数大于或等于要求的最小值，则该区域可以接受，否则必须对该区域进行复涂，以符合要求。

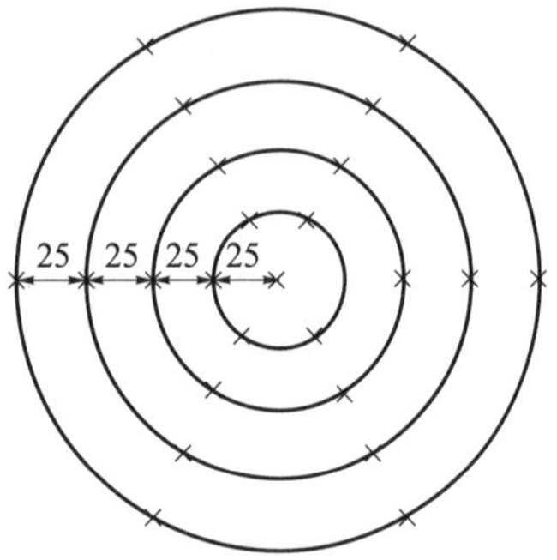

图6–13　涂层厚度检测选点图

（5）测量完所有厚度后，记录工件的最大、最小和平均厚度。

（6）在工件发货之前，平均厚度必须大于工艺记录卡上指示的标准厚度，任何区域不能低于标准厚度的10%。

（四）电火花检测

（1）应在常温下使用校准过的检测仪器进行检测。

（2）所有涂覆表面都需要进行检测。

（3）根据厚度选择合适的电压进行检测。

（五）粘结强度检测

（1）非丝网型涂层粘结强度检测。

（2）丝网型涂层粘结强度检测。

五、运行维护

（一）修复工艺

（1）评估损坏程度，确定修补的边界，包括所有由于机械应力（冲击、凿孔）造成的涂层物理损坏和脱落的区域。清除所有化学物质、油脂和其他污染物。

（2）用刮刀或其他锋利的工具修去受损区域的边缘。一定要清除所有损坏的涂层，在基材和涂层之间留下一个干净、没有边角的边缘。羽化修过的边缘，便于补丁。

（3）使用带鱼尾喷头的热风枪，将温度设定为约500℃，开始用橡胶滚筒对补丁贴片施加压力，以熔化氟盾补丁涂膜（约0.5mm厚）。将涂膜涂到现有的被羽化的边缘的基材上。修补的补丁涂膜必须没有空隙和气泡。根据损坏的类型和程度，热烙铁也可以与喷枪和橡胶滚筒一起使用。

（4）用锋利的刮刀修掉补丁松散的未粘合的尾部。其余边缘用喷枪和橡胶滚筒高温封边。继续采用这种填充、修切和使其平滑的技术，直到达到基材涂层的近似厚度，修复区域通过5kV电火花测试。

（5）电火花检测仪发出可见电火花，表明涂层上有针孔，则需要用喷枪和橡胶滚筒对填充的补丁涂膜加压加热，直至针孔闭合。不可见的触点应穿出直径约1mm的孔，使用补丁涂膜填充并加压加热，按照步骤（6）到步骤（8），使用最终的补丁涂膜。

（6）用约0.5mm厚的氟盾补丁涂膜覆盖该区域，完成修复。用喷枪和橡胶滚筒将补片熔合到需要修复的区域，补丁涂膜必须没有空隙和气泡。修掉补丁松散的未粘合的尾部。其余边缘按照步骤（4）进行高温封边。

（7）车间修复时，进行10kV电火花测试。现场修复时，进行5kV电火花测试。

（8）车间修复时，允许24h的缓冲时间，然后重新进行10kV电火花测试。如果修复失败，重复修复过程。

需要注意的是，修复时必须佩戴防毒面具，并且应在通风良好的区域作业。推荐使用3M 5653型酸性气体防毒面具。

（二）使用维护

（1）使用过程中必须在设计时的工况使用，不可更换应用场景。

（2）使用过程中应注意衬里不被破坏。

六、工程案例

美国联信公司（Allied Signal Inc，ASI）位于洛杉矶盖斯马分公司的工厂预冷设备通道会密切接触氟化氢（HF）气体。厂家对各种材料进行了测试，包括稀有合金、聚四氟乙烯衬垫和氟聚合物喷涂衬里，其中寿命最长的达到6个月，防腐蚀性能有限。后改为采用2mm水性厚度PFA涂料衬里，该涂层体系由含氟聚合物层组成，包括全氟烷四氟乙烯，并增加耐渗透的高分子与活性炭复合层，以达到减缓化学渗透的目的。自从ASI的预冷设备通道采用了该方案后，使用了30多个月仍未出现问题。

第七章

玻璃鳞片衬里

7

玻璃鳞片衬里是指以耐蚀热固性树脂（如乙烯基酯树脂、不饱和聚酯树脂、环氧树脂等）为主要胶料，以具有规定粒（片）径的玻璃薄片状填料（外观形状似鱼鳞片，故也称为鳞片）为骨料，以多种功能性助剂为添加剂混配成胶泥状或厚浆型涂料状的防腐蚀材料，再经专用设备或工具按规定的施工作业程序将胶泥状或涂料状鳞片防腐蚀材料涂覆在经表面处理的待防护设备及管道或设施基体表面而形成的衬里保护层。

衬里中用于制作鳞片的原料有玻璃、云母、不锈钢、涤纶等。因玻璃鳞片制作简单，造价便宜，且适用面宽，故而得到迅速发展，成为主要使用材料。

玻璃鳞片衬里最早问世于美国欧文斯—康宁玻纤公司，第一个鳞片防腐蚀材料专利于 1957 年发布。20 世纪 60 年代初，美国圣克蒂（Ceilcote）公司又开发出一批鳞片涂料技术，随后鳞片衬里技术在美国诸多专业防腐蚀公司实现工程化应用。20 世纪 60 年代末，日本多家专业防腐蚀公司从美国引进鳞片涂料技术，并加以迅速发展。随着玻璃鳞片衬里在火电厂烟气脱硫装置、大型原油储罐、氯碱工业盐水装置、硫酸工业净化装置、尿素造粒塔、海洋工程设施等重大工业领域的成功应用，充分证明了鳞片衬里这一防腐蚀技术的优越性。因此，1971 年美国捷东公司、美国塑料工程师协会及美国腐蚀工程师协会联合召开了鳞片衬里国际专题报告会，并赋予鳞片衬里技术“重防腐蚀技术”称号。自此玻璃鳞片衬里作为一种有效的重防腐蚀技术，引起国际腐蚀与防护界的广泛重视。

我国玻璃鳞片衬里技术研究起步于 1983 年，由原化工部批准立项，原化工部化工机械研究院和原化工部第八设计院联合承担。1986 年第一次规模量工程实践应用。1987 年完成化工部成果鉴定。此后，上海、北京等研究单位也相继开展玻璃鳞片衬里技术研究，现已形成各类胶泥、涂料的系列配套产品。

第一节　耐腐蚀机理

一、“迷宫”效应

树脂玻璃鳞片耐腐蚀材料之所以具有比玻璃钢高得多的抗渗透能力，是因为玻璃鳞片在耐腐蚀结构层中形成“迷宫”构造，延长了介质渗透路径。扁平状玻璃鳞片在基体树脂中平行叠压排列见图 7–1。这不仅对腐蚀介质渗透“迷宫”构造构成一道道屏障，使介质在基料中的渗透必须经过类似迷宫般的曲折的途径，这相当于客观上增加了防腐层厚度（图 7–2）。而且使衬里材料中必然存在的微气泡、微裂纹、分子级空穴等缺陷被玻璃鳞片有效分割，从而有效地抑制了介质的渗透。

另外，由于玻璃鳞片是不连续片状实体，在衬里层中近似平行排列，使得玻璃鳞片与树脂界面间缺陷又被树脂分割，因此，尽管在鳞片衬里内也存在许多缺陷，但其独特的衬里层结构使之对缺陷的抑制作用较玻璃钢好许多，为了进一步了解介质渗入衬里层内的分布状态，人们做了扫描电镜元素的线和面扫描分析，将经过硫酸浸泡鳞片及玻璃钢试片，沿介质渗透方向剖开，在其渗透断面上对硫元素进行线、面扫描分析，结论如下：

（1）从面扫描可以看出：介质渗透为绕玻璃鳞片曲折狭缝扩散过程。

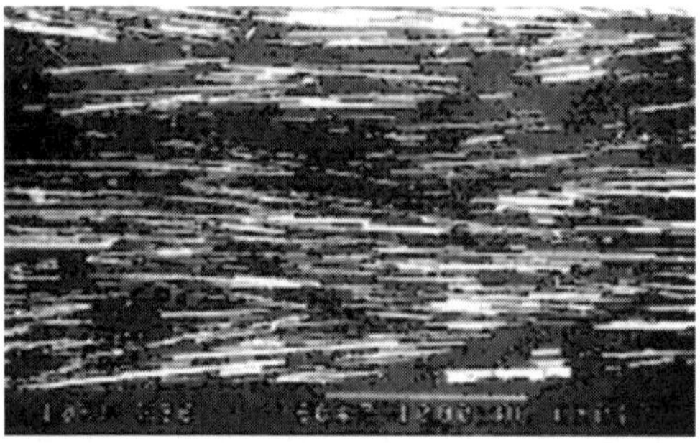

图 7–1　电子显微镜下玻璃鳞片排列

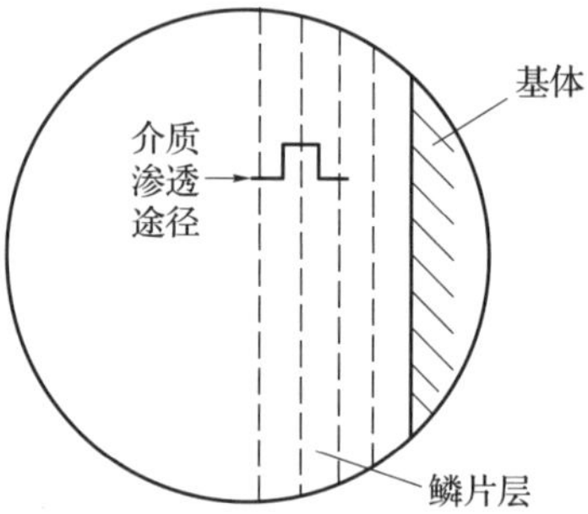

图 7–2　玻璃鳞片衬里渗透路线示意图

（2）从线、面扫描分析均可看出渗入介质的分布为平行状，不服从传统有机衬里的扩散渗透分布规律，这说明树脂玻璃鳞片衬层内介质浓度不是逐渐减小的，而是或饱和或几乎无介质。

（3）玻璃钢试样在相同条件下分析的结果为全渗透，而树脂玻璃鳞片衬里层仅渗透进约 150μm，并基本被抑制在头几层的玻璃鳞片衬里层内。

（4）鳞片衬里结构与玻璃钢结构相比，大大改变了树脂的固化收缩及热应力的作用状态，从而减小了残余应力影响，提高了界面强度（图 7–3）。

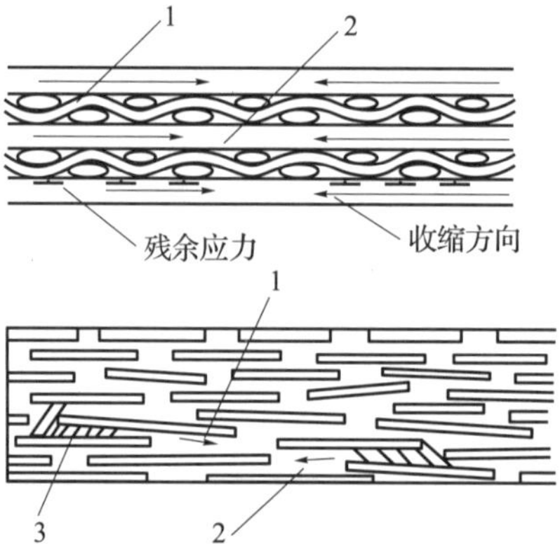

1—残余应力无方向性；2—鳞片受收缩应力作用漂移方方向；3—固化收缩区被分割。

图 7–3　玻璃鳞片衬里材料收缩应力示意图

二、衬里破坏形式

有机高分子衬里的破坏，主要表现为两种形式：一是化学腐蚀破坏；二是物理破坏。这两种形式常常互为影响。各种化学介质对衬里的腐蚀大致有三种：

（1）介质首先浸入衬里间隙、气孔等缺陷中。

（2）进而渗透到衬里的层间，引起衬里的溶胀。

（3）浸蚀基体材料表面，引起基体材料树脂的性能的下降，衬里的防腐蚀失效实际上就是介质浸入、渗透和浸蚀的综合结果。

在工程实践中，特别是在耐腐蚀材料选择正确的条件下，衬里破坏的表现形式常以物理腐蚀破坏为主体，如工程应用中常见的鼓泡、开裂、分层、剥离等衬里层破坏现象均属此类。产生物理破坏的原因较复杂，但主要可分为三个方面。

（一）介质的渗透

这是引起物理破坏极为重要的因素。介质的渗透一般有三个途径：

（1）在电位梯度的作用下，介质经树脂基体中分子级空穴在亲电子基团的作用下逐步迁移渗透。

（2）在浓度梯度作用下，介质经衬里层中存在的孔隙——微裂纹、微气泡，在毛细作用下渗入，衬里层的孔隙率应视为衬里层固有的缺陷，其形成与被保护基体的表面状态、溶剂的挥发度、衬里固化状态、填料的添加量及与树脂的界面粘接状态等有关。

（3）介质由施工质量缺陷（如粘贴界面间缝隙、夹裹的气泡、衬层结构疏松等）渗入。

这三种从渗透途径在衬里层中并存，相互诱导、相互促进，导致介质在耐腐蚀衬里层内逐步渗透。

鳞片材料在施工完毕后，扁平型的玻璃鳞片在树脂基体连续相中呈平行重叠排列，从而形成致密的防渗层结构。如图 7–4 所示，腐蚀介质在固化后的胶泥中的渗透必须经过无数条曲折的途径，因此在一定厚度的耐腐蚀层中，腐蚀渗透的距离大幅延长，客观上相当于有效地增加了防腐蚀层的厚度。同时在无玻璃鳞片增强情况下，树脂基体连续相中会存在大量的所谓的“缺陷”，如微孔、气泡及其他微缝等，这些缺陷的存在会加速或加快腐蚀介质的渗透过程，因为一旦介质渗透到这些缺陷中，渗透的速度在得到提高的同时，接触具有腐蚀性的介质的基体连续相的面积也随之会加大，从而更加速了物理渗透和化学腐蚀过程，而在玻璃鳞片材料中，由于平行排列的玻璃鳞片能够有效地分割基体树脂连续相中的这些“缺陷”，从而能够有效地抑制腐蚀介质的渗透速度。

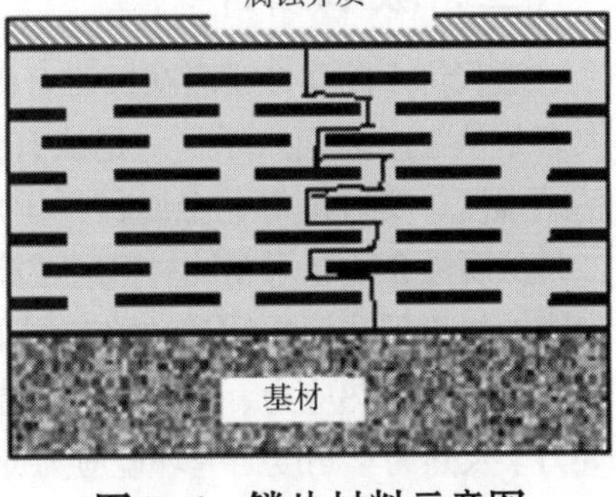

图 7–4 鳞片材料示意图

另外，除了具有腐蚀性的化学介质渗透之外，还存在着水蒸气的渗透。通常情况下，高聚物材料的分子间距为 10Å，而对于水蒸气来说，只要高聚物材料的分子间距达到 3Å，水蒸气就能容易地透过高聚物的单分子层。当基础材料是碳钢时，水蒸气由于渗透而达到碳钢表面后，并在氧气存在情况下，会由于电化学反应而生锈。鳞片材料在固化后，由于热固性树脂的高交联密度可以有效地减弱水蒸气和腐蚀性化学介质的渗透，同时鳞片衬里的独特结构更能达到防渗透或减渗的效果，经测定乙烯基酯玻璃鳞片衬里的水蒸气扩散速率为 1.5×10^{-6}g/h · cm^2。

（二）残余应力及热应力

这是引起衬里层破坏的重要因素。应力的来源一般分五个方面：

（1）衬里固化收缩时产生的残余应力。

（2）环境温度变化产生的热应力。

（3）环境温度不均衡引起的温差热应力。

（4）负载应力。

（5）设备结构强度及刚性不足引起的形变应力或震动引起的疲劳应力。

耐腐蚀衬里成型中的残余应力及使用中环境热应力的存在，会导致衬里层的界面强度降低，增加微裂纹及界面孔隙，为衬里层内缺陷的生成、发展及介质渗入提供潜在的“风险”。温差热应力及设备形变应力、震动疲劳应力对衬里层的破坏是直接、可见的。应力作用与化学介质渗透是相互促进的两个方面。应力导致微裂纹、界面孔隙的产生及成长，微裂纹、界面孔隙又为化学介质渗透提供了必要的“途径”，渗入的化学介质又进一步激发应力作用并产生毛细效应，致使新的微裂纹、界面孔隙生成、发展，形成腐蚀破坏的恶性循环。

（三）施工质量缺陷

施工质量控制包括衬里成型的每一个环节，从防腐蚀设计、表面处理、作业技能、材料配制到施工过程的质量监控。由于玻璃鳞片衬里材料的特性和施工方法完全不同于传统的其他防腐蚀衬里技术，故其施工质量缺陷也有其特殊性。就玻璃鳞片衬里而言最需控制的施工质量为孔隙率、固化剂搅拌均匀、衬里层致密度及厚度。

三、玻璃鳞片

近代许多防腐蚀学者在探讨有机高分子耐腐蚀衬里层或涂层的腐蚀机理和使用寿命时，大多是从三个方面入手：一是从有机高分子耐腐蚀衬里层或涂层的结构、组成、孔隙率、粘结强度、交联度等非金属材料学角度研究腐蚀介质与耐腐蚀衬里层或涂层失效的关系；二是从腐蚀介质在耐腐蚀衬里层或涂层中的吸附、渗透、扩散等动力学角度研究腐蚀介质、耐腐蚀衬里层或涂层质量缺陷与层下金属或混凝土基体腐蚀的关系；三是从环境应力包括热应力、温差热应力、耐腐蚀衬里层或涂层成型残余应力、金属基体形变应力、负荷应力等力学及热力学角度研究环境应力、腐蚀介质与高分子材料腐蚀的关系。

金属的腐蚀反应在大多数情况下是一种由局部原电池生成的电化学反应，而就有机高分子衬里层抑制金属腐蚀而言，实质上就是利用非金属的电绝缘性达到增加电池电阻的作用。在腐蚀环境中，我们可以将腐蚀介质中的离子或电解质的渗透性、耐腐蚀衬里层或涂层的结构、组成、孔隙率、质量缺陷及与金属基体的粘结强度和环境应力对耐腐蚀衬里层或涂层的力学作用视为控制耐腐蚀衬里层或涂层电阻的因素。换句话说，耐腐蚀衬里层或涂层对可电离成离子或电解质的介质的渗入阻力越大，其电阻越大，防腐蚀效果越好。

因此，耐腐蚀衬里设备使用寿命的研究就转为研究高分子材料的特性、腐蚀介质的渗透性、环境应力及质量缺陷对腐蚀的影响程度。

从衬里的耐腐蚀原理来看，为提高耐腐蚀衬里的使用寿命，在正确选择了耐化学介质腐蚀材料的基础上，主要应从加厚耐腐蚀层，抑制化学介质渗透，减小衬里层内残余应力并改变应力作用效果，提高界面粘结强度，强化施工质量控制等诸方面入手。而树脂玻璃鳞片衬里在结构设计及材料组成上较好地满足了上述理论要求，它较之传统的防腐蚀技术的突出不同点在于其结构设计正是以抗化学介质渗透、减少残余应力为出发点。

在玻璃鳞片衬里层中，由于实体鳞片的阻挡作用，使化学介质只能沿着迷宫型的曲折途径渗透，这相当于“加厚”了衬里层的厚度，又避免了因衬里层太厚引起的副作用；而玻璃鳞片对应力的松弛作用，使应力的传导和叠加成为不可能，玻璃鳞片对应力作用下引起裂纹的发展也起到限制作用。因此，玻璃鳞片衬里较好地满足了耐腐蚀衬里的理论研究结果，在实际应用中也证明其起到了抑制衬里层物理破坏的作用，延长了衬里层使用寿命。

第二节　乙烯基酯树脂玻璃鳞片衬里

乙烯基酯树脂玻璃鳞片（VEGF）衬里，顾名思义就是采用乙烯基酯树脂作为胶料配制的树脂鳞片胶泥或涂料，按照《工业设备及管道防腐蚀工程技术标准》GB/T 50726—2023 的规定，在被衬里基材上进行防腐蚀施工，材料固化后形成具有防腐蚀性能的树脂玻璃鳞片衬里。相对其他热固性树脂，乙烯基酯树脂是重防腐领域综合性能较好且最具代表性的高度耐腐蚀树脂，因此其配制的树脂玻璃鳞片在防腐蚀性能也优于其他热固性树脂材料，应用也最广泛。

7

一、原材料及其性能

乙烯基酯树脂玻璃鳞片衬里所使用的原材料包括：乙烯基酯树脂、玻璃鳞片、功能性助剂－偶联剂、稀释剂、促进剂、固化剂等。其配套产品包括底涂和面涂。

（一）乙烯基酯树脂

在防腐蚀领域乙烯基酯树脂玻璃鳞片衬里中主要采用双酚 A 型（或通用型）乙烯基酯树脂和酚醛环氧型乙烯基酯树脂。

1. 双酚 A 型（或通用型）乙烯基酯树脂

双酚 A 型（或通用型）乙烯基酯树脂，又称双酚 A 型环氧乙烯基酯树脂，具有下列特点：

（1）能提供耐酸碱盐等化学介质性能，也能应用在碱性氧化物，如次氯酸钠、腐蚀剂 / 氯溶液；碱腐蚀环境下如石灰石浆液储罐和管道。

（2）双酚 A 型环氧乙烯基酯树脂在适当的化学介质环境中能安全有效承受高温达 105℃。

（3）双酚 A 型环氧乙烯基酯树脂限制在有机酸、溶剂、强氧化性酸和温度高于 105℃的化学环境中应用。

（4）如有阻燃要求时，应采用化学阻燃型的溴化双酚 A 型环氧乙烯基酯树脂，而不应采取物理添加阻燃剂的方式。

以此类乙烯基酯树脂为胶料的树脂玻璃鳞片胶泥或涂料，称为中温型乙烯基酯树脂玻璃鳞片胶泥或涂料。

2. 酚醛环氧型乙烯基酯树脂

酚醛环氧型乙烯基酯树脂有下列特点：

（1）耐强氧化性酸、有机酸、有机溶剂和酸/漂白剂溶液等能力突出，如二氧化氯等。

（2）酚醛环氧型乙烯基酯树脂在高温环境中具有更加杰出的性能，如FGD排烟系统的防腐蚀工程。在某些温度更高的场合，该树脂制备的鳞片胶泥衬里可抵挡205℃瞬间温度。

（3）虽然酚醛环氧型乙烯基酯树脂在高温和氧化性酸环境中能更好地工作，但它们在耐碱溶液中使用受到限制，尤其在较高的温度环境中，此时使用双酚A型乙烯基酯树脂配制的鳞片胶泥会更好。

（4）如有阻燃要求时，应采用化学阻燃型酚醛环氧乙烯基酯树脂。

以酚醛环氧型乙烯基酯树脂为原料的玻璃鳞片胶泥或涂料，称为高温型乙烯基酯树脂鳞片胶泥或涂料。

3. 乙烯基酯树脂的性能指标

在国家标准《乙烯基酯树脂防腐蚀工程技术规范》GB/T 50590—2010中规定了乙烯基酯树脂的性能指标，它同样可作为制造玻璃鳞片类衬里的树脂控制指标：

（1）液体乙烯基酯树脂的性能指标见表7–1。

表7–1 液体乙烯基酯树脂的性能指标

项目	树脂类型	
	双酚A型	酚醛环氧型
外观	均匀透明液体	
酸值/(mgKOH/g)	10±4.0	10±5.0
固体含量/%	57±3.0	65±3.0
黏度（25℃）/(Pa·s)	0.40±0.10	0.30±0.10
凝胶时间（25℃）/min	20±5	25±10.0
储存期	阴凉通风处，25℃以下，3个月	

（2）乙烯基酯树脂浇铸体的性能指标见表7–2。

表7–2 乙烯基酯树脂浇铸体的性能指标

项目		树脂类型	
		双酚A型	酚醛环氧型
巴柯尔硬度		≥35	≥40
热变形温度（1.80MPa）/℃		100±5	125±5
耐碱性/h	100	无异状	—
	50	—	无异状

注：阻燃型乙烯基酯玻璃鳞片胶泥生产时，应该采用化学阻燃型乙烯基树脂为基体，氧指数≥27。

4. 乙烯基酯树脂性能指标检测方法

（1）乙烯基酯树脂酸值的测定按现行国家标准《塑料 聚酯树脂部分酸值和总酸值的测定》GB/T 2895进行。

（2）乙烯基酯树脂黏度、固体含量、25℃凝胶时间的测定按现行国家标准《不饱和聚酯树脂试验方法》GB/T 7193 进行。

（3）乙烯基酯树脂热变形温度的测定按现行国家标准《塑料　负荷变形温度的测定　第 1 部分：通用试验方法》GB/T 1634.1、《塑料　负荷变形温度的测定　第 2 部分：塑料和硬橡胶》GB/T 1634.2 进行。

（4）乙烯基酯树脂巴柯尔硬度的测定按现行国家标准《增强塑料巴柯尔硬度试验方法》GB/T 3854 进行。

（5）乙烯基酯树脂阻燃性能的测定按现行国家标准《塑料　用氧指数法测定燃烧行为　第 2 部分：室温试验》GB/T 2406.2 进行。

（6）乙烯基酯树脂耐碱性的测定按现行国家标准《树脂浇铸体性能试验方法》GB/T 2567 进行。

（二）玻璃鳞片

1. 玻璃鳞片的功能

从鳞片衬里剖断面图看（图 7–5），鳞片衬里层与玻璃钢层的主要区别在于使玻璃钢连续的丝状纤维变为鳞片衬里不连续的片状鳞片。由于鳞片是不透性实体，在衬层中垂直于介质渗透方向，成多层次有序叠压排列，因此，一方面为介质渗透设置了一道道屏障；另一方面，改变了树脂固化时的收缩残余应力及使用时由于环境热引起热应力的分布、传导、叠加及松弛条件，从而有效地抑制了以往防腐衬里技术中常见的物理破坏现象。

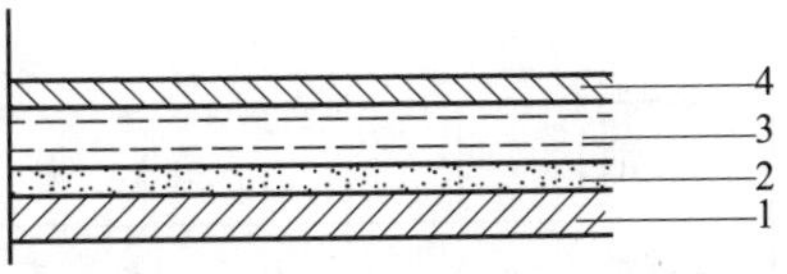

1—基体；2—底涂层；3—鳞片胶泥层；4—面涂层。

图 7–5　鳞片衬里断面结构图

2. 玻璃鳞片的生产

国内现生产玻璃鳞片用原料一般选择耐化学腐蚀性能较好的中碱玻璃用料。故其材质的耐腐蚀性可参照中碱玻璃纤维，主要化学成分见表 7–3。

表 7–3　鳞片的主要化学成分

成分	含量 /%
SiO_2	67.0 ± 0.1
Al_2O_3	6.2 ± 0.6
CaO	9.5 ± 0.5
MgO	4.2 ± 0.5
Na_2O+K	12.0 ± 1.0
Fe_2O_3	≤ 0.4

玻璃鳞片生产制造过程类似于吹气球，即在熔融的玻璃料滴内，通入吹制风，在风压下使其薄化膨胀，直至破裂。在制造时，由于熔融玻璃的急冷始终处于拉伸应力件用下，所以吹制的玻璃鳞片的内部结构和玻纤相同，属亚稳定结构，因此玻璃鳞片密度比平板玻璃小、但强度却较其大。

玻璃鳞片的作用是在衬层内对渗入介质构成阻碍，即变直线渗入为迷宫型曲折渗透，从而达到抗介质渗透之目的。故要求鳞片应具有一定的片径。此外，为了达到多层次阻碍，希望在有限的衬层厚度上，尽可能多的排列鳞片层，故对鳞片厚度也有一定要求。

有关鳞片厚度，所见资料叙述不一，出入较大，日本资料多说为 4μm 以下；美国 1982 年出版的《塑料用填料及增强剂手册》中提到 1μm 厚度的鳞片，但明确说明用于抗渗、抗磨、抗蚀目的的衬里及涂层的鳞片，厚度为 76 ~ 150μm。

我国早期鳞片衬里技术开发中，使用的鳞片为人工吹制，其平均厚度为对 70 ~ 110μm，与美国的规定一致，用此配制的鳞片衬里材料用于现场使用近 2 500m^2，使用寿命已分别达十年及八年，至今完好。

3. 玻璃鳞片的分类和规格

在玻璃鳞片材料配制中要求鳞片干燥、无杂物、无污染，且胶泥中玻璃鳞片含量不应小于 25%。玻璃鳞片按其厚度、片径和主要用途分为 A、B、C 三种规格，其质量参数见表 7–4。

表 7–4 产品分类及质量

项目	A	B	C
厚度 /μm	<6	<10	<20
片径 /mm	0.2 ~ 0.4	0.4 ~ 0.63	0.63 ~ 2
径厚比	>40	>40	>40
主要用途	用于机械喷涂的厚膜型涂料	用于手工涂刷的厚膜型涂料	用于手工镘抹型胶泥

4. 玻璃鳞片性能和表观质量（见表 7–5）

表 7–5 玻璃鳞片性能和表观质量

项目	指标	项目	指标
表观检测	无鳞片结块	耐酸度	≥ 98%
	无固体杂质	片径合格率	≥ 92%
	无液态物质污染	水分含量	≤ 0.05%

表 7–4 和表 7–5 中的鳞片质量控制指标和性能检测方法按行业标准《中碱玻璃鳞片》HG/T 2641—2009 中的规定执行。

5. 玻璃鳞片用量与孔隙率的关系

玻璃鳞片对衬里材料的影响主要是它的添加量及片径大小。试验结果表明，鳞片用量越多，其孔隙率越高（表 7–6），但鳞片在衬里层中排列层数越多，其抗渗性和衬里强度均有提高。鳞片片径的增大使衬里材料的抗渗性提高（图 7–6）。这是因为片径增大后，介质渗入受鳞片阻碍增大，由前一层鳞片扩散到后一层鳞片难度加大所致。在

图 7–6 中用试件的浸泡增重来表明介质渗入量，因渗入试样的介质量的宏观表现是试样重量增加。

表 7–6 鳞片用量与孔隙率的关系

材料组成 /%		孔隙率 /%
树脂	鳞片	
75	25	0.07
66	34	1.502
56	44	3.422

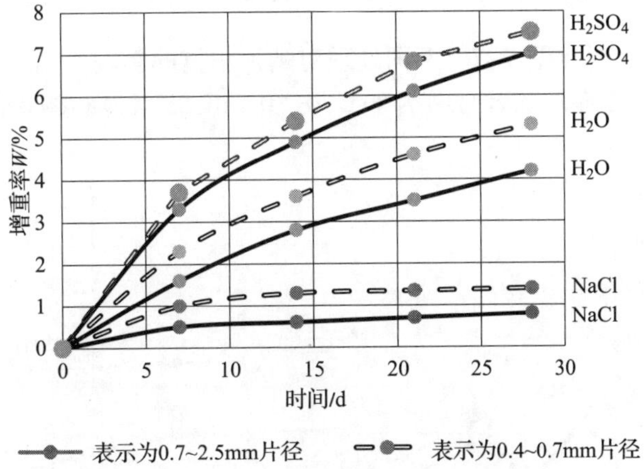

图 7–6 鳞片片径与渗透量的关系

（三）功能性助剂 – 偶联剂

1. 玻璃鳞片表面处理的作用

鳞片衬里材料是由树脂和鳞片作为主料配制的，其物化性能及耐蚀性不仅同鳞片树脂的性能及组成结构有关，而且在很大程度上同树脂及鳞片的界面状态有关。因此，需要采用表面偶联剂改变树脂对鳞片的表面粘接力。使之更有效地提高材料的湿态强度、抗渗性能和减少吸水性。

玻璃鳞片化学处理剂及处理方法的选择，对材料的性能及其配制工艺影响很大，从鳞片试样的增重及巴氏硬度试验结果看（图 7–7 和图 7–8），经偶联剂处理和不经偶联剂处理，其耐蚀性相差很大，特别是硫酸这类强腐蚀介质对界面会表现出更大的敏感性。此外，不同介质对同一种偶联剂的作用不同，破坏力也不同，硫酸的影响效果比较明显，而氯化钠对界面破坏力较弱，故影响效果也不明显。由此说明，就腐蚀而言，偶联剂不仅能有效地在树脂与鳞片界面间起到化学键合作用，提高其物理性能，而且形成的联接键必须具有耐化学腐蚀介质破坏的性能。以往采用的玻璃钢用偶联剂的选用经验可以作为鳞片的参考，但不可生搬，因为玻璃钢用偶联剂的选择多是基于对结构强度的考虑。

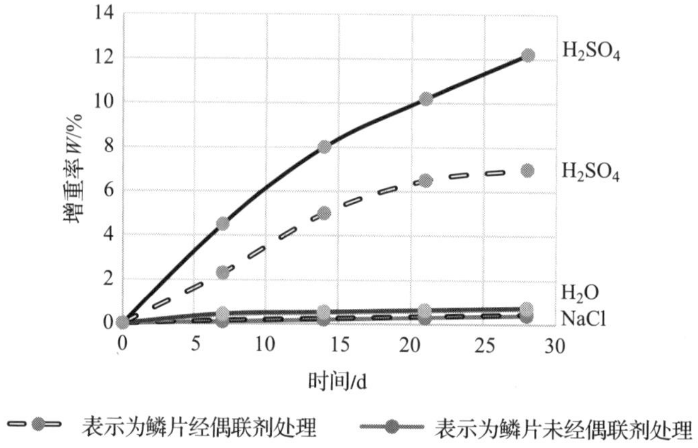

图 7–7 不同处理对鳞片增重的影响

注：试验条件是浸泡温度为 80℃、H_2SO_4 浓度 25%、NaCl 饱和溶液。

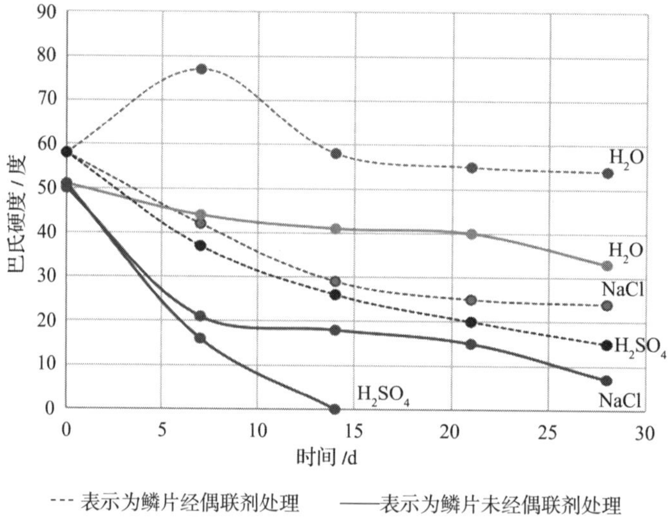

图 7–8 不同处理剂对鳞片巴氏硬度的影响

注：浸泡温度为 80℃、H_2SO_4 浓度 25%、NaCl 饱和溶液。

2. 玻璃鳞片表面处理的方式

玻璃鳞片表面处理方式不同，对材料的配制工艺影响较大，如采用前化学处理法，则鳞片的烘干极为困难，需采用密闭式沸腾干燥设备。但若采用迁移法处理，即在混配料中直接添加表面偶联剂，则方便得多。试验证明，只要偶联剂添加量适当，两种方法的效果十分近似（图 7–9 和图 7–10）。如果与图 7–7 和图 7–8 协同起来看，则可以得出采用迁移法添加偶联剂处理法是完全可行的。

另外，正交试验的结果（图 7–11）表明，偶联剂的添加量应取最佳值 C_2。这是因加添加量过多，偶联剂以液态存在于材料中，不可避免地影响材料的性能，添加量过少，界面连接键不足，效果不好。

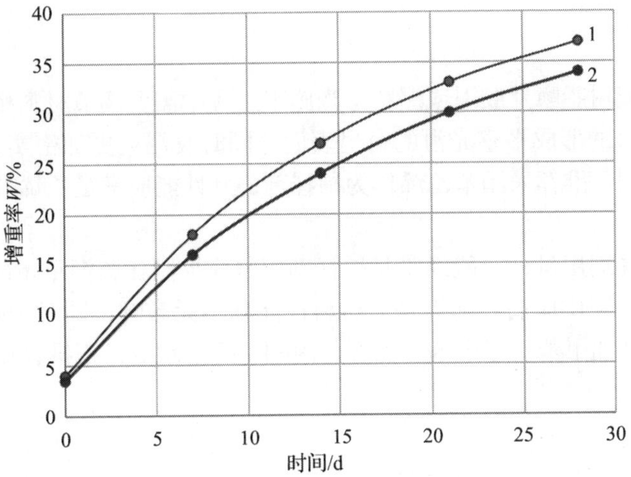

1—迁移法；2—前化学处理法。

图 7–9　不同处理方式对鳞片增重率的影响

注：介质为 H_2SO_4 浓度 25%，温度为 80℃。

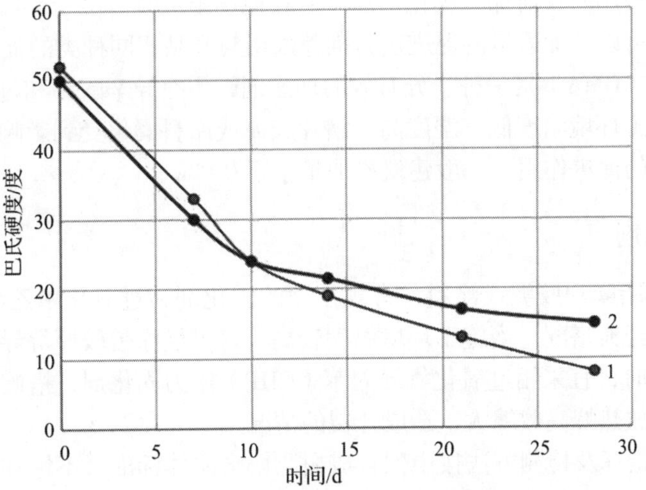

1—迁移法；2—前化学处理法。

图 7–10　不同处理方式对鳞片巴氏硬度的影响

注：介质为 H_2SO_4 浓度 25%，温度为 80℃。

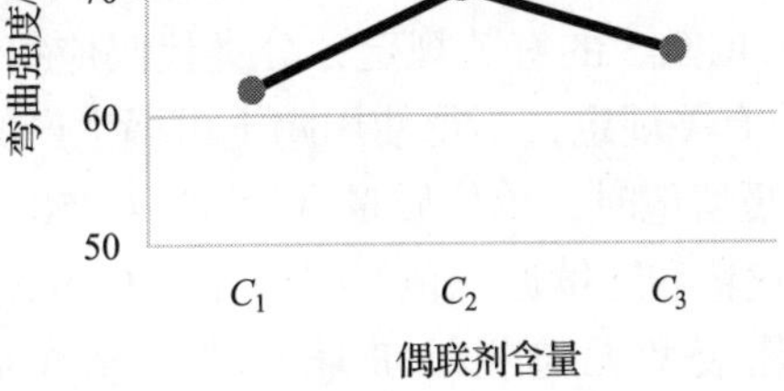

图 7–11　偶联剂添加量的正交实验

（四）稀释剂

对于乙烯基酯树脂鳞片胶泥或涂料，当施工过程中需要调节材料稀稠度、辊压鳞片胶泥衬里表面（目的形成平整光滑的衬里表面，同时胶泥会更加密实，提升衬里性能）时均会用到稀释剂，推荐采用苯乙烯作为稀释剂，其性能应满足乙烯基酯树脂使用工况要求。

必须控制稀释剂用量，一般经验是稀释剂用量应控制在胶泥重量的3%以内，具体用量可咨询衬里材料供应商，前提是对材料性能基本无影响，同时带来较好的施工性。其他非活性稀释剂如甲苯、二甲苯、乙醇、丙酮、香蕉水等，不推荐使用，对鳞片衬里质量有影响。

（五）促进剂

经工厂加工的乙烯基酯树脂鳞片胶泥或涂料，包括其配套的底涂层涂料、封面料，通常含有促进剂，主要是为方便现场施工及产品质量稳定。促进剂推荐采用异辛酸钴，根据产品凝胶时间需求，预添加到树脂胶泥或涂料中，这样乙烯基酯树脂鳞片胶泥或涂料及配套产品，使用时仅需加入固化剂即可。在现场施工时，由于环境条件的变化，为满足施工要求，可以补加适量的促进剂，推荐采用与产品相同种类的促进剂。

二甲基苯胺（DMA）是一种十分有效的加速剂，用在异辛酸钴和过氧化甲乙酮的固化体系中。当施工环境温度低、湿度高、鳞片胶泥或涂料固化受到影响时，可以适量添加，能起到很好的促进作用，一般建议添加量小于0.1%。

（六）固化剂

乙烯基酯树脂鳞片胶泥或涂料，常规使用的固化剂为过氧化甲乙酮（MEKP），与异辛酸钴溶液是经典搭配。当施工环境温度较高、衬里层涂覆较厚等导致衬里材料固化速度快、放热高时，宜采用过氧化氢异丙苯（CHP）作为固化剂，搭配异辛酸钴进行固化，可避免材料放热峰高收缩大，造成开裂的情况。

MEKP质量指标及检测方法按中国合成树脂协会团体标准《不饱和聚酯树脂用过氧化甲乙酮》T/CSRA 1—2020中的规定进行，等级最低的应为合格品。

（七）玻璃纤维增强材料

采用玻璃纤维增强材料的目的是形成整体性好的玻璃纤维增强塑料（玻璃钢）层与玻璃鳞片衬里层复合，在设备及管道衬里中的一些突变部位起到增强作用。

（1）玻璃纤维增强材料推荐采用C、E、E-CR型，其化学成分要符合现行行业标准《玻璃纤维工业用玻璃球》JC 935的有关规定，分类代码应符合现行国家标准《玻璃纤维产品代号》GB/T 4202的有关规定，不得使用陶土坩埚生产的玻璃纤维增强材料。

（2）当采用玻璃纤维短切毡时，单位质量宜为300～450g/m^2；其质量应符合现行国家标准《玻璃纤维短切原丝毡和连续原丝毡》GB/T 17470的有关规定。

（3）当采用非石蜡乳液型无捻粗纱玻璃纤维方格布时，单位质量宜为200～400g/m^2；其质量应符合现行国家标准《玻璃纤维无捻粗纱布》GB/T 18370的有关规定。

（4）当采用玻璃纤维表面毡时，单位质量宜为 30 ~ 50g/m²；其质量应符合现行国家标准《玻璃纤维湿法毡》GB/T 26733 的有关规定。

二、衬里的物理力学性能、耐腐蚀性能、试验方法和评定标准

（一）衬里的物理力学性能

（1）乙烯基酯树脂玻璃鳞片胶泥和鳞片涂料的质量见表 7–7 的规定。

表 7–7　乙烯基酯树脂玻璃鳞片胶泥料和鳞片涂料的质量

项 目	玻璃鳞片胶泥	玻璃鳞片涂料
在容器中状态	在搅拌混合物时，应无结块、无杂质	
施工工艺性	刮抹无障碍、不流挂	喷、滚、刷涂无障碍、不流挂
密度 /（g/cm³）	1.30 ~ 1.55	1.10 ~ 1.40
表干时间（25℃）/min	≤ 60，不粘手、不变形	≤ 90，不粘手、不变形

7

（2）乙烯基酯树脂玻璃鳞片衬里制成品的物理力学性能见表 7–8 的规定。

表 7–8　乙烯基酯树脂玻璃鳞片衬里制成品的物理力学性能

项目	试验值	标准设定值
拉伸强度 /MPa	28.0	≥ 25.0
弯曲强度 /MPa	49.7	≥ 40.0
底涂层附着力（拉开法）/MPa	10.5	≥ 8.0
巴柯尔硬度	41	≥ 40
耐磨性（cs–17w，1 000g，500r）/g	0.040	≤ 0.050
线膨胀系数 /（$\times 10^{-5}$/℃）	2.5	≤ 3.0
阻燃性能（OI）	34	≥ 32
冷热交替试验	设计温度（30min）~ 常温的水（10min）循环 15 次，无裂缝、剥离	设计温度（30min）~ 常温的水（10min）循环 10 次，无裂缝、剥离

注：当有阻燃性能要求时，采用氧指数（OI）指标。

（3）玻璃鳞片衬里用混合料和制成品物理力学性能的试验方法。

1）玻璃鳞片衬里混合料的密度检测按现行行业标准《建筑砂浆基本性能试验方法标准》JGJ/T 70 进行；表干时间的检测按现行国家标准《漆膜、腻子膜干燥时间测定法》GB/T 1728 进行。

2）玻璃鳞片衬里制成品的拉伸强度检测按现行国家标准《纤维增强塑料拉伸性能试验方法》GB/T 1447 进行；弯曲强度检测按现行国家标准《纤维增强塑料弯曲性能试验方法》GB/T 1449 进行；底涂层附着力（拉开法）检测按现行国家标准《色漆和清漆　拉开法附着力试验》GB/T 5210 进行；巴柯尔硬度检测按现行国家标准《增强塑料巴柯尔硬度试验方法》GB/T 3854 进行；耐磨性检测按现行国家标准《色漆和清漆　耐磨性的测定　旋转橡胶砂轮法》GB/T 1768 进行；线膨胀系数检测按现行国家标准《纤维增强塑料平均线膨胀系数试验方法》GB/T 2572 进行；阻燃性能（OI）检测按现行国家标准《塑料　用氧指数法测定燃烧行为　第 2 部分：室温试验》GB/T 2406.2 进行。

3）玻璃鳞片衬里制成品的冷热交替试验：取 3 块碳钢板，尺寸为 150mm × 75mm × 5mm，经表面处理后，按涂覆工艺做好试板（单面），并应在室温 25℃下养护 3d；将试板放在设计所要求温度的恒温箱内 0.5h 后取出，再立即放入室温自来水中冷却 10min，取出后应用干布擦干，并应再放入恒温箱内继续试验，该试验循环应进行 10 次。

（二）衬里的耐腐蚀性能

由于配制玻璃鳞片树脂材料的主料是乙烯基酯树脂及鳞片，故其耐化学腐蚀性与玻璃钢相似。在选择确定腐蚀环境所需鳞片衬里材料种类时，可参考玻璃纤维增强塑料（玻璃钢）用乙烯基酯树脂的耐蚀性，本章不再叙述。

玻璃鳞片衬里的耐腐蚀性能可以从以下几个方面获得：

（1）工程应用经验。

（2）制造商提供的耐腐蚀数据。

（3）现场挂片或实验室试验验证。当采用现场挂片或实验室试验验证时，耐腐蚀性能的评定按国家标准《建筑防腐蚀工程施工质量验收标准》GB/T 50224—2018 附录 F.1“树脂类材料”提供的方法进行。

（4）采用不同的方法获得衬里耐腐蚀性能时，应选用最低值。

（5）玻璃鳞片衬里不适用于含氟类腐蚀介质的防护。

三、设计要点

玻璃鳞片衬里作为设备及管道的耐腐蚀衬里在国外已有超过五十多年的实际应用，但从我国自 20 世纪 90 年代以来引进的烟气脱硫装置使用效果的分析看，仍存在着衬层磨损、热应力破坏及局部复杂结构易损坏等缺陷，此类缺陷即成为业主的“心病”，也成为该行业科技人员关注的焦点。

经多年不懈地研究实践，在充分认识烟气脱硫装置腐蚀环境特点的基础上。提出了依环境温度及磨损程度划分装置防腐蚀区域，依区域腐蚀程度确定复合衬里结构的腐蚀控制对策。即以玻璃鳞片结构层（抗渗层）、玻璃纤维结构层（抗渗、抗热应力层）、玻璃鳞片 + 玻璃纤维耐磨砂浆结构层（抗渗、抗磨、抗热应力层）、玻璃鳞片耐磨砂浆结构层（抗渗、抗磨）作为复合衬里结构的基本结构层。

按区域腐蚀程度加以复配设计，实现高性价比条件下的腐蚀控制，经过多年现场试验与工程实践证明，该腐蚀控制对策是有效的。

（一）适用范围

乙烯基酯树脂玻璃鳞片衬里适用的设计压力宜为 0～0.1MPa。玻璃鳞片衬里的设计温度是根据材料耐温性能以及长期大量的工程使用经验确定的，可满足绝大部分设备及管道工况的防腐蚀要求。玻璃鳞片衬里的设计温度可按表 7–9 确定。

表 7–9　玻璃鳞片衬里的设计温度

产品名称	设计温度 /℃	
	液相	气相
双酚 A 型乙烯基酯树脂鳞片胶泥、涂料	≤ 80	≤ 100
酚醛环氧型乙烯基酯树脂鳞片胶泥、涂料	≤ 100	≤ 130

注：气相指水分含量为 10% 以下。

（二）衬里构造

（1）玻璃鳞片胶泥衬里构造通常为：底涂层、玻璃鳞片胶泥、封面层。

（2）玻璃鳞片涂料衬里构造为：底涂层、玻璃鳞片涂料（面涂）层。

（3）工程上应用的玻璃鳞片衬里包含了玻璃鳞片胶泥衬里和玻璃鳞片涂料衬里，配套的底涂层既要同碳钢基体表面附着力良好，又要与覆盖其上的玻璃鳞片胶泥或涂料的层间附着力良好，底涂层涂料可采用同类树脂加入玻璃鳞片，也可不加玻璃鳞片。

（4）玻璃鳞片胶泥的封面层应采用同类树脂胶料，经加工得到封面料，其树脂含量高，可修饰玻璃鳞片胶泥层表面，并起到重防腐蚀效果。

（5）玻璃鳞片涂料中采用了小粒径玻璃鳞片，适合喷涂、刷涂和滚涂施工，与底涂层配套使用。

（6）玻璃鳞片衬里与纤维增强塑料衬里复合使用，可使衬里层的整体性得到加强。

（7）玻璃鳞片衬里与树脂耐磨胶泥复合使用，可以提高衬里的耐介质磨耗性能。树脂耐磨胶泥中的碳化硅、棕钢玉具有较好的耐磨性能。乙烯基酯树脂耐磨胶泥的性能见表 7–10。

表 7–10　乙烯基酯树脂耐磨胶泥的性能

项　目	指标
密度 /（g/cm^3）	1.9～2.1
耐磨性（cs–17w，1 000g，500r）/g	≤ 0.025
巴柯尔硬度	≥ 40

注：树脂耐磨胶泥采用碳化硅填料。

（8）在需要耐磨及温度交变的局部区域，采用乙烯基酯玻璃鳞片衬里、纤维增强塑料（玻璃钢）与树脂耐磨胶泥复合的“三明治”结构形式，见图 7–12。

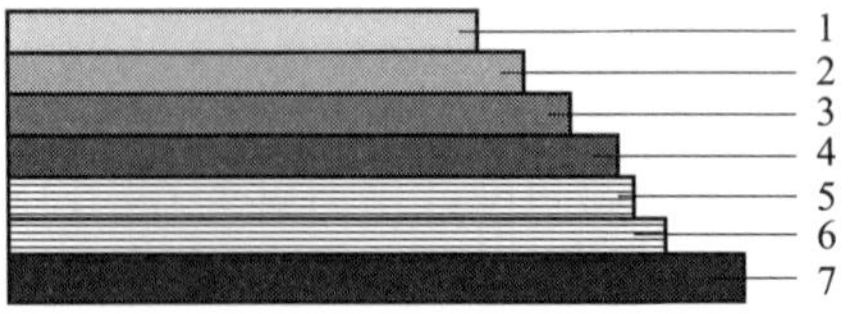

1—面涂；2—1mm 耐磨层（耐磨第二层）；3—FRP 层（玻璃布）；4—1mm 耐磨层（耐磨第一层）；5—1mmVEGF-1 层（鳞片胶泥第二层）；6—1mmVEGF-1 层（鳞片胶泥第一层）；7—底涂层。

图 7-12 “三明治”结构形式

从技术上分析，乙烯基酯鳞片材料的一个特点是与碳钢的热膨胀系数相近；而玻璃钢的最大特点是整体性比较好，但是耐磨性是其相对弱项；所以在鳞片衬里层表面加衬玻璃钢，不能起到很好的耐磨效果；就整个衬里层而言，图 7-12 中的耐磨结构则是较好结合了各种材料的特性：

1）利用鳞片材料的耐热冲击特性，在接触钢基体的底层采用一定厚度的鳞片层，从而避免可能出现的温度冲击而导致的脱层。

2）内衬结构中增加耐磨层，以提高衬里层抗介质冲刷磨损和抗热应力能力。

3）耐磨层中铺设 1～2 层玻璃钢，可提高耐磨层抗开裂能力，这是利用了玻璃钢整体性好的特点。

4）根据不同的耐温要求，采用高温材料或者是低温材料，在脱硫装置中的吸收塔内，主要应用于塔底、支撑梁、烟气入口等部位。

（9）在施工乙烯基酯玻璃鳞片胶泥层涂料，不同涂层或施工层间建议采用不同颜色的材料，以防止漏涂。

（三）衬里厚度

根据玻璃鳞片衬里性能和长期工程使用经验，并考虑材料的热胀冷缩性能，与基体的线膨胀系数差异、热传导等，在气相温度条件下，玻璃鳞片胶泥衬里厚度比液相工况要薄一些，通常取 1.5mm；液相中厚度取 2.0mm 居多。乙烯基酯树脂玻璃鳞片衬里厚度可按表 7-11 确定。

表 7-11 乙烯基酯树脂玻璃鳞片衬里厚度

类型	使用温度 /℃	衬里厚度 /mm	适用场合
玻璃鳞片胶泥	≤液相设计温度	1.5～2.5	脱硫、脱酸塔、排气处理用塔槽，其他设备及管道
	≤气相设计温度	1.0～2.0	烟道及烟囱、烟气换热器（GGH）、水处理用塔槽、酸槽
玻璃鳞片涂料	常温	0.3～0.5	钢铁厂高炉煤气管道、石油储罐、海水储罐、水储罐等
	≤ 60	0.5～0.8	

设备内拐角区、接管的内表面，内支撑件、法兰密封端面处的构造通常采用鳞片衬里胶泥固化后，再用玻璃纤维毡或布进行增强，其原因是玻璃纤维增强层的整体性好，

可防止这些部位由于应力集中而发生开裂现象。需要注意的是铺衬玻璃纤维增强材料的树脂与鳞片衬里胶泥的树脂需相同。

四、施工要点

（一）基本要求

（1）乙烯基酯树脂玻璃鳞片衬里施工环境条件为：待衬里或被涂装的基体表面温度应高于露点温度 3℃；施工环境温度宜为 5～30℃；施工环境相对湿度不宜大于 80%；当温度低于规定的温度下限时，应采取加热保温措施，且不得采用明火直接加热。原材料使用时的温度宜符合施工要求。

（2）施工现场应采取通风措施；在施工和养护期间，应采取防水、防火、防曝晒等措施。

（3）树脂玻璃鳞片衬里材料应密闭储存在阴凉、干燥的通风处，并应防火；增强纤维材料应防潮储存。

（4）树脂玻璃鳞片衬里施工前应根据施工环境温度、湿度、原材料特性，通过试验选定施工配合比。

（5）衬里施工开始后，不得进行焊接作业，施工现场不得使用明火。

（二）基体要求

（1）在钢基层上施工玻璃鳞片衬里时，除了基体刚度及表面应符合标准规范和设计要求之外，首先应进行认真的除锈和打磨焊缝，去除焊渣、焊瘤，使钢基层表面光洁、平整，并用软毛刷、压缩空气或吸尘器清理干净各个表面和角落。

（2）当发现基层表面有油脂、化学药品污染时，应采用溶剂、洗涤剂、碱液等方法处理。

（三）基体表面处理

基体表面处理方法的选择如下：

（1）推荐采用喷射或抛射清理。

（2）无法进行喷射和抛射清理时，可采用动力工具或手工工具清理。

（3）基体表面处理的等级要求见表 7–12。

表 7–12 乙烯基酯树脂玻璃鳞片衬里的基体表面处理的等级要求

表面处理类别	等级要求
树脂玻璃鳞片衬里基体表面处理	Sa2 $\frac{1}{2}$级
外表面涂层的基体表面处理	Sa2 级或 St3 级

（4）喷射或抛射清理后的基体表面处理的粗糙度等级可选择表 7 –13 的“砂粒磨料”“中”规定。

表 7-13 基体表面处理的粗糙度等级

等级	粗糙度范围 Rz/μm	
	丸粒磨料	砂粒磨料
细	25 ~ 40	25 ~ 60
中	40 ~ 70	60 ~ 100
粗	70 ~ 100	100 ~ 150

（5）基体表面处理后的可溶性氯化物残留量应符合设计要求，当设计无规定时，不宜大于 50mg/m^2。处理合格的基体表面在涂装底涂层涂料前应保持干燥和洁净，当发生再度污染或锈蚀时，应重新进行表面处理。

（6）基体表面处理后应及时进行衬里施工或涂装底涂层涂料，间隔时间不宜大于 4h。采用除湿机进行湿度控制的环境，可不受前述时间限制。

（四）施工配合比

根据产品说明书推荐的施工配合比进行添加、搅拌均匀。

（五）施工要求

1. 施工流程汇总框图

树脂玻璃鳞片胶泥施工过程及工程验收等工艺流程见图 7-13。

2. 施工中的注意事项

（1）施工料固化时间的控制。所谓固化时间，从施工角度讲就是施工胶料配制后的有效使用时间，这一时间的有效控制是方便施工和保证施工质量的前提。控制固化时间应兼顾以下因素：固化剂用量范畴（或最佳用量）；一次配料量；施工人员单位施工能力；施工现场条件（包括温度、湿度、配料场所与施工现场的距离）；被防护设备及零部件施工难度等几个方面。通过固化时间的控制可避免材料浪费，人员窝工，防腐蚀层固化不足或过早固化等质量事故。有利于降低成本，提高工效，保证质量。一般情况，固化剂用量需在施工现场先行调试后确定。

（2）界面生成气泡的消除。尽管在树脂玻璃鳞片胶泥混合料配制中已采用真空搅拌技术来解决气泡大量包裹的问题，但这仅是消泡技术的一个方面。由于树脂玻璃鳞片胶泥材料填料量大、比较黏稠，在大气中任何情况下的翻动及搅拌、堆滩都会导致料体与空气界面间裹入大量空气，形成气泡。此外，在树脂玻璃鳞片胶泥涂抹过程中，被防护表面与涂层间也不可避免地要包裹进许多空气形成气泡。鉴于上述两类气泡均是由界面包裹进空气生成的，故称为界面生成气泡。

对于界面生成气泡的消除，主要可从抑制生成及辊压消除两方面入手。抑制生成是从控制施工操作入手，对施工人员提出两个方面的要求：一是施工用料在施工作业中严禁随意搅动。托料、上抹刀、镘抹依此循序进行。应尽可能减少随意翻动，堆积等习惯性行为；二是镘抹时，抹刀应与被抹面保持适当角度，施工操作应沿夹角方向适当速度推抹，使胶料沿被防护表面逐渐涂敷，达到使界面间空气在涂抹中不断自界面间推挤出。严禁将料堆积于防护表面，然后四周滩摊开式的滩涂。

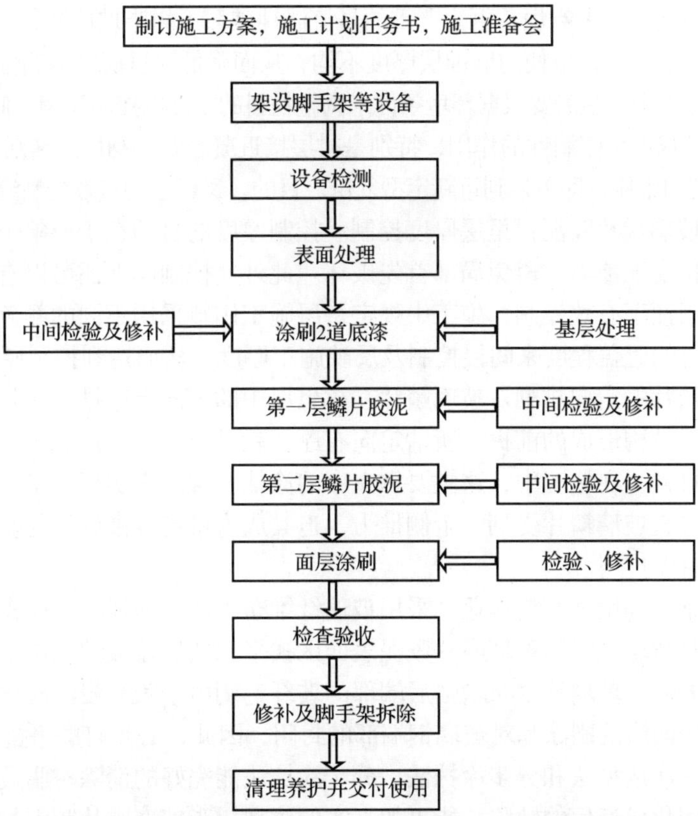

图 7-13　树脂玻璃鳞片胶泥施工过程及工程验收工艺流程图

同时按标准规定，要求材料在工厂采用真空搅拌的方式预制，而不得在施工作业现场进行现场物理混合，以减少气泡等不良现象的产生。

（3）辊压作业。辊压作业是树脂玻璃鳞片胶泥施工特有的一道工序，其方法是用专门制作的沾有少量辊压液的羊毛辊在已施工镘抹定位的树脂玻璃鳞片胶泥表面往复辊动施压。

其主要作用有：

1）除去衬层表面气泡。

2）将已镘抹定位的树脂玻璃鳞片胶泥层压实、压光、压平整。

3）使衬层内的树脂玻璃鳞片体位呈平行于基面方向排列。

4）调整已镘抹定位的树脂玻璃鳞片胶泥的端界面呈坡状，以利端界面搭接。

在辊压作业时，应特别注意以下几点：

1）辊压液不可浸沾过多。

2）不可漏辊。

3）当衬层出现流淌现象时，应多次重复辊压。

（4）表面流淌性的抑制。树脂玻璃鳞片胶泥涂抹后的流淌性是由高分子材料的特性及树脂玻璃鳞片胶泥本身因重力悬垂产生的坠流引起的。尽管在材料配方中已考虑此问题，但由于树脂黏度是随温度变化的，故还需视现场环境气温条件加以调整。树脂分子在由单一分子的线性结构向多分子网状结构的转变过程需要有一定的时间，在此期间，分子的活性及其自身的重力使其具有较强的流淌性，而任何轻微的流淌都足以破坏表面质量，这不仅给下一道施工带来麻烦，更为严重的是流淌性破坏了树脂玻璃鳞片的定向有序排列及在胶料中的分散状态，也使防腐蚀层厚度不均，从而降低衬里层的耐腐蚀效果。

因此，在施工中往往需要根据环境条件来调整物料的黏度以控制流淌。此外，压光辊的往复辊压亦具有减少小流淌性的作用，特别是衬层接近凝胶时，利用胶料活性降低的时机，可采用压光辊定向辊压，即可达到重新定型复位之目的，又可达到有效控制流淌的结果。

（5）树脂玻璃鳞片胶泥衬里层厚度控制。控制厚度的目的在于使整个被防护表面具有近似等同的抗腐蚀能力，避免局部首先破坏。此外，控制厚度还可以有效地降低材料投资成本。为了便于有效控制，施工中规定每层施工用料采用不同的颜色，这样，操作者可通过对颜色的遮盖程度来间接控制及反映施工厚度，从而达到控制厚度之效果。

（6）玻璃鳞片的定向排列。玻璃鳞片在衬里层中的定向有序排列，是树脂玻璃鳞片胶泥抗介质渗透结构形成的前提。所谓定向有序，就是使玻璃鳞片成垂直于介质渗透方向有序的叠压排列。在施工中，这主要靠有序的涂抹及辊压来实现。定向涂抹及辊压使具有失稳性的竖直玻璃鳞片受到一个侧推力，迫其成为稳定性极好的与基层“平行”状态，使之定向有序排列。

（7）玻璃钢局部增强结构作业。采用玻璃纤维布（毡）增强时，应先用预先配制好的略稠状腻子将待增强树脂玻璃鳞片胶泥表面区找平，然后按玻璃钢施工规程，逐层铺贴。需要强调的是，玻璃纤维布增强后端部的玻纤毛刺由于胶液浸渍固化而成坚硬的毛刺或翅边，妨碍面涂的刷涂和对玻璃钢端部的封闭，因此，必须打磨平整。

（8）对比一次成型法和分步涂抹法，分步涂抹法能完好的消除树脂玻璃鳞片胶泥中的气泡，减少固化成型后的缺陷，能更加真实的体现树脂玻璃鳞片胶泥的各项性能，这对指导树脂玻璃鳞片胶泥的现场施工也有指导意义。针对设计 4mm 厚左右的树脂玻璃鳞片胶泥衬里，胶泥须分多次涂抹才能达到设计目的，并具有较高的力学性能和更加致密的防腐蚀结构，同时避免了树脂玻璃鳞片胶泥防腐蚀施工的失败。

（9）短时间的高温后固化处理，能完好的提高树脂玻璃鳞片胶泥的固化度，而固化度的提高能显著提高树脂玻璃鳞片胶泥的各项力学性能。因此，建议现场施工完成树脂玻璃鳞片胶泥衬里，投入使用前先用高温烟道气对树脂玻璃鳞片胶泥设备和管道做 80℃下 4h 的后固化热处理，可以大大提高树脂玻璃鳞片胶泥的固化度和各项力学性能指标，达到更好的耐腐蚀效果。

（六）养护

（1）树脂玻璃鳞片衬里的固化养护时间见表 7–14 的规定。养护期内不得在衬里表面进行施工作业或踩踏。

表 7–14　树脂玻璃鳞片衬里的固化养护时间

环境温度 /℃	固化养护时间 /d
10	≥ 20
20	≥ 10
30	≥ 5

（2）当树脂玻璃鳞片衬里需进行热处理时，热处理温度及保温时间宜按表 7–15 确定，并应严格控制升降温度速度，不得局部过热。当热处理最高温度超过表 7–15 规定时，需经试验确定。

表 7–15　树脂玻璃鳞片衬里热处理温度及保温时间

树脂类型		常温固化时间 /h	热处理温度 /℃										降温范围
			常温 ~ 40	40	40 ~ 60	60	60 ~ 80	80	80 ~ 100	100	100 ~ 130	130	速度
			升温或保温时间 /h										15℃ /h
乙烯基酯树脂类	通用型	≥ 24	1	1	2	1	2	1	2	2	—	—	100℃ ~ 常温
	酚醛环氧型	≥ 24	1	1	2	1	2	1	2	2	3	2	130℃ ~ 常温

五、质量检验

乙烯基酯树脂玻璃鳞片衬里的检查数量：当基体表面处理面积小于或等于 $10m^2$ 时，树脂玻璃鳞片衬里的检查数量应抽查 3 处；面积大于 $10m^2$ 时，每增加 $10m^2$，应多抽查 1 处，不足 $10m^2$ 时，按 $10m^2$ 计；每处测点不得少于 3 个。乙烯基酯树脂玻璃鳞片衬里的质量要求和检验方法见表 7–16。

表 7–16　乙烯基酯树脂玻璃鳞片衬里的质量要求和检验方法

项目		质量要求	检验方法
基本项目	外观	表面应平整，颜色应均匀，并应无明显凹凸、漏涂、流淌、气泡或裂纹	（1）观察检查和用 5 ~ 10 倍放大镜检查； （2）需全部检查
	固化程度	表面应固化完全，应无发粘现象。硬度值应符合设计规定或大于供应商产品指标值的 90%	（1）表面固化度采用浸湿稀释剂的布擦拭方法检查； （2）硬度按现行国家标准《增强塑料巴柯尔硬度试验方法》GB/T 3854 进行检查
	厚度	符合设计要求；衬里厚度的允许偏差应为设计规定值的 –10% ~ 50%	采用磁性测厚仪检查
	针孔检测	衬里层应无击穿现象	（1）采用电火花针孔检测，玻璃鳞片胶泥衬里的检测电压不宜小 3 000V/mm；玻璃鳞片涂料衬里的检测电压不宜小于 400V/0.10mm；探头移动速度宜为 0.3 ~ 0.5m/s； （2）需全部检查

续表 7–16

项目		质量要求	检验方法
基本项目	与基体粘接	面层与基体表面粘结应牢固，并应无起壳或脱层等现象	（1）观察检查和采用木锤轻击检查； （2）采用拉开法检测底涂层与平行试板的附着力
	细部结构（阴阳角、结构件、预留孔、管道出入口等）	与基体结合严密、粘结牢固、接缝平整，无渗漏和空鼓现象	观察检查、敲击法检查和检查隐蔽工程记录
允许偏差项目	表面平整度	≤ 5mm	用 2m 直尺和楔形尺检查
	色差	无明显色差	允许局部色差

六、运行维护

树脂玻璃鳞片衬里在日常使用过程中，要做好运行维护工作。再好的防护层如果在使用过程中损坏不修复，其耐蚀寿命也会大大缩短。日常运行维护要制定运行维护管理制度，内容包括运行维护的职责、权限、资格要求、工作内容与要求、检查与考核等。主要包括以下几点：

（一）定期检查

检修人员应对树脂玻璃鳞片衬里层每半年、一年或大修期间进行检查，发现衬里层有局部腐蚀或损坏时，要及时查找原因，解决排除造成腐蚀或损坏的因素，并对其进行修补，防止衬里腐蚀或损坏加剧，造成设备或管道腐蚀穿孔。

（二）临时检查

当遇到设备、管道临时排空时，也应该检查衬里层的状况，发现问题立即修复，即使不能当时修复，也应做好记录，在适当的时候完成修复。

（三）设备、管道检维修注意事项

在设备、管道检维修时，要避免磕碰衬里层，不能在衬里层上放置重物，构件电气焊时不要在衬里层上进行，如无法避免，应在衬里层上采取保护措施。尽量避免在衬里层的正面、背面焊接或气割构件，如必须焊接或气割时，应先将焊点周围的保护层用无齿锯割除，作业完成后要及时修复破损的衬里层。

（四）衬里层的腐蚀、原因和解决办法

1. 冲刷腐蚀

由于腐蚀性液体对衬里层的冲击，造成衬里层减薄，形成沟痕。可以在进液口适当位置设置挡流板，清除腐蚀产物，并采用树脂玻璃鳞片胶泥进行修复。

2. 空鼓、脱壳

衬里层局部出现空鼓、脱壳现象。施工时由于基体表面锈垢或油污没有处理干净，在使用过程中，因温度、压力等工况变化，造成原本粘接不牢固的部位空鼓、脱壳，另外背面焊接等也会造成局部空鼓、脱壳。用无齿锯割除空鼓部位，清除基体的锈垢，可用中性除油剂清除油污，并用清水冲洗，然后用树脂玻璃鳞片胶泥补平。

3. 龟裂

衬里层局部出现龟裂现象。施工时因养护、高温或大风等原因形成微裂纹，使用中因液体渗透造成局部腐蚀，呈现龟裂形式。用清水冲洗龟裂部位，适当打磨、清理，然后用树脂玻璃鳞片胶泥刮涂龟裂部位。

4. 损伤

衬里层局部出现撞击、划伤，形状凹痕，且呈现腐蚀状态。可能是在检修过程中，由于工具、配件等掉落在衬里层上面造成损伤，使用过程中又被介质腐蚀。清除腐蚀疏松产物，然后用树脂玻璃鳞片胶泥刮涂平整。

5. 均匀腐蚀

衬里层呈现均匀腐蚀现象。需要调查清楚是腐蚀介质温度、浓度变化等因素引起，还是衬里层不耐此介质工况条件造成的腐蚀。如果是前者，可以通过控制温度、浓度等因素，避免再次腐蚀并将衬里层清理干净后，刮涂树脂玻璃鳞片胶泥修复。如果是后者，就应该及时更改耐腐蚀方案，清除全部衬里层，用新确定的方案设置防护层。

（五）损坏保护层修复

用无齿锯割除腐蚀或损坏的部位，注意不能损伤基体，清除干净后，查看切割的边缘与基体是否粘接牢固，发现脱层还要继续用无齿锯扩大作业面。修补方法参考树脂玻璃鳞片衬里的施工工序。如果原防腐层厚度小于2mm，修复部位也可以用树脂玻璃鳞片胶泥修补。修复后的部位要做好保护，并按树脂玻璃鳞片衬里的养护要求执行。

七、工程案例

（一）成功案例

乙烯基玻璃鳞片胶泥分中温型和高温型，作为设备衬里成功应用案例很多，这里列出几个典型案例，见表 7–17 ~ 表 7–25。

表 7–17　成功案例（一）

使用单位	某发电公司
使用部位	2 × 600MW 机组脱硫塔、烟道、GGH
基体	碳钢
介质	燃煤烟气脱硫
温度	40 ~ 180℃

续表 7–17

防腐构造	中温玻璃鳞片衬里 2mm； 中温耐磨型玻璃鳞片衬里 4mm； 中温玻璃鳞片复合玻璃钢衬里 3mm； 高温玻璃鳞片衬里 2mm； 高温玻璃鳞片复合玻璃钢衬里 3mm
施工时间	2006 年
使用效果	17 500m^2，3 年内修补面小于 2%
生产厂家	上海某化工公司
施工单位	江苏某环保公司总承包、河南某防腐公司防腐施工

表 7–18　成功案例（二）

使用单位	某电厂
使用部位	2×660MW 机组脱硫塔
基体	碳钢
介质	燃煤烟气脱硫
温度	40～180℃
防腐构造	中温玻璃鳞片衬里 2mm； 中温耐磨型玻璃鳞片衬里 4mm； 中温玻璃鳞片复合玻璃钢衬里 3mm； 高温玻璃鳞片衬里 2mm
施工时间	2013 年
使用效果	面积 9 300m^2，3 年内维修不超过 2%
生产厂家	上海某化工公司
施工单位	中国某环保公司总承包，河南某防腐公司防腐施工

表 7–19　成功案例（三）

使用单位	山东某火电厂
使用部位	2×1 000MW 机组，240m 烟囱 2 根
基体	碳钢
介质	燃煤烟气脱硫（有 GGH）
温度	40～200℃
防腐构造	高温乙烯基特种鳞片涂料 2mm
施工时间	2007 年

续表 7–19

使用效果	8 600m^2，3 年内修补面小于 2%
生产厂家	上海某化工公司
施工单位	山东某环保公司总承包，河南某防腐公司防腐施工

表 7–20 成功案例（四）

使用单位	某钢铁有限责任公司
使用部位	炼铁厂 360m^2 烧结机脱硫塔、烟道、湿法电除尘器
基体	碳钢
介质	炼铁厂烧结烟气脱硫
温度	40 ~ 160℃
防腐构造	中温玻璃鳞片衬里 2mm； 中温耐磨型玻璃鳞片衬里 4mm； 中温玻璃鳞片复合玻璃钢衬里 3mm； 高温玻璃鳞片衬里 2mm； 高温玻璃鳞片复合玻璃钢衬里 3mm； 中温阻燃型玻璃鳞片衬里 2mm
施工时间	2019 年
使用效果	8 100m^2，2 年内未修补
生产厂家	上海某化工公司
施工单位	山东某环保公司总承包，某工程公司防腐施工

表 7–21 成功案例（五）

使用单位	山西某能源公司
使用部位	某化工公司 180 万吨焦化项目脱硫塔、再生塔内壁
基体	碳钢
介质	焦化尾气、氨法脱硫
温度	100 ~ 180℃
防腐构造	高温鳞片胶泥衬里 2mm； 高温玻璃鳞片复合玻璃钢衬里 3mm
施工时间	2020 年
使用效果	2022 年底无任何问题
生产厂家	上海某化工公司
施工单位	某建设公司

表 7–22　成功案例（六）

使用单位	某水泥公司
使用部位	烟囱内壁
基体	碳钢
介质	窑尾烟气、液氨、亚硫酸氢氨等
温度	180 ~ 200℃
防腐构造	高温鳞片胶泥复合玻璃钢衬里 1.5mm
施工时间	2019 年
使用效果	1 400m^2，2 年内未修补
生产厂家	上海某化工公司
施工单位	某建设公司

表 7–23　成功案例（七）

使用单位	某化工公司
使用部位	离子膜烧碱设备内壁防腐
基体	碳钢
介质	氯碱
温度	65 ~ 90℃
防腐构造	中温玻璃鳞片衬里 2mm； 中温玻璃鳞片复合玻璃钢衬里 3mm
施工时间	2016 年
使用效果	5 000m^2，5 年内无任何未提
生产厂家	上海某化工公司
施工单位	江苏某建设公司

表 7–24　成功案例（八）

使用单位	韶关某电化厂
使用部位	储罐内壁
基体	碳钢
介质	37% 盐酸
温度	5 ~ 50℃
防腐构造	高温玻璃鳞片复合玻璃钢衬里 1.5mm

续表 7–24

施工时间	2012 年
使用效果	2 000m^2，破损率小于 0.05%/ 年
生产厂家	上海某化工公司
施工单位	某防腐蚀施工公司

表 7–25　成功案例（九）

使用单位	某汽车公司
使用部位	汽车运输车化学品储罐
基体	304 不锈钢
介质	洗涤剂
温度	5 ~ 60℃
防腐构造	乙烯基树脂鳞片涂料
施工时间	2021 年
使用效果	已正常使用 2 年
生产厂家	上海某化工公司
施工单位	某罐箱公司

（二）失败案例

在设备衬里的应用中，乙烯基酯鳞片胶泥也有失效（败）案例，这里列出几个典型案例供读者借鉴，见表 7–26和表 7–27。

表 7–26　失败案例（一）

使用单位	重庆某电厂
使用部位	旁路烟道
基体	碳钢
介质	事故状态下的原烟气
温度	145 ~ 160℃
防腐构造	高温玻璃鳞片衬里 2.0mm
施工时间	2008 年
使用效果	约 2 000m^2，使用 1 个月不到全部脱层

续表 7–26

失效情况说明
（1）在原烟气烟道中，通过实地勘察情况发现，一是现场有大量硫黄残余物，也有大量酸液流淌和腐蚀性淤泥（包括受烧蚀的涂层剥落层），实际环境相当恶劣。根据其他项目的情况，在原烟气道中不太可能有如此的明显硫黄和酸液流淌（烟道相对较干燥），说明一是原烟气的温度相当高，甚至可能超过 180℃（甚至更高）；二是烟气流量相当大；三是酸液含量过高，甚至超过设计要求和一般电厂的通用情况； （2）另外，在询问时发现施工过程中，原基体表面受腐蚀相当严重，施工方虽然尽全力进行了表层处理（包括酸液的清洗和喷砂处理），但由于当时的作业环境相当恶劣，施工方不能确保完全清理干净，在合格喷砂后施工方发现，在钢结构基础表面尚有酸性物质，有可能造成局部的酸液或酸汽残余，从而导致防腐蚀失效； （3）进入烟道观察，明显感觉到在人员走动时烟道结构震颤，说明基体刚度不够，推测在高温高压气流作用下的腐蚀性原烟气对基体结构震颤影响比较大，可导致衬里层的脱落； （4）根据各方面情况反映，原烟气烟道在防腐蚀施工完毕后过早投入运行，保养时间太短，也是导致防腐蚀衬里层各方面理化特性（如粘接性、耐温性和防腐蚀性）没有得到充分的发挥的原因

表 7–27　失败案例（二）

使用单位	福建泉州某水泥厂
使用部位	烟囱内壁
基体	碳钢
介质	窑尾烟气、液氨、亚硫酸氢氨等
温度	180 ~ 260℃
防腐构造	高温鳞片胶泥衬里 2.0mm
施工时间	2019 年
使用效果	烟气温度超过鳞片胶泥耐温极限，频繁开、停炉，升温快，冷热交变，开裂脱层。耐温超过 180℃，不推荐

第三节　不饱和聚酯树脂玻璃鳞片衬里

不饱和聚酯树脂玻璃鳞片衬里，顾名思义就是采用不饱和聚酯树脂作为胶料配制的树脂鳞片胶泥或涂料，按照《工业设备及管道防腐蚀工程技术标准》GB/T 50726—2023 的规定，在被衬里基材上进行防腐蚀施工，材料固化后形成具有防腐蚀性能的不饱和聚酯树脂玻璃鳞片衬里。考虑到耐腐蚀性能的要求，不饱和聚酯树脂玻璃鳞片衬里所采用的树脂特指双酚 A 型不饱和聚酯树脂。

由于不饱和聚酯树脂玻璃鳞片衬里的所用材料、耐腐蚀机理等内容与本章第二节“乙烯基酯树脂玻璃鳞片衬里”基本相同，故本节只做简单介绍。

一、原材料及其性能

不饱和聚酯树脂玻璃鳞片衬里所使用的原材料包括：双酚A型不饱和聚酯树脂、玻璃鳞片、功能性助剂、稀释剂、促进剂、固化剂等。其配套产品包括底涂、面涂。

该类型的玻璃鳞片胶泥或涂料的其他材料与乙烯基酯玻璃鳞片胶泥或涂料中所用的材料一致。

（一）双酚A型不饱和聚酯树脂

由D33单体取代或部分取代常用二元醇而制得的一种耐蚀性不饱和聚酯树脂，以20世纪60年代引进的斯科特·巴德（Scott Bader）公司的197不饱和聚酯树脂为代表，是一种在反应后期采用环氧树脂封端的双酚A-顺丁烯二酸聚酯在苯乙烯中的溶液。它不但有良好的耐酸性、抗氧化性能，而且具有较好的耐碱性能，这是目前市场上有的许多改性双酚A型不饱和聚酯树脂、通用型和间苯型不饱和聚酯树脂所不具备的。

1. 双酚A型不饱和聚酯树脂的性能指标

（1）液体双酚A型不饱和聚酯树脂的质量应符合表7–28的规定。

表7–28 液体双酚A型不饱和聚酯树脂的质量

项目	指标	项目	指标
外观	透明淡黄色液体	黏度（25℃）/（Pa·s）	0.73±0.25
酸值/（mg·KOH/g）	13±3.5	凝胶时间（25℃）/min	20±7
固体含量/%	50±3.5	储存期	阴凉通风处，25℃以下，3个月

（2）双酚A型不饱和聚酯树脂浇铸体的质量见表7–29。

表7–29 双酚A型不饱和聚酯树脂浇铸体的质量

项目	指标	项目		指标
巴柯尔硬度	≥40	耐碱性/h	100	无异状
热变形温度（1.80MPa）/℃	≥110			

2. 双酚A不饱和聚酯树脂性能指标检测方法

（1）酸值的测定按现行国家标准《塑料 聚酯树脂 部分酸值和总酸值的测定》GB/T 2895进行。

（2）黏度、固体含量、25℃凝胶时间的测定按现行国家标准《不饱和聚酯树脂试验方法》GB/T 7193的有关规定进行。

（3）热变形温度测定按现行国家标准《塑料 负荷变形温度的测定 第1部分：通

用试验方法》GB/T 1634.1、《塑料　负荷变形温度的测定　第 2 部分：塑料和硬橡胶》GB/T 1634.2 的有关规定进行。

（4）巴柯尔硬度测定按现行国家标准《增强塑料巴柯尔硬度试验方法》GB/T 3854 进行。

（5）耐碱性测定按现行国家标准《树脂浇铸体性能试验方法》GB/T 2567 有关规定进行。

（二）不饱和聚酯树脂玻璃鳞片的质量

不饱和聚酯树脂玻璃鳞片胶泥和鳞片涂料的质量见表 7–30。

表 7–30　不饱和聚酯树脂玻璃鳞片胶泥和鳞片涂料的质量

项目	玻璃鳞片胶泥	玻璃鳞片涂料
在容器中状态	在搅拌混合物时，应无结块、无杂质	
施工工艺性	刮抹无障碍、不流挂	喷、滚、刷涂无障碍、不流挂
密度 / （g/cm^3）	1.30 ~ 1.55	1.10 ~ 1.40
表干时间（25℃）/min	≤ 60，不粘手、不变形	≤ 90，不粘手、不变形

表 7–30 中，密度检测按现行行业标准《建筑砂浆基本性能试验方法标准》JGJ/T 70 的有关规定进行；表干时间检测按现行国家标准《漆膜、腻子膜干燥时间测定法》GB/T 1728 进行。

二、衬里的物理力学性能和耐腐蚀性能

（一）衬里的物理力学性能

不饱和聚酯树脂玻璃鳞片衬里制成品的物理力学性能见表 7–31。

表 7–31　不饱和聚酯树脂玻璃鳞片衬里制成品的物理力学性能

项　目	指标
拉伸强度 /MPa	≥ 23.0
弯曲强度 /MPa	≥ 40.0
底涂层附着力（拉开法）/MPa	≥ 8.0
巴柯尔硬度	≥ 40
耐磨性（cs–17w，1 000g，500r）/g	≤ 0.050
线膨胀系数 / （$\times 10^{-5}$/℃）	≤ 3.0
冷热交替试验	设计温度（30min）~ 常温的水（10min） 循环 10 次，无裂缝、剥离

表 7–31 中，拉伸强度的检测按现行国家标准《纤维增强塑料拉伸性能试验方法》GB/T 1447 进行；弯曲强度的检测按现行国家标准《纤维增强塑料弯曲性能试验方法》GB/T 1449 进行；底涂层附着力（拉开法）的检测按现行国家标准《色漆和清漆　拉开法附着力试验》GB/T 5210 进行；巴柯尔硬度的检测按现行国家标准《增强塑料巴柯尔硬度试验方法》GB/T 3854 进行；耐磨性的检测按现行国家标准《色漆和清漆　耐磨性的测定　旋转橡胶砂轮法》GB/T 1768 进行；线膨胀系数的检测按现行国家标准《纤维增强塑料平均线膨胀系数试验方法》GB/T 2572 进行；冷热交替试验，应取 3 块碳钢板，尺寸为 150mm × 75mm × 5mm，经表面处理后，应按涂覆工艺做好试板（单面），并应在室温 25℃下养护 3d；应将试板放在按规定的设计温度的恒温箱内 0.5h 后取出，再立即放入室温自来水中冷却 10min，取出后应用干布擦干，并应再放入恒温箱内继续试验，该试验循环应进行 10 次。

（二）衬里的耐腐蚀性能

由于配制鳞片树脂材料的主料是双酚 A 型不饱和聚酯树脂及鳞片，故其耐化学腐蚀性与玻璃钢相似。在选择确定腐蚀环境所需鳞片衬里材料种类时，应参考本手册第三章“纤维增强塑料衬里”相关内容。

三、设计要点

（一）适用范围

不饱和聚酯树脂玻璃鳞片衬里适用的设计压力宜为 0 ~ 0.1MPa。表 7–32 中的玻璃鳞片衬里设计温度是根据材料耐温性能以及长期大量的工程使用经验确定的，可满足绝大部分设备及管道工况的防腐蚀要求。

表 7–32　不饱和聚酯树脂玻璃鳞片衬里的设计温度

产品名称	设计温度 /℃	
	液相	气相
双酚 A 型不饱和聚酯树脂鳞片胶泥、涂料	≤ 70	≤ 90

注：气相指水分含量为 10% 以下。

（二）不饱和聚酯树脂玻璃鳞片衬里构造

不饱和聚酯树脂玻璃鳞片胶泥衬里构造为底涂层、玻璃鳞片胶泥层、封面层；不饱和聚酯树脂玻璃鳞片涂料衬里构造为底涂层、玻璃鳞片涂料（面涂）层。

工程上应用的玻璃鳞片衬里包含了玻璃鳞片胶泥衬里和玻璃鳞片涂料衬里，配套的底涂层既要同碳钢基体表面附着力良好，又要与覆盖其上的玻璃鳞片胶泥或涂料的层间附着力良好，底涂层涂料可采用同类树脂加入玻璃鳞片，也可不加玻璃鳞片。

玻璃鳞片胶泥的封面层应采用同类树脂胶料，经加工得到封面料，其树脂含量高，可修饰玻璃鳞片胶泥层表面，并起到重防腐蚀效果。

玻璃鳞片涂料中采用了小粒径玻璃鳞片，适合喷涂、刷涂和滚涂施工，与底涂层配套使用。

（三）不饱和聚酯树脂玻璃鳞片衬里厚度及节点处理

不饱和聚酯树脂玻璃鳞片衬里厚度及节点处理等可参见本章第二节“乙烯基酯树脂玻璃鳞片衬里”和第四节“环氧树脂玻璃鳞片衬里”的内容。

四、施工要点

不饱和聚酯树脂玻璃鳞片衬里施工环境条件、对基体要求、表面处理、施工要求等可参见本章第二节“乙烯基酯树脂玻璃鳞片衬里”的相关内容。

（一）局部加强的施工

工业设备及管道衬里施工中，需要对某些突变部位、承载或受力不均匀部位采用局部加强措施，以提高衬里耐腐蚀能力和延长工作寿命。

1. 局部加强的纤维增强塑料层施工

采用纤维增强塑料层进行加强是常用的方法，具体施工要点如下：

（1）纤维增强塑料层需采用与不饱和聚酯树脂玻璃鳞片胶泥相同的树脂胶料。

（2）局部纤维增强区的不饱和聚酯树脂玻璃鳞片衬里表面应打磨平整，并需采用苯乙烯清洗干净，再按涂覆不饱和聚酯树脂胶料、贴衬纤维布（毡）的顺序进行施工。

（3）在纤维增强塑料材料指触表干或施工 12h 后，需将纤维增强塑料材料的毛边、气泡或脱层等清除干净，并采用不饱和聚酯树脂玻璃鳞片胶泥填平补齐。

（4）纤维增强塑料层达到设计要求的厚度后，再进行封面层或其他后续层的施工（图 7-14 ~ 图 7-16）。

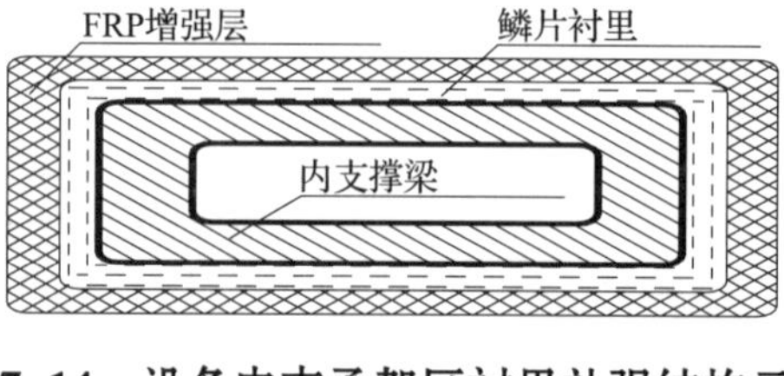

图 7-14　设备内支承架区衬里补强结构示意

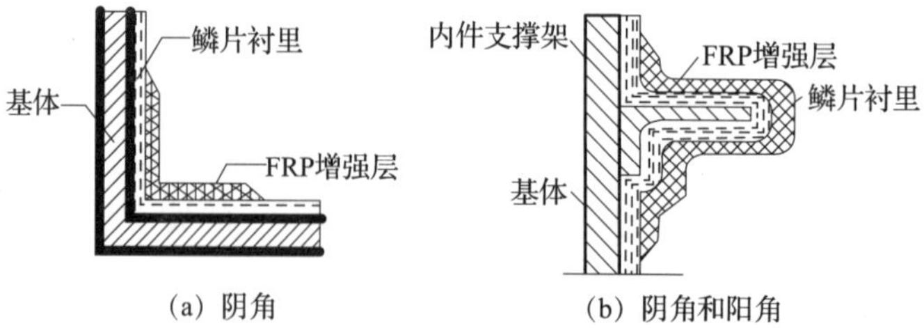

图 7-15　设备阴阳角区衬里补强结构示意图

2. 设备接管衬里施工

（1）对 *DN*200 以下接管实施内衬 FRP 预制接管插入施工，FRP 预制接管应采用与树脂玻璃鳞片胶泥同种树脂材料制作，壁厚应大于 1.2mm，管长应较金属接管长 15mm，FRP 预制接管法兰外径应与金属接管外径相同，其法兰螺栓孔安装后按设备接管法兰孔位置现场配制。

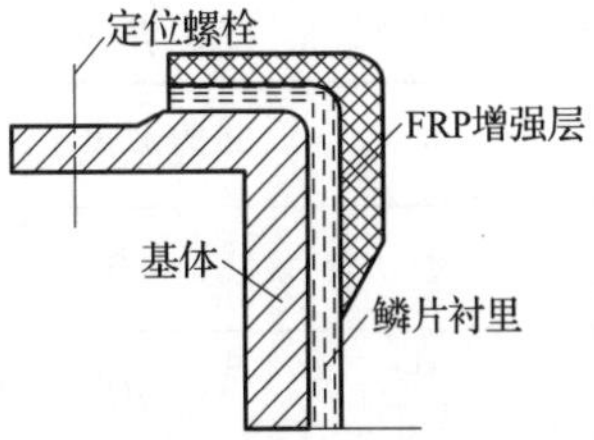

图 7-16　螺栓紧固区衬里补强结构示意图

（2）FRP 预制接管与钢接管间缝隙不小于 2mm，用树脂玻璃鳞片胶泥充分填充粘接。施工时应使用稍过量的树脂玻璃鳞片胶泥均匀涂抹在 FRP 预制接管外壁，缓慢旋转插入，并借助填塞工具将缝隙用树脂玻璃鳞片胶泥充分填充粘接后，清除挤出的过量树脂玻璃鳞片胶泥。

（3）FRP 预制接管端部封闭可采用两层短切毡加一层表面毡封闭结构，也可采用将 FRP 预制接管外延 3～5mm，再采用树脂玻璃鳞片胶泥封闭的结构，其内衬结构见图 7-17。

（4）接管外法兰插装到位后，用专用夹具牢固定位，待树脂玻璃鳞片胶泥固化后拆除。

（5）对 *DN*200 以上接管采用玻璃纤维增强结构。

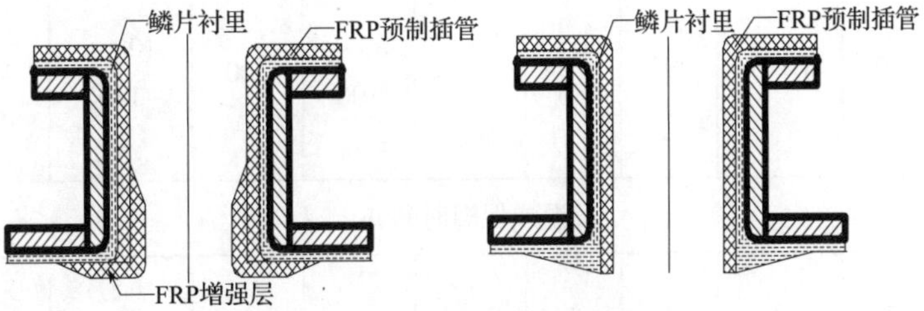

图 7-17　FRP 鳞片胶泥封闭结构

（6）当管长大于 250mm 时，实施接管两端头局部增强；小于 250mm 时，实施全结构增强。增强结构见图 7-18。

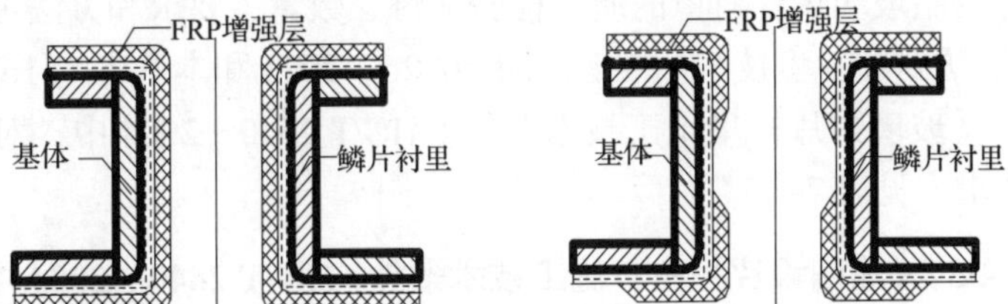

图 7-18　FRP 增强结构

上述局部加强和设备接管衬里施工内容同样适合于乙烯基酯树脂和环氧树脂玻璃鳞片衬里。

（二）养护

不饱和聚酯树脂玻璃鳞片衬里的固化养护时间见表 7-33。养护期内不得在衬里表面进行施工作业或踩踏。

表 7–33　不饱和聚酯树脂玻璃鳞片衬里的固化养护时间

环境温度 /℃	固化养护时间 /d
10	≥ 20
20	≥ 10
30	≥ 5

当不饱和聚酯树脂玻璃鳞片衬里需进行热处理时，热处理温度及保温时间见表 7–34，并应严格控制升降温度速度，不得局部过热。当热处理最高温度超过表 7–34 规定时，需经试验确定。

表 7–34　不饱和聚酯树脂玻璃鳞片衬里热处理温度及保温时间

<table>
<tr><td rowspan="3">常温固化时间 /h</td><td colspan="10">热处理温度 /℃</td><td>降温范围</td></tr>
<tr><td>常温 ~ 40</td><td>40</td><td>40 ~ 60</td><td>60</td><td>60 ~ 80</td><td>80</td><td>80 ~ 100</td><td>100</td><td>100 ~ 130</td><td>130</td><td>速度</td></tr>
<tr><td colspan="10">升温或保温时间 /h</td><td>15℃ /h</td></tr>
<tr><td>≥ 24</td><td>1</td><td>1</td><td>2</td><td>1</td><td>2</td><td>2 ~ 4</td><td>—</td><td>—</td><td>—</td><td>—</td><td>80℃ ~ 常温</td></tr>
</table>

五、质量检验

不饱和聚酯树脂玻璃鳞片衬里的质量检验项目、数量、要求和方法可参见国家标准《工业设备及管道防腐蚀工程技术标准》GB/T 50726—2023 和本章表 7–16 的内容。

在行业标准《玻璃鳞片衬里施工技术条件》HG/T 2640—2004 中，对各道工序的质量检测提出了要求，见表 7–35。

表 7–35 《玻璃鳞片衬里：施工技术条件》HG/T 2640—2004 中的各道工序的质量检测

工序	项目	要求	方法
表面处理	标准第 4.5.1 条规定项目	钢基体表面除锈等级为 Sa2 $\frac{1}{2}$	目测
底漆	（1）底漆配制	符合标准第 4.5.2 条规定	目测
	（2）涂刷质量	均匀无漏涂、杂物、流淌痕	—
	（3）涂刷次数	两道底漆相互垂直涂刷	

续表 7–35

工序	项目	要求	方法
鳞片衬里	（1）施工料配制	符合标准第 4.5.3 条的规定	目测
	（2）施工厚度检测	衬层厚度为 1mm × 道数 ±0.2mm	测厚仪
	（3）针孔检测	起始电压 3 000V，每道衬层检测电压增幅 3 000V	电火花检测仪
	（4）衬层表观质量	衬层表面致密均匀，无漏辊、漏涂	目测
	（5）表面夹杂物、流淌痕	衬层表面无夹杂物、流淌痕	目测
	（6）局部固化不足	衬层表面无局部固化不足	触手检测
修补	（1）端面与基体打磨夹角	夹角 15° ~25°	角尺测定
	（2）修补后检测	同“鳞片衬里”内容	同本表“鳞片衬里”的方法
局部纤维补强	（1）涂衬工序	符合标准第 4.5.8 条的规定	目测
	（2）涂衬区域	符合标准第 4.5.8 条的规定	同本表“鳞片衬里”的方法
	（3）外观质量	无缺胶、毛边、气泡及流淌痕	测厚仪
接管内衬	（1）内衬结构	符合标准第 4.5.9 条的规定	目测
	（2）FRP 预制管粘贴质量	无缺胶脱粘区域	木锤敲击
	（3）涂衬区域	符合标准第 4.5.9 条的规定	同本表“鳞片衬里”的方法
	（4）表观质量	无缺胶、毛边、气泡及流淌痕	目测
面漆	（1）面漆配制	符合标准第 4.5.10 条规定	目测
	（2）涂刷质量	均匀无漏涂、杂物、流淌痕	—
	（3）涂刷次数	两道面漆相互垂直涂刷	
脚手架修补	（1）端面与基体打磨夹角	夹角小于 15°	角度尺测定
	（2）修补后检测	同“鳞片衬里”内容的规定	同本表“鳞片衬里”的方法
	（3）修补点检查	有无漏补	目测

7

六、运行维护

可参考本章第二节“乙烯基酯树脂玻璃鳞片衬里”的相关内容。

第四节 环氧树脂玻璃鳞片衬里

环氧树脂玻璃鳞片衬里是以耐蚀环氧树脂为主要基料，以薄片状玻璃鳞片填料为骨料，添加各种功能性添加剂混配而成的胶泥状或涂料状材料，再经专用设备或人工按设计施工规程涂覆在被防护基体表面、经固化而形成的具有相应耐腐蚀功能保护层。本节介绍环氧树脂玻璃鳞片衬里性能及应用。

一、原材料及其性能

（一）环氧树脂玻璃鳞片的原材料

环氧树脂玻璃鳞片的原材料包括了底涂层涂料、玻璃鳞片胶泥料、封面料和玻璃鳞片涂料，且各层之间应配套。

由于环氧树脂在本手册第三章“纤维增强塑料衬里”中已详细叙述，故本节只就环氧树脂玻璃鳞片衬里（以下简称环氧鳞片衬里）的几点特殊要求做出说明。

环氧鳞片衬里中使用的树脂多选用耐腐蚀性好的环氧树脂，如 E44，828、128；环氧鳞片衬里材料配制也只选用室温固化的环氧树脂体系，高温固化树脂体系一般不使用。其原因是树脂升温后，黏度变小，流淌性增加，在升温条件下，黏度降低速度大于固化速度，致使衬层结构因流淌失效，从而破坏了衬层厚度的均匀性及层内鳞片排列的有序结构，最终固化的衬里层失去抗渗耐腐蚀的功能。

工程中环氧鳞片涂料或封面料也可用来作为衬里结构的面层材料，但玻璃鳞片的片径应控制在 0.4mm 内，以利于溶剂挥发，每层涂层厚度应小于 0.1mm。目前，厚浆型无溶剂环氧玻璃鳞片涂料是发展选择的方向。常用环氧鳞片衬里材料、环氧鳞片涂料质量性能指标见表 7–36 和表 7–37。

表 7–36 常用环氧鳞片衬里材料质量性能指标

项目		底层涂料	环氧鳞片胶泥	封面料
外观，目测		淡黄色黏稠液体	糊状	各色黏稠液体 / 本色
比重 / （g/cm^3）		1.05 ~ 1.15	1.30 ~ 1.55	1.10 ~ 1.40
干燥时间（25℃）	表干 /min	≤ 240，不粘手、不变形	≤ 180，不粘手、不变形	≤ 240，不粘手、不变形
	实干 /h	≤ 24	≤ 24	≤ 24
涂装间隔时间 /h		24	24	24
热稳定性（80℃）/h		≥ 24	≥ 24	≥ 24

表 7–37 环氧鳞片涂料质量指标

序号	项目		质量指标
1	外观状态		搅拌均匀后无硬块，呈均匀状态；粉料呈微小均匀粉末状态
2	固体含量 /%		≥ 80
3	干燥时间（25℃）	表干 /min	≤ 240，不粘手、不变形
		实干 /h	≤ 24

（二）固化剂

环氧鳞片胶泥（涂料）在未固化时本身是热塑性的线型结构，不能直接拿来就应用，必须再向树脂组分中加入第二组分，也就是固化剂。在一定条件下，固化剂与环氧树脂的环氧基进行加成聚合反应或催化聚合反应，生成三维网络结构（体型网络结构）的固化物后才能作为防护层使用。

这个充当第二组分的化合物或树脂称作固化剂。固化剂（Curing agent）又称为硬化剂（Hardener agent），是热固性树脂必不可少的固化反应剂，对于环氧树脂来说本身品种较多，而固化剂的品种更多，仅用环氧树脂和固化剂两种材料的不同品种相组合就能组成应用方式不同和性能各异的固化产物，这是环氧树脂应用上的一大特色。环氧鳞片衬里用的固化剂宜选用低毒固化剂，也可采用胺类固化剂和其他类型固化剂，其性能应满足环氧鳞片衬里使用工况。

环氧树脂用固化剂种类很多，可分为反应型催化剂和催化型固化剂，常用的是脂肪胺、脂环胺、聚酰胺、酚醛胺或聚醚胺等。

1. 脂肪胺

脂肪胺指的是小分子脂肪胺，脂肪族多元胺，常用的如下：

乙二胺（EDA），分子式：$NH_2—CH_2—CH_2—NH_2$；

二乙烯三胺（DETA），分子式：$NH_2—CH_2—CH_2—NH—CH_2—CH_2—NH_2$；

三乙烯四胺（TETA），分子式：$NH_2—CH_2—CH_2—NH—CH_2—CH_2—NH—CH_2—CH_2—NH_2$；

四乙烯五胺（TEPA），分子式：$NH_2—CH_2—CH_2—NH—CH_2—CH_2—NH—CH_2—CH_2—NH—CH_2—CH_2—NH_2$。

脂肪胺具有下列特点：

（1）活性高，可室温固化。

（2）反应剧烈放热，适用期短。

（3）一般需后固化，室温固化 7d，再经过 80 ~ 100℃，2h 后固化，性能更好。

（4）固化物的热变形温度较低，一般为 80 ~ 90℃。

（5）固化物脆性较大。

（6）挥发性和毒性较大。

2. 脂环胺

脂环胺指的是分子中含有脂环（环己基、杂氧、氮原子六元环）的胺类化合物。多数为低黏度液体。常用的有：异佛尔酮二胺、4,4'- 二氨基二环己基甲烷、1,3- 环己二甲胺。

脂环胺的有以下特点：

（1）适用期比脂肪胺长。

（2）固化物的色度、光泽优于脂肪胺和聚酰胺。

（3）中温固化，改性后的产品可室温固化。

（4）透明性好。

（5）耐候性好。

（6）固化物的机械强度高。

3. 聚酰胺

聚酰胺是由二聚、三聚植物油酸或不饱和脂肪酸与多元胺反应制得的。由于结构中含有较长的脂肪酸碳链和氨基，可使固化产物具有高的弹性、粘接力和耐水性，它的施工性也较好，配料比例较宽，毒性小，基本上无挥发物，能在潮湿的金属、混凝土表面施工。但它的缺点是耐热性较低，热变形温度仅 50℃左右；低于 15℃固化不完全，固化物的物理性能、机械性能均会下降，因此必须添加促进剂来调整其固化速度，但过量会导致固化物脆性加大。

聚酰胺的特点如下：

（1）挥发性和毒性较小。

（2）与环氧相容性较好。

（3）化学计量要求不严。

（4）对固化物有完好的增韧效果。

（5）放热效应低，试用期较长。

（6）耐汽油、烃类溶剂性差，耐热性较低。

4. 酚醛胺

酚醛胺类固化剂由酚（苯酚、腰果酚、壬基酚等）、醛（甲醛、乙醛等）和胺（脂肪胺、脂环胺、芳香胺）通过曼尼期反应制得。

酚醛胺的特点如下：

（1）挥发性和毒性较小。

（2）与环氧相容性较好。

（3）化学计量要求不严。

（4）固化速度较快，可室温及低温（低于 0℃）固化。

（5）耐候性较差，易黄变。

（6）相对聚酰胺来说脆性较大。

5. 聚醚胺

聚醚胺一般都含有连接于聚醚主链一端的伯胺基，主链一般有环氧乙烷（EO）、环氧丙烷（PO）或 EO/PO 混合结构，所以命名叫“聚醚胺”，常用的有二元聚醚胺和三元聚醚胺。

聚醚胺的特点是相对黏度较低、耐候性好、适用期长。聚醚胺交联的产品能增强固化物的弹性、韧性、抗冲击和可挠性。聚醚胺的低黏度、低色泽及较长的可操作时间都非常适合环氧鳞片衬里的施工。

环氧鳞片胶泥及涂料配制应严格按照产品说明书要求的配比进行，称量准确，固化剂的加入应根据气候情况适当调整，配制和施工用的工具应保持干净，不得随便混用。

（三）环氧鳞片衬里材料用助剂及其功能

环氧鳞片衬里材料是由环氧树脂和鳞片作为主料配制的，其物化性能及耐蚀性不仅同鳞片、环氧树脂的性能及组成结构有关，而且在很大程度上同树脂及鳞片的界面状态有关。因此，需要采用助剂改变环氧树脂与玻璃鳞片的表面性能，如添加偶联剂提高粘接力，衬里材料生产过程中加入消泡剂、润湿分散剂、触变剂等改善玻璃鳞片表面性能，使之更有效地提高衬里材料的湿态强度、抗渗性能和减少吸水性。

1. 偶联剂

玻璃鳞片化学处理剂及处理方法对材料的性能及其配制工艺影响很大。经偶联剂处理和不经偶联剂处理，其耐蚀性相差较大。就腐蚀而言，偶联剂不仅能有效地在树脂与鳞片界面间起到化学键合作用，提高其物理性能，而且形成的联接键还具有耐化学腐蚀介质破坏的性能。

玻璃鳞片表面处理方式不同，对环氧鳞片衬里材料的配制工艺影响较大，如采用前化学处理法，则鳞片的烘干极为困难，需采用密闭式沸腾干燥设备。采用迁移法处理，即在混配料中直接添加表面偶联剂，则方便得多。试验证明只要偶联剂添加量适当，两种方法的效果十分近似。

2. 悬浮稳定剂与储存时间

环氧鳞片衬里材料的一个重要问题是玻璃鳞片在胶泥或涂料中的悬浮稳定性，由于玻璃鳞片与环氧树脂间的密度相差悬殊，使得配制好的混合材料搁置时间稍长，就会沉淀分层，这就给衬里材料的储存、运输及使用带来许多困难。解决悬浮问题应从提高树脂稠度或其互溶混合液的悬浮能力入手。为达此目的，研究人员选择了在环氧树脂中既可有效分散又可稳定悬浮的粉态料进行玻璃鳞片悬浮稳定性放置期考查。从中选择了既可在树脂中有效分散悬浮，又能达到使树脂增稠双重效果的悬浮稳定剂，从而更有效地提高了悬浮稳定玻璃鳞片的目的。

增稠树脂之所以可减缓鳞片的沉淀，是因为树脂黏度表征着稳态体系比重增大，玻璃鳞片要脱离这一体系“束缚”而使玻璃鳞片下沉，就必须克服同体积混合料的漂浮阻力。此外，相关正交试验表明悬浮剂的添加量对材料性能影响较小，这说明环氧鳞片衬里用材料的黏度可根据施工现场环境条件用悬浮剂加以有效调整，这也给施工带来很大方便。因此工程施工项目现场不宜自行现场配置树脂鳞片衬里材料，建议采购成品环氧鳞片衬里材料，同时注意材料的储存期是否在有效期内。

此外，提高悬浮能力还可从薄化玻璃鳞片入手，鳞片越薄，表面积越大，由于界面吸附黏滞作用，排出黏稠基料，克服界面影响下沉的能力差，故其悬浮性越好。再则，生产过程中还可采用梯级悬浮的办法，即先使一种粉料与树脂互溶成一级混合液，但其还不足以悬浮玻璃鳞片，再选择一种粉料与前者共混，形成二级悬浮液，这种粉料可被一级混合液有效互溶，而其组成的二级混合液又能充分悬浮鳞片，此方法有利于降低成本。

3. 触变性能

树脂鳞片衬里材料的流动性是影响施工表面质量的重要因素。为了防止立面施工材料的流淌，就必须增大鳞片衬里材料的黏度，但增大黏度会使施工操作变得较为困难。

因此，需要选择一种既能提高材料静置时的凝聚性，同时在施工外力作用下又具有良好的流动性的触变指数高的鳞片衬里材料。

经多年研究筛选和工程应用，目前已经有系列具有良好触变性能的触变剂材料供鳞片衬里材料生产商选择添加，使现场流挂问题基本得到了解决。

4. 分散及消泡技术

虽然环氧树脂玻璃鳞片衬里材料以其优异的抗介质渗透性在国内外防腐界得到广泛应用，但其优异的抗介质渗透性却要有两个先决条件来保证：一是玻璃鳞片在环氧树脂中的均匀分散；二是耐腐蚀衬里层应均匀致密，气泡量少、小且能被玻璃鳞片封闭。由于玻璃鳞片材料松散、添加量大、内包空气多，故其在胶泥、涂料基料中的均匀分散及在施工现场衬里材料配制中气泡的消除十分困难。而这一问题的解决与否，是玻璃鳞片衬里技术开发、生产、施工过程的重点问题之一。

对环氧鳞片衬里而言，气泡的生成及消除应分两部分考虑：一是在生产、配料过程中气泡的生成及消除；二是施工过程中气泡的生成及清除，后者属施工问题，将在施工章节中说明。

玻璃鳞片是具有一定片径的片状填料，在自然堆放时，相互交错叠压，容积内存有大量空间为空气填充。在生产配制搅拌过程的切向力作用下，有相当的空间为树脂渗透排出空气，但由于液体环氧树脂的渗透不是循序渐进而是随机的，加上树脂渗透后的封闭作用，又使大量空气被封在里面，形成大小不等的气泡，这部分气泡量大，由于玻璃鳞片的阻碍作用，又很难溢出。

又由于玻璃鳞片为分散体填料，无连续界面，致使添加消泡剂简单的沿界面除泡方法，效果变得不明显。原因有两个，一是混合材料黏度高，空气含量较大，少量消泡剂不足以抑制气泡的产生，也不足以使形成之气泡界面张力减小而达到消泡目的；二是混合材料中玻璃鳞片填加量较大，重重叠叠的鳞片阻碍气泡的逸出，即使消泡剂发挥了作用也因鳞片的限制，消泡路径变得不通畅。

鉴于上述分析，目前已经研制并采用真空搅拌技术，生产及施工过程中使用真空搅拌机。真空搅拌技术除有利于消泡外，还有利于环氧树脂与玻璃鳞片间的充分浸润。由于空气被抽出，环氧树脂与玻璃鳞片就不会因表面空气的存在被分离，相互接触就会增多，在真空及搅拌切向挤压力作用下，树脂分子间相互作用减弱，分子对鳞片的浸润能力增强，从而提高了界面强度。此外，在真空下的搅拌料比无真空搅拌料更加便于施工涂抹。

5. 促进剂

当环氧鳞片衬里施工环境温度不能满足规范要求时，可以加入固化促进剂，改善固化条件。固化促进剂可以加快固化反应速度，降低反应温度。常用的固化促进剂为叔胺类，酚类如壬基酚，羧酸类如水杨酸等。叔胺类如 DMP30、K54 可直接作为催化剂，使环氧树脂开环自聚。

6. 稀释剂

满足安全环保要求，环氧鳞片衬里材料中不得添加非反应性稀释剂，推荐采用正丁基缩水甘油醚、苯基缩水甘油醚等活性稀释剂，其性能应满足环氧鳞片衬里使用工况。

7. 颜料色浆

颜料色浆在使用中可以加到固化剂中，主要起标志作用，添加颜料色浆的目的在于：

（1）通过颜料的色泽分布均匀与否判定固化剂在衬里材料中分布的均匀性。
（2）通过各层次的不同颜色，来直接判断是否漏涂、重涂。
（3）通过已施工层颜色的透过程度，间接控制施工厚度。
（4）美化衬里层作用。
在颜料选定中，主要考虑其耐蚀性、着色力、分散性、迁移性、毒性等几个关键因素。

二、衬里的物理力学性能、试验方法和评定标准

（一）衬里的物理力学性能

常用环氧鳞片衬里包括胶泥衬里和涂料衬里，其材料力学性能指标见表 7–38。

表 7–38　常用环氧鳞片衬里材料力学性能指标

项目	环氧鳞片胶泥衬里			玻璃鳞片涂料衬里
	底层涂料	环氧鳞片胶泥	封面料	
拉伸强度 /MPa	≥ 25	≥ 25	≥ 25	≥ 25
弯曲强度 /MPa	≥ 40	≥ 40	≥ 40	≥ 40
附着力（拉开法）/MPa	≥ 8.0	—	—	≥ 8.0
耐磨性（cs–17w，1 000g，500r）/g	—	≤ 0.050	—	≤ 0.050
巴柯尔硬度	—	≥ 42	—	≥ 42
线膨胀系数 /（$\times 10^{-5}$/℃）	—	≤ 3.0	—	—
阻燃性能（OI）	—	≥ 32	—	≥ 32
冷热交替试验	设计使用温度（30min）~ 常温的水（10min）循环 10 次，无裂缝、剥离			

注：当有阻燃性能要求时，应采用氧指数（OI）指标。以上数据为充分固化后的典型物理性能。

（二）试验方法和评定标准

1．环氧鳞片底层涂料、胶泥料、封面涂料和环氧鳞片涂料的性能试验方法

（1）外观状态的检测按现行国家标准《清漆、清油及稀释剂外观和透明度测定法》GB/T 1721 的有关规定执行。

（2）密度检测按现行国家标准《建筑砂浆基本性能试验方法标准》JGJ/T 70 的有关规定执行。

（3）干燥时间检测按现行国家标准《漆膜、腻子膜干燥时间测定法》GB/T 1728 的有关规定执行。

（4）固体含量的检测按现行国家标准《色漆、清漆和塑料　不挥发物含量的测定》GB/T 1725 的有关规定执行。

2．环氧鳞片衬里的性能试验方法

（1）拉伸强度的检测应按现行国家标准《纤维增强塑料拉伸性能试验方法》

GB/T 1447 的有关规定执行。

（2）弯曲强度的检测应按现行国家标准《纤维增强塑料弯曲性能试验方法》GB/T 1449 的有关规定执行。

（3）底层涂层附着力（拉开法）的检测应按现行国家标准《色漆和清漆 拉开法附着力试验》GB/T 5210 的有关规定执行。

（4）巴氏硬度的检测应按现行国家标准《增强塑料巴柯尔硬度试验方法》GB/T 3854 的有关规定执行。

（5）耐磨性的检测应按现行国家标准《色漆和清漆 耐磨性的测定旋转橡胶砂轮法》GB/T 1768 的有关规定执行。

（6）冷热交替试验，应取 3 块碳钢板 150mm × 75mm × 5mm，经表面处理后，应按涂覆工艺做好试板（单面），并应在室温 25℃下养护 3d。应将试板放在按标准设计使用温度的恒温箱内 0.5h 后取出，立即再放入室温自来水中冷却 10min，取出后应用干布擦干，并应再放入恒温箱内继续试验，该试验循环应进行 10 次。

三、设计要点

（一）适用范围

环氧鳞片衬里适用于设备及管道、烟囱及烟道内表面防护，也可用于砖板衬里的隔离层；适用的设计压力宜为 0 ~ 0.1MPa；设计温度范围应根据环氧鳞片衬里材料的允许使用温度范围确定。通常环氧鳞片衬里的设计温度可按表 7–39 确定。

表 7–39 环氧鳞片衬里的设计使用温度

产 品 名 称	设计温度 /℃	
	液相	气相
双酚 A 型环氧型玻璃鳞片胶泥、涂料	≤ 60	≤ 80

注：气相指水分含量为 10% 以下。

选择环氧树脂玻璃鳞片衬里需要考虑下列设计条件：

（1）腐蚀介质的组分和特性。

（2）化学介质类型和作用频率。

（3）长期使用温度。

（4）温度变化周期。

（5）机械载荷。

（6）环境气候条件。

（二）厚度

美国 G. 曼格尼斯（G. mengns）等人，经长期研究分析，对耐腐蚀衬里层或涂层的使用寿命与渗透性、耐腐蚀衬里层或涂层厚度、与金属基体的粘接力的关系，提出如下经验公式：

$$L = d^2 / 6D + \tau (P_\beta \cdot \sigma) \quad (7\text{–}1)$$

式中：L——衬里使用寿命；

τ——与鼓泡内部压力 P_β 和粘接层垂直剥力 σ 有关的函数，它表征的是介质渗透至粘接面后，发生粘接破坏的时间；

D——介质扩散系数；

d——涂层厚度。

由式（7–1）可以看出，耐腐蚀衬里层或涂层的使用寿命和其厚度的平方成正比，而与扩散系数成反比，并与衬里粘结强度有关。该公式虽然未能从上述研究层面给出诸因素的相互关系，但却通过介质扩散系数这一可测定参数将材料因素、介质渗透因素、环境应力因素及质量缺陷因素表现出来，从宏观上给出了判定衬层使用寿命的直观方法，使工程技术人员在衬里设计选择时知道应关注这几个问题。工程上环氧鳞片衬里厚度可按表 7–40 确定。

表 7–40　环氧鳞片衬里厚度

类型	使用温度	衬里厚度 /mm	适用场合
环氧鳞片胶泥	≤ 60℃液相设计温度	1.5 ~ 2.5	中低温段脱硫、脱酸塔、排气处理用塔槽，其他设备及管道
	≤ 80℃气相设计温度	1.0 ~ 2.0	中低温段烟道及烟囱、水处理用塔槽、酸槽
环氧鳞片涂料	常温	0.30 ~ 0.50	氯碱行业一次盐水罐、二次盐水罐；石油储罐、海水储罐、水储罐
	≤ 60℃	0.50 ~ 0.80	

（三）构造及节点处理

1. 复合衬里

环氧鳞片衬里可与纤维增强塑料衬里、树脂耐磨胶泥一起使用形成复合衬里。纤维增强塑料衬里的性能可见本手册第三章“纤维增强塑料衬里”内容，环氧树脂耐磨胶泥的性能见表 7–41 的规定。

表 7–41　环氧树脂耐磨胶泥的质量

项目	指标
密度 /（g/cm^3）	2.0 ~ 2.2
耐磨性（cs–17w，1 000g，500r）/g	≤ 0.020
巴柯尔硬度	≥ 30

注：树脂耐磨胶泥采用碳化硅填料。

（1）环氧鳞片衬里与基体上的接管、阴阳角、开孔等连接部位应采用纤维增强塑料局部加强。设备阴阳角区衬里构造（图 7–19）应采用环氧鳞片衬里与纤维增强塑料的复合结构，纤维增强塑料宜为 1 ~ 2 层，增强范围应为沿尖角方向各 300mm。

（2）设备内支撑区衬里构造（图 7–20）应采用环氧鳞片衬里与纤维增强塑料的复合结构，纤维增强塑料宜为 2 层，增强范围应为全结构，并自内支撑架焊缝外延

100mm。设备内支撑梁区衬里构造（图 7–21）应采用纤维增强塑料层包覆环氧鳞片衬里层结构，纤维增强塑料宜为 1 ~ 2 层。当处于重度磨损区时，应在纤维增强塑料层外增加耐磨胶泥层。

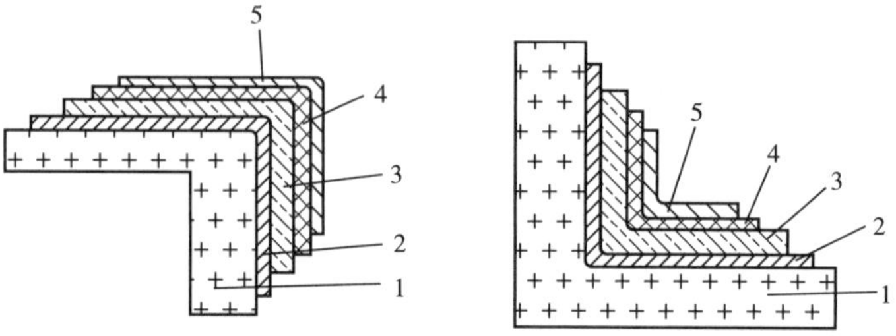

（a）阳角区　　（b）阴角区

1—基体；2—底涂层；3—环氧鳞片胶泥层；4—纤维增强塑料层；5—封面层。

图 7–19　设备阴阳角区衬里构造

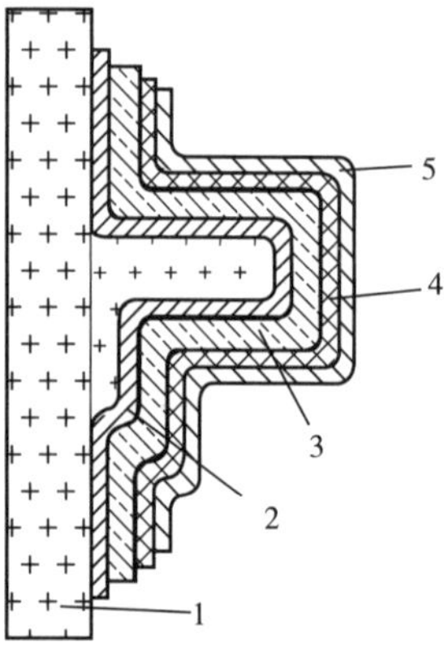

1—基体；2—底涂层；3—玻璃鳞片胶泥层；4—纤维增强塑料层；5—封面层。

图 7–20　设备内支撑区衬里构造

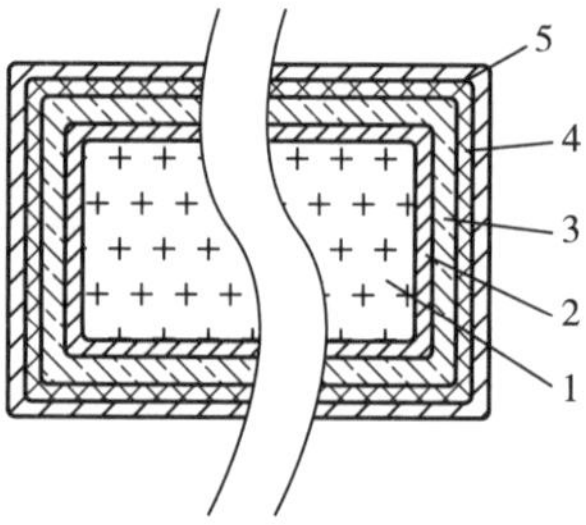

1—基体；2—底涂层；3—玻璃鳞片胶泥层；4—纤维增强塑料层；5—封面层。

图 7–21　设备内支撑梁区衬里构造

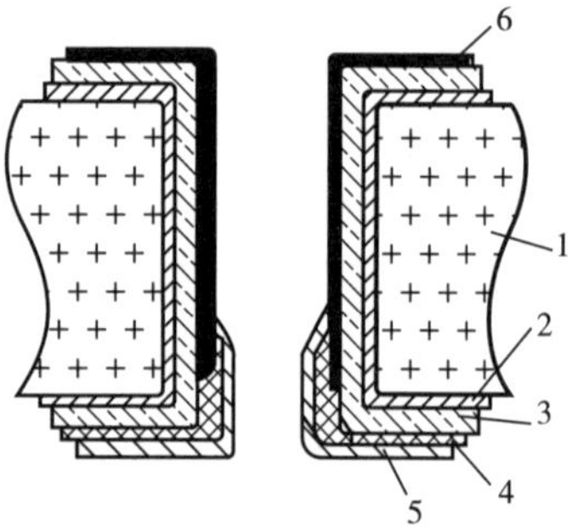

1—基体；2—底涂层；3—玻璃鳞片胶泥层；4—纤维增强塑料层；5—封面层；6—纤维增强塑料预制插管。

图 7–22　纤维增强塑料预制插管与环氧鳞片衬里的复合结构

2. 设备接管区衬里构造

（1）*DN*200 及以下接管，应采用纤维增强塑料预制插管与玻璃鳞片衬里的复合结构（图 7–22），纤维增强塑料预制插管的壁厚应大于 1.2mm，管长应比设备接管长 10mm，其法兰外径应与设备接管法兰外径相同，与设备接管间隙不应小于 1.5mm，间隙应采用玻璃鳞片胶泥填充。

（2）*DN*200 以上接管，采用环氧鳞片衬里与纤维增强塑料的复合结构（图 7–23），当管长小于 250mm 时，接管应采用纤维增强塑料全部加强；当管长大于 250mm 时，接管两端宜采用纤维增强塑料局部加强。

当管道内径小于 300mm 且长度大于 1 200mm 时，宜采用玻璃纤维增强塑料预制插管与环氧鳞片衬里的复合结构。

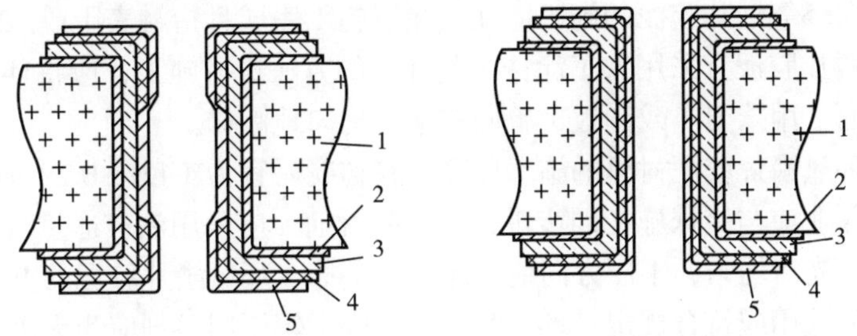

（a）纤维增强塑料局部加强　　（b）纤维增强塑料全部加强

1—基体；2—底涂层；3—环氧鳞片胶泥层；4—纤维增强塑料层；5—封面层。

图 7–23　环氧鳞片衬里与纤维增强塑料的复合结构

四、施工要点

（一）基本要求

1. 施工环境条件

（1）待衬里或被涂装的基体表面温度应高于露点温度 3℃；施工环境温度宜为 10～30℃；相对湿度不宜大于 80%。

（2）当温度低于规定的温度下限时，应采取加热保温措施，且不得采用明火直接加热。

（3）原材料使用时的温度要符合施工要求。

2. 表面处理

基体表面处理方法的选择和处理等级要求参见本章第二节“乙烯基酯树脂玻璃鳞片衬里”相关内容。

3. 施工配合比

施工中根据产品说明书推荐的配合比进行配制并搅拌均匀。

（二）施工要点

1. 底涂层的施工

（1）在底涂层涂料中按比例加入固化剂后，应搅拌均匀，并应在初凝前用完。

（2）底涂层涂料的施工宜采用刷涂或辊涂，不得漏涂。

（3）当采用 2 层底涂层涂料施工时，推荐的底涂层涂料的施工间隔时间见表 7–42。

表 7–42　底涂层涂料的施工间隔时间

环境温度 /℃	最短施工间隔 /h	最长施工间隔 /h
10	24	72
20	12	48
30	6	24

2. 胶泥层的施工

（1）在环氧鳞片胶泥料中按比例加入固化剂后，宜在真空度不低于 0.08MPa 的搅拌机中搅拌均匀，配制好的环氧鳞片胶泥料应在初凝前用完。

（2）第一层环氧鳞片胶泥的施工应在底涂层施工完成且指触表干或 12h 后进行。

（3）环氧鳞片胶泥宜采用人工涂抹（刮抹）的方法进行施工，应将环氧鳞片胶泥摊铺在底涂层表面，用抹刀（或刮板）单向有序、均匀地涂抹。

（4）单道环氧鳞片胶泥衬里的施工厚度，在初凝后宜为（1.0 ± 0.2）mm。

（5）滚压作业应与涂抹施工同步进行；在初凝前，应采用沾有适量溶剂的羊毛辊单向辊压至胶泥层光滑均匀，辊压方向应与涂抹（刮抹）环氧鳞片胶泥的方向一致。

（6）溶剂的选用应符合规定：环氧鳞片胶泥施工辊压用溶剂应为无水乙醇或丙酮。

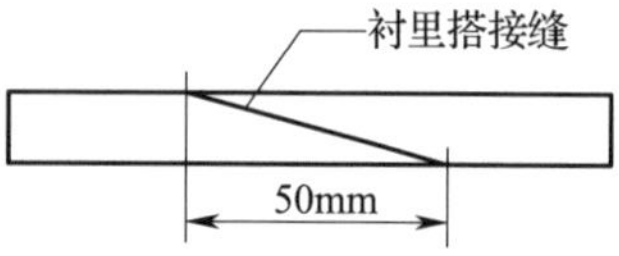

图 7–24 搭接结构

（7）同层涂抹的端部界面连接，应采用斜槎搭接方式（图 7–24）；当采用 2 层涂抹施工时，环氧鳞片胶泥的涂装间隔时间可参照表 7–36，2 层胶泥料的涂抹方向宜相互垂直。

（8）环氧鳞片胶泥涂抹达到设计规定的厚度后，再进行封面层或其他后续层的施工。

3. 胶泥层的中间修补

环氧鳞片胶泥中间修补是将经检测确认的胶泥层施工质量缺陷完全清除。

（1）对漏涂、施工厚度不合格质量缺陷实施填补型修补，填平补齐，辊压合格即可（图 7–25）。

图 7–25 填补型修补

（2）对未固化、漏电点、夹杂物、碰伤等质量缺陷实施挖除型修补，环氧鳞片胶泥缺陷区打磨坑边沿坡度为 15° ~ 25°，用溶剂擦洗干净后按照前述施工要求修补（图 7–26）。

图 7–26 挖除型修补

（3）对漏辊、表面流淌质量缺陷实施调整型修补，即将漏辊麻面、流淌痕打磨平滑，用溶剂擦洗干净后，填平补齐，辊压合格即可（图 7–27）。

（4）修补工序可参见图 7–28。

图 7–27 调整型修补

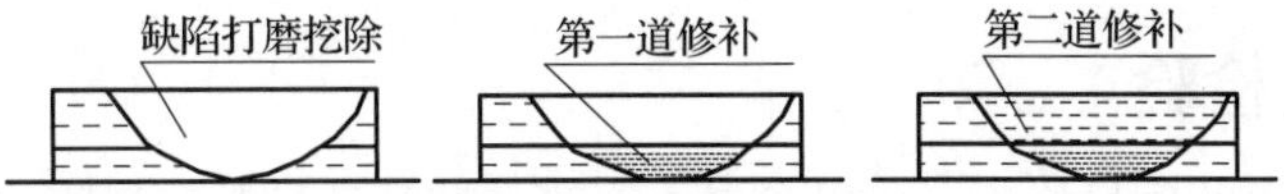

图 7–28 修补工序图

4. 封面层的施工

（1）封面料应采用与环氧鳞片胶泥相同的环氧树脂胶料。

（2）在封面料中应按比例加入固化剂搅拌均匀，配制好的封面料应在初凝前用完。

（3）封面料施工可采用刷涂和辊涂，应均匀涂覆到环氧鳞片胶泥层和局部加强的纤维增强塑料层表面。

5. 环氧鳞片涂料（或面涂）层的施工

（1）在环氧鳞片涂料中应按比例加入固化剂搅拌均匀，配制好的环氧鳞片涂料应在初凝前用完。

（2）施工应采用高压无气喷涂，也可采用刷涂和辊涂，应均匀涂覆到底涂层表面；高压无气喷涂一次厚度不宜超过 0.6mm。

（3）当采用多层环氧鳞片涂料施工时，涂装的间隔时间可参照表 7–42。

上述施工要点同样适用于乙烯基酯树脂和不饱和聚酯树脂鳞片衬里。

（三）养护

环氧鳞片衬里的固化养护时间见表 7–43 的规定。养护期内不得在衬里表面进行施工作业或踩踏。

表 7–43 环氧鳞片衬里的固化养护时间

环境温度 /℃	固化养护时间 /d
10	≥ 28
20	≥ 14
30	≥ 7

当环氧鳞片衬里需进行热处理时，热处理温度及保温时间可按表 7–44 确定，并应严格控制升降温度速度，不得局部过热。当热处理最高温度超过表 7–44 要求时，需要经试验确定。

表 7–44 环氧鳞片衬里热处理温度及保温时间

常温固化时间 /h	热处理温度 /℃							降温范围
	常温 ~ 40	40	40 ~ 60	60	60 ~ 80	80	80 ~ 100	速度
	升温或保温时间 /h							15℃ /h
≥ 24	1	2	2	2	2	6 ~ 12	—	80℃ ~ 常温

五、质量检验

环氧鳞片衬里的质量检验，可以参考本章第二节“乙烯基酯树脂玻璃鳞片衬里”和第三节“不饱和聚酯树脂玻璃鳞片衬里”相关内容。

六、运行维护

环氧鳞片衬里设备及管道的运行和维护，可以参考本章第二节“乙烯基酯树脂玻璃鳞片衬里”的相关内容。

七、工程案例

（一）成功案例

表 7–45 ~ 表 7–47 为环氧鳞片衬里的成功应用案例。

表 7–45　成功案例（一）

使用单位	上海某氯碱公司
使用部位	ϕ7 000 × 8 000 浮上罐；ϕ8 600 × 9 000 熟盐水桶
基体	碳钢
介质	一次盐水
温度	<60℃
防腐构造	喷砂 + 二底 + 环氧鳞片涂料三道面涂；>600μm
施工时间	2000 年 1 月
使用效果	3 年内完好；5 年维修不超过 2%
生产厂家	上海某化工公司
施工单位	上海某防腐蚀公司

表 7–46　成功案例（二）

使用单位	上海某化工公司
使用部位	ϕ24 500 × 11 800 澄清桶；ϕ4 100 × 9 000 无阀滤池；Na_2CO_3 贮槽
基体	碳钢
介质	一次盐水、二次盐水
温度	<60℃
防腐构造	喷砂 + 二底 + 环氧鳞片涂料四道面涂；>800μm
施工时间	2005 年 1 月
使用效果	3 年内完好；5 年维修不超过 2%
生产厂家	上海某化工公司
施工单位	上海某防腐蚀公司

表 7–47　成功案例（三）

使用单位	山东某公司（33 万吨年离子膜烧碱）
使用部位	ϕ 17 000 × 12 000 化盐水贮槽；ϕ 9 500 × 10 000 过滤盐水贮槽；ϕ 6 000 × 7 000 反应槽
基体	碳钢
介质	一次盐水、二次盐水
温度	<60℃
防腐构造	喷砂 + 一底 +（02#）玻纤布 / 树脂复合二层 + 环氧鳞片涂料四面；>1 500μm
施工时间	2009 年 10 月
使用效果	3 年内完好；5 年维修不超过 2%
生产厂家	上海某化工公司
施工单位	上海某防腐蚀公司

（二）失败案例

新疆某化学公司烟气脱硫装置脱硫塔于 2015 年 9 月完成施工，2016 年 10 月 28 日停机检修期间进塔查看表现，1# 吸收塔吸收喷淋层喷嘴安装时不平衡或者运行后倾斜，造成喷嘴浆液直接喷射在吸收塔壁板，从而导致防腐层破坏，出现塔体泄漏现象，详细情况见表 7–48。

表 7–48　失败案例

使用单位	新疆某化学公司
使用部位	配套 600MW 动力站项目烟气脱硫装置脱硫系统 1# 吸收塔
基体	碳钢
介质	喷淋浆液
温度	<60℃
防腐构造	环氧树脂玻璃鳞片衬里；2.0mm
施工时间	2015 年 9 月
使用效果	防腐层破坏，出现塔体泄漏现象
失效情况说明	
（1）该配套 600MW 动力站项目烟气脱硫装置脱硫系统当时已经运行一年左右，整个系统脱硫烟道、浆液罐以及脱硫塔，除了现在发生事故的喷淋区域出现腐蚀，其他关键部位都完好无损。 （2）结合现场实际施工条件，初步判断为在施工时，天气温度过高，树脂玻璃鳞片胶泥在镘抹后，来不及辊压就已经固化，从而造成局部树脂玻璃鳞片胶泥层不够密实，留存有微小空隙，造成现在局部点的腐蚀	

续表 7-48

修补措施
（1）搭设脚手架：吸收塔内部按照要求搭设简易脚手架，高度至喷淋层区域，在搭设脚手架前吸收塔底部必须采用橡胶垫或者帆布铺设，以保证底部防腐层不被破坏。 （2）检查：吸收塔长时间没有运行，先用电火花测试仪器对吸收塔做全面检查，判断防腐层是否有漏电、空鼓及破损现象，尤其是喷淋区域及支持梁和阴阳角部位。 （3）修复： 1）检查到有漏电现象，若是防腐层有漏电或者已经破损区域需及时修复，用角磨机打磨损坏的防腐区域，清理干净，涂刷底涂、抹树脂玻璃鳞片胶泥、面涂施工等。 2）喷淋区修补：塔喷淋区域打磨清理干净，做耐磨层，采用玻璃钢增强 + 耐磨陶瓷材料复合，即采用手糊连续施工法做玻璃钢加强层，再镘涂一层耐磨陶瓷涂料

第八章

砖板衬里

8

砖板衬里是在工业设备及管道的内壁贴衬耐腐蚀砖板，将腐蚀介质同金属基体隔离，从而达到对设备及管道基体的防护作用。砖板衬里是金属设备及管道防腐蚀应用较早的技术之一，早在20世纪初在国外的化工冶金等生产中就得到应用。我国耐腐蚀砖板衬里技术发展于20世纪50年代，多年来积累了丰富的设计、施工经验。我国研制开发的一些性能优良的耐腐蚀砖板与胶泥在生产中取得了良好的效果，并在一些大型生产装置中得到了广泛的应用，如乙烯氧化制乙醛的氧化反应釜、乙烯水合制酒精的水合器、异丁烯抽提装置等都采用砖板衬里技术进行防腐蚀。

砖板衬里具有耐腐蚀性好、耐热性高、机械强度大等优点，一些其他方法难以解决的腐蚀问题，目前大都采用砖板衬里。砖板衬里的适用范围取决于砖板和胶泥的物理力学性能和耐腐蚀性能。因而在进行砖板衬里时，需要根据设备及管道的工艺操作条件选择砖板和胶泥的品种，并进行合理的衬里结构设计和施工，以达到优良的防腐蚀效果。

砖板衬里设备及管道的主要缺点是：抗冲击性能差，传热效果不佳；由于存在砖缝，抗渗性能稍差；施工期长。

在编制国家标准《工业设备及管道防腐蚀工程技术标准》GB/T 50726—2023的过程中，由于各方面的条件所限，标准中未包括预应力砖板衬里技术，但它的出现把砖板衬里技术推向一个新的发展阶段，所以在本章中也做了适当的介绍。作为传统砖板衬里应用领域的拓展，本章第九节也介绍了耐火材料衬里在耐腐蚀、耐高温工业窑炉中的应用。

第一节　砖板的种类、性能和规格

砖板是以无机材料为主，目前最常用的包括耐酸砖板、耐酸耐温砖板、玄武岩铸石板、碳砖及合成树脂浸渍碳砖、石墨砖板及合成树脂浸渍石墨砖板。

由于天然耐酸石材开采受到限制，在工业设备及管道防腐蚀工程中花岗岩等石材的使用已经大幅度减少。同时新出现了棕刚玉、碳化硅、氮化硅等有特殊用途的砖板材料。这些材料性能各异、适用范围也各不相同。

砖与板之间没有严格的界限，国内一般将长与宽在200mm左右、厚度在30mm及以上称为砖，厚度小于30mm的称为板；而国外通常把厚度在50mm及以上称为砖，厚度不大于40mm的称为板。

一、耐酸砖板、耐酸耐温砖板

耐酸砖板、耐酸耐温砖板统称为耐酸陶瓷，其主要化学成分是二氧化硅和氧化铝，采用干法压制或湿法成型后，经高温烧结而成，根据烧结温度不同，又可分为釉砖和素砖。

我国耐酸砖、耐酸耐温砖的原料产地分布广泛，采用优质原料、严格控制生产工艺节点，有部分产品的质量高于国家标准的要求，可以运用到较为苛刻的场合。优质耐酸砖板、耐酸耐温砖板的化学成分见表8-1。

表 8-1　优质耐酸砖板、耐酸耐温砖板的化学成分（质量百分比）/%

名称	SiO_2	Al_2O_3	K_2O	Na_2O	CaO	MgO	Fe_2O_3
耐酸砖板	72.50	21.85	2.70	0.95	0.85	0.12	0.45
耐酸耐温砖板	70.50	22.75	2.70	0.95	0.82	0.12	0.45

（一）耐酸砖板

耐酸砖板一般为瓷制品，以高岭土为原料，烧结温度达 1 100℃，质地致密洁白、敲击后发出金属声，孔隙率小、强度高，但热稳定性较差。耐酸砖板的物理性能及检测方法见表 8-2。

表 8-2　耐酸砖板的物理性能及检测方法

项目	实测值	标准值	检测方法
体积密度 /（kg/m^3）	2 250 ~ 2 400	2 150 ~ 2 400	《耐火材料　真密度试验方法》GB/T 5071
耐酸度 /%	≥ 99.7	≥ 99.8	《耐酸砖》GB/T 8488
抗弯强度 /MPa	≥ 20.0	≥ 39.2	《耐酸砖》GB/T 8488
线膨胀系数 /（$\times 10^{-6}$/℃）	—	5.3 ~ 6.4	《耐火材料　热膨胀试验方法》GB/T 7320
最高使用温度 /℃	—	300	—
磨蚀 /（$cm^2/50cm^2$）	—	8 ~ 15	《耐火材料　常温耐磨性试验方法》GB/T 18301
吸水性（质量分数）/%	≤ 1.0	≤ 0.5	《耐酸砖》GB/T 8488
抗压强度 /MPa	≥ 70	≥ 100	《耐火材料　常温耐压强度试验方法》GB/T 5072
压缩弹性模量（$\times 10^4$MPa）	—	3.0 ~ 3.5	《耐火材料　动态杨氏模量试验方法（脉冲激振法）》GB/T 30758
导热系数 /［W/（m·K）］	—	0.9 ~ 1.3	《耐火材料　导热系数试验方法（热线法）》GB/T 5990
热稳定性（温差 100℃）/ 次	—	>2	《耐酸砖》GB/T 8488

注：表中实测值是目前市场上常用耐酸砖板的性能数据。

（二）耐酸耐温砖板

耐酸耐温砖板多为陶制品，以黏土为主要原料，加瘠化剂和助溶剂，经成型、干燥、烧结而成。其特点为热稳定性高，但断面粗糙、孔隙率大、强度较低。耐酸耐温砖板的物理性能及检测方法见表 8-3。

表 8-3 耐酸耐温砖板的物理性能及检测方法

项目	实测值	标准值	检测方法
体积密度 /（kg/m^3）	2 000 ~ 2 300	2 200 ~ 2 240	《耐火材料 真密度试验方法》GB/T 5071
耐酸度 /%	≥ 99.5	≥ 99.7	《耐酸砖》GB/T 8488
抗弯强度 /MPa	10 ~ 25	≥ 29.4	《耐酸砖》GB/T 8488
线膨胀系数 /（10^{-6}/℃）	—	3.0 ~ 4.5	《耐火材料 热膨胀试验方法》GB/T 7320
最高使用温度 /℃	—	300	—
磨蚀 /（$cm^2/50cm^2$）	—	8 ~ 15	《耐火材料 常温耐磨性试验方法》GB/T 18301
吸水性（质量分数）/%	2 ~ 7	≤ 8	《耐酸砖》GB/T 8488
抗压强度 /MPa	80 ~ 120	≥ 60	《耐酸耐温砖》JC/T 424
压缩弹性模量 /（$\times 10^4$MPa）	2.5 ~ 4.3	0.2 ~ 0.35	《耐火材料 动态杨氏模量试验方法（脉冲激振法）》GB/T 30758
导热系数 /［W/（m·K）］	1.0 ~ 1.3	1.0 ~ 1.3	《耐火材料 导热系数试验方法（热线法）》GB/T 5990
热稳定性（NSW-1，NSW-2）/ 次	≥ 6	>2	《耐酸耐温砖》JC/T 424

注：表中实测值是目前市场上常用耐酸耐温砖板的性能数据。

在表 8-2 和表 8-3 中，导热系数是最高使用温度时，材料内外表面平均温度下，未考虑吸水性的数值；线膨胀系数是最高使用温度与 20℃之间的平均线膨胀系数；热稳定性 NSW-1 温差为 200℃，NSW-2 温差为 250℃。

（三）砖板的规格

（1）耐酸砖可分为标形砖、楔形砖。国家标准《耐酸砖》GB/T 8488—2008 中的常用规格列于表 8-4 中。也可根据工程需要制成其他形状的异型砖，如多角砖、弧面砖、扇形砖、半圆形砖等。

表 8-4 耐酸砖规格

类型	规格（长 × 宽 × 厚）/mm
标形砖	230 × 113 × 65、230 × 113 × 40、230 × 113 × 30
楔形砖	230 × 113 ×（55/65）、230 × 113 ×（45/65）、230 × 113 ×（45/55），230 × 113 ×（35/65）

注：表中“55/65”表示“小端尺寸 / 长端尺寸”，余类推。

（2）耐酸瓷板从形状上分为方形、矩形和弧形；从表面状态上分为光面、单面沟棱。各种形状的耐酸瓷板规格比较复杂，可参阅各生产厂家的产品说明书。常用规格列于表 8-5 中。

表 8–5 常用耐酸瓷板的规格 /mm

长	宽	厚	长	宽	厚
300	300	15 ~ 30	100	100	10 ~ 20
200	200	15 ~ 30	100	50	10 ~ 20
150	150	15 ~ 30	125	125	15
150	75	15 ~ 30	—	—	—

（3）耐酸耐温砖板的规格见表 8–6。特殊规格的耐酸耐温砖板可按设备大小与几何形状分块设计并另行制作。

表 8–6 耐酸耐温砖板的规格 /mm

长	宽	厚	长	宽	厚
150	75	25	150	150	40
150	150		180	180	
180	180		200	200	
200	200		150	150	50
150	150	30	180	180	
180	180		200	200	
200	200		230	113	65

（四）耐腐蚀性能

耐酸砖板、耐酸耐温砖板的耐化学介质性能优良，对各类无机酸、有机酸、氧化性介质、氯化物、溴化物都具有较强的抵抗力。它对氢氟酸、硅氟酸、300℃以上的磷酸的耐腐蚀性差；不耐碱，特别是浓碱腐蚀，因为这类陶瓷砖板含有大量二氧化硅，在碱液作用下会破坏其结构，容易生成硅酸盐，发生如下化学反应：

$$2NaOH+SiO_2 = Na_2SiO_3+H_2O$$

耐酸砖板、耐酸耐温砖板的耐腐蚀性能见表 8–7。

表 8–7 耐酸砖板、耐酸耐温砖板的耐腐蚀性能

介质	浓度 /%	温度 /℃	耐蚀性能	介质	浓度 /%	温度 /℃	耐蚀性能
硝酸	任意	低于沸点	耐	蚁酸	任意	沸腾	耐
发烟硝酸	18 ~ 20	30 ~ 70	耐	柠檬酸	任意	沸腾	耐
醋酸	—	低于沸点	耐	羧基乙酸	任意	沸腾	耐
磷酸	浓溶液	高温	不耐	脂肪酸	任意	沸腾	耐
磷酸	稀溶液	20	尚耐	苯甲酸	任意	—	耐
草酸	任意	低于沸点	耐	硼酸	任意	沸腾	耐
硫酸	任意	沸腾	耐	酒石酸	任意	沸腾	耐
亚硫酸	4 ~ 4.5	70	耐	乳酸	任意	沸腾	耐
盐酸	浓溶液	100	耐	氢溴酸	任意	沸腾	耐

续表 8–7

介质	浓度 /%	温度 /℃	耐蚀性能	介质	浓度 /%	温度 /℃	耐蚀性能
氟硅酸	—	高温	不耐	碘	任意	—	耐
氢氟酸	—	—	不耐	甘油	任意	沸腾	耐
氨	干燥气体	—	耐	煤焦油	任意	—	耐
	任意	沸腾	耐	氨水	—	—	耐
苯	任意	沸腾	耐	硝基苯	任意	沸腾	耐
苯甲醛	任意	沸腾	耐	苯胺	100	—	耐
氯代甲苯	—	沸腾	耐	乙炔	—	—	耐
丙酮	—	沸腾	耐	溴	任意	沸腾	耐
乙醇	—	—	耐	尿素	任意	沸腾	耐
醋酐	任意	低于沸点	耐	臭氧	—	—	耐
铁氰化钾	任意	沸腾	耐	硫	熔体	沸腾	耐
过硫酸钾	—	—	耐	氯化硫	任意	沸腾	耐
高锰酸钾	—	—	耐	氯	任意	低于沸点	耐
硫酸钾	任意	沸腾	耐	氟	—	—	不耐
碳酸钾	浓溶液	沸腾	尚耐	苯酚	任意	沸腾	耐
	熔体	—	不耐	甲醛	任意	沸腾	耐
磷酸钾	任意	沸腾	耐	四氯化碳	任意	沸腾	耐
氯化钾	任意	沸腾	耐	三氯乙烯	100	沸腾	耐
次氯酸钾	任意	沸腾	耐	硬脂酸	任意	沸腾	耐
氯酸钾	任意	沸腾	耐	醋酸铝	任意	低于沸点	耐
铬酸钾	任意	沸腾	耐	氯化铝	任意	沸腾	耐
氢氧化钾	浓溶液	沸腾	不耐	硝酸铵	任意	低于沸点	耐
	50 以下	20	尚耐	溴化铵	任意	沸腾	耐
硝酸钙	任意	沸腾	耐	碳酸氢铵	任意	—	耐
次氯酸钙	任意	沸腾	耐	过硫酸铵	任意	—	耐
硝酸铁	任意	沸腾	耐	硫氰化铵	任意	—	耐
硫酸亚铁	任意	沸腾	耐	硫酸铵	任意	沸腾	耐
氯化亚铁	任意	109	耐	硫化铵	任意	—	耐
硫酸铜	任意	沸腾	耐	碳酸铵	任意	—	耐
硫酸锰	任意	沸腾	耐	磷酸铵	任意	沸腾	耐
氯化锰	任意	—	耐	氯化铵	任意	沸腾	耐
钾铬矾	任意	沸腾	耐	硝酸钾	任意	沸腾	耐
铝钾明矾	任意	沸腾	耐	溴化钾	—	—	耐

8

续表 8-7

介质	浓度 /%	温度 /℃	耐蚀性能	介质	浓度 /%	温度 /℃	耐蚀性能
碳酸氢钾	任意	沸腾	耐	次氯酸钠	任意	沸腾	耐
重铬酸钾	任意	沸腾	耐	氯酸钠	任意	沸腾	耐
氯化亚铜	任意	沸腾	耐	氯磺酸钠	任意	沸腾	耐
氯化铜	任意	沸腾	耐	铬酸钠	任意	沸腾	耐
硫酸镍	—	—	耐	氰化钠	任意	沸腾	耐
醋酸镍	任意	沸腾	耐	草酸钠	任意	沸腾	耐
氯化镍	任意	沸腾	耐	氢氧化钠	20	60 ~ 70	尚耐
碳酸钠	熔体	—	耐		浓溶液	沸腾	不耐
	稀溶液	沸腾	尚耐	甲醇	—	沸腾	耐
磷酸钠	任意	沸腾	耐	亚砷酸碱	—	—	耐
苯甲酸钠	任意	沸腾	耐	硝酸银	任意	沸腾	耐
溴化钠	任意	沸腾	耐	醋酸铅	任意	沸腾	耐
硫酸氢钠	稀溶液	20	尚耐	硅氟酸铅	任意	沸腾	耐

（五）国外常用耐酸砖板产品规格和性能

（1）STEULER SF–A 和 STEULER SF–P 是德国产的耐酸砖，采用耐火原材料经混合、成型、干燥和烧制而成，可用于储罐和其他设备及管道表面的耐化学和耐热高应力衬里。在我国有色冶炼行业的氧压浸出釜、化工行业的氯化法钛白粉生产用急冷塔和基料打浆罐等得到应用。STEULER SF–A 适合用在温度变化较大的工况，属于耐酸耐温砖；而 STEULER SF–P 是采用真空挤压成型，属于普通型砖板。化学成分与物理机械性能见表 8–8 和表 8–9。

表 8–8　STEULER SF–A 和 STEULER SF–P 的化学成分（质量百分比）/%

成分名称	主要成分	
	STEULER SF–A	STEULER SF–P
SiO_2	69	69
Al_2O_3	24	25
Fe_2O_3	1.1	1.0
Na_2O+K_2O	3.2	2.6

表 8–9　STEULER SF–A 和 STEULER SF–P 物理机械性能

项目	指标	
	STEULER SF–A	STEULER SF–P
密度 /（g/cm^3）	2.1	2.28
孔隙率 /%	11	2

续表 8-9

项目		指标	
		STEULER SF-A	STEULER SF-P
吸水率 /%		5	1
压缩强度 /MPa		80	160
弯曲强度 /MPa		12	30
热膨胀度（1 000℃）/%		0.55	0.55
导热系数 /［W/（m·K）］	400℃	1.05	1.05
	800℃	1.35	1.35
	1 200℃	1.55	1.55
耐酸度 /%		99.2	99.1
最大工作温度 /℃		900	900

注：性能指标的测试标准参考 DIN EN 993-16：1995。

（2）日本的耐酸砖性能见表 8-10。

表 8-10　日本的耐酸砖性能

项目	耐酸瓷砖		耐酸耐温砖	
	一类	二类	一类	二类
吸水率 /%	<0.5	<2.0	<5	<8
耐酸度 /%	<0.2	<0.2	<0.3	<0.3
耐热性 /℃	>100	>130	>200	>250
弯曲强度 /MPa	>39.2	>19.2	—	—

二、玄武岩铸石板

玄武岩铸石板是采用玄武岩矿石，加入蛇纹石、石灰石、铬铁矿、萤石或玄武岩，再配合金属矿渣经熔融、浇铸、结晶、退火等工序制成的人造石材，具有优良的抗蚀耐磨性能。其主要化学成分为二氧化硅、三氧化二铝与少量其他氧化物（如氧化钙、氧化铁等）。优质玄武岩铸石板化学成分见表 8-11。

表 8-11　玄武岩铸石板化学成分（质量百分比）/%

名称	SiO_2	Al_2O_3	TiO_2	CaO	MgO	Na_2O	K_2O	Fe_2O_3
玄武岩铸石板	48.0	17.0	1.0	10.0	8.0	4.0	1.0	8.0

（一）物理性能

玄武岩铸石板具有良好的物理机械性能，硬度大、耐磨性好。据测定，其耐磨性是锰钢的 5 倍、碳钢的 20 倍、耐酸瓷砖的 10 倍。缺点是表面光滑、脆性大，含铁量高，耐急冷急热性能差，切割加工困难，这在应用上受到了一定的影响。玄武岩铸石板的物理性能及检测方法见表 8-12。

表 8–12 玄武岩铸石板的物理性能及检测方法

项目	指标	检测方法
体积密度 /（kg/m^3）	2 800 ~ 2 900	《耐火材料 真密度试验方法》GB/T 5071
抗弯强度 /MPa	80	《铸石制品性能试验方法 弯曲强度试验》JC/T 263
线膨胀系数 /（$\times 10^{-6}$/℃）	6 ~ 8	《耐火材料 热膨胀试验方法》GB/T 7320
最高使用温度 /℃	300	—
抗压强度 /MPa	450 ~ 550	《铸石制品性能试验方法 压缩强度试验》JC/T 262
压缩弹性模量 /（$\times 10^4$MPa）	10 ~ 12	《耐火材料 动态杨氏模量试验方法（脉冲激振法）》GB/T 30758
导热系数 /［W/（m·K）］	1.0 ~ 1.2	《耐火材料 导热系数试验方法（热线法）》GB/T 5990
磨蚀 /（$cm^2/50cm^2$）	4 ~ 6	《铸石制品性能试验方法 耐磨性试验》JC/T 260

在表 8–12 中，导热系数是最高使用温度时，材料内外表面平均温度下的数值；线膨胀系数是最高使用温度与 20℃之间的平均线膨胀系数。

（二）玄武岩铸石板的规格

玄武岩铸石板的规格见表 8–13。

表 8–13 玄武岩铸石板的规格

<table>
<tr><th rowspan="2">名称</th><th colspan="3">规格 /mm</th><th rowspan="2">名称</th><th colspan="3">规格 /mm</th></tr>
<tr><th>L</th><th>H</th><th>σ</th><th>L</th><th>r</th><th>R</th></tr>
<tr><td rowspan="12">平板</td><td>180</td><td>150</td><td>15，20，30</td><td rowspan="12">弧形板</td><td rowspan="12">300 ~ 1 000</td><td rowspan="2">100</td><td rowspan="2">140</td></tr>
<tr><td>110</td><td>70</td><td>15，20</td></tr>
<tr><td>150</td><td>150</td><td>20</td><td rowspan="2">125</td><td rowspan="2">165</td></tr>
<tr><td>150</td><td>110</td><td>15，20</td></tr>
<tr><td>195</td><td>93</td><td>20</td><td rowspan="2">150</td><td rowspan="2">190</td></tr>
<tr><td>200</td><td>200</td><td>25</td></tr>
<tr><td>220</td><td>180</td><td>20</td><td rowspan="2">175</td><td rowspan="2">215</td></tr>
<tr><td>300</td><td>180</td><td>25</td></tr>
<tr><td>300</td><td>300</td><td>26</td><td rowspan="2">200</td><td rowspan="2">240</td></tr>
<tr><td>400</td><td>200</td><td>20</td></tr>
<tr><td>400</td><td>300</td><td>30</td><td rowspan="2">250</td><td rowspan="2">280</td></tr>
<tr><td>400</td><td>360</td><td>35</td></tr>
</table>

（三）耐腐蚀性能

玄武岩铸石板的耐酸性能优良，除氢氟酸、氟硅酸、热磷酸与浓碱溶液外，对其他各种酸性能稳定，并可用于 100℃以内的稀碱中。在化工设备中，玄武岩铸石常用于塔器、贮槽、电解槽、下水沟等衬里。玄武岩铸石板的耐腐蚀性能见表 8–14。

表 8–14　玄武岩铸石板的耐腐蚀性能

介质	浓度	耐酸度 /%	介质	浓度	耐酸度 /%
硫酸	98%	99.00 ~ 99.99	磷酸	浓	91.78 ~ 92.52
盐酸	30%	98.03 ~ 98.67	醋酸	浓	99.84 ~ 99.94
硝酸	97%	99.46 ~ 99.62	—	—	—

三、碳砖及合成树脂浸渍碳砖

碳砖是以无烟煤、焦炭经粉碎后与沥青、煤焦油混合、压制成型后于煅烧炉中隔绝空气，在 1 300℃下煅烧后形成，属于耐高温中性碳质耐火材料制品。碳砖耐火度和荷重软化温度较高，耐热震性好，耐蚀性、抗渣性、耐磨性较好。碳砖具有较好的导电性、导热性，其热导率比碳钢大 2 倍、比不锈钢大 4 倍，仅次于金、银、铜、铝等金属导体。碳砖的线膨胀系数与金属相比较小，因此受到急冷急热的冲击时不会发生破裂。缺点是孔隙率大、质脆、抗冲击性能差、强度较低。为了弥补碳砖孔隙率大、强度低的缺点，在应用时常以各种树脂或水玻璃进行浸渍，浸渍后材料的性能根据所选用浸渍剂与黏合剂的品种不同而有所不同。

（一）物理性能

碳砖的物理性能及检测方法见表 8–15，合成树脂浸渍碳砖的物理性能及检测方法见表 8–16。

表 8–15　碳砖的物理性能及检测方法

项目	指标	检测方法
体积密度 /（kg/m³）	1 400 ~ 1 600	《炭素材料体积密度测定方法》GB/T 24528
抗弯强度 /MPa	8 ~ 12	《炭素材料抗折强度测定方法》GB/T 3074.1
线膨胀系数 /（×10⁻⁶/℃）	3 ~ 4	《耐火材料　热膨胀试验方法》GB/T 7320
最高使用温度 /℃	300	—
灰分 /%	≤ 8.0	《炭素材料灰分含量的测定方法》GB/T 1429
吸水性（质量分数）/%	18 ~ 22	《耐酸砖》GB/T 8488
抗压强度 /MPa	≥ 30	《炭素材料耐压强度测定方法》GB/T 1431
压缩弹性模量 /（×10⁴MPa）	0.5 ~ 1.5	《耐火材料　动态杨氏模量试验方法（脉冲激振法）》GB/T 30758
导热系数 /［W/（m·K）］	1.7 ~ 10	《炭素材料导热系数测定方法》GB/T 8722

注：表中参数是采用焙烧加工方式的性能指标。

表 8–16　合成树脂浸渍碳砖的物理性能及检测方法

项目	指标	检测方法
体积密度 /（kg/m³）	1 600 ~ 1 800	《炭素材料体积密度测定方法》GB/T 24528
抗弯强度 /MPa	25 ~ 35	《炭素材料抗折强度测定方法》GB/T 3074.1
线膨胀系数 /（×10⁻⁶/℃）	3.5 ~ 5	《耐火材料　热膨胀试验方法》GB/T 7320
最高使用温度 /℃	150 ~ 180	—

续表 8–16

项目	指标	检测方法
灰分 /%	≤ 8.0	《炭素材料灰分含量的测定方法》GB/T 1429
吸水性（质量分数）/%	0 ~ 8	《耐酸砖》GB/T 8488
抗压强度 /MPa	30 ~ 60	《炭素材料耐压强度测定方法》GB/T 1431
压缩弹性模量 /（ $\times 10^4$MPa）	1.0 ~ 2.5	《耐火材料　动态杨氏模量试验方法（脉冲激振法）》GB/T 30758
导热系数 /［W/（m·K）］	1.7 ~ 7.0	《炭素材料导热系数测定方法》GB/T 8722

在表 8–15 和表 8–16 中导热系数是最高使用温度时，材料内外表面平均温度下，未考虑吸水性的数值；线膨胀系数是最高使用温度与 20℃之间的平均线膨胀系数。

（二）耐腐蚀性能

碳砖主要化学成分为碳，因而具有较高的化学稳定性，可耐盐酸、中等浓度的硫酸和硝酸、各种浓度的碱以及多种有机物的腐蚀，但在浓度大于 60% 的硝酸、浓硫酸、铬酸、次氯酸、氯、溴、湿氯气中不稳定。

四、石墨砖板及合成树脂浸渍石墨砖板

石墨砖板以石油焦、沥青焦为骨料，煤沥青为黏结剂，经过原料在 2 400 ~ 3 000℃高温下煅烧，破碎磨粉、配料、混捏、成型、焙烧、浸渍、石墨化和机械加工而制成的一种耐高温石墨质材料，具有良好的耐热性和耐腐蚀性。合成树脂浸渍石墨砖板是将制备好的石墨砖板置于树脂真空罐中，经抽真空、加压、干燥等措施，使树脂充满石墨砖板内的空隙，制成浸渍石墨砖板。合成树脂浸渍石墨砖板具有优异的耐腐蚀性、优良的导热性、耐热冲击性等特点。

（一）物理性能

（1）石墨砖板物理性能及检测方法见表 8–17。

表 8–17　石墨砖板的物理性能及检测方法

项目	指标	检测方法
体积密度 /（kg/m^3）	1 600 ~ 1 700	《炭素材料体积密度测定方法》GB/T 24528
抗弯强度 /MPa	5 ~ 9	《炭素材料抗折强度测定方法》GB/T 3074.1
线膨胀系数 /（ $\times 10^{-6}$/℃）	1.8 ~ 2.0	《耐火材料　热膨胀试验方法》GB/T 7320
最高使用温度 /℃	300	—
吸水性（质量分数）/%	17 ~ 19	《耐酸砖》GB/T 8488
抗压强度 /MPa	18 ~ 28	《炭素材料耐压强度测定方法》GB/T 1431
压缩弹性模量 /（ $\times 10^4$MPa）	0.5 ~ 0.9	《耐火材料　动态杨氏模量试验方法（脉冲激振法）》GB/T 30758
导热系数 /［W/（m·K）］	104 ~ 128	《炭素材料导热系数测定方法》GB/T 8722

注：表中参数是采用焙烧加工方式的性能指标。

（2）合成树脂浸渍石墨砖板性能及检测方法见表 8–18。

表 8–18 合成树脂浸渍石墨砖板的物理性能及检测方法

项目	指标	检测方法
体积密度 /（kg/m^3）	1 700 ~ 1 900	《炭素材料体积密度测定方法》GB/T 24528
抗弯强度 /MPa	22 ~ 28	《炭素材料抗折强度测定方法》GB/T 3074.1
线膨胀系数 /（$\times 10^{-6}$/℃）	2.0 ~ 4.0	《耐火材料 热膨胀试验方法》GB/T 7320
最高使用温度 /℃	150 ~ 200	—
吸水性（质量分数）/%	0 ~ 10	《耐酸砖》GB/T 8488
抗压强度 /MPa	50 ~ 70	《炭素材料耐压强度测定方法》GB/T 1431
压缩弹性模量 /（$\times 10^4$MPa）	0.9 ~ 1.6	《耐火材料 动态杨氏模量试验方法（脉冲激振法）》GB/T 30758
导热系数 /［W/（m・K）］	104 ~ 128	《炭素材料导热系数测定方法》GB/T 8722

在表 8–17 和表 8–18 中，导热系数是最高使用温度时，材料内外表面平均温度下，未考虑吸水性的数值；线膨胀系数是指最高使用温度与 20℃之间的平均线膨胀系数。

（二）各类浸渍与压型石墨板的性能比较

为弥补石墨材料孔隙率大、强度低的缺点，在应用时常以各种树脂或水玻璃进行浸渍或以石墨粉与树脂混合进行压制，浸渍或压制后材料的性能根据所选用浸渍剂与黏合剂的品种不同而有所不同。表 8–19 是某研究单位采用酚醛树脂、呋喃树脂、水玻璃等浸渍剂、黏合剂制成石墨材料的物理机械性能的对比。

表 8–19 浸渍石墨与压型石墨物理机械性能对比

项目	浸渍前	浸渍石墨			酚醛压型石墨
		酚醛树脂	呋喃树脂	水玻璃	
密度 /(g/cm^3)	1.4 ~ 1.5	1.8 ~ 1.9	1.8	—	1.8 ~ 1.93
吸水率 /%	12 ~ 14	—	—	—	0.07
增重率 /%	—	15 ~ 18	17 ~ 18	13 ~ 18.4	—
热导率 /［W/（m・K）］	116 ~ 128	105 ~ 116	—	—	31.5 ~ 39.8
扰压强度 /MPa	19.6 ~ 23.5	58 ~ 68	64	40.7	84.5 ~ 118
拉伸强度 /MPa	2.5 ~ 3.4	8 ~ 10	13.7	5.0	24 ~ 27
抗弯强度 /MPa	8.3 ~ 9.8	24 ~ 28	24	—	59
抗渗透（水压）/MPa	<0.01	>0.6	>6	—	0.8
使用温度 /℃	—	<170	<190	<420	<170
平均线膨胀系数 /（$\times 10^6$/℃）	4 ~ 7	—	—	—	24.75

（三）浸渍石墨板与压型石墨管的规格

耐腐蚀砖板衬里中最常用的是浸渍石墨板与压型石墨管，近些年来也出现了压型石墨板。浸渍石墨板是将石墨块体按规定尺寸加工成板材，然后以树脂进行浸渍、固化而成，其规格见表 8-20。压型石墨管是以石墨粉与树脂混合后，在加热状态下进行挤压与固化，制成各种规格的管材，衬里时用作接管的内衬，其规格见表 8-21。压型石墨板是以石墨板与树脂混合后在规定的模具中进行热压成型，其规格随模具的尺寸不同而有所不同。

表 8-20　浸渍石墨板的规格 /mm

长	宽	厚	长	宽	厚
100	50	10	180	110	20
110	50	10	180	75	20
110	70	20	200	100	20

表 8-21　压型石墨管的规格 /mm

公称直径	外径	内径	壁厚
20	32	22	5
25	38	26	6
30	50	35	7.5
40	55	40	7.5
50	65	50	7.5
60	85	65	10
70	100	75	12.5

（四）耐腐蚀性能

浸渍石墨与压型石墨耐腐蚀性能见表 8-22。

表 8-22　浸渍石墨与压型石墨耐腐蚀性能

介质	浸渍前	浸渍石墨			酚醛树脂压型石墨
		酚醛树脂	呋喃树脂	水玻璃	
70% 硫酸	耐	尚耐	尚耐	耐	尚耐
50% 硫酸	耐	耐	耐	耐	耐
30% 硝酸	耐	不耐	不耐	耐	不耐
盐酸	耐	耐	耐	耐	耐
氟氢酸	耐	耐	耐	不耐	耐
20% 氢氧化钠	耐	不耐	耐	不耐	不耐
99% 醋酸	耐	耐	耐	耐	耐
85% 磷酸	耐	耐	耐	耐	耐

续表 8–22

介质	浸渍前	浸渍石墨			酚醛树脂压型石墨
		酚醛树脂	呋喃树脂	水玻璃	
湿氯气	不耐	不耐	不耐	耐	不耐
苯	耐	耐	耐	耐	耐
氧化性盐类	不耐	不耐	不耐	耐	不耐
煤油	耐	耐	耐	耐	耐

从表 8–22 可以看出，浸渍石墨与压型石墨耐腐蚀性能取决于所选用的浸渍剂。

第二节　耐腐蚀胶泥的种类和性能

砖板衬里用的黏合剂俗称耐腐蚀胶泥或胶泥，它是砖板衬里的主要材料之一，砖板衬里的适用范围及应用效果主要取决于所选用的胶泥。

一、耐腐蚀胶泥的品种及性能特点

（一）耐腐蚀胶泥的主要品种

根据所用原材料的不同，胶泥可分为无机硅酸盐胶泥和有机树脂类胶泥。

（1）无机硅酸盐胶泥由水玻璃（硅酸钠、硅酸钾）、耐酸填料（也称耐酸粉料）和固化剂按一定比例调制而成，故亦称水玻璃胶泥，主要品种有钠水玻璃胶泥和钾水玻璃胶泥。

（2）有机树脂胶泥由耐腐蚀树脂、耐腐蚀填料（也称耐腐蚀粉料）和固化剂按一定比例调制而成，故亦称树脂胶泥，按树脂品种可分为环氧树脂、呋喃树脂、酚醛树脂、乙烯基酯树脂、双酚 A 型和间苯型不饱和聚酯树脂的胶泥。

（二）耐腐蚀胶泥的物理性能及检测方法

1. 性能特点

各类耐腐蚀胶泥的性能特点见表 8–23。

表 8–23　各类耐腐蚀胶泥的性能特点

胶泥品种		使用温度 /℃	性能特点
无机硅酸盐胶泥（水玻璃胶泥）	钠水玻璃胶泥	<300	耐各种浓度的硫酸、盐酸、硝酸、磷酸、氧化性介质、有机物的腐蚀； 不耐氢氟酸、氟硅酸、含氟物质、碱、热磷酸的腐蚀； 机械强度低，粘结力差，孔隙率大，收缩率大
	钾水玻璃胶泥	<900	耐各种浓度的硫酸、盐酸、硝酸、磷酸、氧化性介质、有机物、稀酸的腐蚀； 不耐氢氟酸、含氟物质、碱类的腐蚀； 机械强度、粘结力、抗渗性优于钠水玻璃胶泥

续表 8–23

胶泥品种		使用温度 /℃	性能特点
有机树脂胶泥	环氧树脂胶泥	<100	耐 40% 硫酸、20% 盐酸、20% 氢氧化钠的腐蚀； 不耐氧化性介质的腐蚀； 机械强度高，粘结力高，收缩率小
	呋喃树脂胶泥	<140	耐酸性能与酚醛树脂胶泥相似，可耐 25% 以上的 NaOH； 不耐氧化性介质的腐蚀； 机械性能与酚醛胶泥相似，粘结力优于酚醛胶泥
	酚醛树脂胶泥	<140	耐 70% 以内硫酸、各种浓度盐酸、磷酸、某些有机物、氢氟酸的腐蚀； 不耐碱、氧化性介质的腐蚀，改性后可用于稀碱； 机械强度高，粘结力好，孔隙率小
	乙烯基酯树脂胶泥	<130（液相） <160（气相）	高度耐蚀胶泥、耐 70% 以内硫酸、盐酸、氢氟酸、氧化性介质和部分有机溶剂； 机械强度高，粘结力较好，孔隙率小，抗渗性能好
	双酚 A 型和间苯型不饱和聚酯胶泥	<90（液相） <130（气相）	耐稀酸、稀碱的腐蚀，某些品种耐氧化性介质腐蚀； 机械强度较高，粘结力一般，收缩率较大

注：乙烯基酯树脂胶泥的耐温性与所用树脂品种有关。

2. 水玻璃胶泥的物理力学性能检测方法

按国家标准《工业设备及管道防腐蚀工程技术标准》GB/T 50726—2023 的规定，水玻璃胶泥的主要检测项目为：初凝时间、终凝时间、抗拉强度、与耐酸砖的粘结强度、抗渗强度、吸水率（煤油吸收法）、浸酸安定性、耐热极限温度，其检测方法按国家标准《建筑防腐蚀工程施工规范》GB 50212—2014 的有关规定进行。

3. 有机树脂胶泥的物理力学性能检测方法

按国家标准《工业设备及管道防腐蚀工程技术标准》GB/T 50726—2023 的规定，树脂胶泥的主要检测项目为：抗压强度、抗拉强度、粘结强度、抗渗强度，其检测方法如下：

（1）抗压强度、抗拉强度、粘结强度检测按国家标准《建筑防腐蚀工程施工规范》GB 50212—2014 的有关规定进行；

（2）抗渗强度检测按国家标准《乙烯基酯树脂防腐蚀工程技术规范》GB/T 50590—2010 的有关规定进行。

二、耐腐蚀填料

（一）耐腐蚀填料的作用

耐腐蚀填料是胶泥的重要组成部分，在胶泥的固化过程中虽不参与化学反应，但是它的质量优劣影响着胶泥的性能。填料在胶泥中除了作为填充料外，对胶泥的耐腐蚀性能、力学性能、热稳定性和耐久性等方面，都起着重要作用。因此必须认真选择填料，严格把关填料质量是配制耐腐蚀胶泥过程中的重要环节之一。

对耐腐蚀胶泥用的填料有以下要求：

（1）耐腐蚀性能优良。对砖板衬里设备中使用的介质，必须有较好耐腐蚀性，而且不产生溶解、溶胀、变色等现象。

（2）填料中不应含有杂质，特别是易与介质发生化学反应的杂质，如碳酸盐、铁离子等。

（3）填料应有较好的热稳定性，在使用温度范围内不应有熔融、变形、膨胀、收缩等现象发生；有些填料需要有较好的隔热或导热作用。

（4）胶泥中的粘接剂，如水玻璃、合成树脂等应有较好的浸润性与亲和力，以获得性能优良的胶泥。

（5）具有一定的颗粒组成。

（6）含水量低，机械杂质少。

（二）耐腐蚀填料的品种

工程应用的耐腐蚀填料主要有两大类。一类是经过高温熔融煅烧的熟料，如铸石粉、瓷粉、石墨粉等。这类填料由于经过高温煅烧，含杂质少，颗粒致密，形态稳定，具有耐腐蚀性好、吸水率低、收缩率小等特点；另一类是天然岩石经粉碎、筛分的生料。这类填料由于没经过煅烧，含杂质较多，形态不稳定，致密性差，与熟料相比具有耐腐蚀性差、吸水率大、收缩率高等特点。

各种填料的性能特点如下：

（1）铸石粉。铸石粉是由辉绿岩或玄武岩等天然岩石经熔融煅烧后加工粉碎而得，用它配制的胶泥机械强度高、耐磨性好、热稳定性好，常用作水玻璃类胶泥的填料。由于铸石粉中铁的含量较高，用作酚醛胶泥、呋喃胶泥的填料时，常与胶泥中的酸性固化剂发生反应，引起胶泥的固化速度减慢或体积膨胀，因此选用填料时常将铸石粉与其他填料合用，如与石英粉、长石粉等合用，可以弥补各自的缺点。

（2）瓷粉。瓷粉是耐酸陶瓷制品的废品经加工粉碎而得。由于它经过高温煅烧，原料中的一些组分发生物理化学性质变化，所以瓷粉具有较好的耐酸性能，热稳定性好、收缩率小，与水玻璃及合成树脂等的粘结性好。用它配制的胶泥机械强度高、耐热性高，可用于除氢氟酸、磷酸之外的一切酸类介质中；瓷粉常用作酚醛树脂胶泥或呋喃树脂胶泥的填料。

（3）石墨粉。石墨粉是人造石墨的块体经粉碎加工后的粉状物质，呈黑色，质地光滑。石墨粉具有优良的耐腐蚀性能，对除氧化性酸（如王水、浓硝酸、铬酸）外的一切浓度酸类介质均耐腐蚀。在各种浓度的碱、有机物和盐类中的性能稳定。石墨粉具有优异的导热性能，导热系数为碳钢的2倍，因而可以作为导热胶泥的填料。石墨粉热稳定性好、吸水率低、收缩率小，用它配制的胶泥具有良好的耐热性能。石墨粉中常含有大量的铁、氧化铁等杂质，与酸性固化剂接触后会发生反应，导致胶泥固化速度减慢、体积膨胀，因而用石墨粉配制胶泥之前，应测定其耐酸度或取样做配制胶泥试验，如发现耐酸性能差时应对石墨粉进行酸洗、烘干、筛分后再使用。

（4）硫酸钡粉。硫酸钡粉是由重晶石矿提取的主要含有硫酸钡成分（$BaSO_4$）的白色粉状物质，密度为4.5g/cm^3，不溶于酸，微溶于水中，158℃时熔化或升华。硫酸钡粉耐酸、碱及氢氟酸的腐蚀，因而常用作配制耐氟化物的胶泥。采用硫酸钡粉作填料配制胶泥时，由于用量大、粘结力低，因而一般常与石墨粉混用。硫酸钡中常含有碳酸盐等杂质，影响胶泥的固化速度与耐酸性能，故应酸洗后再使用。

（5）石英粉。石英粉是由天然石英石经加工粉碎后而制成的白色粉状物质，质地坚硬、耐磨性好，可耐各种浓度的硫酸、硝酸、盐酸和一些有机酸的腐蚀，但在碱、氢氟酸及其他含氟物质中不耐腐蚀。石英粉是亲水性物质，用它配制的胶泥收缩率大。石英粉富含有碳酸盐、铁等杂质，影响胶泥的固化速度和耐酸性能，故在使用前应测定石英粉的耐酸度或将其加热煅烧后再使用。

（6）长石粉。长石是含有碱金属或碱土金属硅铝酸盐的矿物。根据所含金属原子的不同可分为钠长石与钾长石两类。长石中SiO_2含量较低，且含部分钙、镁等碳酸盐杂质，故其耐酸性能低于石英。用长石粉配制的胶泥具有较好的施工性能与黏结性能，故常用作水玻璃胶泥的填料。

（7）安山岩粉。安山岩粉是天然的安山岩岩石经加工粉碎而成的微黄色粉状物质。安山岩由中性长石与角闪石、石英等组成，因此其具有耐酸性强、热稳定性好、易加工等特点。以安山岩粉配制的胶泥施工性能好、粘结力较石英粉高。常用于水玻璃胶泥的填料。

（三）耐腐蚀填料的颗粒组成

耐腐蚀填料的颗粒组成直接影响着胶泥的性能，填料颗粒太大，配制的胶泥孔隙率大、抗渗性差，施工时胶泥易流淌，固化后的胶泥常出现表面粗糙、无光泽等现象。填料颗粒太细，则由于其比面积大，粘接剂的用量则随之增加，从而影响胶泥的耐腐蚀性能与物理力学性能。因而合理地选择填料的颗粒组成是配制胶泥的重要环节。

合理组成的填料应是各种颗粒的组合体。由各种不同的颗粒组成的填料密实度高、孔隙率小，配制的胶泥具有较好的力学性能与抗渗性能。

（四）耐腐蚀填料的选择

正确选择耐腐蚀填料是保证胶泥质量的重要条件之一。选择填料时应综合考虑胶泥的使用环境和填料的性能特点，必要时可通过试验验证，再进行选择。

（1）各类耐腐蚀填料的性能特点见表8-24。

（2）水玻璃胶泥一般都用于酸性介质中，应当选择耐酸性能好的填料，如铸石粉、石英粉、长石粉等，或者这些填料的混合料。

（3）酚醛树脂胶泥、呋喃树脂胶泥都采用酸性固化剂，应当避免选用含碳酸盐、铁等杂质多的生料，而应选用经过烧结的熟料，如铸石粉、瓷粉、石墨粉等。

（4）用在碱性介质中的胶泥，如呋喃树脂胶泥、环氧树脂胶泥等宜选用耐碱性能好的石墨粉、硫酸钡粉等，如果碱的浓度较小，碱性较弱也可选用部分铸石粉。

（5）在氢氟酸或含氟类物质中，胶泥应当选用不含二氧化硅的填料，如石墨粉、硫酸钡粉等。

（6）配制导热胶泥时，应选用石墨粉作填料。

（7）用在强氧化性介质中，如硝酸、王水等不宜采用石墨粉作填料，而应采用二氧化硅含量较多的石英粉、长石粉、铸石粉等。

（8）为了取长补短改进填料的性能，可以选配两种以上的混合填料，如铸石粉与石英粉、石墨粉与硫酸钡粉等。

表 8-24　各类耐腐蚀填料的性能特点

项目	铸石粉	瓷粉	石墨粉	硫酸钡粉	石英粉	长石粉	辉绿岩粉	重晶石粉
相对密度	—	2.58 ~ 2.60	2.12	—	2.6 ~ 2.65	—	2.95 ~ 3.01	4.47
吸水性	小	较大	小	小	较大	较大	小	—
收缩率	小	一般	小	小	大	大	小	—
耐酸性	好	好	好	好	好	较好	好	好
耐氢氟酸	不耐	不耐	耐	耐	不耐	不耐	不耐	耐
耐碱性	耐	不耐	耐	耐	不耐	不耐	好	耐
黏结力	高	一般	高	低	一般	一般	高	一般
耐磨性	高	一般	低	较低	一般	一般	高	高
导热性	一般	一般	高	一般	一般	一般	一般	—
耐温性	高	一般	高	低	一般	一般	高	高
价格	—	较高	较高	—	低	—	较高	高

三、钠水玻璃胶泥

钠水玻璃胶泥具有较高的机械强度、优良的耐酸性能，价格便宜，施工方便，已成为防腐领域中应用面最广、用量最大的主要耐腐蚀胶泥。

（一）钠水玻璃胶泥的原材料

钠水玻璃胶泥的主要原料是钠水玻璃、氟硅酸钠固化剂与耐酸填料。

1. 钠水玻璃

硅酸钠（$Na_2O \cdot nSiO_2$）溶于水后称为钠水玻璃，也称泡花碱。由于水玻璃的生产方法不同，产品的质量亦略有差异。液体法生产是将氢氧化钠溶液与石英粉混合加热后进行蒸煮，反应得出产品的过程。产品为无色、清澈、透明的黏稠体，质量较好。固体法生产是将固体碳酸钠与石英粉混合均匀后在熔炉中于 1 300 ~ 1 400℃温度下进行熔化，降温形成固体，将其加入水中后在搅拌下通入蒸汽进行蒸煮，然后经沉淀、过滤得到水玻璃的过程。由于此法在生产中常混入部分煤烟，因而产品略呈黑灰色，并混有部分悬浮颗粒。近年来以天然气为燃料生产的水玻璃质量较好。目前配制耐酸胶泥用的水玻璃多为固体法生产的产品。

胶泥用钠水玻璃的技术指标见表 8–25。

表 8–25 胶泥用钠水玻璃的技术指标

项目	技术指标	项目	技术指标
外观	略带色的透明或半透明黏稠液体	密度（20℃）/（g/cm^3）	1.40 ~ 1.43
模数	2.60 ~ 2.90	氧化钠 /%	≥ 10.20

由此可见钠水玻璃的模数和密度是钠水玻璃材料的两个主要质量控制指标：

（1）模数。模数是指钠水玻璃中二氧化硅与氧化钠的分子数之比，以 M 式（8–1）表示：

$$M=\frac{SiO_2\text{ 的分子数}}{Na_2O\text{ 的分子数}} \tag{8–1}$$

如果测出钠水玻璃中 SiO_2 与 Na_2O 的质量分数，则模数可按式（8–2）计算：

$$M=\frac{x(SiO_2)}{x(Na_2O)}\times 1.032 \tag{8–2}$$

式中：x——物质的质量分数；

1.032——氧化钠分子量（62）与二氧化硅分子量（60）的比值。

根据钠水玻璃用途的不同，模数可以变动。配制钠水玻璃胶泥时，钠水玻璃的模数以 2.6 ~ 2.9 为宜。配制胶泥时，如模数不符合要求，则可以进行调整。

由低模数调成高模数可采用补加硅胶粉的方法，即将硅胶粉以水调成糊状，然后搅拌加入需要调整模数的水玻璃中，并逐渐加热，直到硅胶粉全部溶解。硅胶粉的用量按式（8–3）计算：

$$G=\frac{M_x-M}{M}\times A\times G_1 \tag{8–3}$$

式中：G——补加硅胶粉的质量（kg）；

M——实测水玻璃的模数；

M_x——需要调整的水玻璃模数；

A——实测水玻璃中 SiO_2 含量（%），硅胶粉中 SiO_2 含量以 100% 计；

G_1——低模数水玻璃的质量（kg）。

由高模数调成低模数可采用补加氢氧化钠的方法，即将氢氧化钠配成水溶液，然后搅拌加入待调整模数的水玻璃中，并充分搅拌均匀。氢氧化钠的用量按式（8–4）计算：

$$G=\frac{(M_1-M_x)\times B\times G_1}{M_x\times P}\times 1.29 \tag{8–4}$$

式中：G——补加氢氧化钠的质量（kg）；

M_1——高模数水玻璃的模数；

M_x——要求的水玻璃模数；

B——高模数水玻璃中 Na_2O 含量（%）；

P——氢氧化钠的纯度（%）；

G_1——高模数水玻璃的质量（kg）；

1.29——氢氧化钠换算成 Na_2O 的换算系数。

（2）密度。密度是钠水玻璃的一项重要技术指标，它取决于钠水玻璃中的固体含量与化学组成。密度的大小对钠水玻璃胶泥的性能影响较大，密度大则胶泥的机械强度高、孔隙率小，但黏度大、施工困难；密度小则胶泥的物理机械性能随之下降。配制钠水玻璃胶泥时，密度一般控制在 1.40g/cm³ 左右。

钠水玻璃的密度一般采用比重计测定，以密度或波美度表示，两者之间的关系可通过式（8–5）和式（8–6）换算：

$$密度=\frac{145}{145-波美度} \tag{8-5}$$

$$波美度=145-\frac{145}{密度} \tag{8-6}$$

钠水玻璃的密度如果不符合要求，可以通过加水稀释或加热浓缩的方法进行调整。密度大时，可参照表 8–26 增加水量：

表 8–26　钠水玻璃密度的调整

密度 /（g/cm³）	每吨水玻璃加水量 /kg	密度 /（g/cm³）	每吨水玻璃加水量 /kg
1.498	44.8	1.598	175
1.530	87.6	1.634	218
1.563	130	1.672	263

当钠水玻璃密度较小时，可用加热浓缩的方法增大其密度。在浓缩过程中应不断搅拌，以防止表面起皮，并随时取样冷却到 25℃，测定其密度，直至达到要求。

采用两种模数相同而密度不同的钠水玻璃在常温下互相混合是调整密度的易行方法之一。

2. 氟硅酸钠固化剂

用作钠水玻璃胶泥固化剂的氟硅酸盐种类较多，如氟硅酸钠、氟硅酸钾、氟硅酸锌等，但用得最多、固化效果较好的是氟硅酸钠。

（1）氟硅酸钠（Na_2SiF_6）的外观为白色结晶粉末，有毒；在水中的溶解度很小，常温下不到 1%，100℃时也只有 2.6%；其水溶液呈酸性，pH=3～4，而当溶液的 pH=8.0～8.5 时则发生水解反应并析出胶状 SiO_2 沉淀：

$$Na_2SiF_6+4H_2O \longrightarrow 2NaF+4HF+Si(OH)_4$$

钠水玻璃胶泥的固化过程就是从这一水解反应开始进行的。

（2）配制钠水玻璃胶泥时，氟硅酸钠的用量按式（8–7）计算：

$$G=\frac{1.5\times P\times A}{B} \tag{8-7}$$

式中：G——钠水玻璃用量为 A 时，氟硅酸钠的用量（kg）；

A——钠水玻璃的用量（kg）；

P——钠水玻璃中 Na_2O 的含量（%）；

B——氟硅酸钠的纯度（%）；

1.5——换算系数。

根据理论计算与实际经验，在一般情况下，胶泥中氟硅酸钠的用量为钠水玻璃用量的 15%、耐酸填料用量的 6%。

（3）配制钠水玻璃胶泥时，氟硅酸钠的技术指标见表 8-27。

表 8-27 氟硅酸钠的技术指标

项目	技术指标	
	一级	二级
外观	白色粉末	白色粉末
纯度 /%	≥ 95	≥ 93
游离酸（按盐酸计）	<0.2	<0.3
NaF 含量 /%	<3	<5
水分 /%	<1	<1
细度（0.15mm 筛孔）	全部通过	全部通过

氟硅酸钠受潮时易结块，需经烘干粉碎后使用。烘干温度不宜超过 65℃，否则氟硅酸钠会分解。

3. 耐酸填料

配制钠水玻璃胶泥用的耐酸填料通常要求耐酸性好、杂质少、含水率低，并具备合适的细度。常用的耐酸填料有：辉绿岩铸石粉、瓷粉、石墨粉等。工程中发现采用石英粉因细度过细，固化后收缩率过大，容易产生裂纹，因此不推荐单独使用。目前国内一些有商品牌号的钠水玻璃胶泥用的耐酸填料多为混合粉料。配制钠水玻璃胶泥所用的耐酸填料的技术指标见表 8-28。

表 8-28 耐酸粉料的技术指标

项目	技术指标	项目	技术指标
耐酸度 /%	≥ 95	细度	0.15mm 筛孔，筛余不大于 5%； 0.09mm筛孔，筛余不大于15%~30%
含水率 /%	≤ 0.5		

（二）钠水玻璃胶泥的固化反应过程

1. 硅酸钠与氟硅酸钠反应

钠水玻璃胶泥的固化过程实际上是硅酸钠与氟硅酸钠的化学反应过程，一般按下列步骤进行：

（1）硅酸钠水解：

$$Na_2O \cdot nSiO_2 + (2n+1)H_2O = 2NaOH + nSi(OH)_4$$

（2）氟硅酸钠水解：

$$Na_2SiF_6+4H_2O = 2NaF+4HF+Si(OH)_4$$

（3）两种水解产物（NaOH 及 HF）相互作用破坏了（1）、（2）反应的平衡，驱使（1）、（2）两个反应向右侧进行：

$$NaOH+HF \longrightarrow NaF+H_2O$$

综合以上三个反应，其总的化学反应式可写成：

$$2Na_2O \cdot nSiO_2+Na_2SiF_6+2(n+1)H_2O \longrightarrow 6NaF+(2n+1)Si(OH)_4$$

由于上述反应的不断进行，系统中析出大量的硅酸凝胶［$Si(OH)_4$］，这些具有胶体性质的硅酸凝胶将耐酸填料粘结成一个整体，并逐渐脱水缩合形成具有硅氧键的体型结构见图 8–1，导致胶泥的固化。实际上，上述反应进程是比较缓慢的，而且是从表面开始逐步伸展到内部。此种现象在胶泥的固化过程中可以明显观察到。

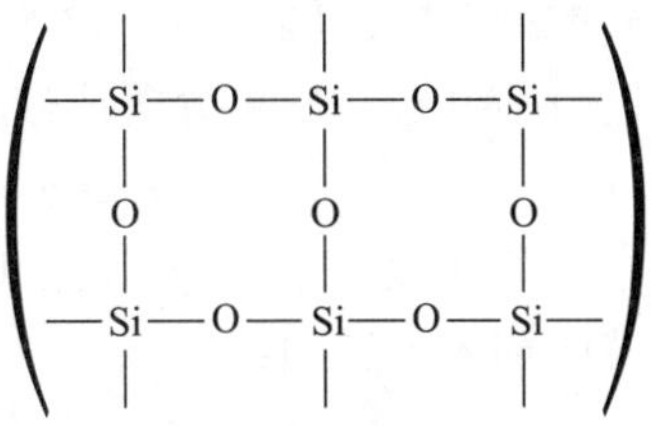

图 8–1　结构图

2. 胶泥性能的影响因素

从上述固化反应的过程可以清楚地看出，参与反应的是钠水玻璃与氟硅酸钠，它们不同的技术指标对胶泥的性能将产生较大的影响：

（1）钠水玻璃的模数、密度是影响胶泥性能的主要因素。模数高的水玻璃，其二氧化硅含量高，水解时析出的硅酸凝胶起着粘结粉料的作用。因此，同一密度的水玻璃，模数高时胶泥可以获得较高的强度；但模数过高则将造成固化速度过快、表面结皮，给施工增加困难。图 8–2 表示了模数与胶泥强度的关系。

（2）水玻璃含水量与密度的关系。水玻璃中的含水量与密度密切相关，密度大、含水量低，则胶泥的强度、孔隙率随之提高。图 8–3 表示了水玻璃密度与胶泥煤油吸收率的关系。

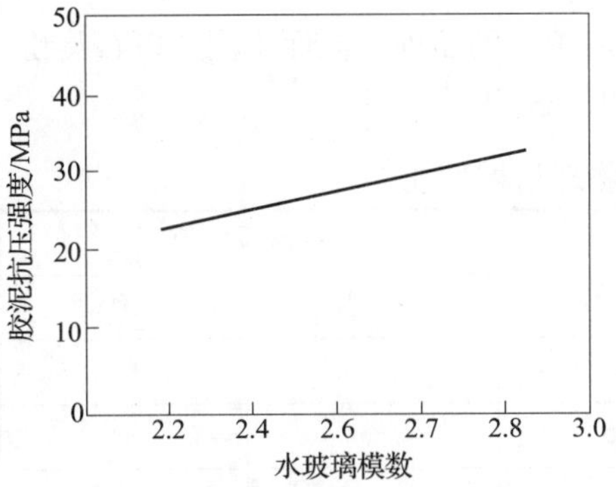

图 8–2　水玻璃模数与胶泥强度关系

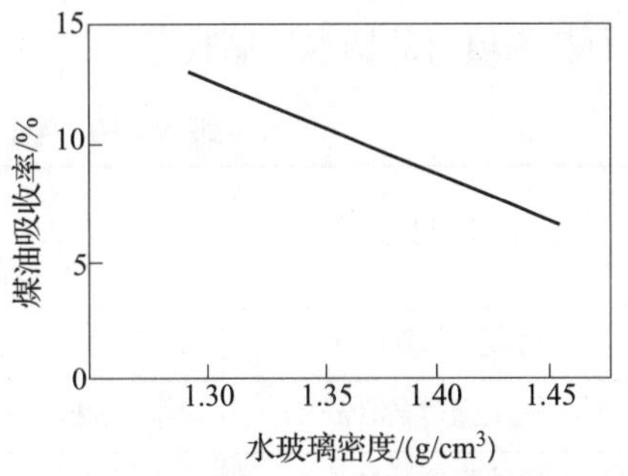

图 8–3　水玻璃密度与煤油吸收率的关系

从图 8–3 可以看出，胶泥的孔隙率是随着水玻璃的密度增大而降低的。

需要指出的是：水玻璃的密度与模数同时增大是不适宜的，易造成胶泥的塑性变小、稠度增大，给施工带来困难，因此在配制钠水玻璃胶泥时，钠水玻璃的模数应以 2.6 ~ 2.9、密度应以 1.40g/cm^3 左右为宜。

（3）钠水玻璃的用量。在钠水玻璃胶泥的配料比中，水玻璃与氟硅酸钠的用量是按两者之间的化学反应式计算出来的。如果其中某种物料过多或不足都将影响胶泥的性能。钠水玻璃的用量过多时则胶泥中的没有参与反应的水玻璃增多，水分加大，必将造成胶泥的孔隙率增大，强度降低，耐稀酸性能减弱等。因此在配制胶泥时，在保证合适的施工稠度的前提下，应尽量控制钠水玻璃的用量。

（4）硅酸钠与氟硅酸钠反应转化率的影响。据测定，在钠水玻璃胶泥的固化过程中，硅酸钠与氟硅酸钠的反应转化率只有 70% ~ 80%，系统中还残存着 20% ~ 30% 没有参与反应的钠水玻璃。这些残存的钠水玻璃对胶泥的机械强度、耐酸性、抗渗透性，特别是耐稀酸与耐水性都造成较大的影响。为了克服或减少由此造成胶泥性能上的缺点，一般都在胶泥施工后、投入生产前，用酸处理的方法补救，即将没有参与反应的硅酸钠进行酸分解，使之分解成硅酸凝胶，并逐渐脱水，化学反应式为：

$$Na_2O \cdot nSiO_2 + 2H^+ + (2n-1)H_2O \longrightarrow 2Na^+ + nSi(OH)_4$$

酸化液一般以 40% 硫酸或 20% 盐酸为宜，为了增加酸处理的深度，可以在酸处理液中加入少量酒精。

（三）钠水玻璃胶泥的物理性能

1. 性能特点

（1）耐酸性能优良，对大多数无机酸、有机酸、强氧化性酸等均有较强的耐腐蚀性，但在碱性介质、含氟介质、中性盐类溶液及高级脂肪酸中不耐腐蚀。

（2）具有较好的物理机械性能，特别是与一些无机材料，如耐酸砖板、铸石板、花岗岩等有较好的粘结强度。

（3）热稳定性好，可用于 300℃的高温环境中，其线膨胀系数与钢板接近，因此作为钢壳的内部衬里，产生的热应力小。

（4）可常温施工、常温固化。原料丰富，价格低廉。

2. 物理机械性能

钠水玻璃胶泥的物理机械性能，根据所用耐酸填料的品种不同而不同，以石英粉、铸石粉为填料的钠水玻璃胶泥，其物理机械性能见表 8–29。

表 8–29 钠水玻璃胶泥物理机械性能

项目	试验值		标准设定值	
	石英粉为填料	铸石粉为填料	密实型	普通型
密度 /（g/cm^3）	1.8 ~ 2.0	1.9 ~ 2.1	—	—
抗压强度 /MPa	>25	>25	—	—
拉伸强度 /MPa	>2.5	>2.5	≥ 3.0	≥ 2.5
粘结力（与瓷板）/MPa	>1.0	>1.0	≥ 1.2	≥ 1.0
粘结力（与钢材）/MPa	>1.0	—	—	—
吸水率 /%	<18	<15	—	≤ 15
导热系数 /［W/（m·K）］	0.814 ~ 1.163		—	—
浸酸安定性	合格		合格	合格

续表 8–29

项目	试验值		标准设定值	
	石英粉为填料	铸石粉为填料	密实型	普通型
初凝时间 /min	<30		≥ 45	≥ 45
终凝时间 /h	<8		≤ 12	≤ 12
抗渗强度（水压）/MPa	0.6（不透）		≥ 1.2	—

注：1　吸水率采用煤油吸收率法测定；

2　标准设定值来源于国家标准《工业设备及管道防腐蚀工程技术标准》GB/T 50726—2023。

（四）钠水玻璃的改性

钠水玻璃胶泥的主要缺点是孔隙率高，粘结力差，不耐中性化学介质和碱类；在稀硫酸、稀醋酸中抗腐蚀性能差。改善这些缺点的途径是：

（1）以钾水玻璃代替钠水玻璃，改善其对中性化学介质和在稀硫酸、稀醋酸中的稳定性。主要原因是钠水玻璃与硫酸、醋酸接触后生成含有结晶水的硫酸钠（$Na_2SO_4 \cdot 10H_2O$）、醋酸钠（$NaAc \cdot 3H_2O$），导致胶泥体积膨胀致使衬里层破裂，而钾水玻璃则无此情况发生。以钾水玻璃配制的胶泥，如德国的 STELLAKITT 胶泥、国内的 KP–1 或 PJXC 胶泥，其耐稀酸性能和耐水性能均佳。国内外主要水玻璃胶泥性能比较见表 8–30。

表 8–30　国内外主要水玻璃胶泥性能比较

项目	德国 STELLAKITT KG（通用型）	中国 IGI	中国 KP–1 或 PJXC	瑞典 SWK
	钾水玻璃、固化剂（不详）、石英粉	钠水玻璃、氟硅酸钠、石英粉	钾水玻璃、缩合磷酸铝、石英粉	钠水玻璃、氟硅酸钠、石英粉
抗压强度 /MPa	40	19.6 ~ 39.2	19.6 ~ 39.2	27.5
拉伸强度 /MPa	4	3.92	3.88	2.74
弯曲强度 /MPa	7	—	—	—
弹性模量 /（$\times 10^4$ MPa）	0.55（弯曲）	1.08 ~ 1.27（拉伸）	—	—
粘结力（与瓷板）/MPa	>1.5	1.47 ~ 1.96	3.92 ~ 7.85	1.47
粘结力（与碳钢）/MPa	—	—	1.96	1.95
使用温度 /℃	900	300	900	—
导热系数 /［W/（m·K）］	1.75（25℃） 1.34（250℃）	—	1.16 ~ 1.39	1.16

（2）寻找新的钠水玻璃胶泥固化剂代替传统的氟硅酸钠固化剂。据一些文献报道，这些新的固化剂中属于有机化合物的有酰胺类、醋酸乙酯、磺酰氯等，属于无机化合物

的有一氧化铅、缩合磷酸盐等。

（3）选择活性耐酸填料改善硅酸盐胶泥的抗渗透性。这些活性耐酸填料与酸接触后生成胶体物质，充满于胶泥的孔隙中，从而达到抗渗透性的目的。另外也有加入某些高分子材料，如糠醛丙酮树脂、聚乙烯粉等。

四、钾水玻璃胶泥

国内的钾水玻璃胶泥是20世纪80年代研制成功的，在石油、化工、冶金、电力、轻工等工业领域中得到了广泛的应用，并取得了良好的效果。目前钾水玻璃胶泥国内的商品牌号有KP–1、KP–2和PJXC，KP–2和PJXC胶泥的性能较KP–1胶泥有较大的提高。

（一）钾水玻璃胶泥的原材料

钾水玻璃胶泥的主要原料是钾水玻璃、缩合磷酸铝固化剂、耐酸填料和少量添加剂。

1. 钾水玻璃

硅酸钾（$K_2O \cdot nSiO_2$）的水溶液称为钾水玻璃，常温下为白色或灰白色黏稠液体，呈碱性，遇酸后分解析出SiO_2。胶泥用钾水玻璃的技术指标见表8–31。

表8–31 胶泥用钾水玻璃的技术指标

项目	指标	项目	指标
密度/（g/cm^3）	1.40~1.46	氧化钾/%	>15
模数	2.60~2.90	氧化钠/%	<1
二氧化硅/%	25.00~29.00	—	—

注：氧化钾、氧化钠含量宜按现行国家标准《水泥化学分析方法》GB/T 176的有关规定检测。

（1）模数。模数是指钾水玻璃组成中SiO_2与K_2O的分子数之比，以M表示，如果测出钾水玻璃中SiO_2与K_2O的质量分数，则模数可按式（8–8）计算出：

$$M=\frac{x(SiO_2)}{x(K_2O)}\times 1.567 \tag{8-8}$$

配制钾水玻璃胶泥时，钾水玻璃的模数以2.6~2.8为宜。如模数不符合要求，可采用钠水玻璃模数的调整方法进行调整。

钾水玻璃模数的高低，对胶泥的性能影响较大。模数高时可以提高胶泥的强度、耐酸度与抗渗性；但模数在3.0以上时，则易造成胶泥的固化速度过快、表面结皮、施工困难等。模数过低时，K_2O的含量增高，碱性增强，胶泥的固化速度缓慢、耐酸性差、强度低、施工时胶泥易于流淌。

（2）密度。密度是钾水玻璃的重要技术指标之一，它取决于钾水玻璃中的固体含量与化学组成。配制钾水玻璃胶泥时，宜选用密度为1.40~1.45g/cm^3的钾水玻璃。密度过大时，胶泥的强度高、孔隙率小，施工困难；密度过小时，胶泥的强度低、抗渗性差。

与钠水玻璃一样，钾水玻璃的密度可用比重计测定，以密度或波美度表示。

2. 缩合磷酸铝固化剂

缩合磷酸铝是无机高分子物质，其化学式可用 $[Al_m(PO_3)]_{3m}$ 表示。缩合磷酸铝常温下为白色固体粉末，难溶于水，在碱性溶液中易于水解。与钾水玻璃接触后发生反应，促使硅酸钾析出胶体 SiO_2，粘结耐酸填料并逐渐脱水固化，形成钾水玻璃胶泥。

缩合磷酸铝的质量对钾水玻璃胶泥的性能影响较大。除要求足够的缩合度外，不应含有铁、氢氧化铝、钙、水分等杂质，并要求有足够的细度。配制钾水玻璃胶泥时，缩合磷酸铝的性能指标见表 8–32。

表 8–32 缩合磷酸铝的性能指标

项目	指标	项目	指标
外观	白色粉末	含铁量 /%	<0.1
密度 /（g/cm^3）	2.3 ~ 2.4	含水率 /%	<0.3
缩合度	3 ~ 9	烧灼减量（800℃，4h）/%	<1

为方便使用，通常缩合磷磷酸铝已经添加在水玻璃胶泥粉中。

3. 耐酸填料

配制钾水玻璃胶泥常用的耐酸填料为铸石粉、瓷粉、长石粉、石英粉等。对填料性能要求是耐酸度高，热稳定性好，含水率低，不含铁、钙、镁等杂质，并应满足配制胶泥所需要的细度。铸石粉结构密实、吸水性小、黏性好、强度高、耐磨和抗渗性能好，是常用耐酸填料。钾水玻璃胶泥用耐酸填料的部分性能指标见表 8–33。

表 8–33 钾水玻璃胶泥用耐酸填料的部分性能指标

项目	铸石粉	瓷粉	长石粉	石英粉
外观	黑灰色粉末	白色粉末	白色或微红色粉末	白色粉末
耐酸度 /%	>95	>95	>95	>95
含铁量 /%	<3	<0.5	<0.5	<0.5
含水率 /%	<0.3	<0.3	<0.3	<0.3
细度	0.15mm 筛孔，筛余不大于 5%；0.09mm 筛孔，筛余不大于 15% ~ 30%			

4. 添加剂

为了提高钾水玻璃胶泥的性能，在配制胶泥时常加入一些添加剂。添加剂的主要作用是调整胶泥的固化速度、增大粘结力，提高抗渗性，改善在稀酸中的耐腐蚀能力。添加剂应满足以下性能要求：

（1）除预期改进胶泥某些性能外，对胶泥的其他性能不能产生不良影响。

（2）与钾水玻璃、耐酸填料等有较好的混溶性，掺入后不会导致钾水玻璃凝聚、离析等现象。

（3）施工方便，无毒、无味、不污染环境，不影响施工人员的身体健康。

（二）钾水玻璃胶泥的固化反应过程

钾水玻璃胶泥的固化是比较复杂的化学反应过程，根据试验与推理如下：

（1）钾水玻璃的水解反应。钾水玻璃溶液中硅酸钾与硅酸凝胶处于可逆平衡状态；硅酸钾水解后生成硅酸凝胶和氢氧化钾，而氢氧化钾对硅酸凝胶又有胶溶作用，可以重新生成硅酸钾。水解的化学反应式为：

$$K_2O\cdot nSiO_2+(2n+1)H_2O \rightleftharpoons 2KOH+nSi(OH)_4$$

（2）钾水玻璃与缩合磷酸铝发生反应。缩合磷酸铝在钾水玻璃的碱性溶液中，水解生成偏磷酸（HPO_3）和氢氧化铝［$Al(OH)_3$］，化学反应式为：

$$Al_m(PO_3)_{3m}+3mH_2O \rightleftharpoons mAl(OH)_3+3mHPO_3$$

偏磷酸与硅酸钾的水解产物氢氧化钾中和，破坏了硅酸钾溶液的平衡，使钾水玻璃的水解反应向生成硅酸凝胶方向进行。

（3）硅酸凝胶同耐酸填料粘结成一体，并继续发生脱水缩合反应，生成网状 SiO_2 的高分子，致使材料固化，化学反应式：

$$nSi(OH)_4 \longrightarrow nSiO_2+2nH_2O$$

（三）钾水玻璃胶泥的物理性能

钾水玻璃胶泥与钠水玻璃胶泥比较具有以下性能优点：

（1）耐酸性能优良，在各种浓度的无机酸、有机酸、氧化性介质中性能稳定，耐腐蚀性强。以 KP-1、PJXC 胶泥为例，它能耐硫酸、盐酸、磷酸、硝酸、铬酸、次氯酸及有机酸，还能耐醇、酮、苯等有机溶剂及盐类水溶液，尚耐水和蒸汽，但不耐碱和碱性介质、含氟物质。

（2）机械强度高，粘结力强，与碳钢、耐酸砖和板、花岗岩、混凝土等具有较大的粘结力。

（3）耐热性能好，可用于 900℃的高温环境中。

（4）常温固化，施工简单，储存期长，易于运输。

（5）产品无毒，对施工环境与操作人员均无危害。

钾水玻璃胶泥物理性能见表 8-34。目前在国内工程项目中使用的德国 STELLAKITT 钾水玻璃胶泥是一种无卤胶泥，它不会对铁质或不锈钢基体产生腐蚀，其物理性能见表 8-35。

表 8-34　钾水玻璃胶泥的物理性能

项目	试验值	标准设定值	
		密实型	普通型
外观	白色或灰白色黏稠体	—	—
密度 /（g/cm^3）	2.1 ~ 2.2	—	—
模数	2.6 ~ 2.8	—	—
含铁量 /%	<0.5	—	—
抗压强度 /MPa	>30	—	—

续表 8–34

项目	试验值	标准设定值	
		密实型	普通型
拉伸强度 /MPa	>3	≥ 3	≥ 2.5
粘结强度 /MPa	>3（与瓷板）	≥ 1.2	≥ 1.2
	>2.5（与钢板）	—	—
抗渗强度 /MPa	—	≥ 1.4	—
耐热性能 /℃	900	—	900
导热系数 /［W/（m·K）］	1.46	—	—
线膨胀系数 /(10^{-5}/℃)	1.2	—	—
吸水率 /%	<10	—	—
煤油吸收率 /%	<9	—	≤ 10
浸酸安定性	合格	合格	合格
初凝时间 /min	—	≥ 45	≥ 45
终凝时间 /h	—	≤ 15	≤ 15

注：标准设定值来源于国家标准《工业设备及管道防腐蚀工程技术标准》GB/T 50726—2023。

表 8–35 德国 STELLAKITT 钾水玻璃胶泥物理性能

项目	STELLAKITT AE（高强型）	STELLAKITT KG（通用型）	检测标准
	钾水玻璃、特殊填料和固化剂	钾水玻璃和含有固化剂的特殊填料	—
密度 /（g/cm^3）	2.13	2.0	DIN EN ISO 1183–1，ASTM D 792
抗压强度 /MPa	70	40	DIN EN ISO 604，ASTM C 579
拉伸强度 /MPa	7	4	DIN EN ISO 527 ASTM C 307，
弯曲强度 /MPa	21	7	DIN EN ISO 178，ASTM C 580
弹性模量 /MPa	30 000	5 500	DIN EN ISO 178，ASTM C 580
耐磨性 /（cm^2/50 cm^2）	13.3	17	DIN 52108，ASTM C 241
平均线膨胀热系数 /（$\times 10^{-5}$/℃）	1.30	1.20	ISO 11359–2，ASTM C 531
导热系数（25℃）/［W/（m·K）］	2.25	1.75	ISO DIS 22007
	1.75（200℃）	1.34（250℃）	ISO DIS 22007
粘结强度（与砖）/MPa	≥ 3.7	≥ 1.5	DIN EN ISO 4624
粘结强度（与混凝土）/MPa	> 基体自有强度	> 基体自有强度	DIN EN ISO 4624
最大工作温度 /℃	450	900	—

五、环氧树脂胶泥

（一）环氧树脂胶泥的原材料

环氧树脂胶泥由环氧树脂、固化剂、稀释剂与耐腐蚀填料等配制而成。

1. 环氧树脂

在防腐蚀工程中用量最多、最常用的是由二酚基丙烷与环氧氯丙烷缩聚而成的双酚A型环氧树脂，其分子结构为（图8–4）：

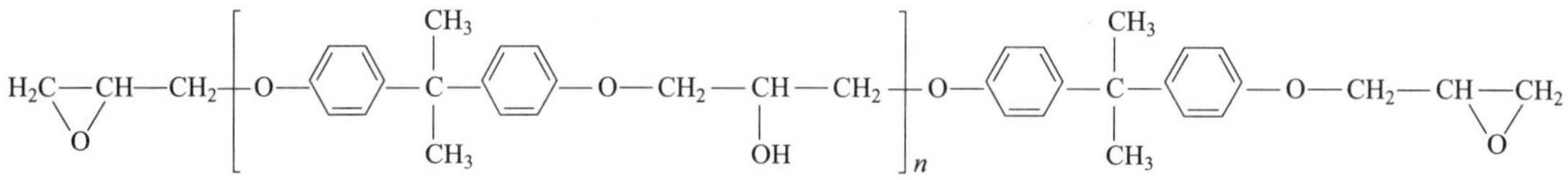

图8–4 环氧树脂分子结构

当分子结构中的n值介于0~1时，生成物为液态低分子量环氧树脂，多用于防腐蚀工程中的制造玻璃钢与配制胶泥。

从环氧树脂的分子结构可得出其具有以下优点：

（1）环氧树脂分子中含有醚基、羟基和环氧基等极性基团，因而环氧树脂具有很高的粘合力，易与其他物质粘合，其粘结强度为其他各种胶泥所不及。

（2）环氧树脂在固化时，其分子与固化剂反应没有小分子生成，因而其固化产物收缩率小，一般不大于0.2%，如加入填料则可降至0.1%左右。

（3）固化后的环氧树脂含有稳定的苯环与醚键，分子结构紧密，所以化学稳定性较好，采用胺类固化的环氧树脂，其耐碱性好于不饱和聚酯树脂，也可耐中等强度的酸介质腐蚀。

耐腐蚀胶泥用的双酚A型环氧树脂牌号与规格见表8–36。

表8–36 耐腐蚀胶泥用的双酚A型环氧树脂牌号与规格

牌号	外观	软化点/℃	黏度（25℃）/（mPa·s）	环氧值/（mol/100g）
EP01431–310（E–54）	无色至淡黄色，透明黏稠液体	—	≤11 000	0.54~0.58
EP01441–310（E–51）		—	≤16 000	0.50~0.54
EP01451–310（E–44）		14~20	—	0.41~0.47

注：环氧值是指100g环氧树脂中所含环氧基的量（以mol为单位）。

2. 环氧树脂胶泥用固化剂

环氧树脂胶泥用的固化剂通常为常温固化的胺类固化剂，包括乙二胺、间苯二胺、改性胺类固化剂（如T31等）。

（1）乙二胺。常温下为具有刺激味的淡黄色液体，熔点为8.5℃，沸点为116℃。与环氧树脂混溶性好，可室温固化，使用方便。加入量一般为树脂量的6%~8%。乙二胺与环氧树脂混合时发热量较大，适用期短。应用时最好先与丙酮配成1∶1乙二胺丙酮溶液，放至室温后再用。乙二胺易挥发，对眼、皮肤、黏膜均有刺激作用，应注意防护。

（2）间苯二胺。间苯二胺为无色或淡黄色固体，熔点为63℃，吸湿后呈褐色。由于其本身为固体，与树脂混合不便，固化速度较慢。室温下不易固化完全，因而需要加热固化。但其固化物与乙二胺固化物相比，具有较好的耐腐蚀性与耐热性。间苯二胺的加入量一般为树脂量的14%~16%。

（3）改性胺类固化剂。为了改进胺类固化剂易挥发、有毒等缺点，近年来发展了一些改性胺类固化剂，其主要品种有：

1）T31固化剂。T31固化剂是含苯环的脂肪族胺改性化合物，为棕色透明黏稠液体。与环氧树脂混溶性较好，固化后的环氧树脂各项性能较好，是比较理想的无毒、室温固化剂，并可在高湿度（相对湿度大于80%）或低温下（0℃左右）施工。应用时可用乙醇或丙酮等调节其黏度。

2）703固化剂。703固化剂是苯酚甲醛与乙二胺的加成物，为浅黄色黏稠液体。可在常温或50~60℃下使用，其用量为树脂量的15%~20%。应用时可用酒精或丙酮调整黏度。

3）590固化剂。590固化剂是间苯二胺与环氧丙烷苯基醚的缩合物，为黄棕色黏稠液体。该固化剂使用方便、毒性低、固化速度适宜，固化物的耐腐蚀性能、物理机械性能较好。加入量为环氧树脂量的15%~20%。可常温固化或加热固化。

（4）高分子类固化剂。酚醛树脂、聚酰胺树脂、呋喃树脂等在一定条件下均可与环氧树脂相互交联而固化。比较常用的是胺值约300、牌号为650、651的低分子聚酰胺，用量一般为环氧树脂量的40%~60%。

3. 胺类固化剂用量的计算

采用伯胺或仲胺做环氧树脂的固化剂时，可以通过式（8-9）计算胺的用量。

$$G=\frac{M}{H_n}\times E \tag{8-9}$$

式中：G——100克环氧树脂所需胺的质量（g）；

M——胺的分子量；

H_n——胺分子中活泼氢的原子数；

E——环氧树脂的环氧值(mol/100g)。

例：计算E-44（6101）环氧树脂所需乙二胺固化剂的用量。

解：E-44环氧树脂的环氧值E为0.44mol/100g，乙二胺的分子量为60，乙二胺的活泼氢原子数为4，则乙二胺固化剂的用量为：$G=\frac{60}{4}\times 0.44=6.6(\mathrm{g})$。

4. 稀释剂

为了降低环氧树脂的黏度、增加树脂对填料的浸润能力，在配制胶泥时常加入稀释剂。根据稀释剂与环氧树脂之间的作用，可将其分为活性稀释剂与非活性稀释剂。

活性稀释剂参与环氧树脂的固化反应，固化物交联密度高，体积收缩小，韧性好，耐腐蚀性优良。活性稀释剂一般均为含有环氧基团的化合物，如环氧丙烷丁基醚、乙二醇缩水甘油醚、丙烯基缩水甘油醚等。

非活性稀释剂不参与环氧树脂的固化反应，并在固化过程中逸出，从而增加固化物的收缩率，降低黏结力，易产生气泡等，因此不推荐使用，如果必须要用，则用量应控制在5%以内。常用的非活性稀释剂有丙酮、甲乙酮、环己酮、乙醇、甲苯等。

5. 增塑剂

为了改善环氧胶泥的脆性，提高韧性，在配制胶泥时，根据需要加入增塑剂。增塑剂一般为沸点较高的酯类化合物，如邻苯二甲酸二丁酯、邻苯二甲酸二辛酯、磷酸三苯酯等。这些物质不参与环氧树脂的固化反应，随着时间的延长便逐渐游离出来，失去其增塑作用。增塑剂的加入虽然改善了胶泥的韧性，但降低了胶泥的机械强度、耐热性与耐腐蚀性，因此应尽量少加或不加。

6. 填料

配制环氧胶泥常用的填料有铸石粉、瓷粉、石英粉等。配制导热胶泥时可加入石墨粉。对填料的要求是耐腐蚀性好，含水量低，耐热性高。填料的颗粒细度应控制在120目以下。

（二）环氧树脂与胺类的固化反应

环氧树脂本身是具有线型结构的热塑性聚合物，没有使用价值。工程上应用时必须加入固化剂，固化剂与环氧基发生交联反应，生成具有网状结构的大分子，成为不溶、不熔的固化物，方能显示出优良的物理机械性能与耐腐蚀性能。

可以使环氧树脂发生交联反应的固化剂品种较多，如胺类、酸酐类、合成树脂类等，但用于配制环氧胶泥的最常用的是胺类固化剂，主要是脂肪族伯胺、仲胺或芳香族胺类。

以乙二胺为例，乙二胺分子中含有的活泼氢原子与环氧树脂中的环氧基两者之间具有较强的反应能力，可以打开环氧基，使环氧树脂与胺类结合起来，其反应过程如下：

（1）乙二胺先与环氧树脂中的一个环氧基反应生成仲胺：

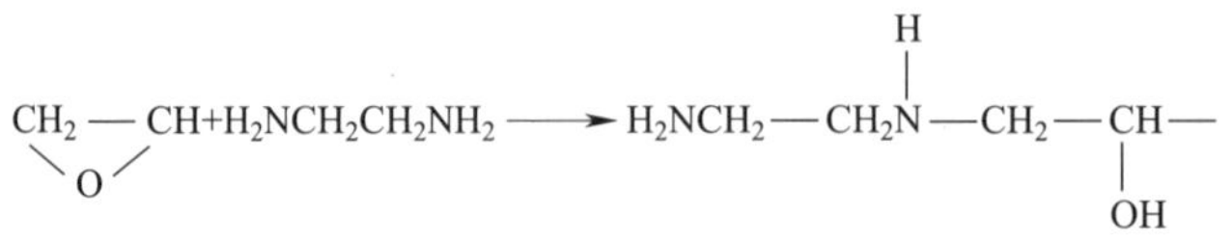

（2）生成的仲胺再和另一个环氧树脂分子中的环氧基反应：

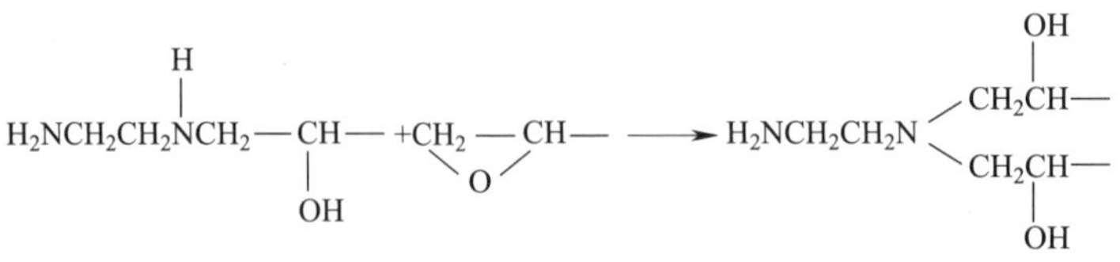

（3）如此反应下去，一个乙二胺分子可以和四个环氧基反应，线型环氧树脂分子由乙二胺分子所连接而成为一个巨大的体型结构分子，见图8-5：

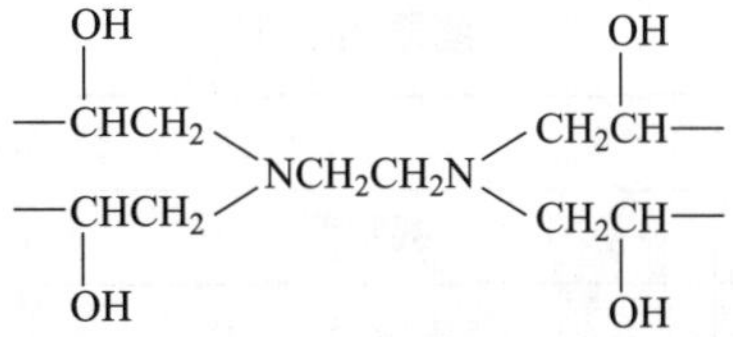

图 8–5　线型环氧树脂分子结构式

（三）环氧树脂胶泥的物理性能

胺类固化的环氧树脂胶泥具有以下性能特点：

（1）物理机械性能优良，强度高，粘结力大，韧性好，这些性能远比酚醛树脂胶泥和呋喃树脂胶泥优越。

（2）耐腐蚀性能较好，其耐碱性能虽然不如呋喃树脂胶泥，但好于不饱和聚酯树脂胶泥；可用于中等浓度的硫酸、盐酸与磷酸；在各类有机物中稳定性较差，如芳香烃、酮类、酯类；不能用于氧化性介质，如浓硫酸、硝酸、铬酸、氯气等。

（3）与酚醛树脂胶泥、呋喃树脂胶泥比较，耐热性较差，一般使用温度不能超过 100℃，在酸、碱浓度较大时只宜在常温下使用。虽然有一些耐较高温度的环氧树脂品种，如酚醛环氧树脂，但由于其固化条件的限制，配制的环氧胶泥必须进行加热固化。

（4）在固化过程中尺寸稳定性较好、收缩率小。

（5）施工性能不如酚醛树脂胶泥、呋喃树脂胶泥和不饱和聚酯树脂胶泥。由于环氧树脂黏度较大，不易加入填料，往往需要加入稀释剂后方可加入填料。尤其是加入非活性稀释剂后，易造成固化后的环氧胶泥孔隙率增大，抗渗性变差等情况，且这种胶泥施工时易于流淌；如果加入的活性稀释剂量过大或品种选择不当，则容易使得固化后的环氧树脂胶泥耐热性和耐腐蚀性下降。

采用乙二胺固化的环氧树脂胶泥物理性能见表 8–37。

表 8–37　采用乙二胺固化的环氧树脂胶泥的物理性能

项目	技术指标	
	试验值	标准设定值
密度 /（g/cm^3）	1.4 ~ 2.2	—
抗压强度 /MPa	78 ~ 108	≥ 80.0
拉伸强度 /MPa	>8.8	≥ 9.0
粘结力 /MPa	>5（碳钢）	—
	>3（与小型砖）	≥ 3.0
	>1.7（与标型砖）	≥ 4.0（与铸石板）
	—	≥ 6.0（与碳砖）

续表 8–37

项目	技术指标	
	试验值	标准设定值
吸水率 /%	<0.3	—
抗渗透性 /MPa	1.6（水压不透）	≥ 1.6
工作温度 /℃	<100	—

注：标准设定值来源于国家标准《工业设备及管道防腐蚀工程技术标准》GB/T 50726—2023，且是采用乙二胺固化剂的胶泥性能指标。

（四）采用不同固化剂的环氧树脂胶泥耐腐蚀性能和力学性能的试验验证

需要指出的是，采用不同分子量大小和活泼氢数量的胺类固化剂，其固化后的性能存在差异，有时甚至较大。

国家标准《建筑防腐蚀工程施工质量验收标准》GB/T 50224—2018 编制组选取目前工程上以 T31（*LD*50=7 850 ± 1 122mg/kg）为代表的低毒固化剂和常规的乙二胺固化剂，采用长达一年的浸泡试验，进行观察、比对，验证了两类不同环氧固化剂对环氧胶泥类材料的耐腐蚀性能和力学性能。

1. 主要试验材料

采用环氧树脂 EP01451（E–44）、工业丙酮、T31 固化剂、乙二胺固化剂、120 目石英粉，20%NaOH 溶液、分析纯丙酮和 70% H_2SO_4 溶液。

2. 试验过程

参照国家标准《建筑防腐蚀工程施工规范》GB 50212—2014 表 B.0.1 中环氧树脂胶泥料配合比范围，进行环氧胶泥配制，各物料具体混合比例见表 8–38。

表 8–38 环氧胶泥施工配合比（质量比）

组别	环氧树脂	稀释剂	固化剂		耐酸填料
	EP01451（E–44）	丙酮	T31	乙二胺	石英粉
配方 1	100	10	15	—	150
配方 2	100	18	18	—	180
配方 3	100	10	—	6	150

试验方法和评定标准参照本章第三节中“五、树脂胶泥的耐腐蚀性能的试验方法与评定标准”的内容。

3. 试验结果

将 1、3、6、12 个月期龄的试验数据进行整理，分别计算各组试件的质量和抗压强度变化率，并结合耐腐蚀等级评定的结果汇总成表 8–39 ~ 表 8–42，以便于我们进行进一步的比对和研究。

表 8–39 浸泡 1 个月的试验数据表

介质	组别	外观	原始质量 M_0/g	浸泡后质量 M_1/g	质量变化率 $M_{变}$/%	原始抗压强度 S_0/MPa	浸泡后抗压强度 S_1/MPa	抗压强度变化率 $S_{变}$/%	耐蚀评定
20%NaOH	配方 1	正常	41.47	41.59	+0.3	67.79	62.83	−7.3	耐
	配方 2	正常	44.17	44.20	+0.1	56.64	57.30	+1.2	耐
	配方 3	正常	45.14	45.30	+0.4	90.27	100.14	+10.9	耐
丙酮	配方 1	正常	41.69	42.25	+1.3	67.79	60.90	−10.2	耐
	配方 2	正常	43.95	44.83	+2.0	56.64	47.50	−16.1	耐
	配方 3	正常	44.59	45.13	+1.2	90.27	80.96	−10.3	耐
70%H_2SO_4	配方 1	起粉、粗糙	39.76	40.74	+2.5	67.79	45.53	−32.8	尚耐
	配方 2	变色	44.37	45.81	+3.2	56.64	48.01	−15.2	尚耐
	配方 3	正常	44.29	42.89	−3.2	90.27	91.89	+1.8	尚耐

表 8-40 浸泡 3 个月的试验数据表

介质	组别	外观	原始质量 M_0/g	浸泡后质量 M_1/g	质量变化率 $M_{变}$/%	原始抗压强度 S_0/MPa	浸泡后抗压强度 S_1/MPa	抗压强度变化率 $S_{变}$/%	耐蚀评定
20%NaOH	配方 1	正常	40.26	40.44	+0.4	67.79	61.24	−9.7	耐
	配方 2	正常	43.78	43.63	−0.3	56.64	56.44	−0.4	耐
	配方 3	正常	44.95	45.09	+0.3	90.27	86.23	−4.5	耐
丙酮	配方 1	正常	41.15	42.21	+2.6	67.79	57.15	−15.7	耐
	配方 2	正常	44.52	45.38	+1.9	56.64	51.36	−9.3	耐
	配方 3	正常	44.15	45.08	+2.1	90.27	65.49	−27.5	尚耐
70%H_2SO_4	配方 1	起粉、粗糙	40.06	39.83	−0.6	67.79	45.50	−32.9	尚耐
	配方 2	起粉、粗糙	44.60	45.40	+1.8	56.64	50.19	−11.4	尚耐
	配方 3	发酥、发软	43.46	23.71	−45.4	90.27	43.62	−51.7	不耐

表 8-41 浸泡 6 个月的试验数据表

介质	组别	外观	原始质量 M_0/g	浸泡后质量 M_1/g	质量变化率 $M_{变}$/%	原始抗压强度 S_0/MPa	浸泡后抗压强度 S_1/MPa	抗压强度变化率 $S_{变}$/%	耐蚀评定
20%NaOH	配方 1	正常	41.63	41.81	+0.4	67.79	74.94	+10.5	耐
	配方 2	正常	44.16	44.13	–0.1	56.64	68.20	+20.4	耐
	配方 3	正常	44.48	44.58	+0.2	90.27	111.91	+24.0	耐
丙酮	配方 1	正常	40.33	41.36	+2.6	67.79	71.04	+4.8	耐
	配方 2	正常	43.52	44.55	+2.4	56.64	61.40	+8.4	耐
	配方 3	略有起粉	44.64	46.86	+5.0	90.27	59.75	–33.8	尚耐
70%H_2SO_4	配方 1	发酥、发软	40.59	31.57	–22.2	67.79	54.72	–19.3	不耐
	配方 2	发酥、发软	44.16	43.07	–2.5	56.64	47.72	–15.7	不耐
	配方 3	发酥、发软	44.59	36.24	–18.7	90.27	36.82	–59.2	不耐

表 8–42　浸泡 12 个月的试验数据表

介质	组别	外观	原始质量 M_0/g	浸泡后质量 M_1/g	质量变化率 $M_{变}$/%	原始抗压强度 S_0/MPa	浸泡后抗压强度 S_1/MPa	抗压强度变化率 $S_{变}$/%	耐蚀评定
20%NaOH	配方 1	正常	41.21	41.35	+0.3	67.79	66.40	–2.1	耐
	配方 2	正常	44.31	44.18	–0.3	56.64	58.71	+3.7	耐
	配方 3	正常	45.14	45.27	+0.3	90.27	87.78	–2.8	耐
丙酮	配方 1	正常	41.75	42.46	+1.7	67.79	66.94	–1.3	耐
	配方 2	正常	44.03	44.75	+1.6	56.64	53.23	–6.0	耐
	配方 3	略有起粉	44.39	46.51	+4.8	90.27	55.68	–38.3	尚耐
70%H_2SO_4	配方 1	发酥、发软	40.55	34.52	–14.9	64.78	48.81	–28.0	不耐
	配方 2	发酥、发软	44.26	39.53	–10.7	56.64	51.20	–9.6	不耐
	配方 3	发酥、发软	44.80	38.51	–14.0	90.27	76.14	–15.7	不耐

通过以上表中 1、3、6、12 个月期龄的试验数据可以看出：

（1）E44 环氧胶泥三个配方的试块，在 12 个月的浸泡期龄内，可以耐受 20%NaOH 介质腐蚀，T31 和乙二胺均属于胺类固化剂，符合胺类固化剂与环氧树脂固化物耐碱性好的特点，且也符合国家标准《工业建筑防腐蚀设计标准》GB/T 50046—2018 表 A.0.2 中耐 NaOH 的结论。

（2）E44 环氧胶泥三个配方的试块，在 12 个月的浸泡期龄内，不耐受 70%H_2SO_4 的介质腐蚀，符合国家标准《工业建筑防腐蚀设计标准》GB/T 50046—2018 表 A.0.2 中，不耐受浓度大于 60%H_2SO_4 的结论。

（3）E44 环氧胶泥中，采用乙二胺固化剂的配方 3 试块，在 12 个月的浸泡期龄内，对丙酮介质为"尚耐"，符合国家标准《工业建筑防腐蚀设计标准》GB/T 50046—2018 表 A.0.2 中"尚耐"丙酮的规定；但是试验发现：采用 T31 固化剂的 E44 环氧胶泥配方 1 和配方 2 试块，在 12 个月的浸泡期龄内，对丙酮介质评定为"耐"。在其他组分结构不变的情况下，其原因可能是因 T31 固化剂主要由多元胺、苯酚和甲醛发生缩合反应（Mannich reaction）而得，产物中含有苯酚环结构，乙二胺是烃类，按照溶解度理论中的极性相近原则推测：因条件受限，笔者无法获得 T31 的溶解度参数，但 T31 中苯酚的溶解度参数为 14.5，乙二胺为 6.1，与丙酮 9.8 的差值前者是 4.7，后者是 3.7，而差值越大，相容性越差。由此可解释 T31 的耐丙酮性能好于乙二胺。

（4）在检测 E44 环氧胶泥试块原始强度时发现：采用乙二胺固化剂的配方 3 试块抗压强度为 90.27MPa，满足国家标准《工业建筑防腐蚀设计标准》GB/T 50046—2018 表 B.0.2 中"不小于 80MPa"的规定值；而采用 T31 固化剂的配方 1 和配方 2 制作的试件原始抗压强度分别为 67.79 MPa 和 56.64MPa，低于规定值。

主要原因：一是 T31 固化剂的分子链比乙二胺长，导致 T31 固化剂与环氧树脂发生固化交联点之间距离加大，即交联密度比采用乙二胺的要小，表现在宏观性能上，其抗压强度低于后者；二是因配方 2 中不参与交联反应的非活性稀释剂用量略高于配方 1，故其抗压强度也低于配方 1。

（5）配方 3 在丙酮介质中浸泡 1个月期龄内，试件外观均无变化，通过质量变化率、抗压强度变化率数据，结合耐腐蚀等级评定标准得出可耐丙酮的评定结论；而对 3、6、12 个月期龄的评定结论为"尚耐"。配方 1 和配方 2 在 70%H_2SO_4 中，1、3 个月期龄内，评定为"尚耐"，从 6 个月开始到 12 个月浸泡期龄，评定均为"不耐"。

由此说明：评定某一材料的耐腐蚀性能仅凭借外观和短期试验往往是不够的，因为材料的耐腐蚀性能是一个长时效性概念，短期内做出耐腐性能好坏的结论是不科学的，随着时间的推移和介质不断进行分子间的扩散渗透，分子间稳定的结构会发生溶胀、降解、分解等变化，这对材料的宏观性能包括耐腐蚀性能都会产生影响，所以要结合试验的相关数据进行多方面、多角度的试验和评判验证。为更好研究材料的耐腐蚀性能，建议采用较长周期的试验验证，以便更好地对材料性能进行观察和探究。

六、呋喃树脂胶泥

呋喃树脂胶泥由呋喃树脂、含耐腐蚀粉料和酸性固化剂的胶泥粉等配制而成。由于呋喃树脂的分子结构中含有呋喃环，具有突出的耐碱、耐酸、耐酸碱交替腐蚀、耐溶剂和耐热等性能，现已广泛应用于铜锌镍钴锰等有色金属冶炼、磷化工及精细化工、冷轧酸洗、钛白粉、新能源等行业的设备内砖板衬里。

（一）呋喃树脂胶泥的原材料

呋喃树脂胶泥中的呋喃树脂、固化剂、填料等原材料的品种、特点、性能等，可参见本手册第三章第五节“呋喃树脂衬里”中的相关内容。

（二）呋喃树脂胶泥的固化

呋喃树脂的固化过程比较复杂，目前仍没有统一观点，主要有以下几种固化机理观点：

1．亲电取代以及 D–A 环加成固化机理

在酸性固化剂作用下，聚合反应主要包括两个步骤：线性分子链的增长和分子链的交联反应。

（1）线性分子链的增长主要有两个并行反应：

1）呋喃醇分子上的羟基与另一个呋喃醇分子上的 5 号碳原子上的活泼氢发生脱水缩合反应；

2）呋喃醇分子上的羟基与另一个呋喃醇上羟基的氢发生脱水缩合反应：

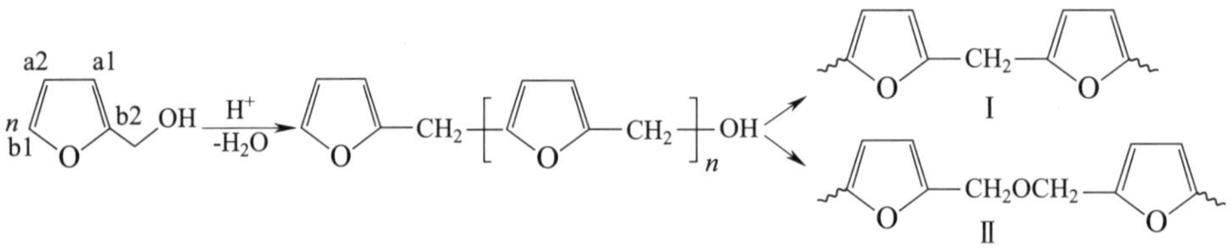

在这个过程中，还会生成以下产物：

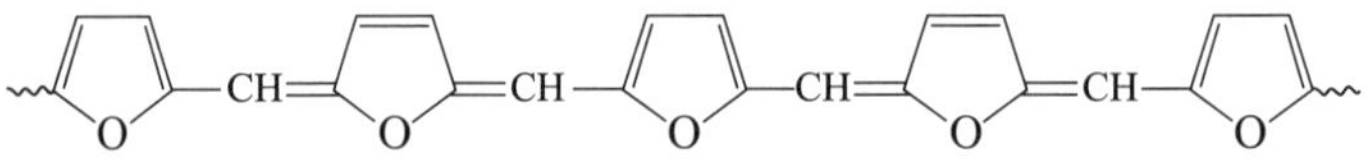

Ⅲ

（2）分子链的交联反应。反应物Ⅲ将通过两种方式进行交联固化反应：

1）活性阳离子链（在酸催化下）进攻其他链上共轭的活性反应，发生亲电取代反应：

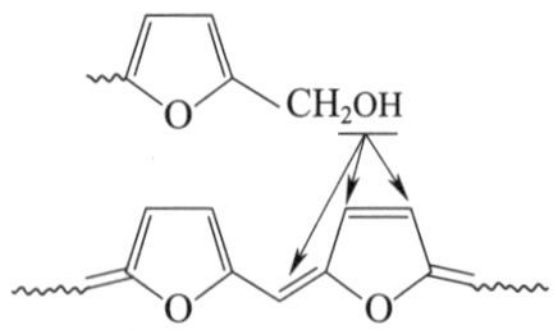

2）预聚体上的呋喃环（双键）与其他链上三键共轭的环发生第尔斯－阿尔德（Diels–Alder）反应，最后得到耐酸、耐碱和不溶、不熔的黑色固体：

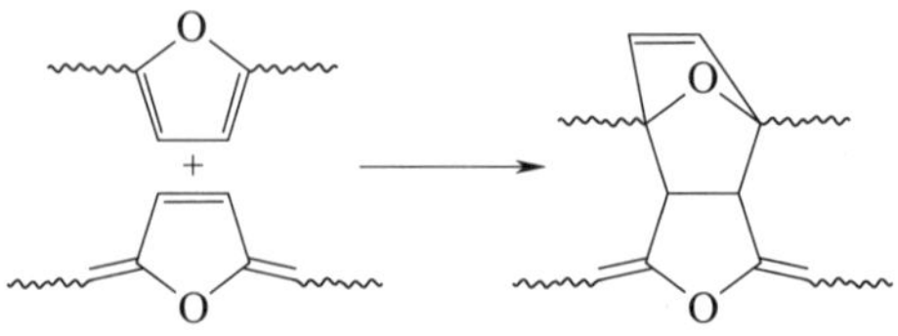

2. 呋喃树脂氧化破裂和非氧化破裂加成固化机理

呋喃环在催化剂作用下开环，主要分为氧化破裂和非氧化破裂两大类。

（1）糠醇的氧化破裂：结构（Ⅰ）由于分子结构中含有羟甲基和双键等活性基团，从而可以较为容易地发生进一步的聚合反应。呋喃环破裂的主要因素为酸，而不是氧化剂，其主要反应如下：

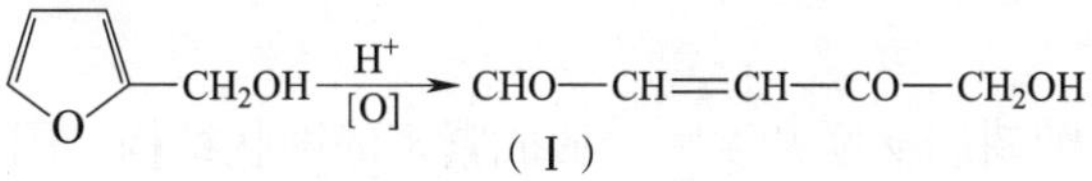

（Ⅰ）

（2）呋喃环在酸性影响下的非氧化破裂主要如下：

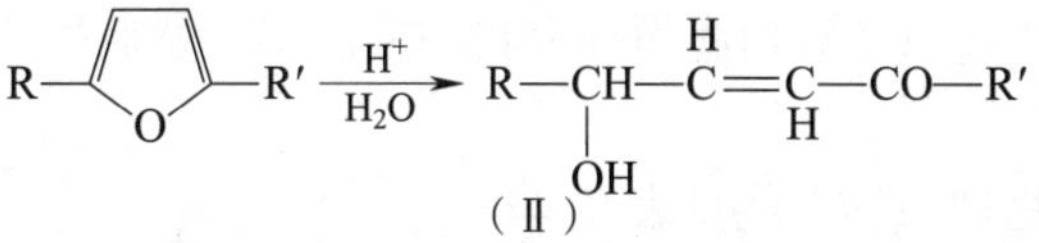

（Ⅱ）

结构（Ⅱ）不仅可以通过羟基进行脱水缩聚反应，同时其中的 C＝C 双键活性基团也可以在酸催化作用下发生加成反应生成网状立体结构，从而使呋喃树脂具有较高的强度。分子链酸催化加成反应如下：

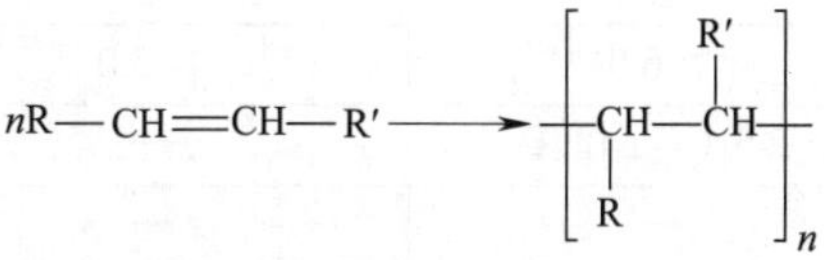

3. 温度和湿度对呋喃树脂固化的影响

在酸催化作用下，呋喃树脂发生交联固化反应，在温度较高的情况下有利于固化剂发挥作用，反应速度较快，提高效率，但是由于温度过高，呋喃树脂反应速度过快，材料的可使用时间缩短，反而会造成生产施工不方便。相反，如果温度较低，反应速度较慢，效率降低，同时温度较低不利于小分子化合物挥发，这样会阻碍固化过程导致树脂强度降低。表 8–43 为呋喃树脂与配套的含有酸性固化剂的胶泥粉、玻璃钢粉等粉料按比例混合后与环境温度和固化时间的关系。

表 8–43　粉料与环境温度和固化时间的关系

材料名称	环境温度 /℃	固化时间 /h
粉料	20 ~ 25	≤ 12
低温施工型粉料	–5	≤ 24

呋喃树脂的固化速率也会随着环境湿度的增大而逐渐减慢。当环境湿度较大时，可以通过增加固化剂加入量或者使用总酸度更高的固化剂来提高呋喃树脂的固化速率。

（三）呋喃树脂胶泥的物理性能

1. 性能特点

（1）耐腐蚀性能良好。在 70% 以下的硫酸，各种浓度的盐酸、磷酸、醋酸中的性能稳定；耐碱性优良，可用于40%的氢氧化钠溶液中；在某些有机溶剂（如苯、乙醇、甲苯）中性能稳定，但不能用于胺类、卤素和酚类介质中。

在强氧化性酸及其他氧化性介质（如浓硫酸，硝酸、铬酸、次氯酸等）中易被腐蚀，因此不能用于这些介质。

（2）与酚醛胶泥比较具有类似的耐热性，可用于140℃的环境中。

（3）固化后的呋喃树脂胶泥不含极性基团，如不含羟基、羰基等，因此呋喃树脂胶泥的粘结性能较差。

（4）固化后的呋喃树脂交联密度大，形成紧密的网状结构，因而呋喃树脂胶泥的脆性大、收缩率略大。

（5）由于呋喃树脂均采用酸性物质作固化剂，所以呋喃胶泥不能直接与金属或混凝土表面接触。使用前应先以环氧树脂类等材料作底涂层，然后进行胶泥施工。

2. 物理力学性能

呋喃树脂胶泥的物理力学性能见表8–44。

表8–44　呋喃树脂胶泥的物理力学性能

项目	常规型	耐氢氟酸型	标准设定值
密度/（g/cm^3）	1.9～2.1	1.7～1.8	—
抗压强度/MPa	≥70.0	≥50.0	≥70.0
抗拉强度/MPa	≥6.0	≥5.0	≥6.0
粘结强度/MPa	≥2.5（与耐酸砖）	—	≥2.5（与耐酸砖）
	—	—	≥2.5（与铸石板）
	—	≥2.5（与浸渍石墨砖）	≥2.5（与碳砖）
弹性模量/MPa	1.5×10^4	1.14×10^4	—
吸水率/%	≤0.2	—	—
收缩率/%	≤0.4	≤0.4	—
平均线膨胀系数/（$\times10^{-5}$/℃）	2.13	2.54	—
抗渗强度/MPa	≥2.0	≥2.0	≥1.6
使用温度/℃	≤140	≤140	—

注：1　表内所列呋喃胶泥使用硅质填料，耐氢氟酸型呋喃树脂胶泥使用石墨粉为填料。

2　标准设定值来源于国家标准《工业设备及管道防腐蚀工程技术标准》GB/T 50726—2023。

七、酚醛树脂胶泥

酚醛树脂胶泥由酚醛树脂、固化剂、填料等配制而成，它是砖板衬里工程中应用最广泛的树脂胶泥之一。也可对酚醛树脂进行改性，使得酚醛树脂胶泥已由过去只能适用于酸性介质的单品种发展成为耐酸、耐碱、导热等多品种。

（一）酚醛树脂胶泥的原材料

酚醛树脂胶泥中的酚醛树脂、固化剂、填料等原材料的品种、特点、性能等，可参见本手册第三章第四节“酚醛树脂衬里”中的相关内容。

（二）酚醛树脂胶泥的固化

酚醛树脂胶泥的固化过程本质上是酚醛树脂的缩聚反应过程。当苯酚与甲醛的分子数之比大于 1，在碱性催化剂（如 NaOH、Na_2CO_3 等）的作用下，苯酚与甲醛进行加成反应生成多羟甲基苯酚的单元或多元混合物。根据反应进行程度的不同，各阶段固化产物的性能也不相同，一般可分为 A、B、C 三个阶段。

（1）A 阶段：在苯酚羟基的邻位或对位发生加成反应：此反应进一步进行，则生成三元羟甲基苯酚。

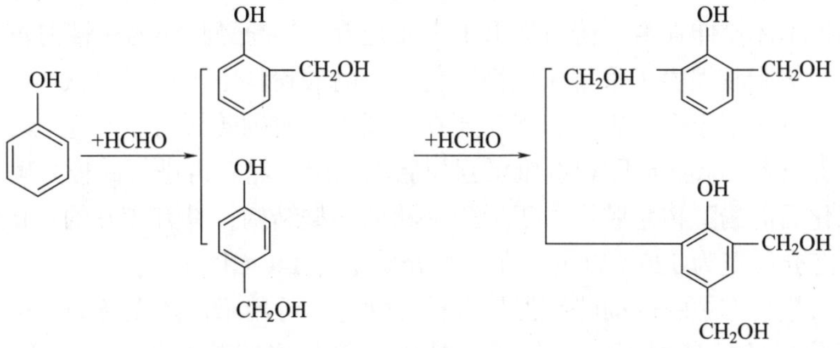

（2）B 阶段：在加热或有酸性物质的催化下，这些活性较大的羟甲基之间发生缩聚反应：

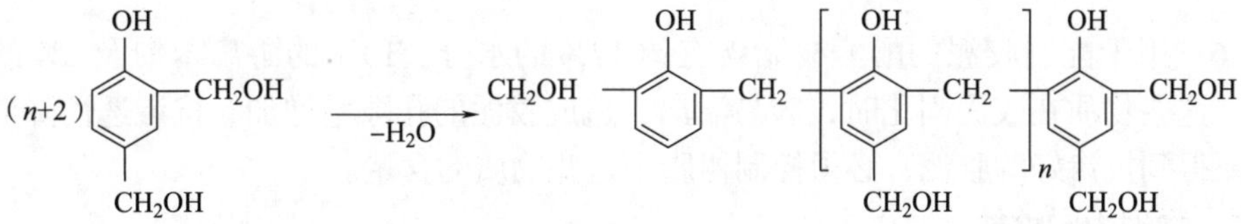

（3）C 阶段：缩聚反应继续进行，最后交联成不溶、不熔的体型结构（见图 8–6）：

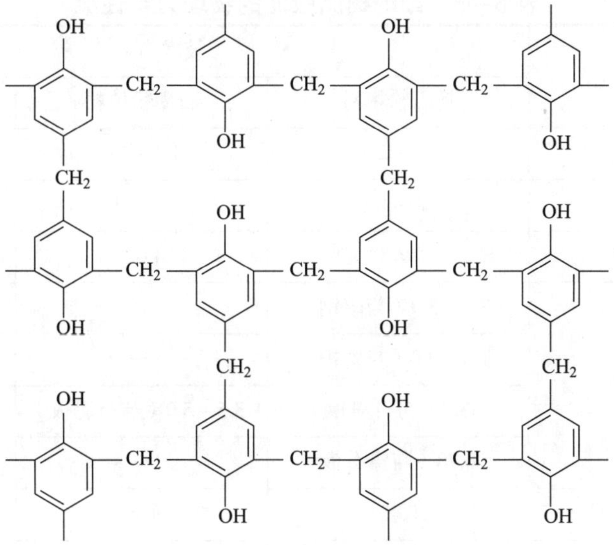

图 8–6　体型结构

上述反应其实是个很复杂的反应过程。酚醛树脂胶泥的固化程度达到C阶段时，反应产物已变成不溶、不熔的坚硬固体，并具有较好的物理机械性能与耐腐蚀性能。

（三）酚醛树脂胶泥的物理力学性能

1. 性能特点

（1）由于所用填料不同，酚醛树脂胶泥的力学性能亦不相同。以瓷粉、铸石粉为填料的胶泥力学性能较高，而以石墨粉、硫酸钡粉为填料的胶泥的机械强度不高。

（2）与耐酸砖板、浸渍石墨板的粘结强度较高。尤其与浸渍石墨板的粘结强度有时可大于石墨板本体拉伸强度。铸石板由于表面光滑，与酚醛胶泥的粘结力较差。

（3）酚醛树脂胶泥由于采用了酸性固化剂，耐酸粉料中不得含有铁质、碳酸盐等杂质，同时不能直接用于金属表面。当需要在金属表面衬砌砖板时，应先以环氧树脂、乙烯基酯树脂类材料作底涂或贴衬纤维增强树脂隔离层，然后再进行砖板衬砌。

（3）固化后的酚醛树脂胶泥由于形成网状的体型结构，具有较好的热稳定性，可使用温度在液态介质里为120℃以下，在气相介质里为140℃以下。

（4）以石墨粉作填料的酚醛胶泥具有导热性能，可用于传热设备的衬里。

（5）固化后的酚醛树脂大部分链节是由亚甲基连接苯环构成，并含有大量极性羟基，因而链节的旋转困难，分子的柔顺性较差，导致固化后的胶泥刚性大，耐冲击性差。

（6）用于配制胶泥的酚醛树脂含有约12%的水分、10%的游离苯酚及2%的游离甲醛。这些物质在胶泥固化时，容易溢出，造成胶泥的孔隙率增加、抗渗透性降低。因此，要得到抗渗好的胶泥，必须控制树脂中这些物质的含量。

2. 物理力学性能

以铸石粉、石墨粉为填料的酚醛树脂胶泥物理力学性能见表8–45。

表8–45 酚醛树脂胶泥的物理力学性能

项目	技术指标		
	铸石粉填料	石墨粉填料	标准设定值
密度/（g/cm^3）	2.1～2.3	1.4～1.6	—
抗压强度/MPa	60～80	50～70	≥70.0
抗拉强度/MPa	≥5	4～5	≥6.0
粘结强度/MPa	3.4～3.9（与碳钢）	—	—
	1.0～2.0（与瓷板）	—	≥1.0
	>3.8（与石墨板）	3.5～5.0（与石墨板）	≥2.5（与碳砖）
	>0.78（与铸石板）	—	≥0.8
收缩率/%	0.42	<0.37	—
线膨胀系数/（×10^{-6}/℃）	23～30	—	—

续表 8–45

项目	技术指标		
	铸石粉填料	石墨粉填料	标准设定值
导热系数 / [W/（m · K）]	0.7 ~ 1.2	20.9 ~ 23.3	—
使用温度 /℃	140	140	—
吸水率 /%	<2	—	—
抗渗透性 /MPa	1.6（水压不透）	—	≥ 1.6

注：1　表中数据引自化工行业标准《砖板衬里化工设备》HGJ 29—90。

2　标准设定值来源于国家标准《工业设备及管道防腐蚀工程技术标准》GB/T 50726—2023。

（四）酚醛树脂胶泥的改性

酚醛树脂胶泥是以酚醛树脂为基体组成的耐腐蚀胶泥，因此它的性能主要取决于酚醛树脂。从酚醛树脂的分子结构上分析，尚存在某些弱点，酚核与亚甲基易被氧化，导致酚醛树脂胶泥不耐氧化性介质。由于存在酚羟基，且具有弱酸性，所以酚醛树脂胶泥不能用于碱性介质。酚基在受热或紫外线的作用下易形成醌构体，使酚醛树脂颜色发生变化，耐热性变差。另外由于固化后的酚醛树脂交联密度大，故胶泥性脆，抗冲击性能差。针对酚醛树脂的上述一些缺点，开展酚醛树脂的改性工作，以进一步提高酚醛树脂胶泥性能，扩大其应用范围。酚醛树脂改性的主要途径有：

8

（1）封锁酚醛羟基。以 α， γ－二氯丙醇、环氧氯丙烷等物质进行反应，取代羟基，则反应后的酚醛树脂可以用于 20% 左右的氢氧化钠溶液，而且克服了由于羟基的存在导致的胶泥的吸水性大、电性能差等缺点。酚醛树脂与 α， γ－二氯丙醇反应过程如下：

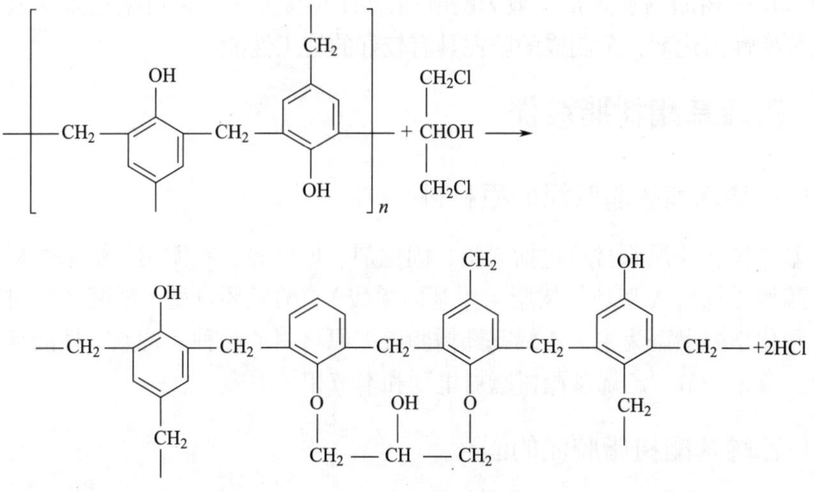

配制胶泥时先将酚醛树脂与 α， γ－二氯丙醇混合均匀，用此混合物配制胶泥。加入量一般为 20% 左右。

（2）用有机硅树脂或有机硅单体改进酚醛树脂的耐热性能。有机硅树脂耐热、耐水性优良，如果在酚醛树脂中掺入部分有机硅树脂或以有机硅单体与酚醛树脂中的羟基或羟甲基反应，则可以改进酚醛树脂的耐热性能与耐水性能。酚醛树脂与有机硅单体反应如下：

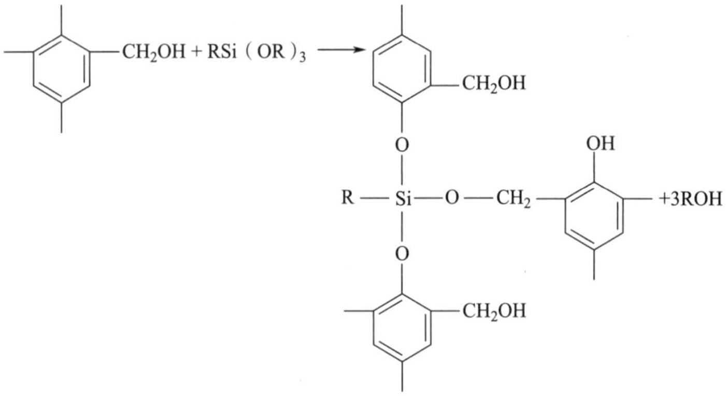

（3）以二甲苯甲醛树脂改性酚醛树脂。二甲苯甲醛树脂是二甲苯与甲醛的反应生成物，该树脂分子结构中极性基团含量少，分子链较长，与酚醛树脂的混溶性好。在酚醛树脂中混入二甲苯甲醛树脂可以改进酚醛树脂的韧性、耐碱性及耐水性。二甲苯甲醛树脂的分子结构式见图 8–7：

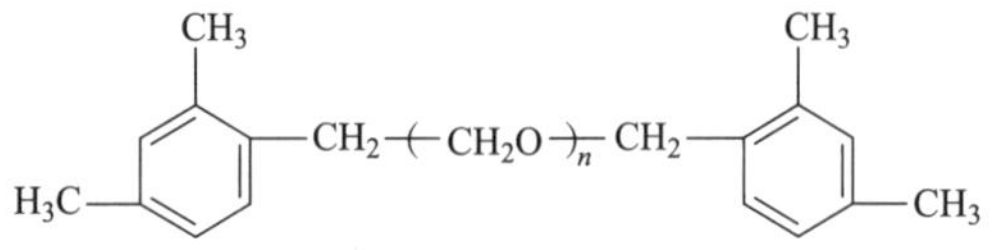

图 8–7　二甲苯甲醛树脂分子结构式

二甲苯甲醛树脂与酚醛树脂混合后，两者之间可以发生交联反应，形成热固性树脂。二甲苯甲醛树脂的加入量一般为酚醛树脂的 30% 左右。仍可采用苯磺酰氟、对甲苯磺酰氯等酸性固化剂，配制成的胶泥具有较好的施工性能。

八、乙烯基酯树脂胶泥

（一）乙烯基酯树脂胶泥的原材料

乙烯基酯树脂胶泥原材料包括树脂、固化剂、填料等。胶泥用乙烯基酯树脂以环氧甲基丙烯酸型（双酚 A 型环氧树脂 + 甲基丙烯酸）、酚醛环氧型（酚醛环氧树脂 + 甲基丙烯酸）和化学阻燃型为主。乙烯基酯树脂胶泥原材料的品种、特点、性能等，可参见本手册第三章第一节“乙烯基酯树脂衬里”和本节相关内容。

（二）乙烯基酯树脂胶泥的固化

在乙烯基酯树脂的线型分子结构端部含有不饱和双键，它可以在引发剂的作用下与含有不饱和结构交联单体进行自由基共聚反应，交联成具有体型结构的树脂，这就是乙烯基酯树脂的固化过程。在固化过程中需要交联剂、引发剂与促进剂。

1. 交联剂

乙烯基酯树脂固化常用的交联剂是含有双键的烯类化合物，如苯乙烯、甲基丙烯酸甲酯等。苯乙烯是最常用的交联剂，其优点是与乙烯基酯树脂的混溶性好，可以形成组分均匀的共聚物，而且原料易得、价格便宜。胶泥常用乙烯基酯树脂实际上是线型分子结构的乙烯基酯树脂与苯乙烯的混合溶液，一般苯乙烯含量约为树脂量的 35%～45%。苯乙烯的缺点是蒸汽压较高、沸点较低（145℃）、易挥发，给施工现场带来一定气味。苯乙烯的性能指标见表 8–46。

表 8–46　苯乙烯的性能指标

项目	指标	项目	指标
外观	无色透明液体	折射率	1.543 8～1.543 9
密度 /（g/mL）	0.903 0～0.905 8	纯度 /%	≥ 99.3
沸点 /℃	145	聚合物 /（mg/kg）	≤ 10

2. 引发剂

乙烯基酯树脂在常温下使用时需要加入一定量的引发剂，在加热或促进剂的作用下使树脂固化。常用的引发剂是有机过氧化物，如过氧化苯甲酰、过氧化环己酮、过氧化甲乙酮等，其用量约为树脂量的 2%～4%。工程上最常用的引发剂如下：

（1）由过氧化环已酮与邻苯二甲酸二丁酯按 1∶1 配成的糊状物，久置后易分层。上层为透明溶液，下层为白色沉淀。使用时应搅拌成均匀的糊状。

（2）过氧化甲乙酮与邻苯二甲酸二丁酯配成 50% 的溶液，呈无色透明，不产生沉淀，使用时不需要搅拌。

（3）过氧化苯甲酰与邻苯二甲酸二丁酯配成的 50% 糊状物，性能比较稳定。

各种引发剂的特性见表 8–47。

表 8–47　各种引发剂的特性

项目	过氧化环已酮	过氧化甲乙酮	过氧化苯甲酰
物态	固	液	固
有效成分 /%	95	60	96～98
临界温度 /℃	98	80	70
与邻苯二甲酸二丁酯比例	1∶1	1∶1	1∶1
用量 /（份 / 每 100 份树脂）	4	2	2～3
适用范围	冷固化	冷固化	热固化

3. 促进剂

从表 8–47 可知，常用的几种引发剂其临界温度均在 70℃以上。因此这些引发剂在室温条件下难以分解成游离基促使树脂固化。为此需要引入一定量的促进剂以降低树脂分解成游离基的温度，使其在室温下能使乙烯基酯树脂固化。

常用于过氧化环己酮、过氧化甲乙酮的促进剂是环烷酸钴、萘酸钴、辛酸钴等，形成酮过氧化物－钴引发体系；而用于过氧化苯甲酰的促进剂是二甲基苯胺、二乙基苯胺等，形成过氧化苯甲酰－二甲基苯胺引发体系。

引发剂与促进剂在使用时必须注意以下几点：

（1）引发剂与促进剂必须匹配使用。

（2）引发剂与促进剂不能直接混合，以免发生爆炸。存放时应分开。

（3）配制胶泥时应先将促进剂与树脂混合均匀，然后加入引发剂混合均匀，最后加入填料。

（4）引发剂为强氧化剂，易爆炸。因此必须放置在不见光的明亮处，并远离火源。促进剂亦应放置在不见光的阴凉处。

（三）乙烯基酯树脂胶泥的物理力学性能

乙烯基酯树脂胶泥的性能依据所选用的树脂品种的不同而略有差异，但这些胶泥的综合性能有如下特点：

（1）施工性能优良，黏度适宜，可室温固化。固化过程中无小分子物质生成，因而保证了固化后胶泥的质量。

（2）机械强度较高，并优于酚醛胶泥与呋喃胶泥。

（3）耐酸性能好于环氧胶泥和不饱和聚酯树脂胶泥；耐碱性能好于酚醛胶泥和不饱和聚酯树脂胶泥；耐氧化性能好于呋喃胶泥，耐溶剂性能好于不饱和聚酯树脂胶泥。

（4）粘结力较好，孔隙率小，抗渗性能好。

（5）固化时收缩率略大。

（6）热变形温度较高，酚醛环氧型在液相中使用可达 130℃，气相中使用可达 160℃。

乙烯基酯树脂胶泥的物理力学性能见表 8–48。

表 8–48　乙烯基酯树脂胶泥的物理力学性能

项目		试验值	标准设定值
抗压强度 /MPa		85.0	≥ 80.0
抗拉强度 /MPa		≥ 9.8	≥ 9.0
粘结强度 /MPa	与耐酸砖（十字交叉法）	3.0	≥ 2.5
	与碳钢（十字交叉法）	2.2	—
收缩率 /%		0.7	—
吸水率 /%		0.20	—
耐磨性（cs–17w，1 000g，500r）/g		0.05	—
抗冲击（1kg 钢球自由落体）/m		2.0（不开裂、起壳）	—
抗渗强度 /MPa		2.0	≥ 1.6

注：标准设定值来源于国家标准《工业设备及管道防腐蚀工程技术标准》GB/T 50726—2023。

九、双酚 A 型和间苯型不饱和聚酯树脂胶泥

（一）不饱和聚酯树脂胶泥的原材料

在砖板衬里防腐蚀工程中，常用的是双酚 A 型或间苯型不饱和聚酯树脂胶泥，其胶泥原材料由树脂、固化剂、填料等组成。这些原材料的品种、特点、性能等，可参见本手册第三章第二节“不饱和聚酯树脂衬里”和本节相关内容。

（二）不饱和聚酯树脂胶泥的固化

在不饱和聚酯树脂的线型分子结构中含有不饱和双键，它可以在引发剂的作用下与一些含有不饱和结构的化合物进行游离基共聚反应，交联成具有体型结构的树脂，这就是不饱和聚酯的固化过程。在不饱和聚酯的固化过程中需要交联剂、引发剂与促进剂，其性能、特点见本节“八”中“（二）乙烯基酯树脂胶泥的固化”内容。

（三）不饱和聚酯树脂胶泥的物理性能

双酚 A 型或间苯型不饱和聚酯胶泥的性能依据所选用的树脂品种的不同而略有差异。这些胶泥的综合性能有如下特点：

（1）施工性能优良，黏度适宜，可室温固化。固化过程中无小分子放出，保证了固化后胶泥具有好的致密性和抗渗性能。

（2）机械强度较高，并优于酚醛胶泥与呋喃胶泥，但低于环氧胶泥。

（3）具有一定的耐酸耐碱性能，其耐腐蚀性能低于酚醛胶泥与呋喃胶泥，但优于环氧胶泥。

（4）固化时收缩率较大。

（5）热变形温度低于乙烯基酯树脂，液相使用温度小于 90℃，气相使用温度小于 130℃。

（6）不饱和聚酯胶泥的物理机械性能见表 8-49。

表 8-49 不饱和聚酯胶泥的物理机械性能

项目		双酚 A 型		间苯型	
		试验值	标准设定值	试验值	标准设定值
抗压强度 /MPa		75	≥ 70	85	≥ 80
拉伸强度 /MPa		11.0	≥ 9.0	9.8	≥ 9.0
粘结强度 /MPa	与瓷板	3.0	≥ 2.5	2.0	≥ 1.5
	与钢板	2.4	—	2.0	—
抗渗强度 /MPa		2.1	≥ 1.6	1.9	≥ 1.6

注：标准设定值来源于国家标准《工业设备及管道防腐蚀工程技术标准》GB/T 50726—2023。

8

第三节 砖板衬里耐腐蚀性能的试验方法和评定标准

一、耐酸度、耐碱度的试验方法

耐酸度（在早期的标准中称为“耐酸率”）的试验方法是不断完善的。20 世纪 60 年代初期，耐酸陶瓷、铸石和石材制品的耐酸度试验均采用《工业建筑物和构筑物耐酸防腐工程施工及验收暂行技术规范》（化基规 201—62）的规定，即采用浓硫酸沸煮 1h 的方法。这种方法比较简单，但不能反映材料中某些能耐浓硫酸但不耐稀硫酸的组分，所以试验所得的耐酸度偏高。例如，含有一定数量铁质的试样，在浓硫酸沸煮试验时的耐酸度可达 99%，但在 20% 硫酸沸煮试验时的耐酸度仅为 90%。

20 世纪 80 年代，在编制铸石制品标准时，耐酸度试验采用高低两种浓度的硫酸，分别测出材料对浓硫酸的耐酸度和对 20% 硫酸的耐酸度。

20 世纪 80 年代末期，在编制耐酸砖和耐酸耐温砖标准时，耐酸度试验采用 10% 硫酸、10% 盐酸、10% 硝酸的混合酸。这种方法能反映材料耐三酸的性能，而且一次沸煮完成。

由于各种标准规范修编时间不同，所以目前耐酸度试验方法不一致，有的仍采用浓硫酸沸煮方法，有的采用高低浓度两次沸煮方法，有的采用混合酸沸煮方法。

（一）耐酸砖的耐酸度试验

试验按国家标准《耐酸砖》GB/T 8488—2008 的规定测定。

（1）试样：试样为从检验用砖上敲取 200g 左右的碎块，或在强度试验后收集的碎块。除去釉面后，用机械方法或人工方法进行破碎，筛取粒度为 0.25 ~ 0.5mm 的颗粒（如接触铁器，则应除铁），用蒸馏水清洗除去表面附着粉尘后，再用无水乙醇洗净，置于 105 ~ 115℃的电热干燥箱中烘干至恒重，取出后保存于干燥器中。

（2）试验步骤：

1）取干燥试样 10g，准确称量后置于 300mL 的锥形瓶中，称量应精确至 0.1mg；

2）向锥形瓶中加入 10% 硫酸、10% 盐酸、10% 硝酸（均为质量浓度百分比）各 30mL，充分摇匀，接上回流冷凝器，然后在（90 ± 1）℃的水浴中加热 5h，期间至 2.5h 时将锥形瓶摇晃一次；

3）取下冷凝器，加入适量蒸馏水，静置冷却 15min，倾析出锥形瓶中上层酸溶液，然后用蒸馏水以倾析法反复洗涤至完全没有酸性反应为止，再用无水乙醇洗净，置于 105 ~ 115℃温度下烘干到恒重，称量精确到 0.1mg。

（3）结果计算：耐酸度按下式计算，精确至小数点后两位：

$$R_n=\frac{m_2}{m_1}\times 100\% \qquad (8\text{–}10)$$

式中：R_n——试样耐酸度（%）；

m_1——腐蚀前试样称量值（g）；

m_2——腐蚀后试样称量值（g）。

同一试样应作平行试验，两个耐酸度结果相差不超过 0.04% 时，以平均值作为试验结果，否则应重新试验。

（二）耐酸耐温砖的耐酸度试验

试验可参照耐酸砖的耐酸度试验方法。

（三）铸石板和铸石粉的耐酸度和耐碱度试验

试验应按行业标准《铸石制品性能试验方法　耐酸、碱性能试验》JC/T 258—1993 的规定测定。

（1）试样：铸石板取样 5 块，按图 8–8 所示的斜线部分全部敲成小块；铸石粉取样后混合均匀，缩分至检验用量；将所取铸石板、铸石粉试样用磁铁仔细吸除破碎时掺入的铁质，用自来水洗去附着的粉末，然后用蒸馏水冲洗。在 105 ~ 110℃下烘干至恒重。

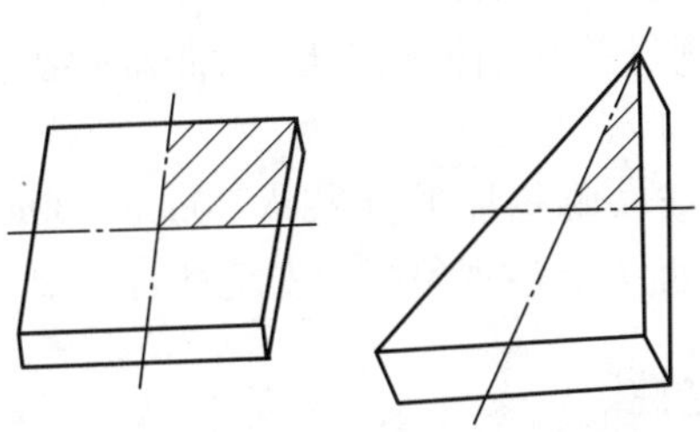

图 8–8　铸石板取样部位示意图

（2）实验步骤：

1）称取试样 1g，精确至 0.000 2g，放进 250mL 锥形瓶中。

2）向锥形瓶中加入浓硫酸、20% 硫酸或 20% 氢氧化钠的溶液（25 ± 0.5）mL，装上冷凝器（作耐酸试验时最好用成套磨口锥形瓶回流装置），放在可调节温度的电炉上煮沸 1h（耐碱试验在已沸腾的水浴中保持 1h），然后关闭电炉，使试样冷却。浓酸冷却 30min，稀酸或碱溶液冷却 10 ~ 15min。

3）从冷凝器上端慢慢加入蒸馏水 50 ~ 75mL，然后取下冷凝器，用少量蒸馏水冲洗冷凝器下端和塞子处。此洗涤水流入锥形瓶中。将锥形瓶中溶液与试样在预先烘干恒重的玻璃漏斗中过滤，用蒸馏水洗至中性（耐碱试验用热水洗涤）。

4）将带有劈石板试样的漏斗放在 105 ~ 110℃烘箱中烘干至恒重。

5）将带有铸石粉试样的滤纸放在恒重的瓷坩埚中，在 700℃下灼烧 0.5h 后，在干燥器中冷却 40min 后称量，直至恒重。

（3）结果计算：耐酸度、耐碱度按下式计算：

$$K=\frac{G_1}{G}\times 100\% \tag{8-11}$$

式中：K——耐酸度或耐碱度（%）；

G_1——试验后试样质量（g）；

G——试验前试样质量（g）。

同一样品应同时做两个试样，两个结果的差数，铸石板不得大于 0.5%，铸石粉不得大于 1%，如超过此值，应自同一样品内重新取两个试样复验 1 次。

耐酸度和耐碱度的最终结果是取两次平行试验结果的平均值（取两位小数）。

（四）粉料耐酸度的试验

试验可参考耐酸砖的耐酸度试验方法，具体步骤见本手册第三章第四节“酚醛树脂衬里”中的相关内容。

二、体积和浸酸安定性的试验方法

由天然石材进行粉碎而成的粉料属于非均质体，当含有杂质时，其耐酸度数据不能完全反映其耐酸性能，尚需进行体积和浸酸安定性试验。

（一）耐酸粉料的体积安定性

（1）应将酚醛树脂与比例量的酸性固化剂混合均匀，然后加入适量耐酸粉料，搅拌均匀；当为呋喃树脂时，加入比例量的呋喃树脂玻璃纤维增强塑料粉（含酸性固化剂），再加入适量耐酸粉料，搅拌均匀。

（2）将拌制好的酚醛树脂胶泥或呋喃树脂胶泥装入 30mm×30mm×30mm 的试模内，振实并刮平表面，试件硬化后表面无起鼓现象即为安定性合格。

（二）水玻璃胶泥的浸酸安定性

（1）参照国家标准《建筑防腐蚀工程施工规范》GB 50212—2014 附录 A.3.6 的要求，水玻璃胶泥的浸酸安定性测定步骤为：①将搅拌均匀的水玻璃胶泥装入 20mm×20mm×20mm（或 30mm×30mm×30mm）试模内（至少 3 块），连同底板置于跳桌上，用手稍扶住，跳动 25 次，亦可用人工捣实方法，刮去多余胶泥并整平表面，将试模连同底板置于跳桌上，用手扶住，跳动 25 次；②在温度为 20 ~ 25℃、相对湿度小于 80% 的空气中养护 2d 后脱模，并应继续在上述环境中养护 14d。

（2）置于浓度为 40% 的工业硫酸中煮沸 1h，并在该酸液中缓慢冷却至常温，取出试块后，应用水冲洗，并擦拭干净。1d 后，应检查试块有无裂纹、掉角、疏松和膨胀等现象。

（3）当试块完整，表面和酸液亦无显著变色，为合格。

三、块材的耐腐蚀性能的试验方法与评定标准

耐酸度、耐碱度、体积和浸酸安定性试验只能表示材料在某一介质中的耐腐蚀性。工程应用中的介质是多种多样的，为此在国家标准《建筑防腐蚀工程施工质量验收标准》GB/T 50224—2018 中，规定了块材在各种介质中的耐腐蚀性能试验方法和评定标准：

（一）耐腐蚀性能试验方法和要求

（1）耐酸砖、耐酸耐温砖、防腐蚀碳砖宜采用检测抗压强度时的试块尺寸，也可采用原样，且厚度不宜小于 20mm，每组 3 块。

（2）花岗石等天然石材宜加工成 50mm×50mm×50mm 的试块，每组 3 块，在实验前应用放大镜检查，无裂纹者方可使用。

（3）用清水将试块洗净、烘干，并自然冷却。

（4）在腐蚀试验前，先测出块材的原始强度值。

（5）将试块浸入装有腐蚀性介质的带盖容器中，试块底面应架空，侧面应隔开，介质液面应高出试块表面。在浸泡期内，应保持介质的浓度，非常温的腐蚀试验时，尚应保持温度值。

（6）浸泡 45d 后，取出试块，用水冲洗后用纱布擦干。

（7）当介质为碱液或有结晶膨胀腐蚀的盐类介质时，尚应进行干湿交替试验（干 2d，湿 2d，不少于 15 次循环）或半浸泡试验（不少于 60d），并检查腐蚀后的外观变化和强度保留率。

（二）耐腐蚀性能检测项目

检测项目包括试块表面和浸泡介质外观变化，试块抗压强度变化。

（1）检查试块有无裂纹、剥落、膨胀和掉角等现象，观察浸泡介质变色情况。当试块完整，试块表面和浸泡介质亦无明显变化时，则认为外观合格。

（2）试块抗压强度测定应按现行国家标准《天然花岗岩石建筑板材》GB/T 18601 的有关规定执行，其强度保留率应按下式计算：

$$N = K_1/K \times 100\% \quad (8\text{–}12)$$

式中：N——试验块材的强度保留率（%）；

K_1——试验后一组试块平均值的抗压强度（MPa），精确至 0.01MPa；

K——试验前一组试块平均值的原始抗压强度（MPa），精确至 0.01MPa。

8

（三）耐腐蚀性能评定标准

（1）耐腐蚀等级评定见表 8–50。

表 8–50　耐腐蚀等级评定

等级	评定标准		适用性
	腐蚀后的外观	强度保留率 N/%	
耐腐蚀	合格	≥ 90.0	推荐使用
		80.0 ≤ N<90.0	可用
尚耐腐蚀	基本合格	60.0 ≤ N<80.0	一般不用
不耐腐蚀	不合格	<60.0	不得使用

（2）外观变化、抗压强度变化的检测指标中，当有一项指标不符合该等级标准时，块材类材料耐腐蚀性能应降级。

四、水玻璃胶泥的耐腐蚀性能的试验方法与评定标准

（一）耐腐蚀性能试验方法和要求

参照国家标准《建筑防腐蚀工程施工质量验收标准》GB/T 50224—2018 中的水玻璃

类材料的耐腐蚀性能试验方法和评定标准。

（1）水玻璃胶泥试块尺寸采用 30mm × 30mm × 30mm 立方体，每组不少于 5 块。

（2）试块制作和养护参照本节“二、体积和浸酸安定性的试验方法”中“水玻璃胶泥的浸酸安定性”提供的方法。

（3）把编组试块浸入有试验介质的带盖容器中，试块底面应架空，侧面应隔开，介质应高出试块的表面。试验中，应保持介质的原有浓度，当在水中浸泡时，应保持水质呈中性。

（4）试验介质的温度应保持试验条件所规定的温度，当为常温时，温度应为 0 ~ 40℃。

（5）浸泡期龄为 1 个月和 3 个月，当介质为稀酸、水和盐类溶液时，应为 6 个月期龄。

（6）当试验介质为膨胀型腐蚀的盐类溶液时，应进行半浸泡的腐蚀试验。

（7）到达龄期后，取出试块，应用水冲洗，并应阴干 24h。

（二）耐腐蚀性能检测项目

水玻璃胶泥耐腐蚀性能检测项目为外观变化和抗压强度变化。

（1）外观变化应检查试块有无裂纹、起鼓、发酥和掉角等现象。

（2）到期龄的试件应检测抗压强度，取每组 5 个试块的平均值，抗压强度变化率应按下式计算：

$$R_{变} = (R_1 - R_0) / R_0 \times 100\% \quad (8\text{-}13)$$

式中：$R_{变}$——试件抗压强度变化率（%）；

R_0——试验前一组试件平均值的原始抗压强度（MPa），精确至 0.01MPa；

R_1——试验后一组试件平均值的抗压强度（MPa），精确至 0.01MPa。

计算结果为正值，表示抗压强度增加；计算结果为负值，表示抗压强度降低。

（三）耐腐蚀性能评定标准

（1）耐腐蚀等级评定见表 8-51。

表 8-51 耐腐蚀等级评定

等级	强度降低率 /%	外观变化
耐腐蚀	<20.0	不明显
尚耐腐蚀	20.0 ~ 40.0	稍有变化
不耐腐蚀	>40.0	裂纹、酥松、剥落

（2）外观变化和抗压强度变化的检测指标中，当有一项指标不符合该等级标准时，该水玻璃胶泥耐腐蚀性能应降级。

五、树脂胶泥的耐腐蚀性能的试验方法与评定标准

在国家标准《建筑防腐蚀工程施工质量验收标准》GB/T 50224—2018 中，规定了树脂胶泥类材料的耐蚀性能试验方法和评定标准。

（一）耐腐蚀性能试验方法和要求

（1）试件尺寸应为30mm×30mm×30mm立方体，先将树脂胶泥装入试模内捣实，在跳桌上振动25次并刮平表面。经24h成型后脱模，试件外形应完整，在20~30℃温度下养护28d后编组，并采用精度0.01g天平称重。

（2）将编组试件浸泡在测试的腐蚀性介质中。试件底面应架空，侧面应隔开，介质应高出试件表面。浸泡期间，应保持介质的浓度不变。

（3）浸泡期龄为1个月、3个月、6个月和12个月，其中1个月和3个月的龄期可不做强度测定。

（4）到各期龄后，先用清水冲洗试件，并用滤纸吸干试件表面，再采用精度0.01g天平称重，再进行抗压强度测定。

（二）耐腐蚀性能检测项目

检测项目包括试件外观变化，质量变化和抗压强度变化。

（1）试件外观变化应观察试件表面是否完好，有无失光、侵蚀、麻点、酥松、变软及裂纹等缺陷。

（2）每到期龄，取出一组试件，在精度0.01g天平上称重，取三块重量的平均值，质量变化率应按下式计算：

$$M_{变}=(M_1-M_0)/M_0\times100\% \tag{8-14}$$

式中：$M_{变}$——质量变化率（%）；

M_0——浸泡前一组试件平均值的质量（g），精确至0.01g；

M_1——浸泡后一组试件平均值的质量（g），精确至0.01g。

计算结果为正值，表示试件增重；计算结果为负值，表示试件失重。

（3）到期龄的试件破型测抗压强度，取每一组试块的平均值，抗压强度变化率应按下式计算：

$$S_{变}=(S_1-S_0)/S_0\times100\% \tag{8-15}$$

式中：$S_{变}$——试件抗压强度变化率（%）；

S_0——浸泡前一组试件平均值的原始抗压强度（MPa），精确至0.01MPa；

S_1——浸泡后一组试件平均值的抗压强度（MPa），精确至0.01MPa。

计算结果为正值，表示抗压强度增加；计算结果为负值，表示抗压强度降低。

（三）耐腐蚀性能评定标准

（1）耐腐蚀等级评定见表8-52。

表8-52 耐腐蚀等级评定

等级	失重率/%	增重率/%	强度降低率/%	外观
耐腐蚀	<0.5	<3.0	<20.0	无明显变化
尚耐腐蚀	0.5~3.0	3.0~8.0	20.0~40.0	表面略有起粉、粗糙现象
不耐腐蚀	>3.0	>8.0	>40.0	发酥、气泡、裂纹、掉角、发软、脱皮等

（2）外观变化、质量变化和抗压强度变化的检测指标中，当有一项指标不符合该等级标准时，该树脂类材料耐腐蚀性能应降级。

第四节 设计要点

一、砖板衬里材料的选用

（一）砖板的选用

砖板衬里材料的选择应在综合评价使用压力、使用温度、操作要求、介质的腐蚀性、施工工艺、节能以及经济合理性等后确定，当无应用经验时，材料性能应经试验确定。

（1）耐酸砖板、耐酸耐温砖板可用于氧化性酸、有机化合物、无机酸和无机盐溶液等环境；不得用于含氟类介质、热磷酸和热浓碱液环境，不宜用于温度变化经常大于50℃的环境。耐酸砖板在石油、化工、冶金、食品、制药等行业均有广泛的应用。作为塔器、储罐、池、管道、地面等耐蚀面层材料，耐酸耐温砖板在石化、化工、冶金等行业中与酸、碱接触的反应器、干燥器、吸收塔、防腐池、沟槽等设备的防腐蚀场合有较为广泛的应用。

（2）玄武岩铸石板可用于氧化性酸、有机化合物、无机酸、无机盐溶液及温度低于100℃的稀碱液等环境，不宜用于氢氟酸、300℃以上磷酸和熔融碱等环境；可用于耐磨性能要求高的环境，不宜用于承受重物冲击或温度变化经常大于50℃的环境。常用于矿石、灰渣的渣槽、溜槽和输送管道的耐磨衬里以及酸、碱罐池的耐腐蚀衬里。

（3）碳砖可用于高温和温度变化经常大于50℃的环境，也可用于各种酸、碱、盐和有机溶剂环境，不宜用于氧化性环境；合成树脂浸渍碳砖的使用环境应与所使用合成树脂的性能匹配，碳砖和合成树脂浸渍碳砖不宜用于承受重物冲击的环境。碳砖在冶金行业的高炉的炉底、炉缸使用广泛，在石化行业的高压釜、工业炉中通常作为耐温衬里。在电镀行业的酸洗槽、电镀槽，以及造纸工业的溶解槽，化工行业的耐酸耐碱的反应器、储槽和管道中常作为耐腐蚀衬里。

（4）石墨砖板可用于高温和温度变化经常大于50℃的环境，也可用于盐酸、硫酸、磷酸、硝酸、氢氟酸以及混酸和强碱环境，不宜用于氧化性环境；合成树脂浸渍石墨砖板的使用环境应与所使用合成树脂的性能匹配；石墨砖板和合成树脂浸渍石墨砖板不得用于承受重物冲击的环境。

（二）胶泥的选用

正确选择耐腐蚀胶泥是保证砖板衬里结构成功的前提。一些砖板衬里设备由于胶泥选择不当造成设备破坏，出现生产和安全事故，不乏其例。选择胶泥除了考虑胶泥的适用范围（见表8-23）之外，还需考虑与设备及管道使用的工艺操作条件，忽略某一方面都将造成砖板衬里设备的失效或失败。

1. 腐蚀介质

腐蚀介质是选择胶泥的主要条件。水玻璃胶泥在碱类、氟化物、中性介质中易产生溶解或化学反应等过程而遭到破坏；普通型水玻璃胶泥不得用于稀酸和水作用的环境；合成树脂胶泥中的各种树脂均为高分子材料，在某些化学介质中易产生氧化、水解、溶胀、溶解等化学和物理过程而遭到破坏，因此必须慎重地根据介质品种选择胶泥。

（1）在碱性介质中，水玻璃胶泥、酚醛树脂胶泥是不耐腐蚀的，应选用呋喃树脂胶泥、环氧树脂胶泥，并选用石墨粉、重晶石粉等作为胶泥填料。

（2）在强氧化性酸（如浓硫酸、硝酸、铬酸）和其他氧化性介质（如氨气、次氯酸、双氧水）中不宜选用合成树脂胶泥，而应选用水玻璃胶泥。

（3）在含氟化合物（如氟化氢、氟硅酸、氟硅酸钠等）介质中不宜选用水玻璃胶泥，而宜选用以石墨粉、重晶石粉为填料的合成树脂胶泥。

（4）在非氧化介质（如盐酸、醋酸、稀硫酸、酸性盐类等）中，各种树脂胶泥均有一定的耐腐蚀性，可以选用，但对中性介质（如水等）不宜采用水玻璃胶泥。

（5）在两种或两种以上的混合介质中选用的胶泥应对各种介质均能耐腐蚀，生产中经常接触的酸、碱交替介质宜采用既耐酸又耐碱的呋喃树脂胶泥或环氧树脂胶泥。

（6）在某些溶剂（如醇类、酮类、苯、甲苯等）介质中，合成树脂胶泥可以有选择性地选用。一般说来，充分固化的酚醛树脂胶泥与呋喃树脂胶泥均有较好的耐溶剂性能，可以选用；而环氧树脂胶泥与不饱和聚酯树脂胶泥由于耐溶剂性能较差，水玻璃胶泥虽然有较好的耐溶剂性但容易渗透，故都很少采用。

2. 温度

使用温度是选用胶泥的重要条件之一，应当结合腐蚀介质的种类综合考虑。

（1）对于合成树脂胶泥，每个品种都有其极限使用温度，超过此温度则会使树脂结构破坏，导致胶泥强度降低、疏松、炭化、砖板脱落等现象。实际工程中，酚醛树脂胶泥、呋喃树脂胶泥的使用温度一般不宜超过 140℃，乙二胺固化的环氧树脂胶泥不应超过 100℃。

（2）介质的品种与浓度是决定胶泥使用温度的重要条件，例如酚醛树脂胶泥与呋喃树脂胶泥常温下可用于 60%～70% 的硫酸中，但温度高时则不宜选用。

（3）温度的动态变化是影响胶泥使用条件的另一个重要因素，操作温差变化太大，将使衬里层产生较大的热应力，极易造成砖板衬里结构的破坏。

3. 压力

设备运转中的压力状况亦是选用胶泥的重要依据。设备及管道运行压力大时，腐蚀介质扩散速率增加、渗透性增强，容易穿透衬里层造成金属壳体腐蚀。工业设备及管道防腐蚀砖板衬里结构一般不适用于高真空度的场合，否则容易造成砖板脱落。适用的压力范围为 -0.02～2.0MPa。目前已有部分用户在高压反应釜、高压闪蒸罐中使用砖板衬里的设备压力达到了 3.2MPa，当然这需要有特殊的设计构造、较高的施工技术和性能优异的材料相互匹配，才能达到。

4. 设备运行状态

设备在生产过程中的运行状态对胶泥性能影响较大。某些设备直接采用蒸汽加热，某些设备物料黏度较大，或固、液二相混合等过程均易造成较大的震动。如果衬里用胶泥的韧性较差，则易造成砖缝产生裂缝或砖板脱落，在选用水玻璃胶泥、呋喃树脂胶泥时需要注意。为避免震动造成衬里层破坏，可在设备壳体与砖板衬里层之间加衬韧性较好的防震缓冲层（如橡胶）等。

常温下胶泥的耐腐蚀性能可按表 8–53 选用；各类胶泥的耐腐蚀性能可参见本手册附录二“各类胶泥的耐腐蚀性能”。

表 8–53　常温下胶泥的耐腐蚀性能

介质	水玻璃	环氧树脂	呋喃树脂	酚醛树脂	乙烯基酯树脂	不饱和聚酯树脂	
						双酚 A 型	间苯型
硫酸 /%	耐	≤ 60　耐	≤ 60　耐	≤ 70　耐	≤ 70　耐	≤ 70　耐	≤ 50　耐
盐酸 /%	耐	≤ 31　耐	≤ 20　耐	耐	耐	耐	≤ 31　耐
硝酸 /%	耐	△	△	≤10　尚耐	≤ 40　耐	≤ 40　耐	≤ 20　耐
乙酸 /%	耐	△	≤ 20　耐	耐	≤ 40　耐	≤ 40　耐	≤ 40　耐
铬酸 /%	耐	△	△	≤ 20　耐	≤ 20　耐	≤ 20　耐	≤ 10　耐
氢氟酸 /%	不耐	≤ 5　尚耐	≤ 20　耐	≤ 40　耐	≤ 30　耐	≤ 40　耐	≤ 30　耐
氢氧化钠	不耐	耐	尚耐	不耐	尚耐	尚耐	尚耐
碳酸钠 /%	不耐	耐	耐	尚耐	耐	≤ 20 耐	尚耐
氨水	不耐	耐	尚耐	不耐	尚耐	不耐	不耐
尿素	不耐	耐	耐	耐	耐	耐	耐
氯化铵	尚耐	耐	耐	耐	耐	耐	耐
硝酸铵	尚耐	耐	耐	耐	耐	耐	耐
硫酸钠	尚耐	耐	耐	尚耐	耐	尚耐	尚耐
丙酮	有渗透作用	△	不耐	不耐	不耐	不耐	不耐
乙醇		△	尚耐	尚耐	尚耐	尚耐	尚耐
汽油		耐	耐	耐	耐	耐	耐
苯		△	耐	耐	尚耐	尚耐	尚耐
5% 硫酸和 5% 氢氧化钠交替作用	不耐	耐	耐	不耐	耐	尚耐	尚耐

注：“△”表示树脂胶泥的耐腐蚀性能与选用的树脂类型、固化剂和固化方式等有关，且应经试验确定。

二、隔离层的选用

在腐蚀性强、带压运行的设备及管道中，为防止腐蚀介质渗透过砖板衬里后对设备及管道基体造成腐蚀，常在设备及管道基体与砖板衬里之间设置隔离层。以起到第二道防线作用。因此隔离层材料应当具备耐蚀性强、抗渗透能力好、与基体与砖板间的粘结力高、满足于设备及管道运行温度等工艺条件。在砖板衬里工程中常被用作隔离层的材料有纤维增强塑料（俗称“玻璃钢”）、橡胶、铅、涂料、玻璃鳞片胶泥等。

（一）隔离层材料的性能

纤维增强塑料（俗称“玻璃钢”）、橡胶、铅、涂料、玻璃鳞片胶泥隔离层所用的原材料特点、隔离层的物理力学性能、耐温性能和耐腐蚀性能等，可参见本手册第三章至第七章的相关内容。

（二）设置隔离层的条件

是否需要设置砖板衬里的隔离层，需考虑操作介质工艺条件、传热状况以及隔离层材料性能等因素，符合以下条件之一，砖板衬里结构应设置隔离层：

（1）树脂胶泥采用酸性固化剂。

（2）介质腐蚀性和渗透性强。

（3）介质渗透性弱的水玻璃胶泥衬砌的设备及管道。

（4）采用耐酸耐温砖板的设备及管道。

（5）操作温度变化或波动范围大于 80℃的设备及管道。

（6）运行压力较大的设备及管道。

（7）承受振动的设备及管道。

（8）其他使用条件较苛刻或需要设置隔离层的设备及管道。

（三）隔离层的性能特点

常用隔离层的性能特点和最高使用温度见表 8–54。

表 8–54 常用隔离层的性能特点和最高使用温度

隔离层		性能特点	最高使用温度/℃
纤维增强塑料	环氧树脂类	耐中等强度以下的酸、耐碱和盐类，粘结力大，收缩率小，抗渗效果较好	80
	乙烯基酯树脂类	高度耐腐蚀树脂、耐氧化性介质和部分溶剂，抗渗效果好、收缩率较小、易施工	80
	双酚 A 型不饱和聚酯类	耐稀酸、盐类的腐蚀，不耐有机溶剂的腐蚀，收缩率稍大，易施工	70
	呋喃树脂类	耐酸、碱，不耐氧化性介质，易收缩，粘结力差、需要后固化处理	80
	酚醛树脂类	耐酸、盐酸、醋酸，不耐氧化性酸与碱类的腐蚀，需要后固化处理	80
橡胶	天然橡胶	耐酸、耐碱，韧性好，抗渗透力强，与基体结合力好，但不耐有机物腐蚀	85
	丁基橡胶	耐酸、耐碱性优于天然橡胶，韧性好，抗渗能力强，易施工	120
	聚合异丁烯	耐酸、碱、盐类溶液的腐蚀，不耐含氟、氯有机物腐蚀	60

续表 8-54

隔离层	性能特点	最高使用温度 /℃
铅	抗硫酸性能好，抗渗透能力强；同时密度大，有毒，施工困难	140
涂料（环氧）	耐稀酸、稀碱的腐蚀，抗渗能力差，易施工	80
玻璃鳞片胶泥	耐酸、盐类，抗渗性能佳，施工方便	130

参考使用上表时，需要注意以下几点：

（1）隔离层材料的最高使用温度根据所选隔离材料的品种和牌号的不同，会有一定的差别。上表中最高使用温度供参考，具体以材料生产厂家的产品性能为准。

（2）表内几种纤维增强塑料（玻璃钢）材料的使用温度范围在 100 ~ 180℃，但其隔离层衬里的使用温度上限在 BS EN 14879-2:2006 中规定为 80℃；日本的相关标准中规定的使用温度上限为 70℃；国家标准《乙烯基酯树脂防腐蚀工程技术规范》GB/T 50590—2010 和中国石油和化工勘察设计协会团体标准《乙烯基酯树脂防腐蚀工程技术标准》T/HGJ 50590—2019 中规定在液相中的使用温度不超过 70℃。国家标准《工业设备及管道防腐蚀工程技术标准》GB/T 50726—2023 标准编制组在进行调查研究和试验验证基础上，确定设计温度上限为 80℃，主要是考虑到碳钢基体与纤维增强塑料衬里层之间的线膨胀系数差异较大，受温度作用而将产生热应力，当热应力大于纤维增强塑料衬里层与碳钢基体之间附着力时，易造成脱壳。

（3）隔离层的温度必须小于隔离层材料的使用温度，应当通过计算来确定温度是否得当，由此而确定砖板层的厚度。砖板衬里层中的隔离层温度与介质温度的关系可参照表 8-55 中的经验数据进行初步估算。

表 8-55　衬里层温度分布经验数据

介质温度 /℃	到达隔离层的温度 /℃		
	100mm 厚砖板衬里	200mm 厚砖板衬里	300mm 厚砖板衬里
100	65	50	40
120	80	65	55
135	90	70	60
150	100	80	70

三、砖板衬里设计要点

（一）砖板衬里厚度

在物理冲击、热冲击、温度变化，以及静态载荷的工况下，最小砖板厚度的控制，是保证设备长期安全稳定运行的关键。依据温度变化等级、局部机械载荷等条件，砖板最小厚度选用见表 8–56 和表 8–57。

表 8–56　温度变化等级与砖板最小厚度

等级	温度负荷变化	最小厚度 /mm
1	偶尔发生小于或等于 50℃的温度变化	20
2	偶尔发生大于 50℃的温度变化	30
3	经常发生小于或等于 50℃的温度变化	30
4	经常发生大于 50℃的温度变化	30
5	涉及热冲击的温度变化	40

表 8–57　局部机械载荷与砖板最小厚度

序号	局部机械负荷	最小厚度 /mm
1	静态载荷小于或等于 $1.0N/mm^2$	15
2	静态载荷大于 $1.0N/mm^2$，小于或等于 $7.0N/mm^2$	20
3	静态载荷大于 $7.0N/mm^2$	30
4	冲击载荷	30

砖板衬里在温度变化和局部机械载荷等多种载荷共同作用时，情况变得较为复杂，因此砖板最小厚度应根据材料性能确定或对材料性能进行试验验证。

（二）人孔设置和砖板尺寸

（1）从施工安全、设备运行中的维护检修角度，需要衬里设备设置人孔，人孔在衬砌后内直径不应小于 450mm；不可拆卸的设备宜设置 2 个人孔；当立式设备顶盖上有直径 200mm 及以上规格的接管时，在筒体上可设置 1 个人孔。

（2）钢壳内直径小于 800mm 的衬里设备，筒节长度宜为 1 500 ~ 2 000mm；当只有一端衬砌设备时，筒体长度不宜大于 600mm，花板等内件宜按可拆结构设计。

（3）当衬砌砖板管道时，管道公称直径应大于 *DN*200，长度不得大于 1 000mm。圆筒形设备公称直径大于或等于 *DN*300 且小于 *DN*1 000 时，砖板宽度宜为 50 ~ 100mm。

（4）公称直径大于或等于 *DN*1 000 时，砖板宽度宜为 100 ~ 150mm。圆柱形衬里设备测量平面处的内直径平均值的允许偏差范围应为公称内直径的 ±0.4%；公称直径大于 *DN*7 500 的容器，其允许偏差范围应为 ±15mm。

（三）砖板衬里层数

砖板衬里通常与介质特性，隔离层材料耐受性能、温度及使用寿命需求等参数相关，砖层结构需要根据具体工况综合分析和选择。一般采用单层砖板、双层砖板以及三层砖板衬里结构，选择时注意以下几点：

（1）单层砖板结构适用于气相介质的设备及管道、介质腐蚀性或渗透性不强的非重要设备及管道、隔热或耐磨蚀的设备及管道。

（2）双层砖板结构适用于介质腐蚀性或渗透性较强的设备及管道、操作压力或操作温度较高的设备及管道、其他使用条件较苛刻的设备及管道。

（3）符合设置隔离层条件的设备与管道应设置隔离层。

（4）无法采用隔离层材料时，宜采用三层砖板衬里结构。

砖板单层衬里［图 8–9（a）］、双层衬里［图 8–9（b）］、三层衬里［图 8–9（c）］、单层复合衬里［图 8–9（d）］和双层复合衬里［图 8–9（e）］结构简图如下：

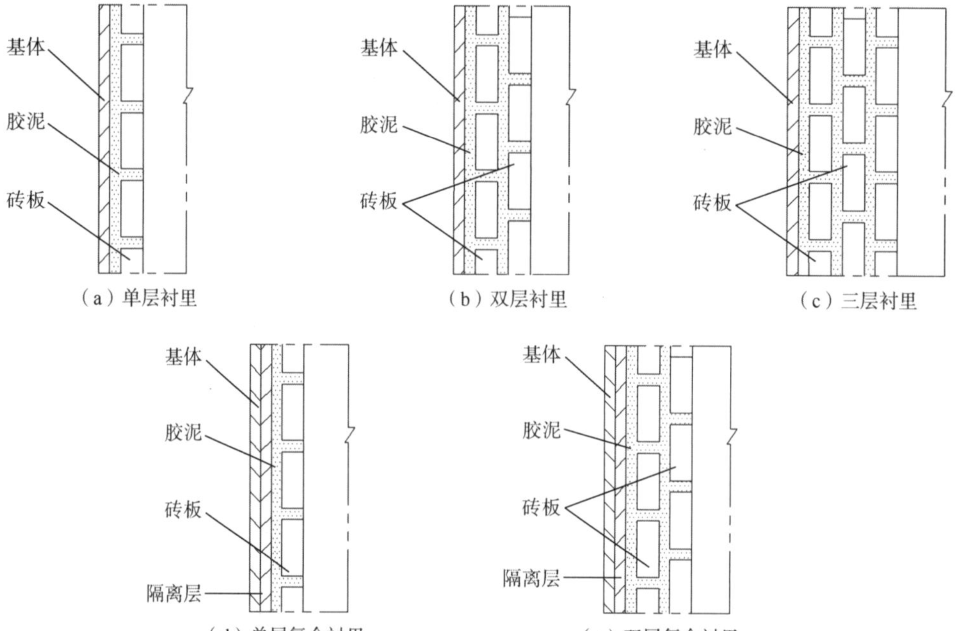

（a）单层衬里　（b）双层衬里　（c）三层衬里

（d）单层复合衬里　（e）双层复合衬里

图 8–9　各种砖板衬里结构

（四）砖板衬里构造

1. 砖板排列与砖板胶合缝隙

（1）砖板排列时衬里设备砖板的周向缝应为连续缝，轴向缝应错开。两层及以上的砖板衬里层，内外层的接缝应错开。砖板接缝（图 8–10）错开的距离不应小于砖板最小尺寸的 1/3，且不得小于 15mm。

（2）立式衬里设备底部砖板的排列可采用扇形排列、平形排列、人字形排列、人字形交错排列及异型板排列（图 8–11）方式；顶部砖板的排列需考虑自身的稳定性，推荐采用扇形排列。

（3）砖板胶合缝（接缝）型式（图 8–12）应为挤缝，结合层厚度与灰缝宽度均称为胶合缝（接缝）间隙，其尺寸见表 8–58。

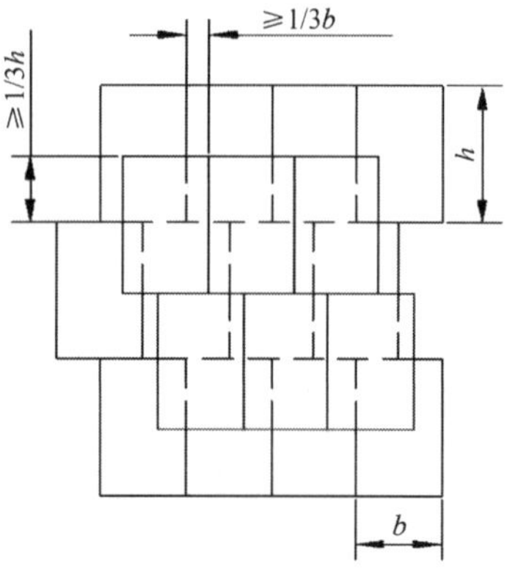

图 8–10　砖板排列

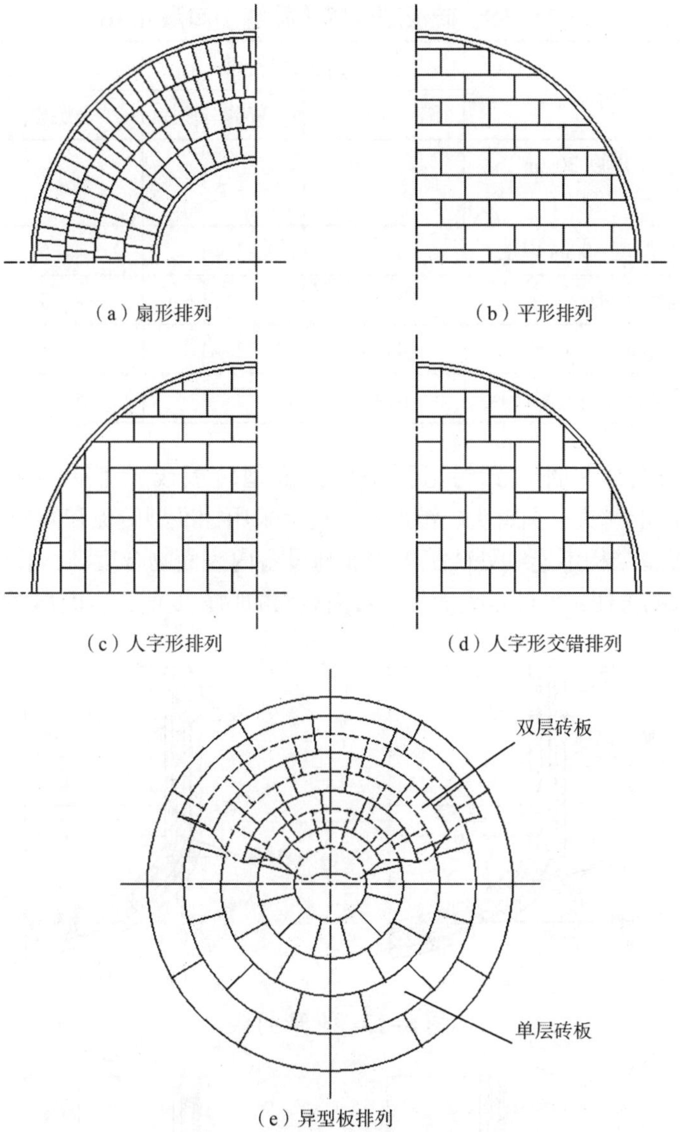

图 8–11　设备顶部 / 底部砖板排列

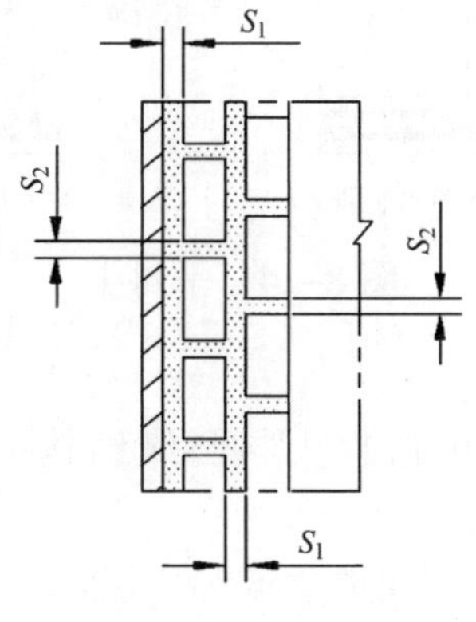

图 8–12　挤缝尺寸

表 8–58　砖板胶合缝（接缝）间隙 /mm

材料名称		水玻璃胶泥衬砌		树脂胶泥衬砌	
		结合层厚度	灰缝宽度	结合层厚度	灰缝宽度
耐酸砖、耐温耐酸砖	厚度 30mm 及以下	3 ~ 5	2 ~ 3	4 ~ 6	2 ~ 3
	厚度 30mm 以上	4 ~ 7	2 ~ 4	4 ~ 6	2 ~ 4
玄武岩铸石板		4 ~ 5	2 ~ 3	4 ~ 5	2 ~ 3
碳砖、合成树脂浸渍碳砖		4 ~ 5	2 ~ 3	4 ~ 5	2 ~ 3
石墨砖板、合成树脂浸渍石墨砖板		4 ~ 5	2 ~ 3	4 ~ 5	2 ~ 3

（4）封头与筒体局部位置衬里可采用标准型砖板或异型砖板排列，图 8–13 ~ 图 8–15 分别为凸形封头、平封头、锥形封头局部采用标准型砖板和异型砖板图例。异型砖的优点是在设备结构不连续处砖板内表面与设备内表面吻合度高，表面圆滑过渡，不积液。标准砖采购方便，但砖板表面与设备内表面的吻合度低，表面不平滑。

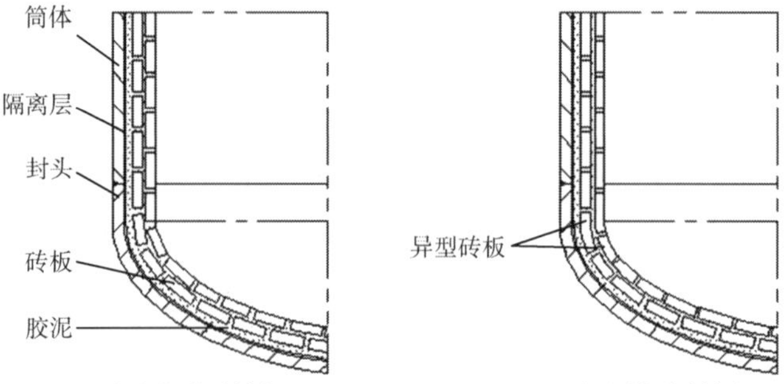

（a）标准砖衬砌　　（b）异型砖衬砌

图 8–13　凸形封头

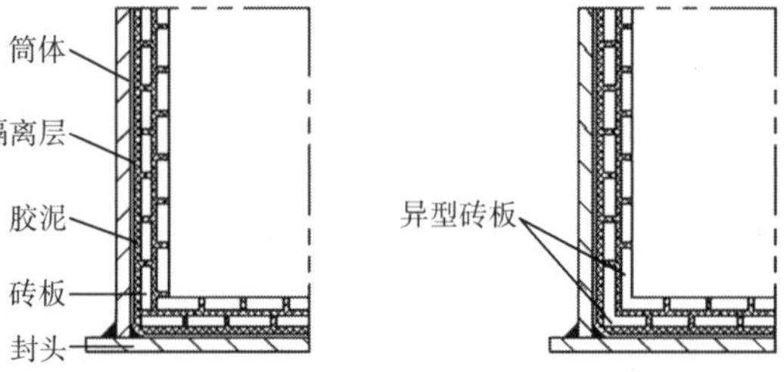

（a）标准砖衬砌　　（b）异型砖衬砌

图 8–14　平封头

2. 封头与接管衬里结构

封头与接管衬里结构应包括封头与凸缘结构（图 8–16）、封头与接管结构（图 8–17），并应考虑以下几点：

（1）局部结构的材料可采用耐腐蚀金属或耐腐蚀非金属衬板，也可采用带格状金属拉筋的胶泥覆盖层。

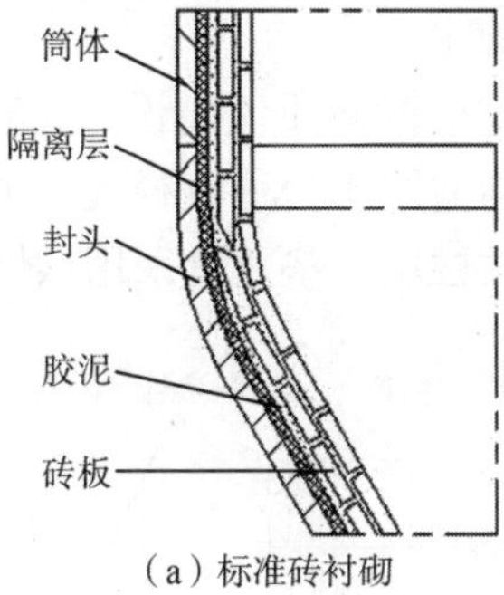

图 8-15　锥形封头

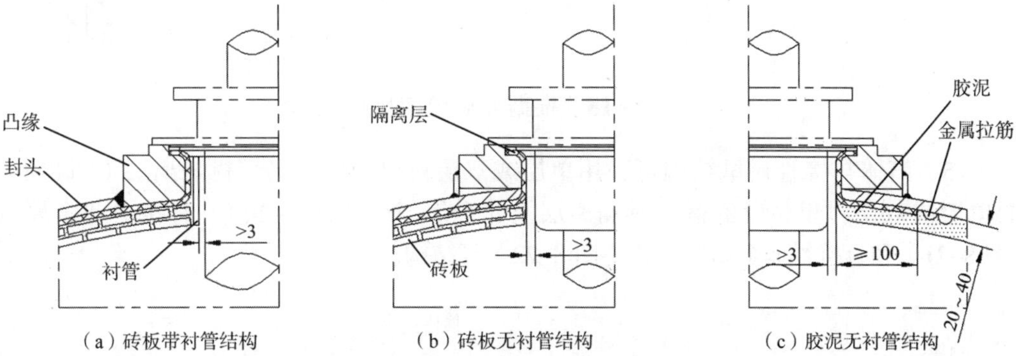

图 8-16　封头与凸缘结构

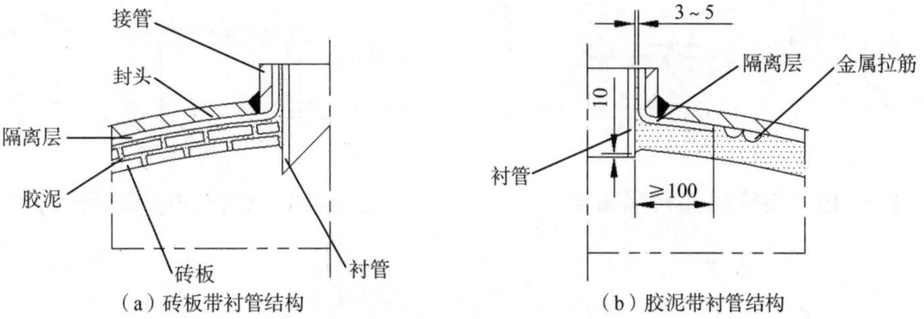

图 8-17　封头与接管结构

（2）当采用胶泥抹面时，应将直径为 3~4mm、孔径为 20~40mm 的铁丝网点焊在顶盖上，点焊间距宜为 50~100mm，胶泥厚度宜为 10~20mm。

（3）在封头接管处胶泥局部加厚，胶泥厚度宜为 20~40mm，加厚区域的宽度为 100mm，有局部隔离层时，应超出隔离层宽度 50mm。

3. 筒体与接管衬里结构

筒体与接管衬里结构应满足以下要求：

（1）衬管端部应低于接管法兰密封面 3~5mm，接管与衬管的间隙应大于或等于 4mm。

（2）接管设有隔离层时，隔离层应翻边至法兰面；隔离层与衬管的间隙应大于或等于 4mm。

（3）接管内采用砖板内衬时，应采用小规格砖板。

（4）筒体与接管处的衬里结构（图 8–18）应根据介质流向设计，避免介质对接管与壳体连接处砖板接缝的冲蚀。图 8–18 所示结构适用于公称直径大于或等于 *DN*150 的接管，其中图 8–18（b）中接管法兰密封面存在耐蚀层，垫片宜采用软性材料。

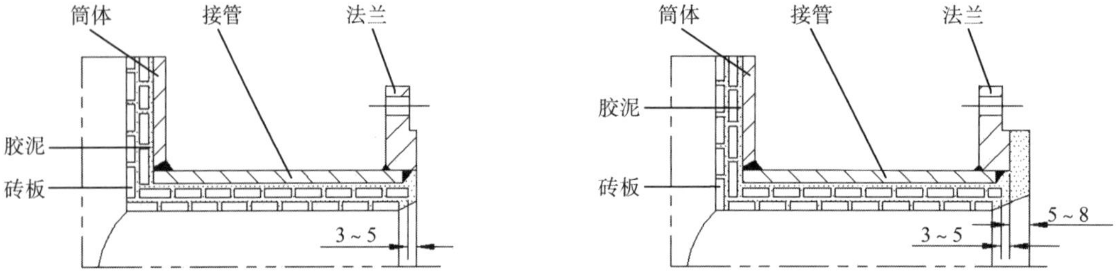

（a）介质进口　　（b）介质出口

图 8–18　根据介质流向排板

（5）筒体与接管衬里结构可采用单层或双层衬里、接管局部衬隔离层（图 8–19）的单层或双层衬里、设备整体衬隔离层及非金属衬管（图 8–20）、直接衬非金属管（图 8–21）和直接衬非金属异型管（图 8–22）等结构。

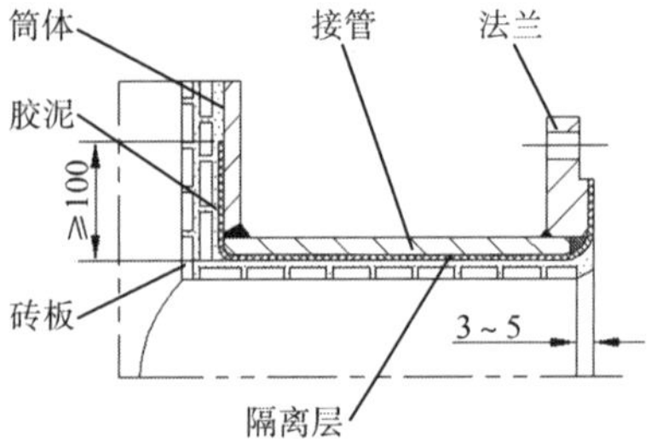

图 8–19　接管局部衬隔离层

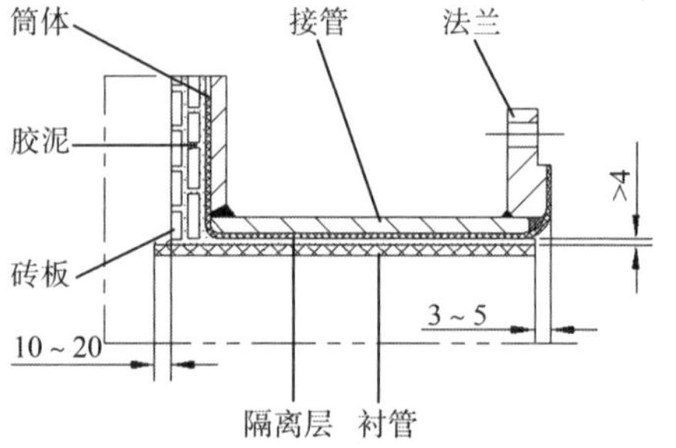

图 8–20　整体衬隔离层设衬管

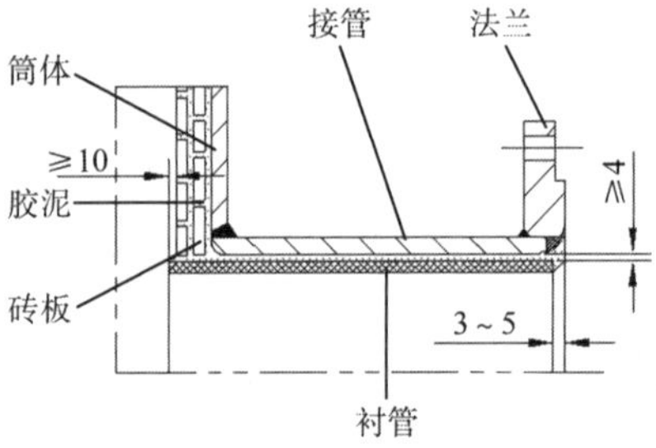

图 8–21　直接衬衬管

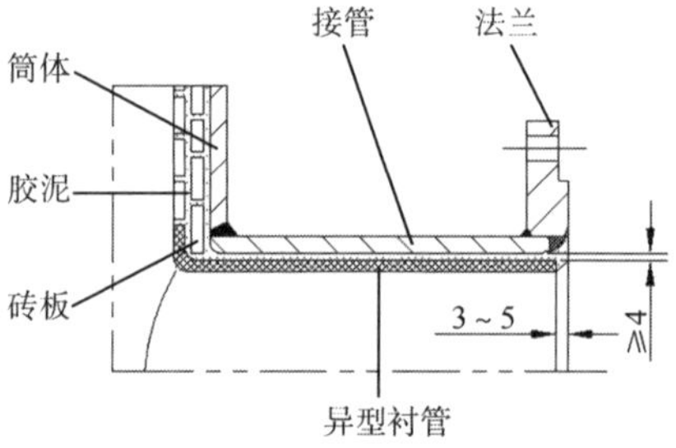

图 8–22　直接衬异型衬管

（6）结构设计应注意：胶泥层应低于密封面 3 ~ 5mm；接管衬砖板结构适用的接管公称直径不应小于 *DN*150；衬管结构适用的接管公称直径不应大于 *DN*250；直接衬非金属管、直接衬非金属异型管组装时，应在法兰密封面上涂抹 3 ~ 4mm 胶泥。

4．筒体与顶盖的连接

筒体与顶盖之间或分段筒体之间采用法兰连接时，可采用可拆式［图 8–23（a）］、砖板封闭式［图 8-23（b）］和胶泥封口式［图 8-23（c）］等结构。可拆式方便检修、维护，垫片处易渗透、泄漏；砖板封闭式、胶泥封口式对法兰密封面处增加了保护，垫片的更换需要与封堵处的材料同时进行。

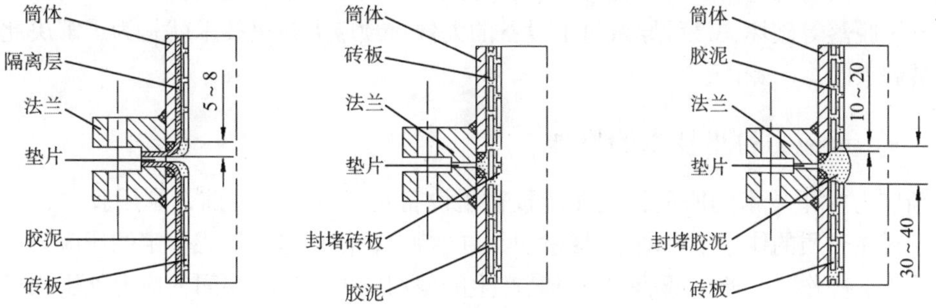

（a）可拆式　（b）砖板封闭式　（c）胶泥封口式

图 8-23　筒体与顶盖采用法兰连接

5. 内部支撑

砖板衬里的内部支撑形式与数量应根据使用条件及承载负荷进行设计，支撑结构可分为砖支撑［图 8-24（a）］、钢支撑［图 8-24（b）］和底部支撑［图 8-24（c）］。底部支撑适用于支撑负荷较大的工况。

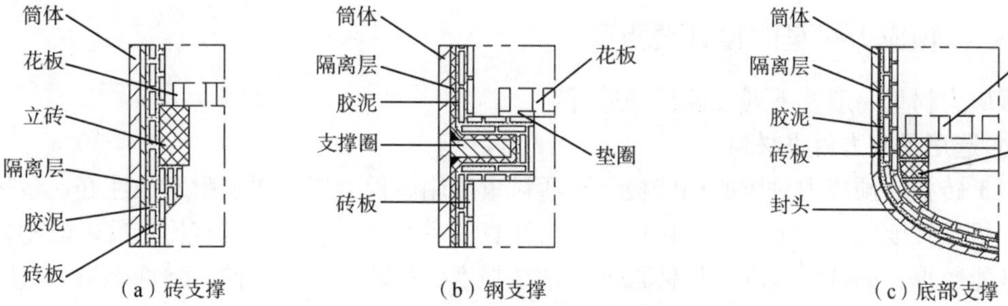

（a）砖支撑　（b）钢支撑　（c）底部支撑

图 8-24　内部支撑结构

（五）砖板复合衬里结构的传热计算

砖板复合衬里结构的传热计算可按国家标准《工业设备及管道防腐蚀工程技术标准》GB/T 50726—2023 附录 Q 的规定进行，也可采用其他标准规范、设计手册中的稳态传热计算。设备内介质的对流传热系数应根据介质组分进行确定，设备外壁环境温度的取值应考虑不同季节的影响，空气对流传热系数与风速关系较大，一般按夏季无风和冬季有风两种状态分别考虑。如设备内存在辐射热的影响，传热计算还应考虑热辐射传导的影响。

四、预应力砖板衬里技术

砖板衬里在温度、压力不高的条件下已经得到广泛的应用，取得了成熟的工程经验。但是在温度、压力较高的场合下，往往适应不了生产的需要。

砖板衬里设备是由钢壳、隔离层、胶泥与砖板等几种材料组成的复合结构，而这些材料之间的物理机械性能相差较大，因此，当设备处于高温、带压的操作条件下，由于各层间的膨胀量不同，导致应力的不平衡。钢壳的膨胀量大于衬里层的膨胀量，因而对衬里层产生后剪切应力；如果这种剪切应力大于胶泥的抗拉强度或粘结力，衬里层将会产生开裂脱落等破坏，最后导致衬里设备的失效。预应力衬里技术就是为了解决此问题而发展起来的。

（一）预应力衬里技术的原理

预应力衬里技术的原理就是在砖板衬里设备正式投入生产前，利用胶泥、砖板等衬里材料在介质的作用下有增大其线性尺寸的特性，使衬里层形成一定的压应力，在高温、受压下操作时，便可抵消钢壳对其产生的剪切应力，使各层间的应力处于相对平衡状态，从而避免衬里设备遭到破坏。

预应力的产生可以通过以下两种方法实现：

（1）在砖板衬砌施工过程中加热金属壳体，壳体的温度应当高于衬砌材料的温度。当温度降低后，钢壳则可以对衬里层形成压应力。这种操作过程比较复杂，不易实现。

（2）利用胶泥在尚具有塑性变形的固化阶段，在介质中进行热处理，使胶泥产生线性膨胀，在衬里层中形成压应力，即所谓胶泥的泡胀。这是预应力衬里施工时最常采用的方法，简单易行。

（二）预应力衬里的设计要点

预应力衬里一般按下列设计程序进行：

1．选用预应力衬里材料

（1）砖板。预应力衬里所用砖板与普通衬里所用砖板类似，要求耐腐蚀性好、耐热性高、机械强度大。为了预应力衬里设计与计算的需要，要求砖板具有比较准确的物理机械性能数据，如抗压强度、拉伸强度、粘结强度、孔隙率、导热性、弹性模量、热膨胀系数、泡胀率等。

当衬里为两层以上的砖板时，面砖因直接接触物料，要求其具有较高的耐蚀性和耐热性；而背砖将承受较大的应力，故要求其具有较好的机械强度。

用作预应力衬里的主要砖板有耐酸瓷砖、耐酸耐温砖、铸石板等，这些砖板的泡胀率都比较小，一般为 0.3%~0.05%。碳砖几乎不发生泡胀，故很少用于预应力衬里。

（2）预应力胶泥。预应力胶泥除具有一般的耐腐蚀胶泥所要求的性能外，尚需具备以下性能：

1）预应力胶泥应在施工后的一定时间内（一般为 42d 左右）仍具有一定的塑性变形，以介质处理后可发生膨胀（泡胀）而不开裂，最后发生不可逆固化，其膨胀率的大小根据胶泥品种与泡胀条件而不同。

2）预应力衬里一般均在较高的温度与压力下运转，因此预应力胶泥应具有优良的热稳定性、抗渗性、耐蚀性及与砖板间较大的粘结力。

3）预应力胶泥在固化过程中不应有较大的收缩，以免影响胶泥的泡胀率。目前国内外常用的预应力胶泥有德国的 Dolit CN 胶泥、Dolit HB 胶泥，国内生产的 KP-1 胶泥、

IGI 胶泥等，其中 Dolit CN 胶泥为改性的酚醛胶泥，Dolit HB 胶泥、KP-1 胶泥为钾水玻璃胶泥，IGI 胶泥为钠水玻璃胶泥。

（3）隔离层材料。作为预应力衬里的隔离层介于钢壳与衬里层之间，可以防止腐蚀介质渗透。作为隔离层的材料必须有足够的弹性、耐热性和耐腐蚀性能，既能承受壳体的拉应力，又可承受衬里层的压应力，还可以长期承受介质的侵蚀。常用的隔离层材料主要为橡胶，由于橡胶的耐热性随着橡胶的品种不同而不同，因此必须经过衬里层温度梯度的计算，以及隔离层在该温度下的耐腐蚀性能来确定橡胶品种。

2. 选择衬里结构与衬里层的厚度

根据设备的工艺操作条件，选择衬里结构与衬里层的厚度是预应力衬里设计中的重要环节，其中包括砖的层数、隔离层的设置、结合层的厚度与砖缝的大小。

一般是先按设备的操作条件估量一个厚度，然后按所给条件进行试算，求出各层的应力；如果求出的应力值超过许用应力值，则应改变厚度重新试算，直到求出的应力值在许用应力值范围之内为止。

应当指出应力的核算是必要的，但由于计算中影响因素比较复杂，要想得到准确的数据比较困难，因此需要参考相同设备与相同施工方法的成熟经验。

衬里层太薄或太厚都将影响衬里设备的受力状态。衬里层太薄时由内压与温差形成的拉应力太大，而由泡胀形成的压应力不能将其平衡，因而难以保证衬里层始终处于受压状态。相反如果衬里层太厚，泡胀后膨胀率太高，会对壳体施加过大的拉应力，甚至导致钢壳破裂。鉴于这种情况，应当在最大厚度与最小厚度之间选择一个最佳厚度。

3. 应力计算与分析

由于衬里结构的特点及其操作过程中的动态性能，要想从理论上精确地计算预应力衬里设备的应力分布情况比较困难，所以一般只根据衬里设备的内压、温差、材料的泡胀率进行各层应力计算，然后将每层的各种应力叠加在一起，并验证其叠加值是否在衬里材料的许用应力范围之内。如超出许用应力范围，则应调整衬里层的厚度，重新计算，直到调整至许用应力范围之内为止。

（1）为了简化运算程序引入以下的必要假设：

1）将衬里看作是各向同性的弹性体，即变形局限在弹性限度以内，应力与应变为线性函数。

2）衬里可当作是同心的圆筒体，各层的温度变化及泡胀形成的应力，都看作是沿壁厚均匀分布的。

3）仅考虑圆筒的截面、边缘应力，局部应力不予考虑。

4）衬里层的厚度与设备半径的比值很小，即认为是一个薄壁容器。允许用简化公式计算。

5）材料的物理机械性能不随温度而改变。

（2）当量物理机械性能的确定。由于把整个衬里层看作各向同性体进行计算的方法过于粗略，所以把衬里层中单独由胶泥构成的层与由胶泥、砖板构成的层分别作为各向同性体，并取其当量性能数据，则比较接近实际。这些当量性能数据包括弹性模量 E、线膨胀系数 α 和泡胀度 q，经推导后，可分别表示如下：

1）当量弹性模数 E 用下式表示：

$$E=\frac{(L+f)E_{泥}\cdot E_{砖}}{LE_{泥}+fE_{砖}} \tag{8-16}$$

式中：E——当量弹性模数（kg/cm^2）；

L——砖板的宽度或长度（cm）；

f——胶泥缝的宽度（cm）；

$E_{砖}$——砖板的弹性模量（kg/cm^2）；

$E_{泥}$——胶泥的弹性模量（kg/cm^2）。

2）当量线膨胀系数 α 用下式表示：

$$\alpha=\frac{L\alpha_{砖}+f\alpha_{泥}}{L+f} \tag{8-17}$$

式中：α——当量线膨胀系数（1/℃）；

$\alpha_{砖}$——砖板的线膨胀系数（1/℃）；

$\alpha_{泥}$——胶泥的线膨胀系数（1/℃）。

3）当量泡胀度 q 用下式表示：

$$q=\frac{Lq_{砖}+Lq_{泥}}{L+f} \tag{8-18}$$

式中：q——当量泡胀度；

$q_{砖}$——砖的泡胀度；

$q_{泥}$——胶泥的泡胀度。

注：泡胀度为无因次物理量。

（3）由设备内压引起的应力。在内压的作用下衬里各层均发生变形并产生应力，设 ε_p 为内压引起的周向应变，则可建立如下的平衡：

$$\varepsilon_p=\frac{R_mP}{\sum_{i=1}^{m}E_iS_i} \tag{8-19}$$

式中：R_m——衬里的内半径，并假设：$R_1=R_2=\cdots=R_m$（cm）；

P——设备的内压（kg/cm^2）；

E_i——各层衬里材料的弹性模数（kg/cm^2）；

S_i——各层衬里的厚度（cm）。

设由应变引起的应力为 σ，则：

$$\sigma_{\theta ip}=\varepsilon_p\cdot E_i=\frac{R_m\cdot P\cdot E_i}{\sum_{i=1}^{m}E_iS_i} \tag{8-20}$$

（4）由温度变化引起的应力。衬里设备在热处理或操作过程中，衬里将发生温度变化，由于衬里材料的膨胀系数不同，各层发生的变形亦不相同，并产生温差应力。

温差应力存在着两种形式，即约束温差应力与层间温差应力。设衬里的整体应变为 ε_T，层间应变为 ε_m，则各层的应变为 $\Delta\varepsilon_m=\varepsilon_T-\varepsilon_m$，则由此形成的周向温差应力为：

$$\sigma_{\theta mT}=\Delta\varepsilon_mE_m \tag{8-21}$$

在各层的温差应力，有的为压应力，有的为拉应力，并取拉应力为正值（+）、压应力为负值（–），则在第 i 层中建立下列平衡：

$$\sum_{i=1}^{m} \sigma_{\theta i\mathrm{T}} \cdot S_i \cdot 1 = 0 \tag{8-22}$$

而

$$\sigma_{\theta i\mathrm{T}} = (\varepsilon_{\mathrm{T}} - \varepsilon_i) E_i \tag{8-23}$$

故

$$\sigma_{\theta i\mathrm{T}} = \left(\frac{\sum_{i=1}^{m} \alpha_i \Delta t_i E_i S_i}{\sum_{i=1}^{m} E_i S_i} - \alpha_i \Delta t_i \right) E_i \tag{8-24}$$

式中：S_1——衬里层的厚度（cm）；

α_i——第 i 层材料的膨胀系数（1/℃）；

Δt_i——各层与基准温度的温度差（℃）。

层间温差应力是由于在该层中两侧的温度不同而产生的应力，温度低的面受拉伸，温度高的面受压缩，中间的应力为零。由此而引起的应变为：

$$\varepsilon_{i\mathrm{T}} = \pm \frac{1}{2} \alpha_i \Delta t_i \tag{8-25}$$

则层间温差应力为：

$$\sigma_{i\mathrm{T}} = \pm \frac{E_i \alpha_i \Delta t_i}{2(1-\mu_i)} \tag{8-26}$$

式中：μ_i——第 i 层衬里材料的泊松比。

上列计算式中的温度分布可按传热方程式：

$$Q = KF\Delta t \tag{8-27}$$

式中：Q——衬里与壳体散失的热量（kJ/h）；

F——平均传热面积（m^2）；

K——总传热系数［kJ/（m^2·h·℃）］；

Δt——衬里面层和钢壳外壁温度差（℃）。

（5）衬里泡胀形成的周向应力。为了在衬里层中形成预应力，衬里设备固化一个阶段后需要经过泡胀，以便形成压应力。由于各层材料的泡胀度不同，所以各层中形成的预压应力也不相同。

设各层的泡胀度分别为 $q_1 \cdots q_i \cdots q_m$，而泡胀后的整体变形为 ε_1，则各层的约束变形分别为：$\varepsilon_1 - 0$（钢壳）、$\varepsilon_1 - q_i$、$\varepsilon_1 - q_m$。由各层的约束变形产生各层的泡胀应力则为：

$$\sigma_{\theta 1\mathrm{q}} = (\varepsilon_1 - 0) E_i \tag{8-28}$$

$$\sigma_{\theta i\mathrm{q}} = (\varepsilon_1 - q_i) E_i \tag{8-29}$$

$$\sigma_{\theta \mathrm{mq}} = (\varepsilon_1 - q_{\mathrm{m}}) E_i \tag{8-30}$$

在衬里设备中各层的泡胀应力及钢壳处于平衡状态，即：

$$\sum_{i=1}^{m} \sigma_{\theta i\mathrm{q}} \cdot S_i \cdot 1 = 0 \tag{8-31}$$

$$\sum_{i=1}^{m} (\varepsilon_1 - q_1) E_i \cdot S_i = 0 \tag{8-32}$$

故

$$\varepsilon_1=\frac{\sum_{i=1}^{m}q_iE_iS_i}{\sum_{i=1}^{m}E_iS_i} \tag{8-33}$$

则周向应力为：

$$\sigma_{\theta iq}=\left(\frac{\sum_{i=1}^{m}q_iE_iS_i}{\sum_{i=1}^{m}E_iS_i}-q_i\right)E_i \tag{8-34}$$

钢壳的泡胀度为零（q_1=0），故周向应力为：

$$\sigma_{\theta iq}=\frac{\sum_{i=1}^{m}q_iE_iS_i}{\sum_{i=1}^{m}E_iS_i}\cdot E_i \tag{8-35}$$

4. 预应力处理条件的选择

为了增加衬里层的压应力以便形成预应力，在衬里施工后的一段时间内，需要在介质的作用下，对衬里层进行蒸煮。蒸煮用介质与条件的选择主要根据预应力的大小。

在蒸煮过程中衬里材料将产生泡胀（膨胀）。一般认为砖板泡胀度很小，发生泡胀的主要是胶泥。泡胀的产生主要是由于介质浸入材料的孔隙，产生毛细管作用或介质对材料产生化学作用。

泡胀度的大小一般由介质的品种、蒸煮温度与蒸煮时间决定，这些数据都要通过试验进行确定。

第五节　施　工　要　点

一、施工前准备

（一）基体表面处理

砖板衬里施工前的基体表面处理等级应达到 Sa2 级或 St3 级；基体表面处理后的粗糙度等级达到国家标准《工业设备及管道防腐蚀工程技术标准》GB/T 50726—2023 中表 4.2.3 的“中等级”规定；有隔离层时，根据隔离层的类型确定基体表面处理等级。

（二）材料复检

施工前应对原材料和制成品进行抽样复检，其性能应符合国家标准《工业设备及管道防腐蚀工程技术标准》GB/T 50726—2023 中第 13.2 节的质量要求。不合格材料不得投入使用。

（三）环境条件

施工的环境条件应满足以下要求：

（1）衬里施工宜在车间进行，露天施工时，应设置遮阳避雨设施，保持良好通风。

（2）温度宜为 15 ~ 30℃，相对湿度不宜大于 80%。

（3）当酚醛树脂采用苯磺酰氯固化剂时，最低施工环境温度不得低于 17℃。

（4）采用其他固化剂的砖板衬里材料，最低施工环境温度不得低于 10℃。

（5）当施工环境温度低于最低温度要求时，应采取加热保温措施，且不得采用明火或蒸汽直接加热。

（6）水玻璃材料在冬季应采取防冻措施。冻结的水玻璃材料应经加热，并搅拌均匀后方可使用。

（7）水玻璃胶泥和树脂胶泥在衬里施工或固化养护期间，不得与水或蒸汽接触，并不得曝晒。

二、衬里施工

（一）胶泥施工配合比

1. 钠水玻璃胶泥的配制

（1）施工时钠水玻璃胶泥应有一定的流动性和黏稠度，黏稠度宜为 30 ~ 36mm；钠水玻璃胶泥配合比可按表 8–59 选用，氟硅酸钠的用量按 1.5 倍钠水玻璃中含氧化钠的百分率与氟硅酸钠的纯度之比计算。

（2）钠水玻璃胶泥的配制应采用搅拌方式。机械搅拌时，应将填料和固化剂加入搅拌机内，干拌均匀，再加入钠水玻璃湿拌，湿拌时间不应少于 2min；人工搅拌时，应将填料和固化剂混合，过筛两遍后干拌均匀，再逐渐加入钠水玻璃湿拌，直至均匀。

（3）当配制密实型钠水玻璃胶泥时，可将钠水玻璃与外加剂糠醇单体一起加入，湿拌直至均匀。

表 8–59　钠水玻璃胶泥的施工配合比

材料名称		配合比（质量比）		
		普通型		密实型
		Ⅰ型	Ⅱ型	
钠水玻璃		100	100	100
氟硅酸钠		15 ~ 18	—	15 ~ 18
填料	铸石粉	250 ~ 270	—	250 ~ 270
	瓷粉	（200 ~ 250）	—	—
	石英粉：铸石粉（7：3）	（200 ~ 250）	—	—
	石墨粉	（100 ~ 150）	—	—
	耐酸粉	—	240 ~ 250	—
糠醇单体		—	—	3 ~ 5

注：1　氟硅酸钠用量是按水玻璃中氧化钠含量的变动而调整，氟硅酸钠纯度按 100% 计。

2　Ⅰ型中的填料可选一种使用。

2. 钾水玻璃胶泥的配制

（1）施工时钾水玻璃胶泥应有一定的流动性和黏稠度，黏稠度宜为 30 ~ 35mm，配制钾水玻璃胶泥时，应将钾水玻璃胶泥粉干拌均匀，再加入钾水玻璃湿拌，直至均匀。

（2）钾水玻璃胶泥的施工配合比可按表 8–60 选用。

表 8–60 钾水玻璃胶泥的施工配合比

材料名称	配合比（质量比）
钾水玻璃	100
钾水玻璃胶泥粉（最大粒径 0.45mm）	240 ~ 250

注：1 钾水玻璃胶泥粉已含有钾水玻璃的固化剂和其他添加剂。

2 普通型钾水玻璃胶泥应采用普通型的胶泥粉，密实型钾水玻璃胶泥应采用密实型的胶泥粉。

3. 环氧树脂胶泥的配制

（1）环氧树脂的各种材料应准确称量，当环氧树脂黏度较大时，可用非明火预热至 40℃左右，与稀释剂按比例加入容器中，搅拌均匀并冷却至室温，配制成环氧树脂液备用。

（2）使用时，取定量的树脂液，按比例依次加入固化剂和填料，并应搅拌均匀，制成胶泥料。材料的施工配合比可按表 8–61 选用。

表 8–61 环氧树脂材料的施工配合比

材料名称		配合比（质量比）	
		封底料	胶泥
环氧树脂		100	100
稀释剂		40 ~ 60	10 ~ 20
固化剂	低毒固化剂	15 ~ 20	15 ~ 20
	乙二胺	（6 ~ 8）	（6 ~ 8）
填料	石英粉 / 瓷粉	—	180 ~ 250
	铸石粉	—	（180 ~ 250）
	硫酸钡粉	—	（180 ~ 250）
	石墨粉	—	（100 ~ 160）

注：1 除低毒固化剂和乙二胺外，也可采用其他胺类固化剂，并宜选用低毒固化剂，用量应按供货商提供的比例或经试验确定。

2 当采用乙二胺时，为降低毒性可将乙二胺预先配制成 1 : 1 的乙二胺丙酮溶液。

3 使用活性稀释剂时，固化剂的用量应适当增加，其配合比应按供货商提供的比例或经试验确定。

4 固化剂和填料可任选一种使用。

5 本表以环氧树脂 EP 01451–310（E–44）为例。

4. 呋喃树脂胶泥的配制

（1）呋喃树脂应按比例与呋喃树脂固化剂混合，并应搅拌均匀，制成树脂胶料；树脂胶料与填料应混合，并应搅拌均匀，制成胶泥料。

（2）呋喃树脂也可与呋喃树脂胶泥粉按比例直接混合，搅拌均匀，制成胶泥料。材料的施工配合比可按表 8–62 选用。

表 8–62　呋喃树脂材料的施工配合比

材料名称	配合比（质量比）	
	封底料	胶泥
呋喃树脂	同环氧树脂、乙烯基酯树脂或不饱和聚酯树脂封底料	100
呋喃树脂胶泥粉		250 ~ 400

注：呋喃树脂胶泥粉中已含有酸性固化剂。

5. 酚醛树脂胶泥的配制

（1）称取定量的酚醛树脂，并加入适量稀释剂搅拌均匀，再加入固化剂搅拌均匀，制成树脂胶料。

（2）在配制成的树脂胶料中，加入填料搅拌均匀，制成胶泥料。

（3）配制胶泥时，不宜再加入稀释剂。材料的施工配合比可按表 8–63 选用。

表 8–63　酚醛树脂材料的施工配合比

材料名称		配合比（质量比）		
		封底料	胶泥	
			1	2
酚醛树脂		同环氧树脂、乙烯基酯树脂或不饱和聚酯树脂封底料	100	100
稀释剂	无水乙醇		—	0 ~ 5
固化剂	低毒酸性固化剂		6 ~ 10	6 ~ 10
	苯磺酰氯		（8 ~ 10）	（8 ~ 10）
填料	石英粉		150 ~ 200	150 ~ 200
	瓷粉		（150 ~ 200）	（150 ~ 200）
	铸石粉		（180 ~ 230）	（180 ~ 230）
	石英粉：铸石粉（8：2）		（150 ~ 200）	—
	硫酸钡粉		（180 ~ 220）	—
	石墨粉		（180 ~ 230）	（90 ~ 120）

注：固化剂和填料可任选一种。

6. 乙烯基酯树脂或不饱和聚酯树脂胶泥的配制

（1）乙烯基酯树脂或不饱和聚酯树脂与促进剂应按施工配合比混匀，再加入引发剂搅拌均匀，制成树脂胶料。

（2）在配制成的树脂胶料中加入填料，并应搅拌均匀，制成胶泥料。材料的施工配合比可按表 8–64 选用。

（3）配料用的工器具应耐腐蚀、清洁和干燥，并应无油污或固化残渣。

表 8-64　乙烯基酯树脂和不饱和聚酯树脂材料的施工配合比

材料名称		配合比（质量比）	
		封底料	胶泥
乙烯基酯树脂或不饱和聚酯树脂		100	100
稀释剂	苯乙烯	0 ~ 15	—
固化剂	引发剂	2 ~ 4	2 ~ 4
	促进剂	0.5 ~ 4.0	0.5 ~ 4.0
填料	石英粉	—	200 ~ 250
	铸石粉	—	（250 ~ 300）
	硫酸钡粉	—	（250 ~ 300）

注：1　填料任选一种。

2　过氧化二苯甲酰二丁酯糊引发剂与 N，N– 二甲基苯胺苯乙烯液促进剂配套；过氧化甲乙酮二甲酯溶液、过氧化环己酮二丁酯糊引发剂与钴盐（含钴 0.6%）的苯乙烯液促进剂配套；固化剂可任选一种配套使用。

（二）衬里施工要点

（1）设备接管部位衬管的施工，应在设备基体衬砌前进行，衬管材质应与设备基体衬砌砖板材质相同；衬管不得突出法兰表面，应与法兰面处在同一平面；当采用翻边衬管时，应在设备衬完第一层或第二层砖板后再进行；衬后应对衬管进行固定，直至胶泥固化，衬管不得出现偏心或位移。

（2）砖板衬砌应错缝排列，同层或层与层间的纵缝或横缝错开量应符合国家标准《工业设备及管道防腐蚀工程技术标准》GB/T 50726—2023 第 13.3.20 条的要求，两层及以上砖板衬砌不得出现重叠缝。当衬砌设备的顶盖时，宜将顶盖倒置在地面上衬砌块材，固化后再安装到设备上。

（3）各种胶泥在施工过程中出现凝固结块等现象时，不得继续使用。

（4）采用树脂胶泥衬砌砖板时，宜先在砖板衬砌面、基体或隔离层表面均匀涂覆树脂封底料一遍。呋喃树脂和酚醛树脂胶料不得直接涂覆在设备及管道基体表面。

（5）砖板的结合层厚度和灰缝宽度见本章表 8–58 的规定，砖板衬砌时，宜采用揉挤法；结合层和灰缝的胶泥应饱满密实，砖板不得滑移；在胶泥初凝前，应将灰缝填满压实，灰缝的表面应平整光滑。

（6）砖板衬砌前，宜先试排；衬砌时顺序应由低往高；阴角处立面砖板应压住平面砖板，阳角处平面砖板应压住立面砖板；立面衬砌砖板时，一次衬砌的高度应以不变形为限，待已衬砌部分凝固后再继续施工，在平面衬砌砖板时，应采取防止滑动的措施。

（7）水玻璃胶泥的固化养护时间见表 8–65，树脂胶泥的常温固化养护时间见表 8–66。

（8）胶泥衬砌砖板完毕需进行热处理，升降温度速度应均匀，不得局部过热；当设备衬里结构不允许进行高温热处理时，可降低热处理温度，并应延长 60℃至最终热处理温度及保温时间。热处理温度和保温时间见表 8–67。

表 8–65　水玻璃胶泥的固化养护时间

胶泥名称		养护温度 /℃ 10 ~ 15	养护温度 /℃ 16 ~ 20	养护温度 /℃ 21 ~ 30	养护温度 /℃ 31 ~ 35
		固化养护时间 /d			
钠水玻璃胶泥		12	9	6	3
钾水玻璃胶泥	普通型	—	14	8	4
	密实型	—	28	15	8

表 8–66　树脂胶泥的常温固化养护时间

胶泥名称	固化养护时间 /d	胶泥名称	固化养护时间 /d
环氧树脂胶泥	7 ~ 10	乙烯基酯树脂胶泥	7 ~ 10
呋喃树脂胶泥	7 ~ 15	不饱和聚酯树脂胶泥	7 ~ 10
酚醛树脂胶泥	20 ~ 25	—	—

表 8–67　胶泥热处理温度和保温时间

胶泥类型	常温固化时间 /h	热处理温度 /℃ 常温 ~ 40	40	40 ~ 60	60	60 ~ 80	80	80 ~ 100	100	100 ~ 120	120	降温时间
		升温或保温时间 /h										
水玻璃胶泥	72	2	4	2	8	2	24	—	—	—	—	按最高热处理温度达到规定保温时间后，由最高热处理温度降到常温所需的时间，降温速度不得超过 15℃ /h
环氧树脂胶泥	24	2	4	2	4	2	12	—	—	—	—	
呋喃树脂胶泥	24 ~ 72	2	4	2	4	2	12	2	8	2	12	
酚醛树脂胶泥	24	2	4	2	4	2	8	—	—	—	—	
乙烯基酯树脂胶泥、不饱和聚酯树脂胶泥	24	2	4	2	4	2	8	—	—	—	—	

（9）水玻璃胶泥衬砌的砖板衬里进行固化养护或热处理后，应采用浓度为 30% ~ 40% 的硫酸进行表面酸化处理，酸化处理至无白色结晶盐析出为止。酸化处理次数不宜少于 4 次；每次酸化处理的间隔时间：钠水玻璃胶泥不应少于 8h，钾水玻璃胶泥不应

少于 4h。每次酸化处理前应清除表面的白色析出物。

（10）已完工的衬里表面应采取保护措施。

第六节 质量检验

一、砖板衬里施工中常见的缺陷和原因

砖板衬砌施工过程中可能存在一些施工中的问题，因而每次施工都应对施工质量进行检查。此项检查最好于胶泥终凝后进行，因为此时胶泥虽然凝固，但强度尚低，对出现问题采取补救措施比较方便。施工中经常出现的问题及原因见表 8-68。

表 8-68 衬里施工缺陷和原因

胶泥类型	缺陷	原因
水玻璃胶泥	硬化速度慢	（1）施工现场温度低； （2）固化剂用量不足； （3）水玻璃模数低
	硬化速度快	（1）施工现场温度高； （2）固化剂加入量大； （3）水玻璃模数高； （4）水玻璃比重大
	粘结力差	（1）砖板表面不洁； （2）胶泥配比不当； （3）施工质量不佳
	胶泥孔隙率大	（1）水玻璃比重小； （2）填料颗粒级配不合适
	胶泥表面有裂纹、疏松	（1）施工时接触水； （2）胶泥配比不当； （3）填料颗粒太细
环氧树脂胶泥	固化速度慢	（1）固化剂用量不足或质量不佳； （2）施工温度低
	固化速度快	（1）固化剂用量多； （2）固化剂、树脂、丙酮等混合时放热
呋喃树脂胶泥	固化速度快	（1）固化剂用量多或游离酸大； （2）固化剂加入快或搅拌不均； （3）施工现场温度高
	固化速度慢	（1）固化剂用量不足； （2）施工温度低； （3）树脂中含水量高
	固化后胶泥膨胀，气孔率大	（1）填料中含碳酸盐、铁等杂质； （2）固化剂加入速度快或搅拌不均； （3）树脂中含溶剂

续表 8–68

胶泥类型	缺陷	原因
酚醛树脂胶泥	固化速度慢	（1）固化剂用量不足，质量不佳； （2）施工温度低； （3）树脂中含水量高
	固化速度快	（1）固化剂用量多，固化剂中游离酸度大； （2）固化剂加入速度太快； （3）施工温度高
	固化后胶泥膨胀，表面呈灰色	（1）填料含碳酸盐、铁等杂质； （2）树脂中含有溶剂； （3）固化剂加入太快； （4）树脂中含水量高； （5）施工现场潮湿
	胶泥流淌	（1）胶泥中填料少； （2）固化剂用量不足； （3）施工现场温度低
乙烯基酯树脂胶泥和双酚 A 型不饱和聚酯树脂胶泥	固化速度慢	（1）固化剂加入量不足、质量差； （2）湿度大或施工环境温度过低； （3）粉料中含铁离子等杂质或含水量过高
	固化速度快	（1）固化剂用量多，引发剂和促进剂用量不匹配； （2）施工环境温度过高
	胶泥流淌	（1）胶泥中填料少； （2）固化剂用量不足，胶泥凝胶慢； （3）施工现场温度过低或过高

二、砖板衬里施工质量的检验

在国家标准《工业设备及管道防腐蚀工程技术标准》GB/T 50726—2023 第 13.5 节“检验”中，规定了砖板、水玻璃类、树脂类等原材料和制成品的取样数量和质量判定要求。砖板衬里的基本质量控制要求见表 8–69。

表 8–69　砖板衬里的基本质量控制要求

项目		质量要求	检验方法
基本项目	外观	灰缝应挤严、饱满，表面应平滑，应无裂缝、气孔。平面砖板砌体应无滑移，立面砖板砌体应无变形	观察检查，裂缝检查采用（5～10）倍放大镜检查，灰缝树脂固化度采用白棉花球蘸丙酮擦拭检查
	灰缝	灰缝宽度和结合层厚度应符合相应规定	灰缝检查采用尺量，并检查施工记录
	结合层	胶泥衬砌的砖板结合层应饱满密实、粘结牢固、固化完全	敲击检查，与基体表面粘结牢固，无脱层和空鼓现象

续表 8-69

项目		质量要求	检验方法
基本项目	养护	常温养护；热处理温度应均匀，不得局部受热	检查施工记录和热处理温度曲线
	酸化处理	水玻璃胶泥衬砌砖板在固化养护或热处理后，需进行表面酸化处理	酸化处理至无白色结晶盐析出为止
允许偏差项目	相邻砖板间高差	不大于 1mm	尺量检查
	表面平整度	不大于 4mm	用 2m 直尺和楔形尺检查
	坡度	允许偏差为坡长的 ±0.2%	尺量检查和泼水试验

第七节　运 行 维 护

一、影响砖板衬里使用寿命的因素

砖板衬里设备及管道衬里的厚度大、结构紧密、强度高、耐热性好，使用在较为严苛的工况场合，其使用寿命均长于在同样工况场合下采用纤维增强塑料（玻璃钢）、橡胶、涂料等衬里层的使用寿命。如果选材正确，结构合理，施工精细，其使用寿命可达到十年以上，实际生产中不乏其例，反之，衬里层极易遭到破坏。因此分析破坏原因，提出检维修措施，延长使用寿命，成为砖板衬里运行中的重要问题。砖板衬里设备及管道的损坏情况多样，原因复杂，影响砖板衬里使用寿命的因素主要包括以下几种：

（一）选材不当

针对砖板衬里设备及管道的介质与工艺操作条件进行正确选材，是保证设备使用寿命的关键。如果选材不当将造成设备及管道受到严重腐蚀。

砖板衬里所选用的砖板与胶泥受到腐蚀的主要表现为：砖板呈现麻面、减薄、介质浸入、颜色改变、表面疏松、失去强度等；另外，还会出现胶泥缝消失、胶泥变色、疏松、粘结力消失等情况。随着使用时间的延长，腐蚀逐渐加剧，最后导致整个衬里层的破坏。

在选用砖板与胶泥时，不仅要保证其材料对设备中主要介质的耐蚀性，还要保证对介质中的杂质、反应生成物及一些副反应生成物等也耐腐蚀。例如，在磷酸制造中，不但要考虑到砖板和胶泥应耐硫酸、磷酸的腐蚀，而且应关注副反应中氟化物对一些硅酸盐材料的腐蚀。

在一些有机物的氯化反应中，除要注意材料在有机物、氯气中的耐蚀性外，还应考虑到反应过程中生成氯化氢与次氯酸（HClO）对一些树脂类胶泥的腐蚀。在酸、碱交替操作设备中选用的材料既应耐酸又应耐碱；而当选用酚醛胶泥时，切忌在反应操作完后以碱液洗涤设备；在选用水玻璃胶泥时，以水或蒸汽洗涤设备时胶泥也会受到损害。

（二）操作温度过高与热应力的作用

在砖板衬里设备及管道中所选用的砖板与胶泥都各自有其允许的极限使用温度，超过此温度时，则材料将遭到破坏。

另外，热应力的作用也是导致衬里层破坏的原因之一。热应力形成的因素较多，如衬里层由于砖板、胶泥、壳体的膨胀系数不同，在受热下形成的应力；工艺操作中因温差形成的应力；冷热物料交替形成的应力等。

温度过高或热应力造成材料的破坏主要表现在砖板炸裂，衬里层拱起、产生纵向裂缝、局部或大面积脱落等现象，最后砖板衬里全部失效。

（三）胶泥抗渗透性差

如果选用的胶泥孔隙率大，则衬里层的抗渗透性差，腐蚀介质易于渗透。当腐蚀介质渗透到钢制壳体时，会使其遭到腐蚀而被破坏。此种现象多发生在单独采用水玻璃胶泥的情况下，因为水玻璃胶泥的孔隙率大，介质易于渗透。因而在选用水玻璃胶泥时应设置隔离层，或者与抗渗性较好的树脂胶泥搭配使用，即在双层衬里时，一层采用水玻璃胶泥而另一层采用树脂胶泥，或者结合层采用水玻璃胶泥，以树脂胶泥填缝。

在选用树脂胶泥时，如原材料的质量控制不严，配料比不当或操作不慎易造成胶泥的孔隙率大、抗渗透性差的后果。如配制环氧胶泥、呋喃胶泥时大量加入丙酮，配制酚醛胶泥时大量加入酒精，选用的填料含铁量、含碳酸盐量过高，配制胶泥时固化剂加入过快，搅拌不均匀，树脂中游离物含量过高等，均易导致胶泥的孔隙率增加，致使腐蚀介质渗透。

（四）结构不合理或施工质量差

砖板衬里设备的管件部位是节点与封口部位，如果这些部位的结构形式不合理，封口不严，则腐蚀介质极易从此部位渗透，造成设备的壳体被腐蚀，导致设备的局部或全部损坏。据统计，砖板衬里设备绝大部分的损坏是由此原因造成的。

另外砖板衬里施工质量不佳，比如胶泥不饱满、砖板不干净、表面处理差、胶泥流淌、砖板移位等，都是造成砖板衬里设备的使用效果差的原因。

（五）生产过程中操作不慎或维修不善

根据设计要求，砖板衬里设备及管道有一定的生产使用边界条件。如果超出该使用边界条件，则将造成衬里层的破坏。因而在生产过程中必须严格执行工艺规程，不得超载、超温、超压。

在使用或检维修过程中，不得以铁锤敲打，不得焊接或切割接管、部件等。

二、砖板衬里使用中的注意事项

（1）设备在安装或移位时，吊装、运输必须平稳，不得撞击或振动。各接管的法兰口不得作为起吊和牵拉的着力点，或作为设备的支撑点。各法兰口应以麻袋或碎布包裹。

（2）砖板衬里设备在试车过程中，应合理控制升温、升压速度，避免砖板产生炸裂、脱落等现象。当温度升至 40℃时，保持 4h，而后以 2℃ /h 均匀升温，各温度段的保温时间可参见表 8–66，直至操作温度，依据胶泥类型保持 12 ~ 24h；同时缓慢加压，直至操作压力。经 2 ~ 3 次试车操作，方可正常投入生产运行。

（3）衬里后的设备及管道在安装与检修时不得焊接、切割接管或零部件，不得随意以铁器敲打金属壳体或衬里层；在进行衬里层的局部检修时，应以手锤轻轻敲打需要除去的砖板与胶泥，严禁以撬棍撬起衬里层。

（4）生产操作时应严格按照生产工艺规程进行运转，不得超温、超压或随意更改物料组分。在进行生产工艺改变时，应考虑衬里设备能否满足新生产工艺的需要。

（5）在清理或清洗设备中的结垢与残积物时不得以铁锤、撬棍等进行强力敲打，应采用溶剂和水洗涤等方法进行清除。不得以高温高压蒸汽直接进行喷射清洗，以免衬里层局部过热而遭到破坏；用水玻璃胶泥衬砌的设备及管道，在清洗后设备内不得残留洗涤液。

（6）暂时尚未投入生产或暂时停产的衬里设备及管道，应妥善存放于合适的地方，不得受到冲击与接触热源或水源。衬里后的设备及管道不允许长期空放，否则会出现胶泥收缩甚至龟裂，形成裂纹及毛细孔，再投入使用时，介质会渗入内部与碳钢壳体接触，造成碳钢腐蚀穿孔。对停产后的设备及管道，放置时最好内部充满原用生产介质，以免衬里层干裂，同时应控制温度、严防液体结冰或结晶膨胀。

（7）做好砖板衬里设备及管道的运行和维护记录、保管好运维中各类材料的质量证明文件、复验记录以及其他试验验证记录。

三、砖板衬里的维修

在停车检修或发现衬里设备损坏较重时，应对砖板衬里层进行详细的检查。检查的重点是砖板的表面状态、胶泥缝的完好程度、砖板是否脱落、衬里层有无裂缝、钢制壳体有无漏料及腐蚀穿孔、用小锤轻轻敲击是否呈现空音等，然后根据这些现象依据国家标准《工业设备及管道防腐蚀工程技术标准》GB/T 50726—2023 第 3.8 节的要求，进行腐蚀性程度评估，分析腐蚀原因，并提出维修方案。

（1）腐蚀比较严重、面层砖及胶泥缝均遭到腐蚀、砖板减薄、胶泥消失或砖板大面积脱落、衬里层大量产生裂缝的设备，衬里层已失去使用价值。对此设备应当重新进行衬里施工，针对破损原因提出可靠的技术和施工方案，并应考虑设备本体的刚度是否满足重新衬里的条件，然后按照砖板衬里程序进行重新衬砌施工。

（2）对于衬里层局部渗漏或砖板局部脱落，其他部位完好的设备，可进行局部修补。修补的方法是先在局部损坏部位中心打掉一块砖，并逐渐向四周扩展，至衬里层完好处；清除残余的胶泥，留出砖板连接的位置，然后清洗、烘干维修部位，再用砖板补衬。

（3）面层砖板完好，胶泥遭到腐蚀的设备，则原来选用的胶泥是不耐腐蚀的。应重新选用胶泥，然后将胶泥缝中的胶泥清理干净，其深度不应小于 15mm；再将缝内洗净和烘干，以新选用的胶泥按填缝操作程序进行施工。施工后按照所用胶泥的固化条件进行固化。

第八节　工 程 案 例

一、水玻璃胶泥应用案例

水玻璃胶泥应用案例见表 8-70 ~ 表 8-72。

表 8-70　高压反应釜砖板衬里

使用单位	某钴业公司
设备名称	高压反应釜
基体材料	碳钢
介质	含硫酸的酸性矿浆，少量 F^-，Cl^-
温度	210℃
压力	3.2MPa
防腐构造	砖板为耐酸砖，胶泥为 STELLAKITT KG、STELLAKITT AE、STELLAKITT BG 等水玻璃胶泥
施工时间	2014 年
使用效果	使用 8 年，效果良好
施工单位	上海某防腐蚀公司

表 8-71　硫酸吸收塔、硫酸干燥塔、循环槽砖板衬里

使用单位	某铜业公司
设备名称	硫酸吸收塔、硫酸干燥塔、循环槽等
基体材料	碳钢
介质	93% 硫酸
温度	95 ~ 105℃
防腐构造	砖板采为耐酸砖，隔离层材料为石棉板，胶泥采用 PJXC 密实型钾水玻璃胶泥
施工时间	2012/2018 年
使用效果	已分别使用 10 年和 4 年，效果良好
胶泥生产厂家	某胶泥有限公司
施工单位	某防腐蚀公司

表 8-72　钛白粉水解槽、缓冲槽、打浆槽砖板衬里

使用单位	某钛业公司
设备名称	钛白粉水解槽、缓冲槽、打浆槽等
基体材料	碳钢
介质	20% ~ 30% 硫酸

续表 8–72

温度	80 ~ 120℃
防腐构造	砖板采为 40/65mm 单层耐酸砖，隔离层材料 5mm 预硫化橡胶板，胶泥采用 PJXC 密实型钾水玻璃胶泥
施工时间	2012 年
使用效果	已使用 10 年，效果良好
胶泥生产厂家	某胶泥公司
施工单位	某防腐蚀公司

二、树脂胶泥应用案例

树脂胶泥应用案例见表 8–73 ~ 表 8–77。

表 8–73 急冷塔砖板衬里

使用单位	某化学公司
设备名称	急冷塔
基体材料	碳钢
介质	盐酸、氢氧化钠、EDC 等
温度	180 ~ 220℃
防腐构造	隔离层 Dolit LF 涂层 + 耐酸砖 + 碳砖，胶泥使用 Dolit FN 呋喃胶泥
施工时间	2009 年
使用效果	使用 13 年，效果良好
施工单位	某防腐蚀公司

表 8–74 沉降槽砖板衬里

使用单位	某锌业公司
设备名称	沉降槽
基体材料	混凝土
介质	稀硫酸
温度	80 ~ 90℃
防腐构造	砖板采为 65mm 单层耐酸砖，隔离层材料环氧树脂玻璃钢，胶泥采用呋喃树脂胶泥
施工时间	2019 年
使用效果	使用 3 年，效果良好
施工单位	某建设公司

表 8–75　净化磷酸储罐砖板衬里

使用单位	某化工公司
使用部位	净化磷酸储罐 YJ–2 呋喃呋喃胶泥衬耐酸砖 ϕ16m × h10m/ϕ14.5m × h4.5m
基体	碳钢
介质	净化磷酸
温度	常温
防腐构造	丁基橡胶板隔离层 +YJ–2 呋喃树脂胶泥砌筑 65mm 厚耐酸瓷砖
施工时间	2021 年 12 月
使用效果	使用情况良好
胶泥生产厂家	某材料公司
施工单位	某工程公司

表 8–76　电渡槽砖板衬里

使用单位	某碳钢冷轧薄板厂
使用部位	电渡槽，长 96m × 宽 2.2m × 高 1.0 ~ 2.4m
基体	碳钢
介质	180 ~ 200g/L Na_2SO_4、2.7 ~ 6g/L Cr^{6+}
温度	70 ~ 90℃
防腐构造	丁基橡胶板隔离层 +YJ–2 呋喃树脂胶泥砌筑 65mm 厚耐酸瓷砖一层
施工时间	2021 年 9 月
使用效果	使用效果良好
胶泥生产厂家	某材料公司
施工单位	某设备公司

表 8–77　装置磷酸储罐砖板衬里

使用单位	某化工公司
使用部位	PPA 装置磷酸储罐
基体	碳钢
介质	净化磷酸
温度	常温
防腐构造	丁基橡胶板隔离层 +YJ–5 呋喃树脂胶泥砌筑 65 层厚耐酚醛树脂浸渍焙烧碳砖
施工时间	2021 年 11 月
使用效果	使用情况良好
胶泥生产厂家	某材料公司
施工单位	某工程公司

第九节　耐火材料衬里

我国耐火材料历史悠久，早在东汉时期（25—220 年）就已出现用黏土质耐火材料做烧瓷器的窑材和匣钵。而欧洲在工业革命前后，高炉、焦炉、热风炉用耐火材料得到了广泛应用。

20 世纪初，耐火材料向高纯、高致密和超高温制品方向发展，同时发展了完全不需烧制、能耗小的不定形耐火材料和高耐火纤维用于 1 600℃以上的工业窑炉。前者如氧化铝质耐火混凝土，常用于大型化工厂合成氨生产装置的二段转化炉内壁，效果良好。

20 世纪 50 年代以来，由于原子能技术、空间技术、新能源开发技术等迅速发展，要求使用耐高温、耐腐蚀、耐热震、耐冲刷等具有综合优良性能的特种耐火材料。

一、耐火材料及其性能

以橡胶衬里、合成树脂涂层或铅衬里等形式的保护层，为钢制设备或混凝土结构提供了腐蚀防护层。这些保护层具有耐介质腐蚀特性和一定程度的耐温性，可防止腐蚀介质渗透、侵蚀基体。

在机械载荷和热载荷作用下，上述保护层往往需要增加砖衬，以获得耐高温、耐腐蚀及耐磨蚀等性能。但是传统的耐酸材料不能在 1 000℃以上工况下使用，因此耐火材料成为高温防护的重要选择，出现了以砖、板、砂浆、填料和纤维形式的定形和非定形耐火衬里材料。

（一）分类

1. 按产品成型交付形式

按产品成型交付形式，耐火材料可分为定形材料和非定形材料。

（1）定形材料。定形材料是指形状固定的一类材料，主要有以下产品：

1）致密产品，如砖（黏土砖、铝土砖、红柱石砖、硅砖、碳化硅砖、刚玉、铬石砖）以及瓷砖、模压件、马弗炉或熔炼炉等。

2）多孔、隔热的耐火材料产品，如轻质耐火砖、耐火纤维等，用于高温保温材料；纤维黏土砖和富含粘土的砖，可用于钢铁生产的高炉衬里。

3）标准砖，可用于水泥生产的回转窑衬里。

4）氧化硅砖或石英砖，可用于玻璃工业。

5）碳化硅砖，在温度变化时作为燃烧助剂。

（2）非定形材料。非定形材料通常包含浇注料、砂浆和胶泥，主要有以下产品：

1）化学粘合耐火砂浆，包括无机或有机粘合剂。

2）陶瓷粘结耐火砂浆、混合料，包括陶瓷粘接剂、黏土。

3）纤维和纤维材料。

4）垫、瓷砖、毡和绳。

2. 按耐火度分类

国际上规定，耐火材料是具有耐火性的非金属陶瓷材料。在 DIN 51060 标准中，则是指大于 1 500℃锥滴点的材料。锥滴点是在较小的、略微倾斜的锥形样品上确定的，这些样品在已知的锥滴点温度下与标准陶瓷锥一起加热。耐火材料通常没有明确的熔点，但在较狭窄的温度范围内熔化或软化。因此在软化过程中可以通过测试锥滴点来确定熔化点，而不是熔点。锥滴点温度在应用技术方面并不是最重要的，它只是说明了该耐火材料达到了耐火的稳定性的极限值。按耐火度分类，基本分为三类：

（1）温度高达 1 500℃的耐火材料；

（2）温度在 1 500 ~ 1 800℃的耐火材料；

（3）温度超过 1 800℃的高耐火材料。

我国耐火材料温度范围分类如下：

（1）普通耐火材料，其耐火度为 1 580 ~ 1 770℃；

（2）高级耐火材料，其耐火度为 1 770 ~ 2 000℃；

（3）特级耐火材料，其耐火度为 2 000℃以上。

3. 按施工用材料形式

按施工用材料形式，耐火材料可分为耐火砖、耐火胶泥、耐火浇注料。

在具有较高温度的工业生产设备中，必需使用耐火材料做衬里，如高炉、高炉加热器、水泥生产中的回转窑、铜转换器、玻璃熔化炉、废物处理厂和类似结构的工艺生产设备。

8

4. 施工用辅材

除了以上的耐火材料，还有一些施工用辅材，如金属锚固件、把钉、托砖板等，其作用是衬里位置固定或增强耐火材料。

（二）原材料

1. 耐火原材料（氧化物）

耐火材料主要基于六种氧化物：SiO_2（二氧化硅）、Al_2O_3（氧化铝）、MgO（氧化镁）、CaO（石灰）、Cr_2O_3（氧化铬）和 ZrO_2（氧化锆），以及这些氧化物和碳结合的化合物。根据氧化材料的化学反应特性，耐火材料可分为酸性、碱性或中性，耐火材料特性见表 8–78，耐火原材料（氧化物）的性能见表 8–79。

表 8–78　耐火材料特性

类别	反应	原材料
酸性	氧化物 + H_2O →酸	二氧化硅、Al_2O_3–SiO_2 产品，硅酸锆
碱性	氧化物 + H_2O →氢氧化物	镁质和白云石质产品
几乎中性	既不用作酸性反应，也不用作碱性反应	氧化铝、铬铁矿、镁铬铁矿、尖晶石、硅酸镁石

表 8–79 耐火原材料（氧化物）的性能

化学式	缩写	名称	熔点/℃	密度/(g/cm^3)	1 000℃热膨胀/%	导热系数/[W/(m·K)]		比热容/[kJ/(kg·K)]
						20℃	1 000℃	
SiO_2	Si	石英	—	2.65	—	8	—	—
		石英岩	1 725	2.30	1.00 ~ 1.40	—	—	1.15
		二氧化硅玻璃	—	2.20	0.06	1.4	4.5	—
Al_2O_3	A	刚玉	2 050	3.99	0.80	53	9	1.10
MgO	M	方镁石	2 840	3.58	1.40	61	10	1.20
CaO	C	氧化钙	2 580	3.32	1.30	25	9	0.95
ZrO_2	Z	斜锆石	2 680	5.56	0.80	19	21	0.70
Cr_2O_3	C	绿铬矿	2 275	5.52	0.75	—	—	0.75
$3Al_2O_3 \cdot 2SiO_2$	A_3S_2	莫来石	1 840	3.16	0.45	9	5	1.10
$ZrO_2 \cdot SiO_2$	ZS	锆石	1 775	4.60	0.45	6	4	0.75
C	石墨	α–C	3 600	2.26	0.30/0.50	>400	—	1.50
	炭黑	非定形	—	1.75	0.40	—	—	2.00
SiC	—	—	2 300	3.21	0.50	130	26	1.10
S_3N_4	—	—	1 900	3.18	0.27	35	20	0.7

2. 填料

除了满足设计所需耐火材料衬里基本性能参数的主要原料外，填料在配方中也有非常重要的功能。它的加入除了可提高耐火材料的硬度、强度和弹性模量外，还可显著降低固化收缩率和热膨胀系数，同时还能显著降低所使用材料的成本。矿物填料，特别是石英砂、石英粉和重晶石的使用频率较高。碳基填料，如焦炭、碳、石墨或炭黑，可用于提高导电性或在某些介质中的耐腐蚀性。如涉及强碱或氢氟酸的环境，刚玉或碳化硅则被用作砂浆的填料。

3. 配方要素

在制定耐火材料配方时，有以下几个因素需要考虑：

（1）Al_2O_3 含量决定了耐温性，而原料的类型决定了耐化学性能和物理性能。

（2）Cr_2O_3 含量改善了在载荷下熔渣侵蚀的耐受性能。

（3）粘接剂的选择会影响材料的微观结构性能，但与原材料的类型一样，同样对物理性能也有影响。

（4）整体配方要综合考虑应用需求。

（三）生产工艺

对于砖和不定形耐火材料，粗陶瓷生产的晶粒尺寸大于 6mm；细陶瓷产品使用晶粒尺寸为 1mm 以下的原料生产；轻质耐火砖属于熔融铸件和多孔产品。

1. 粗陶瓷生产

粗制陶瓷的生产步骤可分为：准备工作、成形、干燥、热处理（高达 1 800℃）、烧制、后处理（如有必要）和成品包装。

2. 细陶瓷生产

细陶瓷生产在耐火产品生产中占比很小，仅用于特殊工件。

（四）制作工艺

（1）手工砖：材料按配方被制成直径约 200mm 的球，并被放置在木制模具中。通过形状复杂的模具，如喷嘴、过渡件和控制件等制作成产品。该工艺生产的砖的缺点是孔隙率较高、抗压强度较低。

（2）挤压砖：采用挤压工艺生产，即真空密封的胚料通过压机口挤出，然后被切割成适当长度后成型。用这种方法生产的砖具有最高的体积密度、最低的吸水率和最高的抗压强度。该工艺可用于生产标准尺寸和通用规格的砖。

（3）机制砖：采用钢制压模工艺，从重型搅拌机中取出一个合适重量和大小的样块，并放置在模具中，然后通过上下冲孔的高压来实现成型，见图 8–25。

图 8–25　高压成型

（4）干法压制砖：又称干压砖，是以颗粒状的湿原料进入钢压模，然后在高压下将材料压制成型。该工艺生产的砖多孔、抗压强度较低，但比湿法成型砖更稳定。

（5）手夯砖：大块异型的砖，特别是横梁和部分基础砖采用手工夯实成型，其形状由作为基本模具的大型铸件和钢插件所决定。就像在干压机中一样，所需的原材料被放置在模具中，用压缩空气撞击锤一层一层地压实，见图 8–26。这种工艺制出的砖可达到与干压砖相近的物理性能值。

需要指出的是，所有的砖坯必须首先经过一个干燥阶段，而干燥时间取决于砖的大小；烘干后，坯料才能放在窑中；加热、燃烧、冷却时间均应根据工艺要求确定。

冷却后，需对成品砖进行尺寸精度和质量检测。

图 8–26　手夯砖

8

一般情况下，尺寸公差控制在设计值的 ±2% 以内。

（五）耐火材料性能

耐火材料性能由材料本身性能所决定，但可通过调整配方获得不同性能的产品。耐火砖性能典型值见表 8–80。

表 8–80　耐火砖性能典型值

项目		单位	等级代号	
			A	B
化学成分	Al_2O_3	%	60.0	38.0
	SiO_2	%	38.0	56.0
	Fe_2O_3	%	1.0	1.2
物理性能	体积密度	g/cm^3	2.58	2.35
	显气孔率	%	14	15
	抗压强度	N/mm^2	90	60
	荷重软化温度 RUL（t_{05}）	℃	1 600	1 310
	抗热震性	次	≥ 30（水）	≥ 20（水）
	线性热膨胀系数		@1 000℃　0.55%	@1 000℃　0.55%
	导热系数	W/（m·K）	400℃　1.65	400℃　1.20
			800℃　1.75	800℃　1.35
			1 000℃　1.90	1 200℃　1.50
尺寸公差			<200mm：±1.5mm； >200mm：±0.75%； 最大尺寸翘曲：±0.75%	<200mm：±1.5mm； >200mm：±0.75%； 最大尺寸翘曲：±0.75%

二、选材和设计要点

根据设备本身的特点以及耐火材料性能，考虑腐蚀、耐受温度及温度变化、设计载荷是否涉及冲击、磨损等工况进行材料选型和设计。以往的行业应用经验可作为耐火材料衬里选材和设计的重要参考。

（一）钢铁制造

在高炉中，将加工过的铁矿石通过一个连续的还原熔化过程生成液态生铁。为了保证连续运行，除高炉作为中心部件外，还需要更多的其他设备，包括储存原料（铁矿石和添加剂）、管道系统的加热材料（焦炭），通过连续输送将它们引入炉头。同时，进一步利用设备在炉头排放高炉气体，供给高炉中部预热的高炉风，在炉底排放生铁和炉渣。

根据高炉内温度和区域分布（图 8–27），耐火材料衬里需采用不同的材料：

（1）由于机械荷载、磨损，高炉上端炉喉区域采用高耐磨性、高耐温性的刚玉砖。

（2）对于下面的炉身、炉腰段，宜采用抗还原性的黏土砖和红柱石砖。

（3）在高炉吹塑平面上，可采用化学 / 陶瓷粘结和橄榄石等级的环形砖，这样不仅能承受高温应力，还能承受负荷柱压力引起的机械应力。

（4）高炉底部加衬 1m 厚的碳砖。

（5）使用的铁矿石和焦炭必须为硬块状，以便原料段在炉腔内有足够的空隙，这也是确保通风且持续流动的唯一方法。

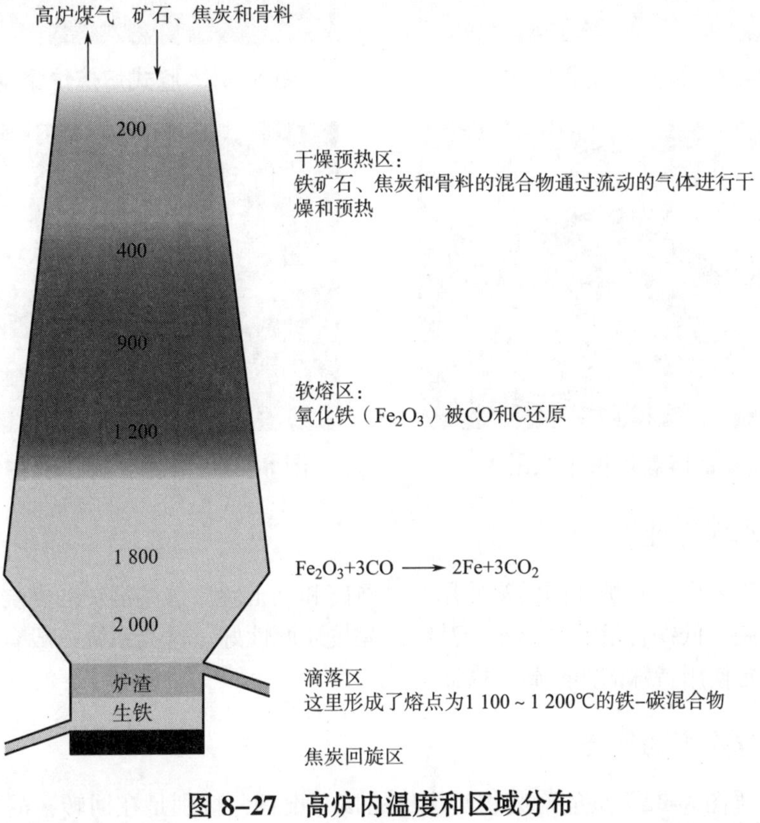

图 8–27　高炉内温度和区域分布

高炉也有其自身的缺点，一是对输入材料的要求，二是 CO_2 的高排放量。由于 CO_2 的高排放量，现正在发展取代高炉的工艺——米兰德（Midrex）直接还原过程。在该工艺中，铁矿石在竖炉中使用转化炉中分解天然气提取的富氢气体逆流原理还原，产物是海绵铁。与传统高炉生产的液体生铁相比，海绵铁是一种固体原料，其中仍含有一定量的初始矿矸石，但含碳量通常不高于 1%。

（二）有色金属工业

有色金属工业使用耐火材料衬里不仅要能承受热应力，而且要能承受高磨损和化学腐蚀：

（1）在再生铜工业的竖炉（图 8–28）和熔炼炉（图 8–29）中，陶瓷粘结的碳化硅材料和铬刚玉材料都有足够长的使用寿命。

（2）磷酸结合铝土矿用于铝熔炼炉（图 8–30）、保温炉（图 8–31）的熔区以及混合炉。黏土耐火砖和红柱石用于熔区和燃烧器。

图 8-28 铜业的阴极竖炉

图 8-29 膛式熔炼炉耐磨砖衬里

图 8-30 铝熔炼炉用干式吊顶

图 8-31 有色金属工业中的保温炉

（三）水泥工业

在水泥工业中，竖炉和回转窑使用红柱石砖和黏土砖。这些窑炉的燃烧区和过渡区采用高度烧制、低铁含量的黏土砖，其特点是抗还原性好。这类系统一般有相对大的尺寸，因此经常使用特殊的凹凸砖（榫卯）。

（四）危险废物焚烧

回转窑（图 8-32）是危险废物焚烧厂的核心设备，特别是在回转窑的进料口和过渡区，耐火材料衬里要求耐受较高的机械负荷，因此需要使用耐高磨损、耐压的材料。同时主燃烧区和出料口的温度可达 1 400℃，需要考虑高温的影响。

图 8-32 回转窑

（1）回转窑通过前壁装料进入窑炉，由于暴露在腐蚀性矿渣中和不断变化的操作条件下，因此要选择氧化铬含量高达 15% 的刚玉材料。

（2）固体通过溜槽进入回转窑，液体和糊状废物通过喷枪加入。燃烧器提供适当的温度，但由于处理量的增加，燃料因流量不稳定引起温度波动，以及腐蚀性介质的燃烧，耐火材料衬里面临着越来越多的要求。在后燃室中，由于高碱负荷，耐火材料衬里会承受高化学负荷。结合 1 350℃的高温，液体渣料会导致高度的砖侵蚀。这里的标准做法是使用基于红柱石、铝土矿和刚玉的材料或者选择含有氧化铬的砖。

（五）化工和石化行业

（1）克劳斯炉用于化工和石化工业中从硫化氢中提取硫。主要衬里用材料为低铁耐火黏土砖、红柱石，在极端荷载情况下采用刚玉质砖。

（2）焚烧炉、瓦斯裂化装置或煤烟反应器需要内衬防火材料。特别是在煤烟反应堆中生产炭黑（煤烟）时，温度达到 2 000℃。在高温、温度变化、压力波动，以及介质流速高的环境下，耐火材料选择以刚玉或莫来石为主。

（六）铸锭

现代铸锭钢厂生产非常重视和避免非金属夹杂物对产品质量的影响。此外，钢锭应具有均匀的化学成分和均匀的结构。通常使用游离 SiO_2 量小于 1.5%、具有活性莫来石基的材料生产特种钢，特别是锰钢这种等级的合金钢。

最高质量的钢材生产，通常使用莫来石基、游离 SiO_2 量小于 0.4%，经过高温烧制而成高等级刚玉材料。

使用这些耐火材料，有效地避免了通道膨胀和氧化铝夹杂物。由于凹凸接头的特殊设计，即使在很高的铁水静压力下，一般也不需要使用砂浆砌砖。熔渣侵蚀试验用于选择对应要求的材料等级（图 8–33）。

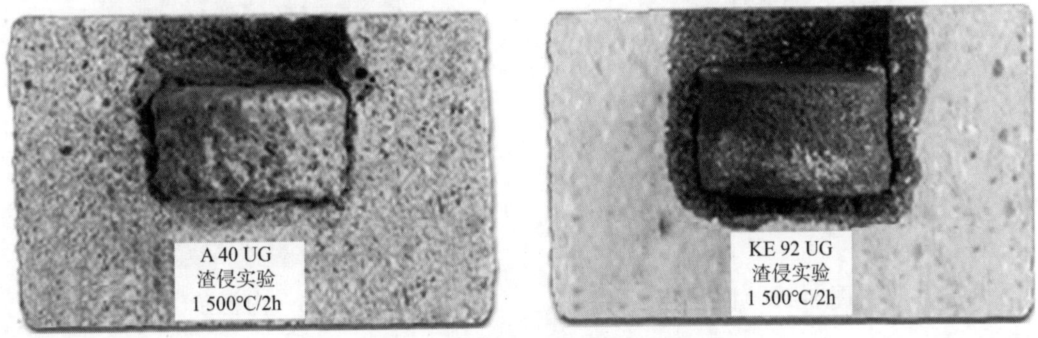

图 8–33　不同材料的熔渣侵蚀试验

（七）其他应用

窑炉装置用于陶瓷行业中生产墙砖、地砖、屋顶瓦和石器管，也用于卫生、熟料生产和餐具行业。

在工业领域中，窑炉可生产电压绝缘体、铁电陶瓷、磁性陶瓷，以及过滤陶瓷等产品（图 8–34）。

图 8–34 陶瓷产品和部件

具有所需耐化学和耐热性能的凹凸砖（图 8–35）也可用在典型的烟囱衬里（图 8–36）中。

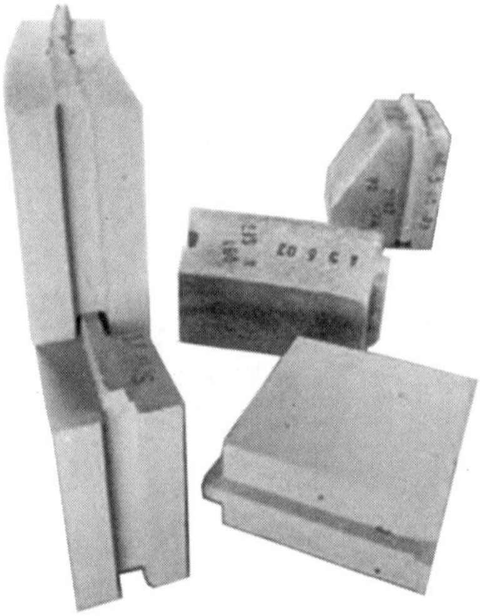

图 8–35 凹凸砖

图 8–36 内衬砖砌烟囱

三、施工要点

（一）施工前准备

（1）在上道工序验收合格后，交付耐火材料施工。需要注意窑炉结构的质量、尺寸偏差和垂直度等符合标准及规范的要求。

（2）内部锚固件安装完毕，并检验合格。

（3）熟悉施工图纸，编制施工方案并提交审批。施工方案包括但不限于施工重难点、质量控制点、资源协调计划、工期进度计划、安全风险评估及处理方案。

（4）人员培训、材料检查及现场调配实验完成并记录在案。

（二）施工

根据施工方案进行耐火材料衬里作业：

（1）注意单次材料配比及混料量，施工接缝宽度及地铺厚度要符合标准及规范的要求。根据方案要求提供日报、周报、月报等报告提供执行记录。

（2）不管是动态窑炉还是静态窑炉，施工基本顺序为从热端到冷端（或从低端到高端），分段作业，砌筑并锁砖。

（3）采用浇注料施工时，应使用洁净水，连续施工，搅拌好的浇注料应在标准规定的时间内用完；标准没有规定的，则应在半个小时内用完。超过时间或已经初凝的浇注料不得使用。

（4）冬季施工时，施工环境及材料的温度不得低于5℃或按文件规定的要求。

（5）养护温度不能超过或低于规定的范围。

（三）烘炉

根据审核过的烘炉曲线进行烘炉，并如实记录过程数据。

四、质量检验

（一）材料测试

耐火材料需要测试耐火度、抗压强度以及显气孔率，并应符合设计要求。其他测试项目可根据具体要求而定。

（二）施工过程检测

对于不同的设备以及不同的耐火材料类型，其施工过程的相关检测项目也不同。需遵循相关标准及制造商相关规范要求。

采用耐火砖时，需特别注意砌筑顺序及接缝宽度，对于不同施工材料及部位，接缝宽度有差异，但不得大于3mm。

浇注料施工应注意层间接合面，不得有通缝，并应按照相关标准进行验收。

五、运行监测

耐火材料衬里运行期间，需要定期关注运行情况，检测运行数据，记录热点区域及持续时间。对于超过标准的记录或现象要根据维护保养手册进行处置。

第九章

热塑性塑料衬里

9

热塑性塑料是以树脂为主要成分，以增塑剂、润滑剂、填充剂等添加剂为辅助成分，在加工过程中能流动成型的材料。塑料的最大特点是耐腐蚀。利用塑料防腐蚀的特性，塑料在设备、管道、阀门、泵等系列产品的衬里得到了广泛应用。

塑料衬里是为了防腐蚀，在金属等基体表面衬上塑料薄层，综合利用了金属外壳的高强度和衬里材料耐腐蚀优点，同时又降低了综合成本。

热塑性塑料衬里成型工艺包括了焊接粘结、滚塑、松衬、喷涂等。设备尺寸相对较大时，一般多采用焊接粘接、滚塑方法进行衬里施工。管道衬里则采用松衬法施工，松衬法是指不采用粘接剂进行的衬里施工，但衬里与基体之间也是贴紧的，有一定的耐负压能力，包含了挤压、模压、液压、推压烧结、缠绕烧结等成型工艺。本着相同成型工艺统一归类原则，塑料的喷涂工艺已在本手册第六章“涂料衬里”中叙述。

工业设备及管道常用的衬里材料包括聚氯乙烯、聚烯烃（聚丙烯、聚乙烯等）和氟塑料（聚四氟乙烯、聚全氟乙丙烯和聚偏氟乙烯等）。

第一节　聚氯乙烯类塑料衬里

聚氯乙烯是氯乙烯单体（VCM）在过氧化物、偶氮化合物等引发剂或在光、热作用下按自由基聚合反应机理聚合而成的聚合物。聚氯乙烯具有优良的物理化学性能，在石油化工及其他行业中应用广泛，是耐腐蚀工程塑料中的重要工程塑料。

一、原材料及其性能

聚氯乙烯树脂一般是由氯乙烯单体均聚而成的无定形聚合物，商品化的平均聚合度（*DP* 为 350～8 000），聚氯乙烯树脂性能优良，是性价比最佳的树脂，单体氯乙烯由电石法和乙烯法制得。聚氯乙烯产品按加工混合物形成的状态分为两大系列：糊用系列和通用系列。按聚合方式可分为悬浮聚合、乳液聚合和本体聚合。 9

（一）聚氯乙烯树脂的物理及化学性能

1. 聚氯乙烯树脂

聚氯乙烯树脂通常以悬浮或本体树脂粉料为主要原料，树脂外观为白色粉末，具体的物理性能见表 9-1。

表 9-1　聚氯乙烯树脂物理性能

项　目	指　标
相对密度	1.35～1.45
表观密度 /（g/mL）	0.4～0.65
结晶度 / %	5～10
比热容 /［J/（g·℃）］	1.045～1.463
折射率 n_6^{20}	1.54
毒性	无毒无臭

聚氯乙烯是无定形高聚物，没有明显的熔点，85℃以下呈玻璃态，85～175℃呈黏弹态，在180℃时开始流动；在加压条件下，145℃开始流动。玻璃化温度在80℃上下，100℃开始分解，180℃以下快速分解，200℃以上剧烈分解并变黑。

2. 性能特点

（1）热稳定性：聚氯乙烯热稳定性差，在100～120℃下因含有少量氯化氢而需要加入碱性稳定剂以抑制其自催化的分解反应。对PVC而言，与加工有关的树脂性能有颗粒大小、热稳定性、分子量、鱼眼、表观密度、孔隙率、纯度和杂质等。

（2）光性能和老化性能：聚氯乙烯耐老化性能较好，在光照和氧作用下会缓慢分解，释放氯化氢，形成羧基，共轭双键而变色。

（3）化学稳定性：聚氯乙烯化学稳定性好，常温下耐任何浓度的盐酸，90%以下的硫酸，50%～60%的硝酸以及20%的烧碱溶液。

（4）耐溶剂性：不溶于水、汽油、酒精和氯乙烯。分子量较低者可溶于丙酮及其他酮类、脂类或氯烃类溶剂中。

（二）硬聚氯乙烯（PVC–U）、软聚氯乙烯（PVC）、氯化聚氯乙烯（PVC–C）

聚氯乙烯塑料是以聚氯乙烯树脂为基料，与稳定剂、增塑剂、填料、润滑剂、着色剂及改性剂等多种剂混合、塑化、成型加工而成。随着树脂及添加助剂的种类、数量不同，可以制造软硬不同的聚氯乙烯塑料制品。

用作防腐蚀衬里的聚氯乙烯材料可分为硬聚氯乙烯（PVC–U）和软聚氯乙烯（PVC）材料。在聚氯乙烯基础上进一步氯化制的新材料氯化聚氯乙烯（PVC–C）。

1. 硬聚氯乙烯（PVC–U）

根据不同的需要，有选择地将聚氯乙烯材料中的添加剂进行增减，可调整其性能，满足不同工程使用要求。在较强腐蚀介质中使用时，必须考虑配方的化学稳定性。在配方中不加或少加增塑剂的称为硬聚氯乙烯。硬聚氯乙烯基本不含增塑剂，老化现象不明显。

硬聚氯乙烯的加工温度与分解温度接近，需尽量选用合理的配方来弥补这一特点。分子量较大的树脂能提高其物化性能，但对加工不利，为加工方便，一般加入分子量较低的树脂，疏松型树脂在挤压过程中容易产生摩擦热使塑化均匀，以达到高质量的目的。

硬聚氯乙烯塑料比重为碳钢的五分之一，利于设备的制造、运输。

硬聚氯乙烯属非晶态热塑性塑料，具有一般非晶态热塑性塑料的三态，在60℃以上时弹性模量会急剧下降，刚性变得很小，难以承受应力和保持原有的形状，因此聚氯乙烯使用温度不超过50℃。

2. 软聚氯乙烯（PVC）

软聚氯乙烯是在聚氯乙烯的基础之上，加入一定量的增塑剂后制成的，性能与硬聚氯乙烯相比有较大变化，由于加入增塑剂，从而降低了玻璃化温度，以致在常温下呈现出高弹态。

3. 氯化聚氯乙烯（PVC–C）

氯化聚氯乙烯是聚氯乙烯树脂的氯化产物，通过改性提高了聚氯乙烯的耐热性、耐燃性。一般聚氯乙烯含氯量为56.8%，而氯化聚氯乙烯含氯量随不同氯化方法而不同，一般为62%~67%。随着氯含量的增加，氯化聚氯乙烯的密度变大，拉伸强度增大，耐热性提高，熔融黏度提高，在溶剂中的溶解度下降。分子链的刚性和耐热性也有较大提高。如含氯量为60%时，维卡软化点为80~90℃，含氯量为68%时，维卡软化点可达130℃。由于熔融黏度增加，加工氯化聚氯乙烯比加工聚氯乙烯困难。

氯含量的增加使得氯化聚氯乙烯的耐燃性提高，自熄性、抗氧透过性和耐大气老化性也得到了提高。

由于氯化聚氯乙烯强度和耐热性提高，它的使用温度比聚氯乙烯塑料高出40℃，但其冲击韧性较差。

氯化聚氯乙烯比聚氯乙烯有更高的化学稳定性。

（三）粘接剂

在聚氯乙烯外包玻璃钢增强的内衬设备中均可能碰到粘接问题。粘接是通过大分子在接触界面间相互扩散，分子相互作用形成粘接层。粘接剂的作用是使被粘物之间形成稳定的化学键从而产生强大的粘接力。粘接剂所用的溶剂与塑料的互溶性对粘接十分重要。这种互溶性可从溶解度参数来判断，它们之间的差值越小，溶解性越好。

硬聚氯乙烯和玻璃钢之间的复合粘接大都采用聚氨酯粘接剂，其特点是粘结强度高，韧性好。聚氨酯粘接剂由甲、乙两组分组成，含有聚氨酯等与改性异氰酸酯成分。

软聚氯乙烯板采用的粘接剂为氯丁胶粘接剂与聚异氰酸酯，配合比为100∶（7~10）；两者的质量指标见表9–2和表9–3。在粘接软聚氯乙烯材料时，需要注意粘接剂中的溶剂向聚氯乙烯迁移易产生膨胀、鼓泡、起皱等现象。

表9–2　氯丁胶粘接剂质量指标

项　目	指　标
外观	淡黄色黏稠液体
固体含量 / %	≥ 25
黏度（25℃）/（Pa·s）	2 ~ 3
使用温度 /℃	≤ 110

表9–3　聚异氰酸酯质量指标

项　目	指　标
外观	紫红或红色液体
—NCO 含量 / %	20 ± 1
不溶物含量 /%	≤ 0.1

二、衬里的物理力学性能、耐腐蚀性能和耐蚀机理

(一)硬聚氯乙烯(PVC–U)

聚氯乙烯的板材制造一般有两种方法:一种是挤压成型,生产工艺是连续法;另一种是叠压成型。

板材质量应符合现行国家标准《硬质聚氯乙烯板材 分类、尺寸和性能 第 1 部分:厚度 1mm 以上板材》GB/T 22789.1 的规定。根据板材的特点和其主要性能(拉伸屈服应力、简直梁冲击强度、维卡软化温度),可将层压板材和挤出板材各分为五类:第一类为一般用途级;第二类为透明级;第三类为高模量级;第四类为高抗冲击级;第五类为耐热级。

管材质量应符合现行国家标准《工业用硬聚氯乙烯(PVC–U)管道系统 第 1 部分:管材》GB/T 4219.1 的规定。

1. 物理性能

硬聚氯乙烯的冲击强度为碳钢的 1/8,且与温度有关,硬聚氯乙烯冲击强度对缺口或刻痕敏感性大,安装和使用硬聚氯乙烯应避免冲击损伤。

硬聚氯乙烯热膨胀系数较大,是普通碳钢的 5 ~ 6 倍,热膨胀会导致管道弯曲、设备失稳而造成破坏。

硬聚氯乙烯导热系数差,因此板材不易热透和冷透,设备制造易造成残余应力。

结合聚氯乙烯相关标准,硬聚氯乙烯、软聚氯乙烯和氯化聚氯乙烯材料的物理性能数据见表 9–4。

表 9–4 聚氯乙烯材料的物理性能

项目	硬聚氯乙烯	软聚氯乙烯	氯化聚氯乙烯	试验方法
密度 /(g/cm^3)	1.3 ~ 1.5	1.3 ~ 1.5	1.45 ~ 1.65	《塑料 非泡沫塑料密度的测定 第 1 部分:浸渍法、液体比重瓶法和滴定法》GB/T 1033.1 中 A 法
线膨胀系数 /($\times 10^{-5}$/℃)	5 ~ 10	8 ~ 10	11.2 ~ 14.0	《塑料 –30℃ ~ 30℃线膨胀系数的测定 石英膨胀计法》GB/T 1036
拉伸强度 /MPa	≥ 50	≥ 10	≥ 50	《塑料 拉伸性能的测定 第 2 部分:模塑和挤塑塑料的试验条件》GB/T 1040.2
断裂伸长率 /%	15 ~ 30	≥ 150	≥ 20	《塑料 拉伸性能的测定 第 2 部分:模塑和挤塑塑料的试验条件》GB/T 1040.2
拉伸弹性模量 /MPa	≥ 2 500	—	≥ 2 500	《塑料 拉伸性能的测定 第 2 部分:模塑和挤塑塑料的试验条件》GB/T 1040.2

续表 9-4

项目	硬聚氯乙烯	软聚氯乙烯	氯化聚氯乙烯	试验方法
维卡软化温度 B_{50}/℃	≥ 75（层压） ≥ 70（挤出）	≥ 75（层压） ≥ 70（挤出）	≥ 98	《热塑性塑料维卡软化温度（VST）的测定》GB/T 1633
简支梁缺口冲击强度 /（kJ/m^2）	≥ 2	—	≥ 10	《塑料　简支梁冲击性能的测定　第 1 部分：非仪器化冲击试验》GB/T 1043.1 中 1eA 法

2. 耐腐蚀性能

在非金属材料的腐蚀过程中，介质的渗透与扩散起着重要作用。影响渗透的因素是：高聚物中存在的空穴和缺陷；介质和高分子的极性、分子大小；高分子材料在介质中是否相似相容；溶度参数是否相近等。

聚氯乙烯具有高的化学稳定性，从分子结构看，它没有活性较大的官能团，主链是碳碳共价键，不会被酸碱所水解，只有强氟化剂、很强或活性很大的物质才能与其起作用，常温下耐任何浓度的盐酸、90% 以下的硫酸、50% ~ 60% 的硝酸和 20% 以下的烧碱溶液。

聚氯乙烯是带有一定极性的高分子化合物，属中等极性的塑料，氯原子的存在增加了分子链的刚性，不易与水、盐溶液发生反应。根据极性相近的物质易相互溶解的这一理论来判断，强极性和非极性不能溶解它，具有中等极性的有机溶剂对它有较大的溶解性。所以对中等极性的氯代烷烃、酮类、醚类、芳烃类溶剂有溶胀性。

硬聚氯乙烯和软聚氯乙烯耐腐蚀性能比较见表 9-5。

表 9-5　硬聚氯乙烯和软聚氯乙烯耐腐蚀性能比较

项　目	硬聚氯乙烯	软聚氯乙烯
腐蚀速率（60℃ ±2℃，5h）/（g/m）	1.3 ~ 1.5	1.3 ~ 1.5
40% 氢氧化钠	± 1.4 之间	± 1.0 之间
40% 硝酸	± 1.0 之间	± 6.0 之间
30% 硫酸	± 1.0 之间	± 1.0 之间
35% 盐酸	± 2.0 之间	± 6.0 之间

由于硬聚氯乙烯分子之间更为密集，其耐腐蚀性能优于软聚氯乙烯，对大部分酸介质稳定，对氧化性强的浓硫酸的耐腐蚀性优于软聚氯乙烯；在碱中的耐腐蚀性也较好，但在应力存在下的耐蚀性要差一些。因此硬聚氯乙烯在介质中的长期性能十分重要，通过硬聚氯乙烯在不同介质中的蠕变断裂曲线可以看出，介质不同，蠕变断裂情况也不同。在 60% 浓硝酸、98% 浓硝酸中，要尽量减少设备的内应力和热应力。

硬聚氯乙烯焊条的外壁应光洁，无凸瘤、气泡和杂质，允许有轻微的毛刺、皱纹和粗糙表面。在 1m 长的焊条上，不得有多于 5 个点状黑色胶粒杂质，在室温下进行 180°

弯曲时不会断裂，但允许在弯曲部位有发白现象。

PVC–U 在各类介质中的耐腐蚀性能可见本手册附录三“各类热塑性塑料的耐腐蚀性能”。

（二）软聚氯乙烯（PVC）

在聚氯乙烯中加入增塑剂后，性能与硬聚氯乙烯相比会发生较大变化；软聚氯乙烯板的规格应符合现行国家标准《软聚氯乙烯压延薄膜和片材》GB/T 3830 的规定。软聚氯乙烯管材的质量应符合现行行业标准《衬塑钢管和管件选用系列》HG/T 20538 的有关规定。

1. 物理性能

常温下由于增塑剂的作用使得软聚氯乙烯在常温下呈高弹态。

（1）抗拉强度：软聚氯乙烯塑料室温时的抗拉强度是硬聚氯乙烯塑料的五分之一。

（2）热稳定性：高温情况下由于增塑剂的挥发，失去了柔软性而变硬变脆。增塑剂的加入利于热加工，并在热加工时可抑制塑料变黑。

（3）柔韧性：由于增塑剂的作用增加了氯乙烯增塑剂基团之间的溶剂化作用，使得软聚氯乙烯的作用力减弱，柔韧性增大。

（4）抗老化性：由于增塑剂使得软聚氯乙烯在抗氧、抗水、抗高温的性能变差。

结合软聚氯乙烯相关标准，其物理性能数据可见表 9–4。

2. 耐腐蚀性能

按介质选择软聚氯乙烯塑料，基本上可参照硬聚氯乙烯（PVC–U）板；但由于软板中含有一定量的增塑剂，在日光照射下，或长期浸没于稀溶液中和能萃取出增塑剂的介质中（如碱等），增塑剂会逐渐被蒸发、溶析出来，从而失去软板原有的柔软性，并逐渐褪色、变硬，故其耐腐蚀性能次于硬聚氯乙烯。软聚氯乙烯在部分介质中的耐腐蚀性能见表 9–6。

表 9–6 软聚氯乙烯在部分介质中的耐腐蚀性能

介质	温度 /℃	性能	介质	温度 /℃	性能
60% 氢氟酸	38	耐	碳酸铵	50	尚耐
100% 氨气（干）	60	尚耐	亚硫酸酐	70	尚耐
35% 铬酸	60	尚耐	25% 盐酸	60	耐
35% 硝酸	20	尚耐	溴（稀）	70	耐
90% 硫酸	60	不耐	冰醋酸	20	不耐
硫酸铵	70	耐	脂肪酸	38	尚耐

（三）氯化聚氯乙烯（PVC–C）

氯化聚氯乙烯通过氯化使得性能得到提高，具体物理性能见表 9–4，并具有下列特点：

（1）使用温度较高，长期使用温度可达95℃以上。

（2）导热率低，并具有良好的阻燃性。

（3）拉伸强度、蠕变性、破坏强度等物理性能也较好。

（4）不易氧化，耐化学腐蚀性好，氯化聚氯乙烯材料的耐蚀性与硬聚氯乙烯相似，由于氯化率提高，其耐温性能提高约40℃，密度增大，但比硬聚氯乙烯更易于溶解到酯类、酮类、芳烃等有机溶剂中。

（5）预期使用寿命可达到50年，是化工设备耐腐蚀材料的理想材料。但其成型温度高，加工困难。

氯化聚氯乙烯在各类介质中的耐腐蚀性能可见本手册附录三“各类热塑性塑料的耐腐蚀性能”。

氯化聚氯乙烯管道的技术要求在现行国家标准《冷热水用氯化聚氯乙烯（PVC-C）管道系统》GB/T 18993和《工业用氯化聚氯乙烯（PVC-C）管道系统》GB/T 18998中均有规定，可按规定执行。

三、聚氯乙烯衬里设计要点

硬聚氯乙烯作为衬里材料使用时，因冲击韧性差会使焊缝破裂而产生泄漏。因此，硬聚氯乙烯衬里设备的使用温度不可过高；它的高热膨胀系数及低抗张强度，同样会使硬聚氯乙烯板衬里设备在过低或过高温度下或温差变化较大时，造成硬聚氯乙烯板材的破裂、起鼓。

硬聚氯乙烯板衬里，可以用于钢壳、混凝土和玻璃纤维增强（玻璃钢）设备的衬里。由于硬聚氯乙烯的热膨胀系数和玻璃钢膨胀系数接近，因此使用率较高。

在聚氯乙烯配方中加入较多增塑剂时，能获得延伸率良好的软聚氯乙烯板，其延伸率为硬板的7～10倍，此特性使得软聚氯乙烯板作为设备衬里时，表现出良好弹性，在受到热应力作用时，板材可以变形，只要应力不超过软板的弹性极限，在应力去除后，它仍可恢复原状。因此在没有介质的腐蚀性影响时，钢壳衬里一般选择软聚氯乙烯；它的使用温度高于60℃，并能胜任低温与温差变化，显示了相对于硬聚氯乙烯板衬里的优越性。但随着时间的推延或介质的萃取作用，软聚氯乙烯板中的增塑剂会不断挥发或被萃取，软板逐渐失去弹性而变脆，一旦不能承受应力将会导致衬里层破裂。

（一）适用范围

1. 适用温度

（1）钢衬硬聚氯乙烯板衬里，采用焊接粘接、松衬结构，使用温度为-5～60℃。

（2）软聚氯乙烯板衬里采用焊接粘接，具体常用方法为软聚氯乙烯板空铺法和压条螺钉固定法，使用温度为-5～60℃。

（3）氯化聚氯乙烯板衬里使用温度为-5～95℃。

2. 适用压力

（1）硬聚氯乙烯板衬里：松衬结构时为常压。

（2）软聚氯乙烯板衬里：松衬结构时为常压；采用粘贴法时，在壳体刚度与强度有保证的前提下，可参照国家标准《衬里钢壳设计技术规定》HG/T 20678—2000 和《工业设备及管道防腐蚀工程技术标准》GB/T 50726—2023 的相关规定。

（3）粘贴法衬里不推荐用于负压条件。

3. 衬里层厚度的确定

（1）硬聚氯乙烯板衬里：是全钢壳的松衬结构或玻璃纤维增强紧衬结构，衬里厚度应随设备尺寸的增大而增厚。

（2）软聚氯乙烯板衬里：由于加入了增塑剂，聚氯乙烯分子上的极性基团被溶剂化了，分子之间的作用力削弱了，分子间距增大，因而同等厚度的软板比硬板更易被介质所渗透。因此对渗透性较强的介质，应选用较厚的软板衬里。

松村结构通常选用 4mm 厚板材，并可根据需要在第一层衬板上再衬焊或粘贴第二层板材。

（二）结构及节点处理

硬聚氯乙烯可选用松套衬里，螺栓固定衬里和粘贴衬里；软聚氯乙烯采用螺钉固定法衬里。

1. 硬聚氯乙烯的松套衬里

硬聚氯乙烯的松套衬里节和鸟笼式结构相似。衬里和钢壳不固定，不限制聚氯乙烯的胀缩。

2. 硬聚氯乙烯的螺栓固定衬里

硬聚氯乙烯的螺栓固定衬里需要注意以下几点：

（1）把螺钉固定在钢壳上，衬里穿过螺栓。

（2）把钢制压条也套在螺钉上，拧紧螺母，让压条把衬里紧紧固定在钢壳上。

（3）把聚氯乙烯扁条焊在衬里层上端，让压条通过扁条托住衬里层。

（4）为了解决衬里层和钢壳的热膨胀系数相差很大的问题，需焊接膨胀节。

3. 硬聚氯乙烯的粘贴衬里

硬聚氯乙烯的粘贴衬里需要注意以下几点：

（1）粘贴衬里就是把硬聚氯乙烯薄板粘贴在钢壳里，衬里板之间采用焊接，衬里和钢壳之间用粘接剂填满。

（2）表面处理可按国家标准《工业设备及管道防腐蚀工程技术标准》GB/T 50726—2023 第 9.4.3 条中的规定进行。

（3）由于底部转角部位最容易产生应力集中，因此，PVC-U 板制作的底部转角结构就不宜采用焊接结构，而应采用图 9-1 所示结构形式，并要有圆弧过渡，以保证角焊缝不在转角处。

4. 软聚氯乙烯螺钉固定法衬里

设备衬里面预埋螺钉，按图 9-2 所示的螺钉分布图（以槽体立面为例），采用 M10 × 15mm 无头平端紧定螺钉，按金属焊接工艺预焊于碳钢表面，焊接时可用螺母旋上螺钉，然后手拿螺母后再焊接另一端。焊接时应保护螺纹不被损伤。螺钉呈三角形。

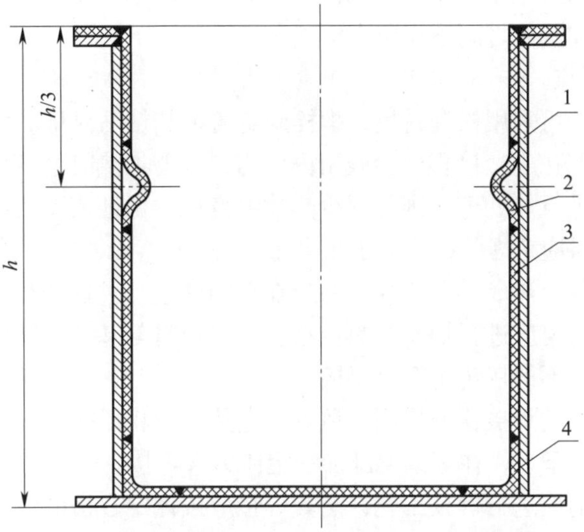

1—全钢壳；2—筒体补偿节；3—衬里；4—底部转角。

图 9–1　圆筒形全钢壳衬里结构

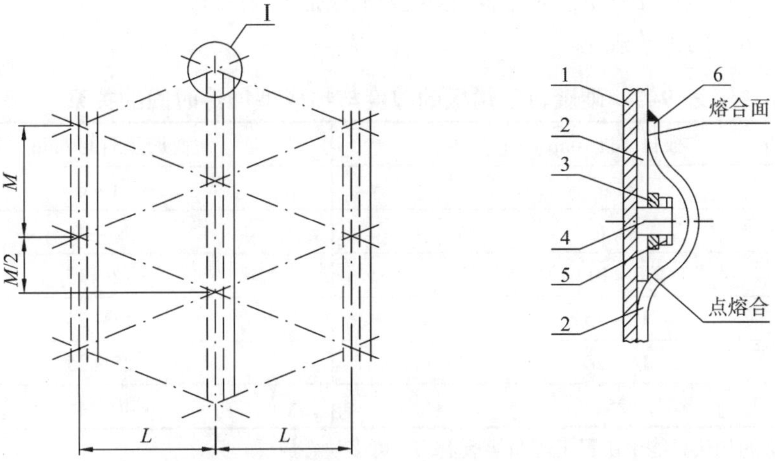

（a）螺钉分布图　　　　（b）节点 I 衬里结构

1—金属壳体；2—软板衬里；3—扁钢压条；4—固定螺钉；
5—金属垫片与螺母紧固；6—软 PVC 焊缝。

图 9–2　螺钉分布图

注：对立面衬里：L=460mm，M=400mm；对卧式设备的下半部及立式设备的平底，可减少螺钉分布数量，取 L=920mm，M=400mm；对椭圆封头、锥体螺钉分布呈辐射形排列。

四、施工要点

（一）硬聚氯乙烯衬里施工

1. 表面处理

钢壳不需喷砂除锈，但应除去碳钢表面凸出的尖锐毛刺，磨去焊缝部位凸出的焊瘤。需要粘接衬里的基体表面应进行喷射清理，基体表面处理等级应符合国家标准《工业设备及管道防腐蚀工程技术标准》GB/T 50726—2023 第 4.2.2 条的规定；衬里粘接到基体表面时，衬里和基体之间不得留有空气。

2. 衬里施工要点

（1）硬聚氯乙烯可采用松套衬里，螺栓固定衬里和粘贴衬里。

（2）硬聚氯乙烯在生产过程中会残留内应力，成型加热时会产生不规则的变形，板材在热加工前预先进行热处理，则可减少热收缩变形，保证成型后的尺寸精度，如不进行热处理，则下料时应考虑收缩率和加工余量。

（3）塑料的下料、热成型和拼焊工序应在车间内进行。现场衬里施工应采取防雨和灰尘等措施；衬里板材应进行切割和热成型，衬里板材与基体之间应紧密粘接；应对转角部位进行热成型，不得在转角部位焊接。

（4）硬聚氯乙烯的焊接普遍采用热风焊，电热焊枪将压缩空气加热，然后喷射转移热量到塑料母材和焊条上，在焊条上施加一定压力来焊接。

（5）衬里焊接前应进行焊接工艺评定。焊接应按评定合格的焊接工艺进行制造。焊接工艺评定按行业标准《塑料焊接工艺评定》HG/T 4280—2011 进行。

（6）硬聚氯乙烯板的热成型是在电热或蒸汽烘箱内进行，热成型时放入烘箱中，以 120～140℃保温至少 20min，对不同厚度板材的加热，除了要求加热均匀、致软化外，还要遵守表 9–7 的工艺规定。

表 9–7 硬聚氯乙烯板的厚度与热成型加热时间的关系

板材厚度 /mm	加热时间 /min
≤ 4	4～6
5～6	8～10
8～10	12～15
12～15	18～25
16～20	25～35
25	40～45

注：板材的加热只能单块置于烘箱架板上，不可多块叠放。

（7）焊接应全焊透，采用 X 形焊接时，焊缝强度要达到塑料衬里板材强度的 85%。

（8）聚氯乙烯粘接表面，应将聚氯乙烯表面打毛，用丙酮擦除油污。

（二）软聚氯乙烯衬里施工

软聚氯乙烯具有高弹性，用作金属设备衬里时，由于松弛应力小，所以衬里效果好。软聚氯乙烯通常采用压条螺钉固定法和空铺法进行施工。软聚氯乙烯板、焊条、管材等均应储存于避阳光、避雨以及干燥、清洁、温度为室温的库房内，高温会加速增塑剂的逸出，导致过早老化。

1. 压条螺钉固定法

压条螺钉固定法衬里基体的内表面应光滑平整，无凸瘤凹坑等现象。设备不需要进行喷砂除锈处理，但应除去碳钢表面凸出的尖锐毛刺，磨去焊接部位凸出的焊疤。施工要求在国家标准《工业设备及管道防腐蚀工程技术标准》GB/T 50726—2023 中已有规定，施工时需要注意下列几点：

（1）对旧设备应除去表面影响螺钉焊接的腐蚀生成物、油污，氧化皮等杂物。在冲洗干净后修补好有缺陷的部位。

（2）施工时按照先铺衬立面，后铺衬底部；先衬筒体，后装支管的顺序进行。

（3）支撑扁钢或压条下料应准确。棱角和焊接接头应磨平，支撑扁钢与设备内壁应撑紧，压条应采用螺钉拧紧，固定牢固。支撑扁钢或压条外应覆盖软聚氯乙烯板并焊牢。

（4）压条螺钉要呈三角形布置，立面行距为 400 ~ 500mm。

（5）软聚氯乙烯板接缝要采用搭接法，搭接宽度为 20 ~ 25mm，并采用热风焊枪熔融本体并加压焊接。焊接时，在上、下两板搭接内缝处，每间隔 200mm 点焊固定，搭接外缝处采用焊条满焊封缝。软聚氯乙烯板的焊接工艺参数见表 9–8。

表 9–8　软聚氯乙烯板的焊接工艺参数

项目	指标
焊枪出口热风温度 /℃	165 ~ 170
焊接速度 /（mm/min）	400 ~ 500
焊枪与软板平面夹角 /（°）	20 ~ 30

2. 空铺法

空铺法也称为松套法，衬里层和基体间不加以固定。衬里适用于钢制和混凝土制设备。施工要点如下：

（1）先把软聚氯乙烯板焊接成与贮槽类设备同等内壁尺寸和形状，然后套铺于设备内壁，但要翻边于设备外壁，然后用扁铁抱箍固定。

（2）对立式设备，由于衬里层的重量靠法兰翻边和接管支撑，设备越高，衬里层因自重而产生蠕变就越大，软板就容易在使用期间因拉伸变薄，特别在顶端的法兰转角部分，会造成软板断裂。因此空铺法衬里一般适用于小于 ϕ1.2m 的立式圆筒形设备。

3. 软聚氯乙烯板粘接法

软聚氯乙烯板的粘接可采用满涂粘接剂法或局部涂粘接剂法，采用氯丁胶粘接剂与聚异氰酸酯双组分粘接剂的配合比为 100 :（7 ~ 10）；两者的质量指标见表 9–2 和表 9–3，施工时需要注意下列几点：

（1）板材接缝需要采用粘接剂进行对接或搭接。

（2）软聚氯乙烯板粘接前推荐采用酒精或丙酮进行处理，粘接面要打毛至无反光。

（3）采用局部涂粘接剂法时，应在接头的两侧涂覆粘接剂，软板中间粘接剂带的间距为 500mm，其宽度为 100 ~ 200mm。

（4）粘接时需要在软板和基体内壁上各涂覆粘接剂两遍，并应纵横交错进行。涂覆应均匀，不得漏涂。第二遍的涂覆应在第一遍粘接剂干至不粘手时进行，待第二遍粘接剂干至微粘手时，再进行软聚氯乙烯板的粘接。

（5）粘接时应顺次将粘接面间的气体排净，并采用辊子进行压合，接缝处应压合紧密，不得出现剥离或翘角等缺陷。

（6）在粘接剂不能满足耐腐蚀和强度要求时，则在接缝处采用焊条封焊或按国家标准《工业设备及管道防腐蚀工程技术标准》GB/T 50726—2023 第 9.4.5 条第 5 款的规定执行。

（7）粘接完成后应进行养护。养护时间应按粘接剂的固化时间确定。固化前不得振动或使用。

4. 其他施工方法

（1）除传统的方法外，现在发明了将 PVC 浆料和增粘树脂进行共混，在聚氯乙烯塑化过程中，形成一层连续、致密的聚氯乙烯防腐蚀层，使得聚氯乙烯防腐蚀层和金属基体具有极高的粘结强度，但此防腐蚀衬里需要对设备进行烘干固化，限制了设备的大小。

（2）在管衬里中，可采用软聚氯乙烯管或采用软板拼焊成内衬套管。为了防止使用过程中软管的内凹，可在内衬套管内再衬焊薄壁硬聚氯乙烯短管作为支撑。

内衬套管的法兰平面部位采用环形软板与内衬套管焊接；焊条突出部分用刀修平，以便法兰平面的密封，环形板的下料应至法兰的全部平面；内衬套管与设备内衬软板采用熔合面焊接后，再用半圆形软 PVC 焊条焊接，其焊条突出部分不用修平。

（三）过氯乙烯板的施工

过氯乙烯板加工方法同软聚氯乙烯，加工温度更高，加工范围更窄，一般选择粘接法。

五、质量检验

聚氯乙烯类衬里设备及管道的质量检验，其原材料取样规则、衬里完成后的检查数量及判定规则可按国家标准《工业设备及管道防腐蚀工程技术标准》GB/T 50726—2023 中第 9.5.1 条 ~ 第 9.5.4 条规定进行。衬里完成后的主要检验项目、要求及方法见表 9–9。

表 9–9 衬里完成后的检验项目、要求及方法

项目	要 求	检测方法
衬里表面质量	外观无发缝，焊缝饱满，焊条排列整齐，施焊部位无脱焊或烧焦现象。焊缝余高不应大于 0.5mm	目测
尺寸检验	应符合施工图纸要求	尺量检验
粘结强度	在 20℃时，衬里和基体间的拉拔剥离强度不得小于 5N/mm	《高强度胶粘剂剥离强度的测定 浮辊法》GB/T 7122 中剥离试验
衬里与外壳结合	不得有明显的夹层或空隙	采用橡胶锤轻击检查
针孔检测	检测电压应符合《工业设备及管道防腐蚀工程技术标准》GB/T 50726—2023 表 9.5.7 规定，衬里层应无击穿现象	采用高电压电火花检测仪

续表 9–9

项目		要 求	检测方法
液压试验		热塑性塑料衬里设备在衬里施工前，应在设备底部和其他位置设置检漏孔进行24h的注水试验，且检漏孔内应无水渗出。常压设备做24h盛水试验，盛水时间不小于24h，有压力和真空度的设备按标准进行液压试验，压力保持20min有无渗漏，壳体近底侧或底部预开的 $\phi 4 \sim \phi 10$mm 的检测孔（2~4个），且检漏孔无水流出	检查压力试验报告和注水试验报告
软聚氯乙烯衬里检测	软聚氯乙烯板下料	聚氯乙烯板施工放线和下料应准确；在焊接或粘接前应进行预拼	观察检查和尺量检查
	软聚氯乙烯板搭接缝	软聚氯乙烯板搭接缝焊接时，在上、下两板搭接内缝处应每200mm点焊固定后，再采用热风枪熔融本体加压焊接，搭接外缝处应采用焊条满焊封缝	观察检查和尺量检查
	软聚氯乙烯板空铺法和压条螺钉固定法设备内表面检验	内表面应光滑平整，并应无凸瘤凹坑等现象	观察检查和尺量检查

六、运行维护

当聚氯乙烯衬里层施工完毕、质量检验合格，投入运行后，应定期进行检验并进行维护。

（一）检验

（1）肉眼检查：在运行中定期观察塑料设备外表面，是否有变色、变形、龟裂、划伤凹陷、鼓包、剥离、点腐蚀、分层等现象。

（2）音响试验：采用塑料小锤轻敲构件成品，检查音量。

（3）硬度测定：采用巴氏硬度等测定硬度。

（二）检查时间

（1）设备制成后，交付使用用户的检查。

（2）设备运转维护的检查。

（3）设备破坏时，寻查找原因的检查。

（三）分析原因并进行修复

（1）对已损坏部位进行原因分析，确定修复方案。

（2）当电火花检测无法查出渗漏部位时，应先检查衬里层表面，发现明显外力损伤，需补焊修复。仍再有渗漏，即用软或硬 PVC 焊条对衬里层所有焊缝的两侧进行补焊。

（3）也有用自配的 PVC 涂料，对所有的焊缝及软板表面进行涂刷修补。涂料的配合比为 100（PVC 树脂）: 15（环己酮）。在搅拌条件下逐渐将树脂粉料加入溶剂中溶解。涂料涂刷前应先清除表面残留油污、灰尘等杂质，再用丙酮擦洗，用锯条反复拉毛，然后涂刷涂料 2～3 层，经 7d 干燥后，做盛水试验。

（4）衬里设备经一段时间使用后发现的渗漏多在节点部位，例如接管或接管和人孔的法兰翻边部位、筒体法兰的翻边部位。因此在清洗设备后，首先应检查上述部位的软板衬里有无损坏现象，对损坏部位应更换软板。

（5）检查衬里设备受到介质冲击的部位，或检修时受到外力撞击的部位，对损坏部位可更换软板衬里。

（6）由于衬里设备受到介质的长期浸泡，即使经清理后还是难以做电火花检测，因此在上述检查后，仍有可能发现软板的损坏部位。当软板尚未老化，则可铲除和拉毛焊道表面，用硬 PVC 焊条在所有焊道部位做全面补焊，或用自配 PVC 涂料全部涂刷 2～3 层；当软板已呈老化，焊条无法施焊，或涂料涂刷后易脱层时，只能全部拆除旧衬里层，重新进行衬里施工。也可在旧衬里层上重新衬一层厚度为 4mm 的软 PVC 板。

七、工程案例

（1）硬聚氯乙烯衬里应用实例见表 9-10。

表 9-10　硬聚氯乙烯衬里应用实例

项目名称及地点	设备名称	介质工况	温度，压力	衬里结构	预估寿命
安徽某离子膜烧碱项目	次氯酸钠储罐	10% 次氯酸钠储罐	常温，常压	PVC-U 复合玻璃钢	10 年良好
甘肃某冶金项目	电解液槽	30% 硫酸	常温，常压	钢衬 PVC	4～5 年
山东某磷酸装置	磷酸储槽	30% 磷酸	常温，常压	钢衬 PVC	4～5 年
内蒙某烧碱项目	氯气干燥塔	93% 硫酸，湿氯气	20～40℃，0.015MPa	PVC-U 复合玻璃钢	8～10 年
贵州某硝酸项目	稀硝酸储罐	43%～46% 硝酸	常温，常压	钢衬 PVC	良好
某加工厂	电镀槽	360g/J，铬酸	55～60℃，常压	钢衬 PVC	3 年
某造纸厂	吸收塔	氯气，次氯酸钠	71℃，微正压	玻璃钢衬 PVC-C	10 年

（2）软聚氯乙烯衬里应用实例见表 9-11。

表 9-11 软聚氯乙烯衬里应用实例

项目名称及地点	设备名称	介质工况	温度，压力	衬里结构	预估寿命
山东某烧碱项目	精盐水贮槽	氯化钠饱和溶液	常温，常压	混凝土基体贴衬软 PVC	3～4 年
湖北某钢厂	废硫酸地坪	30% 硫酸	常温，常压	混凝土基体贴衬软 PVC	3～4 年
内蒙某 PVC 装置	石墨合成炉基础及地坪	10% 盐酸	常温，常压	混凝土衬 PVC	3～4 年
某氯碱项目	氯气吸收塔	22% 次氯酸钠	50℃，0.1MPa	钢内衬软 PVC，空铺法	3～4 年
贵州某铝厂	电解槽	硫酸锰	常温，常压	钢内衬 PVC，螺栓固定法	3～4 年
上海某化工厂	清盐水低位槽	饱和 NaCl 溶液	45～60℃，常压	碳钢内压条螺钉法衬软 PVC 板（δ =4mm）	3～4 年
上海某硫酸厂	硫酸尾气塔	硫酸尾气	60℃，微正压	碳钢衬，PVC 板，螺栓固定	8 年
陕西某项目	阳极化槽	强酸	常温，常压	碳钢衬，PVC 板，螺栓固定	6～8 年
某环氧氯丙烷项目	碱洗塔	碱液，氯化氢	80℃，微正压	玻璃钢衬 PVC-C	3～4 年，有氯化物，PVC-C 失效

第二节 聚烯烃类塑料衬里

聚烯烃类塑料是一种由乙烯、丙烯、1- 丁烯、1- 戊烯、1- 已烯等单独聚合或共聚合而得到的一类热塑性塑料的总称，是一类产量最大、应用最多的高分子材料，其中以聚乙烯、聚丙烯应用最为广泛。由于价格低廉、机械性能好、化学稳定性强，而且在生产、制造、应用和回收的整个周期中较为环保，被广泛应用于电子电器、农业、化工、医疗和建筑等国民经济的各个领域。

一、原材料及其性能

常用作防腐蚀衬里的聚烯烃类材料主要有聚乙烯（PE）、聚丙烯（PP）、聚烯烃（PO）。

（一）聚乙烯（PE）

聚乙烯是乙烯烃聚合制得的一种热塑性塑料。最早由帝国化学工业公司（1926 年创于英国）于 1933 年率先合成，后伴随着石油化学工业发展及催化剂的研究，聚乙烯产业迅速发展。聚乙烯质轻、无毒，表面光滑似蜡，一般来说聚乙烯的主要成分为聚乙烯树脂，添加剂（如抗氧化剂、抗静电剂、紫外线吸收剂等）含量较少。聚乙烯因生产工艺（压力、温度、催化剂）不同导致材料在发生聚合反应时的结晶度不同，最终导致堆积密度不同，从国家标准《塑料　聚乙烯（PE）模塑和挤出材料　第1部分：命名系统和分类基础》GB/T 1845.1—2016来看，聚乙烯按密度分为13个等级，见表9-12。

表9-12　聚乙烯密度标准值范围及分类

数字代号	密度范围（23 ± 2℃）/（kg/m^3）	分　类
00	≤ 901	超低密度聚乙烯 VLDPE
03	901 ~ 906	
08	906 ~ 911	
13	911 ~ 916	低密度聚乙烯 LDPE 或线性低密度聚乙烯 LLDPE
18	916 ~ 921	
23	921 ~ 925	
27	925 ~ 930	中密度聚乙烯 MDPE
33	930 ~ 935	
40	936 ~ 940	
44	940 ~ 948	高密度聚乙烯 HDPE
50	948 ~ 954	
57	954 ~ 960	
62	> 960	

其中，低密度聚乙烯（LDPE）的主要生产方法有高压釜式法和管式法，而生产高密度聚乙烯（HDPE）或线性低密度聚乙烯（LLDPE）的主要方法有气相法、淤浆法和溶液法。

线性低密度聚乙烯（LLDPE）的本质是乙烯与含量5% ~ 10%的高级 α 烯烃的共聚物，其拉伸性能、冲击性能、刚性等各项性能指标都好于一般的低密度聚乙烯，但不如高密度聚乙烯，在薄膜、模塑和电线电缆等使用广泛。

聚乙烯的各项性能都与结晶度和分子量有关，结晶度大的聚乙烯密度也大，同时，其屈服强度、冲击韧性等各项机械性能也越好，但伴随着结晶度的增大，加工性会变差。目前，在工业设备及管道防腐蚀工程中所用的聚乙烯基本上是高密度聚乙烯，产品综合性能优越，耐磨损、自身润滑，耐磨性能优于聚四氟乙烯、碳钢、尼龙等材料。

改性可以克服聚乙烯的不足，如耐候性差、刚性低等。聚乙烯的改性方法分为化学改性与物理改性，化学改性的原理是利用化学反应在聚乙烯分子链上加入其他功能基团和链节，主要方法有接枝改性、共聚改性、氯化改性等，而物理改性则是在聚乙烯基体中加入另一成分，常用的方法有增强改性、填充改性等。

（二）聚丙烯（PP）

聚丙烯最早于1954年利用齐格勒－纳塔催化剂被合成出来，并由意大利蒙特卡蒂尼公司于1957年实现工业化生产。它是一种无色、无臭、半透明的热塑性合成塑料，具有机械强度高、耐热性好和良好的加工性能等特性，被广泛应用于汽车、建筑、化工等领域。在聚合方法上，伴随着生产工艺的不断进步，先后出现了浆液聚合法、本体聚合法、溶液聚合法、气相聚合法等。

根据聚丙烯取代基（CH_3）在主链的位置，可将其分为三种聚合物，分别为等规聚丙烯、间规聚丙烯和无规聚丙烯，工业上使用广泛的主要是等规聚丙烯，其结晶性好，故而有良好的力学性能与刚性。根据单体种类数，又可以分为共聚聚丙烯与均聚聚丙烯，表 9–13 为典型聚丙烯的种类与特点。

表 9–13 典型聚丙烯的种类与特点

种类	特点	优点	缺点
均聚聚丙烯（PP–H）	单一丙烯单体聚合	强度较好，耐蚀性较好	抗冲击性能差，韧性差，易老化
嵌段共聚聚丙烯（PP–B）	由丙烯和部分乙烯（7%～15%）聚合	抗冲击性能好，低温韧性好	透明度低，抗酸碱腐蚀性差；高温下抗氧化性较差
无规共聚聚丙烯（PP–R）	丙烯单体和少量的乙烯（1%～4%）单体共聚	透明度好，耐热性能好，低温韧性好	强度较低，刚度较低

对于聚丙烯的低温脆性、耐候性不良、易燃性等问题也可以通过改性得以改善，其改性原理与聚乙烯类似。

（三）聚烯烃（PO）

聚烯烃是以乙烯、丙烯、丁烯等均聚物共聚合形成的一种改性复合热塑性塑料，这种特性使其不仅继承了以上单一组分的优势，同时也在一定程度上克服了它们的缺点，最终让其不仅拥有了聚乙烯良好的耐低温性能、聚丙烯良好的耐热性、聚丁烯优良的耐候性等特性，同时还具有较高的粘结力，作为衬里材料使用时保证了衬里的牢固，这一点可以使其耐负压，并限制了因温度变化而引起的膨胀和收缩。可在一定程度上取代不锈钢、玻璃钢、衬橡胶等同类产品，同时其价格比较低廉，易于成型，广泛地应用于大型设备及管道内衬上，是当前较为理想的防腐蚀材料之一。

二、衬里的物理力学性能、耐腐蚀性能和耐蚀机理

（一）衬里的物理力学性能

衬里的物理力学性能作为十分重要的指标，根据不同的使用环境，需要考虑的因素较多，包括：

（1）线膨胀系数。多数热塑性塑料的线膨胀系数比金属材料大很多，使得其作为金属设备衬里时，很容易因内外温差大造成衬里的应力开裂，故线膨胀系数是一项十分重要的因素。

（2）导热率。热塑性塑料的导热率一般比金属低很多，不宜使用于换热器中，在热加工时也要考虑导热率低造成的加工困难，但作为需要保温的设备或管道衬里时，导热率低可以适当降低保温层厚度，节约材料。

（3）拉伸强度。拉伸强度是衡量材料力学性能优劣的一项基本指标，一般来讲力学性能优劣主要就是指拉伸强度。

（4）冲击强度。冲击强度是反应材料脆性的指标。试验方法分为简支梁法和悬臂梁法。

在国家标准《工业设备及管道防腐蚀工程技术标准》GB/T 50726—2023 中对聚烯烃衬里材料的力学性能的标准设定值见表 9–14。

表 9–14　聚烯烃类衬里材料力学性能指标

项目	PE	PP	PO
密度 /（g/cm^3）	0.910 ~ 0.925（LDPE） 0.941 ~ 0.965（HDPE）	0.90 ~ 20.91	数值与配比有关
线膨胀系数 /（×10^{-5}/℃）	10.6 ~ 20.0（LDPE） 10.6 ~ 19.8（HDPE）	12.2 ~ 17.1 （共聚）	数值与配比有关
拉伸屈服强度 /MPa	≥ 7.0（LDPE） ≥ 22.0（HDPE）	≥ 25.0（纵） ≥ 20.0（横）	10 ~ 18
断裂伸长率 /%	≥ 200（滚塑）	≥ 200（滚塑）	300 ~ 500
拉伸弹性模量 /MPa	200 ~ 1 100	800 ~ 1 600	数值与配比有关
维卡软化温度 B_{50}/℃	—	≥ 140	180 ~ 220（熔点）
简支梁缺口冲击强度 /（kJ/m^2）	无破裂（LDPE） 18.0（HDPE）	≥ 7.0（纵） ≥ 4.0（横）	数值与配比有关

其中，聚烯烃的各项性能与它的配比方案有关，故而有些力学性能未给出明确的数值。拉伸强度、断裂伸长率、熔点则与现行行业标准《耐蚀聚烯烃（PO）塑料衬里技术条件》HG/T 4304 保持一致，具体指标要根据厂商的使用说明手册确定，某防腐公司的聚烯烃性能见表 9–15。

表 9–15　某防腐公司聚烯烃性能表

项目	牌号 1	牌号 2
密度 /（g/cm^3）	0.934	0.936
伸长率 /%	500	1 200
拉伸屈服强度 /（kg/cm^2）	145	160
抗冲击强度 /（kg/cm^2）	15	15
硬度（肖氏 D）	58	62
维卡软化点 /℃	112	125

聚烯烃类衬里材料的密度的检测按现行国家标准《塑料　非泡沫塑料密度的测定　第1部分：浸渍法、液体比重瓶法和滴定法》GB/T 1033.1中A法的有关规定进行；线膨胀系数的检测按现行国家标准《塑料　-30℃~30℃线膨胀系数的测定　石英膨胀计法》GB/T 1036的有关规定进行；拉伸强度、断裂伸长率、拉伸弹性模量的检测，板材按现行国家标准《塑料　拉伸性能的测定　第2部分：模塑和挤塑塑料的试验条件》GB/T 1040.2的有关规定进行；管材按现行国家标准《热塑性塑料管材　拉伸性能测定　第1部分：试验方法总则》GB/T 8804.1的有关规定进行；维卡软化温度B_{50}的检测按现行国家标准《热塑性塑料维卡软化温度（VST）的测定》GB/T 1633的有关规定进行；简支梁缺口冲击强度的检测按现行国家标准《塑料　简支梁冲击性能的测定　第1部分：非仪器化冲击试验》GB/T 1043.1中1eA法的有关规定进行。

（二）衬里的耐腐蚀性能

1. 聚乙烯的耐腐蚀性能

聚乙烯塑料具有良好的耐腐蚀性能：

（1）在室温下，具有优良的耐酸、碱、盐类水溶液的腐蚀性能，在60℃以下时，能耐受50%的硫酸、40%硝酸、浓盐酸和各种浓度的盐、碱类溶液的腐蚀，但它不耐强氧化性酸的腐蚀，例如浓硝酸、浓硫酸等。

（2）聚乙烯在室温下几乎不溶于任何有机溶剂中，但脂肪烃、芳香烃、卤代烃等（如丙酮、乙醚、苯、二甲苯、三氯甲苯、醋酸乙酯、汽油、四氯化碳等）能使其溶胀。温度超过70℃时，聚乙烯能小部分溶解在苯、甲苯、醋酸戊酯、三氯乙烯、松节油、氯代烃、煤油、矿物油或石蜡中。

（3）聚乙烯长期与氯气接触，会导致其脆性变大。氟对氯乙烯的作用类似于氯。它们的稀溶液对氯乙烯无腐蚀。

总的来说，聚乙烯的耐蚀性与聚氯乙烯接近，对氢氟酸、甲酸等的耐蚀性好于聚氯乙烯，但在氯、硝酸、乙醛等介质中，耐蚀性不如聚氯乙烯。不同密度的聚乙烯耐腐蚀性的能力不同，低密度聚乙烯耐蚀性一般不如高密度聚乙烯。

聚乙烯在各类介质中的耐腐蚀性能可见本手册附录三“各类热塑性塑料的耐腐蚀性能”。

2. 聚丙烯的耐腐蚀性能

聚丙烯的耐蚀性稍优于聚乙烯。

（1）能够耐除氧化性外的一般无机酸、碱、盐溶液。在100℃以下，聚丙烯对浓磷酸、盐酸及其盐类溶液都是耐受的；而在室温的发烟硫酸、浓硝酸中不稳定；对低浓度的铬酸、双氧水、次氯酸钠稳定，当浓度稍高时，室温下只能短期使用。

（2）铜盐溶液对聚丙烯有特殊的破坏作用。

（3）聚丙烯对醇、胺、腈、酰胺、醛、酮类等极性有机溶剂的耐蚀性良好，对脂肪烃、芳烃、卤代化合物会有溶胀现象，尤其是四氯乙烷、四氯乙烯可以使聚丙烯强烈溶胀；甲氧基苯、四氢呋喃、二氢呋喃、氯苯、苯醚等在高温时会溶解聚丙烯，氯气、溴等卤素会侵蚀聚丙烯。

（4）相比于聚氯乙烯，聚丙烯最大的优势在于高温下的耐腐蚀性能较好，在80℃

以上时，能耐受70%的硫酸、硝酸、磷酸和各种浓度的盐，40%氢氧化钠和稀甲酸、醋酸等介质，耐溶剂能力也好于聚氯乙烯。

（5）不同聚丙烯的耐腐蚀性能不同，分子量越大，耐应力开裂性越好。采用不同的聚丙烯材料在80℃、40%氢氧化钠溶液、测试应力5.5N/mm^{2}的蠕变测试的失效时间，表明分子量大的无规共聚聚丙烯（PP–R）的抗蠕变腐蚀、应力腐蚀开裂强于均聚聚丙烯（PP–H）。

聚丙烯在各类介质中的耐腐蚀性能可见本手册附录三“各类热塑性塑料的耐腐蚀性能”。

3. 聚烯烃的耐腐蚀性能

聚烯烃的耐蚀性基本与聚乙烯、聚丙烯一致，对盐酸、稀硫酸、氢氟酸、碱和盐的水溶液都有不错的耐蚀性；不耐浓硝酸、70%的硫酸、50%的硝酸、85%的磷酸等强氧化性酸；对一般有机溶剂的耐腐蚀稳定性良好。在防腐蚀性能方面好于聚氯乙烯，但次于聚四氟乙烯，其耐蚀性能可参考行业标准《耐蚀聚烯烃（PO）塑料衬里技术条件》HG/T 4304—2012附录A。

（三）腐蚀机理

高聚物是由很多相同的链节组成，其耐蚀性取决于链节结构，链节结构包括不规则结构、分子量分布、主体规整度等。聚烯烃类塑料在结构上存在大量叔碳氢键，在使用中很容易受到如强氧化剂、氧气、光等的作用而发生氧化反应，引起主链结构的断裂，从而导致材料腐蚀或者老化。试验表明，高聚物结晶度越高，耐氧化能力越强。

经加工后的塑料衬里，存在残余内应力及分子结晶后形态变化引起的组织缺陷，在一些有机溶剂与表面活性剂中，会产生应力开裂，聚丙烯比聚乙烯的耐应力开裂性好，见表9–16。

表9–16 聚烯烃类塑料耐应力开裂性比较

介质	聚乙烯		聚丙烯	
	横向	纵向	横向	纵向
丙酮	115h	300h	无开裂	无开裂
丁醇	无开裂	无开裂	无开裂	无开裂
乙醇	127h	300h	无开裂	无开裂
松节油	195h	300h	无开裂	无开裂
机油	300h	无开裂	无开裂	无开裂
煤油	76h	无开裂	无开裂	无开裂
汽油（低沸点）	无开裂	无开裂	无开裂	无开裂
苯	无开裂	无开裂	无开裂	无开裂
1%硫酸	无开裂	无开裂	无开裂	无开裂
100%醋酸	20h	30h	无开裂	无开裂

三、设计要点

（一）适用范围

1. 设计压力

（1）设备和管道PO塑料衬里的设计压力范围按照行业标准《耐蚀聚烯烃（PO）塑料衬里技术条件》HG/T 4304—2012的规定，为 –0.098 ~ +1.6MPa，这是因为PO塑料具有较高的粘结力，使用滚塑工艺时可以保证衬里的牢固并承受一定的负压。

（2）PE与PP衬里的设计压力需有已使用的经验证明或按使用工况进行的试验和验证，如有负压工况时，应按现行行业标准《塑料衬里设备　衬里耐负压试验方法》HG/T 4093的规定进行耐负压试验。

2. 设计温度

（1）设备和管道聚烯烃衬里的设计温度的参考值见国家标准《工业设备及管道防腐蚀工程技术标准》GB/T 50726—2023，由于设计温度受到接触的介质、衬里方法、所使用的粘合剂以及设备和管道是否有负压等因素的影响，故实际使用温度范围需按照使用经验或具体产品说明书确定。

（2）聚丙烯的熔点比聚乙烯高出约40%，为164 ~ 170℃，但在120℃时部分晶体开始熔化，所以一般认为其长期使用温度为90℃以下，而聚乙烯的最高使用温度一般在60℃。同时，聚丙烯的线膨胀系数也比聚乙烯低。这使得PP衬里的使用温度上限比PE衬里高。

3. 耐腐蚀性能

塑料衬里的使用工况较为复杂，聚烯烃类塑料衬里的耐腐蚀性能确定方法和原则可按国家标准《工业设备及管道防腐蚀工程技术标准》GB/T 50726—2023规定进行，具体如下：

（1）工程应用经验。

（2）制造商提供的耐腐蚀数据。

（3）现场挂片或实验室试验和验证。

（4）当采用不同方法获得衬里耐腐蚀性能时，应选用最低值。

4. 耐候性能

聚烯烃类塑料衬里的耐候性差，对氧与光较为敏感，使用时需要考虑温度变化与气候的影响。为了减缓聚烯烃类塑料耐候性差的问题，在实际工程使用中，通常需加入抗氧化剂及光稳定剂，常用的抗氧化剂有：硫化物、受阻酚、硫酯、亚硫酸酯等。

（二）衬里厚度要求

（1）设备聚烯烃类衬里的最小壁厚应满足现行行业标准《塑料衬里设备　通用技术条件》HG/T 4088的规定。

（2）管道聚烯烃类衬里的最小壁厚应满足现行行业标准《衬塑钢管和管件选用系列》HG/T 20538的规定。

（3）PO衬里的壁厚还需满足现行行业标准《塑料衬里设备　通用技术条件》HG/T 4088的规定。

（4）在易老化工况需根据设计使用年限增加预留厚度。

（5）采用滚塑方式的衬里，可采用钢网加固，钢网厚度不应计入衬里有效厚度。

（三）节点处理

（1）聚烯烃类衬里的节点处理在国家标准《工业设备及管道防腐蚀工程技术标准》GB/T 50726—2023第9.3.8条和第9.3.9条进行了规定。需要说明的是聚丙烯衬里管法兰口翻边易弯折受损，而聚乙烯由于韧性较好，基本不会出现上述问题；PO衬里因采用滚塑工艺施工，效果最好。

（2）PE、PP衬里对设备和管道的节点要求与PTFE衬里的要求相似。

（3）在使用PO作为衬里时，设备内件需尽可能优化，内件突出部分不宜过长，一般不超过200～300mm，否则因为使用滚塑法进行施工时，容易导致衬里的厚度不均匀或厚度不够，影响防腐蚀效果。

（4）在使用PO作为衬里时，大体积的非标内件需要单独做衬层，在设计时，除满足相关标准规范要求之外，考虑到滚塑法施工的可行性及滚塑后PO衬里要冷却，宜尽可能设计为可装卸的螺栓连接结构，以便于单独进行防腐蚀施工。

（5）内件采用螺栓连接时，设备内部螺栓孔也需要按同等要求做衬里，故在确定螺栓孔大小时，需考虑衬里的厚度；螺栓材质的选择要根据介质和工况确定，如承受的载荷较小，可设计为塑料螺栓；如载荷较大，则设计为金属螺栓；金属螺栓的材质需根据介质的腐蚀性确定，同时需要按照易损件处理，便于定期更换及维修。

四、施工要点

（一）基体要求

（1）在设备上进行衬里施工前，按国家标准《工业设备及管道防腐蚀工程技术标准》GB/T 50726—2023及相关标准要求进行基体表面处理，保证受衬面的表面打磨平整，不得有伤痕、气孔、夹杂、重叠皮等缺陷。法兰接管内缘等拐角处必须修磨成圆滑过渡，焊缝不得有气孔、焊瘤、夹渣、咬边及未焊透等缺陷。

（2）表面油脂、油污应用乙醇（工业纯）或丙酮（工业纯）彻底除净。

（二）制造工艺

（1）PP、PE主要采用挤压法、焊接法、滚塑进行成型。其中管材、棒材主要采用挤压法进行制造。挤压法实际上是一种模压和烧结相结合的方法，先用螺杆或柱塞压制成配料，后经烧结制成成品。而大型薄壁衬里则采用焊接法进行成型。

（2）对于衬里形式，PE、PP衬里的常用方法为焊接粘接、螺栓固定或松衬法；PO衬里则一般采用滚塑法进行施工。其中焊接粘接、松衬法与聚氯乙烯类塑料类衬里方法类似，这里不作赘述。

（3）滚塑法的原理是将流动性好的塑料放入设备或模具里，通过旋转与加热使塑料在离心力和热量作用下成型，并均匀地附着在设备或模具表面。

（三）滚塑法施工

设备与工件内衬采用滚塑法施工的要点如下：

（1）先将材料粉碎成粉料，容器内壁经过喷砂除锈等表面处理。首先将设备或工件固定在旋转装置上进行预热加热到指定温度后保温一定的时间。投入 PO 粉料，利用旋转产生的离心力使 PO 粉料熔融、流动，均匀地附着在设备或工件的内壁上，借助基体表面的粗糙度与无尘条件的制造，冷却后牢固地复合在基体内表面上，最后使用专用工具将多余部分去除，密封面等应做平滑处理。

（2）如有特殊工艺要求或需要在较大的负压下使用，可以在设备内壁点焊上龟甲网作为骨架，钢丝网也需要经过喷砂除锈等表面处理，按上述施工方法将 PO 滚塑成型，龟甲网作为一个骨架和 PO 衬里熔为一整体，能够提高整个衬里的牢固度和整体强度。

（3）滚塑一般采用旋转式滚涂炉，设备或工件钢壳固定在旋转炉中，在粉料投入后，设备或工件在径向旋转的同时还进行着轴向的摆动，以保证粉料在熔融状态下在基体表面均匀流动，设备或工件钢壳被固定后需进行预旋转，必要时需增加配重，以保证旋转炉匀速旋转。

（4）加料应以最快的速度完成，尽量减少工件温度的下降，为此必须在事前做好充分准备。加料人员应做好人身安全和劳动保护。

（5）钢壳加热温度与保温时间由制造商根据工艺说明及经验确定。

（6）在衬里冷却后，一般需要保持设备或工件在炉内旋转一定的时间，以免产生挂料现象。

（7）分离拆卸时，应使用合格的工具和正确的方法，防止衬里层的有效部位脱离基层或其表面被碰伤。

五、质量检验

在国家标准《工业设备及管道防腐蚀工程技术标准》GB/T 50726—2023 第 9.5 节中，对聚烯烃类衬里的检查数量、检验项目、指标和方法均做了详细规定，包括原材料检验、衬里层的外观、厚度检测、电火花针孔检测、耐压试验、密封试验、负压试验，耐温检测等，可以按标准规定进行衬里质量检验。

六、安装、运输维护

在国家标准《工业设备及管道防腐蚀工程技术标准》GB/T 50726—2023 第 3.7 节、第 3.8 节对衬里设备的包装、运输、储存、运行和维护的指标和方法做了详细规定，可以按标准规定执行。

七、工程案例

聚烯烃类衬里的应用案例见表 9–17。

表 9–17 聚烯烃类衬里的应用案例

使用单位	工程名称	介质工况	防腐蚀构造	使用效果
安徽某化工公司	碱洗塔	85% ~ 90% 粗聚乙烯，10% ~ 15% 氢氧化钠	钢衬 PO	使用效果良好
陕西某化工公司	混合器	乙炔，氯化氢	钢衬 PO	使用效果良好
上海某化工公司	化工码头管道	盐酸	网孔钢带 PE 复合管	使用效果良好
重庆某化工公司	污水管道	污水	钢衬 PO	使用效果良好
天津某化工厂	储罐	盐酸	钢衬 PO	使用效果良好

第三节 氟塑料类塑料衬里

氟塑料是由氟树脂加工成不同外形产品（如板材、棒料、粉料等）的统称。虽然最早发展的氟树脂是聚三氟氯乙烯（PCTFE），但氟树脂中最重要的发现是 1938 年普伦基特（Plunkett）博士及其助手杰克·瑞伯克 (Jack Rebok) 在杜邦公司钱伯斯工厂杰克逊实验室研究试制中偶然发现四氟乙烯（TFE）自聚为聚四氟乙烯（PTFE），并于 1939 年申请专利。由于 PTFE 的优异性能，在第二次世界大战时期很快就被列为军需品，用于火炮炮弹引信圆锥体的包覆材料，并于 1943 年用于田纳西州橡树岭的原子弹工程。1944—1947 年间，英国 ICI 公司进行了 PTFE 的中试生产，1950 年第一套工业化装置在美国西弗吉尼亚帕克斯堡投产。

由于氟塑料的良好耐腐蚀性能，并能保证盛装介质的洁净，氟塑料类塑料在工业设备和管道衬里中有广泛应用，比如在石化、化工等行业中用于耐化学品腐蚀，在半导体行业用于耐腐蚀和纯净介质中。

一、原材料及其性能

氟塑料类塑料在工业设备和管道衬里中使用的主要材料包括：氟塑料、粘接剂和焊接材料。

（一）氟塑料

1. 分类

构成氟塑料的氟树脂按加工性一般分为非熔融加工氟树脂和可熔融加工氟树脂两大类。两类氟树脂既有很多共同处，也有很多不同之处，而这些不同之处对加工和应用起到了关键作用。非熔融加工氟树脂主要是指聚四氟乙烯（PTFE），可熔融加工氟树脂又可分为全氟代树脂和部分氟代树脂两类。

2. 品种

由于氟树脂分子结构中引入具有负电性的氟原子，因而有高度的化学稳定性和耐高、低温性能。

（1）聚四氟乙烯（PTFE）俗称 F4、塑料王，是最耐腐蚀的材料之一，除熔融碱金属、元素氟与三氟化氯外，它几乎能抵抗任何种类、任何浓度的酸、碱、盐、氧化剂、有机溶剂和其他所有强腐蚀性化学介质的腐蚀，耐温范围为 -195 ~ 250℃，是目前所有氟塑料中使用量最大的一个品种，它是四氟乙烯（TFE）单体的均聚物，其主链碳原子所连接的氢原子均被氟原子替代，因此 PTFE 具有很多独特的性能，由于有很高的结晶度和即使在熔点也保持极高的黏度，使 PTFE 具有独特的物理性能和加工性能。由于有完全对称的分子结构，使 PTFE 具有极佳的电性能和较好的耐辐射能力。

用于衬里的 PTFE 的品种主要是悬浮法 PTFE 和分散法 PTFE。悬浮法 PTFE 是 TFE 单体在水相中悬浮聚合得到的粒状树脂，经后处理制成不同粒径和表面状态的多个品级。分散法 PTFE 是 TFE 单体在水相中并有表面活性剂存在情况下实施乳液聚合得到的 PTFE 乳液经凝聚、洗涤和干燥后得到的细粉状树脂，按不同压缩比加工得到的产品，根据试验结果，密度为 2.14 ~ 2.20 g/cm^3 的 PTFE 具有较好的抗渗透性。

（2）全氟代树脂品种有：可熔性聚全氟乙丙烯（FEP）是四氟乙烯 - 六氟丙烯共聚物、可溶性聚四氟乙烯（PFA）是四氟乙烯 - 全氟代烷基乙烯基醚共聚物。

（3）部分氟代树脂品种有：乙烯四氟乙烯（ETFE）是四氟乙烯 - 乙烯共聚物；聚三氟氯乙烯（PCTFE）是三氟氯乙烯均聚物；乙烯三氟氯乙烯（ECTFE）是三氟氯乙烯 - 乙烯共聚物；聚偏氟乙烯（PVDF）是偏氟乙烯的均聚物。

3. 聚四氟乙烯（PTFE）的主要特性

（1）具有所有聚合物中最低的表面能，具有自润滑性和不黏性，制品表面不润湿。

（2）具有聚合物中最好的化学稳定性。

（3）具有极好的热稳定性，也能适应低温环境。

（4）具有较好的机械性能，摩擦系数低，但在应力作用下易发生应力松弛。

（5）具有极好的介电性能，可用作电绝缘材料。

（6）具有较好的耐辐射性。

（7）不适合通用塑料广泛采用的热塑性加工方法，需要采用专门的特殊加工方法。

聚四氟乙烯与其他塑料不同，即使在熔融状态（380℃）下，仍然保持极高黏度，黏度高达 10^{10}Pa · s 也无流动性，很难直接用注塑和吹塑等一般热塑性塑料的加工工艺来制造形状复杂的制件，一般可在 TFE 聚合时加入少量共聚单体来干扰 PTFE 的结晶，以实现对 PTFE 的改性，对 PTFE 上述性能的深入研究，也推动 PTFE 在防腐蚀衬里方面的特色加工技术和应用技术的发展。

可熔融加工氟树脂均可通过热塑性树脂加工的方法进行加工，同时又具有和 PTFE 类似的一些特性。

4. 全氟代树脂和部分氟代树脂的主要特性

（1）FEP 是 TFE（四氟乙烯）和 HFP（六氟丙烯）的共聚物，由于 HFP 的引入使 PTFE 的直链结构含有很多—CF_3 基团的支链，明显降低了 FEP 的结晶度，从而实现了熔融加工，有流动性，耐腐蚀性能也比 PTFE 稍差。这样耐高温性能也就较 PTFE 有所下降，长期使用温度不超过 200℃。FEP 是氟树脂发展过程中最早研制和实现商业化的可熔融加工全氟化树脂，在早期相当长的一段时间内，其重要性仅次于 PTFE。

（2）PFA 是 TFE 和 PPVE（全氟代烷基乙烯基醚）的共聚物，同 PTFE 相比，由于侧链存在全氟烷氧基，也降低了产品的结晶度，可像 FEP 一样进行熔融加工，具有流动性，因此可用模压等方法加工，耐腐蚀与耐温性能与 PTFE 基本一样，而侧链上醚键的柔软性和可空间旋转性，使产品的热稳定性比 FEP 高，长期使用温度同 PTFE 基本一致，为不超过 250℃，而且机械强度和耐折弯性优于 PTFE。

（3）部分氟代的氟树脂如 PVDF、ETFE 等由于氢原子的导入，耐高温性、化学惰性、低表面能都弱于 PTFE，但物理及力学性能优于 PTFE。PVDF 和 ETFE 都具有很好的介电性能和相对密度较小的特点，可用于涂层、薄膜和电绝缘等。

PVDF 是 VDF 的均聚物，是 VDF 经自由基引发剂引发的部分氟化的高分子聚合物，以质量含量计，含氟量 59.4%，含氢 3%，为部分结晶聚合物。长期使用温度和耐化学品腐蚀性稍差于 FEP，推荐使用温度范围为 -60 ~ 150℃；PVDF 俗称 F2，成型较为容易，密度低、硬度大，具有较好的机械性能，抗拉强度比 PTFE 大 2 倍，抗压强度比 PTFE 大 6 倍，有特殊的压电性、热电性，用于防腐蚀涂层、衬里、设备防腐蚀内件、填料和压电材料等，具有优良的耐候性，是氟树脂中使用量仅次于 PTFE 的品种。

（4）ETFE 是乙烯和 TFE 交替连接的部分氟化共聚树脂，两者摩尔比接近 1∶1，俗称 F40。它加工成型性好，物理性能均衡，机械韧性好，耐射线性能优异。虽然长期使用温度不超过 150℃，低于大部分氟树脂，但其硬度和耐磨性优于 PTFE。

（5）ECTFE 是乙烯和三氟氯乙烯（CTFE）共聚树脂，俗称 F30（美国阿尔西蒙公司销售的 ECTFE 产品牌号为 Halar）。合成的聚合物中 CTFE 和乙烯的摩尔比为 1.1∶1，引发剂为硫酸铵和过硫酸钾。聚合物树脂熔点为 180℃，作为衬里的长期使用温度不超过 120℃，另外，还有绝缘性能好，均可用于防腐蚀涂层、衬里和电缆绝缘等。

其他类型的氟塑料在化工设备和管道衬里中使用相对较少，本手册不做介绍。

5. 性能指标和试验方法

常用氟塑料的物理力学性能指标和试验方法见表 9-18。

表 9-18 常用氟塑料的物理力学性能指标和试验方法

项目	PTFE	PFA	ETFE	ECTFE	FEP	PVDF	试验方法
密度 /（g/cm³）	2.14 ~ 2.20	2.12 ~ 2.17	1.70 ~ 1.86	1.69 ~ 2.14	2.12 ~ 2.17	1.76 ~ 1.78	ASTM D972
线膨胀系数 /（×10⁻⁵/℃）	13	25 ~ 38	10.6	14.4	8 ~ 11	12.6 ~ 25.6（均聚）	ASTM D696
拉伸强度 / MPa	20 ~ 45	27 ~ 35	40 ~ 50	≥ 49	20 ~ 25	39 ~ 59	ASTM D638
断裂伸长率 /%	200 ~ 400	280 ~ 400	400 ~ 450	200 ~ 300	250 ~ 330	300 ~ 450	ASTM D638
拉伸弹性模量 /MPa	400 ~ 700	≥ 451	490 ~ 784	≥ 1 690	≥ 343	784 ~ 1 960	ASTM D638
弯曲弹性模量 /MPa	490 ~ 588	647 ~ 686	882 ~ 1 372	—	539 ~ 637	1 372 ~ 1 764	ASTM D790
熔点 /℃	327	310	260	180	270	170	—

（二）粘接剂

1. 粘接剂性能

对于焊接粘接的工业设备和管道，为保证衬里与钢基体的粘接可靠，还会用到粘接剂。粘接剂对衬里设备和管道的衬里层粘接可靠性至关重要，粘接剂应具备以下性能：

（1）良好的粘接性能。

（2）良好的耐热性能。

（3）固化后有良好的延伸率和耐弯曲性能。

（4）能用于不同种类的氟塑料板材与金属钢板间的粘接，且操作简便。

（5）使用年限长，一般不低于氟塑料板材使用年限。

2. 常用粘接剂性能指标

常用的粘接剂为双组分环氧类粘接剂，如亨斯曼（HUNTSMAN）公司的合成树脂粘接剂 AW5047-1/HW5067，在 80℃条件下，1h 可固化彻底，最低固化温度 40℃。对于设计温度较高的衬里设备和管道，则可以选择耐温性能更好的粘接剂，如亨斯曼公司的合成树脂粘接剂 AV4415/HV4416，常温固化后再经 150℃后固化，耐温可达 180℃。

施敏达因（CEMEDINE）的氟塑料专用粘接剂 CEMEDINE 575 为淡黄色中黏度液体，采用甲苯和醋酸乙酯为溶剂，20℃时固化时间 15 ~ 35min，CEMEDINE 575 的耐温软化点为 150℃。常用粘接剂的性能指标见表 9-19。

表 9-19　常用粘接剂的性能指标

项目	树脂粘接剂 AW5047-1/ HW5067	树脂粘接剂 AV4415/ HV4416	树脂粘接剂 CEMEDINE 575
外观	白色液体 / 棕色液体 混合后为白色液体	米黄色膏体 / 黑色膏体 混合后为深灰色膏体	淡黄色中黏稠液体
比重	1.4/0.95	1.55 ~ 1.65/1.55 ~ 1.65	0.92
罐内熟化时间 /min	70	90	—
混合比例（质量比）	100 : 30	100 : 50	—
固化时间	40℃，5h； 60℃，60min	80℃，8h； 130℃，1h； 150℃，30min	—
剪切强度 （23℃）/MPa	22（铝 / 铝）	22（铝 / 铝）	2.4（PP/ 铝）
剥离强度（ISO 4578）/ （N/mm）	4.5（40℃）	6.0（120℃）	4.86（40℃）

（三）焊接材料

氟塑料常用的焊接方式有搭接焊、热风焊、超声波焊接、红外焊接等，其中热风焊接的强度较好，使用较多，热风焊的焊接材料宜与焊件材质相同，也可采用经焊接工艺评定合格的 PFA 焊材，并应具有相熔性。圆柱形焊条的直径为 2～5mm。PTFE、PFA、PVDF 的焊接材料一般采用 PFA；FEP 的焊接材料则可采用 FEP。

二、衬里的物理力学性能、耐蚀机理和耐腐蚀性能

（一）衬里物理力学性能

对氟塑料衬里设备和管道，其衬里层的性能主要由衬里的氟塑料及其加工方式决定，当有背衬纤维和粘接剂时，由上述材料共同决定衬里层的物理力学性能。在工程应用中，采用带背衬玻璃纤维过渡层的氟塑料板材或者是经萘钠处理的 PTFE 板材，主要是为了增加氟塑料板与设备及管道基体表面的粘接性能。

氟塑料类衬里材料物理力学性能可按国家标准《工业设备及管道防腐蚀工程技术标准》GB/T 50726—2023 中的表 9.2.3 执行。

粘接剂的性能见本节“一、原材料及其性能”中的“（二）粘接剂”。

（二）耐蚀机理和耐腐蚀性能

衬里层的耐蚀性主要由直接接触工艺介质的氟塑料决定，各类氟塑料的化学惰性决定了其耐腐蚀性能的高低。

1. 耐蚀机理

PTFE 主链碳原子所连接的氢原子均被氟原子替代。图 9-3 是 PTFE 的分子结构示意图：

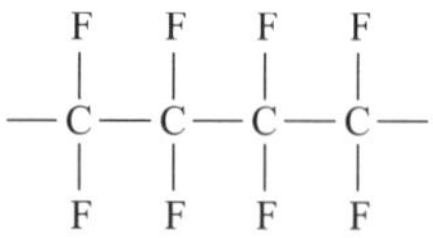

图 9-3　PTFE 的分子结构示意图

氟是所有元素中最活泼和负电性最强的元素。氟取代氢后聚合物性能发生很大差异，PTFE 具有氟聚合物中最好的化学惰性和有机化合物中最低的表面能，也是有机聚合物中热稳定最好的聚合物之一，因而耐蚀性也是氟塑料中最好的。

2. 耐腐蚀性能

（1）PTFE 材料的表面能低，表面不润湿和不需润滑的低摩擦性，使得它不易与金属基体粘接，也不易用其他纤维材料嵌入，因此需要用碱金属如萘钠等化学方法处理其表面，处理后的表面呈现棕色，处理的机理为：用强脱氟剂将 PTFE 的表面分子中的 C—F 键中的氟原子从碳原子上剥离开，裸露出 C—C 键的主链，使其表面张力升至 30N/m，从而具有一般极性表面的可粘接性，保证同其他材料的基体进行粘接的可靠。

（2）PFA 分子结构中侧链上的 C—O—C—键能高于 C—C—键能，键长大于 C—C—，使得侧链具有更多的空间自由度，PFA 仅结晶度低于 PTFE，但耐蚀性和耐温性能与 PTFE 基本一致。

（3）FEP 也是全氟树脂，由 TFE 和 HFP（六氟丙烯）共聚而成，图 9-4 是 FEP 的分子结构示意。

$$—(CF_2—CF_2)_x—(\underset{\displaystyle\overset{|}{CF_3}}{CF_2—CF})_y—$$

图 9-4　FEP 的分子结构示意

FEP 具有相对低的结晶度、较低的熔点和低得多的熔融黏度，除长期使用温度从 260℃降低为 200℃外，保留了 PTFE 的大部分优异性能，耐蚀性比 PTFE 稍差。

（4）部分氟代的氟树脂如 PVDF、ETFE 等由于氢原子的导入，耐高温性、化学惰性、低表面能都弱于 PTFE。

（5）PVDF 为聚偏氟乙烯，均聚物的典型分子结构式为：$—[CH_2—CF_2]_n—$，按质量比例计算，含氟量为 59%～60%，为部分结晶聚合物，结晶度为 45%～70%。会受到高温发烟硫酸和有机溶剂的侵蚀，耐蚀性和抗渗透性低于其他氟塑料。

（6）ETFE 是乙烯和四氟乙烯的共聚物，两者摩尔比约为 1∶1，按质量计，TFE 约占 75%。材料的耐化学品腐蚀性良好，但抗渗透性能低于 ECTFE。

（7）ECTFE 材料的耐化学品腐蚀性较好，但略低于 ETFE，在部分氯化物溶剂中会溶胀。

（8）对于可熔融加工的氟塑料，由于熔点较低且具有流动性，其背面可以嵌入玻璃纤维或有机纤维等材料，增加了材料与金属基体的粘接可靠性。

衬里材料的耐腐蚀性能可按国家标准《工业设备及管道防腐蚀工程技术标准》GB/T 50726—2023 第 3.4.3 条和第 9.2.11 条进行确定。

三、设计要点

（一）适用范围

氟塑料衬里的设计压力范围为 –0.098～2.50MPa，设计温度范围按照国家标准《工业设备及管道防腐蚀工程技术标准》GB/T 50726—2023 中的规定，见表 9-20。

表 9-20　氟塑料衬里材料的设计温度

衬里类型	设计温度 /℃
PTFE	–20～140
PFA	–20～140
ETFE	–20～140
ECTFE	–20～120
FEP	–20～140
PVDF	–20～110

需要指出的是，虽然各类氟塑料的耐温上限较高，但作为衬里设计和使用时需要注意：

（1）衬里材料与钢基体之间的各自热膨胀系数差异较大。

（2）焊接粘接时，粘接剂的耐温性能以及一定的负压工况。

（3）表 9–20 中的设计温度范围是结合工程实际经验确定的，当有成熟的使用经验时，可以不受表 9–20 的限制。

（4）具体使用温度范围还应根据接触的介质、衬里方法、所使用的粘接剂和设备及管道几何尺寸、是否有负压等因素综合考虑。

（二）设计条件

设计条件除需符合国家标准《工业设备及管道防腐蚀工程技术标准》GB/T 50726—2023 第 3.4 节和第 6.3.8 条第 1 款 ~ 第 8 款的规定外，还需要考虑以下因素影响：

（1）衬里材料在使用工况的介质中是否可能发生应力腐蚀开裂失效。

（2）当采用紧衬粘接方式时，衬里的使用温度上限除与衬里塑料种类有关外，还与粘接剂体系有关，应根据设计温度选用匹配的粘接剂。

（3）对于尺寸较大的设备，衬里塑料板一般都需要拼接，拼接接头一般为焊接，焊接接头的分布位置和形式需要设计考虑，防止接头位置和形式不当造成接头开裂。

（4）设备形状或内部结构过于复杂，如钢壳为双曲率时，有可能导致无法完成衬里的施工，设计时需要考虑适当简化形状和结构，保证衬里的顺利实施。

（5）由于热塑性塑料衬里与钢基体的热膨胀系数差异较大，设计时还应考虑衬里在使用时的热应力和塑料材料的蠕变。

（6）衬里的抗负压能力与材料种类、设备及管道直径、真空度大小以及使用温度等因素有关，对松衬里结构尤其需要防止负压引起的失效。

（三）衬里加工方法

由于氟塑料的特性，其衬里加工方法有一定特殊性，下面简单介绍五种常用的衬里成型方法。

1. PTFE 衬里管道成型工艺——缠绕成型

（1）在国外：PTFE 衬里直管的加工方法——小口径直管均用挤压机或推压机直接用 PTFE 树脂加工而成；大口径（直径大于 ϕ300mm）的很难加工，需用 PTFE 板焊接或液压成型。PTFE 衬里管件加工方法大都采用液压法。

（2）在国内：我国自主创新技术的缠绕法能全面加工直管与各种管件，工艺成熟。除个别单位仍用挤压或推压法生产直管外，其余厂家基本都采用缠绕法成型。缠绕法成型工艺流程见图 9–5：

图 9–5　缠绕法成型工艺流程

2. 大型设备衬里工艺——粘贴焊接衬里

（1）大型设备衬里一般采用粘贴焊接衬里，衬里 PTFE 板材可采用化学处理法（钠 – 萘处理法）或者放电处理法（辉光放电法）处理后，采用专用粘接剂涂抹其表面以及钢基体表面，衬好后进行固化处理。

（2）衬里板材也可采用过渡层粘贴衬里，将可熔融加工的氟塑料（如 PFA、FEP、

ETFE、PVDF 等）板材外表面加入一种能与粘接剂结合的材料（如玻璃纤维织物），后用粘接剂将其与钢基体内壁粘接。

（3）粘贴衬里的制品一般被认为耐负压性能好，实际情况是：当温度升高，氟塑料内衬膨胀伸长过大时，产生剪切力，直至温度高到粘接面离开原来的粘接点而失效为止。

3. 管道的松衬工艺

（1）第一种方法是将 PTFE 内衬管外径做得比钢外壳内径稍大一点，再将 PTFE 管加热拉伸使其直径变小，然后引入钢管内，让其自然松弛变大，直径重新增大与钢管内壁贴紧。

（2）第二种方法是将 PTFE 管外径加工成比钢管内径小一点插入钢管后，再在管内加热、加压，使管径扩大与钢外壳内壁紧贴在一起。缠绕法一般采用这种工艺。

必须指出，有人误认为"松衬法"衬装的制品，PTFE 内衬管与钢外套内壁没有贴紧，夹层中有缝，残留很多空气，因此不耐负压等。这是不了解技术情况，其实"松衬法"是指一种 PTFE 内衬管便于插到钢管里面，而最终两者没有用粘接剂粘结装配产品的方法。其结果是 PTFE 内衬与钢外壳都贴得很紧。

对于管道衬里，由于施工空间限制，应采取合理的管路分段形式，是为了保证衬里管路焊接接头、弯头和三通等表面预处理质量，也便于采用挤压法等工艺的衬里施工。具体分段形式见国家标准《工业设备及管道防腐蚀工程技术标准》GB/T 50726—2023 第 9.3.9 条。

4. PTFE 衬里离心泵成型工艺——液压法或模压法加车削成型

PTFE 衬里离心泵的部件有泵室、叶轮与室盖三个主要部件，这些部件形状都较复杂，无法用一般工程塑料的成型方法来加工，可采用液压法或模压法制出坯料，然后车削成型。

（1）泵室：PTFE 泵室是泵壳（铸件）的 PTFE 衬里，衬里的成型工艺有两种：一种是泵壳用整体的铸件，PTFE 衬里用液压法（等压成型）成型，然后用专机（如数控中心）加工出泵室内的螺旋线；另一种方法是要先设计加工一套泵室 PTFE 毛坯模具，将 PTFE 树脂加入该模具，模压烧结成 PTFE 内衬件毛坯，再用专机将毛坯精加工并铣出螺旋线然后装到泵壳里面，但此法泵壳铸件必须是两片拼合，再用螺栓连接成为整体，否则，PTFE 装不进去。

（2）叶轮：PTFE 叶轮内部埋有与轴套连在一起的梅花形加强铁片。成型工艺是：先设计加工好钢模，加入 PTFE 树脂，模压烧结成叶轮毛坯，然后按图纸要求机加工成所需形状与尺寸。

（3）室盖：PTFE 室盖是泵盖（铸件）的 PTFE 衬里，其加工工艺是将 PTFE 树脂先模压烧结成毛坯，然后机加工成图纸所要求的形状与尺寸。

5. 滚塑法

ETFE 的滚塑衬里产品在国内应用已开始。其原理是将流动性能优良的塑料放在模具内，一边在模具外多方位加热，一边将模具滚动和旋转，塑料在离心力和热量作用下成型。这种工艺在滚动大直径设备的时候，脱模后衬里容易收缩。采用龟甲衬里的专利技术，通过焊接在金属壁上的金属龟甲拉住衬里，使其不会收缩。该工艺应注意加入塑料的量并保证衬里层的有效厚度要满足设计要求。

四、施工要点

（一）基体要求及表面处理

（1）待衬里的基体应有足够的刚性，表面不得有油脂、临时保护物和粉笔记号等污染物，可采用蒸汽脱脂。

（2）需要粘接衬里的基体表面应进行喷射清理，基体表面处理等级应符合国家标准《工业设备及管道防腐蚀工程技术标准》GB/T 50726—2023 表 4.2.2-1 的规定。

（3）喷射清理基体表面后至衬里施工的间隔时间应符合国家标准《工业设备及管道防腐蚀工程技术标准》GB/T 50726—2023 第 4.3.4 条的规定，即不宜大于 4h，这是为了保证处理后的基体表面不得出现可见的锈蚀，影响粘接质量。

（4）喷射清理后，基体表面的所有灰层、残留物和碎屑应扫除或真空清除。

（二）施工要点

（1）对转角部位进行热成型，可以减少衬里之后的残余应力。应避免在转角部位进行焊接，以减少焊接接头的开裂。

（2）衬里粘接到基体表面时，不得有空气留在衬里和基体之间，因为残留的空气在受热或负压工况时可膨胀，导致衬里层剥离失效。去除残留空气有很多方法，如可在金属基体外设置真空嘴等。

（3）接缝处要求采用焊条封焊或板材搭接焊时，主要是为了避免粘接剂与介质直接接触。

（4）FEP、ETFE、PVDF 等可熔融加工的氟塑料，由于结晶度较低，流动性比 PTFE 好，一般采用热风焊或挤出焊。

图 9-6 是 FEP 采用热风焊的焊接示意图，先用挤出法制备直径 2.4 ~ 4.8mm 的 FEP 生料棒作为焊条，由专门的电热枪提供热风，产生的热空气温度在离开焊枪顶端 5mm 距离处应达到 425℃，焊接温度为 405℃，空气压力调节到 140kPa，焊接中不需惰性气体保护，所有表面包括焊条表面和距离焊接区相邻 2 ~ 3cm 区域的 FEP 表面在焊接前应用溶剂清洗，接受焊接的 FEP 板材边缘应开坡口 45° ~ 60°。

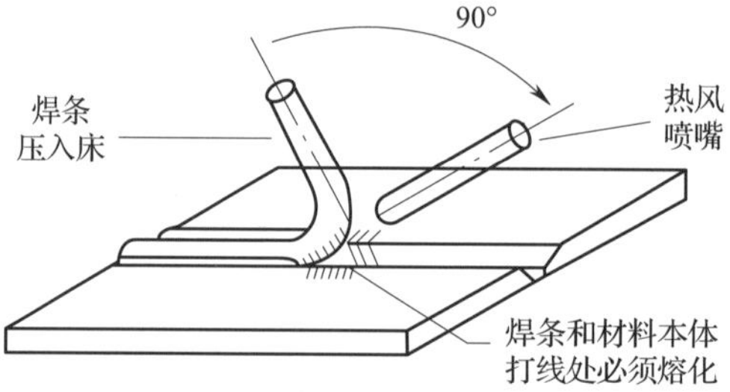

图 9-6　FEP 采用热风焊的焊接示意图

（5）热塑性塑料衬里管道的施工宜采用松衬法进行。松衬法包括挤压成型、模压成型、液压成型、推压烧结成型和缠绕烧结成型。挤压成型通常是针对小直径直管的衬里工艺，采用挤压机或推压机将塑料管压入钢管内挤压成型；缠绕烧结成型适合于大直径管道衬里工艺，通过制作模具，然后将聚四氟乙烯带等氟塑料缠绕在模具上并插入管内，放入电炉中加热烧结成型，最后脱模、翻边；对异型管道、管件采用模压、液压、推压方法，加入热塑性树脂，压制脱模后烧结成型。

（6）法兰与钢管连接处的转角应圆滑过渡。当设计压力不小于 1.0MPa 或公称直径不大于 300mm 时，其圆弧、角焊焊缝高度及钢管和法兰的间隙应符合国家标准《工业设备及管道防腐蚀工程技术标准》GB/T 50726—2023 中表 9.4.15 的规定。转角应圆滑过渡是为了不损坏衬里材料，防止产生应力。防止钢管和法兰的间隙过大，有助于衬里与基体间的粘接牢固。

（7）需要粘接到碳钢基体上的热塑性塑料衬里，施工前需要选择合适的粘接剂，并根据粘接剂使用说明，选择合适的固化条件，对于高温工况还应考虑后固化，确定施工方案和措施。衬里的耐温性能往往取决于粘接剂的耐温性能，检测方法可按现行行业标准《塑料衬里设备　耐温试验方法》HG/T 4091 的规定执行。

（8）当需要更换部分衬里时，更换的衬里材料应与原有的衬里材料具有相同的类型和等级，更换部分粘接在基体上的衬里时，其粘接剂应与原衬里一致；更换衬里的工艺按国家标准《工业设备及管道防腐蚀工程技术标准》GB/T 50726—2023 中第 9.4.4 条的规定执行。

五、质量检验

（一）压力试验

1. 设备

（1）压力容器钢壳应按现行国家标准《压力容器　第 4 部分：制造、检验和验收》GB/T 150.4 的规定进行压力试验，合格后方可进行衬里施工。

（2）衬里完成后，氟塑料衬里设备的压力试验方法应符合现行行业标准《塑料衬里设备　水压试验方法》HG/T 4089 的有关规定；压力容器的氟塑料衬里，其液压试验压力应取设计压力的 1.25 倍，保压时间应为 30min，不得产生泄漏及破裂现象，衬里后压力试验的目的是检测法兰面等部位的密封情况。

（3）当有负压工况时，氟塑料衬里设备应按现行行业标准《塑料衬里设备　衬里耐负压试验方法》HG/T 4093 的要求进行耐负压试验和判定。

2. 管道

（1）压力管道应按现行国家标准《工业金属管道工程施工质量验收规范》GB 50184 的规定进行压力试验，合格后方可进行衬里施工。

（2）压力管道的氟塑料衬里，其液压试验压力应取设计压力的 1.5 倍，保压时间应为 10min，不得产生泄漏及破裂现象。

（3）氟塑料衬里管道的耐负压试验和判定可按现行行业标准《塑料衬里复合钢管和管件》HG/T 2437 的有关规定执行。

（二）衬里质量检验

氟塑料衬里设备及管道的质量检验，其原材料取样规则、衬里完成后的检查数量及判定规则可按国家标准《工业设备及管道防腐蚀工程技术标准》GB/T 50726—2023 中第 9.5.2 条 ~ 第 9.5.4 条进行。氟塑料衬里完成后的主要检验项目、要求及方法见表 9–21。

表 9–21 氟塑料衬里完成后的主要检验项目、要求及方法

项目	要求	检测方法
外观检查	外观应色泽均匀、光滑平整，不应有气孔、裂纹和明显条纹等缺陷	照度不小于 750 lx 的条件下，目视检查
衬里与外壳结合	不得有明显的夹层或空隙	采用橡胶锤轻击检查
最小厚度	最小厚度应符合设计要求	采用精确度不小于 0.02mm 的测厚仪测量
复检衬里材料拉伸强度和断裂伸长率	应符合设计要求	按现行国家标准《塑料　拉伸性能的测定　第 2 部分：模塑和挤塑塑料的试验条件》GB/T 1040.2 的规定执行
针孔检测	检测电压和探头行走速度应符合国家标准《工业设备及管道防腐蚀工程技术标准》GB/T 50726—2023 中表 9.5.7 的规定。检测电压应在 0.5 ~ 20kV 之间，衬里层应无击穿现象	高电压电火花检测仪
PTFE 管材的质量和线膨胀系数	符合现行行业标准《金属网聚四氟乙烯复合管与管件》HG/T 3705 的有关规定	观察检查、检查产品出厂合格证、材料检测报告或现场抽样的复检报告
采用粘接法施工的粘结强度	在 20℃时，衬里和基体间的拉拔剥离强度不得小于 5N/mm	按现行国家标准《高强度胶粘剂剥离强度的测定　浮辊法》GB/T 7122，进行剥离试验
ETFE 和 PVDF 板热风焊和 PTFE 板热压焊的焊缝强度	应符合设计要求，表面应无针孔	观察检查、焊缝处进行 100% 的电火花针孔检查

六、运行维护

氟塑料衬里的防腐蚀性能十分优异，但如果在安装与使用上不注意而导致制品损坏，不但在经济上造成损失，严重者会影响工程进度或迫使生产停车，造成更大的损失。为避免上述问题的发生，需要注意以下几点：

（一）储存和运输

（1）因氟塑料衬里在低温时可能导致温差应力过大，因此要求衬里设备及管道冬季保管温度不应低于 0℃。

（2）氟塑料衬里设备及管道的包装、储存和运输应符合国家标准《工业设备及管道防腐蚀工程技术标准》GB/T 50726—2023 第 3.7 节的有关规定。

（二）安装和使用

（1）氟塑料翻边是衬里制品的重要部位，要注意保护，出厂产品的两端都要带有保护板，此板只能在安装时方可打开。打开后，氟塑料翻边不得随便翻拆，要防止碰坏。安装时法兰要装正，氟塑料翻边要压牢，螺栓要上匀，以保护其良好的密封性能。

（2）对于使用压力高的设备，两个连接法兰的方向位置要固定，并标示记号，以免日后拆开重装时位置不对而密封不好。

（3）氟塑料衬里的管道与设备，钢壳上一般都开有几个直径 2～3mm 的抽负压真空嘴和检漏小孔。安装时要防止油漆或其他污物将其堵死，在使用过程中要经常保持畅通，不得用硬尖之物去通小孔，以免损坏氟塑料衬里。

（4）一般衬里设备或管道不得在超过设计负压下操作。多年来的生产应用实践证明，一些氟塑料衬里出现鼓泡或内瘪现象，其原因有二：一是氟塑料层中没有金属网，遇热膨胀过度所致；二是设备或管道内产生的负压超过了设计值。造成负压的原因如下：

1）安装前进行水压试验，试毕放水时没有将进气阀打开。

2）在生产过程中，停车放料时没有打开进气阀。

3）用抽负压的办法向高处加料。

4）用泵向高处（高位槽）打料，在停车后没有关闭装出口阀而先关闭高处的阀门，结果管内物料下流而造成负压。

5）反应过程中气体反应体积缩小，气体冷凝或高温气体冷却均能产生负压。

（5）使用氟塑料衬里产品，要按要求制定操作规程。开车使用前，要组织有关操作人员进行学习，了解产品的使用性能，以便进行正确的操作，保证设备应有的使用寿命。

（6）如操作不慎把氟塑料内衬吸扁，可尽快用加压的办法将其压回原状，并进行检查。

（7）设备在开车使用后，操作人员应经常检查各法兰密封处，如发现有泄漏现象，要及时将螺栓上紧，至不漏为止。

（8）产品在试水压或使用时，如发现钢壳检漏小孔有液体流出，其原因有二：

1）未安装前，由于下雨或试水压时法兰氟塑料翻边没有压牢，有水流入夹层中，如果小孔中的水越流越小，不必采取其他措施。

2）小孔中的水不停地流出，甚至越流越大，这是衬里层某处已损坏所至，要停车更换。

（9）高温操作的设备，如停车检修或更换填料，需待器内的温度下降到室温时，才可将盖打开，以防氟塑料翻边收缩。

七、工程案例

（一）应用案例

氟塑料衬里设备和管道应用案例见表 9-22。

表 9–22 氟塑料衬里设备和管道应用案例

使用单位	工程名称	介质工况	衬里氟塑料品种	制造或施工时间	使用效果
新疆某公司乙炔装置	硫酸清净一塔、硫酸清净二塔	设计温度：80℃；设计压力：0.3MPa；介质：乙炔、80%～98%硫酸、微量硫化氢、磷化氢	PTFE	2012年	使用效果良好
四川某公司多晶硅装置	氯化氢缓冲罐	设计温度：80℃；设计压力：0.03MPa；介质：氯化氢气体、微量水分	PFA	2011年	使用效果良好
浙江某公司氯乙烯装置	二氯乙烷排气分离器	设计温度：120℃；设计压力：0.21MPa；介质：二氯乙烷、氮气、微量水分	PTFE	2020年	使用效果良好
山东某公司氯乙烯装置	湿排气分离器	设计温度：110℃；设计压力：0.35MPa；介质：氯乙烯、二氯乙烷、氮气、水	PVDF	2019年	使用效果良好
浙江某公司环氧氯丙烷装置	反应器连接管道	设计压力：0.8MPa；设计温度：100℃；介质：甘油、氯化氢、水、氯气、醋酸、氯丙醇	PTFE	2018年	使用效果良好
山东某公司废气处理装置	急冷缓冲罐	设计温度：90℃；设计压力：0.01MPa；介质：氯化氢、水、微量含氯有机物	ETFE	2019年	使用效果良好

续表 9-22

使用单位	工程名称	介质工况	衬里氟塑料品种	制造或施工时间	使用效果
南通某公司	$80m^3$ 电子级过氧化氢产品储罐	设计压力：常压； 设计温度：80℃； 介质：双氧水	PTFE 钠化板 / PFA 玻纤板	2021 年	使用效果良好
南通某公司	$30m^3$ 电子级硫酸卧式储罐	设计压力：常压； 设计温度：70℃； 介质：96% 硫酸	N-PTFE 玻纤板	2021 年	使用效果良好
南通某公司	40L 光刻胶钢衬 PFA 过滤系统罐	设计压力：0.6MPa； 设计温度：常温； 介质：光刻胶等半导体材料	PFA 玻纤板	2022 年	使用效果良好

（二）应用案例图片

应用案例见图 9-7 ~ 图 9-9。

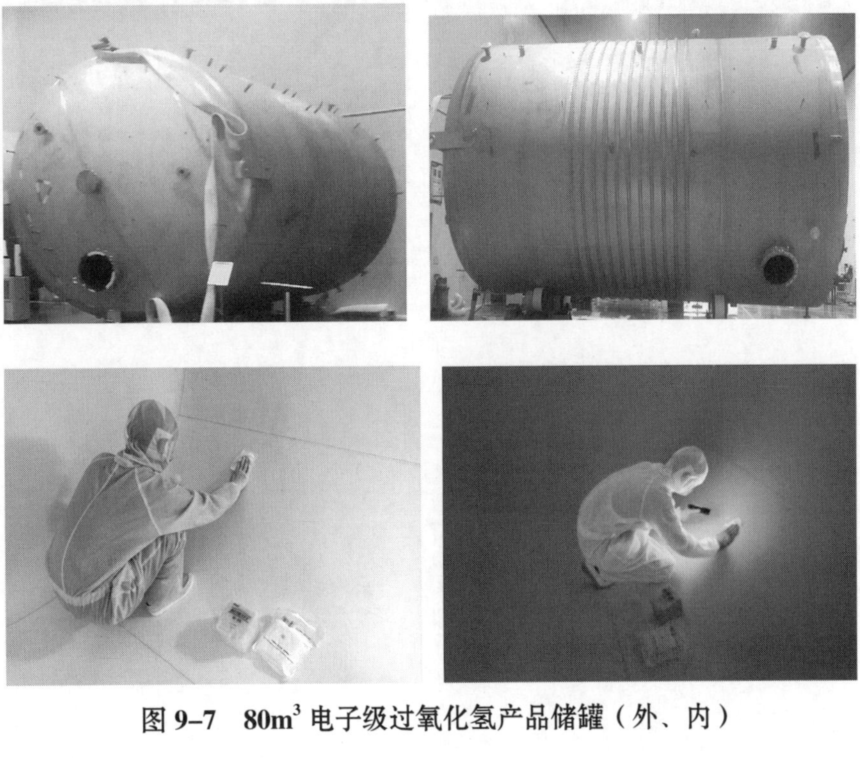

图 9-7 $80m^3$ 电子级过氧化氢产品储罐（外、内）

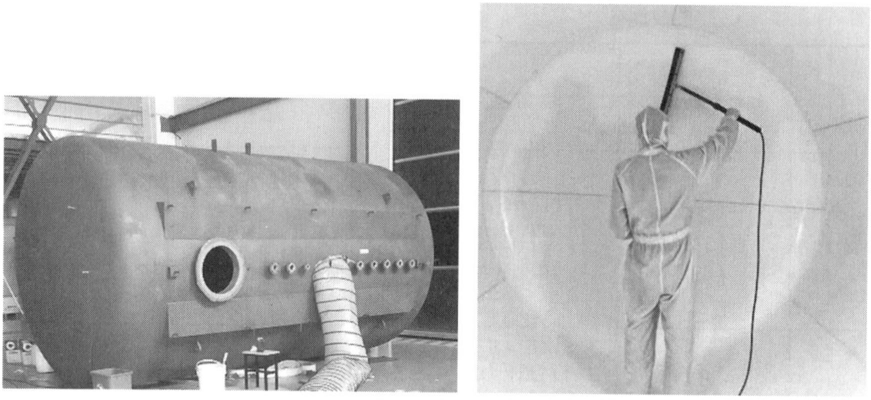

图 9-8　$30m^3$ 电子级 96% 硫酸卧式储罐（外、内）

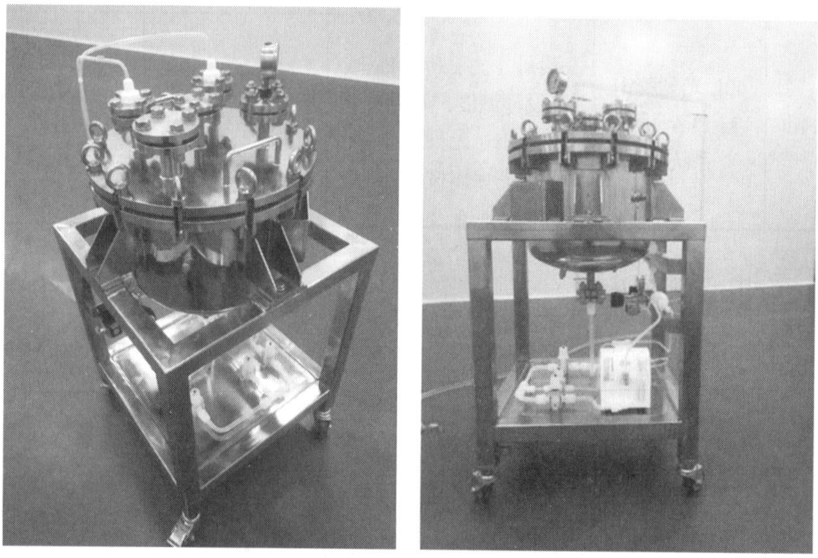

图 9-9　40L 光刻胶钢衬 PFA 过滤系统罐（外）

第十章

喷涂聚脲衬里

10

喷涂聚脲（行业通称SPUA）涂料技术，是在高固体份涂料、水性涂料、光固化涂料、粉末涂料等无污染或低污染环保型涂料技术发展后期，为涂装行业开发和提供既符合环境保护要求，又具有优良综合性能的一种涂装新材料和喷涂涂装新技术；喷涂聚脲涂料具有一次成膜厚、快速凝胶、快速固化的特点，涂层具有优异的力学性能和抗渗防护性能。

喷涂型聚脲涂料自20世纪80年代由美国亨斯迈（Huntsman）公司率先研发成功，90年代进入商业化应用；国内于20世纪90年代末引进研发，并于21世纪初开始投入商业化应用。随后多家聚氨酯专业公司相继研发应用，随着2010年前后京沪高铁项目首次大面积试用喷涂型聚脲涂料作为桥面防水保护层，聚脲材料生产进入市场快速成长期。

近年来，随着聚脲材料应用市场供求趋于稳定，应用技术逐步提高，延伸和发展了脂肪族聚脲、聚天冬氨酸酯聚脲、聚氨酯聚脲、单组分聚脲、“手工型（刮涂）”聚脲等新品种，以适用于不同应用领域和工况。鉴于喷涂型聚脲涂层（含聚氨酯聚脲涂层）在化工防腐蚀领域长期应用积累的成功案例，本章对喷涂型聚脲衬里材料（含聚氨酯聚脲涂层）在工业设备及管道防腐蚀工程的应用，从材料性能、耐蚀机理、结构设计、施工和质量验收等方面进行阐述与归纳总结，以配合国家标准《工业设备及管道防腐蚀工程技术标准》GB/T 50726—2023的实施。

喷涂聚脲衬里材料属于聚氨酯类材料，喷涂聚脲衬里层归属于聚氨酯涂层，是一种聚氨酯改性后的材料涂层。喷涂型聚脲衬里层（涂层）因其具有优异的耐腐蚀、抗老化、高强度等特征，日益成为一种集橡胶、纤维增强塑料（GFRP，俗称“玻璃钢”）、热塑性树脂、高固体份涂料等优点于一身的功能性防护材料。

第一节 聚脲原材料和喷涂聚脲衬里层性能

国家标准《工业设备及管道防腐蚀工程技术标准》GB/T 50726—2023综合性、针对性很强，是目前工程建设领域对工业设备及管道防腐蚀最具指导意义的技术标准。其中喷涂型聚脲防护材料作为“工业设备及管道衬里”防腐蚀技术手段之一，其专业性、有效性、特殊性十分显著。行业标准《喷涂型聚脲防护材料涂装工程技术规范》HG/T 20273—2011是目前工程建设领域对聚脲防护材料应用最具指导意义的技术规范。

聚脲防护材料原材料在外观性状上与传统的涂料有某些相似性，因此行业标准《喷涂型聚脲防护材料涂装工程技术规范》HG/T 20273—2011中大致根据施工顺序分别表述为：底层涂料、喷涂聚脲涂料、修补料、界面处理剂和面层涂料等；相对应聚脲防护材料成膜物（或称制成品）也分别表述为：聚脲底涂层、喷涂聚脲层、界面处理层、聚脲修补层、聚脲面涂层。

本手册为了凸显喷涂型聚脲防护材料作为“工业设备及管道衬里”的功能特点，统一将“喷涂型聚脲防护材料”表述为：喷涂聚脲衬里；将“聚脲防护材料原材料”分别依照主要功能统一表述为：底涂层涂料、喷涂聚脲料、聚脲修补料和聚脲层间处理剂；将已经制作完成的衬里各功能层，即“喷涂聚脲衬里层”也分别依照主要功能统一表述为：底涂层、喷涂聚脲层、聚脲修补层和聚脲层间处理层。

喷涂聚脲衬里材料是由异氰酸酯预聚体（A 组分）和由端氨基聚醚、胺基化合物基团、少量端羟基聚醚（B 组分）组成的双组分涂料衬里喷涂材料，使用体积比为 1 : 1，专用喷涂设备通过高压反应注射成型（RIM）工艺，快速混合反应，迅速喷涂在基体表面形成防护衬里。

喷涂聚脲衬里层具有无溶剂环保型、快速固化、厚膜涂层（一次成膜厚大于或等于 1mm）与无接缝等特征，是一种将涂装材料及涂装工艺相结合的新技术，由于采用胺基基团固化形成防护涂层，相比于传统的聚氨酯双组分涂层，具有较好的耐腐蚀性能和抗老化性能，因此，在石油化工、精细化工、冶金、电力、市政、环保、海洋装备工程以及建筑防腐蚀等领域得到广泛应用，是一种性能优良、使用寿命长、高成长性防护衬里材料。

一、原材料及质量要求

喷涂聚脲衬里所使用的原材料可分为弹性体聚脲和刚性体聚脲，按功能可分为底涂层涂料、喷涂聚脲料、聚脲修补料、聚脲层间处理剂等。

喷涂聚脲衬里材料的选用原则，在行业标准《喷涂型聚脲防护材料涂装工程技术规范》HG/T 20273—2011 有规定。工程设计中喷涂聚脲涂料的技术指标需结合实际工况以及行业标准《喷涂型聚脲防护材料涂装工程技术规范》HG/T 20273—2011 和国家标准《工业设备及管道防腐蚀施工工程技术标准》GB/T 50726—2023 进行选择、确定。

（一）底涂层涂料

底涂层涂料用于增加聚脲衬里层与金属基体之间粘结力，衬里层施工前涂覆在基体表面。常用品种有环氧树脂底涂层涂料和聚氨酯底涂层涂料。

1. 选择要求

（1）采用环氧树脂体系底涂层涂料时，推荐选用低黏度环氧树脂和添加低挥发性溶剂、室温固化剂体系。

（2）采用聚氨酯体系底涂层涂料时，推荐选用低毒性的异氰酸酯树脂和室温固化剂体系。

2. 底涂层涂料的质量要求

底涂层涂料的质量要求见表 10–1。

表 10–1　底涂层涂料的质量要求

项目	环氧树脂体系		聚氨酯体系	
	A 组分（树脂）	B 组分（固化剂）	A 组分（树脂）	B 组分（固化剂）
外观	均匀黏稠液体	有色液体	均匀黏稠液体	有色液体
黏度 /（mPa·s）	≤ 500			
固体含量 /%	≥ 70	≥ 50	≥ 60	≥ 50
使用比例	根据生产企业要求			

续表 10–1

项目	环氧树脂体系		聚氨酯体系	
	A 组分（树脂）	B 组分（固化剂）	A 组分（树脂）	B 组分（固化剂）
混合储存时间（25℃）/h	≤ 2			
干膜厚度 /μm	40 ~ 120			
表干时间（25℃）/h	≤ 4			
实干时间（25℃）/h	≥ 8			
施工方式	喷涂、辊涂、刷涂			

注：表中各项指标检测方法见行业标准《喷涂型聚脲防护材料涂装工程技术规范》HG/T 20273—2011。

（二）喷涂聚脲料

喷涂聚脲料是用于增加喷涂聚脲衬里厚度及耐腐蚀能力的主要防护涂料。按硬度分为弹性体聚脲和刚性体聚脲，其质量要求见表 10–2。

表 10–2　喷涂聚脲料的质量要求

项目	弹性体聚脲		刚性体聚脲	
	A 组分（树脂）	B 组分（固化剂）	A 组分（树脂）	B 组分（固化剂）
外观	浅色液体	有色液体	浅色液体	有色液体
黏度 /（mPa · s）	≤ 1 000		≤ 800	
密度 /（g/cm^3）	1.10 ± 0.05	1.15 ± 0.05	1.10 ± 0.05	1.15 ± 0.05
固体含量 / %	≥ 98			
使用比例	体积比 V_A : V_B=1 : 1			
凝胶时间（25℃）/s	5 ~ 20		3 ~ 45	
表干时间（25℃）/min	≤ 60		≤ 120	
涂层厚度 /mm	≥ 1.2			
施工方式	专用设备、高压喷涂			

注：表中各项指标检测方法见行业标准《喷涂型聚脲防护材料涂装工程技术规范》HG/T 20273—2011。

（三）聚脲修补料

聚脲修补料主要用于修补喷涂聚脲衬里施工过程中的质量缺陷，是一种“手工型（刮涂）”聚脲涂料，聚脲修补料的质量要求见表 10–3。

表 10–3 聚脲修补料的质量要求

项目	A 组分（树脂）	B 组分（固化剂）
组成	异氰酸酯预聚体	聚（胺）醚、胺扩链剂、助剂
外观	黄色或浅色液体	有色液体
黏度 /（mPa · s）	≤ 3 000	≤ 1 200
密度 /（g/cm³）	1.10 ± 0.05	1.15 ± 0.05
固体含量 / %	≥ 98	
使用比例	根据生产企业要求	
凝胶时间（25℃）/ min	3 ~ 25	
表干时间（25℃）/min	≤ 120	
涂层厚度 /mm	>1.2	
施工方式	手工刮涂、刷涂	

注：表中各项指标检测方法见行业标准《喷涂型聚脲防护材料涂装工程技术规范》HG/T 20273—2011。

（四）聚脲层间处理剂

聚脲层间处理剂又称界面处理剂，是用于提高与复喷聚脲涂层层间粘结强度的表面处理剂，聚脲层间处理剂的质量要求见表 10–4

表 10–4 聚脲层间处理剂的质量要求

项目	环氧树脂（溶剂型）体系		聚氨酯（溶剂型）体系	
	A 组分（树脂）	B 组分（固化剂）	A 组分（树脂）	B 组分（固化剂）
外观	无色液体	浅色液体	无色液体	浅色液体
黏度 /（mPa · s）	≤ 300	≤ 100	≤ 300	≤ 100
固体含量 / %	≥ 40	≥ 40	≥ 40	≥ 40
使用比例	根据生产厂家要求			
混合储存时间（25℃）/h	≤ 1			
涂层厚度 / μm	≤ 20			
表干时间（25℃）/h	≤ 4（不粘手）			
施工方式	喷涂、滚涂、刷涂			

注：表中各项指标检测方法见行业标准《喷涂型聚脲防护材料涂装工程技术规范》HG/T 20273—2011。

二、喷涂型聚脲衬里层性能

喷涂聚脲涂层由于聚脲涂料中极少添加有机溶剂，无挥发性有机化合物（VOC）挥发，属于环境友好型绿色产品；具有快速固化成型，可在任意形状基面施工且无流挂、无接缝；现场施工快速简便、效率高，涂层养护周期短，可与各种基面材料良好附着；聚脲涂层具有伸长率高、撕裂强度大等力学性能，可耐大气环境和一般化学介质腐蚀。

（一）底涂层的质量

底涂层涂料成膜后，底涂层质量要求见表 10–5。

表 10–5　底涂层质量要求

项目	试验值		标准设定值
	环氧树脂底涂层	聚氨酯底涂层	
底涂层与基体的粘结强度 /MPa	≥ 5.0	≥ 3.5	≥ 3.5
底涂层与喷涂聚脲层的粘结强度 /MPa	≥ 5.0	≥ 5.0	≥ 3.5

注：表中项目指标检测方法见国家标准《色漆和清漆　拉开法附着力试验》GB/T 5210—2006。

（二）喷涂聚脲层的质量

喷涂聚脲料成膜后，涂层质量要求见表 10–6。

表 10–6　喷涂聚脲层质量要求

项目		弹性体聚脲涂料	刚性体聚脲涂料
外观		基本平整，无明显色差，无气泡、壳层和开裂	基本平整，无明显色差，无气泡、壳层和开裂
硬度	邵氏 A	≥ 80	—
	邵氏 D	—	≥ 56
拉伸强度 /MPa		≥ 15	>16
断裂伸长率 / %		≥ 450	≥ 20
撕裂强度 /（kN/mm）		≥ 40	≥ 60
附着力 /MPa		≥ 5	≥ 8.0
低温柔性（–30℃）		不开裂	—
不透水性（0.3MPa/30min）		不透水	不透水

注：表中各项指标检测方法见行业标准《喷涂聚脲防护材料》HG/T 3831—2005。

（三）聚脲修补层的质量

聚脲修补料成膜后，涂层质量要求见表 10–7。

表 10–7　聚脲修补料涂层质量要求

项目	试验值	标准设定值
外 观	基本平整，无气泡、壳层和开裂现象	—
邵氏 A 硬度	≤ 95	≤ 90
拉伸强度 /MPa	≥ 6.0	≥ 4.0
断裂伸长率 / %	≥ 20	≥ 20
与金属基面附着力 /MPa	≥ 3.5	≥ 3.5

注：表中 1 ~ 4 项指标检测方法见行业标准《喷涂聚脲防护材料》HG/T 3831—2005；附着力指标检测见国家标准《色漆和清漆　拉开法附着力试验》GB/T 5210—2006。

（四）聚脲层间处理剂涂层的质量

聚脲层间处理剂成膜后，涂层质量要求见表 10–8。

表 10–8　聚脲层间处理剂涂层质量要求

项目		试验值	标准设定值
外观		无色透明胶层	—
附着力	与维修的旧聚脲层 /MPa	≥ 3.5	—
	与新喷涂聚脲层 /MPa	≥ 5.0	—
	聚脲涂层与金属基体 /MPa	—	≥ 3.5

注：表中附着力指标检测方法见国家标准《色漆和清漆　拉开法附着力试验》GB/T 5210—2006。

第二节　喷涂聚脲衬里的耐腐蚀性能、试验方法和评定标准

一、喷涂聚脲衬里的耐腐蚀性能

（一）耐腐蚀机理

1．喷涂型聚脲材料

由异氰酸酯组分（简称 A 组分）与氨基化合物组分（简称 B 组分）反应生成的一种聚脲涂层材料，其反应如下：

$$R—NH_2 + R'—N{=}C{=}O \longrightarrow R'—N—\overset{\overset{\displaystyle O}{\|}}{C}—\overset{\overset{\displaystyle H}{|}}{N}—R$$

2. 喷涂型聚氨酯聚脲材料

由异氰酸酯组分（简称A组分）与氨基化合物组分、端羟基化合物组分（简称B组分）反应生成的一种聚氨酯聚脲涂层材料，其反应如下：

3. 喷涂型聚脲涂层耐腐蚀机理

喷涂聚脲涂层具有耐腐蚀及防护功能：

（1）喷涂型聚脲涂层有大量氨基化合物基团参与反应，使聚脲涂层拥有耐腐蚀、耐老化和更高的力学性能。

（2）喷涂型聚脲涂层具有厚膜、无溶剂的特征，不会因溶剂析出，形成毛细孔的现象，具有很好的抗渗、防护性能。

（3）喷涂型聚脲涂层通过专用设备的反应注射成型（RIM）原理，构成快速凝胶固化体系，保障了聚脲涂层拥有显著的力学性能。

（4）喷涂聚脲涂层采用胺基快速凝胶固化，可以在任何型面上（立面和顶面）施工，而且连续无接缝，因此在大型设备防腐蚀领域有较佳的应用。

（二）耐腐蚀性能

1. 聚脲衬里在25℃下耐腐蚀性能

（1）聚脲衬里在25℃液相介质浸泡条件下的耐腐蚀性能见表10–9。

表10–9　聚脲衬里25℃液相介质浸泡条件下的耐腐蚀性能

介质名称	评价	介质名称	评价	介质名称	评价
10%盐酸	耐	10%氢氧化钠	耐	氨水	耐
20%盐酸	一般	20%氢氧化钠	一般	尿素	耐
10%硫酸	耐	10%氢氧化钾	耐	氯化铵	耐
20%硫酸	一般	20%氢氧化钾	一般	海水	耐
10%醋酸	耐	碳酸钠（饱和液）	耐	含酸碱土壤	耐
20%醋酸	耐	氯化钠（饱和液）	耐	含酚污水	耐
30%醋酸	一般	硫酸钠（饱和液）	耐	硫酸铵	耐
5%硝酸	不耐	硝酸钠（饱和液）	耐	20%次氯酸钠	一般
10%磷酸	耐	亚硫酸钠（饱和液）	耐	10%次氯酸钠	耐
2%氢氟酸	一般	硫酸氢钠（饱和液）	耐	200#溶剂油	不耐
机械油	耐	二甲苯	不耐	原油	耐
润滑油	耐	甲苯	不耐	丁酮	不耐
耐磨油	耐	丙酮	不耐	乙醇	不耐
柴油	不耐	S–100芳烃溶剂	不耐	醋酸丁酯	不耐
汽油	不耐	—	—	—	—

（2）聚脲衬里在 25℃气、固相介质条件下的耐腐蚀性能见表 10–10。

表 10–10 聚脲衬里在 25℃ 气、固相介质条件下的耐腐蚀性能

介质名称	评价	介质名称	评价
盐酸（高浓气体）	不耐	氟硅酸钠结晶	耐
盐酸（低浓气体）	耐	硅酸盐结晶	耐
二氧化硫（气体）	耐	有机盐结晶	耐
三氧化硫（气体）	不耐	硫酸钠结晶	耐
硫化氢（气体）	耐	氯化铵结晶	耐
氢氟酸（气体）	不耐	亚硫酸钠结晶	耐
二氧化氮（气体）	不耐	尿素结晶	耐

2. 聚脲衬里在 60℃ 下的耐腐蚀性能

聚脲衬里在 60℃液相介质浸泡条件下的耐腐蚀性能见表 10–11。

表 10–11 聚脲衬里在 60℃ 液相介质浸泡条件下的耐腐蚀性能

介质名称	评价	介质名称	评价
5% 盐酸	耐	10% 氢氧化钠	耐
10% 盐酸	一般	20% 氢氧化钠	一般
5% 硫酸	耐	硫酸钠（饱和液）	耐
10% 硫酸	一般	亚硫酸钠（饱和液）	耐
5% 醋酸	耐	碳酸氢钠（饱和液）	耐
5% 磷酸	耐	碳酸钠（饱和液）	耐
10% 磷酸	耐	氯化铵（饱和液）	耐

表 10–9 ~ 表 10–11 中耐腐蚀数据来源于实验室单一介质的试验结果。工程应用中，由于介质及使用工况的复杂性，在没有现成案例可以借鉴的前提下，其耐腐蚀性能则需要根据介质的浓度、温度及相变状态等因素经试验确定。

二、试验方法和评定标准

喷涂聚脲衬里材料的耐腐蚀性能超出表 10–9 ~ 表 10–11 的范围时，需要经过耐腐蚀试验，经验证合格方可使用。试验方法和评定标准可按国家标准《建筑防腐蚀工程施工质量验收标准》GB/T 50224—2018 附录 F.5 中的规定及以下要求进行：

（一）试验方法

1. 试验样条制作

（1）应采用供料体积比为 1:1，工作压力应大于 20MPa，工作温度宜为 50 ~ 80℃的喷涂设备。

（2）同一腐蚀介质为一组样板，喷涂在表面光洁、规格不小于450mm × 450mm × 6mm的聚四氟乙烯板或聚乙烯板上，涂层厚度应为1.5 ~ 2.5mm，每块样板的各测点厚度误差不应大于0.5mm，厚度检测可按现行国家标准《色漆和清漆　漆膜厚度的测定》GB/T 13452.2的规定进行。

（3）涂层样板养护应符合国家标准《建筑防腐蚀工程施工规范》GB 50212—2014第9.5节的规定，放置不少于7d；养护的环境条件应符合现行国家标准《涂料试样状态调节和试验的温湿度》GB/T 9278的有关规定。

（4）在涂层样板上按150mm × 30mm ×（1.5 ~ 2.5）mm规格制取样条，每25条为一组，厚度误差不应大于0.2mm。

2. 耐腐蚀试验

（1）将样条放入盛有试验介质的密闭容器中，常温浸泡，样条应与介质全面接触，并应保持介质浓度不变。

（2）浸泡期龄宜为1个月、3个月、6个月和12个月。

（3）到各期龄后，先用清水冲洗样条，并用滤纸吸干样条表面，室温下放置24h后，再进行样条裁样。

（4）样条应裁成哑铃Ⅰ型规格，拉伸应力的测定应符合现行国家标准《硫化橡胶或热塑性橡胶　拉伸应力应变性能的测定》GB/T 528的规定。

3. 耐腐蚀性能检测

耐腐蚀性能检测包括试件外观变化，拉伸强度、伸长率变化。

（1）试件外观变化：观察试件表面应无失光、型变、侵蚀、变软和裂纹等现象。

（2）试件拉伸强度和伸长率变化的检测方法应符合现行国家标准《硫化橡胶或热塑性橡胶　拉伸应力应变性能的测定》GB/T 528的规定，拉伸速度应为（500 ± 50）mm/min。

（3）取每一组5个试块平均值的测试数据与原始样品测试数据进行对比；拉伸强度、伸长率测定变化率计算应符合现行国家标准《硫化橡胶或热塑性橡胶　拉伸应力应变性能的测定》GB/T 528的规定，计算结果为正值，表示强度增加；计算结果为负值，表示强度降低。计算数据应保留小数点后1位。

（二）评定标准

（1）耐腐蚀等级评定见表10–12。

表10–12　耐腐蚀等级评定

等级	拉伸强度变化率 / %	伸长率变化率 / %	外观
耐腐蚀	≤ 10.0	≤ 10.0	无失光、型变、侵蚀、变软及裂纹等明显变化
尚耐腐蚀	>10.0且≤ 20.0	>10.0且≤ 20.0	表面略有失光、型变、侵蚀、变软等变化
不耐腐蚀	>20.0	>20.0	表面略有裂纹、严重型变、明显侵蚀、变软及裂纹等

（2）外观变化、拉伸强度、伸长率变化的检测指标中，当有一项不符合该等级标准时，该喷涂型聚脲材料耐腐蚀性能应降级。

第三节 设计要点

一、适用范围

喷涂聚脲衬里层通过“特殊”成型方式及优化配方，构成了“工业设备及管道防腐蚀”非常专业的防护技术构造体系，在中等以下介质腐蚀场合聚脲衬里层得到广泛应用，但聚脲衬里层不宜作为通常条件下重防腐蚀涂层材料使用，而在另外一些非防腐蚀特定场合和领域具有良好的应用前景。

（一）适用温度和压力

（1）喷涂聚脲衬里的设计使用温度宜为 0～80℃。在有介质腐蚀条件下的最高使用温度需经试验确定。

（2）喷涂聚脲衬里的设计压力通常为常压。工程应用表明在设备、管道在充满流体介质和放空状态下形成微负压时，喷涂聚脲衬里也有偶尔使用。至于是否适合在负压下使用，限于工程经验少，在国家标准《工业设备及管道防腐蚀施工工程技术标准》GB/T 50726—2023 中不作推荐和规定。

（二）适用场合

喷涂聚脲衬里推荐使用的防腐蚀场合如下：

（1）用于无机盐液态和固态腐蚀介质。

（2）用于海水浸泡、海水淡化、高含盐液态和含盐固态腐蚀介质。

（3）用于含酸碱性土壤腐蚀介质。

（4）用于环保装置、废水池、固废池、垃圾填埋场腐蚀介质。

（5）发电厂除盐水箱、化学水储罐内衬。

（三）不适用场合

喷涂聚脲衬里一般不推荐使用的场合如下：

（1）有强氧化性的液态和气态介质工况。

（2）有氢氟酸、硝酸介质工况。

（3）有中高浓度硫酸、盐酸介质工况。

（4）有机溶剂残留介质工况。

（5）有溶胀性、渗透性强的化工介质工况。

（四）适用的基面

（1）用于碳钢、铸铁设备及管道内外表面。

（2）用于不锈钢、铝合金板等有色金属基面，但底涂层宜重新选择后使用。

（3）用于环氧树脂碳纤维，环氧树脂、乙烯基酯树脂和不饱和树脂玻璃纤维增强塑料（GFRP）表面。

二、构造要点

（一）喷涂聚脲衬里的厚度

（1）“工业设备防腐蚀”用喷涂聚脲衬里层的设计厚度见表 10–13。

表 10–13　“工业设备防腐蚀”用喷涂聚脲衬里层的设计厚度

介质类型	有冲击、磨损的设计厚度 /mm	正常设计厚度 /mm
液体腐蚀介质	2.5 ~ 4.0	1.5 ~ 2.5
海水腐蚀介质	3.0 ~ 5.0	1.5 ~ 3.0
工业气体腐蚀介质	2.0 ~ 3.0	1.5 ~ 2.0
环境大气腐蚀介质	1.5 ~ 2.0	1.0 ~ 1.5
无机盐固体和晶体介质	2.0 ~ 3.0	1.5 ~ 2.0
生活垃圾腐蚀介质	3.0 ~ 4.0	2.0 ~ 3.0
土壤腐蚀介质	1.2 ~ 2.0	1.0 ~ 1.2

（2）“工业管道防腐蚀”用喷涂聚脲衬里层的设计厚度见表 10–14。

表 10–14　“工业管道防腐蚀”用喷涂聚脲衬里层的设计厚度

名 称	公称直径 *DN*/mm	长度 /m	有冲击、有磨损的设计厚度 /mm	正常设计厚度 /mm
钢管	100 ≤ *DN*<700	≤ 6	2.0 ~ 4.0	1.5 ~ 2.0
	700 ≤ *DN*<1 300	≤ 9	2.0 ~ 4.0	1.5 ~ 2.0
	DN ≥ 1 300	≤ 12 或现场喷涂	3.0 ~ 4.0	1.5 ~ 3.0
	现场管道节头	现场喷涂	厚度 +2	厚度 +2
铸铁管	200 ≤ *DN*<800	≤ 6	2.0 ~ 3.0	1.5 ~ 2.0
	800 ≤ *DN*<1 300	≤ 9	2.0 ~ 3.0	1.5 ~ 2.0
	DN ≥ 1 300	现场喷涂	2.5 ~ 3.0	1.5 ~ 2.5

（3）“工业设备及管道防腐蚀”用喷涂聚脲衬里层在基体焊缝、接管等非平面处需进行增强处理：

1）焊缝处的喷涂聚脲层需加厚 1.0 ~ 2.0mm。

2）接管、人孔与设备内腔焊接处的涂层需加厚 0.5 ~ 1.5mm。

3）施工面的阴角处涂层需加厚 1.0 ~ 2.0mm。

4）流体冲击力变化较大的局部区域，涂层厚度宜加厚 1.5 ~ 2.0mm。

5）管道法兰面的喷涂聚脲衬里应平整，厚度宜大于管道设计内衬厚度 1.5mm。

（二）构造要求

1. 设备与管道的局部构造

（1）设备表面拼接焊缝应平整连续、无焊缝空隙，若有焊缝空隙，喷涂衬里前应先用树脂填充。

（2）钢板转角部位应为圆弧或斜角。

（3）设备开孔接管处焊缝应为大于 ϕ 3mm 圆弧角。

（4）设备与管道局部构造在喷涂聚脲衬里时需要进行增强处理。

2. 改善设备与管道局部构造附着力的设计

喷涂聚脲衬里在设备局部区域由于受流体冲击力变化影响，受剪切力甚至超过衬里附着力，在应用上会出现局部聚脲衬里脱层现象，解决和改善的方法包括：

（1）可以在大面积喷涂面上设置加固点。加固点构造可为平盖压盖、植钉加固、弯曲沟槽。

（2）在流体冲击力变化较大的区域，对涂层适当增厚，并加固。流体冲击力变化较大的区域推荐采用植钉加固局部双层聚脲衬里工艺。

3. 耐候性要求

当喷涂聚脲衬里应用于室外环境时，为提高聚脲衬里的抗紫外光照射和防变色性能，可在其表面涂敷丙烯酸聚氨酯改性涂料或聚氨酯天冬门氨酸涂料，具体涂层配套需要参考供应商的涂料施工指南。

三、使用年限

总结几十年来聚脲涂层工程应用案例和经验，通过对聚脲涂层耐腐蚀和耐老化等试验验证、数据分析，在正确选材、结构设计合理、专业队伍施工、正常使用和维护条件下，推荐喷涂聚脲衬里层的使用年限见表 10–15。

表 10–15 聚脲衬里及涂层的使用年限

介质类型	正常设计厚度 /mm	使用年限 /a
酸碱盐液体介质中浸泡	1.5 ~ 2.5	5 ~ 8
水性液体介质中浸泡	1.2 ~ 1.5	≥ 10
海水介质中浸泡	1.5 ~ 3.0	8 ~ 10
工业腐蚀性气体	1.5 ~ 2.0	5 ~ 8
大气环境	1.0 ~ 1.5	8 ~ 10
无机盐固体和晶体介质	1.5 ~ 2.0	5 ~ 8
生活垃圾腐蚀介质	2.0 ~ 3.0	≥ 8
土壤	1.0 ~ 1.2	≥ 20

第四节　施 工 要 点

一、基体处理要求

（一）碳钢、铸铁基体处理要求

（1）碳钢、铸铁基面应干净，无焊渣、毛刺、铁锈、油污、浮尘等杂质。

（2）碳钢、铸铁设备内喷涂的除锈等级不应低于 Sa $2\frac{1}{2}$级或 St3 级。

（3）经除锈处理后的碳钢、铸铁基层宜在 4h 内涂刷底层涂料。

（4）钢结构件的焊缝空隙处，应在施工前用树脂腻子填实，并应进行表面处理。

（二）有色金属基面的基体处理要求

（1）有色金属基面应干净，无焊渣、毛刺、油污等污染物。

（2）有色金属基面应进行手工打磨或喷砂处理，提高表面粗糙度。

（3）有色金属结构件的焊缝空隙处，应在施工前用树脂腻子填实，并应进行表面打磨处理。

（4）经清理后的有色金属基层表面，宜在聚脲施工前涂刷特定底层涂料。

（三）纤维增强塑料（玻璃钢）基面的处理要求

（1）玻璃钢基面应确保干净、无污染。

（2）玻璃钢基面应进行手工打磨处理，提高表面粗糙度。

（四）管道和设备的拼装焊接要求

预制的管道和拼装式设备，应在焊接一侧预留 120 ~ 200mm 的拼装焊接宽度，待现场装配检验合格后，方可进行喷涂聚脲涂层施工。

10

二、施工要求

（一）基本要求

1. 原材料使用与保管

（1）原材料及辅助原料应准备充足，储存在具备阴凉、干燥、通风、防雨的仓库内，并应符合产品使用说明书的储存要求。

（2）原材料及辅助原料应遵循先到先用、开盖即用的原则。

2. 施工基面的验收

聚脲涂层施工前，基面质量检查和验收应符合国家标准《工业设备及管道防腐蚀工程技术标准》GB 50726—2023 的有关规定。

3. 施工环境条件

（1）环境温度宜为 5 ~ 40℃；工件表面温度应高于露点温度 3℃；工件温度低于

5℃时，不宜施工；工件基面温度高于45℃，谨慎施工。

（2）施工相对湿度大于85%时，宜暂时停工。

（3）风速大于5m/s，风力不小于3级时，不宜进行室外喷涂施工。

（4）当采取防护措施仍无法达到环境条件要求时，不得进行喷涂聚脲涂层的施工。

（5）当采光条件不满足施工要求时，不宜进行喷涂聚脲涂层的施工。

（6）在工业设备内或地下室施工应强制建立通风装置。

4. 施工人员

喷涂聚脲涂层应由培训合格的专业操作人员进行施工，还应具备相应的施工经验。

喷涂聚脲涂层施工通常需两名熟练工人配合。

5. 现场保护措施

（1）喷涂聚脲涂层施工的管道（支管）、设备基座、管架或预埋、预支撑件，应在喷涂施工前安装完毕，并按规范要求做好局部非喷涂面处理。

（2）喷涂聚脲涂层的施工现场，不宜交叉作业，施工完毕后的工件表面应采取保护措施，不得损坏涂层表面。

（二）施工设备

喷涂聚脲涂层采用机械高压撞击式RIM混合反应方式，选择适合的喷涂设备及严格的施工规范十分必要。

1. 双组分喷涂设备

喷涂聚脲衬里施工需要采用专用双组分喷涂设备，并有如下要求：

（1）液压主机工作压力应大于7.0MPa。

（2）A组分和B组分的进料比例泵的体积比应为1∶1。

（3）喷枪应采用高压喷射、撞击混合型式，雾化应均匀。

（4）空气压缩机压力应大于0.7 MPa，其容量应大于0.85m^3/min。

（5）设备加热装置的加热温度应大于65℃，管道加热温度应大于45℃。

2. 施工设备使用要求

（1）A、B料比例泵压力差应小于或等于5MPa，如因气候、温度等原因造成原料黏度差异大，或喷枪混合室口径大小有磨损不一致时，应及时调整A、B料的加热温度或更换混合室。

（2）A、B料比例泵压力差大于5MPa时，施工中应慎用；压差大于10MPa时，不宜施工。

（三）施工工艺的试验认证

施工前编写合理、严谨的施工工艺技术文件、施工组织实施及质量保障文件。

1. 施工工艺及材料试验认证

严格按照施工工艺技术文件的要求，进行标准化试样作业，养护后进行性能测试，检测聚脲涂层材料性能、附着力性能、电火花击穿性能、施工设备的保障能力。

2. 试喷确定工艺

（1）喷涂聚脲涂层的施工为现场一次成型不宜修补。试喷检验合格后的工艺条件应确定为现场施工工艺，再进行喷涂施工。

（2）制作两块尺寸为 200mm × 300mm × 1.5mm 的试样，4h 后方可测试附着力。

（3）当相关试验结果符合施工工艺技术文件的要求后，才能组织后续的工程施工。试喷涂层合格后的工艺应确认为现场施工工艺。

（4）喷涂聚脲涂层施工状态达到要求后，才能固定设备参数，进行正式喷涂。

（四）底涂层施工

1. 底涂层涂料的配料

（1）按供应商提供的技术参数，进行配制。

（2）底层涂料为双组分，宜少量配制且搅拌均匀，快速使用，现配现用。

（3）配制好的底层涂料应在规定的时间内用完，已经初凝的涂料不得使用。

（4）底层涂料应均匀、连续涂装在基层上，不得漏涂，可采用喷涂、辊涂、刷涂、刮涂进行施工。

2. 底涂层的施工厚度

底涂层的施工厚度规定见表 10–16。

表 10–16　底涂层的施工厚度规定

底涂层分类	金属基面
环氧底涂层（干膜厚度）	10 ~ 35 μm/ 一次施工厚度
聚氨酯底涂层（干膜厚度）	10 ~ 35 μm/ 一次施工厚度

因喷砂后防锈、养护间隔时间过长等原因，允许底涂层进行二次施工。

3. 底涂层的养护

底涂层的养护时间需要遵守材料施工指南规定，其最佳养护时间通常以涂层表干为宜，不粘手，但有手按指印。

4. 喷涂时间间隔

（1）底涂层的养护与喷涂聚脲涂层的喷涂施工，其间隔时间宜符合材料施工指南的规定，超过喷涂施工间隔时间的应重新进行底涂料的复涂施工。

（2）底涂层的养护时间见表 10–17。

表 10–17　底涂层的养护时间

底涂层涂料种类	温度 /℃	养护时间 /h
聚氨酯体系	≥ 15	1 ~ 6
	≥ 30	1 ~ 3
环氧树脂体系	>15	4 ~ 6
	≤ 15	6 ~ 10
	≤ 8	24

（五）聚脲衬里的喷涂施工

1. 原材料预热

施工的环境温度小于15℃时，应对原料进行预热，其目的是在低温环境下，通过预热来改善原料的流动性，保证设备操作时的供料压力，一般推荐30～40℃料温，长时间局部加热会增加原料的自聚反应，使凝胶粒子增多，导致施工易堵枪，混合不均匀。

2. “工业设备防腐蚀”用喷涂聚脲衬里层施工

（1）喷涂施工作业应按先上、后下、再底及先难后易，先阴角后阳面，先上后下的顺序，宜连续喷涂作业；喷涂时喷枪与基面的距离应以聚脲喷涂至基面，无严重凝胶粒子反弹和涂层面表面平整性良好为基准。

（2）喷枪与基体表面的距离应为300～700mm，角度宜控制在 ±20° 范围内，喷涂移动速度宜均匀、一致，并应采用上下、左右多次交叉喷涂，并应达到规定厚度；设计厚度大于2mm时应分次施工，喷涂衬里间隔时间宜小于60min。

（3）一次施工宽度应小于2 000mm，相邻施工的搭接缝应大于120mm，施工面外易受飞溅粒料污染的表面部分采取遮挡措施。

（4）当喷涂涂层的接缝时，接缝表面应先处理，后喷涂；在喷涂涂层的接缝时，接缝表面处理方式通常先打磨，然后涂界面处理剂，表干后再喷涂聚脲料。

（5）转角和焊缝线应比设计厚度多喷厚0.5～1.0mm，且喷涂时先喷转角和焊缝，再大面积连续喷涂。设备内表面喷涂时，应先喷接管人孔，后喷内腔，且接管、人孔与设备内腔焊接处应加厚0.5～1.5mm。

（6）当喷涂施工作业出现表面不固化层、鼓泡或脱层等缺陷时，应立即停止喷涂，检查并排除设备故障，并经试喷合格后，方可继续喷涂。

3. “工业管道防腐蚀”用喷涂聚脲衬里层施工

（1）长直管道应采用管道旋转内喷涂的机械化方式。

（2）短直管道宜采用管道旋转内喷涂的机械化施工或手工喷涂的方式。

（3）弯头宜采用手工喷涂的方式。

（4）聚脲喷涂施工应采取先上后下再底的施工顺序。接管焊接处加厚0.5～1.5mm。

4. 金属基面无底涂层涂料的施工

当金属基面不采用底涂料工艺时，喷涂聚脲衬里的施工需要注意以下几点：

（1）金属基面喷砂除锈方式，除锈等级和粗糙度应符合国家标准《工业设备及管道防腐蚀工程技术标准》GB/T 50726—2023的有关规定。

（2）金属基面采用喷砂除锈方式时，完工时间控制在4h以内。

（六）喷涂聚脲衬里的缺陷修补

喷涂聚脲衬里是一次性完成的厚膜施工，受多种因素的影响，在施工中可能存在一些缺陷，需要修补。

1. 缺陷现象

（1）聚脲衬里厚度不到。

（2）聚脲衬里有大的鼓泡、壳层。

（3）聚脲衬里有固化不完全的粘连现象。

（4）聚脲衬里表面有密集型的针孔现象。

2. 修补要点

喷涂聚脲衬里的修补应注意以下几点：

（1）喷涂过程中，涂层厚度不符合设计要求时，可按表 10–18 的要求进行补喷。

表 10–18 涂层间的复喷间隔时间和喷涂要求

环境温度 /℃	间隔时间 /h	复喷涂要求
>15	>2	应采用界面处理剂处理后再喷涂
	≤ 2	可直接复喷
10 ~ 15	>3	应采用界面处理剂处理后再喷涂
	≤ 3	可直接复喷
<10	≥ 4	应采用界面处理剂处理后再喷涂

（2）层间处理剂或底涂层涂料的表干和聚脲补喷时间，应根据材料供应商提供的技术参数，并结合施工现场的温度和湿度进行表干和复喷间隔时间的喷涂试验，观察附着力现象，确定现场条件下的表干时间。

3. 修补施工

（1）应先对聚脲涂层修补处的底层表面进行处理，将鼓泡及壳层缺陷周围 5 ~ 20mm 范围内的涂层及基面清理干净并进行打磨，分别涂刷界面处理剂或底层涂料。

（2）修补料的配制每次不宜超过 300g，且应搅拌均匀，但每次快速搅拌时间不应超过 30s，随配随用。当出现凝胶状态时，不得使用。

（3）喷涂聚脲涂层出现大于 $0.5m^2$ 的鼓泡或脱层等缺陷时，宜采用机械喷涂方法修补。

（4）面积小于 $0.5m^2$ 不连续鼓泡、壳层或针孔等缺陷，宜采用手工进行修补。

（5）修补的喷涂聚脲衬里缺陷，第二天应再进行检查，如仍存在缺陷，应再次修补。

（七）喷涂聚脲衬里的养护

喷涂聚脲衬里的养护时间见表 10–19。

表 10–19 喷涂聚脲衬里的养护时间

环境温度 /℃	养护时间 /h	环境温度 /℃	养护时间 /h	环境温度 /℃	养护时间 /h
>30	4	15 ~ 30	7	≥ 5 且 <15	10

对已施工完毕的聚脲涂层应采取适当的措施进行保护，其主要方法如下：

（1）设备警示牌和告知牌。

（2）对部分表面进行覆盖。

（3）与业主协调聚脲涂层的施工时间。

（八）施工中的环境保护

喷涂施工中应对周边环境进行保护，不得污染非施工物件。尤其要注意施工过程中的凝胶颗粒飞溅对环境和作业质量的影响。喷涂型聚脲施工过程中形成的凝胶粒子，是施工过程中的必然产物，具有黏附性，会对相邻施工面造成黏附，影响涂层质量，同时飞溅的凝胶粒子会对周边环境形成空气污染，所以施工时必须采取措施以防止颗粒飞溅。

1. 固定工位喷涂施工

一般在工厂车间施工。在施工面上方或后方采用安装固定式吸风罩的形式，将含凝胶粒子的废气通过装备过滤箱进行铺集，过滤网定期更换，非喷涂的相邻面用塑料薄膜进行遮蔽保护。

2. 移动工位喷涂施工

（1）大空间移动工位喷涂施工：在进出口安装送风和吸风机器，在吸风机出口安装过滤网的过滤箱进行铺集，并对非喷涂的相邻面用塑料薄膜进行遮蔽保护。

（2）小空间移动工位喷涂施工：在小空间内安装移动吸风机器，在吸风机出口安装过滤网的过滤箱进行铺集，并对非喷涂的相邻面用塑料薄膜进行遮蔽保护；一次性施工面积不宜太大。

3. 室外或敞开空间施工

（1）固定工位喷涂施工（工厂车间施工）：在施工面上方或者后方采用安装固定式吸风罩的形式，将含凝胶粒子的废气通过装备过滤网的过滤箱进行捕集，过滤网定期更换，非喷涂的相邻面用塑料薄膜进行遮蔽保护。

（2）移动工位喷涂施工：将施工面周围用塑料薄膜围起来，减少凝胶粒子飞溅的污染，降低施工面的风速，提高施工质量的保障，对当时非喷涂的相邻面用塑料薄膜进行遮蔽保护。

第五节 质量检验

一、影响聚脲衬里质量的因素

施工中聚脲涂层常见缺陷及原因分析见表 10-20。

表 10-20 施工中聚脲涂层常见缺陷及原因分析

工序	缺陷	产生原因
基体表面处理工序	电火花检测不合格	钢结构缝隙未填充满聚脲涂层，有漏洞
		钢结构喷涂距离短、影响喷涂角度，聚脲涂层有漏洞
		钢板焊缝有空隙，喷涂前未填充，易产生涂层针孔
		钢板焊缝圆弧形角度不够，易产生涂层针孔
		直角焊接内衬处未满焊，易产生涂层针孔
		钢板基面有毛刺，易导致涂层中毛刺外露
	附着力不达标	除锈等级不到位，造成附着力不达标
		粗糙度等级不到位，造成附着力不达标

续表 10–20

工序	缺陷	产生原因
施工准备工序	底涂层涂料的附着力不达标	底涂层涂料与聚脲涂层的粘结力不匹配，没有按照聚脲生产厂家的推荐要求进行选择
		基面的除锈等级、粗糙度等级处理不符合要求
施工工序	聚脲涂层力学性能不达标	聚脲涂料的选择，存在问题
		聚脲涂层的施工环境条件、养护条件不符合标准要求
		施工设备不符合标准要求
		施工设备符合标准要求，但保养不到位，造成涂层施工有缺陷
	聚脲涂层耐腐蚀性能不达标	聚脲涂料的选择存在问题，不符合设计要求
		施工因素造成的涂层性能不符合设计要求
	聚脲涂层缺陷处出现新的损坏	聚脲修补涂料的选择和施工存在问题
	聚脲涂层之间分离	聚脲层间处理剂的选择和施工存在问题
	聚脲面层涂料出现变色与脱落	聚脲面层涂料的抗老化选择存在问题
		聚脲面层涂料的粘结性选择存在问题
	电火花检测不合格	喷涂基面位置有凝胶粒子未处理干净，喷涂形成针孔
		聚脲涂层喷涂厚度不均匀，薄处耐击穿电压不够
		聚脲涂层喷涂死角，薄层处耐击穿电压不够
		喷涂聚脲涂层有穿透性针孔，耐击穿电压短路
		喷涂聚脲涂层出现有微发泡现象，耐击穿电压性能降低
	附着力不达标	基面表面有露水，直接施工底层涂料，造成底层涂料和金属基面的结合力差，且小于 3.5MPa
		底涂层涂料施工时，基面湿气过重
		喷涂聚脲涂层时，底涂层涂料养护超过时间又未做处理
		聚脲涂层粘结时间过快，养护后附着力会降低
	涂层表面有空壳或起泡	喷涂基面底层涂料表面有局部湿气或者水分
		喷涂基面底层涂料表面有溶剂或者未固化层
		涂装设备混合不匀或者混合比例出错
		涂装设备主机压力不够或者双组分压力偏差过大
		涂装双组分原料加热温度不够
		涂装基面温度过低或过高
	涂层表面有不固化现象	涂装设备混合不匀或者混合比例出错
		涂装设备出现故障
现场管理	现场管理混乱，造成质量事件频发	施工工艺文件的要求落实不到位，组织管理有缺陷
		现场缺少有经验的聚脲施工人员
		现场保障设施不到位

二、喷涂聚脲衬里的检验

（一）工程验收执行的标准

工业设备及管道喷涂聚脲衬里层的验收包括：原材料、基层检查验收、衬里检查验收、相关记录与交接报告验收、工程质量检查与验收，除应符合国家标准《工业设备及管道防腐蚀工程技术标准》GB/T 50726—2023 外，还应符合现行行业标准《喷涂型聚脲防护材料涂装工程技术规范》HG/T 20273 的规定。

（二）工程质量验收检测方法

聚脲衬里工程质量验收项目和检测方法见表 10–21。

表 10–21　聚脲衬里工程质量验收项目和检测方法

分类	项目	指标控制值	检测方法
原材料	取样	底涂料、聚脲修补料、聚脲层间处理剂应按同批次 1t 为一个检验批；不足 1t 按一个检验批	在每个检验批中随机抽取一组，数量不应小于 2kg
		聚脲原料应按同批次 5t 为一个检验批，不足 5t 按一个检验批；在每个检验批中随机抽取一组	数量应符合机械喷涂检测的要求
衬里和涂层	检查点数	当面积小于或等于 $50m^2$ 时，应抽查 4 处；当面积大于 $50m^2$ 时，每增加 $20m^2$，应多抽查 1 处；不足 $50m^2$ 时，按 $50m^2$ 计；每处测点不得少于 3 个	面积测量
		重要部位、难维修部位应按面积抽查 50% 以上，每处测点不得少于 5 个；当总面积少于 $200m^2$，应进行全数检查	面积测量
		对质量有严重影响的部位，可进行破坏性检查	关键部位
主控项目检测	聚脲涂层的击穿电压检测	厚度 1.0mm，耐电压大于或等于 3 000V 无击穿； 厚度 1.5mm，耐电压大于或等于 4 500V 无击穿； 厚度 2.0mm，耐电压大于或等于 6 000V 无击穿	用电火花仪测试，移动速度小于或等于 0.3m/s
	附着力试验	钢板基面附着力大于或等于 3.5MPa； 附着力小于设计值 10% 的点数不得大于检查数量的 10%	拉拔法试验执行现行国家标准《色漆和清漆　拉开法附着力试验》GB/T 5210 标准
	钢材基面涂层厚度检测	δ =Amm（A 为设计厚度），允许厚度超差 A–0.4mm 部分不超过 10%	随喷样板和现场切割涂层检测

续表 10–21

分类	项目	指标控制值	检测方法
一般项目检测	外观	聚脲涂层表面无明显的尖锐突出物、龟裂、尖口划伤等缺陷。允许表面有少量涂料凝胶粒子和少量局部过喷现象	目测观察检查
	色泽	色泽均匀	目测观察检查
	表面壳层、鼓泡点	允许表面有小于 200mm^2 的壳层或鼓泡数量小于或等于 2 个 /m^2	目测、指触检查

（三）聚脲涂层工程质量验收要求

（1）原材料和主控项目应全部合格。

（2）一般项目检测点的合格率应大于 80%，且不合格点不得影响使用。

（3）喷涂聚脲衬里的附着力检测试样制备要求应符合现行国家标准《色漆和清漆　拉开法附着力试验》GB/T 5210 的有关规定；当抽样检测结果有一项指标为不合格时，应再进行一次抽样复检，当仍有一项指标不合格时，应加倍进行抽检，仍不合格，应判定该产品质量为不合格。

第六节　运 行 维 护

一、验收后运行前的维护和保养

在聚脲衬里涂层验收后、运行前需要注意以下几点：

（1）喷涂聚脲衬里的工业设备及管道设置现场围栏，并有明显保护警示。

（2）避免工具等物品掉落在聚脲涂层表面，对涂层造成损坏。

（3）验收后不宜进行焊接、切割作业，避免损坏涂层。

（4）喷涂聚脲衬里的工业设备及管道投入使用时，其使用工况条件和使用方式应按设计要求进行。

二、运行过程中的维护和保养

喷涂聚脲衬里工业设备及管道使用过程中需要注意以下几点：

（1）在衬有聚脲涂层的设备及管道投入使用时，不得超设计范围使用。

（2）每年定期检修时，对其检查、保养并记录使用状况登记。

（3）当检查发现存在缺陷时，应及时进行专业维修。

（4）当检查发现存在缺陷处过多时，应及时进行使用安全性、可靠性的评估，并做出判断。

（5）当使用寿命接近设计工作年限时，应及时进行使用安全性、可靠性的评估，并做出判断。

三、运行终止的条件

（1）当检查发现聚脲涂层存在的缺陷已经影响到生产的安全性，则应当及时终止使用。

（2）当每年检修检查发现缺陷处过多时，经评估后，认为不宜继续使用的，应当及时终止使用。

第七节　工 程 案 例

关于聚脲涂层成功的工程案例和失败的工程案例分别见表 10–22 和表 10–23。

表 10–22　成功的工程案例

工程名称	地点	施工时间	介质和使用工况	衬里结构	估计的使用寿命和年限
某电厂除盐水箱	安徽巢湖	2008 年	去离子水	碳钢储罐内衬聚脲涂层，厚约 1.5mm	估计使用 10 年，至今完好
某电厂污水池	安徽巢湖	2008 年	电厂含硫废水	混凝土基面内衬聚脲涂层，厚约 2mm	估计使用 10 年，至今完好

表 10–23　失败的工程案例

工程名称	地点	施工时间	介质和使用工况	衬里结构	缺陷及原因分析
某塑料丙烯酸项目	宁波北仑	2006 年	工业废水	碳钢储罐内衬聚脲涂层，厚约 1.5mm	大面积脱落，原因为选择的底层涂料与聚脲涂层配合性一般，底层涂料养护超时
某化工厂	盐城	2013 年	工业废水	混凝土基面内衬聚脲涂层，厚约 2mm	聚脲涂层脱落，原因为承包商在排水沟表面用水泥砂浆抹面，2 年后砂浆抹面与基面开裂，聚脲涂层被破坏

第十一章

氯丁胶乳衬里

11

氯丁胶乳衬里通常是由氯丁胶乳与硅酸盐水泥等材料拌和而成的一种聚合物水泥衬里防腐蚀材料。因其优异耐盐碱性能、超长使用寿命、无VOC排放特点、宽松施工环境要求等因素，使得氯丁胶乳衬里在盐、碱行业的设备、建筑防腐蚀中得到广泛应用。

氯丁胶乳的种类很多，本章用于设备、管道防腐蚀的氯丁胶乳衬里所用氯丁胶乳通常是指添加助剂后阳离子氯丁胶乳。

氯丁胶乳衬里按其组分的不同，可以分为氯丁胶乳砂浆衬里和氯丁胶乳胶泥衬里。

第一节 氯丁胶乳衬里材料

氯丁胶乳砂浆在国外开发较早，美国杜邦公司于20世纪30年代开发出氯丁胶乳，并在20世纪50年代初开发出氯丁胶乳砂浆，并把此技术应用在防水工程和道路维修中，同时期英国也有关于氯丁胶乳砂浆的研究应用探索。我国氯丁胶乳开发较晚，20世纪70年代青岛某化工厂首先开发阳离子氯丁胶乳，并开始应用于水泥砂浆中。四川长寿某化工厂采用通用型氯丁胶乳制成胶乳砂浆，用于防止化工大气的腐蚀，效果也很好，但由于配比复杂，施工繁琐，因而未能进行推广应用。20世纪80年代初，上海某大学采用阳离子氯丁胶乳砂浆，作为船甲板的敷料，起到防腐、防滑的作用。大连某化工研究设计院于20世纪80年代针对氯丁胶乳砂浆存在的问题及缺点，在氯丁胶乳砂浆的密实性和硫化剂方面做了许多改进工作，使阳离子氯丁胶乳砂浆的抗压强度达到38MPa，密实性增加12%，并提高了砂浆的防水性能和耐腐蚀性能，并在氯丁胶乳砂浆的施工工艺方面也进行了完善，之后在盐碱行业开展了推广应用。

氯丁胶乳砂浆在防腐蚀应用过程中，虽然综合性能优异，但也存在一些问题，比如氯丁胶乳砂浆防腐蚀层厚度一般在10～20mm，具有很好的耐蚀性、耐久性和抗渗性，但是抗变形性能稍差。对于面积较大设备的内顶或仰面，由于人为或自然因素导致的内顶或仰面变形，采用氯丁胶乳砂浆层时，这种变形容易产生裂纹、空鼓，从而降低氯丁胶乳砂浆层的防腐蚀效果。另外如果是带有传动的设备，运行中会产生一定的振动，它的内顶或仰面采用氯丁胶乳砂浆层时，由于防腐层偏厚、偏重，在振动过程中容易造成防腐蚀层的脱层，一旦产生脱层，当有腐蚀介质渗入，很容易造成防腐蚀层的脱落。针对上述问题，大连某化工研究设计院研发了氯丁胶乳胶泥，并在建筑的梁、棚，设备的内顶、仰面等部位进行应用试验，取得成功，效果良好。

因此在腐蚀的环境下，设备的内顶、仰面等部位以及建筑的梁、棚等部位，建议采用氯丁胶乳胶泥防腐蚀，它的防护效果明显好于氯丁胶乳砂浆，但在楼面、地面的防腐中，建议采用氯丁胶乳砂浆，因为氯丁胶乳砂浆的抗冲击性能好于氯丁胶乳胶泥。

氯丁胶乳衬里使用的原材料包括：氯丁胶乳、水泥、细骨料、玻纤网。

一、氯丁胶乳

1. 氯丁胶乳种类

氯丁胶乳的生产需要用到乳化剂，根据乳化剂种类的不同，把氯丁胶乳分为非离子氯丁胶乳、阴离子氯丁胶乳和阳离子氯丁胶乳。

（1）非离子氯丁胶乳是以非离子表面活性剂和聚乙烯醇为乳化剂，其产品的机械性能较好，一般用于胶黏剂的原料。

（2）阴离子氯丁胶乳是以松香酸碱金属盐形成的体系为乳化剂，在胶乳表面吸附松香酸根离子，使其带有负电荷，如与硅酸盐水泥混合，水泥中的钙盐会引起胶乳的凝固而失效，一般用于浸渍制品、胶黏剂或涂料的原料。

（3）阳离子氯丁胶乳是以胺的酸盐或聚苯乙烯季胺的氯化物为乳化剂，胶乳表面带有正电荷，对水泥中的钙、钠离子无敏感的凝聚效应，与水泥拌和性能相对稳定，但是要满足施工要求及制成品的耐腐蚀要求，在阳离子氯丁胶乳中还要求加入稳定剂、pH 调节剂、密实剂、促进剂等助剂，阳离子氯丁胶乳存放过程中会产生一定的变化，如不加入适当的助剂，在混合料搅拌时，会产生破乳现象，失去了防腐蚀作用。而施工现场加入的各种助剂，往往受各种因素影响，很难准确掌握加入量，而且不能充分的剪切乳化，从而使工程质量受到影响。本章所提氯丁胶乳一般是指经过加入助剂改性的阳离子氯丁胶乳，而且应该在工厂按标准化生产，如此可以保证现场配制素浆、胶泥、砂浆的稳定性和易于施工性，工程质量也会随之提高。氯丁胶乳质量要求见表 11–1。

表 11–1　氯丁胶乳质量指标

项目	外观	固含量 /%	pH	密度（20℃）/（g/cm^3）	储存稳定性
指标	白色乳状液	25.0 ~ 30.0	≥ 9.0	≥ 1.05	3 个月无明显变化

注：本表的氯丁胶乳是指添加助剂后的阳离子氯丁胶乳。

2. 氯丁胶乳性能

氯丁胶乳衬里的性能在很大程度上与氯丁胶乳的性能密切相关。氯丁胶乳具有氯丁橡胶的通性。氯丁橡胶的性能如下：

（1）氯丁橡胶的综合性能优于天然橡胶、丁苯橡胶、丁基橡胶、丁腈橡胶和聚硫橡胶，甚至还优于氯磺化聚乙烯橡胶。

（2）氯丁橡胶耐候性优于天然橡胶和丁苯橡胶，见表 11–2。

表 11–2　几种橡胶的耐候性试验结果

项目	氯丁橡胶	天然橡胶	丁苯橡胶
拉伸强度残余率 /%	98	80	70
伸长残余率 /%	83	62	51
硬度变化	+1	+3	+20

注：试验条件为 50℃，200h。

（3）氯丁橡胶耐臭氧性能优于天然橡胶和丁苯橡胶，见表 11–3。

（4）与其他橡胶相比较，氯丁橡胶的透气率较低，见表 11–4。

（5）氯丁橡胶的耐低温性能较差，脆性温度较高且结晶速度快，故不宜作超低温材料。氯丁橡胶的玻璃化温度 T_b 为 –40℃，作为聚合物水泥砂浆在大气条件下的耐低温性能也可以满足要求。

表 11–3　几种橡胶在臭氧中裂缝发生时间

试验条件	氯丁橡胶	天然橡胶	丁苯橡胶	丁腈橡胶	聚硫橡胶	丁基橡胶
50ppm × 20% 拉伸（50℃）/h	≥ 50	18	22	—	—	—
150ppm × 20% 拉伸（常温）/h	24	—	立即破坏	1	8	24

注：ppm 是英文 parts per million 的缩写，非法定计量单位。考虑到在行业中的使用习惯和便于读者理解，不作修改。

表 11–4　几种橡胶的气体渗透比较值

气体名称	天然橡胶	氯丁橡胶	丁苯橡胶	丁腈橡胶 -20	聚丁二烯橡胶
空气	100	15	76	33	81
二氧化碳	100	20	94	48	105
氮气	100	14	78	31	80
氧气	100	17	73	35	82
氢气	100	27	81	51	86

注：试验温度为 25℃。

（6）氯丁橡胶对芳香烃及氯化溶剂的耐蚀性稍差，对其他油类和无机酸、碱、盐都有较好的耐蚀性，其综合耐腐蚀性能低于聚硫橡胶和氯横化聚乙烯橡胶，但优于天然橡胶和丁苯橡胶，而与丁基橡胶和丁腈橡胶相近。

（7）氯丁胶乳粒子表面包覆乳化剂分子层，胶乳粒子表面带有相同的正电荷，互相排斥，使之难以凝聚，促成胶乳粒子状态稳定。

（8）聚合物的结构特性是与凝胶结构的多少有关，氯丁二烯在聚合为氯丁胶乳的过程中，部分氯丁胶乳会产生交联，它们在胶乳中以微凝胶形式分散于胶乳颗粒中。它不同于胶膜经硫化而交联的凝胶，具有相当数量的端基、支链等，彼此联结疏松，具有较大的活性，因此仍保有一定的扩散和渗透能力。氯丁胶乳与阴离子性的纤维、玻璃、金属都具有良好的亲和性，所以与基体的附着力优异。

总之，在三种氯丁胶乳中，阳离子氯丁胶乳最适合与水泥等配制成氯丁胶乳素浆、胶泥或砂浆。

二、水泥

耐蚀性较好的水泥品种是矾土水泥和矿渣硅酸盐水泥。制作氯丁胶乳水泥砂浆时，矾土水泥水化作用过快，搅拌水泥砂浆时，很快产生大量水化物，使胶乳砂浆稳定性变差，难以满足施工需要，故不能采用；而矿渣硅酸盐水泥水化速度较慢，同时胶乳又会影响水泥的水化反应，导致砂浆的早期强度偏低，因此也不宜作防腐蚀工程材料使用。

复合硅酸盐水泥或普通硅酸盐水泥虽然耐蚀性稍差，但施工性能好，加入胶乳后可以大幅提高其耐蚀性。试验中采用复合硅酸盐水泥或普通硅酸盐水泥制备胶乳砂浆，既有良好的耐腐蚀性能，又有较好的施工性能。

选用的复合硅酸盐水泥或普通硅酸盐水泥的强度等级为42.5MPa，可以同时满足施工和强度要求。

三、细骨料

细骨料优先采用石英砂，因其颗粒坚固，有害杂质少，有利于提高制成品的耐腐蚀性能，当采用普通砂时，也应选用含泥量低的优质中粗河砂。

细骨料的质量要求见表11–5，颗粒级配的要求见表11–6。

表11–5　细骨料的质量要求

项目	含泥量/%	云母含量/%	硫化物含量/%	有机物含量/%
指标	≤3	≤1	≤1	不允许

表11–6　细骨料的颗粒级配要求

筛孔/mm	筛余量/%	筛孔/mm	筛余量/%
5.0	0	0.63	41～70
2.5	0～25	0. 315	70～92
1.25	10～50	0.16	90～100

四、玻纤网

在氯丁胶乳衬里配比中，因氯丁胶乳的加入，极大地减少砂浆表面裂纹的产生，但还是有少量微裂纹的存在。在氯丁胶乳衬里施工过程中，加入玻纤网可以增加衬里的整体性，减少微裂纹的产生，有利于提高氯丁胶乳衬里的耐腐蚀性能。玻纤网与氯丁胶乳粒子具有很好的亲和性，可以在胶乳衬里中起到加强作用，涂抹在基体表面，能够减少衬里的凝固收缩，并均匀分散所受的应力，减轻由于凝固收缩、外力挤压、撞击造成胶乳衬里结构变形带来的破坏，使防腐保护层有很高的抗冲击强度，起到“软钢筋”的作用。本章的玻纤网是苯板外墙保温中采用的增强材料，而非玻璃纤维增强塑料中的玻璃纤维布。

玻纤网的主要性能指标见表11–7。

表11–7　玻纤网的主要性能指标

项目	指标	项目	指标
单位面积质量/（g/m^2）	≥130	耐碱断裂强力保留率/%	≥50
耐碱断裂强力/（N/50mm）	≥750	断裂伸长率/%	≥5.0

第二节　氯丁胶乳衬里性能

一、氯丁胶乳衬里物理性能

（一）氯丁胶乳衬里试块制备

氯丁胶乳衬里试块的制备应该在温度为（20 ± 3）℃，相对湿度为60%以上的实验室内进行。氯丁胶乳衬里试块的制备是将改性的阳离子氯丁胶乳、复合硅酸盐水泥（P.C 42.5）、标准石英砂按一定比例拌和成氯丁胶乳砂浆或胶泥（胶泥不含标准石英砂）后，一次性装入40mm × 40mm × 160mm模具中，用捣棒插捣15次，用镘刀把高出模具的砂浆或胶泥压实、刮平，并轻轻抹平表面，放入湿养护箱中养护，24h后脱模，然后继续在湿养护箱中养护6d，湿养护后在干养护箱再养护21d，即可进行物理性能测试。

试块制作、养护方法等内容可以参考现行行业标准《聚合物改性水泥砂浆试验规程》DL/T 5126的相关内容。

（二）物理性能

到达规定养护龄期的试块，取出后擦净表面，即可进行物理性能测试。氯丁胶乳衬里的物理性能测试结果与国家标准《工业设备及管道防腐蚀工程技术标准》GB/T 50726—2023中的标准设定值见表11-8。

表11-8　氯丁胶乳衬里的物理性能

项目	氯丁胶乳砂浆		氯丁胶乳胶泥	
	试验值	标准设定值	试验值	标准设定值
抗压强度 /MPa	31.2	≥ 30.0	38.9	≥ 32.0
抗折强度 /MPa	6.1	≥ 3.0	4.1	≥ 3.8
与碳钢粘结强度 /MPa	1.8	≥ 1.8	1.9	≥ 1.8
抗渗强度 /MPa	2.0	≥ 1.6	2.3	≥ 1.6
吸水率 /%	3.5	≤ 4.0	2.6	≤ 35
初凝时间 /min	160	> 45	55	> 45
终凝时间 /min	400	< 720	600	< 720

无论是氯丁胶乳砂浆，还是氯丁胶乳胶泥，大连某化工研究设计院都进行过深入的研究和检测，他们提供的氯丁胶乳衬里物理性能数据，有的远高于表11-8中的数据值，考虑到一些相关企业的氯丁胶乳质量差异或施工水平不同等因素，以及试验产品质量与实际工程质量的差别等原因，确定了氯丁胶乳衬里物理性能的标准设定值。

物理性能及检测可以按国家标准《工业设备及管道防腐蚀工程技术标准》GB/T 50726—2023及行业标准《聚合物改性水泥砂浆试验规程》DL/T 5126—2021的相关规定进行。

二、氯丁胶乳衬里的耐腐蚀性能

（一）氯丁胶乳衬里的固化机理

氯丁胶乳砂浆与普通水泥砂浆相比，具有较高的抗折和抗拉强度；收缩率较小，极限延伸率较大，抗拉弹性模量较低，所以其抗裂性较普通水泥砂浆好得多；对基体的粘结强度好，抗水、抗盐碱的渗透以及耐冻融的性能都很好，是一种性能较好的防腐蚀和修补加固材料。

氯丁胶乳水分散体对水泥的改性可归纳为两个过程，即水泥水化和氯丁胶乳的聚结。一般是水泥先水化，由于水泥水化，拌合物便凝结和硬化，氯丁胶乳粒子开始凝缩填补空隙的空间。拌合物中的水分由于水泥水化和蒸发而持续移动，此时，氯丁胶乳粒子聚结成聚合物膜在水泥水化中覆盖在骨料粒子上，并在空隙空间形成线性聚合。

在初始阶段，氯丁胶乳水泥砂浆由于减水较多，当拌合物表面水分蒸发时易产生较大的塑性收缩，因此开始时应防止表面蒸发过快，采取覆盖措施。由于氯丁胶乳粒子直径一般大于100μm，而水泥毛细管一般小于1μm，所以氯丁胶乳粒子不能渗透到细的毛细管中，氯丁胶乳的作用只有在较大的毛细管和空隙中才更显著。

此外，氯丁胶乳的单体含有不饱和的活性基团，这些单体具有潜在的化学活性，它能与水泥中的钙及其他金属离子、在细骨料表面的硅酸盐和其他化学基团起反应，在反应中伴随着多次交联，使细骨料、水泥石以及水泥凝胶与聚合物产生较强的粘结力，从而使氯丁胶乳水泥砂浆的抗拉强度、剪切强度显著增大。水泥浆主要是由水化硅酸钙、水化铝酸盐和氢氧化物粘结在一起的凝聚结构，通常由于拌和水的蒸发在浆体内产生应力而引起微裂缝，氯丁胶乳可以在两方面进行改性：一是通过阻塞通道，减少水分移动的速度和数量而减少微裂缝；二是当微裂缝一旦形成，聚合物膜可以起架桥作用抑制裂缝的发展，从而增加了抗拉强度和断裂韧性。

从上述机理出发，改性氯丁胶乳的最佳用量为水泥用量的10%~20%（干基）；过低的用量会明显降低氯丁胶乳的改性效果；用量过大不经济，而且会引入过多空气，使砂浆中含气量增加，降低其密实性。

加入氯丁胶乳对水泥凝结时间有影响，但对水泥水化速度的影响不大。

（二）氯丁胶乳的耐腐蚀性能

氯丁胶乳改性体系对砂浆孔隙结构的影响与聚灰比有关。试验表明，改性后的空隙率和孔的体积与不改性的明显不同：半径200μm的孔数量大大减少，半径为25μm的孔或更小的孔数量增多，总空隙率和孔体积随聚灰比增加而减少，这就改善了对液体的不渗透性、抗碳化性和抗冻性。

氯丁胶乳胶泥的主要原材料与氯丁胶乳砂浆相似，但因其不含细骨料，制成品密实性优于氯丁胶乳砂浆，从耐腐蚀浸泡试验可以看出，其耐腐蚀性能也优于氯丁胶乳砂浆，但还没达到质的飞跃，比如在饱和尿素、饱和碳酸钠、20%氢氧化钠溶液等腐蚀介质中的耐腐蚀性要好于氯丁胶乳砂浆，而耐盐酸、硝酸、硫酸依然不佳，其中原因可能是都含有水泥。所以在没有冲击破坏的腐蚀环境中，推荐用氯丁胶乳胶泥代替氯丁胶乳砂浆。

必须指出氯丁胶乳胶泥耐腐蚀性能好于氯丁胶乳砂浆，也只是同一耐腐蚀级别的上限与下限的关系，没有形成质变，所以氯丁胶乳砂浆或胶泥的耐腐蚀指标见表 11–9。

表 11–9　氯丁胶乳衬里的耐腐蚀性能

介质名称	性能	介质名称	性能	介质名称	性能
饱和食盐水	√	汽油	√	2% 硫酸	×
饱和碳酸钠	√	苯	√	2% 盐酸	△
饱和尿素	√	丙酮	√	2% 硝酸	△
饱和氯化铵（半浸）	√	乙醇	√	5% 磷酸	×
氨水	√	饱和硫酸钠（半浸）	△	2% 醋酸	△
20% 氢氧化钠	√	2% 铬酸	△	5% 硫酸和 5% 氢氧化钠交替作用	×
饱和硝酸铵（半浸）	√	2% 氢氟酸	×		

注：1　“√”表示推荐；“×”表示不推荐；“△”表示仅在暂时接触腐蚀介质情况下推荐；

　　2　试验浸泡期为 12 个月。

以下是氯丁胶乳砂浆和氯丁胶乳胶泥在饱和尿素、饱和碳酸钠、20% 氢氧化钠腐蚀溶液中的耐腐蚀浸泡试验的外观结果图片，试验条件为：室温、常压、半浸、一年。

在饱和尿素溶液中，氯丁胶乳砂浆试块的表面几乎无变化；氯丁胶乳胶泥试块的表面无腐蚀，见图 11–1 及图 11–2。

在饱和碳酸钠溶液中，氯丁胶乳砂浆试块表面在溶液界面以上表面轻微腐蚀，干燥过程中出现少量碳酸钠结晶，说明有碳酸钠渗入；氯丁胶乳胶泥试块的表面基本无变化，见图 11–3 及图 11–4。

在 20% 氢氧化钠溶液中，氯丁胶乳砂浆试块的表面基本无变化，干燥过程中出现结晶说明浸泡过程中有少量氢氧化钠渗入；氯丁胶乳胶泥试块的表面基本无变化，见图 11–5 及图 11–6。

图 11–1　从饱和尿素中取出后的氯丁胶乳砂浆

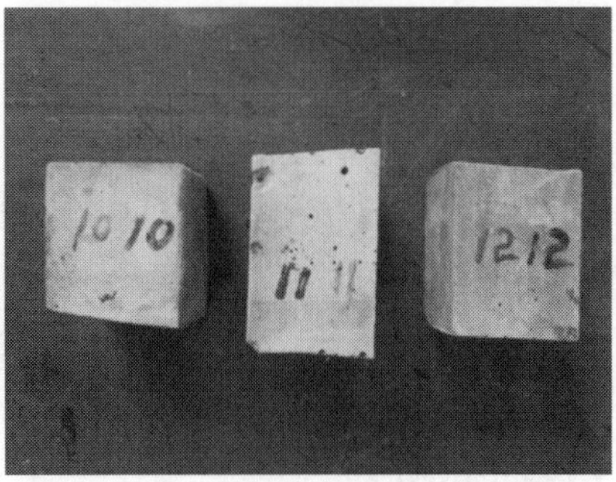

图 11–2　从饱和尿素中取出后的氯丁胶乳胶泥

11

图 11-3 从饱和碳酸钠中取出后的氯丁胶乳砂浆

图 11-4 从饱和碳酸钠中取出后的氯丁胶乳胶泥

图 11-5 从 20% 氢氧化钠中取出后的氯丁胶乳砂浆

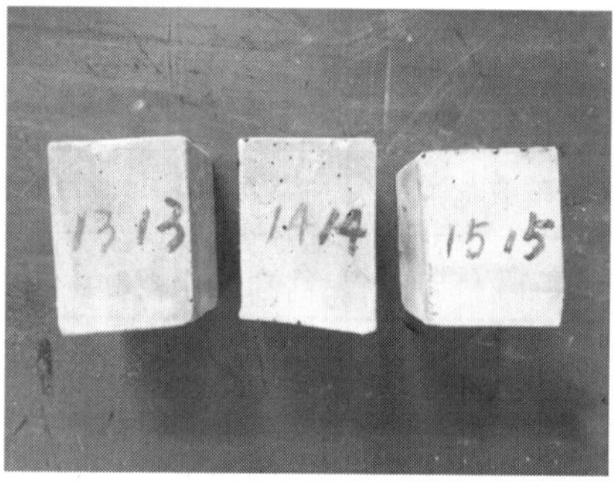

图 11-6 从 20% 氢氧化钠中取出后的氯丁胶乳胶泥

三、耐腐蚀性能试验方法和评定标准

（一）试验方法

氯丁胶乳衬里材料耐腐蚀检测采用静态浸泡试验，其步骤如下：

1. 试块制作

氯丁胶乳衬里耐腐蚀性能试验采用 40mm × 40mm × 160mm 长方体试块。试块制作方法可以参考本节“一、氯丁胶乳衬里物理性能”中“（一）氯丁胶乳衬里试块制备”的相关内容。

2. 试块耐蚀试验

试验用试块按每 3 块 1 组，液态介质的耐腐蚀试验可以采用全浸形式或半浸形式。试块之间应相互隔开，液面至少高于试块顶面 10 ~ 20mm。当选用膨胀型腐蚀性盐类介质如硫酸钠时，还应增加半浸试验，即试块卧放浸入溶液 20mm，露出空气中 20mm。

3. 浸泡介质的温度、浓度

室温为 5 ~ 35℃；试验期间，介质的浓度应保持不变，可按第 1 个月每隔 7d，以后每隔 3 个月检查 1 次。

4. 浸泡龄期

取 1、3、6、12 个月，其中 1、3 个月的龄期可以只检查试件的外观变化，不做强度测定。6、12 个月龄期应测出试件的外观变化、强度变化。

氯丁胶乳衬里材料耐腐蚀试验可按国家标准《建筑防腐蚀工程施工质量验收标准》GB/T 50224—2018 附录“F.3 聚合物水泥砂浆类材料”的耐腐蚀性能试验方法进行。

（二）评定标准

氯丁胶乳衬里耐腐蚀性能检测包括外观变化、抗折和抗压强度变化，并应符合下列规定：

（1）浸泡后应检查试件外观有无粉化、起砂、掉角、开裂等现象。

（2）到龄期的试件应该进行破型测抗折和抗压强度，所得结果与国家标准《工业设备及管道防腐蚀工程技术标准》GB/T 50726—2023 中的标准设定值进行评判，见表 11–10。

（3）氯丁胶乳衬里耐腐蚀性能评定标准见表 11–10。

表 11–10　氯丁胶乳衬里耐腐蚀性能评定标准

等级	强度降低率 /%	外观变化
耐腐蚀	<20	基本无变化
尚耐蚀	20 ~ 40	有粉化、起砂现象
不耐蚀	>40	严重起砂、掉角、开裂

（4）外观变化、抗折和抗压强度变化的检测指标中，当有一个指标不符合该等级标准时，该聚合物水泥砂浆类材料耐腐蚀性能相应降级。

第三节　设 计 要 点

一、适用范围

（一）适用设备

适合于无预应力，且内部结构简单或内壁附属配件极少的设备及管道。由于氯丁胶乳砂浆衬里厚度一般在 10 ~ 20mm，如果设备设计有预应力，即使是氯丁胶乳胶泥衬里厚度在 5mm 左右，在使用过程中也有可能导致氯丁胶乳衬里变形或开裂，失去保护作用。同样是因为衬里厚度的问题，如果设备内壁结构复杂，进行氯丁胶乳衬里施工时，衬里层的整体完整性、细部结构的密实性也无法得到保证。

（二）适用介质

氯丁胶乳衬里适用于腐蚀性水、中等及以上浓度的碱、盐类和部分溶剂的环境中。虽然氯丁胶乳有良好的耐酸、碱、盐性能，但由于氯丁胶乳衬里材料中含有硅酸盐水泥，从而使其耐酸性变差，所以氯丁胶乳衬里主要应用于腐蚀性水、碱、盐和溶剂的腐蚀介质环境中。如果在使用过程中，始终浸泡在碱液环境中（非干湿交替），氯丁胶乳衬里在高浓度碱液中耐蚀性也很好。

（三）适用温度和压力

（1）氯丁胶乳衬里一般适用于常压设备及管道。从经验看，对于微负压或微正压的工况条件，氯丁胶乳衬里也能适用。

（2）氯丁胶乳衬里适用的设计温度范围在 –20 ~ 80℃，且在一个系统中的温度变化不能过于剧烈以及温差不能过大。

（四）适用部位

（1）氯丁胶乳砂浆衬里适用于设备的内壁、内底及管道。

（2）氯丁胶乳胶泥衬里适用于设备的内壁、内顶及管道。

二、构造要点

（一）氯丁胶乳衬里厚度

氯丁胶乳衬里的设计厚度可按表 11–11 确定：

表 11–11　氯丁胶乳衬里设计厚度

类型	设备部位	衬里厚度 /mm
氯丁胶乳砂浆	设备内壁	10 ~ 15
	设备内底	15 ~ 20
氯丁胶乳胶泥	设备内壁	5 ~ 7
	设备内顶	3 ~ 6

（二）构造

1. 氯丁胶乳砂浆基本构造

（1）氯丁胶乳砂浆衬里的基本构造如图 11–7 所示，工序应该包括作为底涂层的氯丁胶乳素浆、内含 1 ~ 3 层玻纤网的氯丁胶乳砂浆层和作为面涂层的氯丁胶乳素浆。

（2）接管构造。氯丁胶乳砂浆衬里的接管构造如图 11–8 所示，由于设备接管部位

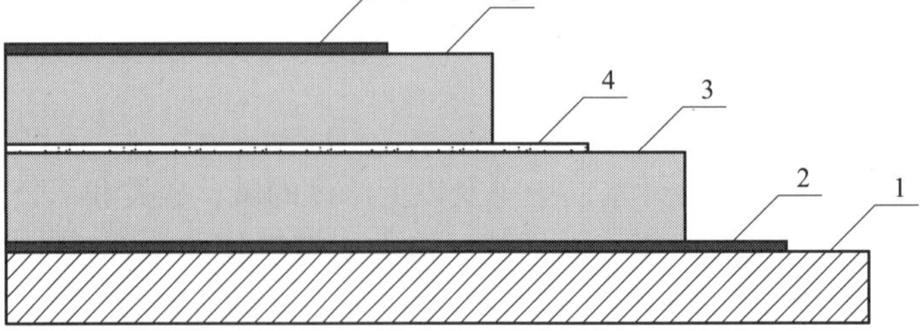

1—基体；2、6—氯丁胶乳素浆；3、5—氯丁胶乳砂浆；4—玻纤网。

图 11–7　氯丁胶乳砂浆衬里的基本构造

防腐是一个薄弱环节，如果接管采用耐腐蚀管直接插入钢壳内，可以不用对接管进行防腐处理，保证了保护层的整体防护效果。当接管直径小于或等于 65mm 时，伸入长度应小于或等于 200mm；当接管直径大于 65mm 时，伸入长度应小于或等于 300mm。

（3）人孔构造。氯丁胶乳砂浆衬里的人孔如图 11-9 所示，应采用氯丁胶乳砂浆厚度向人孔法兰逐渐递减的构造，且应在逐渐递减的斜面刮涂氯丁胶乳胶泥。斜面结构是防止工作人员进出设备时损坏衬里。

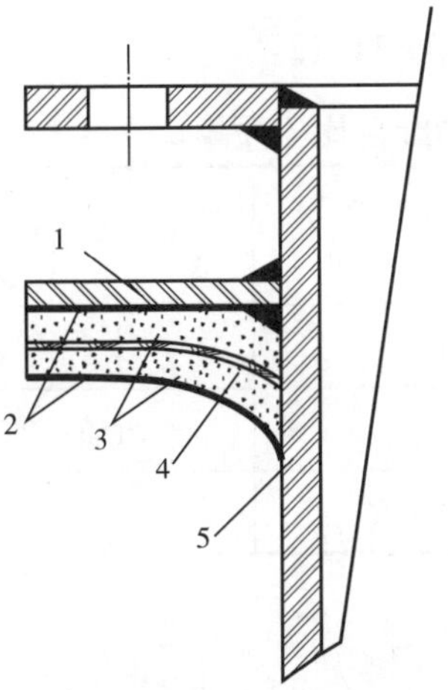

1—基体；2—氯丁胶乳素浆；3—氯丁胶乳砂浆；4—玻纤网；5—耐腐蚀接管。

图 11-8　氯丁胶乳砂浆衬里的接管构造

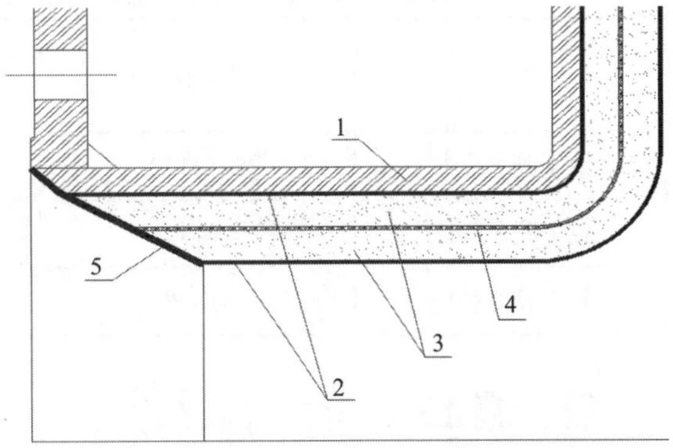

1—基体；2—氯丁胶乳素浆；3—氯丁胶乳砂浆；4—玻纤网；5—氯丁胶乳胶泥。

图 11-9　氯丁胶乳砂浆衬里的人孔构造

2. 氯丁胶乳胶泥基本构造

氯丁胶乳胶泥衬里的基本构造（图 11-10）应包括作为底涂层的氯丁胶乳素浆、内含 1～3 层玻纤网的氯丁胶乳胶泥层和作为面涂层的氯丁胶乳素浆。一般情况下，氯丁胶乳胶泥衬里主要用于设备内顶及仰面。

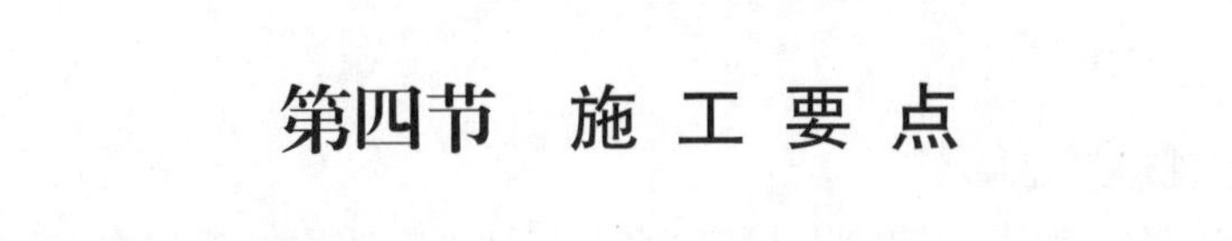

1—基体；2、6—氯丁胶乳素浆；3、5—氯丁胶乳胶泥；4—玻纤网。

图 11-10　氯丁胶乳胶泥衬里的基本构造

第四节　施 工 要 点

一、基体处理要求

基体表面处理首选喷射或抛射清理方法，处理等级应该达到 Sa2 级或以上级别。如果不具备喷射或抛射条件，也可以动力工具或手工工具清理，处理等级应该达到 St3

级。基体表面处理的粗糙度等级要求达到“粗等级”，取值应该接近粗糙度范围 *Rz* 规定值的上限，即 150μm。

氯丁胶乳为水性防腐蚀材料，对于基体含水率及环境湿度没有特殊要求，甚至潮湿环境有利于施工，但施工时基体表面不能积水。如果基体潮湿或环境湿度大，处理后的基体应该马上进行底涂施工，防止基体二次生锈。

二、施工配合比

氯丁胶乳素浆、胶泥、砂浆的配合比（质量比）见表 11–12。

表 11–12　氯丁胶乳素浆、胶泥、砂浆的配合比（质量比）

项目	氯丁胶乳	复合硅酸盐水泥或 普通硅酸盐水泥	细骨料
氯丁胶乳素浆	80 ~ 120	100	—
氯丁胶乳砂浆	45 ~ 60	100	150 ~ 250
氯丁胶乳胶泥	50 ~ 80	100	—

三、施工

（一）施工环境要求

氯丁胶乳衬里施工的环境温度范围在 10 ~ 35℃较为适合，当施工环境温度低于 5℃时，要采取适当的加热保温措施。施工过程中出现大风、雨、雪和阳光暴晒时，应该采取防护措施。

（二）氯丁胶乳的存放

氯丁胶乳存放温度范围要求在 5 ~ 40℃，夏季应防止高温、阳光暴晒；冬季应采取防冻措施。如果氯丁胶乳出现破乳和冻结的现象，就不能使用了。

（三）施工前准备

氯丁胶乳素浆、胶泥、砂浆的配制应根据现场施工环境温度、湿度、风力、施工条件等因素，经过试配来确定适宜的施工配合比和施工操作方法。试配好的胶料应有良好的和易性，可以安排有经验的瓦工涂抹试用，来确定施工配合比。

（四）施工工序

1. 氯丁胶乳砂浆配制

氯丁胶乳砂浆配制时，应先将硅酸盐水泥与细骨料按比例拌和均匀，再倒入氯丁胶乳搅拌均匀。氯丁胶乳砂浆尽量采用人工拌和，当采用机械拌和时，应该采用容易清洗的搅拌设备。无论人工拌和还是机械搅拌，都应该及时清理机具，防止胶乳砂浆在机具上凝固，清理困难，且易造成机具损坏。配制好的氯丁胶乳素浆、胶泥、砂浆应在初凝前用完，当出现凝胶、结块现象时，就不能使用了。

氯丁胶乳胶泥配制时，按比例将氯丁胶乳与水泥拌和均匀，不含细骨料，其他方面与氯丁胶乳砂浆类似。

2. 底涂

在基体上涂覆氯丁胶乳素浆一遍，涂覆应均匀，干至不粘手时，再进行下道工序施工。底涂的素浆建议配比为胶乳∶水泥 =（100 ~ 120）∶100，稠度较面涂稀一些，有利于素浆渗入，提高与基体的粘接力。

3. 氯丁胶乳砂浆层

（1）在底涂层的基础上，均匀涂抹一遍 5 ~ 7mm 厚的氯丁胶乳砂浆，然后粘贴玻纤网，并用镘刀压平，在玻纤网上面再涂抹 3 ~ 5mm 厚的氯丁胶乳砂浆。胶乳砂浆厚度超过 10mm 时，应该分层施工，每层完成后表面应为毛面。施工间隔时间宜为 3h。

（2）氯丁胶乳胶泥层是在底涂层的基础上，均匀刮涂一遍约 1mm 厚的氯丁胶乳胶泥，然后铺贴玻纤网，并用镘刀小心压平，在玻纤网上面再刮涂 1 ~ 2mm 厚的氯丁胶乳胶泥。氯丁胶乳胶泥厚度超过 3mm 时，应该进行分层施工，层与层之间的接触面要求为毛面，有利于两层之间的粘接。层与层施工间隔时间宜为 1h 左右。

（3）无论是刮涂氯丁胶乳胶泥，还是压平玻纤网，都要注意胶泥一定均匀、满涂，特别是边角、构件与基体接触点、空洞等部位，保证胶泥饱满，发现有胶泥遗漏时，要及时填补，从以往的施工经验教训看，边角、构件与基体接触点、空洞等部位是施工的薄弱环节，关系到胶泥衬里的成败，所以要特别注意。做下一层施工或面涂前，要检查面层是否存在胶泥刮涂不饱满、空鼓、气泡等缺陷，如存在缺陷也要及时进行修补。

（4）大面积施工时，一次连续施工面积一般在 10 ~ 15m^2，条宽不宜大于 1.5m，面积超过 15m^2 时，应分条或分块错开施工，预留施工缝宽度在 5 ~ 8mm 之间，补缝的施工间隔时间不应小于 24h，且不应大于 48h，方法与胶乳砂浆或胶泥施工工序相同。分层施工时，留缝位置应相互错开。

（5）坡面的接缝木条或塑料条应预先固定在基体上，待砂浆抹面后可抽出留缝条，24h 后在预留缝处涂覆氯丁胶乳素浆，再采用氯丁胶乳砂浆或胶泥进行补缝。

（6）氯丁胶乳砂浆边摊铺边涂抹，宜一次抹平，不应该反复多次涂抹。当有气泡时应刺破压紧，表面应密实。氯丁胶乳水泥砂浆抹面后，表面很快生成一层薄膜，此时反复抹压就会使薄膜破裂且难以修复，影响表面的完整性及防腐性能，因此不宜反复多次抹压。

刮涂胶泥也与氯丁胶乳砂浆类似。

（7）铺贴玻纤网时，如果出现搭接的地方，搭接宽度不应小于 50mm；上下两层玻纤网的接缝应错开，错开距离也不应小于 50mm；阴阳角等不易施工的地方，应该增加 1 ~ 2 层玻纤网，以提高防腐安全系数。

4. 面涂

氯丁胶乳砂浆或胶泥层施工 12 ~ 24h 后，应在面层上再涂覆一层氯丁胶乳素浆。面涂的素浆建议配比为胶乳∶水泥 =（80 ~ 90）∶100，稠度大一些，有利于封闭胶乳砂浆层或胶泥层的微缺陷。面涂施工时，因砂浆层或胶泥层的强度还很低，应采取适当的保护措施，以免破坏防护层的完整性。

5. 养护

氯丁胶乳衬里完成后，要进行 28d 的养护。衬里完成后，先进行 7d 的设备封闭养护，然后进行 21d 的自然养护后方可使用。养护期间防止高温暴晒和低温冷冻。

（五）施工常见问题和解决办法

1. 破乳

氯丁胶乳砂浆或胶泥在拌和或施工过程中，出现破乳絮凝现象。说明氯丁胶乳稳定性不好，需要更换掉同批次的产品；或者添加稳定剂后，再进行拌和试验，没破乳絮凝现象，可以继续使用；仍出现破乳絮凝现象，应废弃不用。

2. 气泡

氯丁胶乳砂浆或胶泥在拌和或施工过程中，出现过多的气泡。说明消泡效果不好，需要适当增加消泡剂。

3. 凝固时间过长

施工后的氯丁胶乳砂浆或胶泥，超过设计或规定时间，仍然没有凝固。说明水泥失效或环境温度过低，前者更换水泥；后者采取升温措施，并延长养护时间。

4. 龟裂

施工后的衬里层出现龟裂现象。说明施工过程中出现大风或高温，造成水分快速蒸发，产生龟裂。施工时要采取防风、防高温的措施。龟裂严重的部位，铲除重新防腐；龟裂较轻的部位，刮涂胶泥或素浆解决。

5. 空鼓、脱壳

施工后的衬里层出现空鼓、脱壳现象。说明基体处理不合格，需要铲除衬里层，重新处理好基体，然后涂抹氯丁胶乳砂浆或胶泥。

第五节　质 量 检 验

一、原材料检验

检查氯丁胶乳衬里所用氯丁胶乳、水泥、细骨料等原材料的出厂合格证或产品说明书，核对各项技术指标是否符合设计要求或标准的规定。对质量有疑问的原材料，应进行现场抽样检测。

（一）氯丁胶乳检测

氯丁胶乳质量指标及检验方法与在国家标准《工业设备及管道防腐蚀工程技术标准》GB/T 50726—2023 的有关规定见表 11-13。

（二）水泥检测

水泥检测应按国家标准《通用硅酸盐水泥》GB 175—2020 中的复合硅酸盐水泥或普通硅酸盐水泥强度的检测方法检测。

表 11–13　氯丁胶乳质量指标及检验方法

项目	指标	检验方法
外观	白色乳状液	目测
固含量 /%	25.0 ~ 30.0	《胶乳　总固体含量的测定》GB/T 8298—2017
pH 值	≥ 9.0	《胶乳　pH 值的测定》GB/T 18012
密度（20℃）/（g/cm^3）	≥ 1.05	《合成橡胶胶乳密度的测定》SH/T 1155
储存稳定性	5 ~ 40℃，3 个月无明显变化	目测

（三）细骨料检测

细骨料质量指标及检验方法见表 11–14。

表 11–14　细骨料质量指标及检验方法

项目	指标	检验方法
含泥量 /%	≤ 3	《普通混凝土用砂、石质量及检验方法标准》JGJ 52
云母含量 /%	≤ 1	
硫化物含量 /%	≤ 1	

（四）玻纤网检测

玻纤网主要性能指标及检验方法见表 11–15。

表 11–15　玻纤网主要性能指标及检验方法

项目	指标	检验方法
单位面积质量检测 /（g/m^2）	≥ 130	《增强制品试验方法　第 3 部分：单位面积质量的测定》GB/T 9914.3
耐碱断裂强力 /（N/50mm）	≥ 750	《玻璃纤维网布耐碱性试验方法　氢氧化钠溶液浸泡法》GB/T 20102
耐碱断裂强力保留率 /%	≥ 50	《玻璃纤维网布耐碱性试验方法　氢氧化钠溶液浸泡法》GB/T 20102
断裂伸长率 /%	≥ 5.0	《增强材料　机织物试验方法　第 5 部分：玻璃纤维拉伸断裂强力和断裂伸长的测定》GB/T 7689.5

二、氯丁胶乳衬里制成品检验

（一）氯丁胶乳衬里制成品外观

氯丁胶乳衬里制成品的外观应表面平整、胶料饱满，无气孔、裂纹、蜂窝等缺陷。

（二）氯丁胶乳衬里制成品物理性能检验

1. 抗折强度及抗压强度检测

检测抗折强度试块尺寸为40mm×40mm×160mm的长方体，检测抗压强度的试块是抗折试验后的2个断块。同一条件下抗折试验用的试块为3块，抗压试验的试块为6块。

（1）抗折强度检测。将试块的一个侧面放在试验机支撑圆柱上，试块长轴垂直于支撑圆柱，两个支点的间距为100mm，加荷圆柱应位于两个支点的中间，以（50±10）N/s的速率均匀加荷，记下破坏荷载。

抗折强度按式（11–1）计算：

$$f_b=\frac{1.5PL}{b^3} \tag{11-1}$$

式中：f_b——抗折强度（MPa）；

P——破坏荷载（N）；

L——两个支点的间距（mm）；

b——长方体正方形截面的边长（mm）。

（2）抗压强度检测。用抗折检测后的断块进行抗压强度检测，采用受压面积为40mm×40mm的抗压夹具。试块始终处于潮湿状态，检测前应清除试块受压面与加压板间的杂物，受压面为长方体试块的侧面，抗压夹具应对准压力机压板中心，以（2 400±200）N/s的速率均匀加荷，记下破坏荷载。

抗压强度按式（11–2）计算：

$$f_c=\frac{P}{S} \tag{11-2}$$

式中：f_c——抗压强度（MPa）；

P——破坏荷载（N）；

S——受压面积（mm^2）。

2. 与碳钢粘结强度检测

氯丁胶乳衬里的与碳钢粘结强度用万能材料试验机进行检测。提前准备70mm×70mm×20mm的碳钢基底块，它与氯丁胶乳试块的接触面的粗糙度要求达到“粗等级”，取值应该接近“粗等级”Rz规定值的上限，即150μm。把基底块放入试模下层，上部安装40mm×40mm×10mm的试模，在上部试模内放入拌和好的氯丁胶乳砂浆或胶泥，按本章氯丁胶乳衬里试块制备准备，养护到达龄期检测粘结强度。在氯丁胶乳衬里试块上表面涂刷环氧树脂粘合剂，把上部夹具的钢板轻轻放在粘合剂上，在实验室内静置，待环氧树脂粘合剂完全固化并具有较高的强度后，把钢垫板放在基底块上，再把试块嵌入下面的拉伸夹具中，如图 11–11 所示。然后安装到试验机上，开动机器，以 1 500 ~ 2 000N/min 的速率均匀加荷，记下破坏荷载和试块破坏情况。

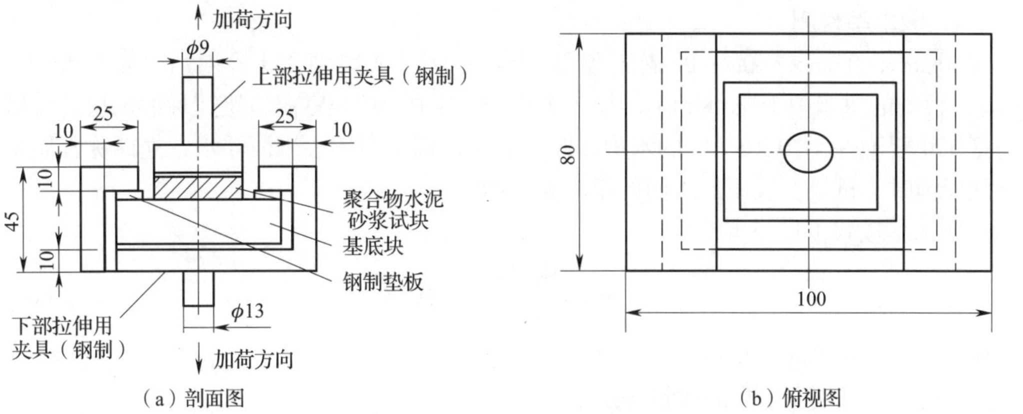

图 11–11　粘结强度试验装置

与碳钢粘结强度按式（11–3）计算：

$$f_{AT}=\frac{T}{S} \tag{11-3}$$

式中：f_{AT}——粘结强度（MPa）；

T——破坏荷载（N）；

S——粘结面积（mm^2）。

3. 抗渗强度检测

（1）氯丁胶乳衬里抗渗强度用砂浆抗渗仪检测（逐级加压法），与之配套的试模尺寸：上口直径为 70mm，下口直径为 80mm，高度为 30mm 的截头圆锥体。

（2）把拌和好的氯丁胶乳砂浆或胶泥一次装入试模中，用捣棒插捣数次，当填充砂浆略高于试模边缘时，用镘刀以 45° 一次性将试模表面多余的砂浆刮去，然后用镘刀以较平的角度在试模表面反方向将砂浆刮平，共成型 6 个试件，进行湿、干养护。

（3）以 6 个试块为一组。到达试验龄期时，取出试块，擦拭干净并擦干表面。然后将熔化后的石蜡火漆混合物（石蜡与火漆的重量比约为 4 ∶ 1）均匀滚涂于试件侧面。再用螺旋加压器或压力机将试块压入经预热的抗渗仪试件套内（预热温度约为 50℃），待试块套稍冷却后即可解除压力。

（4）将密封好的试块安装在渗透仪上。试验时，从 0.2MPa 开始加压，恒压 2h 后增至 0.3MPa，以后每隔 1h 增加 0.1MPa，当 6 个试件中有 3 个试件端面呈有渗水现象时，即可停止试验，记下当时水压。

注：在试验过程中，如发现水从试件周边渗出，则说明密封不好，应重新密封，并按上述步骤进行试验。

氯丁胶乳衬里的抗渗等级，以每组 6 个试件中 4 个未出现渗水时的最大水压力表示。

抗渗标号按式（11–4）计算：

$$S=H-0.1 \tag{11-4}$$

式中：S——抗渗等级；

H——6 个试块中有 3 个渗水时的水压力（MPa）。

4. 吸水率检测

40mm×40mm×160mm 的氯丁胶乳砂浆或胶泥试块到 28d 龄期后，将试块放入（80±2）℃的烘箱中干燥 48h 后取出，放在干燥器中冷却至室温，迅速称取试块的质量。再把试块浸泡在（20±2）℃的水中 48h 后取出，用湿布擦去表面浮水，立即称其质量。试块浸泡时，试块上表面到水面的距离大于 50mm。

吸水率按式（11-5）计算：

$$W_A=\frac{G_1-G_0}{G_0}\times 100\% \tag{11-5}$$

式中：W_A——吸水率（%）；

G_0——试块干燥后的质量（g）；

G_1——试块吸水后的质量（g）。

5. 氯丁胶乳砂浆或胶泥凝结时间检测

（1）用凝结时间测定仪检测，在湿养护箱内进行，箱内温度（20±3）℃，相对湿度 80% 以上，保持恒温恒湿。

（2）配制样品时只用氯丁胶乳和水泥，不加石英砂，拌和好的氯丁胶乳浆料立即倒入圆模，用插刀插捣数次，刮平后放入湿养护箱内养护。记录开始拌和的时间作为凝结时间的起始时间。

（3）凝结时间的测试：试件在湿养护箱中养护至拌和后 30min 时开始第一次测定。测定时，从湿养护箱中取出圆模放到试针下，使试针与净浆面接触，拧紧螺丝 1～2s 后突然放松，试针垂直自由沉入净浆，观察试针停止下沉时指针读数。当试针沉至距底板 2～3mm 时，即为净浆达到初凝状态；当下沉不超过 0.5～1mm 时为净浆达到终凝状态。由开始拌和至初凝、终凝状态的时间分别为该净浆的初凝时间和终凝时间。测定时应注意，最初的测定操作应轻轻扶持金属棒，使其徐徐下降以防试针撞弯，但结果应以自由下落为准；在整个测试过程中试针贯入的位置至少要距圆模内壁 10mm。临近初凝时，每隔 5min 测定一次，临近终凝时每隔 15min 测定一次，到达初凝或终凝状态时应立即重复测一次，当两次结果相同时，才能定为到达初凝或终凝状态。（每次测定不得让试针落入原针孔，每次测试完毕须将试针擦净并将圆模放回湿养护箱内。整个测定过程中要防止圆模受振。）

（三）氯丁胶乳衬里检验

1. 检验数量

当设备面积为每 $50m^2$ 或不足 $50m^2$、管道长度为每 50m 或不足 50m 时，均应抽查 3 处；设备及管道每处的检查点不应少于 3 个，对于转角、管口、构件连接处及施工困难部位应全部检查，每处以检查点的平均值代表其施工质量。

2. 氯丁胶乳衬里检验

氯丁胶乳衬里的质量要求和检验评定方法见表 11-16。

表 11–16　氯丁胶乳衬里的质量要求和检验评定方法

项目		质量要求	检验评定方法
基本项目	外观	表面平整，无明显裂纹、脱皮、麻面、起砂等现象	观察检查和用 5 ~ 10 倍放大镜检查； 合格：表面平整，无明显裂缝、脱皮、起砂或麻面现象； 优良：表面平整、密实、洁净，无裂缝、起砂或麻面现象
	厚度	符合设计要求	磁性测厚仪检查； 合格：小于设计规定厚度的测点数不大于 10%，其测点厚度不小于设计规定厚度的 90%； 优良：全部测点的厚度不小于设计规定的厚度
	与基体粘接	与基体表面应粘结牢固，无脱层和空鼓现象	观察检查和敲击检查； 合格：与基体表面粘结牢固，无脱层和空鼓现象
	细部结构（阴阳角、结构件、预留孔、管道出入口等）	与基体结合严密、粘结牢固、接缝平整，无渗漏和空鼓现象	观察检查、敲击法检查和检查隐蔽工程记录； 合格：与基体结合严密、粘结牢固、接缝平整，无渗漏和空鼓现象； 优良：与基体结合严密、粘结牢固、接缝平整，无渗漏和空鼓现象，观感良好
允许偏差项目	表面平整度	不大于 5mm	用 2m 直尺和楔形尺检查
	坡度	符合设计要求，允许偏差为坡长的 0.2%，并不大于 30mm	尺量检查和泼水试验

第六节　运 行 维 护

氯丁胶乳衬里在日常使用过程中，要做好运行维护工作。再好的保护层如果在使用过程中不爱护、损坏不修复，它的防腐寿命也会大大缩短，反之会大大地延长。日常运行维护要做到以下几点：

一、定期检查

检修人员要对氯丁胶乳衬里每半年或一年或大修期间进行检查，发现衬里层腐蚀或损坏时，要及时查找原因，解决排除造成腐蚀或损坏的因素，并对其进行修补，防止衬里腐蚀或损坏加剧，造成设备或管道腐蚀穿孔。

二、临时检查

当遇到设备、管道临时排空时，也应该检查衬里层的状况，发现问题立即修复，即使不能当时修复，也应做好记录，在适当的时候完成修复。

三、设备、管道检维修注意事项

在设备、管道检维修时，要避免磕碰衬里层，不能在衬里层上放置重物，构件电气焊时不要在衬里层上进行，如无法避免，也应该在衬里层上采取保护措施。尽量避免在衬里层的正面、背面焊接或气割构件，如果必须焊接或气割，需要先把焊点周围的保护层用无齿锯割除，作业完成后要及时修复破损的衬里层。

四、破坏现象、原因和解决办法

1. 冲刷腐蚀

衬里层局部出现呈圆形砂石裸露的凹坑，凹坑处于进液跌落处。由于腐蚀性液体对衬里层的冲击，造成衬里层的粘接材料逐渐腐蚀脱落，形成凹坑。可以在进液口适当位置设置挡流板，清除腐蚀产物，用氯丁胶乳胶泥修复。

2. 空鼓、脱壳

衬里层局部出现空鼓、脱壳现象。施工时由于基体表面锈垢或油污没有处理干净，在使用过程中，因温度、压力等工况变化，造成原本粘接不牢固的部位空鼓、脱壳，另外背面焊接等也会造成局部空鼓、脱壳。用无齿锯割除空鼓部位，清除基体的锈垢，可用中性除油剂清除油污，并用清水冲洗，然后用氯丁胶乳砂浆补平。

3. 龟裂

衬里层局部出现龟裂现象。施工时因养护、高温或大风等原因形成微裂纹，使用中因液体腐蚀，呈现龟裂形式。用清水冲洗龟裂部位，然后用氯丁胶乳素浆或胶泥刮涂龟裂部位。

4. 损伤

衬里层局部出现撞击形状凹痕且呈现腐蚀状态，可能是在检修过程中，由于工具、配件等掉落在衬里层上面造成损伤，使用过程中又被介质腐蚀。清除腐蚀疏松产物，然后用氯丁胶乳胶泥刮涂平整。

5. 均匀腐蚀

衬里层呈现均匀腐蚀现象。需要调查清楚是腐蚀介质温度、浓度变化等因素引起，还是衬里层不耐此介质的腐蚀。如果是前者，可以通过控制温度、浓度等因素，避免再次腐蚀并将衬里层清理干净后，刮涂氯丁胶乳胶泥修复。如果是后者，就应该及时更改防腐方案，清除全部衬里层，用新确定的方案防腐。

五、损坏保护层修复

用无齿锯割除腐蚀或损坏的部位，注意不能损伤基体，清除干净后，查看切割的边缘与基体是否粘接牢固，发现脱层还要继续用无齿锯扩大作业面。修补方法参考氯丁胶乳衬里的施工工序。如果原防腐层厚度小于 10mm，修复部位也可以用氯丁胶乳胶泥修补。修复后的部位要做好保护，并按氯丁胶乳衬里的养护要求执行。

第七节 工 程 案 例

一、成功案例

氯丁胶乳水泥砂浆作为设备衬里成功应用案例很多，下面列出几个典型案例，见表 11–17 ~ 表 11–19。

表 11–17 成功案例（一）

使用单位	化工部某工业研究所碱厂
使用部位	氨Ⅱ母液桶衬里
基体	碳钢
介质	氨、氯化铵、碳酸氢钠、碳酸钠、氯化钠等（联碱氨Ⅱ母液）
温度	40℃
防腐构造	底涂氯丁胶乳素浆 –10mm 厚氯丁胶乳砂浆 – 面涂氯丁胶乳素浆
施工时间	1996 年
使用效果	2006 年搬迁拆除时仍完好，拆除时图片见图 11–12
生产厂家	大连某化工研究设计院
施工单位	大连某化工研究设计院

图 11–12 氨Ⅱ母液桶氯丁胶乳砂浆衬里拆除时图片

表 11-18 成功案例（二）

使用单位	杭州某化工厂
使用部位	淡液桶、杂水桶、母液桶、清液桶衬里
基体	碳钢
介质	氨、氯化铵、碳酸氢钠、碳酸钠、氯化钠等（联碱母液）
温度	常温
防腐构造	底涂氯丁胶乳素浆 -10mm 厚氯丁胶乳砂浆 + 玻纤网 - 面涂氯丁胶乳素浆
施工时间	2011 年
使用效果	至今仍在使用，后续又承接新建母液桶胶乳砂浆防腐，见图 11-13
生产厂家	大连某化工研究设计院
施工单位	大连某化工研究设计院

图 11-13 杂水桶内外部氯丁胶乳砂浆防腐蚀

表 11-19 成功案例（三）

使用单位	石家庄某化工厂
使用部位	脱硫槽衬里
基体	碳钢
介质	碳酸钠、氢氧化钠、硫酸钠、亚硫酸钠、硫化氢、二氧化硫
温度	常温
防腐构造	底涂氯丁胶乳素浆 -10mm 厚氯丁胶乳砂浆 - 面涂氯丁胶乳素浆
施工时间	2008 年
使用效果	使用 5 年，脱硫槽原玻璃钢防护层腐蚀，无法再进行玻璃钢防腐或更换
生产厂家	大连某化工研究设计院
施工单位	大连某化工研究设计院

二、失败案例

氯丁胶乳水泥砂浆也有作为设备衬里的失败案例，下面列出几个典型案例供读者参考，见表 11–20 ~ 表 11–22。

表 11–20　失败案例（一）

使用单位	衡阳某化工厂
使用部位	氯化铵生产钢平台
基体	碳钢
介质	联碱生产大气
温度	常温
防腐构造	底涂氯丁胶乳素浆 –10mm 厚氯丁胶乳砂浆 – 面涂氯丁胶乳素浆
施工时间	2008 年
使用效果	因 5mm 厚的平台钢板点焊在钢结构上，人为踩踏发生明显变形导致破坏，非腐蚀破坏，故氯丁胶乳砂浆不适合用于易变形的结构上
生产厂家	大连某化工研究设计院
施工单位	大连某化工研究设计院

表 11–21　失败案例（二）

使用单位	大连某碱厂
使用部位	盐浆桶
基体	碳钢
介质	浓盐水
温度	常温
防腐构造	底涂氯丁胶乳素浆 –10mm 厚氯丁胶乳砂浆 – 面涂氯丁胶乳素浆
施工时间	2009 年
使用效果	使用 5 年后，桶内顶出现脱层现象，可能由顶盖变形、搅拌震动、砂浆层厚重等原因造成，若采用氯丁胶泥效果会改善很多
生产厂家	大连某化工研究设计院
施工单位	大连某化工研究设计院

11

表 11-22 失败案例（三）

使用单位	青海某碱厂
使用部位	热氨盐水桶
基体	碳钢
介质	碳酸氢钠、碳酸钠、氯化钠、碳酸氢铵、氯化铵、氨气等
温度	70℃
防腐构造	底涂胶乳素浆 -10mm 厚氯丁胶乳砂浆（+ 玻纤网）- 面涂氯丁胶乳素浆
施工时间	2014 年
使用效果	使用 8 年，原因为玻璃钢防腐破坏，胶乳防腐时由于基体玻璃钢没有完全清除，局部粘接不牢，使用 1 年后出现锈蚀，用氯丁胶泥修补后又使用了 7 年，见图 11-14
生产厂家	大连某化工研究设计院
施工单位	大连某化工研究设计院

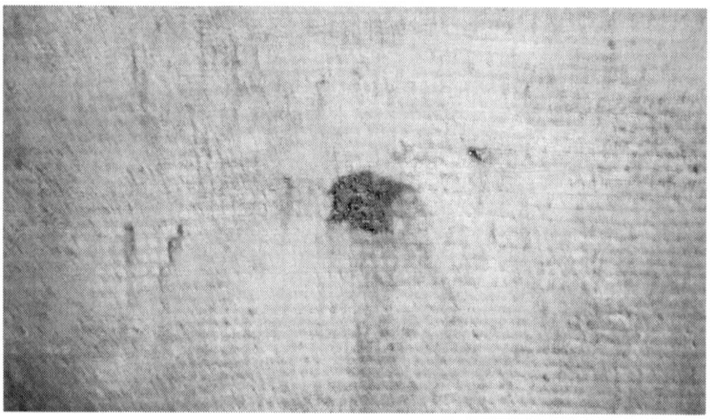

图 11-14 热氨盐水桶内壁（局部）

第十二章

金属热喷涂

12

为保护钢结构免受腐蚀，通常会涂覆防护层。根据工件的结构类型、形状和所需功能，可采用多种方法。防腐蚀涂层或涂层体系可以通过热浸镀锌、有机涂层，也可以采用锌、铝或其合金的热喷涂来完成。使用金属热喷涂和有机涂层的组合，可以产生双重防护效果。

锌、铝或其合金热喷涂常用于汽车、造船、水利工程、海洋平台及设施、风力发电塔筒等行业，对钢结构件、箱梁、钢制容器内表面进行防护。近年来，在设备磨蚀部位修复、再制造表面工程领域，机械设备零部件精密加工与维修，化学应力腐蚀等场合的设备容器及管道防腐蚀也得到应用。

热喷涂的材料种类很多，防腐蚀涂层目前常用的是：锌或锌合金、铝或铝合金线材热喷涂。

热喷涂的工艺方法很多，防腐蚀涂层目前常用两种：电弧喷涂、火焰喷涂。

本章主要阐述钢结构、钢制件在 -50 ~ 200℃温度范围内的热喷涂锌、铝或其合金的防腐蚀涂层，适用于新建车间金属结构以及现场组装钢制件的维修。

第一节　概　　述

金属热喷涂是指采用电弧、火焰、等离子弧、爆炸波等不同热源喷涂装置产生高温高压焰流或超音速焰流，将各种金属喷涂材料瞬间加热到塑态或熔融态，借助气流高速雾化沉积在经过预处理的零部件表面，与被涂覆基体紧密结合的一种表面加工方法。

一、分类

根据热源不同，金属热喷涂工艺包括电弧喷涂、火焰喷涂和等离子喷涂等。在防腐领域主要以前二者应用为主。

（一）电弧喷涂

电弧喷涂（AS）工艺是目前热喷涂领域很受重视的技术之一。它是将两根被喷涂的金属丝分别接通电源正负端作为自耗性电极，在喷枪喷嘴处两金属丝短接瞬间产生的电弧为热源熔化自身，借助压缩空气雾化熔滴并加速喷射到基体表面形成涂层，其原理如图 12-1 所示。这种喷涂方法比线材火焰喷涂具有更高的喷涂效率和好的涂层质量。

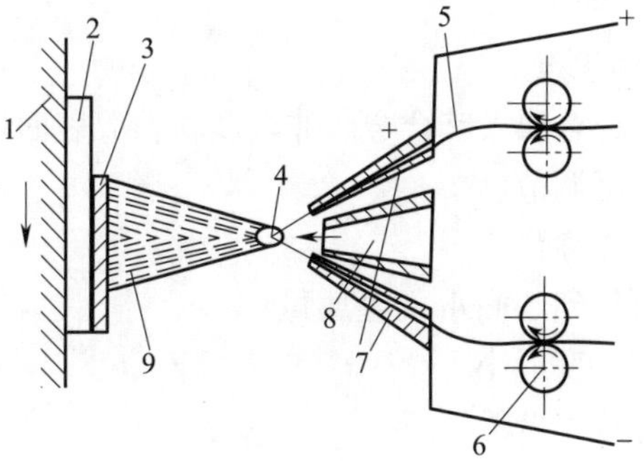

1—工件移动部分；2—基体；3—涂层；4—电弧；5—喷涂线材；6—送丝轮；7—导电管；8—压缩气体；9—喷涂束。

图 12-1　电弧喷涂

防腐蚀领域常用的热喷涂线材技术特性见表 12–1。

表 12–1　热喷涂线材技术特性

热喷涂方法	热源	喷涂材料	喷涂粒子飞行速度 /（m/s）	喷涂量 /（kg/h）	结合强度 / MPa	孔隙率 /%
线材电弧喷涂	电弧	金属复合材料	160 ~ 240	9 ~ 70	10 ~ 50	4 ~ 10
线材火焰喷涂	燃烧火焰	金属复合材料	50 ~ 150	2.5 ~ 3	6 ~ 30	7 ~ 15

（二）火焰喷涂

火焰喷涂（WFS）工艺是常用的热喷涂技术，主要喷涂锌、铝或其合金材料，用于大型钢构件的长效防腐蚀，也可喷涂各类钢丝作为耐腐蚀涂层用。火焰喷涂以氧气 – 乙炔火焰为热源，将喷涂材料以一定方式送入热源，并加热到熔融或软化状态，然后依靠气体或火焰加速喷射到被涂覆基体上形成涂层，火焰喷涂原理如图 12–2 所示。

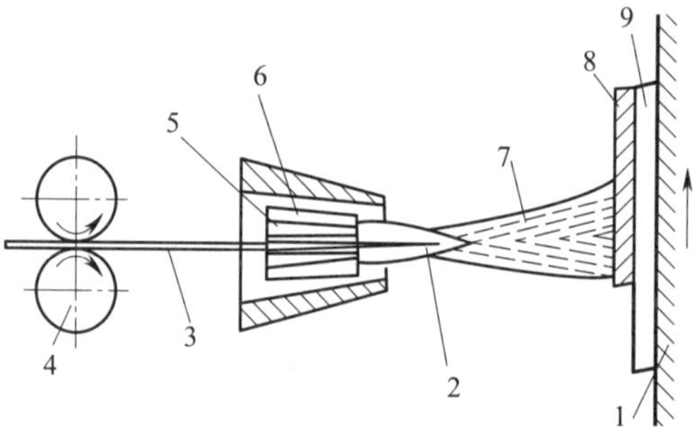

1—工件移动部分；2—熔化金属尖部；3—线材；4—送丝轮；
5—混合气体；6—压缩气体；7—喷涂束；8—涂层；9—基体。

图 12–2　线材火焰喷涂

二、特点

1. 金属热喷涂技术的优点

（1）工艺适用范围广，金属及其合金、非金属材料等表面均可喷涂。

（2）涂层厚度可大范围调节。

（3）工艺灵活，可操作性强。

（4）生产效率高，可达到 50kg/h 的金属量。

（5）母材热性能稳定，变形小。

（6）技术经济性好，成本低等特点。

2. 金属热喷涂技术的不足

（1）涂层结合强度不高，耐冲击和重载性较差。

（2）涂层存在不同程度的孔隙，对于耐腐蚀、抗氧化、绝缘等应用，一般不如整体材料。

（3）喷涂小工件时，涂层材料的利用率低。

（4）操作环境有噪声、粉尘、热和弧光辐射等问题。

三、应用

金属热喷涂在防腐蚀领域的典型应用，可以根据环境、行业和被涂覆构件归纳列举。

1. 自然环境腐蚀

（1）喷锌涂层。适用于淡水、乡村大气环境、弱碱性介质（pH 为 7～12）。

（2）喷铝涂层。适用于海水、海洋大气、含 SO_2 的工业大气、弱酸性介质（pH 为 4～7），具有优良的耐热抗氧化性能。

2. 户外钢结构防护

锌、铝或其合金热喷涂层，在户外钢结构长效防腐蚀方面，已获得广泛应用，如钢结构桥梁、广播电视发射塔、石油与煤矿井架、人行天桥、闸门、舰船壳体、水箱、集装箱等。

3. 化学介质腐蚀

热喷涂锌铝合金、铝及铝镁合金涂层用于耐化工介质腐蚀，但应选择好适当的封孔剂，完全有效地封闭涂层的孔隙。

4. 高温腐蚀行业

（1）燃气轮机叶片、火焰筒、过渡段抗高温防护涂层。

（2）冶金领域的高炉风口、渣口、板坯连铸线结晶器、导辊和输送辊耐热耐蚀涂层。

5. 设备再制造领域

化工领域的各种搪瓷罐、专用容器、锅炉、空压机、水泵等零部件修复。

第二节　材料性能与热喷涂工艺设计

在国家标准《工业设备及管道防腐蚀工程技术标准》GB/T 50726—2023 第 14 章“金属热喷涂层”中，推荐了锌和锌铝合金线材、铝和铝镁合金线材作为设备、管道和钢构件表面的金属热喷涂层材料，其质量应符合设计规定；当设计无规定时，应符合现行国家标准《热喷涂　火焰和电弧喷涂用线材、棒材和芯材　分类和供货技术条件》GB/T 12608 的有关规定。

一、锌和锌铝合金及其性能

金属锌可防止大气侵蚀，但其腐蚀速率受大气成分的影响。

金属锌或锌涂层在水中被腐蚀速率主要取决于水的 pH 值、二氧化碳以及盐和氧含量。在中性或微碱性水中，金属锌很少被腐蚀。

在 pH 值较低的情况下，与金属锌相比，含铝高达 15% 质量比的锌铝合金在海洋大气中具有更高的耐蚀性。原因是铝的氧化，铝的被动保护可以与锌的阴极保护相结合。

金属锌（Zn99.99）和锌铝合金（ZnAl15）的性能见表 12-2。

表 12–2　锌及锌铝合金材料性能

名称	牌号	熔点 / ℃	主要化学成分（质量分数）/ %	涂层物理性能	涂层特性	耐腐蚀性能	主要应用
纯锌丝	Zn99.99	419	Zn ≥ 99.99；Pb0.003；Fe0.003；Cd0.003	标准电极电位 –0.763V，有良好的导电性，导电率 16.7s/mm^2 对电磁波有相当高的反射率，涂层与水泥、石膏、木材、塑料有高的黏附能力	涂层与钢基体的结合强度一般约为 6MPa，孔隙率约为 8% ~ 10%，涂层厚度大于 0.3mm，涂层基本无贯通针孔。锌中含杂质量越低，涂层的耐蚀性越好。 注意：热喷涂锌时，烟雾、粉尘有毒，需防护	（1）在 pH 为 7 ~ 12 的碱性介质耐腐蚀； （2）耐大气腐蚀； （3）具“阴极保护（远距离保护）”性能； （4）有机涂层在土壤中耐腐蚀； （5）含盐量较高、空气中耐腐蚀较差，如沿海地区； （6）耐腐蚀性能与热浸镀锌类似	（1）主要用于 pH 为 6 ~ 12 的钢结构长效防护； （2）用作电磁波干扰屏蔽涂层时能提供 60 ~ 120dB 的高能衰减屏蔽效应； （3）可用作非金属基体上的喷涂层的过渡底涂层
锌铝合金丝	ZnAl15	352 ~ 450	Al14 ~ 16；Mg0.02 ~ 0.04；Zn 余量	这种涂层既有锌涂层的阳极保护效果，且对点蚀和裂纹不敏感的特点和耐环境腐蚀的优点	涂层呈银白色，熔点和锌铝含量比例不同有差异	（1）与锌相比，耐大气腐蚀性更好； （2）与锌相比，对氯化物，尤其是含有 SO_2 的大气，具更高的耐蚀性； （3）涂覆了有机涂层的金属涂层在土壤中具有较高的耐蚀性； （4）未涂覆有机涂层时，不适合在盐水中使用； （5）具有阴极保护性能；但是不如纯锌的效果	主要用于户外钢结构的长效保护涂层

二、铝和铝镁合金及其性能

金属铝的耐腐蚀是以电绝缘氧化铝层的保护为特征，即使在表面受到机械损伤后，该氧化层也会自发重建。特别适合在含 SO_2 的工业大气以及海洋环境中对钢结构进行腐蚀保护。

金属铝（Al99.5）和铝镁合金（AlMg5）的性能见表 12-3。

三、材料的选择

合理选择材料对于涂层的后续加工非常关键。金属热喷涂材料的选择需要满足如下基本要求：

（1）满足金属热喷涂涂层耐磨、耐腐蚀性能等要求。

（2）硬度。金属丝材 HB180 ~ HRc55、金属粉末 HB200 ~ HRc65。

（3）耐温。金属丝材小于或等于 400℃、金属粉末小于或等于 600℃。

（4）在火焰喷涂高温焰流中，具有良好的热稳定性或化学稳定性，不会发生氧化、挥发、升华现象，不产生有害晶型转变。

（5）与基体材料或底涂层匹配良好，不会与基体发生有害化学反应。

（6）金属热喷涂材料的工艺性能满足工艺要求。

（7）金属热喷涂材料的毒性、易燃性、爆炸性等应符合安全卫生和环境保护的要求。

四、金属热喷涂工艺设计基本原则

（一）基本流程

金属热喷涂工艺设计基本流程为：

分析工况→选择材料→喷涂方法→工艺参数→参数试验→工艺评定→工艺参数再确定→工件试喷→正式喷涂。

金属热喷涂工艺设计一般顺序为：

（1）准确分析问题所在，明确涂层性能要求。

（2）正确选择喷涂材料、设备以及涂层质量评价体系等。

（3）表面预处理的可接受性。

（4）热喷涂层可操作性、基体材料的技术条件、表面预处理的技术参数。

（5）优化涂层制备工艺。

（6）涂层质量和保证质量验收要求。

（7）涂层技术的经济可行性分析。

（二）基本体系

金属热喷涂工艺设计基本体系可以从以下几个方面考虑：

（1）采用防腐蚀热喷涂涂层，封闭并覆盖有机涂层，使其符合工件所需设计寿命。

（2）如果没有哪种防护体系可以达到预期的设计寿命，则应计划在首次维护之前，即防护涂层体系还没有发生腐蚀或仅生轻微腐蚀，先对有机涂层进行翻新维护，并给首

表 12–3　铝及铝镁合金材料性能

名称	牌号	熔点 / ℃	主要化学成分（质量分数）/ %	涂层物理性能	涂层特性	耐腐蚀性能	主要应用
纯铝丝	A199.5	660	Al ≥ 99.5	标准电位 –1.662V，密度为 2.70g/cm^3，面心立方晶体结构铝与空气中氧的亲合力高，能在表面形成坚固致密的氧化膜；与钢表面结合强度应达到 10MPa，致密度应达到 2.45g/cm^2，厚度小于 160μm 时应进行封孔处理和表面涂装	铝的耐蚀性取决于氧化膜在介质中的化学稳定性，在各种大气、海水、硝酸中有很高的耐蚀性	（1）在 pH 为 4 ~ 9 的介质中具有高耐蚀性； （2）特别适用于含有 SO_2 的工业大气； （3）完全适应海洋大气和海水； （4）高耐热性； （5）具有阴极保护性能，但只有在强电解质（如海水）中效果会更好	（1）用于含 SO_2 的大气、淡水、海水及 pH 为 4.5 ~ 8.5 溶液及其他氧化性环境中的耐蚀涂层； （2）碳钢表面喷铝涂层、加高温涂料封孔处理后，经高温扩散处理，提高碳钢的高温抗氧化性能
铝镁合金丝	AlMg5	650.3	Mg4.5 ~ 5.5；Cr0 ~ 0.3；Mn0 ~ 0.5；Ti0.10 ~ 0.25；Al 余量			（1）作为热喷涂材料，通常用于与铝相同的地方； （2）固体物质，特别适用于海洋大气、海水或微咸水中； （3）与纯铝遇到的腐蚀性介质相比，其损耗率明显更低	

次维护规定适当的时间。

（3）金属热喷涂封闭有机涂层应和金属热喷涂涂层兼容性良好。

（三）注意事项

用于金属热喷涂的部件应兼顾操作的可行性和热喷涂工艺的局限性，并需要注意下列几点：

（1）焊接时应避免出现缝隙和窄间隙，建议采用连续焊缝。

（2）应优先使用对接接头，除非搭接接头通过连续、平滑的焊缝密闭。

（3）尽可能采用圆弧形转角，可简化检查、清理和维护，并将污染物和水分滞留降低。

（4）常见注意事项，见表 12–4，金属热喷涂效果优劣示例，见表 12–5。

本章涉及的锌、铝或其合金热喷涂材料主要以线材形式为主。局部区域或维修，也可能会用到粉末喷涂。粉末喷涂材料推荐 Zn99.5、ZnAl15、Al99。

表 12–4　金属热喷涂工艺设计基本注意事项

项目	应考虑的问题	应避免的问题
人员可达性	对于表面处理、清理油脂、喷砂、检测	不能到达
	去除磨料残留物	磨料残留
	对于金属热喷涂、涂覆有机涂层（涂料）	不能到达
喷枪触及的可能性	无论喷枪或枪嘴是手工还是机械系统移动，工具应是可见且可到达的	狭小或不可见区域
允许的喷涂空间范围	喷枪尺寸、软管组件运动空间，到表面的最小距离约 300mm；可以使用特殊的偏转工具进行喷涂	—
工件轮廓顺滑	涂层体系施工更容易	凹槽、尖角
返锈	顺滑表面可以避免水分和污染物滞留	水分和污染物滞留
锐边和圆孔内边	边缘采用倒圆或倒角	—
储罐和封闭空间内的构配件等	宜采用可拆卸结构	—

（四）设计厚度

金属热喷涂层体系的厚度取决于金属热喷涂层成分、施工条件、环境腐蚀性等级、设计使用寿命、封闭材料的预期耐蚀性等因素综合考虑。其中大气腐蚀性等级、水和土壤腐蚀性等级分类按国家标准《工业设备及管道防腐蚀工程技术标准》GB/T 50726—2023 表 14.3.2–1 和表 14.3.2–2 确定。

涂层设计厚度可参照现行国家标准《热喷涂　金属和其他无机覆盖层　锌、铝及其合金》GB/T 9793，用户也可以在此基础上提出比标准要求更高的主要表面和使用环境中涂层最小局部厚度。

表 12–5　金属热喷涂效果优劣示例

序号	部位	示意图	优劣示例
1	狭小内角和缝隙	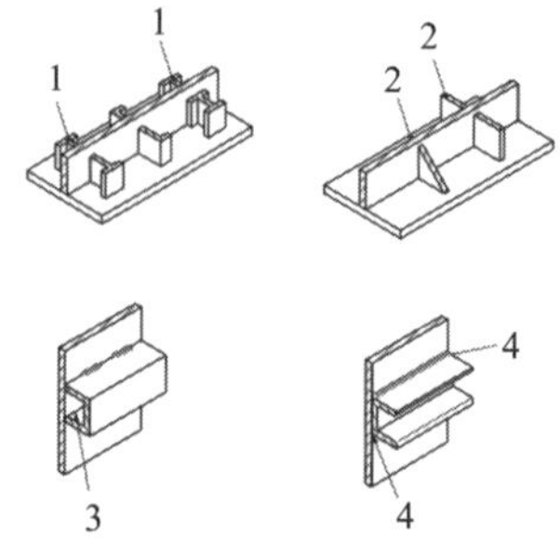	1—应避免使用小截面加强筋或小U形梁或槽钢；2—扁钢是首选；3—U形梁的内部在焊接前应先进行腐蚀防护；4—焊缝连续、顺滑、无熔渣和焊接飞溅物是首选
2	小孔和缝隙	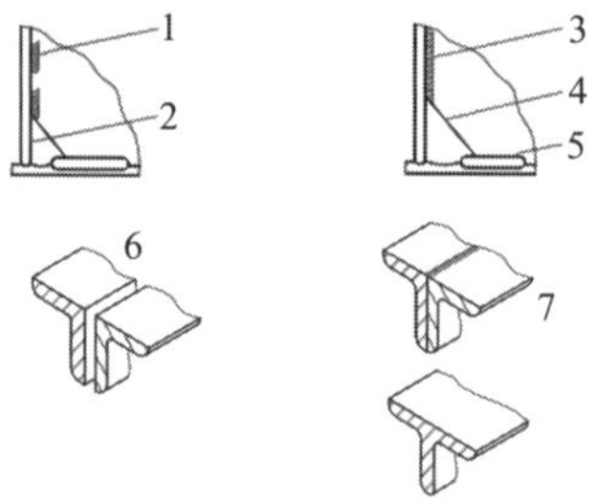	1—应避免间断的加强筋焊缝；2—加强板应避免开孔，因为间隙不能被充分涂覆；3—连续焊缝优先；4—更大的开孔是首选；5—焊缝填充最好远离焊缝；6—应避免背靠背角钢，因为无法充分涂覆间隙；7—最好采用连续焊缝或类似截面的T形钢
3	搭接和转角	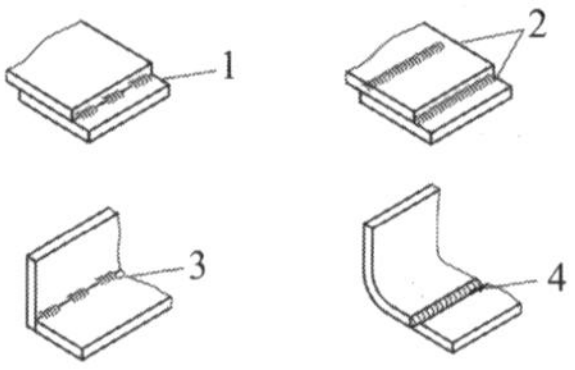	1—应避免不连续焊缝的搭接接头；2—搭接位置使用连续焊缝完全密闭，顺滑、无熔渣、无焊接飞溅是首选；3—应避免直角和不连续焊缝；4—最好是圆角和连续对接焊缝
4	平面和凹槽	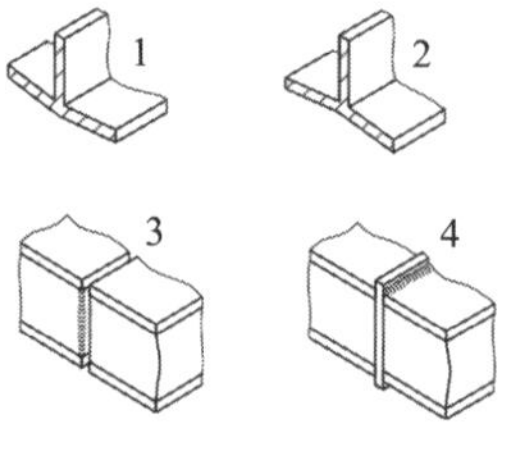	1—应避免出现污染物和水分残留的设计细节；2—首选预弯板，水可以流出；3—应避免不连续焊缝和窄间隙的搭接接头；4—中间板的端部最好有余量（凸出）且选择完全密封的连续焊缝

（1）当采用锌、铝或其合金进行金属热喷涂时，大气、水和土壤环境下金属热喷涂层的最小推荐厚度见表 12–6、表 12–7。表中的涂层最小推荐厚度是防止过早失效的限定值，设计文件以及实际施工作业中都不得小于此限定值。但实际工况往往比较复杂，且业主期望更长的预期使用寿命，所以双方通常会进行协商，最终确定的实际金属热喷涂层厚度都会大于此限定值。如在国家标准《工业设备及管道防腐蚀工程技术标准》GB/T 50726—2023 第 14.3.8 条提到的诸多化学腐蚀环境场合中，其实际推荐的金属热喷涂层厚度都会比表 12–6 和表 12–7 中的限定值要大。

（2）化学腐蚀环境下金属热喷涂层的推荐厚度应符合现行国家标准《热喷涂　金属和其他无机覆盖层　锌、铝及其合金》GB/T 9793 的规定，常见的化学腐蚀环境下金属热喷涂层的推荐厚度见表 12–8，表中数据是经过实际工程应用调研后确定的。

表 12–6　大气环境下金属热喷涂层的最小推荐厚度

腐蚀性等级	金属热喷涂层最小推荐厚度 /μm											
	Zn99.99			ZnAl15			Al99.5			AlMg5		
	as	as+s	as+s+oc	as	as+s	as+s+oc	as	as+s	as+s+oc	as	as+s	as+s+oc
C1	80	80	50	80	80	50	NR	NR	—	NR	NR	—
C2	150	80	50	150	80	50	150	150	150	150	150	150
C3	150	100	80	150	80	80	150	150	150	150	150	150
C4	NR	150	100[a]	100	100	100[a]	200	200	150	200	200	150
C5	NR	NR	100[a]	200	150	100[a]	250	200	200	250	250	200
CX	NR	NR	200[a]	250	150	100[a]	250	200	200	250	250	200

注：1　[a] 表示涂装封孔采用的有机涂料适用于该环境。

2　表中“as”代表金属热喷涂层，“s”代表封闭层，“oc”代表涂装封孔层，“NR”代表不推荐。

3　表中的涂层最小推荐厚度是防止过早失效的限定值，不宜作为选择涂层的准则。

表 12–7　水和土壤环境下金属热喷涂层的最小推荐厚度

腐蚀性等级	金属热喷涂层最小推荐厚度 /μm											
	Zn99.99			ZnAl15			Al99.5			AlMg5		
	as	as+s	as+s+oc	as	as+s	as+s+oc	as	as+s	as+s+oc	as	as+s	as+s+oc
Im1	NR	NR	100	NR	NR	100	NR	NR	NR	NR	NR	NR
Im2	NR	NR	250[a]	NR	NR	150[a]	350	200	NR[b]	350	200	NR[b]
Im3	NR	NR	100	NR	NR	100	NR	NR	NR	NR	NR	NR
Im4[c]	NR	NR	250	NR	NR	150	350	300	NR	350	300	NR

注：1　[a] 表示涂装封孔采用的有机涂料适用于该环境；[b] 表示不推荐使用厚的有机涂层封孔，但可采用带颜色的薄涂层密封；[c] 表示需与阴极保护联用。

2　表中“as”代表金属热喷涂层，“s”代表封闭层，“oc”代表涂装封孔层，“NR”代表不推荐。

表 12-8 化学腐蚀环境下金属热喷涂层的推荐厚度

化学介质[a]腐蚀	材料		推荐厚度 /μm
醇类储罐	金属热喷涂材料	Al99.5	as 或 as+s：150 ~ 250
	涂装封孔[b]	导静电涂料	oc：80 ~ 120
冷媒（制冷剂）等压力罐	金属热喷涂材料	Zn99.9、ZnAl15	as 或 as+s：60 ~ 80
	涂装封孔	—	oc：0（不封孔）
焦化厂、煤化工脱硫系统洗涤塔等	金属热喷涂材料	Al99.5	as 或 as+s：120 ~ 180
	涂装封孔[b]	涂料	oc：100 ~ 150
化工中间体（农药、制药有机物）	金属热喷涂材料	Al99.5、ZnAl15、Zn99.99、AlMg5	as 或 as+s：180 ~ 250
	涂装封孔[b]	涂料	oc：100 ~ 150
食品饮料厂（如啤酒厂）	金属热喷涂材料	Al99.5、316L 不锈钢等	as 或 as+s：100 ~ 150
	涂装封孔[b]	食品级涂料	oc：80 ~ 120
矿山、煤矿等地下金属隧道	金属热喷涂材料	Zn99.99	as 或 as+s：180 ~ 250
	涂装封孔[b]	涂料	oc：180 ~ 250

注：1 [a]表示化学腐蚀环境；[b]表示涂装封孔采用的有机涂料适用于该环境。

2 表中“as”代表金属热喷涂层，“s”代表封闭层，“oc”代表涂装封孔层。

第三节　金属热喷涂施工

金属热喷涂施工流程为：编制施工技术方案→工序检查→表面预处理→表面检验和修补→再次预处理→电弧喷涂、火焰喷涂→封孔→质量验收。

热喷涂施工方应具备质量管理体系，能够满足质量保证体系中规定的质量要求：施工人员和质量监督人员经考核合格；保持喷涂和必要辅助设备的功能处于适当状态；设备应通过检验或喷涂测试来证明可以持续正常运行；测量、测试所用仪器的适当校准和验证；应以文件形式记录测试、校准和维护的结果等。

一、施工前的准备工作

（一）基体表面预处理

对基体进行表面预处理是热喷涂工艺的一个非常重要环节。多数热喷涂层与基体的结合是以机械咬合形式粘附在一起的，或称为“抛锚效果”。喷射向基体的熔融微粒，在基体表面冲击变形，与基体表面的凹凸部分紧紧地咬住而形成涂层。这种啮合能力的大小与基体表面的净化程度、粗糙度有很大关系。因此通过对基体表面的净化和粗化，可提高基体表面活性和表面积，增加热喷涂层与基体的结合强度，改善涂层的内应力分布状况。

在金属热喷涂前，对基体表面进行清理、粗化、预热，喷涂结合底涂层等工艺方法，可统称为基体表面预处理。基体表面预处理可以参照现行国家标准《锌覆盖层　钢铁结构防腐蚀的指南和建议　第 1 部分：设计与防腐蚀的基本原则》GB/T 19355.1 的有关规定；表面预处理等级应符合现行国家标准《热喷涂　金属零部件表面的预处理》GB/T 11373 的有关规定。

热喷涂表面预处理一般分成表面预加工，表面净化和表面粗化（或活化）三个步骤。

1. 表面预加工

表面预加工目的是使工件表面适合于涂层沉积、增加结合面积，有利于克服涂层的收缩应力。对工件的某些部位做相应预加工以分散涂层的局部应力，增加涂层的抗剪能力。常用的方法是切圆角和预制涂层槽。

对焊接、残留物等要求如下：

（1）焊接工作应在热喷涂之前完成。

（2）热喷涂前，应清除待涂层区域的熔渣、碱渣和其他焊接残留物。焊缝上或附近应无咬边、开孔、弧坑和飞溅物。此类缺陷应通过喷射或打磨去除。

（3）在热喷涂前，应清除焊缝附近的底漆或其残留物。

2. 表面净化

由于热喷涂涂层与基体结合主要以物理及机械镶嵌结合为主，涂层与基体的结合质量与基体表面清洁度和粗糙度有直接相关。表面净化是实施热喷涂前基体表面处理非常重要的一步，主要用于除去所有热喷涂表面的污垢，包括氧化皮、铁锈、油渍、油脂和油漆等，使工件表面洁净。将污垢去除之后，清洁表面要一直保持，所有喷涂表面都应小心保护。

3. 表面粗化

可采用多种方法对表面进行粗化处理，其中最常见的有喷砂、开槽、车螺纹、拉毛等几种。

（1）喷砂是最常用的，砂料可以选择石英砂、氧化铝砂、冷硬铁砂等。砂料以锋利坚硬为好，必须清洁干燥，有尖锐棱角。其尺寸，空气压力的大小，喷砂角度、距离和时间应该根据具体情况确定。采用压力式喷砂法，用干净的压缩空气驱动清洁的砂粒对工件表面喷射，可使基材表面产生压应力，去除表面氧化膜，使部分表面金属产生晶格畸变，有利于涂层产生物理结合。基材金属在喷砂后可获得干净、粗糙和高活性的表面。

（2）开槽、车螺纹。对轴、套类零件表面的粗化处理，可采用开槽、车螺纹处理，槽与螺纹表面粗糙度 *Ra* 以 6.3 ~ 12.5 为宜，加工过程中不加冷却液与滋润剂，也可以在表面滚花纹，但应避免出现尖角。

（3）拉毛处理。硬度较高的工件可以采用电火花拉毛，进行粗化处理，但薄涂层工件应慎用。电火花拉毛法是将细的镍丝或铝丝作为电极，在电弧的作用下，电极材料与基体表面局部熔合，产生粗糙的表面。

所有表面处理方法的一个共同目的，就是使基体表面在喷涂前是活性化和粗糙化的，能够使涂层牢固地附着在基体表面。

（二）热喷涂施工组织文件

编制施工工艺前应分析了解被喷涂工件的实际状况和技术要求：

（1）正确、完整理解设计文件的相关内容。

（2）明确质量要求及质量验收体系。

（3）编制热喷涂施工规范及文档。

（4）采用图示方法，标明热喷涂位置、最小厚度、封闭方法、表面最终状态等。

不同施工状态下的表面外观状态可参考图 12–3。

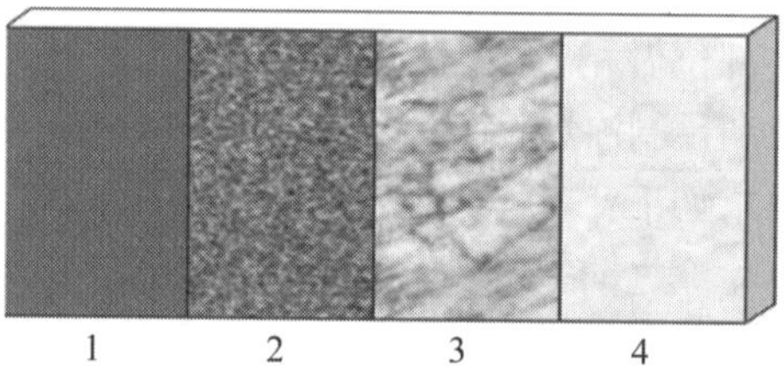

1—步骤 1（磨料喷射）；2—步骤 1（磨料喷射）+ 步骤 2（热喷涂）；3—步骤 1（磨料喷射）+ 步骤 2（热喷涂）+ 步骤 3（封闭）；4—步骤 1（磨料喷射）+ 步骤 2（热喷涂）+ 步骤 3（封闭）+ 步骤 4（有机涂料封孔）。

图 12–3　不同施工状态下的表面外观

二、热喷涂施工要求

根据工件的功能要求，例如机械载荷、服役环境的腐蚀条件以及腐蚀性类别等，制订涂装工艺，并明确以下要求：

（1）确定最小涂层厚度。一般来讲，喷涂后必须进行机械加工，因此涂层厚度就要预留加工余量，同时还要考虑到喷涂时的热胀冷缩等因素。

（2）确定金属涂层材料及有机封孔材料。涂层材料应该满足被喷涂工件的配合要求、技术要求及工作条件等，选择结合层与工作层材料。

（3）确定喷涂程序及参数。喷涂工艺要求及相关工艺评定要求，包含压力、粉末粒度、喷枪与工件的相对运动速度等。

（4）确定基材表面处理方法和要求。待涂工件的处理要求（清理、脱脂）、处理方法、表面处理质量控制；基体表面进行合理预热，有利于提高涂层的结合强度和使涂层不易产生裂纹。

（5）确定施工对照样板。施工对照样板包括数量和形状要求。

（6）确定现场的修补方法、程序和尺寸。确因运输、装配、破坏性测试或涂层缺陷等原因造成的缺陷或损坏部位，可现场局部修复。

（7）确定封闭和封闭材料。

（8）确定热喷涂工程质量检查项目与验收体系。喷射后的表面状况、外观检查、涂层厚度测量及测试点数、附着力测试及最小拉拔附着力、涂层厚度的金相调查（如需要）、容许缺陷等。

（9）记录测试结果并追溯所需操作。

三、热喷涂施工

为了确保热喷涂的质量，热喷涂施工、热喷涂设备的技术参数和喷涂性能应符合国家标准《工业设备及管道防腐蚀工程技术标准》GB/T 50726—2023 第 14.4 节和现行国家标准《热喷涂　热喷涂设备的验收检查》GB/T 20019 的有关规定。

（一）非喷涂部位保护与遮蔽

很多场合基体表面并不需要进行全面喷涂，而喷砂处理时，磨料的飞溅会造成不喷涂部位的损伤，若不进行保护，喷涂的粒子也会沉积形成质量低劣的涂层，这部分涂层以后会妨碍工件使用。所以非喷涂区在预处理时就必须保护，可采用有效方法，对工件进行遮蔽。

（二）热喷涂前准备

（1）热喷涂前应目视检查准备涂覆的表面。如果待涂覆表面上的缺陷可见，则应重新进行表面处理。

（2）通过随附供货说明文件和名称进行比较，检查喷涂材料的一致性。应考虑喷涂材料制造商或供应商关于储存和使用的说明；热喷涂材料应安全、干燥储存，防止水分凝结。

（3）当喷涂设备不工作时，应检查参数设置，有需要时进行弯曲测试和附着力试验。

（4）评估并记录大气条件，如湿度、露点和环境空气温度等。当大型工件要进行热喷涂时，应在喷涂过程中关注这些环境条件。

（三）预喷涂

采用火焰喷涂、电弧喷涂制备涂层时，先进行预喷涂，确定工艺参数之后接着喷涂底层，再进行工作层的喷涂。

（1）预喷涂应在基体表面处理合格后4h内进行；当待喷涂工件表面处于凝露状态，不能进行喷涂。

（2）金属热喷涂施工环境温度不得低于5℃，相对湿度不大于85%；雨、雪和大雾天气不得进行室外作业。

（3）线材火焰喷涂工艺参数见表12–9，使用规定的参数连续进行施工，过程不应间断。

（4）电弧喷涂时，洁净空气压力大于0.5MPa，电弧喷涂设备的直流电源电压应稳定，工艺参数见表12–10，使用规定的参数连续进行施工，过程不应间断。

（5）在喷涂过程停止期间，需要对热喷涂涂层进行中间清洁，可采用无油干燥的压缩空气吹扫，来清除粉尘和松散颗粒。

（6）设计厚度超过100μm的金属热喷涂层，应分层喷涂；分层喷涂时，每一涂层均应平行搭接，同层涂层的喷涂方向宜一致；上下两层的喷涂方向宜纵横交叉。

表12–9 线材火焰喷涂工艺参数

项目		工艺参数	
		Zn99.99、ZnAl15 （线径3mm时）	Al99.5、AlMg5 （线径3mm时）
气体压力/MPa	氧气	0.40～0.55	
	乙炔	0.07～0.10	
	空气	0.50～0.55	
火焰焰性		中性焰	
线材输送速度/（m/min）		1.80～2.60	1.60～2.30
喷涂距离/mm	底层	100～120	
	次层	120～150	
喷涂角度/（°）		75～90	
喷枪或工件移动速度/（mm/s）		300～400	
喷涂基体表面温度/℃		<100	

注：本工艺适用于射吸式气体喷涂枪。当使用不同参数的喷枪，采用不同直径的线材时，工艺参数应进行调整。

表 12–10　电弧喷涂工艺参数

项目		工艺参数	
		Zn99.99、ZnAl15（线径 2mm 时）	Al99.5、AlMg5（线径 2mm 时）
空载电压 /V		24 ~ 28	30 ~ 34
喷涂工作电流 /A		150 ~ 180	160 ~ 200
空气压力 /MPa		0.55 ~ 0.60	
线材输送速度 /（m/min）		5.5 ~ 7.0	4.2 ~ 5.5
喷涂距离 /mm	底层	120 ~ 150	
	次层	150 ~ 200	
喷涂角度 /（°）		75 ~ 90	
喷枪或工件移动速度 /（mm/s）		400 ~ 550	
喷涂基体表面温度 /℃		<100	

注：本工艺适用于封闭雾化式电弧喷涂枪及其配套电弧电源。当使用不同热源、不同设备、不同参数的喷枪、不同直径的线材时，工艺参数应进行调整。

（四）涂层封闭处理

金属丝火焰喷涂或电弧喷涂涂层的孔隙率可高达 15%，且取决于所用的喷涂方法和喷涂参数。为了减少喷涂层的内部孔隙，并闭合金属涂层表面及其附近的开放孔隙，应采用封孔材料进行封闭处理。

封孔材料的要求：

（1）封孔材料包括封闭漆和有机封孔涂料，且应与金属热喷涂层匹配。

（2）必要时，对金属热喷涂层与封孔材料间的相容性进行试验，确认其渗透性、粘结性能是否符合要求。

（3）封孔材料的耐温和耐腐蚀性能应满足使用工况要求。尤其是含氯离子环境区的热喷涂铝及其合金涂层，特别注意封孔材料与金属涂层之间的相容性。

第四节　质量检验与缺陷处理

一、环境条件检查

主要包括湿度、露点、空气温度、工件温度等几个方面，满足设计和施工要求。

二、热喷涂材料的质量检查

热喷涂用锌和锌铝合金线材、铝和铝镁合金线材的质量应符合设计规定，当设计无规定时，应符合现行国家标准《热喷涂　火焰和电弧喷涂用线材、棒材和芯材　分类和供货技术条件》GB/T 12608 的有关规定。该标准规定了热喷涂用锌和锌铝合金线材、铝和铝镁合金线材的化学成分指标、尺寸和公差、力学性能、表面性能和可使用性（线材的缠绕）等要求。

检验方法：检查产品出厂合格证、材料检测报告或现场抽样的复验报告。

取样方法：从每次批量到货的热喷涂用线材中，应按不同材质随机抽样检查；每个批次的热喷涂用线材中，随机抽样不少于 3 处；当抽样检测结果有一项不合格时，可再进行一次抽样复检；当仍有一项指标不合格时，应判定该产品质量不合格。

三、涂层性能检查

金属热喷涂涂层的常规测试和检验包括以下几个方面：目视外观检测、涂层厚度检测、随附试板破坏性测试和附着力测试等。

如果热喷涂涂层或随附试板不符合标准中测试规范中规定的要求，则应清除相关涂层。清洁和表面处理后，再进行热喷涂。如果还是不合格，或者发现现有的设计和施工规范文件明显不能满足要求时，则应予以纠正，或重新制备新的设计方案和规范文件，并进行认证。

（一）外观检查

金属热喷涂层设备及管道应 100% 目视检验。热喷涂层外观应致密、平整、色泽一致，表面应无裂纹、无翘皮、无起泡、无气孔或底材裸露的斑点，无未附着或附着不牢固的金属熔融颗粒，没有不利于防护涂层使用寿命和预期用途的松散颗粒或一切肉眼可见的缺陷。

（二）涂层厚度

金属热喷涂层的厚度检验方法为：

（1）按现行国家标准《磁性基体上非磁性覆盖层　覆盖层厚度测量　磁性法》GB/T 4956 的规定采用便携式电磁感应测量仪进行测量，应选择测量点的位置和数量，以使测量结果能够代表整个金属涂层。

便携式电磁感应测量仪测量技术测量的是整个涂层的厚度，包括封闭漆和其他有机涂层。因此金属层的厚度只能在涂覆任何后续有机涂层之前测量确定。现行国家标准《磁性基体上非磁性覆盖层　覆盖层厚度测量　磁性法》GB/T 4956 中的磁性测量法具有无损、快速和能直接测量待测表面上的任何部位的优点。

（2）当有争议时，可按现行国家标准《金属和氧化物覆盖层　厚度测量　显微镜法》GB/T 6462 的规定切割样品、制备试样，在显微镜下对横截面上的涂层进行测量仲裁（即金相检验）。

采用现行国家标准《金属和氧化物覆盖层　厚度测量　显微镜法》GB/T 6462 中的横截面显微镜法可作为检验及仲裁金属涂层厚度的方法。鉴于界面区基体金属和涂层金属表面存在着几何形状的不规则性，要正确地对金属涂层进行显微测量是困难的，也不可能获得所需要的精度。因此仅在协议双方事先规定后才使用这种方法。

（3）为了确定涂层的最小局部厚度，应在涂层厚度可能最薄的部位测量涂层的局部厚度。测量位置和次数按现行国家标准《热喷涂涂层厚度的无损测量方法》GB/T 11374中的规定选择。

（三）附着力测试

1. 定性检测方法

按现行国家标准《热喷涂　金属和其他无机覆盖层　锌、铝及其合金》GB/T 9793的有关规定，进行划格试验，涂层不应从基体上剥离，则认为结合强度试验合格。

2. 定量测定方法

当采用定量测定方法时，按现行国家标准《热喷涂　抗拉结合强度的测定》GB/T 8642的规定，进行平行样板检测涂层抗拉结合强度。

当在工件本身上进行拉拔测试时，金属丝火焰或电弧喷涂时，锌、锌铝合金和铝、铝镁合金热喷涂层与基材拉拔附着力分别达到规定附着力的最小值4.0MPa和4.5MPa时，可以中断拉拔测试。这种方法避免了测试区域涂层破损而需要修复的必要性。可以通过加热软化胶水并敲打试柱侧面来取下被粘的试柱。这种测试方法只能在生产过程中质量有保证的情况下进行。需要注意的是采用这个测试方法涂层质量还是有可能会受损。

四、常见质量缺陷与处理

（一）金属热喷涂质量缺陷及防止措施

常见的金属热喷涂质量缺陷主要有涂层脱壳、剥离，层间分层，涂层碎裂等，其原因和防止措施见表12–11。

表12–11　金属热喷涂常见质量缺陷与防止措施

缺陷	原　因	防止措施
涂层脱壳、剥离	表面粗糙程度不够或有灰尘吸附，可使喷涂层附着力减小	加强工件表面粗化及喷前清理工作
	工件含有油脂，喷涂时油脂溢出	喷前严格清除油污，并进行适当烘烤
	压缩空气中有可见的油和水	尽量减少压缩空气中的油和水，必要时维修或更换压缩空气装置
	喷枪离工件太远，金属未与工件充分嵌合	缩短喷枪与工件的距离
	车削与拉毛、拉毛与喷涂各道工序相隔时间太长，待喷涂工件表面有氧化现象	缩短面预加、表面粗化、喷涂等工序间隔时间
	喷涂层在磨削机加工时，采用了铝砂轮，因而使涂层局部过热而氧化	正确选用砂轮，做好冷却措施
	喷枪火焰不集中或偏斜，造成金属微粒不能有力地附着在工件表面	检修喷枪或更换喷枪

续表 12–11

缺陷	原　因	防止措施
涂层脱壳、剥离	工件的线速度和喷枪移动速度太慢，在喷涂过程中的夹杂物飘浮于工件表面，降低了附着强度	调整工件的线速度，控制喷涂间飘浮物
层间分层	间歇喷涂时，在达到标准尺寸时没有一次喷完，停喷时间太长	缩短每次停喷时间，保持连续操作
	喷涂时压缩空气中的油和水溅在工件表面	检查空压泵及附件气路工作是否正常，常放水，特别是油水分离器应工作正常
	每一层喷涂后有大量的灰尘吸附在工件表面上，使层与层之间有隔离或部分隔离现象	喷涂时应注意保持清洁，并做必要的防尘措施
涂层碎裂	喷涂时喷枪移动太慢，使一次喷涂的涂层太厚，并出现过热现象	保持正常的喷枪移动速度，一次不要喷得过厚
	喷涂时喷枪离工件表面太近，使涂层过热	适当拉开喷枪与工件表面的距离
	喷涂材料收缩率太大或含有较多的导致热裂纹的元素	选择合适的喷涂材料，并注意尽量减少有害元素含量
	电弧喷涂时电流过大，火焰喷涂时使用氧化焰，使涂层厚氧化	合理选择喷涂参数和喷涂火焰
	喷好后的涂层快速冷却而导致碎裂	在喷厚的涂层时应注意冷却速度
	压缩空气中有油雾和水，降低了涂层的结合强度	及时解决压缩空气中的油和水
	工件回转中心不准，喷涂层有厚有薄，冷却时收缩不均	维修调正工件回转中心的同心度

（二）装配工作或破坏性测试造成缺陷及其修复

（1）由于装配、运输工作或破坏性测试造成的小面积局部缺陷，例如，短裂纹、裸露点、夹杂物和损坏，可在表面处理后使用有机涂层进行修复。

（2）所有缺陷的表面积不得超过整体涂层的 1%，单个缺陷面积不得超过 $10cm^2$。

（3）较大的平面缺陷或损坏，应由检验员识别，并根据可用规范或协议进行全部或部分去除缺陷涂层，并通过热喷涂进行翻新。

（4）焊缝上或焊缝旁较长的裂纹或裸露点应二次表面处理达到要求。对于锌、锌铝合金要求基材喷砂处理达 Sa2 $\frac{1}{2}$，对铝、铝镁合金要求基材喷砂处理达 Sa3，并进行粗糙度检测，随后进行热喷涂防护。此类涂层区域的防腐蚀质量要求应与工件本身的一致。

（5）由于工件的尺寸或运输能力，或由于运输或装配过程中发生的损坏而修补时，可能需要计划在现场进行热喷涂。此类损坏应由检验员识别，并根据可用规范或协议进行修补。

第五节　运 行 维 护

工业设备及管道金属热喷涂防腐蚀工程在投入使用后应进行定期检查，正确的运行与良好的维护对工业设备及管道的防腐蚀工程质量至关重要，可大幅延长其使用寿命。

（1）在投入使用后应对工业设备及管道金属热喷涂防腐蚀工程运行温度、压力等参数和配件维修事件进行记录。

（2）工业设备及管道金属热喷涂防腐蚀工程应根据运行周期和运行记录的分析，制订检查计划、检查部位、检查项目、检查方法和检查过程以及人身和设备安全措施等。

（3）工业设备及管道金属热喷涂防腐蚀工程运行与维护检查都应留记录。

（4）工业设备及管道金属热喷涂防腐蚀工程运行中，遇到质量缺陷应进行恰当的维修和设备维护，直至质量满足设计和使用要求；当遇到金属热喷涂层的性能（见本章第四节）检查结果偏离设计值 50% 以上时，且不能满足使用要求时，不得维修，应重新进行金属热喷涂防腐蚀设计与施工。

第六节　工 程 案 例

金属热喷涂层防腐成功应用案例很多，下面列出几个案例，见表 12–12 ~ 表 12–17。

表 12–12　成功案例（一）

使用单位	常州某塑化城
使用工况	C5 腐蚀等级
防腐构造	热喷涂（喷铝）× 200μm
施工时间	2011 年 12 月
使用效果	使用至今良好
施工单位	杭州某喷涂工程公司
现场照片	图 12–4

（a）现场图片（一）

（b）现场图片（二）

图 12-4　C5 腐蚀等级的热喷涂

表 12-13　成功案例（二）

使用单位	某化工公司
使用工况	C4 腐蚀等级
防腐构造	热喷涂（喷锌）×100μm
施工时间	2014 年 12 月
使用效果	使用至今良好
施工单位	杭州某喷涂工程公司
现场照片	图 12-5

（a）现场图片（一）

（b）现场图片（二）

（c）现场图片（三）

（d）现场图片（四）

图 12-5　C4 腐蚀等级的热喷涂

表 12-14　成功案例（三）

使用单位	邢台市某建设公司
使用工况	支漳河桥装饰塔防腐
防腐构造	热喷涂（喷锌）×100μm
施工时间	2000 年 6 月
使用效果	使用至今良好
施工单位	河北某防腐工程公司
现场照片	图 12-6

图 12-6　支漳河桥装饰塔的热喷涂

表 12-15　成功案例（四）

使用单位	重庆某发电公司
使用工况	锅炉水冷壁管防腐、耐磨
防腐构造	火焰喷涂镍铬合金 ×100μm
施工时间	2022 年 3 月
使用效果	使用至今良好
施工单位	河北某防腐工程公司
现场照片	图 12-7

图 12-7　锅炉水冷壁管的火焰喷涂

表 12-16　成功案例（五）

使用单位	某热电公司
使用工况	2 台 75t 锅炉卫燃带、炉膛四角、炉膛出口耐磨喷涂
防腐构造	火焰喷涂镍铬合金 ×200μm
施工时间	2000 年 8 月
使用效果	使用至今良好
施工单位	河北某防腐工程公司
现场照片	图 12-8

图 12-8　火焰喷涂镍铬合金

表 12-17　成功案例（六）

使用单位	印度尼西亚某发电公司
使用工况	锅炉水冷壁防磨喷涂
防腐构造	火焰喷涂镍铬合金 ×200μm
施工时间	2022 年 4 月
使用效果	使用至今良好
施工单位	河北某防腐工程公司
现场照片	图 12-9

图 12-9　锅炉水冷壁火焰喷涂镍铬合金

第十三章

设备及管道外表面涂层

13

第一节　常用外表面涂层涂料

对于常用工业设备及管道外表面的防腐蚀涂料，其生产与应用已有悠久历史。随着工业生产高速发展，常用工业设备及管道外表面防腐蚀涂料的研发也十分迅速，现在工业设备及管道外表面使用的防腐蚀涂料品种就有几十种，但主要有以下几大类型：

（1）有机类。成膜物质、溶剂等均由有机物组成，是涂料中最庞大的体系。主要有环氧树脂类、氯磺化聚乙烯类、聚氨酯类、氯化橡胶类、乙烯基酯类、有机硅类涂料等。防腐蚀涂料的特殊要求需包含具有缓蚀作用的防锈颜料，一般有碱性颜料（红丹、铅酸钙等）、可溶性颜料（锌黄、磷锌黄等）、阴极保护型颜料（锌、铝、镁粉等）。

（2）无机类。成膜物质由无机物组成，常见的有硅酸盐，如钠、钾水玻璃以及硅酸锂等。其中硅酸锂类是正在发展中的新型涂料。无机防腐蚀涂料，也需要防锈颜料，其中锌粉用得最为普遍，例如无机富锌、无机硅酸锌底涂料等。

（3）金属类。喷、浸、镀锌、铝或铝合金是目前钢结构防护的主要方法之一，特别是处于大气腐蚀条件下的工业设备及管道外表面，其内容可参见本手册第十二章。

（4）有机金属类。这是国际上新开发的一种涂料类型。所谓"有机金属"，即该有机物同时具有金属性质，即存有自由电子。作为涂料对钢体的保护机理，一方面是该有机金属具有与银类似的贵金属"电位序"；另一方面，它能在钢表面形成"钝化膜"。双重保护机理大大提高了对钢体的保护效能，较之常规涂料可延长使用寿命数倍，是很有发展前途的钢结构防腐蚀涂料新体系。例如氟碳金属类涂料等。

综上所述，常用外表面涂层涂料是由成膜物质（油脂、树脂）与填料、颜料、增韧剂、有机溶剂等按一定比例配制生产而成。

一、环氧类涂料

1934年德国IG染料集团（I·G·Farben）的保罗·施拉克（P.Schlack）发现了双环氧化合物可以与胺反应，生成高分子量的胺。1938年瑞士特雷兄弟公司（Gebr.de Trey）的皮埃尔·卡斯唐（Pierre Castan）发现环氧化合物可以固化，生成低收缩率的塑料而取得瑞士专利。随后Ciba公司购得Gebr.de Trey公司技术而开发环氧树脂用于粘合剂、浇筑灌缝材料等。1948年美国Shell公司生产了不同规格的环氧树脂。

环氧类涂料所使用的原材料包括：环氧树脂、固化剂、溶剂、颜填料、助剂等。

（一）原材料及其性能

13

1. 树脂

在工业设备及管道外表面涂层涂料中主要采用双酚A型环氧树脂，由环氧氯丙烷与双酚A缩合而成，也称之为"二酚基丙烷缩水甘油醚"。在环氧树脂大类品种中，其原材料易得、成本最低，因而产量最大、用途最广，被称为通用型环氧树脂，其性能特点为：

（1）耐化学品性能优良，尤其是耐碱性。

（2）漆膜对金属（钢、铝等）、陶瓷、玻璃、混凝土材料等底材均有优良的附着力。

（3）环氧树脂漆膜具有优异的物理机械力学性能，漆膜坚硬。

（4）环氧树脂漆膜具有较好的抗渗透性。

（5）环氧树脂漆膜具有优良的电绝缘性和耐热性。

（6）环氧树脂漆膜具有环氧基及羟基这两种活泼基团，能与多元胺、聚酰胺树脂、酚醛树脂、氨基树脂、多异氰酸酯等配合使用。

（7）抗光老化性差，不适合户外使用。

双酚 A 型环氧树脂的品种型号和性能指标见表 13–1。

表 13–1　双酚 A 型环氧树脂的品种型号和性能指标

旧牌号	国家统一型号	规格				
		软化点 /℃［或黏度 /（Pa·s）］	环氧值 /（eq/100g）	有机氯 /（mol/100g）	无机氯 /（mol/100g）	挥发分 /%
618	E–51	（11 ~ 16）	0.48 ~ 0.54	≤ 0.2	≤ 0.001	≤ 2
6101	E–44	12 ~ 20	0.41 ~ 0.47	≤ 0.2	≤ 0.001	≤ 1
634	E–42	21 ~ 27	0.38 ~ 0.45	≤ 0.2	≤ 0.001	≤ 1
601	E–20	64 ~ 76	0.18 ~ 0.22	≤ 0.2	≤ 0.001	≤ 1

注：表中指标的检测方法按照国家标准《双酚 A 型环氧树脂》GB/T 13657—2011 的规定进行。

2. 固化剂

环氧树脂本身是热塑性的半成品，要使环氧树脂涂料具有优良性能，必须添加固化剂，如多元胺、多元胺加成物、聚酰胺树脂、聚酰胺树脂加成物、脂环胺、聚醚胺、腰果酚、酰胺基、曼尼期碱类固化剂、多异氰酸酯等可配合制成无溶剂、高固体份、常规溶剂型环氧树脂涂料。

环氧树脂常用固化剂品种和特点见表 13–2。

表 13–2　环氧树脂常用固化剂品种和特点

品种型号	特点
多元胺	（1）白色至浅黄色透明液体，有刺鼻的氨味； （2）固化剂添加量小，漆膜容易泛白； （3）固化剂反应快，混合漆料适用期短
多元胺加成物	（1）通过与液体环氧树脂的加成反应后，提高固化剂的分子量，漆膜不容易泛白； （2）改善漆膜固化后的物理机械性能
650 聚酰胺树脂（200# 聚酰胺树脂）	（1）淡黄色至红棕色黏稠透明液体； （2）与环氧树脂配比范围较宽； （3）固化反应适中，混合漆料适用期长； （4）漆膜具有优异的物理机械性能； （5）漆膜耐稀酸、耐碱性能优异； （6）环境温度 10℃以上施工

续表 13-2

品种型号	特点
$300^{\#}$ 聚酰胺树脂	（1）淡黄色至红棕色透明液体，中等黏度； （2）固化反应适中，混合漆料适用期长； （3）固化剂添加量少，适用于高固体份涂料使用； （4）漆膜具有优异的物理机械性能
$300^{\#}$ 聚酰胺加成物	（1）通过与液体环氧树脂的加成反应后，提高固化剂的分子量，减少小分子游离胺的存在； （2）施工时，混合漆料不需要熟化反应时间，即可施工； （3）漆膜在低温潮湿情况下不易出现“泛白”现象
聚醚胺	（1）水白色透明低黏度液体； （2）与环氧树脂混合反应快，混合漆料适用期短； （3）漆膜表面不易产生油面，适用于高装饰要求； （4）漆膜耐酸性能不如聚酰胺固化剂
曼尼期碱类固化剂 T31 固化剂 “酚醛胺”	（1）红棕色半透明黏稠液体； （2）与环氧树脂混合，固化剂用量小； （3）漆膜物理机械性能良好，漆膜偏脆； （4）漆膜耐酸、碱、盐类腐蚀，耐温性都优于聚酰胺； （5）可在潮湿环境、表面带湿条件下施工； （6）可在环境温度 0℃以上条件下施工
腰果酚类固化剂	（1）淡黄色至棕色半透明黏稠液体； （2）腰果酚含有十五碳侧链，起到内增韧效果； （3）漆膜耐稀酸、耐碱性好； （4）可在环境温度 -5℃条件下施工，也可在潮湿表面带湿施工
脂环胺固化剂	（1）水白色透明低黏度液体； （2）与环氧树脂混合，固化反应快，混合漆料适用期短，放热反应； （3）漆膜表面不易产生油面，不发白； （4）漆膜耐酸性能好，物理机械性能良好
多异氰酸酯固化剂	（1）淡黄色透明液体； （2）施工一道成膜厚度偏薄，过厚则漆膜表面容易产生反应性气泡； （3）漆膜物理机械性能优异，具有优异的耐酸、碱、盐类腐蚀性； （4）可在环境温度 0℃以上条件下施工

3. 溶剂

环氧树脂涂料中常用的溶剂有环己酮、丁酮、丙酮、丙二醇甲醚、丙二醇乙醚、二丙二醇甲醚、甲苯、二甲苯、正丁醇、异丁醇等。芳香烃溶剂二甲苯、醇类溶剂丁醇一般不能单独使用，需要搭配使用才能彻底溶解环氧树脂，特别是在溶解固体环氧树脂时，最佳的混合比例为二甲苯:丁醇 =7∶3（质量比）。溶剂的应用应根据涂料配方的性能特点加以选择。

4. 颜料

环氧树脂涂料中的防锈颜料包括氧化铁红、磷酸锌、三聚磷酸铝、锌粉、氧化锌。着色颜料包括锐钛型钛白粉、金红石型钛白粉、铅铬黄、永固黄、永固红、联苯胺黄、甲苯胺红、甲苯胺紫红、永固紫红、永固橙、酞青蓝、酞青绿、群青、氧化铁黄、氧化铁黑、色素碳黑、铝银浆、鳞片石墨、玻璃鳞片、云母氧化铁等。

5. 填料

填料作为环氧树脂涂料配方中的重要组成部分，能改善涂料性能及漆膜性能。主要包括沉淀硫酸钡、天然硫酸钡（重晶石粉）、滑石粉、云母粉、石英粉、长石粉、白云石、硅灰粉、高岭土、碳酸钙等。

6. 增韧剂

环氧树脂涂料选用脂肪胺、脂环胺、酚醛胺类固化剂时，其固化物的性能较脆，通常需要添加增韧剂改性。增韧剂分为非活性稀释剂和活性稀释剂两大类。

（1）非活性稀释剂：如邻苯二甲酸二丁酯、液体石油树脂等，它们不参与反应，在一段时间内虽然可提高固化物的塑性，但时间长了此类增韧剂会不断迁移至漆膜表面，直至失效。欧盟《关于限制在电子电气设备中使用某些有害成分的指令》（简称 RoSH）对邻苯二甲酸二丁酯类属于限制使用物品，目前该类增韧剂被其他种类替代，比如液体石油树脂。

（2）活性稀释剂：环氧活性稀释剂一般是指带有一个或两个以上环氧基的低分子化合物，它们可以与环氧树脂一起参与反固化反应，成为环氧树脂交链网络结构的一部分，对固化物的其他性能几乎无影响，能提升固化体系的韧性，改善漆膜的脆性。

常规的活性稀释剂品种有：12-14 烷基缩水甘油醚（AGE）、丁基缩水甘油醚（BGE）、苯基缩水甘油醚、1，4- 丁二醇缩水甘油醚、1，4- 丁二醇二缩水甘油醚、腰果酚缩水甘油醚等。

（二）涂层的物理力学性能

环氧类涂料主要品种有环氧富锌底漆、环氧铁红底漆、环氧磷酸锌底漆、环氧云铁中间漆、环氧面漆等。

涂层的物理力学性能见表 13-3。

表 13-3 涂层的物理力学性能

名称	附着力（划圈法）/级	柔韧性 /mm	耐冲击 /cm	附着力（拉开法）/MPa
环氧富锌底漆	1	2	50	≥ 5
环氧磷酸锌底漆	1	1	50	≥ 6
环氧铁红底漆	1	1	50	≥ 6
环氧云铁中间漆	1	2	≥ 40	≥ 6
环氧面漆	1	1	50	≥ 5
适用标准	《漆膜划圈试验》GB/T 1720	《漆膜、腻子膜柔韧性测定法》GB/T 1731	《漆膜耐冲击测定法》GB/T 1732	《色漆和清漆拉开法附着力试验》GB/T 5210

（三）涂层的耐腐蚀性能

1. 耐蚀机理

（1）环氧富锌底漆是一种高效的防锈底漆，其防腐机理是基于金属锌粉对钢材表面的阴极保护作用。金属锌的电化学活性比铁更活泼。因此锌粉足量时，即在钢铁表面形成一层锌粉膜，并与钢材表面紧密接触，在腐蚀介质的作用下（主要是氧气、水分等）组成锌－铁腐蚀电池。锌为阳极，被腐蚀，而钢材作为阴极受到保护。

富锌底漆顾名思义，其漆膜中金属锌含量大于或等于60%才能称之为富锌。漆膜中锌粉颗粒与颗粒之间相互接触，形成连续的导电层，才能发挥阴极保护作用。

（2）环氧磷酸锌底漆中加入了防锈颜料磷酸锌，该防锈颜料是一种白色无铅环保材料，其防锈机理比较复杂。磷酸锌在涂层内部缓慢解离为磷酸根离子，缩合磷酸离子与金属表面产生反应，使金属钝化，锌离子在钢铁表面形成阴极保护，阻止金属进一步腐蚀。另一种白色无铅防锈颜料三聚磷酸铝，其化学阻抗性能更加优异，防锈性能可与红丹媲美。

（3）环氧铁红底漆中加入物理防锈颜料氧化铁红（三氧化二铁），其为化学性质稳定的氧化物。由于化学法生产的氧化铁红平均粒径小于1um，具有较细的颗粒，分散性能好，遮盖力和着色力强。其防锈机理主要是物理屏蔽效应，延长腐蚀介质、水汽与氧渗透至底层的路径。

（4）环氧云铁中间漆中加入了较多量的云母氧化铁原料。该原料为天然矿产物，主要成分是三氧化二铁，由于这种氧化物是片状结构，类似云母，所以称为云母氧化铁。其防锈机理是片状云母氧化铁颗粒交叉与重叠分布在涂膜中，形成鱼鳞般的搭接，使涂膜的机械强度增加，漆膜的封闭性、致密性增加，对水汽的渗透具有优良的抵御作用。

（5）环氧面漆由环氧树脂、固化剂、着色颜料、填料、助剂、溶剂等组成。树脂固化剂的添加确保涂层具有了机械力学性能及漆膜的耐腐蚀性能；着色颜料的添加保证涂料的遮盖力及外观颜色的符合性；体质颜料（填料）的添加是对涂层机械力学性能的补充，改善了涂料的储存性能及施工性能，并降低了涂料的生产成本。

2. 耐腐蚀性能

环氧树脂涂层耐低浓度硫酸和磷酸；耐碱、盐类、苯类溶剂、汽油等。常温下环氧树脂涂料的耐腐蚀性能见表13–4。

表13–4　常温下环氧树脂涂料的耐腐蚀性能

介质	性能	介质	性能	介质	性能
5%硫酸溶液	耐	冰醋酸	不耐	40%氢氧化钠溶液	耐
5%盐酸溶液	不耐	10%柠檬酸	不耐	氨水	耐
5%硝酸溶液	不耐	10%乳酸	不耐	60℃ 5%氢氧化钠溶液	耐
5%磷酸溶液	耐	10%甲酸	不耐	尿素	耐
3%氢氟酸溶液	不耐	5%氢氧化钠溶液	耐	硫酸钾	耐

续表 13–4

介质	性能	介质	性能	介质	性能
硝酸铵	耐	二甲苯	耐	环己酮	不耐
氯化铵	耐	汽油	耐	乙二醇	不耐
海水	耐	粗汽油	不耐	苯乙烯	不耐
原油	耐	乙醇	耐	氯仿	不耐
机油	耐	甲醇	不耐		
柴油	耐	石脑油	不耐		
苯	耐	丙酮	不耐		

（四）涂层配套及特点

腐蚀环境及温度条件下的涂层配套可见本手册附录四“外表面涂层配套”的有关内容。

二、聚氨酯类涂料

聚氨酯涂料也称聚氨基甲酸酯漆，是指在其漆膜中含有相当数量的氨酯键，见图 13–1。

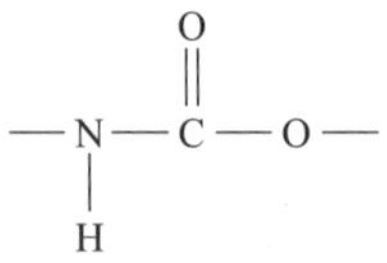

图 13–1 氨酯键示意图

1937 年德国 Otto Bayer 教授首先发现由多异氰酸酯与多元醇化合物进行加聚反应可制得聚氨酯，并以此为基础进入工业化应用。1945—1947 年，英美等国从德国获得聚氨酯树脂的制造技术，1950 年相继开始工业化。日本 1955 年从德国拜耳公司及美国杜邦公司引进聚氨酯工业化技术。20 世纪 50 年代末我国聚氨酯工业开始起步，21 世纪烟台万华可以生产六亚甲基二异氰酸酯（HDI）单体及其聚合物。从此打破了脂肪族聚二异氰酸酯固化剂由国外化工巨头垄断的局面。

聚氨酯涂料是目前防腐蚀涂料中的重要品种，属于中高端装饰防护用涂料。聚氨酯类涂料所使用的原材料包括：聚氨酯树脂、固化剂、溶剂、颜填料、助剂等。

（一）原材料及其性能

1. 聚氨酯树脂（含羟基组分）

（1）分类：聚氨酯涂料可分为单组分和双组分两类。单组分包括氨酯油、湿固化聚氨酯；双组分包括聚酯、聚醚、羟基丙烯酸树脂、环氧聚氨酯涂料等。目前，工业设备及管道防腐蚀工程中主要采用双组分化学固化剂型聚氨酯涂料品种。

（2）品种：双组分不同类型的聚氨酯树脂的特点见表 13–5。

（3）性能指标：在工业设备及管道外表面涂层所用聚酯树脂、羟基丙烯酸树脂的性能指标见表 13–6。

表 13-5　双组分不同类型聚氨酯树脂的特点

品种	特　点
聚酯树脂	（1）淡黄色黏稠液体； （2）羟基含量由低、中、高之分，固体含量 50% ~ 80% 不等； （3）漆膜光泽高，丰满度好，物理机械力学性能好，高羟基含量聚酯涂料的漆膜硬度高，抗冲击性能好； （4）含脂肪酸类聚酯的漆膜保光、保色性略差
聚醚树脂	（1）淡黄色透明液体； （2）漆膜具有优良的物理机械力学性能，具有不同的弹性伸长率，漆膜耐酸性能好，漆膜保光、保色性略差； （3）漆膜耐碱、耐水性好，可配制无溶剂涂料
羟基丙烯酸树脂	（1）水白色黏稠透明液体； （2）羟基含量由低、中、高之分，固体含量 50% ~ 80% 不等； （3）漆膜光泽高，丰满度好，物理机械力学性能好； （4）漆膜硬度高，并具有优异的保光、保色性，该类涂料属于中高档耐候性涂料
环氧聚氨酯涂料	（1）淡黄色至水白色黏稠透明液体； （2）漆膜耐腐蚀介质性能好，特别耐碱，与聚氨酯固化剂配合，具有较优异的耐酸性能； （3）漆膜干燥较慢，一次成膜厚度不宜过大； （4）漆膜耐老化性能稍差

表 13-6　聚酯树脂、羟基丙烯酸树脂的性能指标

项目	聚酯树脂	羟基丙烯酸树脂	检测方法
	指标	指标	
外观	水白色	水白色	目测
不挥发物含量 /%	≥ 50	≥ 50	《色漆、清漆和塑料　不挥发物含量的测定》GB/T 1725—2007
黏度（23 ± 2）℃ /（mPa · s）	≥ 100	≥ 600	《胶黏剂黏度的测定　单圆筒旋转黏度计法》GB/T 2794—2013
酸值 /（mg KOH/g）	≤ 10	≤ 10	《塑料用聚酯树脂、色漆和清漆用漆基　部分酸值和总酸值的测定》GB/T 6743—2008
羟值 /（mg KOH/g）	≥ 36	≥ 36	《塑料　聚醚多元醇　第 3 部分：羟值的测定》GB/T 12008.3—2009

2. 聚异氰酸酯树脂（固化剂）

双组分常温固化的聚氨酯涂料，由聚异氰酸酯树脂（固化剂）提供反应基团 N═C═O，作为固化剂组分。漆料组分以聚酯、羟基丙烯酸树脂提供反应基团—OH。

（1）分类。常用聚异氰酸酯固化剂有芳香族聚异氰酸酯和脂肪族聚异氰酸酯。芳香族聚异氰酸酯固化剂有甲苯二异氰酸酯（TDI）与4，4–二苯基甲烷二异氰酸酯（MDI）通过加成反应或聚合反应制成；脂肪族聚异氰酸酯固化剂有六亚甲基二异氰酸酯（HDI）的二聚体、三聚体以及异佛二酮二异氰酸酯（IPDI）的三聚体等。

（2）品种。常用聚异氰酸酯树脂（固化剂）的品种和特点见表13–7。

（3）性能指标。常用聚异氰酸酯树脂（固化剂）的性能指标见表13–8。

表13–7 聚异氰酸酯树脂（固化剂）的品种和特点

品种	基本组成	特点
7110甲	TDI与三羟甲基丙烷加成物	（1）水白色清澈透明黏稠液体； （2）漆膜光泽高，物理机械力学性能优良； （3）含苯环结构，漆膜耐候性稍差，易黄变
D2	TDI三聚体	（1）水白色清澈透明黏稠液体； （2）漆膜硬度高，物理机械力学性能优良，耐腐蚀介质性能好； （3）漆膜耐候性稍差
N–75	HDI–缩二脲	（1）水白色清澈透明黏稠液体； （2）漆膜光泽高，丰满度好，物理机械力学性能优良； （3）漆膜快干，具有优异的耐老化性能，保光、保色性好，漆膜硬度好
N–3390	HDI–三聚体	（1）水白色清澈透明黏稠液体，固含量高； （2）漆膜光泽高，丰满度好，物理机械力学性能优良； （3）漆膜快干，具有优异的耐老化性能，保光、保色性好
Z4470	IPDI–三聚体	（1）水白色清澈透明黏稠液体； （2）漆膜光泽高，丰满度好，物理机械力学性能优良； （3）漆膜快干，具有优异的耐老化性能，保光、保色性好； （4）干燥性能优于N–75

表13–8 聚异氰酸酯树脂（固化剂）的性能指标

项目	7110甲	D2	N–75	N–3390	Z4470	检测方法
外观	水白色清澈透明黏稠液体					目测
不挥发物含量/%	50±2	50±2	75±2	90±2	70±2	《色漆、清漆和塑料 不挥发物含量的测定》GB/T 1725—2007
黏度[（23±2）℃]	15~30s	15~30s	—	—	—	《涂料粘度测定法》GB/T 1723—1993
	—	—	50~600 mPa·s	2 500~3 500 mPa·s	600~2 000 mPa·s	《胶黏黏剂黏度的测定》GB/T 2794—2022
—NCO含量/%	8.7±0.8	10±1	16.5±0.5	19.6±0.5	11.9±0.5	—

注：1 聚异氰酸酯树脂（固化剂）遇空气中水分会发生化学反应，固化剂桶盖必须密封。
2 聚异氰酸酯树脂（固化剂）不能与水、醇类溶剂、胺类物质接触。

3. 溶剂

聚氨酯涂料的溶剂包括芳香烃类、酯类、酮类、醚酯类，具体品种有混合二甲苯、S-100 溶剂、醋酸乙酯、醋酸丁酯、甲乙酮、环已酮、甲基异丁基酮、甲基戊基酮、丙二醇甲醚醋酸酯等。

聚氨酯涂料的溶剂应控制水分的含量，达到所谓的“氨酯级”溶剂，防止溶剂中的水分带入多异氰酸酯组分中引起胶凝，使漆料罐鼓胀，并在漆膜中引起小泡和针孔。

4. 颜填料

（1）着色颜料包括金红石型钛白粉、铅铬黄、永固黄、永固红、联苯胺黄、甲苯胺红、甲苯胺紫红、永固紫红、永固橙、酞青蓝、酞青绿、群青、氧化铁黄、氧化铁黑、色素炭黑、铝银浆、鳞片石墨、玻璃鳞片、云母氧化铁等。

（2）填料包括沉淀硫酸钡、天然硫酸钡（重晶石粉）、滑石粉、云母粉、长石粉、白云石、硅灰粉、硅微粉、碳酸钙等。

（二）涂层物理力学性能

双组分聚氨酯类涂料主要品种有芳香族聚氨酯及脂肪族聚氨酯。

1. 性能特点

（1）漆膜耐磨及粘附力强。

（2）漆膜防腐性能优良，能耐油、酸、碱、盐等化学介质和工业废气。

（3）施工温度范围广，聚氨酯涂料能在室温固化，也能加热固化，甚至在 0℃也能正常固化。

（4）调整聚氨酯涂料的配方，可以获得所要求的涂料性能。

（5）优良的电气性能，适合制作漆包线用漆。

（6）能与多种树脂混用。聚氨酯树脂能与聚酯、聚醚、环氧、醇酸、有机硅、丙烯酸酯、纤维素等树脂混用。

（7）装饰性与保护性好。

（8）耐温性能好，聚氨酯涂料可制成耐 -40℃低温的品种。

（9）应用范围广泛，在国防、基建、化工、防腐、电气绝缘、木器涂料等方面都有广泛的应用。

2. 芳香族聚氨酯涂层

一般以芳香族甲苯二异氰酸酯（TDI）的加成物为固化剂，由于苯环结构的存在，氨酯键受紫外线的照射后分解成胺，胺再被氧化产生深色产物，导致漆膜泛黄变色，故该类涂料在户外使用时不宜选用白色或浅色。

3. 脂肪族聚氨酯涂层

一般以脂肪族多异氰酸酯如 HDI 的二聚体或三聚体为固化剂，以含羟基丙烯酸树脂为漆料部分，由于不含苯环结构，氨酯键受紫外线的照射后分解产生的脂肪胺不易分解而变色；而丙烯酸树脂同样具有良好的耐候性，同时兼具硬度与柔韧性。因此脂肪族聚氨酯涂料具有优异的物理机械性能，突出的耐候性，漆膜保光、保色性佳，是一种高性能长效型面漆。

4. 涂层的性能指标

涂层的性能指标见表 13-9。

表 13-9 涂层的性能指标

名称	附着力（划圈法）/ 级	柔韧性 /mm	耐冲击 /cm	附着力（拉开法）/MPa	铅笔硬度
环氧聚氨酯	1	2	50	≥ 6	≥ H
芳香族聚氨酯	1	1	50	≥ 5	≥ H
脂芳族聚氨酯	1	1	50	≥ 5	≥ F
适用标准	《漆膜划圈试验》GB/T 1720	《漆膜、腻子膜柔韧性测定法》GB/T 1731	《漆膜耐冲击测定法》GB/T 1732	《色漆和清漆拉开法附着力试验》GB/T 5210	《色漆和清漆铅笔法测定漆膜硬度》GB/T 6739

（三）涂层耐腐蚀性能

聚氨酯类涂料耐稀酸、稀碱、盐、苯类溶剂、汽油等。常温下聚氨酯类涂料的耐腐蚀性能见表 13-10。

表 13-10 聚氨酯类涂料的耐腐蚀性能

介质	性能	介质	性能	介质	性能
5% 硫酸溶液	耐	氨水	耐	机油	耐
3% 盐酸溶液	耐	尿素	耐	汽油	耐
5% 硝酸溶液	不耐	硫酸钾	耐	柴油	耐
5% 磷酸溶液	耐	硝酸铵	耐	粗汽油	不耐
3% 氢氟酸溶液	不耐	氯化铵	耐	石脑油	不耐
冰醋酸	不耐	海水	耐	乙醇	耐
10% 柠檬酸	耐	原油	耐	甲醇	不耐
10% 乳酸	耐	苯	耐	丙酮	不耐
10% 甲酸	不耐	甲苯	耐	苯乙烯	不耐
5% 氢氧化钠溶液	耐	二甲苯	耐	—	—

（四）涂层配套及特点

腐蚀环境及温度条件下的涂层配套可见本手册附录四“外表面涂层配套”的有关内容。

三、玻璃鳞片涂料

玻璃鳞片类涂料具有独特的抗渗透性，能有效延缓化学品和各种腐蚀性气体的渗透，硬化时收缩小，与多种基材粘结性强，适应温度剧变环境。适用于较苛刻气相条件下的非户外设备、钢结构或混凝土建筑物表面的涂层保护。

（一）原材料及其性能

1. 品种和分类

目前用于工程上的玻璃鳞片涂料品种有环氧树脂玻璃鳞片涂料、单组分高氯化聚乙烯玻璃鳞片涂料和乙烯基酯树脂玻璃鳞片涂料。其中乙烯基酯树脂玻璃鳞片涂料包括双酚 A 型环氧乙烯基酯玻璃鳞片涂料和酚醛环氧型乙烯基酯玻璃鳞片涂料。

2. 性能

玻璃鳞片涂料产品的性能指标见表 13–11。

表 13–11 玻璃鳞片涂料产品的性能指标

项目	环氧树脂玻璃鳞片涂料	高氯化聚乙烯玻璃鳞片涂料	双酚 A 型环氧乙烯基酯玻璃鳞片涂料	酚醛环氧型乙烯基酯玻璃鳞片涂料
外观	各色黏稠液体符合色标	各色黏稠液体符合色标	各色黏稠液体符合色标	各色黏稠液体符合色标
在容器中状态	在搅拌混合物时，应无结块			
比重 /（g/cm^3）	1.10 ~ 1.40	1.05 ~ 1.20	1.10 ~ 1.40	1.10 ~ 1.40
黏度（25℃）/（mPa · s）	400 ± 150	250 ± 50	500 ± 150	500 ± 150
固体含量 /%	65.0 ± 5.0	50.0 ± 5.0	65.0 ± 5.0	65.0 ± 5.0
热稳定性（80℃）/h	24	—	24	24
储存期（25℃）/ 月	12	24	3	3
施工工艺性	喷涂、辊涂、刷涂无障碍、不流挂			

（二）涂层的物理力学性能

树脂玻璃鳞片涂料涂层性能指标见表 13–12。

玻璃鳞片涂料之所以具有比普通涂料高得多的抗渗透能力，是因为玻璃鳞片在耐腐蚀结构层中形成“迷宫”构造，延长了介质渗透路径。扁平状玻璃鳞片在涂料中平行叠压排列。这不仅对腐蚀介质渗透构成一道道屏障，使介质在基料中的渗透必须经过类似迷宫般的曲折途径，这相当于客观上增加了防腐层厚度。而且使涂层中存在的微气泡、微裂纹、分子级空穴等缺陷被玻璃鳞片有效分割，从而有效地抑制了介质的渗透。

表 13–12 树脂玻璃鳞片涂料涂层性能指标

品种指标		玻璃鳞片涂料涂层性能			
项目		环氧玻璃鳞片涂料	高氯化聚乙烯玻璃鳞片涂料	双酚 A 型环氧乙烯基酯玻璃鳞片涂料	酚醛环氧型乙烯基酯玻璃鳞片涂料
附着力（拉开法）/MPa		≥ 6	≥ 3	≥ 6	≥ 6
耐磨性（500g/1 000r）/mg		≤ 60	≤ 60	≤ 50	≤ 50
耐冲击性 /cm		≥ 50	≥ 50	≥ 50	≥ 50
巴柯尔硬度		≥ 40	≥ 35	≥ 40	≥ 40
配比（重量比）		固化剂	—	基料:促进剂:引发剂 =100：（0.5 ~ 3）：（2 ~ 3）	基料:促进剂:引发剂 = 100：（0.5 ~ 3）：（2 ~ 3）
适用期（25℃）/h		≤ 2	≤ 24	≤ 0.5	≤ 0.5
干燥时间（25℃）	表干 /min	≤ 240，不粘手不变形	≤ 240，不粘手不变形	≤ 120，不粘手不变形	≤ 90，不粘手不变形
	实干 /h	≤ 24	≤ 12	≤ 24	≤ 24
涂装方式		刷涂、辊涂、无气喷涂	刷涂、辊涂、无气喷涂	刷涂、辊涂、无气喷涂	刷涂、辊涂、无气喷涂
涂装间隔（25℃）/h		≤ 24	≤ 24	≤ 48	≤ 48
养护期（15℃）/d		>7	>2	>7	>7
设计使用温度（℃）	液相	≤ 60	—	≤ 80	≤ 100
	气相	≤ 80	≤ 60	≤ 100	≤ 130

（三）涂层的耐腐蚀性能

1. 耐腐蚀性能

从涂层的耐腐蚀原理来看，为提高耐腐蚀涂层的使用寿命，在正确选择了耐化学介质腐蚀树脂材料的基础上，主要应从加厚耐腐蚀层，抑制化学介质渗透，减小涂层内残余应力并改变应力作用效果，提高界面粘结强度，强化施工质量控制等诸方面入手。

2. 耐蚀介质情况

树脂玻璃鳞片涂料在结构设计及材料组成上较好地满足了上述理论要求，它较传统的防腐蚀技术的突出不同点在于其结构设计正是以抗化学介质渗透、减少残余应力为出发点。在玻璃鳞片涂料形成的涂层中，由于实体鳞片的阻挡作用，使化学介质只能沿着迷宫型的曲折途径渗透，这相当于“加厚”了涂层的厚度，又避免了因涂层太厚引起的副作用；而玻璃鳞片对应力的松弛作用，使应力的传导和叠加成为不可能，玻璃鳞片对应力作用下引起裂纹的发展也起到了限制作用。

因此，玻璃鳞片涂料较好地满足耐腐蚀涂层的理论研究结果，在实际应用中也证明其起到了抑制涂层物理破坏的作用，延长了涂层使用寿命。

(四) 涂层配套及特点

腐蚀环境及温度条件下的涂层配套可见本手册附录四“外表面涂层配套”的有关规定。

四、乙烯基酯树脂涂料

乙烯基酯树脂涂料所使用的原材料包括乙烯基酯树脂、功能性助剂、稀释剂、促进剂、固化剂等。

(一) 原材料性能

1. 分类

乙烯基酯树脂涂料中主要采用双酚 A 型环氧乙烯基酯树脂和酚醛环氧型乙烯基酯树脂。

双酚 A 型（或通用型）环氧乙烯基酯树脂和酚醛环氧型乙烯基酯树脂的特点可参见本手册第三章第一节“乙烯基酯树脂衬里”的相关内容。

2. 性能指标

乙烯基酯树脂涂料产品性能指标见表 13–13。

表 13–13　乙烯基酯树脂涂料产品性能指标

项目	双酚 A 型环氧乙烯基酯涂料	酚醛环氧型乙烯基酯涂料
外观	各色黏稠液体、符合色标	各色黏稠液体、符合色标
在容器中状态	在搅拌混合物时，应无结块、无杂质	
比重 / (g/cm^3)	1.10 ~ 1.40	1.10 ~ 1.40
黏度（25℃）/（mPa · s）	500 ± 150	500 ± 150
固体含量 /%	65.0 ± 5.0	65.0 ± 5.0
热稳定性（80℃）/h	24	24
储存期（25℃）/ 月	3	3
施工工艺性	喷涂、辊涂、刷涂无障碍、不流挂	

(二) 涂层的物理力学性能

乙烯基酯树脂耐蚀性在树脂材料中已经描述，本章不再多叙。乙烯基酯树脂涂层的性能见表 13–14。

13

表 13–14　乙烯基酯树脂涂层性能

项目		双酚 A 型环氧乙烯基酯涂料	酚醛环氧型乙烯基酯涂料
附着力	级（1mm，划格法）	0～1	0～1
	MPa（拉拔法）	≥ 7	≥ 7
耐磨性（cs-17，500g/1 000r）/mg		≤ 46	≤ 46
耐冲击性 /cm		≥ 50	≥ 50
巴柯尔硬度		≥ 42	≥ 42
配比（重量比）		基料:促进剂:引发剂 = 100 :（0.5～3）:（2～3）	基料:促进剂:引发剂 = 100 :（0.5～3）:（2～3）
适用期（25℃）/min		40	40
干燥时间（25℃）	表干 /min	≤ 120，不粘手不变形	≤ 90，不粘手不变形
	实干 /h	≤ 24	≤ 24
涂装方式		刷涂、辊涂、无气喷涂	刷涂、辊涂、无气喷涂
涂装间隔（25℃）/h		24	24
养护期（15℃）/d		>7	>7
推荐使用温度 /℃	液相	≤ 60	≤ 90
	气相	≤ 90	≤ 120

（三）涂层的耐腐蚀性能

乙烯基酯树脂涂层的耐腐蚀性能可参见本手册第三章第一节“乙烯基酯树脂衬里”的相关内容。

（四）涂层配套及特点

腐蚀环境及温度条件下的涂层配套可见本手册附录四“外表面涂层配套”以及国家标准《工业建筑防腐蚀设计标准》GB/T 50046—2018 附录 C“防腐蚀涂层配套”的有关内容。

五、氯化橡胶涂料

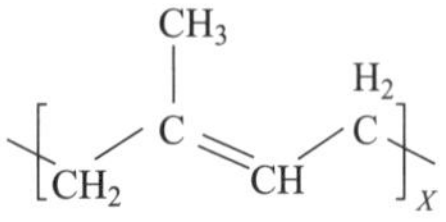

图 13–2　聚异戊二烯分子结构式

氯化橡胶涂料（Chlorinated Rubber）是由天然橡胶或合成的聚异戊二烯反应合成的。其中聚异戊二烯分子结构式如图 13–2 所示，分子中含有不饱和键，将其溶解在四氯化碳中加氯气进行氯化反应生成具有一定物理和化学性能的粉末状物质即为氯化橡胶固体。

（一）原材料及其性能

1. 分类

一般以（$C_{10}H_{11}Cl_7$）$_x$ 分子式表示，但与实际近似的经验式却为（$C_{10}H_{10.5}Cl_7$）$_x$，经过红外光谱研究表明在氯化橡胶分子中不存在双键，但有环状结构，具体合成过程如图 13–3 所示，其中图 13–3（a）为氯化过程的开始阶段，环化后约含氯 35%，图 13–3（b）为第二阶段，剩下的 α－亚甲基发生取代反应，并在氯化双键处进行加成反应，图 13–3（c）为第三阶段，氯与其余的亚甲基发生反应，理论四氯化物的氯含量为 68.2%。一般工业氯化橡胶产品的氯含量在 62%～67%，因此，可以认为它是三氯化物与四氯化物混合的聚合物，其结构式如图 13–4 所示。

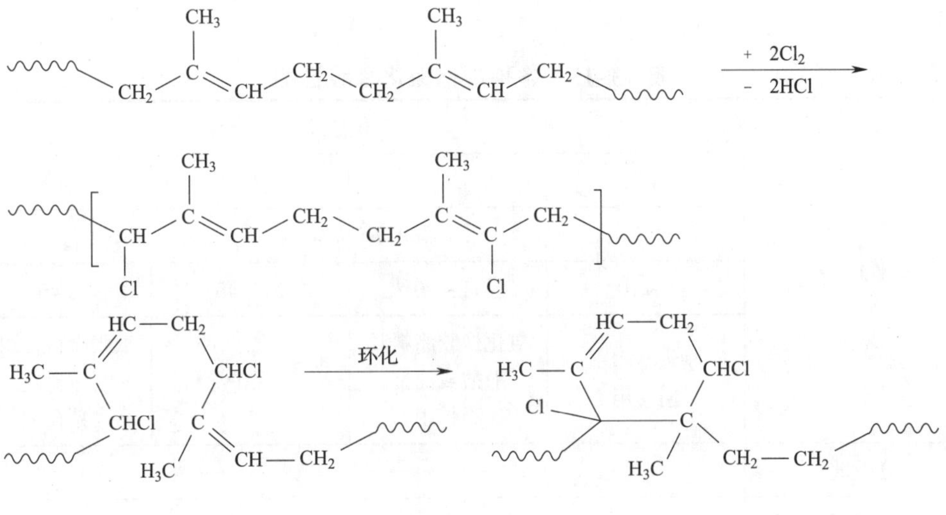

（a）氯化过程第一阶段

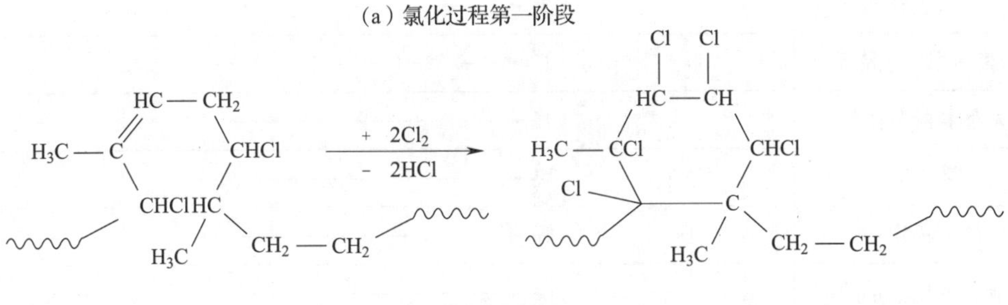

（b）氯化过程第二阶段

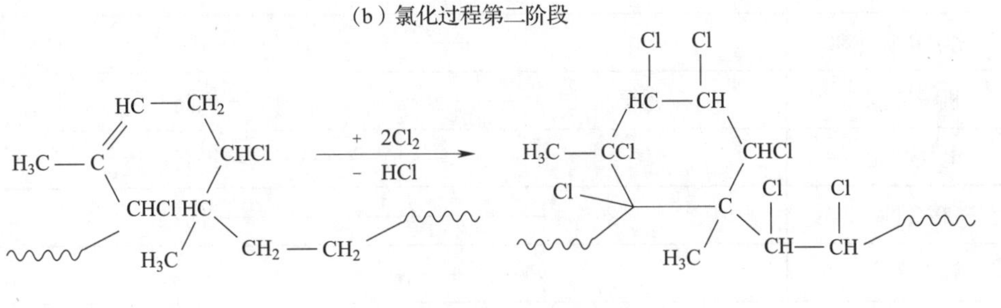

（c）氯化过程第三阶段

图 13–3 氯化橡胶反应示意图

13

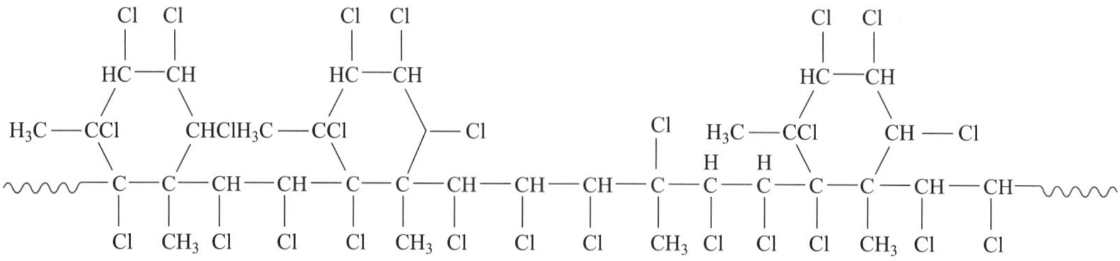

图 13-4 氯化橡胶（三氯化物和四氯化物混合物）结构示意图

2. 品种及性能

国产氯化橡胶一般分为四种规格，各种规格氯化橡胶性能见表 13-15。不同规格的氯化橡胶在性能上有其差异性，所以其用途随规格而异，其中 1#和 2#氯化橡胶适用于涂料。

表 13-15 各种规格氯化橡胶性能

性能	氯化橡胶			
	1#	2#	3#	4#
	黏度 /（mPa·s）			
	5～10	11～20	21～40	>40
	厚浆型印刷油墨用	氯化橡胶涂料及醇酸或油型涂料用	一般保护涂料	纸张涂料，织物涂料及粘合剂
分子量	小 ————→ 大			
漆液里成膜物质含量	高 ←————			
与漆用树脂的混溶性	好 ←————			
对颜料的分散性	好 ←————			
溶解速度	快 ←————			
漆液稳定性	好 ←————			
漆膜释放出溶剂速度	快 ←————			
耐化学介质性能	————→ 优			
机械性能	————→ 提高			
电气性能	————→ 提高			
粘合性	————→ 优			
施工性能	好 ←————			
耐候性	————→ 提高			

注：黏度系采用 20% 氯化橡胶甲苯溶液，采用毛细管黏度计于 25℃测试。

3. 用于涂料的氯化橡胶具有以下特点

（1）无臭、无味、无毒、对人体皮肤无刺激性的白色粉末或细片状固体。

（2）吸水率低，为 0.1% ~ 0.3%（相对湿度 80%，24h）。

（3）可溶于芳香烃、酯类、酮类（丙酮除外）、醚类、动植物油及氯化烃溶剂中，而不溶于脂肪烃、醇和水中。

（4）折光指数为 1.596，含氯量大于或等于 62%。

（5）相对密度 1.50 ~ 1.65，酸值小于或等于 0.2mgKOH/g，灰分大约为 0.2%，水分不大于 0.2%。

（6）被溶解后呈微黄色溶液，经涂布后可形成透明的硬膜，与所有涂料用树脂相比，其氧气、水汽渗透率极低。如水汽渗透率是（2.3 ~ 2.7）× 10^{-7}kg/（m^2·s）（25μm）。

（7）氯化橡胶由于结构饱和，无活泼化学基团，属惰性树脂，成膜后密封性好，故可耐一般酸、碱、盐、水和 Cl_2、HCl、H_2S、SO_2 等化学品的侵蚀，但不耐浓硝酸和浓氢氧化铵等，一般使用温度不大于 60℃。

（8）具有一定的绝缘性能，常态介电强度大于或等于 40kV/mm，体积电阻系数为 3.5 × 10^{15} Ω·cm。

（9）耐温性为 125℃开始分解，即使达 200℃以上也不熔、不软化、不燃烧，仅继续分解。

（10）可与许多涂料用树脂混溶，因此在拟定涂料配方时有较大的活动余地，例如，通过环氧树脂改善其附着力等。

（11）成膜时无交联作用，溶剂容易被释放出来，可配制出快干防腐漆。

（12）含氯量高，因此具有防霉和阻燃性能等。

（二）涂层物理力学性能

氯化橡胶涂层性能指标见表 13–16。

表 13–16　氯化橡胶涂层性能指标

序号	项目	指标			检测方法
		底漆	中间漆	面漆	
1	在容器中的状态	搅拌混合后，无硬块，呈均匀装填			调刀测试
2	细度 /μm	≤ 60		≤ 40	《色漆、清漆和印刷油墨研磨细度的测定》GB/T 1724
3	施工性	刷涂无障碍			刷涂测试
4	实干 /h	≤ 6			《漆膜、腻子膜干燥时间测定法》GB/T 1728 甲法
5	漆膜外观	涂膜外观正常			目视检查
6	与下道漆的配套	与下道无不良影响		—	涂刷并检测

续表 13–16

序号	项目	指标			检测方法
		底漆	中间漆	面漆	
7	遮盖力[a]/(g/m^2)	—		≤ 185	《涂料遮盖力测定法》GB/T 1726 甲法
8	层间附着力	无异常			《色漆和清漆　划格试验》GB/T 9286
9	耐弯曲性 /mm	6		10	《色漆和清漆　弯曲试验（圆柱轴）》GB/T 6742
10	耐水性（168h）	无异常	—		《漆膜耐水性测定法》GB/T 1733 甲法
11	耐碱性（48h）	—	无异常		《色漆和清漆　不含金属颜料的色漆漆膜的 20°、60° 和 85° 镜面光泽的测定》GB/T 9754
12	60° 镜面光泽	—		70	《色漆、清漆和塑料　不挥发物含量的测定》GB/T 1725 甲法
13	固含量 /%	50		45	《色漆、清漆和塑料　不挥发物含量的测定》GB/T 1725
14	加速老化试验（300h）	—		不起泡、不剥落、不开裂、颜色和光泽允许有轻微变化，白色和浅色漆粉化程度不大	《机械工业产品用塑料、涂料、橡胶材料人工气候老化试验方法　荧光紫外灯》GB/T 14522
15	耐候性（24 个月）	—			《色漆和清漆　人工气候老化和人工辐射曝露　滤过的氙弧辐射》GB/T 1865 方法 1 中循环 A 和《色漆和清漆　涂层老化的评级方法》GB/T 1766

注：[a] 表示白色漆。

（三）涂层的耐腐蚀性能

1. 特点

氯化橡胶涂料由于其惰性树脂的特点，具有各种其特有的优缺点。氯化橡胶涂料耐腐蚀性能特点见表 13–17。

表 13–17　氯化橡胶涂料耐腐蚀性能特点

优点	缺点
（1）涂膜干燥快，一般于室温条件下 4 ~ 6h 即可进行涂覆； （2）施工不受气温限制，从 –20 ~ 50℃的气温环境中均可涂装； （3）良好的耐久性，长期使用涂膜的物化性能变化小，10 年可不用重新涂刷，经久耐用； （4）漆膜含氯量高，具备防霉阻燃效果； （5）在 –0.9 ~ –1.0V 的外加电流时涂膜完好，能配合阴极保护等； （6）氯化橡胶的 C—Cl 键有一定的极性，对金属、非金属具有良好的附着力； （7）涂膜的水蒸气和氧气透过率极低，仅为醇酸树脂漆的 1/10； （8）氯化橡胶树脂在化学上是惰性，其涂料产品具有良好的耐酸、耐碱、耐盐水等特性，可用于混凝土表面等	（1）氯化橡胶涂料由于是热塑性涂料，在干燥环境下耐温 125℃以下，潮湿环境下 60 ~ 70℃以上开始分解，所以使用温度不宜高于 60℃； （2）氯化橡胶不耐芳烃、浓硝酸和浓氢氧化铵； （3）氯化橡胶涂料可耐矿物油，但是长期接触动植物油和脂肪等，涂膜会软化膨胀； （4）化学品储罐和化工设备内壁不易用氯化橡胶，由于其是溶剂挥发干燥性涂料，化学品的浸渍会破坏漆膜； （5）氯化橡胶涂料的体积固体份比较低，VOC 含量比较高； （6）氯化橡胶树脂中残留一定的 CCl_4，污染大气，故应遵守“关于消耗臭氧层物质的蒙特利尔议定书”的应用限制

2. 耐腐蚀性能

氯化橡胶涂料在介质中的耐腐蚀性能见表 13–18。

表 13–18　氯化橡胶涂料在介质中的耐腐蚀性能

介质	浓度 /%	温度 /℃	介质	浓度 /%	温度 /℃
盐酸	10 ~ 32	60	氯化铵	20	60
硫酸	10 ~ 50	20 ~ 60	硫酸铵	20	60
磷酸	75	60	硝酸铵	20	60
醋酸	20	60	磷酸铵	20	60
氢氟酸	10 ~ 30	60	碳酸铵	20	60
硝酸	10	60	酒精	99	20
甲酸	10	60	甲醛	37	20
氯	—	60	硫酸镍	—	60
液氯	—	20 ~ 60	硫酸锌	—	60
二氧化硫（湿干）	—	30	硫酸钠	—	60
硫化氢	—	20	硫酸钙	—	60
过氧化氢	30	20	硝酸钙	—	60
氢氧化钠	20 ~ 50	60	醋酸钙	—	60
氢氧化钾	20 ~ 50	60	氧化钙	—	60
海水	—	60	甲烷	—	60
氨水	稀	20	乙烷	—	60

（四）涂层配套及特点

腐蚀环境及温度条件下的涂层配套可见本手册附录四“外表面涂层配套”和国家标准《工业建筑防腐蚀设计标准》GB/T 50046—2018 附录 C“防腐蚀涂层配套”的有关规定。

六、聚硅氧烷涂料

聚有机硅氧烷（简称聚硅氧烷）是一类以重复的 Si—O 键为主链，硅原子上直接连接有机基团的聚合物，其通式表示如：$[R_nSiO_{4-n/2}]_m$，式中 R 为有机基团（Me、Ph 等），n 为硅原子上连接的有机基团数，一般为 1～3；m 为聚合度，一般大于或等于 2。

聚硅氧烷链接标记见表 13-19。

表 13-19　聚硅氧烷链接标记

链节名称	结构式	简写式	符号	官能度
三甲基硅氧	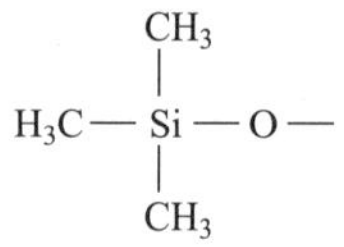	$Me_3SiO_{0.5}$	M	1
甲基二苯基硅氧	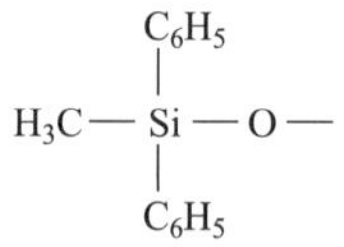	$MePh_2SiO_{0.5}$	M′	1
二甲基硅氧	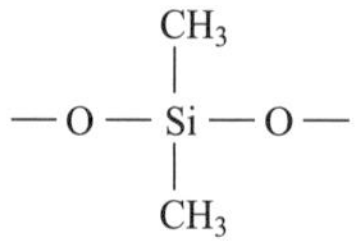	Me_2SiO	D	2
甲基氢硅氧	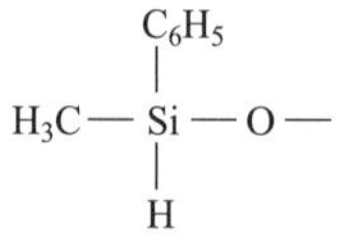	MeHSiO	D′	2
甲基硅氧	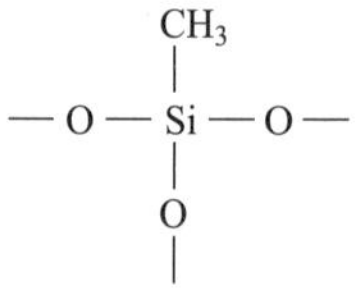	$MeSiO_{1.5}$	T	3
苯基硅氧	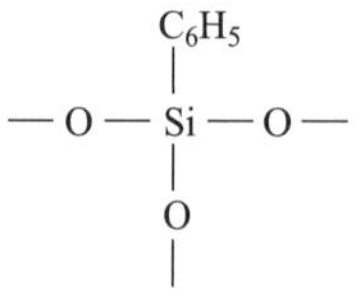	$PhSiO_{1.5}$	T′	3
四硅氧	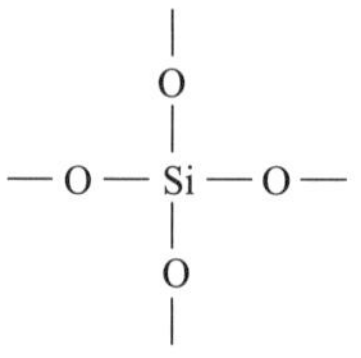	SiO_4	Q	4

（一）原材料及其性能

1. 分类

聚硅氧烷主链结构（Si—O—Si），本质上和石英一致，区别仅在于侧链上连接了有机基团（主要为甲基）。聚硅氧烷的分子构型，主要取决于有机取代基对硅原子的比值（即每个硅原子上平均所带的有机取代基数），R/Si 由以下三种情况决定了聚硅氧烷树脂的分子量，以及其用途：

（1）当 R/Si 大于 2 时，根据链节组成可得到低摩尔质量的线型聚硅氧烷，见图 13–5 中的图（a）或支链型聚硅氧烷图 13–5（b）和图 13–5（c）。

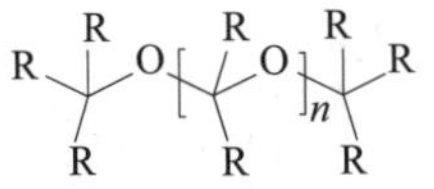

MD_nM

（a）低摩尔质量的线型聚硅氧烷

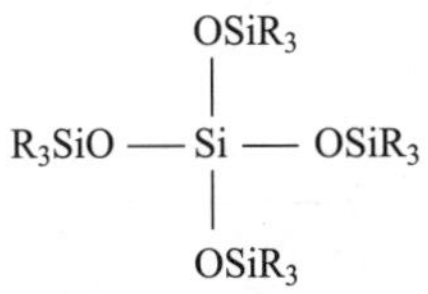

M_4Q

（b）支链型聚硅氧烷（一）

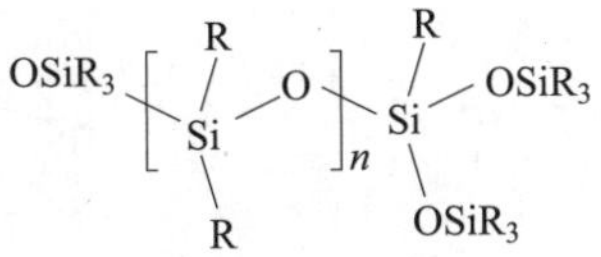

M_3D_nT

（c）支链型聚硅氧烷（二）

图 13–5　R/Si>2 时聚硅氧烷分子结构式

通过改变 M、D、T 的比例，可获得不同聚合度（n）的线型聚硅氧烷或不同构型与聚合度的支链型聚硅氧烷。

（2）当 R/Si 等于 2 时，只能得到单环结构的低聚合度聚硅氧烷，见图 13–6（a）或高摩尔质量的线型聚硅氧烷的［图 13–6（b）］。

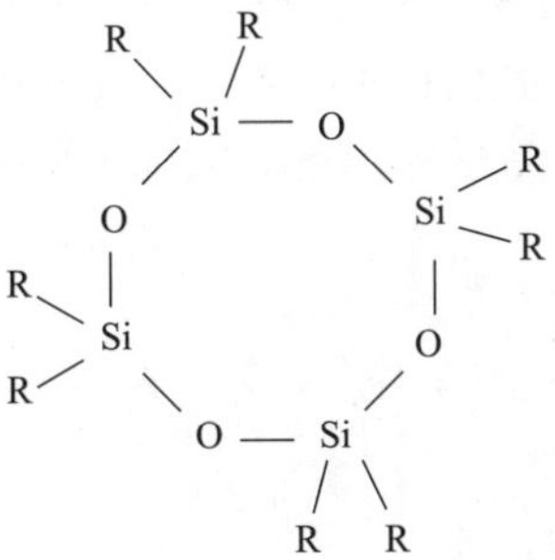

D_4

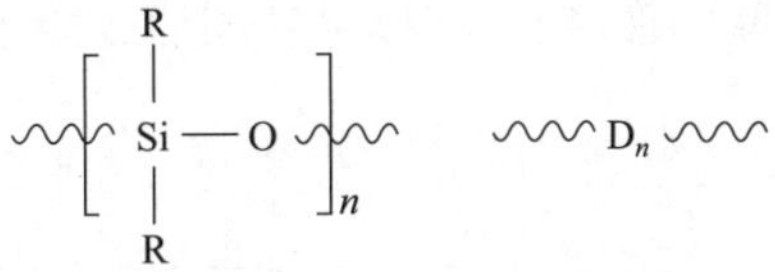

（a）单环结构的低聚合度聚硅氧烷　　（b）高摩尔质量的线型聚硅氧烷

图 13–6　R/Si=2 时聚硅氧烷分子结构式

在单环硅氧烷 D_n 中，聚合度 n 最小为 3，最大可达 200 左右，但 95% 以上为 $D_{3\sim7}$。在线型聚硅氧烷中，其黏度随 n 增大而增加，最后可获得黏滞的塑性体。

（3）在 R/Si 小于 2 时，可获得不同交联度的网状聚合物，见图 13–7（a）和图 13–7（b）中螺环、球环（状聚合物）见图 13–7（c）和图 13–7（d）。

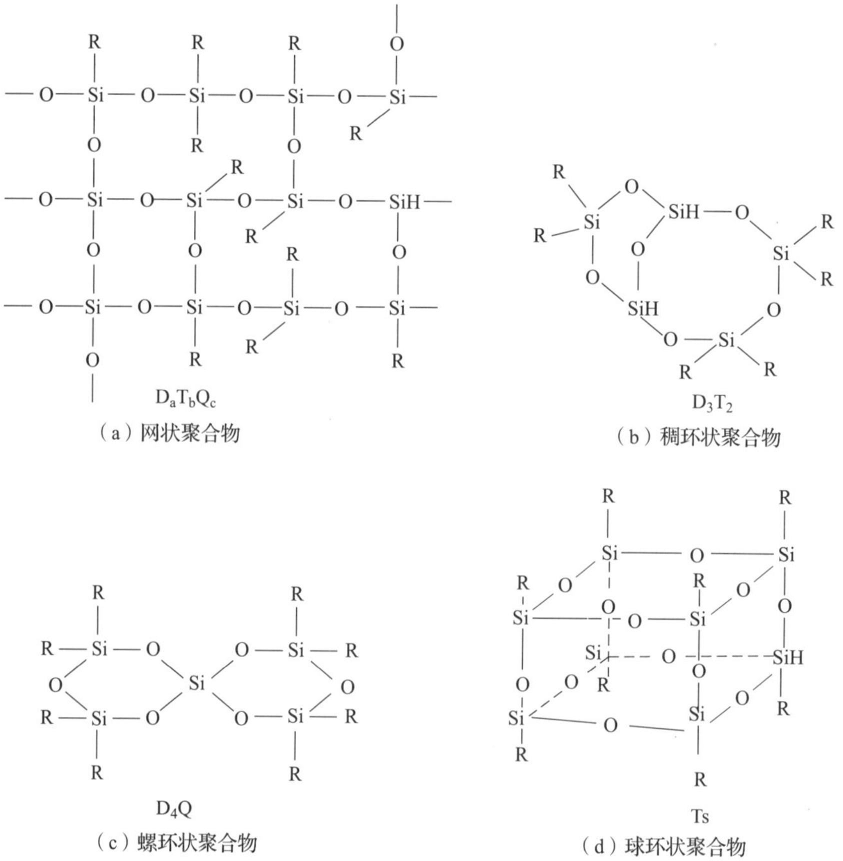

（a）网状聚合物 （b）稠环状聚合物 （c）螺环状聚合物 （d）球环状聚合物

图 13–7 R/Si<2 时聚硅氧烷分子结构式

在无规交联聚硅氧烷［见图 13–7（a）］，交联度随 R/Si 值减小而提高。例如在甲基硅氧烷中，当 Me/Si 在 1.7～2.0 时，为轻度交联的液态聚合物；当 Me/Si 在 1.0～1.7 时，即从黏稠的液态逐渐变成柔软的固体，最后成为脆性的玻璃态；当 Me/Si=1.0 时，为高度交联的玻璃态，但是在特定工艺条件下，也可生成梯形聚硅氧烷（见图 13–8）。

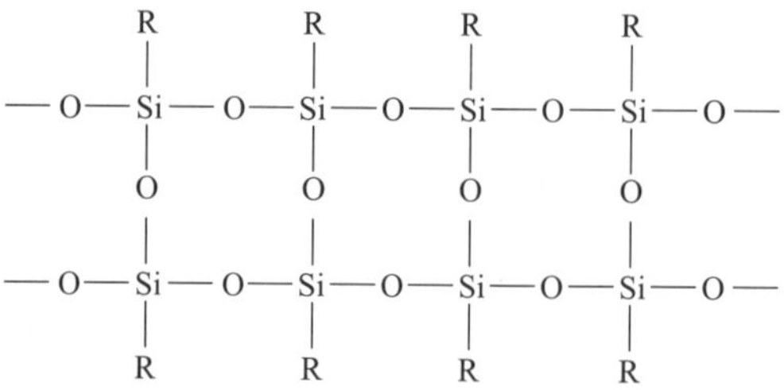

图 13–8 R/Si=1.0 时梯形聚硅氧烷分子结构式

2. 特点

典型的聚硅氧烷结构式示意如图 13-9（R 为有机基）所示。

甲基是有机聚硅氧烷中最重要的有机取代基。此外，还有乙基、乙烯基、苯基及 3，3，3- 三氟丙基等。

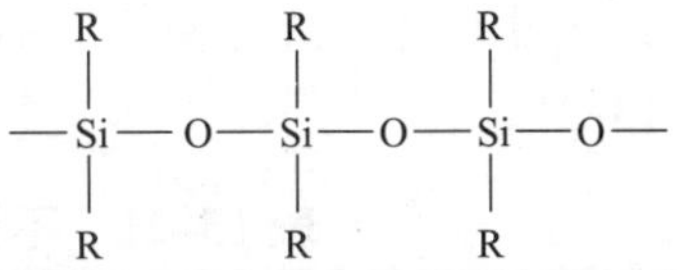

图 13-9　典型聚硅氧烷结构式

3. 聚硅氧烷的性能

（1）聚硅氧烷兼具有机聚合物及无机材料的特性，均源于其不寻常的分子链结构。业已证明，硅氧烷中 Si—O 键键长的实测值为（0.164 ± 0.003）nm，明显小于按原子半径加和性计算得到的 Si—O 键的键长值 0.183nm。这是由于 Si—O 键离子性较强（40% ~ 50%）及具有部分双键特性的结果。Si—O 键的离解能为 460.5kJ/mol，显著高于 C—O 键的 358.0 kJ/mol、C—C 键的 304kJ/mol 及 Si—C 键的 318.2kJ/mol，正是高键能使聚硅氧烷具有突出的耐热性。

（2）根据热力学计算及光谱研究表明，在聚二甲基硅氧烷中，甲基可以自由围绕 Si—O 键旋转，而分子体积大（$75cm^3/mol$）和内聚能密度（分子间）低，减少了空间位阻，为甲基的自由旋转创造了有利条件。分子间作用力小及分子的高柔顺态，导致聚二甲基硅氧烷玻璃化温度低（T_g=-125℃）、表面张力及表面能低、溶解度参数低及介电常数低等特性。

聚二甲基硅氧烷可以透过可见光及紫外线，具有优良的耐臭氧及电晕放电，抗氧原子及氧等离子体等特性，而且上述性能在广阔温度范围内变化很小。此外，聚二甲基硅氧烷还具有良好的成膜性、透气性、憎水性、表面张力、化学及生理惰性等。

（3）当硅原子上的甲基被其他基团（如 H、Vi、Ph、$CF_3CH_2CH_2$ 等）部分取代后，上述性能将有一定程度的改变，变化的强弱与取代基的种类、性质及取代度有关。在许多情况下，通过人为设计和改变取代基即可制得改性硅氧烷，这是聚硅氧烷产品品种多和用途广的主要依据；另一重要改性是将活性基团，包括硅官能团和碳官能团引入硅氧烷中（侧基或端基），从而开辟了合成大分子化学及应用的新领域。

（4）由红外光谱及拉曼光谱测出 $Me_3SiOSiMe_3$ 的 Si—O—Si 键角为 150°，Si—O 键长为 0.125nm。（Me_2SiO）$_3$ 及（Me_2SiO）$_4$ 的结构经 X 射线及电子衍射法测定，其键长及键角值见表 13-20。

表 13-20　硅氧烷键长及键角值

硅氧烷类型	键长 /nm		键角 /°		
	Si—O	Si—C	Si—O—Si	—OSiO—	C—Si—C
（Me_2SiO）$_3$	0.166 ± 0.004	0.188 ± 0.004	125 ± 5	115 ± 5	—
（Me_2SiO）$_4$	0.165	0.192	142.5	109	106

（二）涂层物理力学性能

1. 涂层性能

聚硅氧烷树脂兼具有机树脂与无机材料的特点，具有优良的耐热、耐候、电气绝缘、憎水及抗化学试剂等性能，其最终产品的性能一般与 R/Si、苯基含量、交联程度及所用填料等密切相关。不同链节（即单体）对聚硅氧烷最终产品性能的影响见表 13–21。

表 13–21 不同链节对聚硅氧烷最终产品性能的影响

性能	SiO_2	$MeSiO_{1.5}$	$PhSiO_{1.5}$	Me_2SiO	MePhSiO	Ph_2SiO
硬度	提高	提高	提高	降低	降低	降低
脆性	提高	提高	显著提高	降低	降低	降低
刚性	提高	提高	提高	降低	降低	降低
韧性	提高	提高	提高	降低	降低	降低
固化速率	快	快	稍快	较慢	较慢	慢
粘接性	提高	降低	稍降低	提高	提高	提高

R/Si（即一个硅原子上平均连接的有机基数）是判断硅树脂中三官能链节含量及控制质量的主要指标之一，它的干燥性、漆膜硬度、柔软性、热失重及耐热开裂性等均与 R/Si 有关。一般硅氧烷树脂的 R/Si<2，并多为 1.0 ~ 1.7。R/Si 小的硅树脂干燥性好，热失重小，漆膜坚硬，但柔软性降低，漆膜变脆。R/Si 对硅氧烷树脂性能的影响及各类硅树脂产品的适宜 R/Si 值示意如图 13–10 所示。

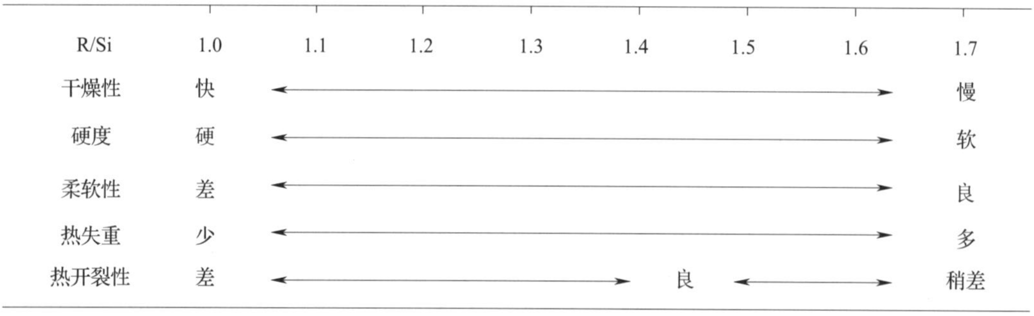

图 13–10 R/Si 对硅氧烷树脂性能的影响

硅树脂的性能除与 R/Si 有关外，还与有机基 R 的种类密切相关。已知，硅树脂所带的有机基团主要为甲基及苯基，而有机基团中苯基含量（Ph/Me+Ph）对硅树脂性能有重要影响。苯基含量越高，硅树脂漆膜越硬，热塑性也越大；反之则缩合反应越快，漆膜越软。苯基含量对硅树脂性能的影响如图 13–11 所示。从图中可见，当苯基含量为 20% ~ 60% 时，抗弯曲性能及耐热性能最佳。此外，引入苯基还可改进硅树脂与有机树脂、颜料的配伍性，并可提高对各种基材的粘结性。

2. 耐热性

硅树脂的耐热性远优于一般的有机树脂，它可在 200 ~ 250℃下长期使用而不分解或变色，短时间可耐 300℃，若配合耐热填料，则能耐更高温度。如硅树脂漆中混入铝粉或玻璃粉后，可耐 500 ~ 600℃高温，这时硅树脂分解出来的 SiO_2 与铝粉或玻璃粉烧结为一体，一部分则与金属集体结合形成无机质的坚固连续涂层。硅树脂及其改性树脂在热弹性、抗泛黄性及光泽保持率按下列顺序递降：纯甲基苯基硅树脂大于硅氧烷聚酯共聚物大于有机树脂。

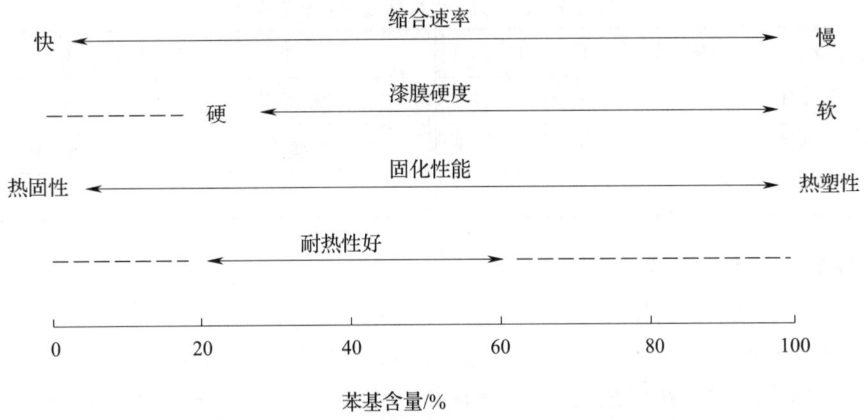

图 13–11　苯基含量对硅树脂性能的影响

3. 耐寒性

硅树脂如同硅油、硅橡胶一样具有优良的耐寒性，其与组成及结构有关。一般来说，在 –50℃下试用问题不大，硅树脂具有耐高、低温的特性，可经受 –50 ~ 150℃的冷热反复冲击。

4. 电绝缘性

在常态下硅树脂漆膜的电气性能与电性能优良的有机树脂相近。但是在高温及潮湿状态下，前者的电气性能则远高于后者。由于硅树脂不含极性基团，故其介电常数及介电损耗角正切值在温度及频率的范围内变化很小，加之硅氧烷树脂的可碳化成分也较少，故其耐电弧及耐电晕性能十分突出。各种涂料的耐电弧性能见表 13–22。

表 13–22　各种涂料的耐电弧性能

涂料名称	耐电弧 /s	涂料名称	耐电弧 /s
乙烯基树脂	45	对苯二甲酸树脂	120
溶剂型酚醛树脂	70	聚酯树脂	120
苯乙烯改性醇酸树脂	90	三聚氰胺树脂	150
环氧树脂	90	硅树脂	180
聚氨酯树脂	100	聚酰亚胺树脂	180
邻苯二甲酸二烯丙基树脂	120	—	—

5. 憎水性

聚硅氧烷的结构（有机基朝外排列及不含极性基团）决定了硅树脂具有优良的憎水性，它对水的接触角与石蜡接近（大于 90°），而被广泛用作防水材料。但是硅氧烷分子间作用力较弱，间隔也较大，因而对湿气的透过率大于有机树脂膜，虽然有其不利的一面，但去除吸入的水分也比较容易，从而使电性能等容易回复。几种绝缘漆的透湿率见表 13–23。

表 13–23 几种绝缘漆的透湿率

漆的种类	透湿率 / [g/（cm · h · Pa）]	漆的种类	透湿率 / [g/（cm · h · Pa）]
硅漆（布管用）	0.06×10^{-8}	油改性酚醛漆	0.02×10^{-8}
硅漆（线圈用）	0.07×10^{-8}	黑色油型漆	0.008×10^{-8}
硅氧烷 – 醇酸漆	0.04×10^{-8}	—	—

6. 不相容性及防粘性

由于聚硅氧烷的溶解度参数（SP 值）远低于其他化合物及材料，加之表面张力小，因而硅树脂具有明显的不相容性，即不易与其他材料相混，从而显示出优良的防粘性及脱模性。硅树脂的脱模性与其组成及结构相关，区别于硅油及硅橡胶，硅树脂脱模剂还有耐久性及不迁移性，因而效果更为突出。硅氧烷树脂的不相容性及甲基硅树脂最突出，不仅难于和其他树脂相混，而且只能有限地和甲基苯基硅树脂相溶。

7. 力学性能

对硅氧烷树脂力学性能的要求，主要取决于用途。硅氧烷树脂漆膜的硬度和弹性，可以通过调整树脂分子结构而在很大范围内变化。当三官能或四官能链节含量越高，即交联密度越大时，可以得到高硬度和低弹性的漆膜；引入大空间位阻的取代基，可以提高柔韧性及热弹性，这正是甲基苯基硅树脂的柔性及热塑性优于甲基硅树脂的原因。因而硅氧烷树脂无需使用特殊溶剂，而是靠软、硬硅氧烷树脂的适当搭配即可满足对塑性的要求。

硅氧烷树脂对铁、铝、银、锡、玻璃及陶瓷等的粘结性良好，但对铜的粘结性欠佳，特别是在高温及长时间热老化后，铜表面的氧化薄膜加速硅树脂热裂解反应。硅氧烷树脂对有机材料如塑料、橡胶等的粘结性，主要取决于后者的表面能及与硅氧烷树脂的相容性。表面能越低及相容性越差的材料越难粘接。通过对基材表面的处理（包括磨砂及打磨），特别是在硅树脂中引入增粘部分，可在一定程度上提高硅氧烷树脂对难粘基材的粘结性。

作为涂料使用的树脂，对其力学性能中的硬度、弹性、热弹性及粘结性有较高的要求。如前所述，硅氧烷树脂做涂料时的表面硬度太低，热塑性过高，而粘结性不足。改性硅氧烷树脂的力学性能优于硅氧烷树脂，能有效克服上述缺点。聚酯改性硅氧烷树脂的表面硬度及粘结力，见表 13–24。

表 13–24 聚酯改性硅氧烷树脂的表面硬度及粘结力

涂料	表面硬度（铅笔）		粘结强度 /MPa	
	18℃	180℃	18℃	180℃
甲基苯基硅氧烷树脂	B	6B	4.0	0.1
含 75% 硅氧烷改性聚酯	2H	B	10.0	0.25
含 50% 硅氧烷改性聚酯	3H	H ~ 3H	25.0	1.5

改性硅氧烷树脂涂料的力学性能对比见表 13-25。

表 13-25 改性硅氧烷树脂涂料的力学性能对比

内容	醇酸[①]改性	醇酸[②]改性	丙烯酸改性	环氧改性	聚酯改性
硬度（铅笔）	—	—	H ~ 2H	H ~ 2H	H
洛氏硬度（Sward rocker）	23	64	65	70	40
弹性（薄板变形）/mm	7	5	—	4.5	>8
粘结性	100/100	100/100	100/100	100/100	100/100
冲击性（Du Pont500g/1.27cm）	30	<30	10 ~ 20	30	>30

注：[①]此处醇酸为邻苯二甲酸型改性；[②]此处醇酸为对苯二甲酸型改性。

8. 耐辐射性

硅氧烷涂料有较好的耐辐射性，因此常用于核工业中。它的耐辐射性能随硅原子上的取代基而异，如含苯基的有机硅比含甲基、乙基的有机硅有更大的耐辐射性能。一般含甲基的有机硅耐 10^7 ~ 10^8rad，含苯基的有机硅耐 10^9rad。

硅氧烷树脂无填料时所能承受的照射剂量为（2.58 ~ 25.8）× 10^5C/kg；有填料时增加 3 个数量级。带石棉填料的有机硅树脂达到 1mGy 时的破坏强度增加 10%，剪切强度减少 5%，硬度和密度均升高 5%。γ 辐照有机硅氧烷达到 10mGy 时主要介电参数很少变化。玻璃布浸渍硅氧烷树脂在吸收剂量达到 8.7mGy 时，其电物理性能和其机械性能无显著变化。硅氧烷树脂具有优良的耐热性，有的带填料的硅氧烷树脂在 500 ~ 600℃下稳定。硅氧烷有较好的辐射稳定性，可用作高温下的 β、γ 和中子屏蔽材料，以弥补屏蔽用聚乙烯材料热稳定性不高的缺点；但其含氢量少于聚乙烯，其中子屏蔽效果后者要差，可用添加硼元素化合物加以改进。

硅氧烷树脂玻璃钢有较好的耐热性能和中等辐射稳定性，室温（25℃）下辐照（0.83mGy）延续 200h 的强度无显著变化；在 260℃辐照（0.21mGy）延续 50h，其强度比 260℃不辐照样品的提高 10%；辐照（0.83mGy）延续 200h 强度下降近 30%，主要用作高温绝缘材料、屏蔽材料或复合屏蔽材料粘接剂。

（三）涂层耐腐蚀性能

1. 耐蚀机理

耐候性是聚硅氧烷树脂的主要特征之一，因而被广泛用作耐候性涂料的基料。现在多用加速老化试验机（包括 QUV-A/B 的紫外加速老化和氙灯老化测试）来测试其耐候性数据。在加速试验条件下，涂层光泽保持率为 60%，醇酸树脂涂料为 250h，含 30%（质量分数）硅氧烷的醇酸树脂涂料为 750h，含 50%（质量分数）硅氧烷的醇酸树脂涂料为 2 000h，而纯硅氧烷涂料经过 3 000h 的耐候性测试后，光泽度保持率仍高于 80%。太阳光谱（300 ~ 700nm）中对涂层损害比较大的是紫外线，能量高，容易使聚合物链断裂，而聚硅氧烷耐候性好的原因为甲基硅氧烷对紫外线几乎不吸收，含 PhSiO1.5 或 Ph2SiO 链节的聚硅氧烷也仅吸收 280nm 以下的光线（包括少量紫外线），故太阳光照射

13

对硅树脂的影响较小。

2. 耐腐蚀性能

（1）由于硅氧烷树脂漆膜不含极性取代基，且成为立体网状结构，比硅油及硅橡胶，具有更少的Si—C键（即更多的Si—O键），因而硅氧烷树脂的耐化学药品性能优于硅油及硅橡胶。硅氧烷树脂对50%的硫酸、硝酸、浓盐酸、氯及稀碱液等有良好的抵抗力，对一些氧化剂（如O_2、O_3）及某些盐类等也比较稳定。但是，由于硅树脂分子间作用力较弱，而且有效交联密度不如有机树脂，固化不十分完全，因而漆膜的耐溶剂性能，特别是抵抗芳烃溶剂的能力较差。硅氧烷漆膜的耐腐蚀性能见表13–26。

表13–26 硅氧烷漆膜的耐腐蚀性能

介质	性能	介质	性能	介质	性能
醋酸（5%）	良	氨水	差	双氧水（3%）	良
醋酸（浓）	差	氢氧化钠（10%）	良	丙酮	差
盐酸（36%）	尚可	氢氧化钠（50%）	差	氟利昂	尚可
硝酸（10%）	良	碳酸钠（2%）	良	汽油	差
硝酸（浓）	差	氯化钠水溶液（26%）	良	氯甲烷	差
硫酸（30%）	良	硫酸铜水溶液（50%）	良	四氯化碳	差
硫酸（浓）	差	氯化铁	差	乙醇	良
磷酸（浓）	良	氯化氢	良	甲苯	差
柠檬酸（浓）	良	二氧化硫	良	矿物油	良
硬脂酸	良	硫黄	良	水	良

（2）改性硅氧烷树脂的耐腐蚀性能见表13–27。

表13–27 改性硅氧烷树脂的耐腐蚀性能 /h

品种	10%硫酸浸渍	10%氢氧化钠浸渍	石油醚浸渍	5%盐水浸渍	5%盐水喷雾
醇酸改性（邻苯二甲酸型）	20	1	65	48	—
醇酸改性（对苯二甲酸型）	100	5	>500	48	—
丙烯酸改性	>500	170	>500	>500	340
环氧改性	>500	150	>500	>500	>800
聚氨酯改性	>500	<15	>500	>500	—

（四）涂层配套及特点

腐蚀环境及温度条件下的涂层配套可见本手册附录四“外表面涂层配套”的有关内容。

七、无机富锌涂料

无机富锌涂料由于采用了大量高纯度锌粉作为填料，可起到电化学保护的作用。锌比铁活泼，电位比铁更负，在电解质溶液中锌原子容易失去电子变成阳极，铁则成为阴极。在阳极区的锌由于失去电子而被腐蚀掉，在阴极区的钢铁表面不断得到电子，从而得到保护，其反应过程如图 13-12 所示。

$$Zn \longrightarrow Zn^{2+} + 2e$$
$$Fe^{2+} + 2e \longrightarrow Fe$$

图 13-12　无机富锌涂料电化学保护反应式

涂层即使局部遭到破坏，钢铁表面也不会遭到腐蚀，这是因为锌起到了牺牲阳极保护阴极的作用，一般也简称富锌底漆具有“阴极保护作用”。其在自然环境中和海水中的保护作用也有所不同，具体反应式如图 13-13 所示。

$$Zn + 2H_2O \longrightarrow Zn(OH)_2 + H_2\uparrow$$
$$5Zn(OH)_2 + CO_2 \longrightarrow 2ZnCO_3 \cdot 3Zn(OH)_2 + 2H_2O$$
$$5ZnO + 2CO_2 + 3H_2O \longrightarrow 2ZnCO_3 \cdot 3Zn(OH)_2$$

（a）自然环境下

$$2Zn + 2NaCl + 3H_2O \longrightarrow ZnO \cdot ZnCl_2 + 2NaOH + 2H_2\uparrow$$

（b）海水中

图 13-13　锌在自然环境和海水中的反应式

（一）原材料及其性能

无机富锌涂料含有大量的锌粉、磷铁粉，在涂层表面形成锌盐及锌的络合物。锌在腐蚀介质中起化学反应，生成一层不溶性氢氧化锌、碱式氯化锌和碱式碳酸锌及锌铁复合盐，它们填满涂膜的空隙，使涂膜紧密地结合起来，从而延缓腐蚀，达到防腐蚀目的。金属表面带正电荷的铁离子与二氧化硅生成硅酸铁，阻滞了阳极化过程。成膜物胶体粒子吸附于金属表面，生成保护涂膜，起到保护钢铁的作用。

1. 分类

美国钢结构涂装协会（SSPC）在 SSPC Paint 20 *Zinc-Rich Coating Type Ⅰ-Inorganic, and Type Ⅱ-Organic* 中，把无机富锌涂料分为三大类：

（1）类型 1A：水溶性后固化型。

（2）类型 1B：水溶性自固化型。

（3）类型 1C：溶剂型自固化型。

2. 品种

（1）水溶性后固化型无机富锌涂料，主要以硅酸钠（俗称水玻璃）或硅酸钾（一般模数大于3）为粘接剂，与锌粉（纯度高于95%）混合后，涂在钢铁表面，当涂膜干燥后，再喷上酸性固化剂，如稀磷酸（10% H_3PO_4）或氯化镁（3% $MgCl_2$）水溶液，使涂层固化。其反应式如图13–14所示。

$$MX_2 + Na_2SiO_2 \cdot SiO_2 \cdot H_2O \longrightarrow MSiO_3 + H_2SiO_3 + 2NaX$$

图13–14 硅酸钠固化反应式

生成的硅溶胶还可与 Fe^{2+} 和 Zn^{2+} 进行反应，铁基与涂膜产生化学键，使涂膜附着力、耐蚀性能进一步提高，具体如图13–15所示。

$$Fe^{2+} + SiO_3{}^{2+} \longrightarrow FeSiO_3$$

$$Ze^{2+} + SiO_3{}^{2+} \longrightarrow ZeSiO_3$$

图13–15 硅溶胶与 Fe^{2+} 和 Zn^{2+} 反应式

磷酸固化剂的作用在于同硅酸钠生成硅酸，副产物为磷酸钠，生成的硅酸与锌粉反应生成硅酸锌聚合物，所以称为后固化。磷酸钠副产物可以溶于水中，在涂层固化后可用水冲洗。在固化反应中，磷酸还可与锌粉生成不溶的磷酸锌，因而增加了涂层的致密性。锌粉在不断自我牺牲的同时，还与二氧化碳（CO_2）和水生成不溶的碱式碳酸锌［$3Zn(OH)_2 \cdot 2ZnCO_3$］，对涂层有屏蔽保护作用。

硅酸钠及硅酸钾还能与锌表面的氧化物生成不溶性复盐，如图13–16所示。

$$Na_2SiO_3 + ZnO + H_2O \longrightarrow Na_2O \cdot ZnO \cdot SiO_2 \cdot H_2O$$

图13–16 硅酸钠与氧化锌反应式

上述反应中，生成一些可溶性钠盐结晶于涂层表面，因此固化后必须用水冲洗干净。由于施工比较麻烦，此种无机富锌涂料已经很少使用。

（2）水溶性自固化型无机富锌涂料，也称水溶性无机硅酸锌涂料，它与溶剂型硅酸锌涂料一样，富含金属锌粉作为防锈颜料，在漆膜中紧密接触，并与钢材表面紧紧地连成一体，形成与钢板之间的良好导电性，起到电化学保护作用。即使涂层有局部破损，锈蚀也不会像其他有机涂层一样向周围蔓延。水性无机硅酸锌涂料由于不需添加任何溶剂或煤化溶剂，所以VOC值为0。

水溶性自固化型无机富锌涂料多以硅酸钾（模数大于4）和硅酸锂为基料的自固化型无机富锌涂料，以硅酸锂的反应为例，具体如图13–17所示。

$$Li_2CO_3 + CO_2 \longrightarrow SiO_2 + Li_2CO_3$$

$$Zn + Li_2SiO_3 + CO_2 + H_2O \longrightarrow ZnSiO_3 + Li_2CHO_3 + H_2\uparrow$$

$$Fe + Li_2SiO_3 + 2H_2O \longrightarrow FeSiO_3 + 2LiOH + H_2\uparrow$$

$$2LiOH + CO_2 + H_2O \longrightarrow Li_2CHO_3 + 2H_2O$$

图13–17 硅酸锂反应式

硅酸锂的水溶性较差，且价格较高，硅酸钠虽然易溶于水且价格低，但是易被碳酸化。硅酸钾水溶液中 SiO_2 与 K_2O 的比例可以分为低摩尔比和高摩尔比两种类型。高摩尔比硅酸钾在成膜和防锈性能上优于低摩尔比硅酸钾配制的涂料。锌粉混入基料硅酸钾后，与硅酸钾分子结构中的—OH 基团发生交联反应，最终形成漆膜的固化。在其固化过程中，基料硅酸钾—OH 基团的多少，锌粉的多少以及两者的有效接触是很重要的因素。基料中的 SiO_2 与 K_2O 的摩尔比越高，—OH 基团数也越多，室温下的成膜速度也越快。

有关研究表明，由于锂离子半径比钠、钾离子半径小得多，其相应离子化半径越小，反应性能越强，因而自固化时模数就越低，硅酸锂大于或等于 2，硅酸钠大于或等于 4，硅酸钾大于或等于 6。随着模数的增高，硅酸钠和硅酸钾黏度急剧增大，表明 SiO_2 的聚合度提高，SiO_2 的粒径也随之增大，呈现不稳定性，由于模数高，活性羟基比常规多，意味着提高了与锌粉的反应速度，固化时间大大缩短，减少了涂装间隔和面涂时间。而硅酸锂则不同，通常可以制得模数 M 为 1 ~ 25 的稳定产品。但当 $M \leqslant 2.2$ 时，容易产生化学组分为 $Li_2O \cdot 2SiO_2$ 和 $Li_2O \cdot 2SiO_2 \cdot 2Li_2O$ 的白色沉淀；$M > 10$ 的硅酸锂水溶液膜附着力降低，硅酸锂水性无机富锌涂料同钠、钾型涂料相比，具有耐水性和耐温性好、自干速度快等优点。

水溶性自固化型无机富锌涂料中的锌粉不仅作为牺牲阳极来保护钢材，它与空气中的二氧化碳、湿气及硅酸盐进行反应，生成碳酸盐的同时，锌粉也同硅酸盐充分反应成为碱式碳酸锌 $3Zn(OH)_2 \cdot 2ZnCO_3$，沉积于漆膜的空隙中，可以增加漆膜的致密性，加强漆膜的屏蔽作用。

水溶性自固化型无机富锌涂料保留了对水的敏感性，直到水溶剂完全从漆膜中挥发。它的固化受湿度和温度的影响较大。所以水性自固化型无机富锌底涂料的不足之处是干燥速度慢，厚涂层的底层干燥不彻底，因而涂面漆时，易产生皱纹或裂纹。采用高模数的硅酸盐可以提高干燥性和降低成膜温度，但涂料黏度大，易凝胶，施工困难。

（3）溶剂型自固化无机富锌涂料，其固化机理较复杂，它的基料为正硅酸乙酯。纯正硅酸乙酯分子式为 $Si(OCH_2CH_3)_4$。生产涂料用的无机硅树脂通常是正硅酸乙酯部分水解的产物，是一种齐聚物，带有四个乙氧基，在蒸馏水中微量酸性水解生成部分水解产物，具体如图 13-18 所示。

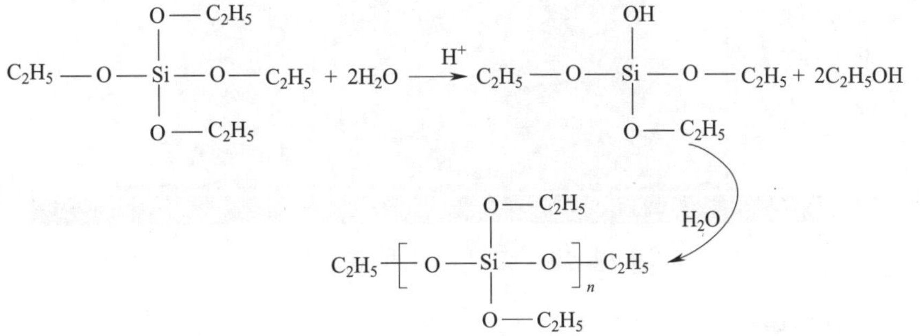

图 13-18　正硅酸乙酯水解反应式

水解制成含羟基的正硅酸乙酯溶液，当与锌粉混合，酸会与锌粉表面的微量氧化锌、碳化锌反应，生成氯化锌，对聚硅酸乙酯的缩合起促进作用。涂覆成膜时，部分水解的硅酸乙酯会吸收空气中的水继续进行水解，缩聚的同时与锌、铁反应，有 Si—O—Zn 键生成，形成网状高聚物，如图 13-19 所示。

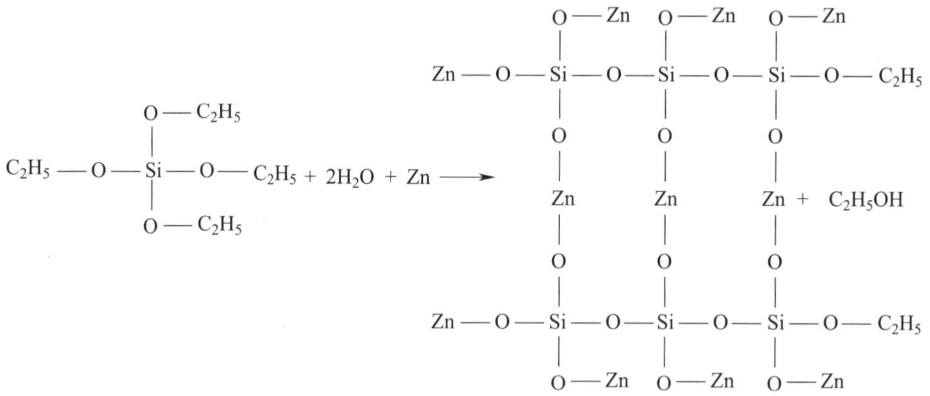

图 13-19 正硅酸乙酯水解与锌反应式

（二）涂层物理力学性能

1. 物理力学性能

由于硅酸锌漆涂膜表面是多孔的，如图 13-20 所示。在进行几个月的室外固化后，其空隙会逐渐被大气中的二氧化碳和湿气作用，形成锌盐填充而变得致密，大多数的钢结构是不允许在涂面漆前进行 1 ~ 2 个月的固化等待期，而必须在其是多孔的情况下进行复涂。这往往造成后续面漆的起泡问题。起泡是由于刚涂装时的湿空气和溶剂气体以气泡的形态从多孔表面穿出而形成的。这会造成气泡破裂而留下针孔或仍然存在于漆膜中。

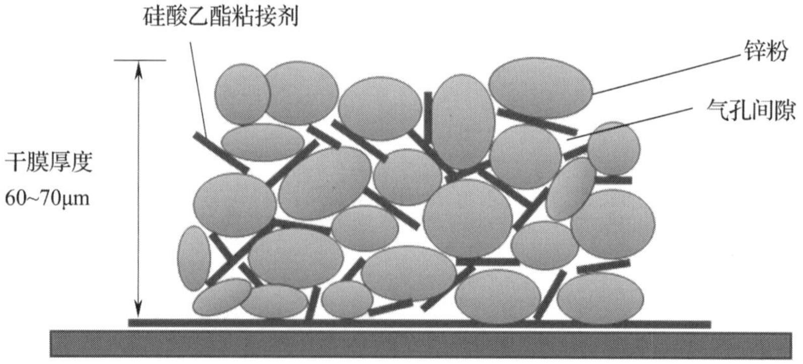

图 13-20 多孔的无机硅酸锌漆

2. 涂层性能指标

涂层性能指标见表 13-28。

表 13–28　无机富锌底涂层性能指标

项目		溶剂型无机富锌底漆			水性无机富锌底漆		
		1类	2类	3类	1类	2类	3类
在容器中状态	粉料	呈均匀粉末状态					
	液体	搅拌后无硬块，呈均匀状态					
冻融稳定性（3 次循环）		—			不变质		
不挥发物含量 /%		≥ 70					
密度 /（g/mL）		商定值 ±0.1					
不挥发物中金属锌含量 /%		≥ 80	≥ 70	≥ 60	≥ 80	≥ 70	≥ 60
适用期（5h 或商定）		通过					
施工性能		施涂无障碍					
涂膜外观		正常					
闪锈抑制性		—			正常		
干燥时间 /h	表干	≤ 0.5					
	实干	≤ 8			≤ 5		
早期耐水性		—			无异常		
附着力 /MPa		≥ 3					
耐盐雾性		1 000h	800h	500h	1 000h	800h	500h
		划线处单向腐蚀蔓延≤ 2.0mm；未划痕区不起泡、不生锈、不开裂、不剥落					

（三）涂层耐腐蚀性能

1．耐腐蚀性能

无机富锌涂层的耐盐雾性能见表 13–28，在介质中的耐腐蚀性能可参见本手册附录一“无机富锌涂料衬里和环氧类涂料衬里耐蚀表”。

2．耐腐蚀机理

无机富锌漆的固化要依靠相对湿度和温度。相对湿度最好保持在 65% 以上。喷洒清水可以解决低湿度时的固化问题。在施工后 4 ~ 5h 就可以喷洒清水保持漆面润湿，帮助固化的完成。无机富锌漆膜的固化检测，标准方法使用甲基乙基酮（MEK）测试法，根据 ASTM D4752《用溶剂擦拭法测定硅酸乙酯（无机）富锌底漆的耐甲乙酮性》，白色棉布蘸上 MEK 试剂，来回擦拭 50 次，如果没有或者仅有很轻微变色说明固化完成，如果变色严重或者漆膜被擦去，说明还没有完成固化。

（四）涂层配套及特点

（1）无机富锌漆的最小漆膜厚度，在多道涂层的重防腐系统中作为底漆时，通常为 50 ~ 80μm。当单道涂层用于成品油或化学品的储罐舱室内壁时，漆膜厚度在 60 ~ 80μm。当水溶性无机富锌漆用于储罐舱室内壁时，漆膜厚度在 70 ~ 120μm。

（2）过高的干膜厚度会导致漆膜开裂，通常应用干膜厚度为小于或等于 120μm 最安全，但是不同厂家的配套对干膜厚度的要求会有不同。

（3）腐蚀环境及温度条件下的涂层配套可见本手册附录四“外表面涂层配套”以及国家标准《工业建筑防腐蚀设计标准》GB/T 50046—2018 附录 C“防腐蚀涂层配套”的有关内容。

八、高氯化聚乙烯涂料

高氯化聚乙烯（HCPE）树脂是中国 20 世纪 90 年代初开始生产的涂料，当时采用固相法工艺，将聚乙烯粉末在反应器中处于悬浮状态，在自由基引发剂和紫外光照射下通入氯气进行取代反应至含氯量达 60% 以上，同时回收氯化氢制备盐酸。由于固相法产品分子量太大，反应均一性差，在溶剂中溶解性欠佳，黏度高，而且放置一段时间后发生“肝化”。到 1997 年后水相法 HCPE 产品问世后即逐步推出市场。高氯化聚乙烯与多种树脂均具有良好的相溶性，可用醇酸树脂、丙烯酸树脂作为反应型增韧剂，提高涂膜附着力、光泽度和装饰性。可用环氧树脂、酚醛树脂、沥青等改性提高其耐水及耐介质性，用于各种防腐涂料。

1. 特点

高氯化聚乙烯涂料的优缺点见表 13-29。

表 13-29　高氯化聚乙烯涂料的优缺点

序号	优点	缺点
1	具有良好的耐水、酸、碱、臭氧、盐雾、海水、油等介质性能	固体含量比较低，施工过程虽方便，但是施工道数比较多
2	对铁、水泥、混凝土表面具有良好的附着力	涂料中 VOC 含量比较高，具有一定的环境污染性
3	单组分产品，涂料干燥速度快，容易施工，可以在 -15 ~ 50℃环境中干燥	涂料的丰满度不高，不可用于装饰性要求高的领域
4	具有良好的防火阻燃性，还可以抑制霉菌生长	采用氯化石蜡和邻苯二甲酸酯增速，高温有渗出风险

2. 性能指标

高氯化聚乙烯涂料的性能指标见表 13-30。

表 13-30　高氯化聚乙烯涂料的性能指标

项目	底漆	中间漆	面漆	检测方法
外观	漆膜平整无杂质			目视
黏度（涂 -4 杯 25℃）/s	70 ~ 110	100 ~ 140	60 ~ 80	《色漆和清漆　用流出杯测定流出时间》GB 6753.4

续表 13-30

项目		底漆	中间漆	面漆	检测方法
干燥时间（25℃）/ h	表干	≤ 0.5	≤ 0.5	≤ 1	《漆膜、腻子膜干燥时间测定法》GB/T 1728 乙法
	实干	≤ 12	≤ 15	≤ 15	《漆膜、腻子膜干燥时间测定法》GB/T 1728 甲法
冲击强度 /cm		≥ 40	≥ 40	≥ 50	《漆膜耐冲击测定法》GB/T 1732
附着力 / 级		≤ 1	≤ 2	≤ 2	《色漆和清漆　划格试验》GB/T 9286
耐湿热		21d 无异常			《漆膜耐湿热测定法》GB/T 1740
耐盐雾性		21d 无异常			《色漆和清漆　耐中性盐雾性能的测定》GB/T 1771

3. 耐腐蚀性能

高氯化聚乙烯涂料的耐腐蚀性能见表 13-31。

表 13-31　高氯化聚乙烯涂料的耐蚀性能

项目	底涂层	面涂层
耐热性（110℃，20d）	不起泡、不脱落、不透锈	
耐汽油（60 # 汽油，150d）	不起泡、不脱落、不透锈	
耐 3% 氯化钠（23℃，10d）	不起泡、不脱落、不透锈	
耐 10% 氯化钠（200d）	不起泡、不脱落、不透锈	
耐 10% 盐酸（180h）	不起泡、不脱落、不透锈	
耐 5% 硫酸（23℃，10d）	不起泡、不脱落、不透锈	
耐 30% 硫酸（23℃，10d）	不起泡、不脱落、不透锈	
耐 30% 氢氧化钠（60d）	不起泡、不脱落、不透锈	
耐 50% 氢氧化钠（23℃，10d）	不起泡、不脱落、不透锈	

注：耐介质及防腐蚀性能均为底涂层和面涂层配套测试结果。

4. 涂层配套

腐蚀环境及温度条件下的涂层配套可见本手册附录四“外表面涂层配套”以及国家标准《工业建筑防腐蚀设计标准》GB/T 50046—2018 附录 C“防腐蚀涂层配套”的有关内容。

九、其他涂料

（一）互穿聚合物网络涂料（IPN 涂料）

1. 特点

互穿聚合物网络（Interpenetrating Polymer Network，IPN）是两种或两种以上交联网

状聚合物相互贯穿，缠结而成的多相高分子（也称高分子合金）化合物，如图 13–21 所示。其特点是：一种材料无规地交叉渗透，机械缠绕到另一种材料中，起着“强迫相容”和“协同效应”的作用，从而使材料既不失去原有聚合物固有的特性，又可获得其他共混聚合物无法得到的独特性能。这种材料可以明显地改善体系的分散性、界面亲和性，从而提高相稳定性，实现聚合物性能互补，达到改性的目的。所以 IPN 表现出与共混聚合物及化学共聚物不同的性质，即在溶剂中不溶解只溶胀且溶胀率小，IPN 不能蠕动和流动，有很好的尺寸稳定性和优良的力学强度。

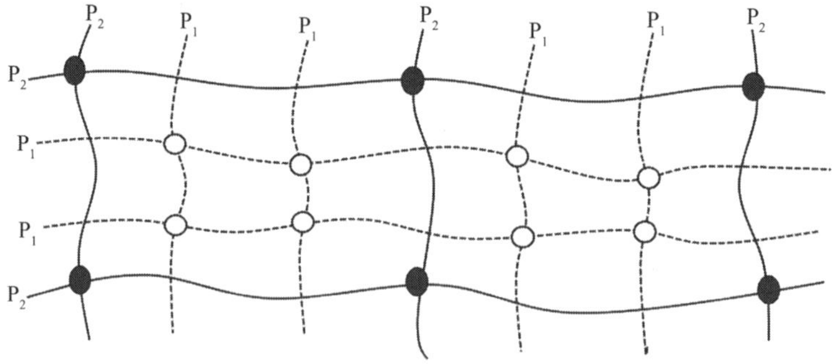

P_1—聚合物 1；P_2—聚合物 2。

图 13–21　两种聚合物形成 IPN 的结构图

2. 涂层物理力学性能

由于 IPN 涂料为特种涂料，至今没有国家标准和行业标准，均以企业标准体现，以陕西某股份有限公司的 IPN 涂料产品的检测标准为例进行说明，见表 13–32。

表 13–32　IPN 涂料的检测指标

序号	项目	指标	检测标准
1	表干时间 /h	≤ 3	《漆膜、腻子膜干燥时间测定法》GB/T 1728 甲法
2	实干时间 /h	≤ 24	《漆膜、腻子膜干燥时间测定法》GB/T 1728 甲法
3	附着力 / 级	1	《色漆和清漆　划格试验》GB/T 9286
4	柔韧性 /mm	1	《漆膜、腻子膜柔韧性测定法》GB/T 1731
5	冲击强度 /（kg · cm）	50	《漆膜耐冲击测定法》GB/T 1732

3. 涂层耐蚀性

IPN 涂料表现出与共混聚合物及化学共聚物不同的性质，即在溶剂中不溶解只溶胀且溶胀率小，IPN 不能蠕动和流动，有很好的尺寸稳定性和优良的力学强度。IPN 的研究主要集中在双酚 A 型环氧树脂与聚氨酯的互穿网络反应上。主要可分为氰酸酯（苯乙烯体系），含双键的环氧树脂（聚氨酯体系），蓖麻油、丙烯酸（聚氨酯体系），天然生漆（丙烯酸树脂体系）等四个方向，制备的产品均具有良好的耐介质性，并且在 200℃下也具有不错的耐温效果，耐温 8h后仍然可以保持良好的机械性能。IPN 涂层的耐腐蚀性能指标见表 13–33。

表 13-33 IPN 涂层的耐腐蚀性能指标

项目	指标	项目	指标
耐丙酮	50h	耐 10% 硫酸	18 个月
耐甲醇	2 个月	耐 30% 盐酸	18 个月
耐航空煤油	18 个月	耐水	18 个月
耐 3% 氯化钠	18 个月	耐 90 # 汽油	18 个月
耐 10% 氢氧化钠	18 个月	耐 120 # 汽油	18 个月
耐 20% 氢氧化钠	18 个月	耐 40 # 机油	18 个月

注：表中数据来自陕西某公司的 BTS-IPN-5312 产品。

4. 涂层的配套

IPN 涂料在含酸或碱的污水管道防腐蚀涂层的配套见表 13-34。

表 13-34 含酸或碱的污水管道防腐蚀涂层配套

序号	涂层名称	施工道数	膜厚 /μm	备注
1	BTS-IPN-5312 底漆	2	80 ~ 100	生活污水管道内、外防腐蚀
2	BTS-IPN-5312 面漆	2	80 ~ 100	
3	BTS-IPN-5312 底漆	2	100 ~ 150	含酸或碱的氮肥厂污水管道内、外防腐蚀
4	BTS-IPN-5312 中间漆	1	60 ~ 80	
5	BTS-IPN-5312 面漆	2	80 ~ 120	

（二）聚苯胺涂料

1. 概况

1985 年 D.W. 德伯里（D.W. Deberry）发现化学合成的导电聚苯胺（PANI）膜，在稀硫酸中对钝化处理过的不锈钢有阳极保护作用，之后聚苯胺防腐蚀的研究报道不断涌现。2000 年的诺贝尔化学奖公告中也提到聚苯胺有防腐蚀作用，随后大量的研究文献报道了 PANI 对不同金属如铁、铝合金、铜、银等的防腐蚀作用。聚苯胺与其他聚合物相比具有结构多样性。试验发现不同的氧化 - 还原态的聚苯胺对应于不同的结构，其颜色和电导率也相应发生了变化。

通常聚苯胺是其多样化结构的总称，有下列几种聚苯胺构成：

（1）中性聚苯胺（EB）：是聚苯胺链中含有相等比例的氧化和还原链段，如图 13-22 所示。

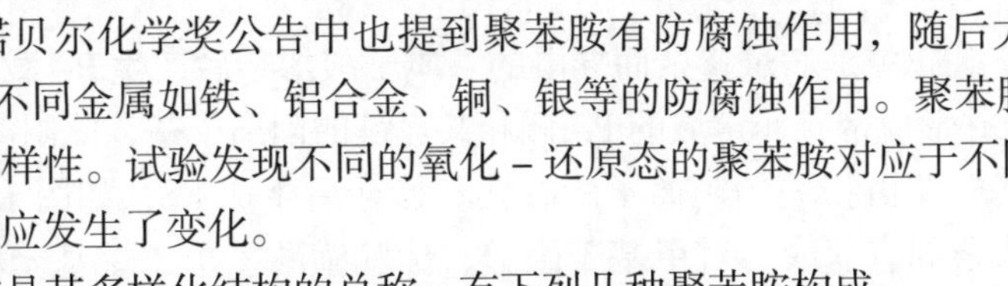

图 13-22 中性聚苯胺（EB）

（2）还原态聚苯胺，如图 13–23 所示。

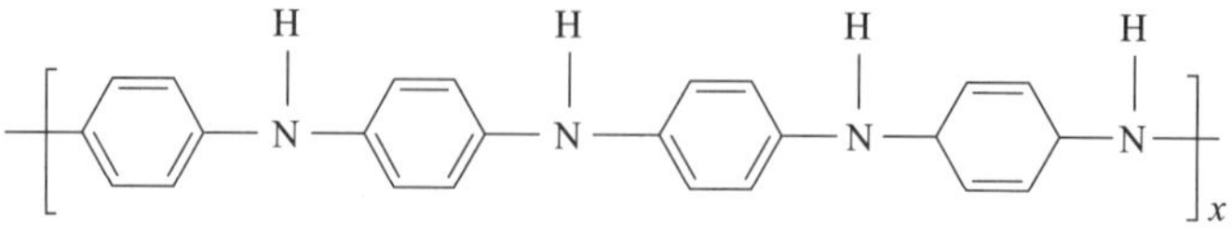

图 13–23　还原态聚苯胺

（3）氧化态聚苯胺，如图 13–24 所示。

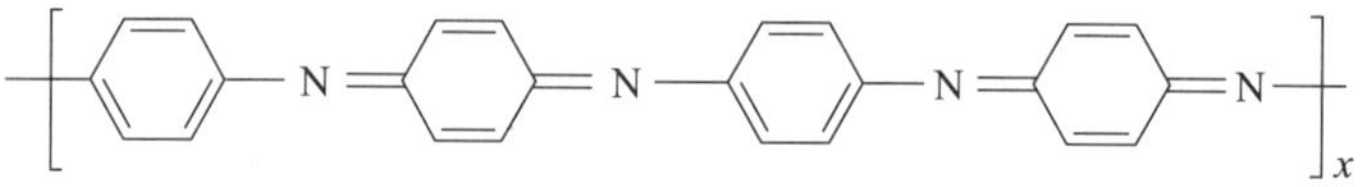

图 13–24　氧化态聚苯胺

2. 导电机理

导电聚合物是无须添加任何导电性物质即可导电的有机聚合物，也称为本征导电聚合物。导电聚合物都有一个长程 π 共轭体系的成键和反键能带，之间的能隙较小，接近于无机半导体的倒带—价带能隙，因此，共轭聚合物大豆油半导体电导率在 $10^{-2} \sim 10^{-4}$ S/cm。此外，共轭聚合物易于被氧化或还原，随着氧化或还原反应，离子嵌入聚合物中，以中和主链的电荷，这个过程被称为掺杂。P– 型掺杂对应于氧化过程，n– 型掺杂对应于还原过程，掺杂后共轭聚合物的电导率增加若干数量级，接近于金属电导率。共轭聚合物的可逆氧化还原掺杂的电化学过程如图 13–25 所示。

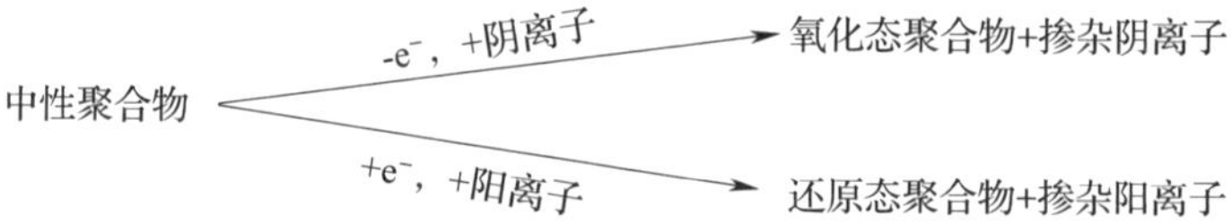

图 13–25　共轭聚合物可逆氧化还原掺杂的电化学过程

中性聚苯胺（EB）是通过掺杂而导电的。质子酸掺杂后产生 P– 载流子。质子化发生在亚氨基上，并形成带有非定域的 P– 侧和共轭键的阳离子基，此阳离子基相对稳定，起导电作用，其电荷由相关的阴离子所补偿。掺杂后生成 ES，如图 13–26 和图 13–27 所示。质子酸掺杂剂有盐酸、对甲基苯磺酸、樟脑磺酸、十二烷基苯磺酸、甲基磺酸等。不同的质子酸不仅决定聚苯胺盐（ES）导电性，还影响其稳定性以及与聚合物基料的混溶性。有机酸掺杂的电导率较低，但能改善混溶性。使用有机溶剂或其混合物，有可能增加电导率，称为二次掺杂，这是造成聚苯胺链伸展的原因。

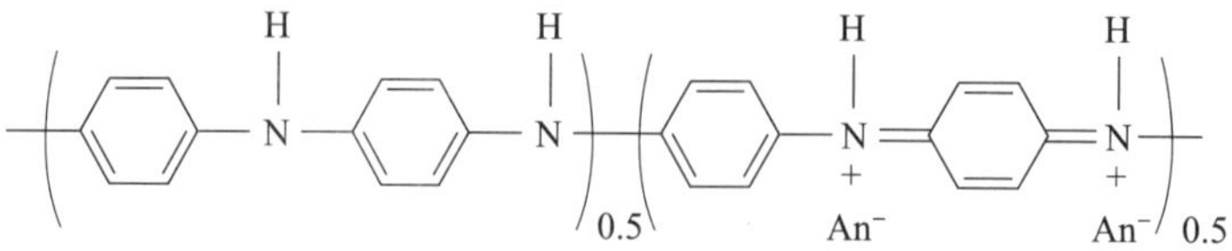

图 13–26　掺杂聚苯胺带定域电荷

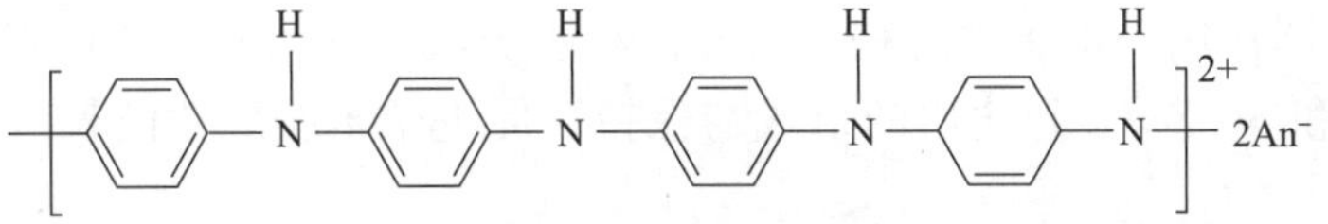

图 13–27　掺杂聚苯胺带非定域电荷

3. 耐蚀机理

聚苯胺是一个活性聚合物，它可以在不同的导电态之间进行可重复的化学或电的变换。聚苯胺被认为是合成金属或有机金属。视为金属时，它比铁或铜更有惰性。为了发挥聚苯胺的防腐蚀作用，一般是以低含量的 ES 与聚合物基料配制成聚苯胺底漆（Pain–P），与对水和离子有较好屏蔽作用的面漆配套应用，以达到良好的防腐蚀效果。聚苯胺的防腐蚀作用机制，经研究表明是由相继发生的三段作用相互结合的结果。

（1）表面的钝化作用。铁表面上涂过聚苯胺底漆以后就与铁发生作用，使铁表面生成 Fe_3O_4 和 γ–Fe_2O_3 的夹层钝化母体层。经 X 射线光电子谱（XPS）证实，Fe_3O_4 紧附于表面上为内层，而 γ–Fe_2O_3 位于 Fe_3O_4 之外形成夹层式。这是一层致密的钝化层，用刀片才能将它剥下来。值得注意的是，初始无氧化的纯净铁表面，有利于聚苯胺起钝化作用。铁与聚苯胺界面形成的络合物对底材上的电荷传递也起到促进作用，这种钝化层奠定了聚苯胺防腐蚀作用的基础。概括地说，聚苯胺诱发的铁钝化作用，总是伴随着电位显著走向高电位，极化电阻增高和腐蚀电流减小。韦斯林（Wessling）强调，可逆的 EB–LE（中性聚苯胺 – 氧化态聚苯胺）氧化还原反应和阴极氧化还原所起的中介作用，以及在铁表面加速钝化层的形成，构成聚苯胺的活性作用，并提出了聚苯胺对铁钝化的催化机制，如图 13–28 所示。

（2）隔离阳极部分和阴极部分的反应。这个腐蚀过程的隔离是聚苯胺的能动性防腐蚀作用，由于它能在铁表面拦截电子，并输送至底漆外部而起到能动作用。这种导电性在含 0.6% ~ 0.9%（质量分数）聚苯胺的聚合物基料中就能观察到。当水和离子刚透过涂层并与铁接触就启动这种作用，即在其表面引发并获得电化学活性（图 13–29）。来自阳极部分反应的电子由聚苯胺输送至界面Ⅱ，在此处与氧反应生成氢氧根离子。空间隔离阳极和阴极部分反应的决定性因素有两个，一是穿越涂层的氧浓度梯度的存在，二是铁表面有限的电子供应。如果在界面Ⅰ可获得氧的供应（涂层的低屏蔽性所致），以及铁表面电化学活性提高，就不能完成隔离作用。典型的涂层降解就会发生在阴极，出现碱性化、起泡和脱层，在阳极出现腐蚀点。要达到良好的防腐蚀效果，就

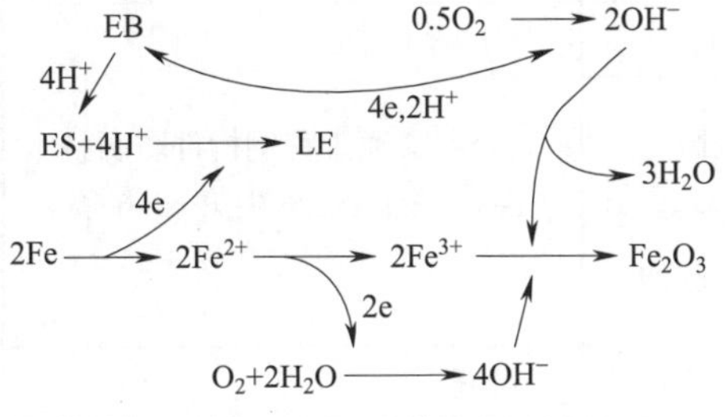

图 13–28　苯胺催化钝化机制

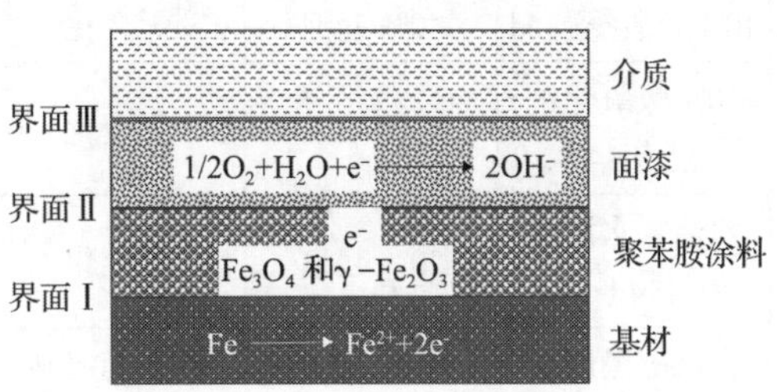

图 13–29　苯胺能动性防腐蚀作用原理

得选择高质量的面漆，减缓水和离子向底材的扩散，形成氧的浓度梯度。同时配合通用型颜料的协同作用，将腐蚀过程中的阳极和阴极反应隔离开，使铁表面所处条件更有利于 Fe_3O_4 和 $\gamma-Fe_2O_3$ 钝化层的形成与保持，促进聚苯胺底漆的长久附着和防腐蚀作用。

（3）聚苯胺的屏蔽作用：如果面漆的屏蔽性略差，或因长久使用性能有所下降，在界面Ⅱ（见图 13-29）就要过度碱化，并发生层间剥落，遇到这种情况，底材仍能受到聚苯胺的防护。这是因为 ES（聚苯胺盐）发生脱质子化，生成不导电的 EB（中性聚苯胺），而且可能进一步还原为 LE（氧化态聚苯胺）。即使在 pH 值和氧浓度变化的情况下，也没有观察到 EB 到 ES 的可逆变化。研究者认为在盐水或暴露在大气中时，聚苯胺是不发生 EB 到 ES 的可逆变化的。由 pH 值变化所引起的 ES 到 EB 反应，可以改进其屏蔽性和耐针孔性，就可能使聚苯胺达到长期的防腐蚀作用。

4. 涂层的物理力学和耐腐蚀性能特点

用占固体总量 5% 的聚苯胺取代高达 16% 的石墨（质量比）后，原添加型石墨导电涂料的导静电性能基本不变，但涂膜的防锈和抗化学品浸泡（防腐）性能明显提高，而且基本克服了石墨迁移污染的问题，见表 13-35。

表 13-35 聚苯胺改性导静电涂料

项目	石墨用量			检测方法
	0	16%	32%	
聚苯胺含量（按固体总量计）/%	10	5	0	红外光谱法
附着力 / 级	2	1	1	《色漆和清漆 划格试验》GB/T 9286
柔韧性 /mm	1	1	1	《色漆和清漆 弯曲试验（圆柱轴）》GB/T 6742
冲击强度 /cm	50	50	50	《漆膜耐冲击测定法》GB/T 1732
表面电阻（数量级 10^x）/Ω	7	4	3	《石油罐导静电涂料电阻率测定法》GB/T 16906
划痕生锈起泡情况（划痕盐雾 14d）	划痕锈蚀一般，40% 起泡	划痕锈蚀较重，不起泡	划痕锈蚀重，不起泡	《公路交通工程钢构件防腐技术条件》GB/T 18226 中第 6.3.7 条
10% 硫酸浸泡 5d	40% 起泡	无变化	5% 起泡	《公路交通工程钢构件防腐技术条件》GB/T 18226 中第 6.3.6 条
10% 氢氧化钠浸泡 14d	个别微泡	无变化	个别微泡	
汽油 - 水浸泡 14d	20% 起泡	无变化	20% 起泡	
白纸擦黑情况	无痕迹	基本无痕迹	黑色痕迹明显	目视

注：配方其他组分为 601 环氧树脂、铁红、云母、溶剂、助剂和固化剂。

聚苯胺防腐涂料主要用于管道内壁防腐，尤其是石油管道和污水处理管道。CORRPA-SIVE4900 是一种含有聚苯胺的管道防腐涂料，由德国欧明创公司（Ormecon）研制。它由分散有聚苯胺的底漆和环氧树脂面漆组成，应用于城市污水处理系统中，涂有这种涂料的普通钢材可以代替不锈钢，在降低建设费用的同时还能提供优良的保护性能。虽然这些涂料需要根据不同的使用环境调整组分，但是比起其他尚处于实验室阶段的聚苯胺防腐涂料，这确实是一个不小的进步。

聚苯胺涂层有以下特点：

（1）聚苯胺无毒无害，对环境无污染，而不像铬酸盐有毒性，对环境有污染。

（2）聚苯胺涂层抗点蚀、抗刻划能力强。涂层因缺陷或者划伤使金属裸露出来时，聚苯胺能以特有的机制在裸露金属上生成致密的氧化物层，保护金属不被腐蚀，达到防腐蚀作用。研究发现，聚苯胺涂层可对宽达 6mm 的划痕有防腐蚀效果，这是常规缓蚀剂所无法比拟的。

（3）苯胺和聚苯胺在金属表面有很强的吸附倾向，与基体结合强度高。这种吸附有助于聚苯胺涂料对金属的缓蚀作用。

（4）聚苯胺涂料的缓蚀作用主要就是阳极保护作用。导电聚合物被认为在金属的钝化区具有稳定的电位，并且能在金属表面形成一层具有保护作用的氧化膜。聚合物膜上氧的还原弥补了金属溶解所消耗聚合物的电荷，从而稳定了金属钝化状态的电位，减小了金属的腐蚀溶解速率。

（5）聚苯胺有很好的稳定性，可适用于某些特殊场合，如火箭发射时的高温酸雾。

（6）质轻、成本低、化学和热稳定性好，可逆的电化学活性。

（7）较高的室温电导率，与聚合物基料混合的低限渗透值，以及多数导电聚合物所不具备的溶液加工性等。

（8）用聚苯胺做防腐的缺点是其防护性能受到 pH 值的影响。在酸性介质中，有聚苯胺膜层的中碳钢比没有膜层的耐蚀性高出 100 倍。而在 pH 值为 7 的介质中，有聚苯胺膜层的中碳钢仅比还原态的耐蚀性高出 2 倍。在 pH 值为 7 的介质中，没有证据表明聚苯胺有很好的防腐蚀性能。还可以解释为聚苯胺的结构与 pH 值有关。可以说聚苯胺在低 pH 值时，以导电的中间氧化物为主，而在高 pH 值时，则以非导电的高分子为主。

总之耐蚀性与聚苯胺的类型、腐蚀环境的特征以及与基体的结合力有关。虽然科研人员对聚苯胺防腐机理的看法有一定的分歧，但其具有优异的防腐蚀性能已成为一个不争的事实，而且防腐蚀性能主要受添加剂和 pH 值的影响。

（三）涂层配套

聚苯胺涂层配套见表 13-36。

表 13-36　聚苯胺涂层配套

涂层名称	施工道数	膜厚 /μm	适用场合
聚苯胺改性环氧防腐涂料	3	150 ~ 250	油管内壁

第二节　耐高温外表面涂层涂料

耐高温涂料一般指能长期承受200℃以上的高温环境的涂料。它们能保持一定的物理化学性能，使被保护对象在高温环境中正常发挥作用。它广泛应用于高温下工作的设备及管道，如烟囱、排气管、高温炉、航天航空飞行器的耐高温腐蚀保护。耐高温涂料的基础树脂需具备以下条件：

（1）具有高度的热物理稳定性，即高的玻璃化温度和熔融温度。

（2）具有高度的热化学稳定性，即高的分解温度。

（3）高温下不易氧化或臭氧化。

（4）与金属基体有很好的附着力。

在实际工程应用中，耐高温涂料主要品种有：有机硅类耐温涂料及其改性涂料、无机富锌涂料、陶瓷涂料等三大类，均具有不同的耐温性能，而且在工业设备及管道的耐温、防腐蚀中起着比较重要的作用。

一、有机硅涂料

有机硅聚合物简称有机硅树脂，广义指分子结构中主链以Si—C键、Si—O键或Si—N键为主，侧基为有机基团与Si原子相连的交联型半无机高聚物，可以分为硅氧烷（由Si—C键或Si—O键组成的聚合物）和硅氮烷（主要由Si—N键组成的聚合物）两类。

（一）原材料及其性能

1. 硅氧烷和硅氮烷耐温涂料

硅元素是在地壳中的含量仅次于氧元素居第二位的元素，在地壳中约含28%，地壳中没有游离态的硅，它和氧构成稳定的硅氧键（Si—O），以及与其他元素在一起结合形成硅酸盐，是岩石、砂砾的主要成分，占地壳质量的80%以上，主要以二氧化硅和硅酸盐的形式存在，自然界中常见的化合物有石英石、长石、云母、滑石粉等耐热难熔的硅酸盐材料，其中二氧化硅的熔点为1 710℃，具有高的耐热温度，由—Si—O—单元组合的聚合物——聚有机硅氧烷［图13-30（a）］，已被广泛研究且得到了许多工业应用，在本章第一节中，对聚有机硅氧烷有详细的介绍。相反，等电子的聚有机硅氮烷，主链含有—Si—N—键的聚合物［图13-30（b）］，则没有引起多少关注。部分原因是此系列中最早得到的聚合物［图13-30（c）］，具有高化学反应活性（与水、质子化合物、氧气等反应），主要由于缺乏合适产生高分子量线型主链的制备方法。实际上，许多明显的合成聚硅氮烷的方法最终都没有得到聚合物，而是得到环状化合物和结构相当复杂的线型低聚物的混合物。

然而在过去的二十多年中，聚有机硅氮烷作为高温热解制备氮化硅（Si_3N_4）和硅碳氮（$Si_xN_yC_z$）陶瓷的前驱体却得到了一定的重视。这增加了对聚硅氮烷领域的研究活动，大多数研究主要是合成合适的陶瓷前驱体或陶瓷涂料，因此被大量的专利所保护。与聚硅氧烷相比，聚硅氮烷的结构表现出一些特殊的特征，可推测有以下方面的性质：

（1）Si和N原子的价角差（$\Delta\theta$=23°）比Si和O原子（$\Delta\theta$=36°）的低，结果是聚

硅氮烷链与聚硅氧烷链相比，不易成环。因此，相对于硅氧烷聚合过程中常发生的回咬反应和重排反应会极少。

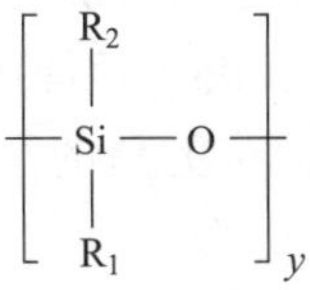

（a）聚有机硅氧烷

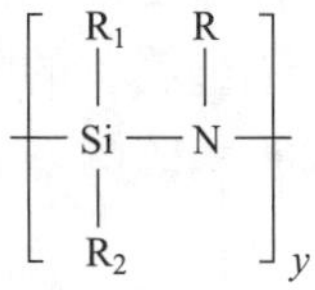

（b）聚有机硅氮烷

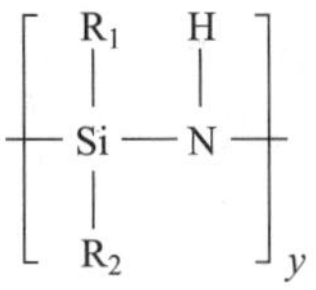

（c）高反应活性聚有机硅氮烷

图 13–30　硅氧烷和硅氮烷聚合物结构式

（2）虽然 Si—N 键（316kJ/mol）的能量比 Si—O 键（432kJ/mol）稍低，但热稳定性的比较试验表明硅氮烷比硅氧烷更稳定。例如，热重分析（TGA）分析表明，聚硅氮烷（聚二甲基乙烯基硅氮烷）在 450℃前没有任何失重，比相应的聚硅氧烷高 50℃。因此可推测出聚硅氮烷的热力学性质和热性能都能得到一定的提高。

（3）氮原子代替氧原子并通过改变氮原子上的取代基来设计聚合物的性能（或官能度），而这对于硅氧烷来说是不可能完成的。直到现在，已知聚硅氮烷的大多数应用都是在陶瓷前驱体及陶瓷涂料领域。这种应用是基于聚硅氮烷的重要性质，即在高温下（1 000～1 500℃）能热分解成氮化硅（Si_3N_4）和硅碳氮化物（$Si_xN_yC_z$）。这些聚合物，尤其是聚（N– 甲基硅氮烷）可能在与聚硅氧烷相同的领域中会得到应用。它们是憎水性的，其物理常数随温度的改变较小，具有热稳定性，不易燃。另外优点是其为半结晶性热塑性聚合物，具有较高的力阻和较高的表面能（粘合力）。特别是聚（N– 甲基硅氮烷）和聚（N– 甲基硅氧烷）共聚物网络比聚硅氮烷具有更高的模量值，在温度较广范围内有较好的稳定性，期望在有机硅弹性体补强及陶瓷耐温涂料方面具有更大的应用前景。

2. 颜料和填料

在配制有机硅耐高温涂料时，要在硅树脂中添加填料（如云母粉、滑石粉、碳酸钙等）、颜料（如铝粉、锌粉、碳黑等）和催化剂（如锌、钴、镁、铁等的锌酸盐或环烷酸盐）等。颜料和填料的种类对所配制涂料的耐热性有很大影响。用于耐热涂料配方的颜料和填料，除了一般的性能外还应具有高温稳定性，即在高温的长时间作用下不分解，不变色，为此常采用无机颜料和填料作为耐温材料。

（1）白色颜料：主要有钛白粉（金红石型和锐钛型）、氧化锌、锌钡白、氧化锑。钛白粉是常用的白色颜料，其热稳定性优良，锐钛型钛白粉耐热及高温时对底层的附着力优于金红石型钛白粉，适用于 250℃的长期耐热，与有机硅配合可耐 350～400℃不变色，600℃变为黄－褐色，1 200～1 300℃才变为不可逆的黑褐色。氧化锌耐热性良好，耐热性达 250～300℃，与有机硅树脂配合可在 370℃长期使用，但遮盖力低于钛白粉。氧化锑耐光、耐热、粉化性小，主要用于防火涂料。立德粉适用于 250℃的长期耐温。

硫化锌适用于200℃的长期耐温。

（2）黄色颜料：主要有锶黄和镉黄。锶黄（$SrCrO_4$）是有机硅耐热涂料常用的黄色颜料，耐热性好，适用于200℃的长期耐热，对金属有钝化防锈能力，但遮盖力较低，适于做轻金属（镁、铝金属）的耐热底漆颜料。镉黄（CdS）色泽鲜艳，遮盖力好，耐光、耐热，适用于200℃的耐热，加热到700℃稳定。在更高的温度下变为褐色，在980℃变成胭脂红。

（3）红色颜料：主要有镉红、氧化铁红。镉红（3CdS·2CdSe）色泽鲜红，遮盖力、耐光、耐热均好，适用于250℃的长期耐热。氧化铁红（Fe_2O_3）遮盖力、耐光、耐热性均好，适用于250℃的长期耐热，但颜色不够鲜艳。

（4）蓝色颜料：主要有钴蓝、群青、酞菁蓝。钴蓝（$CoAl_2O_4$）耐热，适用于500℃的长期耐热，耐光均好，但遮盖力差。群青是含有多硫化钠而且具有特殊结构的硅酸铝蓝色颜料，耐光、耐热，适用于200℃的长期耐热，在250℃以上颜色有所减褪，但遮盖力差。酞菁蓝适用于200℃以下耐热。

（5）绿色颜料：主要有氧化铬绿、酞菁绿，它耐光、耐热、耐酸碱性好，在有机硅树脂中可耐热至260℃，但质硬难研磨，遮盖力稍差。三氧化二铬适用于250℃的长期耐热。

（6）黑色颜料：主要有炭黑、石墨、二氧化锰、铬铁黑。炭黑遮盖力最强，耐化学药品，故有一定的耐热性，适用于250℃的长期耐热，若高于300℃时颜色减褪，在漆料中较难分散，适用于350℃以下的耐热涂料。石墨烯由鳞片状结晶的碳元素组成，黑色并带灰色光泽，质软而滑，耐热性好，适用于300℃以上长期耐热，与其他颜料配合能耐650℃，耐酸性好，常用来配制耐酸耐热涂料。二氧化锰为棕黑色颜料，耐热性好，适用于300℃的长期耐温。铬铁黑是一种由氧化铁、氧化铬、二氧化锰混烧而拼合的颜料，耐热性高，在800℃无变化。它是耐高温涂料中较好的黑色颜料。陶瓷黑遮盖力小，适用于300℃以上的长期耐热，低温下也用氧化铁黑。

（7）金属颜料：主要有铝粉、锌粉、不锈钢粉。铝粉是具有银色光泽的粒状或片状金属铝颜料，一般在松香水中制成铝粉浆使用。铝粉耐热性好，遮盖力强，它的熔点约为660℃，与有机硅树脂配合的涂料可在600℃时长期使用，铝粉渗透到高热的钢铁表面形成合金，可保持很久的时间不坏。但它易受碱或无机酸侵蚀，耐化学性差，而且铝粉易沉淀，配制过久色变深失去光泽，最好现配现用。锌粉熔点约为420℃，在900℃汽化，故耐热性不如铝粉，与有机硅配成的涂料可以在400℃时长期使用。锌粉对钢铁表面有电化学保护作用，它常用于钢铁表面的耐热防锈底漆。不锈钢粉一般含铬18%、镍8%，具有高的耐热性，适于300~400℃耐热，对化学腐蚀也较稳定，以它为颜料的有机硅涂料具有较好的耐热防腐蚀性能，常与铝粉及其他颜料一起使用。锌粉、铜粉、氧化锌也可配合使用，它们能增强有机硅树脂的耐热性，在370~480℃下使用。

（8）体质颜料：主要有滑石粉、云母粉、石棉粉、重晶石粉、二氧化硅粉、玻璃粉，均适用于300℃以上长期耐热。滑石粉的化学成分主要是$3MgO \cdot 4SiO_2 \cdot H_2O$。滑石粉及石棉粉均系纤维状体质颜料，在耐热涂料中可加强涂膜结构间彼此联系，在高温受热时，可以提高涂膜热弹性和抗龟裂性，但量多时高温下易产生失光甚至粉化。据报道，若以滑石粉或石棉粉代替10%颜料量加入磁漆配方中，可以使漆膜耐热至微裂时间提高50%。重晶石粉适用于300℃以下耐热，并能提高涂膜硬度。云母粉化学成分主

要是 $K_2O \cdot 3Al_2O_3 \cdot 6SiO_2 \cdot 2H_2O$，片状，在耐热涂料中能提高漆膜强度，抗粉化性和绝缘性均好。石棉粉化学成分主要是硅酸钙镁的混合盐，一般将石棉在400℃灼烧后经研磨成粉状使用。它热稳定性高，能提高漆膜高温下的抗龟裂性。二氧化硅粉，天然的为石英粉，质地坚硬不易研磨。人造二氧化硅粉又称白炭黑，根据生产方法分为沉淀法二氧化硅和气相法二氧化硅两种。前者多用于耐热填料，后者质轻在涂料中作增稠剂和防沉剂。玻璃粉以熔点400~700℃的范围较好，它与有机硅涂料配合，当有机硅在高温下分解时，玻璃粉熔化与有机硅及其他颜填料形成搪瓷状涂层，能经受更高的温度。

（9）防锈颜料：防锈颜料应用比较普遍的是锶黄、磷酸锌。配方中应避免使用含铅、钙及铬的颜料，如果用此列颜料必须试验其胶化性，防止引起有机硅的胶化，铅颜料也会降低涂膜耐热寿命。一般颜料使用量以能满足涂层的遮盖力为原则。

（10）其他：烘烤用的有机硅树脂可以耐受稀盐酸、硫酸、醋酸及烧碱溶液的腐蚀，耐候性很好。催干剂可以使用锌、钴的有机酸盐，不宜用铅酸盐。铅焊铁罐不宜用来包装有机硅漆。

不同的着色颜料必须在其预期的温度范围中才有着良好的稳定性。对以上耐温颜料在不同温度下的色相变化见表13-37。

表13-37　颜料在不同温度下的色相变化

颜料	200℃	300℃	400℃	500℃	颜料	200℃	300℃	400℃	500℃
酞菁蓝	不变	暗绿	无色	—	永固紫	不变	黑相	无色	无色暗红
中铬黄	不变	浅棕	灰白	—	氧化铁红	微黄	稍暗	暗红	灰白
高色素炭黑	不变	不变	不变	不变	锐钛型钛白粉	不变	灰白	灰白	不变
普通炭黑	不变	不变	不变	不变	钼铬红	不变	不变	不变	不变
群青	鲜艳	鲜艳	鲜艳	鲜艳	锶铬黄	不变	不变	不变	不变
红丹	不变	不变	不变	—	铝粉	不变	不变	不变	不变

（二）涂层物理力学性能

1. 耐高温涂料特性

耐高温涂料的耐蚀性因为其不同的成膜物质有比较大的区别，有机硅耐热涂料与其他常用耐高温涂料的性能比较见表13-38和表13-39。

13

表13-38　有机硅耐热涂料与其他常用耐高温涂料的性能比较

项目	有机硅耐热涂料	硅酸乙酯耐热涂料	硅酸盐耐热涂料	二氧化硅耐热涂料	磷酸盐耐热涂料
干燥条件	常温或烘干	常温	烘干	常温 / 烘干	烘干
耐热性 /℃	200 ~ 600	400 ~ 600	400 ~ 1000	400 ~ 1 000	400 ~ 800
耐燃性	有限	不燃	不燃	不燃	不燃

续表 13-38

项目	有机硅耐热涂料	硅酸乙酯耐热涂料	硅酸盐耐热涂料	二氧化硅耐热涂料	磷酸盐耐热涂料
柔韧性	好	不好	不好	不好	不好
硬度	差	好	好	好	好
耐水性	好	好	未完全固化时不好	好	未完全固化时不好
耐溶剂性	差	好	好	好	好
耐磨性	差	好	好	好	好
耐酸性	中等	好	好	好	好
耐碱性	中等	好	差	好	好
污染性	有污染	无毒少污染	无毒少污染	无毒少污染	无毒少污染

表 13-39　有机硅涂料与其他常用耐高温涂料的耐温性能比较

名称	耐温温度 /℃	名称	耐温温度 /℃
醇酸树脂涂料	105	有机硅改性有机树脂涂料	120 ~ 400
环氧树脂涂料	130	有机硅树脂涂料	200 ~ 600
对苯二甲酸聚酯涂料	155	有机硅锌粉涂料	400
聚氨酯涂料	130	有机硅铝粉涂料	600
聚丙烯酸酯涂料	130 ~ 150	有机硅陶瓷涂料（硅氮烷）	≥ 700

2. 有机硅类涂层性能指标（见表 13-40）

表 13-40　有机硅类涂层的性能指标

项目		指标			检测方法
		有机硅耐热涂料	有机硅铝粉耐热涂料	丙烯酸改性有机硅耐热涂料	
外观状态		搅拌后均匀、无结皮、无硬块			调刀测试
固体含量 /%		≥ 50	≥ 45	≥ 35	《色漆、清漆和塑料　不挥发物含量的测定》GB/T 1725 甲法
弯曲性 /mm		≤ 2	≤ 2	≤ 2	《色漆和清漆　弯曲试验（圆柱轴）》GB/T 6742
附着力（拉开法）/MPa		≥ 3.0	≥ 3.0	≥ 3.0	《通过式金属探测门通用技术规范》GB/T 15210
干燥时间（25℃）/h	表干	≤ 2	≤ 2	≤ 2	《漆膜、腻子膜干燥时间测定法》GB/T 1728 表干甲法
	实干	≤ 6	≤ 6	≤ 6	《漆膜、腻子膜干燥时间测定法》GB/T 1728 实干甲法

（三）涂层配套

涂层配套可见本手册附录四“外表面涂层配套”及现行行业标准《化工设备、管道外防腐设计规范》HG/T 20679、《石油化工设备和管道涂料防腐蚀设计标准》SH/T 3022的有关规范。

二、无机硅酸锌涂料

（一）原材料及其性能

1. 无机硅酸锌涂料

无机硅酸锌涂料是目前普遍应用最多的无机类耐高温涂料，以硅酸乙酯为基料，其三步反应如图 13–31 所示：

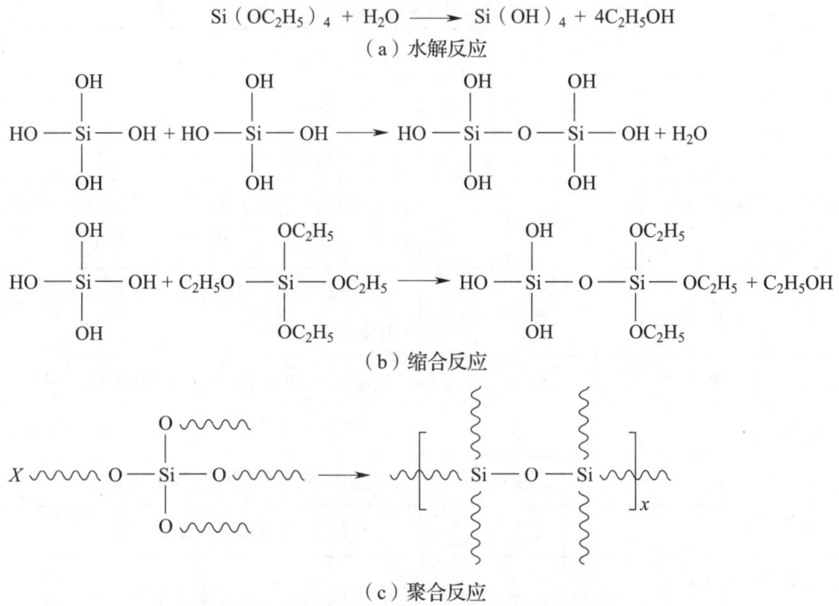

图 13–31　硅酸乙酯水解聚合的三步反应图

锌粉为耐高温和防锈颜料，可以长期耐 400℃的高温。无机物的热稳定性普遍比有机物高得多。添加无机类耐高温填料如 α-Al_2O_3 和玻璃粉等，可耐高温至 1 000℃。低温熔点玻璃粉有铅玻璃粉、硼玻璃粉、磷酸盐玻璃粉等，用于有机硅耐高温涂料中以硼玻璃粉较好。低熔点玻璃粉的用量不能太少，太少不能起到粘结作用，涂层在较低温度下会开裂；用量也不能太大，否则耐热性能受到影响。这是因高温涂料的基材是膨胀系数很大的金属，耐高温涂料要尽可能地与金属的膨胀系数相匹配，而玻璃粉的膨胀系数较低，用量太多会降低耐高温涂层的膨胀系数，温度超过 500℃时，涂层的膨胀系数与钢铁基材不相匹配，就会开裂。

2. 无机硅酸锌涂料的耐高温特点

大多数没有面漆的无机硅酸锌涂料可接受的温度为 400℃（752 ℉）。当采用有机硅面漆时，无机硅酸锌底漆可以耐受的温度可高达540℃（1 004 ℉）。由于锌的熔点为419.6℃（787 ℉），因此限制了锌粉在400℃（752 ℉）以上温度中的应用。事实上锌熔融后可以与底材结合得更好。这使得它可以提供更高温度下的保护。锌的熔点是419.6℃（787 ℉），而实际上无机硅酸锌涂料也经常用于超过500℃（932 ℉）的情况。在无机硅酸锌里是硅原子的无机聚合物矩阵，因此锌粉软化时并不能流动，加热到1 500℃（2 732 ℉）时都不受影响。在电子显微镜下观察其外观，加热到600℃（1 112 ℉）时，漆膜的外观和单独的锌粒都没有变化。

（二）涂层物理力学性能

无机硅酸锌耐温涂层涂料力学性能检测方法可参考本章表13-28无机富锌底涂料涂层性能指标；其中耐热性能指标可参考现行行业标准《铝粉有机硅烘干耐热漆（双组分）》HG/T 3362的规定进行控制，见表13-41。

表13-41　银粉有机硅烘干耐热涂料涂层指标

项目	指标	标准
漆膜颜色及外观	银灰色，漆膜平整	目视观察
黏度（清漆，涂-4杯）/s	12－20	《涂料粘度测定法》GB/T 1723
酸值（清漆，以KOH计）/（mg/g）	≤10	《塑料用聚酯树脂、色漆和清漆用漆基　部分酸值和总酸值的测定》GB/T 6743
固体含量（清漆）/%	≥34	《色漆、清漆和塑料　不挥发物含量的测定》GB/T 1725
干燥时间（150℃ ±2℃）/h	≤2	《漆膜耐冲击测定法》GB/T 1732甲法
柔韧性/mm	≤3	《漆膜、腻子膜柔韧性测定法》GB/T 1731
冲击强度/（kg·cm）	≥35	《漆膜耐冲击测定法》GB/T 1732
附着力/级	≤2	《漆膜划圈试验》GB/T 1720
耐水性（浸于蒸馏水中24h，取出放置2h后观察）	漆膜外观不变	《漆膜耐水性测定法》GB/T 1733甲法
耐汽油性（浸泡RH-75汽油中24h，取出放置1h后观察）	漆膜不起泡，不变软	《色漆和清漆　耐液体介质的测定》GB/T 9274甲法
耐热性（500℃ ±20℃，烘3h后，测耐冲击性）/cm	≥15	《色漆和清漆　耐热性的测定》GB/T 1735、《漆膜耐冲击测定法》GB/T 1732

（三）涂层配套

涂层配套见本手册附录四“外表面涂层配套”及现行行业标准《化工设备、管道外防腐设计规范》HG/T 20679、《石油化工设备和管道涂料防腐蚀设计标准》SH/T 3022的有关规定。

第三节　热反射隔热防护涂料

我国的热反射隔热防护涂料，也称为保温隔热涂料，俗称为隔热凉凉胶，在20世纪80年代末开始研制并投入应用，并以夏季的高温环境（隔热油管、天然气罐、外墙外保温隔热防护涂料等）使用的保温隔热涂料为起点。其中应用比较多的是热反射隔热型涂料。

一、原理

日光热反射涂料的基本原理是通过涂膜的反射作用将日光中的红外辐射反射到外部空间，从而避免物体自身因吸收辐射导致的温度升高。反射型隔热涂料中通过选择透明性好的树脂和反射率高的填料，可以制得高反射率的涂膜，以达到反射热的目的。此外，反射型隔热涂料本身也具有很低的热导率，涂膜对热的传导性阻力很大，因而即使涂膜吸收少量的太阳能，也不会通过涂膜传导。这种性能与过去的铝粉涂料具有很高热导率的性能完全不同。

（一）太阳光的热辐射能

任何物质都具有反射或吸收一定波长太阳光的性能。由太阳光谱能量分布曲线可知，太阳能绝大部分处于可见光和近红外区，按波长可分为三部分，各部分在总能量中的分布，见表13–42。

表13–42　不同波长太阳光的热辐射能量比例

太阳光区	波长范围 /nm	热辐射能量比例 /%
紫外线区	200 ~ 300	5
可见光区	400 ~ 720	45
近红外区（NIR）	720 ~ 2 500	50

实际上，太阳光辐射热绝大部分处于400 ~ 1 800nm的范围内。在该波长范围内，反射率越高，隔热效果就越好。日光热反射涂料就是通过选择适当树脂和反射填料，从而制得高反射率的涂膜，以达到反射热的目的。

（二）反射机理

13

入射在涂层上的太阳辐射能被吸收、透射或反射，其吸收率 σ 、透射率 ρ 和反射率 τ 之间有如下关系：

$$\sigma+\rho+\tau=1 \tag{13-1}$$

由于涂料中存在颜料、填料，故日光热反射型涂料一般不透明。其透射率 ρ 近似为0。因此，只有提高涂层的反射率 τ ，才可以使涂层表面吸收较少的能量，涂层温度上升的幅度不至于太高。

反射太阳光的强弱主要用物质的折射率表征，折射率越大，对太阳光的反射能力越强。常用涂料成膜物质中的有机树脂折射率为1.45～1.50，如醇酸树脂和环氧树脂的折射率接近1.48；含氟聚合物的折射率为1.34～1.42。以上数据说明，选择不同的有机树脂，涂层的太阳热反射效果不会发生显著的改变。

日光热反射型涂料的反射率取决于涂料中的颜料、填料的光学属性（全反射和散射），涂料中的颜料、填料主要以散射为主。颜料的折射率 n_p 除以树脂的折射率 n_r 可计算出颜料对白光的散射能力 m，即：

$$m=\frac{n_p}{n_r} \tag{13-2}$$

由式（13–2）可见，颜料、填料的折射率与树脂的折射率相差越大，对太阳光的反射就越强。颜料、填料与树脂的这种折射率的关系，与颜料、填料的遮盖力有一定的关联。

除颜料品种外，颜料、填料的粒径对涂层的热反射性也起很大作用，散射能力 m 固定的颜料、填料，不同的粒径 d 有着不同的最佳反射波长 r，如式（13–3）所示：

$$r=\frac{d}{k} \tag{13-3}$$

$$k=\frac{0.90\,(m^2+2)}{n\pi\,(m^2-1)} \tag{13-4}$$

式中：k——涂层反射常数；

n——涂料中树脂的反射指数；

m——颜料、填料的散射能力；

当 n、m 为定值时，反射波长 r 仅与颜料、填料粒径 d 有关。由式（13–3）和式（13–4）可见，反射较长波长的红外辐射将需要较大粒径的颜料、填料。通常二氧化钛颜料的粒径一般为0.2μm，其最佳反射波长为0.5μm。通过式（13–3）和式（13–4），根据需要反射的波长来选用合适粒径的颜料、填料，可以取得最佳的反射效果。

（三）辐射制冷机理

热反射涂料在反射外部能量的同时，还会吸收部分能量。同时，涂层本身也以一定的红外波长向外辐射内部能量。同时，涂层本身也以一定的红外波长向外辐射内部能量。物体辐射的能量可由斯蒂芬－玻尔兹曼（Stefan–Boltzman）公式计算。

$$W=\alpha\varepsilon T^4 \tag{13-5}$$

式中：α——斯蒂芬－玻尔兹曼常数，为 5.67×10^{-8}W/（$m^2\cdot K^4$）；

ε——物体表面发射比。

式（13–5）表明，物体辐射的总能量 W 与表面发射比 ε 和绝对温度 T 的四次方成正比。随着物体表面温度的增加，发射的能量显著增加，且最大发射波长由热红外光区向近红外光区迁移。

一般来说，好的吸收体也是好的发射体，而差的吸收体必然是差的发射体。表面发射比是指物体的发射比与同样温度下理想黑体发射比的比率，绝大部分有机树脂有着高的发射比（0.85～0.95）。当辐射体的散热大于吸收，就会出现降温现象。若涂料对8～13.5μm 波段的吸收率很高，但对其他波段有着很高的反射比，由于黑体辐射效应的存在，可以不断地向外界辐射内部能量，从而产生散热效果。

二、反射型隔热涂料

（一）原材料的选用

一般来说，使用不同的乳液或树脂只会影响涂料的物理力学性能，而不会对涂膜的反射性能产生显著影响。例如，有机硅－丙烯酸复合乳液能有效抵御紫外线对涂膜的光氧化降解，并因涂膜的硬度高、表面能低而提高涂膜的耐沾污性，尤其适合于制备反射型隔热涂料。颜料和填料的选用主要是着眼于反射性能。近年来，使用玻璃空心微珠为功能性填料，制备的日光反射型隔热涂料具有很好的反射性能，使得这类涂料成为崭新的涂料品种，并提高了应用性能，扩大了应用领域。

（二）涂料配方设计

日光热反射型隔热涂料是一种用于室外的高性能功能性涂料，对涂料的其他物理性能要求也高，如耐候性、耐大气腐蚀性、耐酸雨等。因而其配方有以下特征：

（1）在满足涂膜反射性能的要求下涂料的 PVC 浓度不能太高，否则对涂料的性能不利。

（2）配方中的空心玻璃微珠含量不能太低，应能够形成连续的反射面，从各种文献中的参考值来看，其用量以质量计应高于 20%。

（3）如果基料使用热塑性树脂，应注意树脂的玻璃化温度不能太低，一般应高于 25℃。

（4）不能选用会显著吸收光和热的材料，特别是填料、颜料的选用。

日光热反射隔热涂料的制备同普通涂料相似，都是物理混合过程，但在生产程序的设计和控制上应注意空心玻璃微珠不能够受到研磨，否则会使其破碎而失去反射及隔热性能。

三、涂层的物理力学性能

日光热反射型隔热涂料的隔热效果是其性能高低的主要因素，通过对其隔热效果的影响来反应出产品的隔热防腐蚀效果以及评定标准。

（一）涂料的 PVC 对涂膜反射性能的影响

涂料的 PVC 影响涂膜的许多性能，研究中发现 PVC 对反射型隔热涂料的涂膜反射热性能的影响见表 13–43 和图 13–32 所示。

表 13–43　PVC 对涂膜热反射率的影响

涂料 PVC 值*/%	涂膜实测温度 /℃	涂料 PVC 值 /%	涂膜实测温度 /℃
18	67.0	32	64.5
26	64.7	42	64.3

注：* 此处的涂料 PVC 值是指涂料中粉料体积含量与胶乳体积含量的百分比。

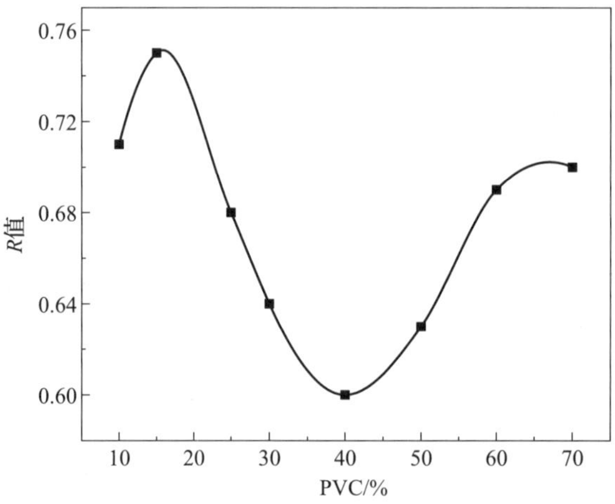

图 13–32　太阳热反射涂料的 PVC 对涂膜反射率的影响

从图 13–32 中可以看出，随着涂料 PVC 值的增加，白色涂膜的反射率上升，上升到 15% 时达到最大值，并趋于平缓。其原因如下：当 PVC 值≤ 15% 时，随着 PVC 值的增加，涂膜内颜料的相对密度增大，起反射作用的颜料粒子数增多，因而反射率呈上升趋势。但是，当 PVC 值达到 15% 以后，随着涂料 PVC 值的增加，由于颜料粒子产生聚集效应，使散射的比表面积减小，散射率又降低，故反射率下降。到了 45% 左右的 PVC 值时，可能已经达到了该类涂料的临界 PVC 值，因而 PVC 值再增大时，基料已不足以润湿全部颜料粒子，涂膜内有空隙。由于空隙中空气与颜料粒子界面之间的散射，使反射率逐渐升高。

（二）空心玻璃微珠对涂膜性能的影响

空心玻璃微珠是反射型隔热涂料的主要功能型填料，除了影响涂膜的反射率外，也影响涂膜的导热率。涂料中添加不同体积分数的空心玻璃微珠，对涂膜热导率的影响，如图 13–33 所示。

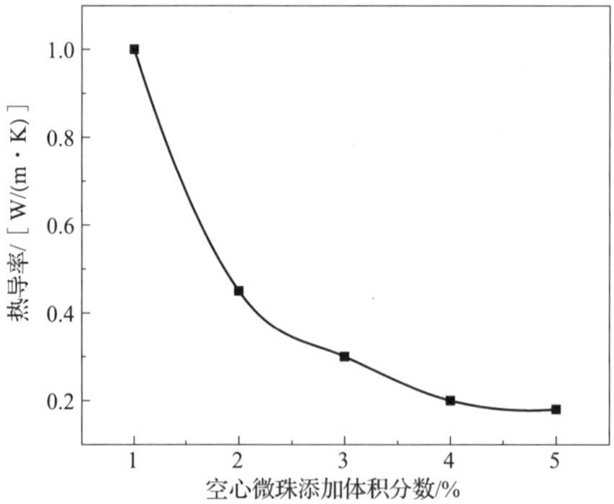

图 13–33　空心玻璃微珠对涂膜热导率的影响

（三）不同厚度涂膜的光、热反射性能

经过对某进口日光热反射涂料进行的热工性能测定，这种日光热反射涂料对太阳光和辐射热的反射率可以达到 80% 以上，其实测结果见表 13-44。实测结果表明日光热反射涂料对光和热辐射的反射率与其涂膜厚度的关系不大。

表 13-44　不同厚度的日光热反射涂膜对光和热的反射率

涂层喷涂道数	对太阳光的反射率	对热辐射的反射率
1	0.783	0.843
2	0.783	0.843
4	0.832	0.849
8	0.832	0.845
16	0.833	0.841

国内研究工作者配制的太阳热反射涂料也有类似的结果，即在一定的厚度范围内，涂膜反射率随着涂膜厚度的增加而提高，但是达到一定值后，由于光线并不能够透过涂膜照射到基层，因而涂膜厚度再增加，对反射率的影响不大。具体地说，在涂膜厚度达到 60μm 后，涂膜的反射率基本不随着涂膜厚度的增加而变化，具体见表 13-45。

表 13-45　涂膜厚度与反射率的关系

涂膜厚度 /μm	反射率	涂膜厚度 /μm	反射率
20	0.769	80	0.814
40	0.805	100	0.816
60	0.813	120	0.815

（四）涂层性能指标

（1）热反射隔热涂层的性能指标见表 13-46。

表 13-46　热反射隔热涂层的性能指标

<table>
<tr><th>序号</th><th colspan="2">项目</th><th>指标</th><th>检测方法</th></tr>
<tr><td>1</td><td colspan="2">不挥发物含量 /%</td><td>≥ 50</td><td>《色漆、清漆和塑料　不挥发物含量的测定》GB/T 1725</td></tr>
<tr><td rowspan="2">2</td><td rowspan="2">干燥时间 /h</td><td>表干</td><td>≤ 4</td><td rowspan="2">《漆膜、腻子膜干燥时间测定法》GB/T 1728</td></tr>
<tr><td>实干</td><td>≤ 24</td></tr>
<tr><td>3</td><td colspan="2">附着力 /MPa</td><td>≥ 5.0</td><td>《色漆和清漆拉开法附着力实验》GB/T 5210</td></tr>
</table>

续表 13–46

序号	项目		指标	检测方法
4	柔韧性 /mm		1	《漆膜、腻子膜柔韧性测定法》GB/T 1731
5	耐冲击性 /cm		50	《漆膜耐冲击测定法》GB/T 1732
6	太阳光反射比	白色	≥ 0.80	《建筑反射隔热涂料》JG/T 235
		其他色	≥ 0.60	
7	半球发射率		≥ 0.85	《建筑玻璃　可见光透射比、太阳光直接透射比、太阳能总透射比、紫外线透射比及有关窗玻璃参数的测定》GB/T 2680
8	近红外光发射率		≥ 0.60	《建筑反射隔热涂料》JG/T 235
9	耐盐雾性（720h）		不起泡、不生锈、不开裂和不脱落现象	《色漆和清漆　耐中性、盐雾性能的测定》GB/T 1771
10	人工加速老化（1 000h）		不起泡、不生锈、不开裂和不粉化现象；允许 2 级变色和 1 级失光	《色漆和清漆　人工气候老化和人工辐射曝露　滤过的氙弧辐射》GB/T 1865
11	耐化学腐蚀性	5% 硫酸（常温 168h）	不起泡、不生锈、不开裂、不脱落	《色漆和清漆　耐液体介质的测定》GB/T 9274 甲法

（2）隔热中涂层的功能性指标见表 13–47。

表 13–47　隔热中涂层的功能性指标

项目	指标		检测方法
	1 级	2 级	
导热系数 /［W/（m·K）］	≤ 0.08	>0.08 且≤ 0.15	《塑料导热系数试验方法　护热平板法》GB/T 3399

四、涂层配套

（一）涂层配套注意事项

太阳热反射涂料主要应用于液化气的球罐外表面的涂装防护工作，一方面起到隔热保温的作用，另一方面需要有良好的耐候性能。涂层防腐隔热的关键涂层在中间隔热涂层和面漆的反射层。配套的底漆性能要求与常规防腐底漆基本一致，主要起到防腐蚀或“阴极保护”钢铁表面的作用，一般选择环氧底漆、环氧富锌底漆或者无机富锌底漆等防腐蚀底漆，然后配套太阳反射隔热中间漆，起隔热阻绝的主要作用，再涂装太阳热反射面漆，主要起反射太阳光的作用，根据防腐蚀年限不同，应用的产品有区别，用于液罐或球罐隔热降温且防腐保护 10 年的配套见表 13–48。

表 13-48　用于液罐或球罐隔热降温涂层配套

序号	涂层名称	施工道数	膜厚 /μm
1	BTS-HZN-60 底漆	1	60 ~ 80
2	BTS-BPU-1100 中间漆	3	150 ~ 250
3	BTS-BPU-1100 面漆漆	2	60 ~ 100

（二）涂层配套

热反射隔热涂层配套见国家标准《工业设备及管道防腐蚀工程技术标准》GB/T 50726—2023 第 15.3.10 条和第 15.3.11 条规定。

第四节　熔结环氧粉末涂料

熔结环氧粉末涂料（Fusion Bonding Epoxy Powder Coatings，FBE），是一种以空气为载体进行输送和分散的固体涂料，将其施工与经预热的钢铁制品表面，熔化、流平、固化形成一道均匀的涂层。国外最早开发于 20 世纪 50 年代，在 60 年代实现工业化生产。由于 FBE 具有优良的机械性能、抗腐蚀性能和耐久性能，所以被广泛应用于陆上、水下、海底等管线的防腐蚀涂装，为处于各种环境中的管线长期低维护运行提供了可靠的保证。经过近 60 多年来不断的发展完善，这项技术已经走向成熟。迄今为止，全球已有 20 万 km 以上使用了熔结环氧粉末涂料的管道，铺设于世界各地。熔结环氧粉末涂料能够在各种极端的气候条件、苛刻的机械应力作用和化学介质腐蚀的环境中得到广泛应用，足以证明熔结环氧粉末涂层是一种可靠的保护涂层，经得起实践和时间的考验。

我国熔结环氧粉末技术起步较晚，20 世纪 80 年代才开始引进国外先进的环氧粉末、工艺及设备。目前在许多国家重点工程中熔结环氧粉末得到了应用，取得了明显的经济效益和社会效益。

一、原材料及其性能

熔结环氧粉末涂料所使用的原材料包括：环氧树脂、固化剂、填料、助剂、催化剂等。

（一）环氧树脂

1. 软化点范围

环氧树脂泛指含两个或两个以上环氧基的脂肪族、脂环族或芳香族为主链的高分子预聚体。其最典型的环氧树脂是双酚 A 二缩水甘油醚齐聚物，俗称双酚 A 型环氧树脂。在熔结环氧粉末涂料中所使用的环氧树脂大多数的软化点范围为 80 ~ 110℃，如果低于 80℃，树脂的玻璃化转变温度过低，在常温下不易粉碎，制造的粉末储存稳定性不好；而树脂软化点高于 110℃时，在固化过程中树脂熔融黏度太大，涂膜的流平性比较差。

2. 品种和分类

（1）按用途可分为：石油天然气管道用熔结环氧粉末涂料、饮用水管道用熔结环氧粉末涂料、消防管道用熔结环氧粉末涂料、石油钻杆用熔结环氧粉末涂料、化工管道用熔结环氧粉末涂料等。

（2）按使用方法可分为：管道内涂熔结环氧粉末涂料、管道外涂熔结环氧粉末涂料。

管道外涂熔结环氧粉末涂料又分为：单层熔结环氧粉末涂料、双层熔结环氧粉末涂料、三层结构防腐用熔结环氧粉末涂料。

（二）固化剂

熔结环氧粉末涂料的固化剂主要有双氰胺、取代双氰胺、二羧酸二酰肼、酸酐、咪唑类、咪唑啉、酚羟基树脂等，其中酚羟基树脂是最重要的固化剂，它是由低分子量的环氧树脂与双酚 A 在碱催化下，经过加成反应得到的一种固化剂。该固化剂自身不含催化剂，很难与环氧树脂发生反应，必须通过添加催化剂来促进羟基和环氧基的反应，而且可通过催化剂的添加量控制固化温度和时间。

（三）颜（填）料和助剂

在熔结环氧粉末涂料中，颜填料和助剂也是不可缺少的组成部分，熔结环氧粉末涂料主要侧重于防锈、防腐蚀和电绝缘性能，因此对颜填料的耐光性和耐候性方面没有严苛的要求。主要是在耐热性和耐化学品性能方面有较高的要求。填料的选择需要根据熔结环氧粉末涂料所使用的工作环境的酸碱性来选择对应的耐酸碱性的填料。在熔结环氧粉末涂料中一般粉末常用的流平剂、光亮剂、安息香都需要添加，此外，根据产品性能不同还需添加部分功能性助剂，如消泡剂、偶联剂、增韧剂和耐磨性助剂等，以改善涂层的致密性、附着力、阴极剥离性和吸水性等性能。

二、固化机理、物理力学性能

（一）固化机理

熔结环氧粉末涂料中所用的环氧树脂还有羟基、环氧基、醚键和双酚 A 骨架结构（也有部分特殊环氧树脂不含双酚 A 骨架），其中羟基能够与金属表面形成化学键，从而使环氧涂层与金属表面之间具有很强的附着力。环氧基能够使环氧树脂具有反应活性能够与胺类、酚类等固化剂发生交联反应，形成高分子量有机聚合物，该反应属于加成反应，没有小分子副产物产生，不会形成针孔，影响涂层的致密性。醚键赋予涂层优良的耐化学药品性和柔韧性。双酚 A 骨架结构赋予涂层极好的耐热性和强韧性。熔结环氧粉末涂料涂层不含酯键，所以不会产生水解逆反应而降低防腐蚀效果。

此外，有部分熔结环氧粉末涂料采用酚醛改性环氧树脂，即在双酚 A 型环氧树脂的基础上引入部分苯酚甲醛或甲酚甲醛环氧树脂，这两种树脂的反应性很强，涂膜具有优异的耐热性、耐化学品性及很高的玻璃化转变温度和硬度，但交联密度大，屈挠性较差，需与双酚 A 型环氧树脂掺混，以改善酚醛改性环氧粉末涂层的屈挠性。

（二）物理力学性能

（1）涂层具有良好的抗化学药品性，能长期接触含盐地下水、海水、土壤中微生物产生的各种有机酸等腐蚀物质。

（2）涂层坚硬耐磨，与钢材之间的附着力极佳，耐划伤性、抗冲击性及抗弯曲性能等力学性能优异。

（3）涂层体积电阻率很大，具有绝缘性，能在阴极保护作用下抵抗化学腐蚀，满足长期保护的需求。

（4）涂层的玻璃化转变温度可调节范围较宽，可在 –30 ~ 140℃的环境下长期服役。

（5）熔结环氧粉末涂层性能指标见表 13–49。

表 13–49　熔结环氧粉末涂层的性能指标

项目	指标	检测方法
外观	平整、色泽均匀、无气泡、无开裂及缩孔，允许有轻度桔皮状花纹	目测
热特性	符合粉末生产厂给定特性	《钢质管道熔结环氧粉末外涂层技术规范》SY/T 0315 附录 B
耐阴极剥离（28d）/mm	≤ 8.5	《钢质管道熔结环氧粉末外涂层技术规范》SY/T 0315 附录 C
耐阴极剥离（24h 或 48h）/mm	≤ 6.5	《钢质管道熔结环氧粉末外涂层技术规范》SY/T 0315 附录 C
粘结面孔隙率等级 / 级	1 ~ 4	《钢质管道熔结环氧粉末外涂层技术规范》SY/T 0315 附录 F
断面孔隙率等级 / 级	1 ~ 4	《钢质管道熔结环氧粉末外涂层技术规范》SY/T 0315 附录 F
抗弯曲（3°，规定的最低试验温度 ±3℃）	无裂纹	《钢质管道熔结环氧粉末外涂层技术规范》SY/T 0315 附录 D
耐冲击（1.5J，–30℃）	无漏点	《钢质管道熔结环氧粉末外涂层技术规范》SY/T 0315 附录 E
附着力等级（24h）/ 级	1 ~ 3	《钢质管道熔结环氧粉末外涂层技术规范》SY/T 0315 附录 G
弯曲后涂层耐阴极剥离（28d）	无裂纹	《钢质管道熔结环氧粉末外涂层技术规范》SY/T 0315 附录 I
体积电阻率 /（Ω · m）	$\geq 1 \times 10^{13}$	《固体绝缘材料　介电和电阻特性　第 2 部分：电阻特性（DC 方法）体积电阻和体积电阻率》GB/T 31838.2
耐化学腐蚀性	合格	《钢质管道熔结环氧粉末外涂层技术规范》SY/T 0315 附录 J
耐磨性（落砂法）/（L/μm）	≥ 3	《钢质管道熔结环氧粉末外涂层技术规范》SY/T 0315 附录 H

13

三、涂层配套

（一）单层熔结环氧粉末涂料

单层熔结环氧粉末涂料直接喷涂在经过喷砂处理的钢材表面的单道涂层，涂层厚度普通级 300μm，加强级可达 400μm。

（二）双层熔结环氧粉末涂料

双层熔结环氧粉末涂料由底层和面层两种环氧粉末涂料分别喷涂一次成膜而构成，涂层厚度分为普通级和加强级，其中普通级底层厚 250μm，外层厚 350μm，总厚度 600μm; 加强级底层厚 300μm，外层厚 500μm，总厚度 800μm。

（三）三层结构防腐用熔结环氧粉末涂料

三层结构防腐用熔结环氧粉末涂料从底到面分别由熔结环氧粉末涂料、胶黏剂、聚乙烯三层材料构成，其中熔结环氧粉末涂料作为底层使用，涂膜厚度为 120μm 以上。

四、应用领域

熔结环氧粉末涂料有许多种类，性能指标的差异较大，由于使用环境和使用介质的不同，需要根据实际情况选用不同的粉末涂料。熔结环氧粉末涂料的主要应用领域包括：

（1）石油、天然气管道、石油钻杆。
（2）给排水管道、消防管道。
（3）化工管道。
（4）架空管道、船舶用管道。
（5）煤矿通风管道、矿井支架。
（6）钢筋表面的涂装。

第五节 设计要点

一、常用外表面涂层涂料

（一）适用范围

（1）主要适用于大气腐蚀环境中非直埋地下的设备及管道的外表面涂层。

（2）通常可使用于压力为常压状态、温度在腐蚀性介质里为 -20 ~ 120℃范围的环境。

（3）通常可使用于腐蚀性介质为腐蚀性气体、酸雾、颗粒物（包括盐类、气溶胶、粉尘）和滴溅液体。在腐蚀性介质长期作用下可适用强腐蚀、中腐蚀、弱腐蚀环境。需注意要点：当同一形态多种介质同时作用时，腐蚀等级应取最高者；当存在两类或两类以上不同形态的介质且腐蚀等级不同时，腐蚀等级应取最高者；关键或维护困难的设备及管道外表面，其腐蚀等级程度应提高一级。

（二）腐蚀等级分类

（1）腐蚀性气体和酸雾介质对钢、铸铁的腐蚀等级分类宜符合下列规定：

1）当腐蚀性气体和酸雾介质对钢、铸铁的腐蚀以介质作用量及相对湿度分类时，腐蚀等级宜按表 13-50 确定。

表 13-50　腐蚀性气体和酸雾介质对钢、铸铁的腐蚀等级

介质类别	介质名称	介质含量 /（mg/m^3）	环境相对湿度 /%	腐蚀等级
腐蚀性气体	氯	>5.0	任意	强
		1.0 ~ 5.0	>75	强
			60 ~ 75	中
			<60	中
		0.1 ~ 1.0	>75	中
			60 ~ 75	中
			<60	弱
		<0.1	>75	中
			60 ~ 75	弱
			<60	弱
	氯化氢	>10.0	任意	强
		5.0 ~ 10.0	>75	强
			60 ~ 75	中
			<60	中
		0.05 ~ 5.0	>75	中
			60 ~ 75	中
			<60	弱
		<0.05	>75	中
			60 ~ 75	弱
			<60	弱
	氮的氧化物	>25.0	任意	强
		5.0 ~ 25.0	>75	强
			60 ~ 75	中
			<60	中

续表 13–50

介质类别	介质名称	介质含量 /（mg/m^3）	环境相对湿度 /%	腐蚀等级
腐蚀性气体	氮的氧化物	0.1 ~ 5.0	>75	中
			60 ~ 75	中
			<60	弱
		<0.1	>75	中
			60 ~ 75	弱
			<60	弱
	硫化氢	>100.0	任意	强
		5.0 ~ 100.0	>75	强
			60 ~ 75	中
			<60	中
		0.01 ~ 5.0	>75	中
			60 ~ 75	中
			<60	弱
		<0.01	>75	中
			60 ~ 75	弱
			<60	弱
	氟化氢	>10.0	任意	强
		5.0 ~ 10.0	>75	强
			60 ~ 75	中
			<60	中
		0.05 ~ 5.0	>75	中
			60 ~ 75	中
			<60	弱
		<0.05	>75	中
			60 ~ 75	弱
			<60	弱

续表 13–50

介质类别	介质名称	介质含量 /（mg/m³）	环境相对湿度 /%	腐蚀等级
腐蚀性气体	二氧化碳	≥ 2 000.0	任意	强
		<2 000.0	>75	中
			60～75	弱
			<60	弱
	二氧化硫	>200.0	任意	强
		10.0～200.0	>75	强
			60～75	中
			<60	中
		0.5～10.0	>75	中
			60～75	中
			<60	弱
		<0.5	>75	中
			60～75	弱
			<60	弱
酸雾	无机酸酸雾	经常作用	>75	强
		偶尔作用	>75	强
			≤ 75	中
	有机酸酸雾	经常作用	>75	强
		偶尔作用	>75	强
			≤ 75	中

2）当气体介质对钢、铸铁的腐蚀以单位面积质量损失或厚度损失值进行分类时，腐蚀等级可按表 13–51 确定。

表 13–51　气体介质对钢、铸铁的腐蚀等级

无保护的钢、铸铁在气体介质中暴露 1 年后的损失值		腐蚀等级
质量损失 m/（g/m²）	厚度损失 δ /μm	
$m>650$	$\delta>80$	强
$400<m\leqslant 650$	$50<\delta\leqslant 80$	中
$m\leqslant 400$	$\delta\leqslant 50$	弱

13

（2）颗粒物介质对钢、铸铁的腐蚀等级可按表 13–52 确定。

表 13–52 颗粒物介质对钢、铸铁的腐蚀等级

介质类别	溶解性	吸湿性	介质名称	环境相对湿度 /%	腐蚀等级
颗粒物	难溶	—	硅酸盐，铝酸盐，磷酸盐，钙、钡、铅的硫酸盐，镁、铁、铬、铝、硅的氧化物和铁、铬、铝、硅氢氧化物和氧化物	>75	弱
				60 ~ 75	弱
				<60	弱
	易溶	难吸湿	钠、钾、锂、铵的氯化物	>75	强
				60 ~ 75	中
				<60	弱
			硫酸盐和亚硫酸盐	>75	强
				60 ~ 75	中
				<60	弱
			碳酸氢盐，钙、镁、钡的氢氧化物	>75	强
				60 ~ 75	中
				<60	弱
			铵、镁、钾、钠、钡、铅的硝酸盐，铵、钾、钠的碳酸盐	>75	强
				60 ~ 75	中
				<60	弱
	易溶	易吸湿	钙、镁、锌、铁、铟、铅的氯化物	>75	强
				60 ~ 75	中
				<60	中
			镉、镁、镍、锰、铜、铁的硫酸盐	>75	强
				60 ~ 75	中
				<60	中
			钠、铵的硝酸盐和亚硝酸盐，磷酸二氢钠，磷酸氢二钠	>75	强
				60 ~ 75	中
				<60	中
			钾、钠、钙、镁、钡的氧化物，钾、钠、锂的氢氧化物	>75	强
				60 ~ 75	中
				<60	中

注：1 在 1L 水中，盐、碱类颗粒物的溶解度小于 2g 时为难溶，大于或等于 2g 时为易溶；

2 在温度 20℃时，盐、碱类颗粒物的平衡相对湿度小于 60% 为易吸湿，大于或等于 60% 时为难吸湿。

（3）滴溅液体介质对钢、铸铁的腐蚀等级宜按表 13–53 确定。

（4）当有腐蚀液体侵蚀时，对钢、铸铁的腐蚀等级可按表 13–53 确定。

表 13–53　滴溅液体介质对钢、铸铁的腐蚀等级分类

介质类别	介质名称		pH 值	腐蚀等级
滴溅液体	无机酸	硫酸、盐酸、硝酸、铬酸、磷酸、各种酸洗液、电镀液、电解液、氢氟酸	—	强
	有机酸	醋酸、柠檬酸、乳酸、C_5 ~ C_{20} 脂肪酸	—	强
	有机液体	—	—	中
	碱溶液	氢氧化钠、氨水	—	强
	盐溶液	硝酸铵、铝、铁的氯化物，钙、镁、钾、钠的氯化物，钠、钾、铵、铜、铁的硫酸盐，钠、钾的亚硫酸盐，钠、钾、铵的碳酸盐，钠、钾的硝酸盐	—	强
	工业水	—	≤ 3	强
			>3	中
	海水	—	–	强

（三）涂层涂料

常用外表面涂层涂料根据腐蚀性介质和作用条件选择，并应符合下列规定：

（1）常用外表面涂层底层、面层涂料选择见表 13–54。

（2）常用外表面涂层中间层涂料选择环氧云铁中间涂层涂料或其他配套的中间层涂料。

表 13–54　常用外表面涂层底层、面层涂料

腐蚀环境		涂料种类
酸性介质	有机酸（包括酸雾、滴溅液体等）	环氧类、聚氨酯类、玻璃鳞片类、乙烯基酯、氯化橡胶、聚硅氧烷、熔结环氧粉末和热反射隔热面涂层涂料；冷涂锌、环氧富锌和环氧磷酸锌底涂层涂料
	无机酸（包括酸雾、滴溅液体等）	环氧类、聚氨酯类、酚醛类、乙烯基酯、高氯化聚乙烯、聚硅氧烷面涂层涂料；冷涂锌、环氧富锌类和环氧磷酸锌底涂层涂料
碱性介质（包括工业大气腐蚀）		环氧类、聚氨酯类、玻璃鳞片类、乙烯基酯、氯化橡胶、聚硅氧烷、熔结环氧粉末和热反射隔热面涂层涂料；冷涂锌、环氧富锌和环氧磷酸锌底涂层涂料；不得选用醇酸、酚醛涂料
弱腐蚀介质		氯化橡胶、高氯化聚乙烯、醇酸等面涂层涂料；环氧铁红、环氧磷酸锌底涂层涂料
室外腐蚀环境（包括工业大气腐蚀）		丙烯酸类、酚醛类、氯化橡胶、高氯化聚乙烯、醇酸、聚硅氧烷和热反射隔热面涂层涂料；冷涂锌、无机富锌、环氧富锌、环氧铁红、环氧磷酸锌底涂层涂料

（四）涂层构造

（1）涂层宜包括底涂层、中间涂层和面涂层。

（2）涂料选择应包括种类、涂装层数和涂膜厚度。

（3）各层涂料应配套，涂层配套可按本手册附录四“外表面涂层配套”及国家标准《工业设备及管道防腐蚀工程技术标准》GB/T 50726—2023 的有关规定执行。

（4）涂层色与标识应符合现行行业标准《化工设备、管道外防腐设计规范》HG/T 20679 的有关规定。

（五）涂层厚度

应根据腐蚀环境条件和设计使用年限等因素确定，常用外表面涂层最小干膜厚度可按表 13–55 确定。

表 13–55 常用外表面涂层最小干膜厚度

防护层使用年限 /a	弱腐蚀 /μm	中腐蚀 /μm	强腐蚀 /μm
2 ~ 5	120	160	200
6 ~ 10	160	200	240
11 ~ 15	200	240	280

注：室外工程的涂层厚度可增加 20 ~ 40μm。

（六）其他

可参见国家标准《工业设备及管道防腐蚀工程技术标准》GB/T 50726—2023 第 15 章的有关规定。

二、其他涂层涂料

（一）IPN 涂料

IPN 涂料一般适用于 200℃以下的防腐蚀环境中，涂膜具有极好的附着力和耐介质性，适用于 ISO 12944–2：2017 中的 C3 环境以上的任何配套中，尤其对于恶劣腐蚀环境下设备及管道具有非常出色的防腐蚀保护作用。IPN 常规涂层配套见表 13–56。

表 13–56 IPN 常规涂层配套

序号	涂层名称	施工道数	膜厚 /μm	备 注
1	BTS–IPN–5312 底漆	2	80 ~ 120	一般腐蚀环境
2	BTS–IPN–5312 面漆	2	100 ~ 200	
3	BTS–IPN–5312 底漆	2	80 ~ 150	重腐蚀环境
4	BTS–IPN–5312 中间漆	1	80 ~ 120	
5	BTS–IPN–5312 面漆	2	80 ~ 150	

注：可根据防腐蚀环境对涂层配套的漆膜厚度进行调整。

（二）聚苯胺防腐涂料

聚苯胺防腐涂料一般应用于管道内外防腐涂料，耐温性在120℃以内，尤其在酸性环境下具有极好的防腐效果。聚苯胺防腐涂料作为油罐内壁或长线原油管线的防腐涂料，常规涂装的厚度在100～200μm的范围即可达到防腐的效果。

三、耐高温外表面涂层涂料

（一）耐高温外表面涂层涂料的选择

耐高温外表面涂层涂料的选择宜符合表13–57的规定。

表13–57　耐高温外表面涂层涂料的选择

腐蚀环境	使用温度/℃	涂料种类
酸、碱性腐蚀介质	≤230	丙烯酸改性有机硅耐热、环氧酚醛高温（230℃）涂料
	≤400	有机硅耐热涂料；无机富锌、冷涂锌（350℃）底涂层涂料
	≤600	有机硅铝粉耐热涂料、无机硅类高温涂料
弱腐蚀介质	≤400	有机硅耐热涂料

1. 涂层厚度

（1）有机硅耐温涂料的涂膜厚度一般不建议涂装100μm以上，因为膜越厚在升温过程中造成涂膜与基材表面变形的应力越大，从而容易出现涂层龟裂或者附着力差的问题，所以涂层厚度建议在100μm以下。涂装过程建议薄涂多道来进行涂装，以减弱因为一次厚度厚溶剂含量比较大，溶剂挥发时造成涂层体积收缩严重而出现涂膜附着力差的问题。其次，有机硅类耐温涂料也不建议在高温环境或高温基材上涂装，在高温下涂装同样会造成涂料中的溶剂快速挥发，从而引起涂膜体积收缩极为严重，造成后期运行过程中出现涂层整体脱壳的问题。

（2）无机硅酸锌底漆不涂装面漆效果的成功与失败中，同样要考虑一些别的因素，如高温应用的环境温度、锌粉底漆总的干膜厚度等，具体有以下一些环境因素影响。不涂面漆时的无机硅酸锌底漆，应用于pH值高或低的环境下，会使其过早失效。因此，锌粉类涂膜的应用pH值范围应限定在6～10。超过这个范围，锌粉底漆就会因为与酸或碱发生反应而快速失效。

（3）过厚的漆膜在高温下运行会有两个问题，例如无机硅酸锌（$DFT>100\mu m$），温度的交替变化（一般为室外裸露高温管线运行，在下雨等情况下会出现温度的交替变化的问题）会导致涂膜表面的细微开裂，在高温作用下，这个问题会大大强化，会产生更大的缺陷，甚至剥落。有些实验室的冷水冷却试验表明，对于没有面漆的无机硅酸锌底漆会爆裂，而涂了面漆的无机硅酸锌底漆则不会爆裂。

2. 温度

无机硅酸锌底漆在400℃（752℉）下有着成功的应用记录，单道涂层施工，膜厚度在75～125μm，表面喷砂处理到Sa $2\frac{1}{2}$。施工1～2道有机硅铝粉漆，或者丁基钛酸盐涂层，从而隔绝无机硅酸锌涂料与空气接触。这些涂层可以使无机硅酸锌涂料在温度高达 540℃（1 004℉）下正常使用。

（二）保温层下的设备及管道外表面涂层

保温层下的设备及管道外表面涂层可不采用耐候型防腐蚀涂料，涂料和涂层配套选择除应符合国家标准《工业设备及管道防腐蚀工程技术标准》GB/T 50726—2023 第 15 章的有关规定外，还应符合现行行业标准《保温层下金属表面用防腐涂料》HG/T 5178 的有关规定。

（三）有绝热要求的设备及管道外表面涂层

有绝热要求的设备及管道外表面涂装涂层时，可不涂覆面涂层涂料；当采用碱性绝热材料时，宜采用耐碱性介质的树脂底涂层涂料，不宜采用溶剂性底涂层涂料。

（四）涂层构造

（1）涂层宜包括底涂层、中间涂层。

（2）涂料选择应包括种类、涂装层数和涂膜厚度。

（3）涂层配套可按本手册第十三章第二节“耐高温外表面涂层涂料”和附录四“外表面涂层配套”以及现行行业标准《工业设备、管道外防腐设计规范》HG/T 20679、《石油化工设备和管道涂料防腐蚀设计标准》SH/T 3022 的有关规定执行。

四、热反射防护涂层涂料

热反射防护涂层涂料设计要点：

（1）热反射涂料主要应用于储存、输送易挥发有机溶剂介质等设备的外表面涂层，如液化气的球罐外表面的涂装防护，一方面起到隔热保温的作用，另一方面需要有良好的耐候性能。涂层防腐蚀隔热的关键涂层在中间隔热涂层和面漆的反射层。

（2）配套的底漆性能要求与常规防腐蚀底漆基本一致，主要起到防腐蚀或“阴极保护”钢铁表面的作用，一般选择环氧底漆、环氧富锌底漆或者无机富锌底漆等防腐蚀底漆，设计干膜厚度根据防腐蚀的年限而不同，一般在 80μm，其中隔热中间漆的厚度在 80～100μm，确保膜厚大于中空玻璃微珠粒径的最大粒径，热反射面漆的厚度一般推荐在 100～300μm 范围，以上配套膜厚为通用的配套。

（3）直接受紫外线照射的设备外表面涂层应采用耐候型防腐蚀涂料，其性能应符合国家现行标准《钢质石油储罐防腐蚀工程技术标准》GB/T 50393 和《金属表面用热反射隔热涂料》HG/T 4341 的有关规定。

五、熔结环氧粉末涂料

熔结环氧粉末涂料的设计要点：

（1）熔结环氧粉末涂料的涂层分为单层外表面涂层和双层外表面涂层。

（2）当管道外表面涂层采用熔结环氧粉末涂料时，其性能应符合国家现行标准《工业设备及管道防腐蚀工程技术标准》GB/T 50726 和《钢质管道熔结环氧粉末外涂层技术规范》SY/T 0315 的有关规定。

（3）单层熔结环氧粉末涂料的涂层最小干膜厚度见表 13–58。

表 13–58　单层熔结环氧粉末涂料的涂层最小干膜厚度

涂层等级	涂层最小干膜厚度 /μm
普通级	300
加强级	400

（4）双层熔结环氧粉末涂料的涂层最小干膜厚度见表 13–59。

表 13–59　双层熔结环氧粉末涂料的涂层最小厚度

涂层等级	涂层最小干膜厚度 /μm		
	内层	外层	总厚度
普通级	250	350	600
加强级	300	500	800

第六节　施 工 要 点

一、基体要求

（1）工业设备及管道在防腐蚀衬里和外表面涂层防护施工前应进行基体表面处理。

（2）基体表面处理宜采用喷射清理、抛射清理、动力工具清理或手工工具清理等方法。

（3）基体表面处理的质量等级划分应达到设计要求的相应等级。

二、基体表面处理要点

（一）喷射或抛射清理

（1）采用喷射或抛射清理时，应采取防止粉尘扩散的措施。

（2）喷射或抛射清理使用的压缩空气应干燥、洁净，不得含有水分和油污。

（3）在除锈前，应对环境温度、相对湿度及露点进行测量并详细的记录。管件表面温度必须大于露点 3℃以上。管件表面温度应始终大于 5℃，相对湿度不得大于 85%。

（4）首先清除被涂刷物件表面油脂和其他沾染物后再进行除锈处理。如果管件沾染的是盐分，化学清洁剂以及残余洗涤剂，必须用清水清洗干净。管件表面必须干燥后才可以进行喷砂除锈施工。

（5）喷砂除锈前，使用空压凿刀或硬金属刮刀去除局部粘附的粗粒状污染物，包括油漆和铁锈，以降低喷砂材料的消耗。

（6）喷砂材料采用 0.1mm 和 2mm 混合钢丸时，0.1mm 的钢丸约占装砂总量的 20%，以便于流砂。砂罐摆放在合适的位置，砂管不宜过长，不能弯曲，以减少空气压力。

（7）磨料的含水率应小于 2%。湿度较大时，应进行晒砂或烤砂的干燥处理。

（8）磨料粒度宜在 0.1～2mm，对于粒度不同的砂采用筛网分离后使用。

（9）砂罐不宜装砂过满，不应超过砂罐的 3/4，以保证砂能顺利流出。

（10）喷枪的移动速度应根据工作面的锈蚀程度来调整，严重时慢，轻则快，且匀速。

（11）喷砂使用的压缩空气应干燥洁净，不得含有水分，空气过滤的滤芯应半个月清洗一次，滤芯不能使用时，应立即更换，空气缓冲罐内积液应及时排放。

（12）喷嘴入口处空气压力应大于 0.6MPa，喷射角度在 30°～75°之间，喷嘴直径为 8mm，与被喷物距离为 80～200mm。

（13）当喷嘴出口端直径磨损量超过起始内径的 1/2 时，即更换喷嘴，原喷嘴不得继续使用。

（14）喷砂后的表面不得受潮，相对湿度大于 85% 时，喷砂作业应停止。

（二）动力工具或手工工具清理

（1）动力工具清理时，可采用电动钢丝刷、电动砂轮等工具。

（2）手工工具清理时，可采用钢丝刷、砂纸、铲刀等工具。

（3）采用动力工具或手工工具清理时，不得使基体受损或变形。

三、涂料施工要点

（一）施工环境要求

（1）施工环境温度宜为 10～30℃，相对湿度不宜大于 80%。

（2）在大风、雨、雾、雪天或强烈阳光照射下，不宜进行室外施工。

（二）涂料施工基本要求

（1）涂装宜根据涂料的耐腐蚀性能、施工环境条件、基体表面处理、基体形状等选择涂装方案。

（2）外表面涂层施工的材料应附有施工指南。当使用的材料需要现场配制时，应根据施工环境温度、相对湿度、原材料性能及施工工艺特点，通过试验确定施工配合比，确定的配合比不得任意改变。

（3）基体表面处理后应在 4h 内涂装底涂层涂料，当发现返锈或污染时，应重新处理。

（三）涂装方法

涂装应采用刷涂、滚涂或喷涂，不得漏涂或误涂。

1. 手工涂刷方法

（1）手工涂刷包括刷涂及滚涂两种方式，主要用于钢材表面的焊缝、死角、边缘、板材边口、表面的凹凸不平等结构复杂难以涂覆的部位，以及现场不具备喷涂条件的涂料施工。

（2）涂刷方法：采用开、横、斜、理等基本操作方法。刷漆蘸漆不宜过多，以防流淌及挥洒滴溅到旁边其他设备上；开漆距离不宜过宽，以免漆膜过薄；涂刷用力要均匀，以免刷痕明显或透底；需特别留意一些隙缝、棱角及边缘，以免漏刷；涂刷完间隔 5 ~ 10min 后须用漆刷（不蘸漆）再轻涂一次，以免产生流痕，达到光滑平整的涂刷效果。

2. 高压无气喷涂

（1）装漆：将涂料加入 5% ~ 10% 的稀释剂，调至合适的施工黏度，将漆注入储漆罐中，将盖拧紧。

（2）接带：把喷枪柄上的空气接头接上风带，检查联结是否紧密。

（3）调节：通过适当调整喷嘴与设备间的距离及喷嘴的移动速度，达到最佳的喷饰效果。喷嘴与设备间的距离，一般控制在 20 ~ 30cm 为宜，以不产生大量的漆雾，又能喷覆最大的面积；距离过远，会造成漆膜表面粗糙无光；距离过近，会产生流挂等缺陷。喷枪的喷嘴头与喷面应保持垂直距离，上下或左右平均移动速度不宜过快或过慢，以免漏喷及流挂。

（4）喷枪移动方法如图 13-34、图 13-35 所示。

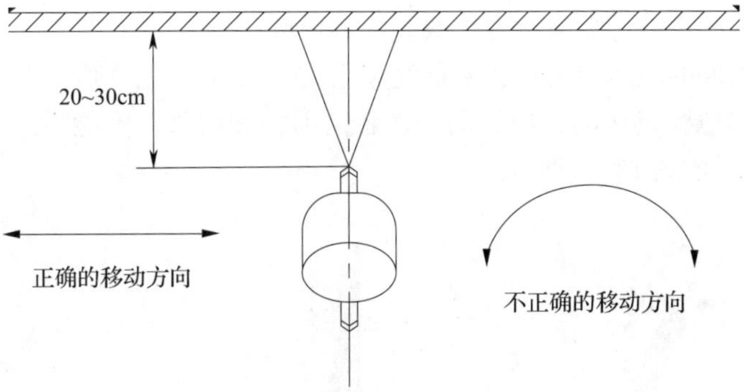

图 13-34　水平方向喷枪运行示意图

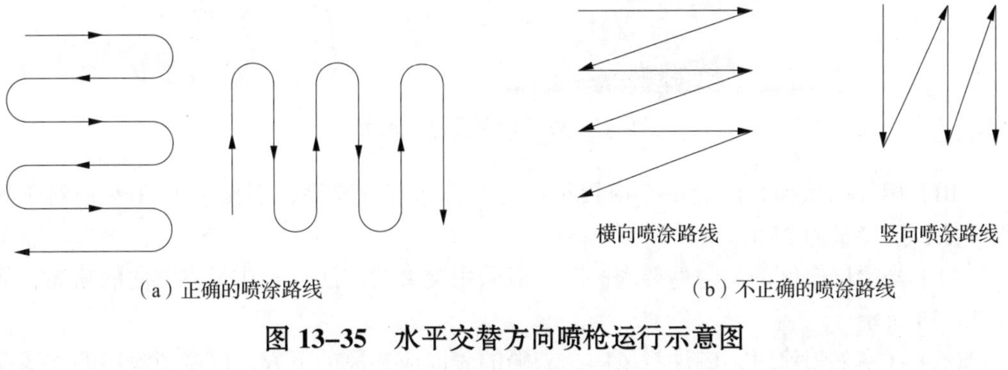

图 13-35　水平交替方向喷枪运行示意图

（5）喷涂：主要操作方法有纵横交替法和纵行双重法两种。纵横交替法一般先纵行喷涂一次再横行喷涂一次，纵行双重法是后一次喷涂的漆雾流压在前一次已喷涂的漆雾流的一半，喷涂一次即等于两次；喷涂过程中的技术要求为：

1）扳动枪机之前，枪应处于运动状态，如图 13-36 所示。

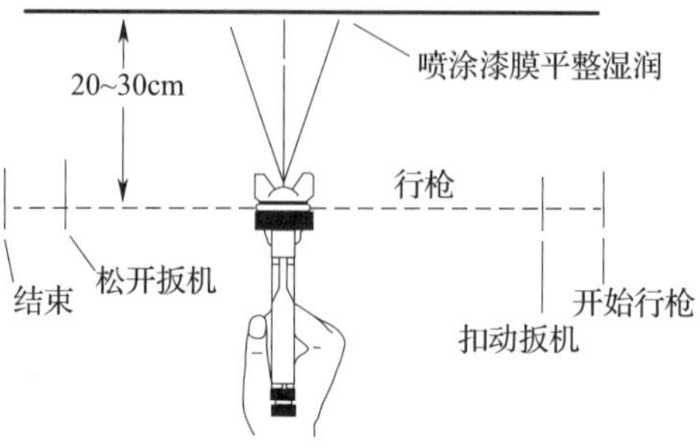

图 13–36　喷枪运动状态示意图

2）保持喷枪与工件之间距离的恒定，不得时远时近。

3）喷枪在喷涂时应匀速运动。

4）在喷涂相同的工件时，第一个喷涂行程的起点应相同。

5）工件表面应全部为湿润的漆所覆盖。

6）相邻喷涂行程的重叠量保持一致。

7）对于相同的工件，喷涂行程次数应保持一致。

8）喷枪与工件的距离约为：普通空气雾化 15 ~ 20cm；无气喷涂雾化 20 ~ 30cm 。

9）不要让喷枪弧形运动，应移动操作者的前臂和肩膀，不能只用手腕运动，以防止涂层厚薄不均，如图 13–37 所示。

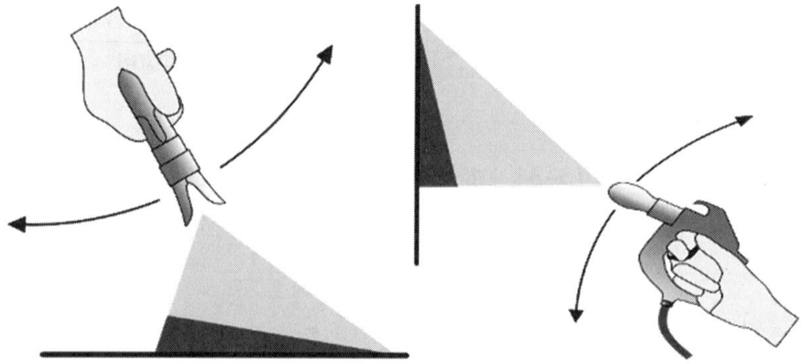

图 13–37　喷枪弧形运动

10）相邻的喷涂行应有一个搭接量：对于普通有气喷涂，搭接量为 50% ；对于无气喷涂，搭接量为 25% 。

11）当涂层厚度的均匀性要求高时，应采用交叉喷涂法，先作竖直方向的喷涂，如图 13–38 所示。

（6）在室外喷涂时，应注意风向，未喷的表面应在风的下方，以避免涂料的飞漆反弹至未喷表面。

（四）涂装间隔

涂装间隔应按涂料施工指南的规定执行。

（a）正确喷涂法　　（b）不正确喷涂法

图 13-38　交叉喷涂示意图

四、养护

涂层养护除国家现行有关施工验收标准的规定外，通常养护要求为：

（1）涂层全部涂装结束后，常温养护时间不应少于 7d。

（2）在涂层干燥过程中，应采取防风沙、防雨雪、防紫外线、防低温等措施。

第七节　质 量 检 验

一、施工中存在的涂层缺陷、原因及解决措施

涂料施工过程中由于环境温度、湿度、露点、风速，以及基体表面处理情况、施工环境照明及手法、涂装间隔时间、涂料配方设计、喷涂工具等问题，在涂层表面会出现各种各样的涂膜弊病和问题，针对涂层问题给出以下解决或避免的方法和措施。

（一）起泡

起泡由一种或多种因素共同形成。起泡往往以不同的形状（痱子、火山口、针孔等）、不同的区域（表面、夹角、缝隙等）、不同的大小及密度等形式出现，既可以在涂层与涂层之间，也可以在涂层表面。一般来说，在喷漆车间空气的相对湿度较低或气候较为干燥的条件下，涂层起泡的弊病相对较少一些。施工环境相对湿度的大小是引起涂层起泡的主要原因之一。例如，当采用的是双组分聚氨酯系列涂料时，湿度的影响会更大一些。

1. 主要原因

（1）采用交联反应型面漆时，烘烤温度偏高。

（2）如果采用的是水性底色漆或腻子，其中含有未挥发完全的水分或溶剂，而面漆又采用的是双组分聚氨酯型涂料。

（3）待涂装的表面未经认真的清洗。

（4）由于外部原因造成涂层局部损坏，其保护作用被破坏，这样空气中的潮气很容

易通过受损坏部位渗透进涂层，从而使受损涂层的周边区域容易发生起泡现象。

2. 解决办法

如果发生了上述现象，只能按照修补的整套工艺过程重新进行修补，即除去受损坏部位所有的涂层（从底漆起泡），再按照下述程序进行：

（1）清洗。

（2）表面处理。

（3）底漆、中间涂料涂装。

（4）面漆涂装等。

3. 预防措施

（1）待喷涂表面在进行最后的清洗时，应采用干净的水或者喷热水进行清洗，或使用除硅油清洗溶剂进行清洗。

（2）要给底漆、中间涂层、腻子或特别是水性材料留有足够的干燥时间，喷涂面涂层要保证足够的厚度。

（3）对于原子灰及聚氨酯系列中间涂层等要采用干打磨的办法，不易采用湿打磨。

（二）附着力

附着力不良存在着两种情况：一是底漆对基材的附着问题；二是涂料与涂料之间附着力的问题。

1. 主要原因

（1）基体表面未清理干净，尚存在一些附着的物质，如压铸油、防锈油液、铁锈等残留物。

（2）底涂不合适。

（3）基体打磨不充分或者根本未进行打磨。

（4）喷涂底涂或面涂时出现了干喷现象或者喷涂太薄。

（5）每道涂料间存在层与层之间闪蒸时间太短，或者底涂稀释不够。

（6）底涂或中间涂中使用了一些硅系列或氟系列的流平剂，影响了层间附着力。

2. 预防措施

（1）按照设计要求进行基体表面清理。

（2）正确选用底涂，尤其是在一些难粘的表面上，如铝材之类的合金、不锈钢等。

（3）严格按照涂料制造厂商提供的“涂料施工指南”进行施工。

（4）底涂中如果加入含氟和硅类助剂也容易造成层间附着力问题。

3. 解决办法

打磨附着力不良的部位，重新进行修补施工。

（三）流挂

流挂现象是小的液滴、小的连液珠甚至是一些较大团的涂料沿着垂直的喷涂表面流淌而下形成的漆膜弊病。

1. 主要原因

（1）喷枪的喷嘴大小选择不当。

（2）喷枪距离工件太近或者喷枪移动的速度太慢。
（3）涂层喷涂的太厚或加入稀释剂量过大。
（4）每道涂层之间的闪蒸时间太短。
（5）稀释剂选择不当，溶剂挥发速率太慢。
（6）配方的流挂指标和涂装方案的指标不匹配。

2. 预防措施

（1）应该严格遵守涂料制造厂商的“涂料施工指南”。
（2）选用合适喷枪的喷嘴。
（3）选用与环境温度相适应的稀释剂，一般有冬季和夏季稀释剂之分。
（4）调整走枪速度、枪与工件的距离等。
（5）在进行斑点之类的局部修补时，应该采用快速稀释剂和较小的喷嘴。

3. 解决办法

如果流挂的面积较小，待涂层完全固化后，用细水砂纸将缺陷部位轻轻打磨掉，然后用高光泽抛光蜡进行抛光。如果流挂的面积较大，则必须将其全部打磨平整，重新喷涂面漆。

（四）起皱

如果第二道面涂比第一道面涂干燥得快些，则极有可能在表面形成无规则的凹痕或凸起，例如，热塑性合成树脂涂料。

1. 主要原因

（1）喷涂热塑性涂料时涂层太厚。
（2）施工环境欠佳，如室温太高，湿度太大。

2. 预防措施

（1）严格按照产品制造厂商提供的技术要求进行施工。
（2）最好在可以控制温度、湿度的喷漆间进行施工。

3. 解决办法

（1）如果起皱不太明显，待面漆干燥彻底后再打磨平整、抛光。
（2）如果起皱明显，则必须采用脱漆剂或刮刀将涂层全部清理干净，重新进行修补施工。

（五）遮盖力差

透过面漆可以看到旧的涂层或者经过表面处理的基材表面、底漆、底色漆等，或者面漆的颜色不均匀。

1. 主要原因

（1）面漆中颜料润湿分散不好造成颜色不均匀。
（2）面漆在使用前未经充分混合。
（3）稀释剂加量过大。
（4）涂装太薄。
（5）色漆配方时颜料添加量不足。

2. 预防措施

（1）经过表面处理、喷涂底漆、中间涂层后，应使其表面呈现统一颜色。

（2）在喷涂面漆前，必须经过充分的搅拌和混合。

（3）应该严格按照涂料产品说明书的要求选择稀释剂。

（4）应该保证一定厚度的面漆。一般对于实色漆应该达到 50 ~ 70μm，双层金属闪光漆的底漆厚度应达到 15 ~ 20μm。对于某些遮盖力差的面漆，建议在喷涂面漆之前先喷涂所谓“标志涂料”，或者采用颜色相近的中间涂料，比如柠檬黄或黄色颜料遮盖力较差，可以初期先喷涂类白色或者类黄色中间漆，由此提高其遮盖力。

3. 解决方法

面漆充分干燥后，先用细砂纸进行湿打磨，再重新喷涂面漆。

（六）浮色和发花

这里所说的浮色和发花是指面漆表面的颜色不均匀，并不是指原漆的浮色和发花。当然如果原漆存在浮色和发花的质量问题，那么肯定会对漆膜表面颜色不均匀带来严重的影响。

1. 主要原因

（1）面漆涂层太厚。

（2）原漆存在浮色、发花的弊病。

（3）喷涂压力太高或太低。

（4）稀释剂使用不当，溶解性不好。

2. 预防措施

为了避免上述缺陷，最好的办法是严格按照涂料制造厂的使用说明书要求进行施工。当采用空气喷涂或无气喷涂施工时，必须按工艺参数进行。

3. 解决办法

如果已出现了上述缺陷，应采用细砂纸打磨后再重新喷涂施工，或者进行线上修补。

（七）咬底

咬底一般发生在新喷涂涂层与旧涂层之间的驳口处或填补过原子灰的中间层上面。

1. 主要原因

（1）对旧涂层打磨不充分就喷涂新面漆。

（2）底漆或腻子太厚或未干透。

（3）底漆、中间漆、面漆之间不配套。例如采用醇酸类底漆，配套聚氨酯类面漆会造成咬底问题。

2. 预防措施

（1）底漆和腻子的施工应严格按照涂料生产厂商提供的“涂料施工指南”进行，确保底层干透。

（2）必要时在面涂与底涂、腻子或中间涂层之间薄薄的喷涂一道封闭底漆。

3. 解决办法

打磨平整，然后重新喷涂面漆。

（八）渗色

渗色现象多以黄色或红色色相的形式出现在涂层中，在煤沥青类产品的后道涂层中也极容易出现。

1. 主要原因

（1）旧涂层中使用的某些颜料耐溶剂性能欠佳，被修补涂料中的溶剂所溶解，致使面漆褪色而渗出。

（2）腻子中含有某些过量的有机过氧化物，被修补材料中的溶剂所溶解、渗透，然后与涂层中的某些颜料反应。在刮涂腻子的部位发生向黄褐色转变的现象，尤其在蓝色或绿色色调的面漆上容易发生。

（3）中间涂层或腻子上残留有沥青或焦油等残留物也易出现渗色到下道涂层中。

2. 预防措施

（1）如果在长期的修补施工中发现某些车辆的涂层特别容易出现渗色现象，则应该在喷涂面漆之前，预先喷涂一层隔离层，即快干中间涂层。

（2）调制腻子时，务必注意按照说明书的配方比例加入有机过氧化物。切不可错误地以为有机过氧化物加得越多越好，结果适得其反。

3. 解决办法

如果涂层渗色严重，应该将全部涂层打磨掉，然后重新进行修补施工。

（九）凹陷

凹陷（又称鱼眼），一般呈现出圆形的凹痕，且其边缘凸起。底漆、中间涂层及面漆表面都有可能发生。

1. 主要原因

（1）基体表面未能彻底清理干净，尚存有微量杂质，如液压油、油脂、切削液及抛光膏等。

（2）喷漆间空气过滤不良，由于不可预计的因素带来污染，如混入了其他类型的漆雾或其他挥发性物质。

（3）压缩空气的清洁器失效，未及时放水或混入了油污、水等污染物；附近工厂的污染源。

2. 预防措施

（1）对表面进行彻底清洗，必要时采用除硅油清洗剂。

（2）如果在表面处理的过程中必须采用一些含硅油的产品（抛光膏），则更需要采用硅油清洗剂进行表面清洗。

3. 解决办法

（1）如果一旦发生凹陷，而且十分严重，可采用细砂纸进行湿打磨，再采用抛光膏抛光。

（2）如果经过抛光仍然无法除去凹陷，则采用粗一些的砂纸彻底磨平，再重新进行修补施工。

（十）龟裂

涂层表面存在的起皱向不同方向延展为不同长度、不同宽度的裂纹。

1. 主要原因

（1）涂层太厚。

（2）在旧涂层上喷涂面漆时，旧涂层上已有裂纹，没有很好地进行打磨、填平等前处理。

（3）底涂、中间涂或面涂之间刚柔性不相匹配，在冷热交变的条件下，因收缩、膨胀而导致开裂。

2. 预防措施

（1）根据实际情况选择合适的涂装体系。

（2）严格按照产品制造商的要求进行施工。

3. 解决办法

将龟裂彻底打磨平整，然后重新喷涂底漆和面漆。

4. 喷涂工具

实际涂层施工时，大多数涂料产品在结构内角处很容易产生龟裂问题。当为了达到最低膜厚要求时，喷漆者会在角落多走几枪，这样就导致了漆膜过厚，加上角落上漆膜的收缩不均匀，很容易就造成龟裂现象。在复杂结构，经常使用小枪喷嘴，而这又造成了多次喷涂，导致问题变得严重。建议大家使用大枪嘴，可以解决这个问题。

（十一）雾光等光泽不良

高光泽面漆、特别是清漆干燥后达不到应有的光泽指标，显现出雾光或闷光现象。

1. 主要原因

（1）稀释剂选择不当（型号错误或溶解性不良的稀释剂）。

（2）压缩空气压力过高或过低。

（3）中间涂料或其他底漆未干透。

（4）稀释剂或压缩空气中水分含量超标。

（5）喷漆间湿度太高。

2. 预防措施

（1）正确选用溶解性能良好的稀释剂。

（2）调整压缩空气压力。

（3）调整喷漆车间送风系统。

（4）待底层干透后再喷涂清漆。

3. 解决办法

（1）待清漆干透后，使用抛光膏进行抛光。

（2）采用细水砂纸适度打磨，然后用高光泽抛光蜡进行抛光。

（3）如果仍然解决不了，则将清漆全部打磨掉，重新喷涂清漆。

（十二）水痕

水痕以环形斑纹出现，大部分是白色斑点或痕迹。

1. 主要原因

（1）如果水滴和其他污染物在涂层表面没有及时清除，一起干燥，就会产生水痕。

（2）一般情况下这些水痕并没有造成涂层破坏，而只是在其边缘形成轻微的凸起。在没有彻底干燥的新喷涂层上最容易产生这一现象。

2. 预防措施

（1）当重新修补时，要对施工前后的温度及湿度条件控制妥当，避免潮湿空气的影响。

（2）改进工件挂具结构。

（3）一旦在工件上发现水滴，立即采用柔软的抹布将其擦拭干净。

3. 解决办法

（1）采用细水砂纸进行打磨，然后用高光泽抛光蜡进行抛光。

（2）如果无法消除水痕，则只能彻底打磨平整，重新喷涂面漆。

二、质量检验

（一）质量检验基本要求

1. 涂层测点数量的选取

（1）涂层表面处理面积小于或等于 $10m^2$ 时，应抽查 3 处；当基体表面处理面积大于 $10m^2$ 时，每增加 $10m^2$，应多抽查 1 处，不足 $10m^2$ 时，按 $10m^2$ 计；每处测点不得少于 3 个。

（2）当在基体表面进行金属热喷涂时，应全部目测检查。

2. 涂料取样数量和质量判定

（1）涂料取样应从每批次到货的材料中，根据设计规定按不同品种进行随机抽样检查；在每批中应随机抽取整桶产品，取样方法应符合现行国家标准《色漆、清漆和色漆与清漆用原材料　取样》GB/T 3186 的有关规定。

（2）当抽样检测结果有一项不合格时，应再进行一次抽样复检；当仍有一项指标不合格时，应判定该产品质量不合格。

（二）检验项目

涂层质量的主要检验项目包括涂层厚度、涂层附着力、针孔检测和涂层外观。

1. 涂层厚度

涂层的厚度应均匀一致，涂层的层数和厚度应符合设计规定。涂层厚度偏差、检查数量、单个干膜厚度值的判定可按国家标准《工业设备及管道防腐蚀工程技术标准》GB/T 50726—2023 的有关规定执行。

检验方法：采用磁性测厚仪。

2. 涂层附着力

涂层附着力应符合设计规定，当设计无规定时，涂层与基体的附着力（拉开法）不应小于 5.0MPa，无机富锌底涂层的附着力（拉开法）不应小于 3.0MPa。

检验方法：采用涂层附着力（拉开法）仪器检查。

3. 针孔检测

进行涂层针孔检测，设备涂层的针孔漏点每平方米不得大于 2 个，管道每 5m 涂层针孔漏点不得大于 1 个。检测电压应根据涂料产品技术要求确定。

检验方法：采用高电压火花检测仪或低电压湿海绵检测仪检查。

4. 涂层外观

涂层表面应平整，色泽应一致，并应无流挂、起皱、脱皮、返锈、漏涂等缺陷。

检验方法：观察检查或采用 5 ~ 10 倍放大镜检查。

第八节　运 行 维 护

一、运行注意事项

工业设备及管道外表面涂层在投入运行后应进行相关检查，并制订检查计划。它关系外表面涂层实际使用时间，涉及涂层质量、生产和环境保护等问题。

（1）在投入使用后，且在施工质量保质期内。在此期间要有运行详细记录，一旦出现腐蚀问题，可有判断哪一方对质量问题负责的界限。

（2）在投入使用后，外表面涂层需定期检查，检查项目包括外观目测、无损测厚、电子火花检测等。外表面涂层防护只是起到延缓对设备及管道外表面的腐蚀、增加其使用年限的作用。因此在检查外表面涂层使用情况时，发现问题及时采取修补措施，且保证外表涂层使用满足基本要求。

（3）检查后应留有检查记录。

二、维护注意事项

运行维护对延长工业设备及管道外表面涂层的使用寿命有着重要意义，应有实效评估过程，保证涂层正常使用年限。

（一）涂层实效与评估

由于受到外界的强烈影响，如温差、腐蚀、太阳暴晒、风雨、潮气、化学品等，都会造成涂层的老化或者产生缺陷，一般表现有剥落、脱皮、皂化、咬底、起泡、爆孔、鱼眼、开裂、起皱、粉化等。对涂层的具体评价可参考国家标准《色漆和清漆　涂层老化的评级方法》GB/T 1766—2008 和《色漆和清漆　涂层老化的评定》ISO 4628：2003。涂层老化的环境因素见表 13-60。

涂层的使用寿命通常都短于钢结构的设计寿命，因此涂层的保养和维修就显得非常重要，它可以有效延长设备及管道的使用寿命，减少停产损失，创造更多的经济利益和社会效益。

（二）涂层系统的维修保养

对于涂层系统的维修保养可以分成以下四种情况：

表 13-60　涂层老化的环境因素

环境因素	涂层老化结果
太阳光	紫外线具有高能量，漆膜树脂或颜料吸收后，聚合物中键能弱的部分理解为激发状态，红外线作为热能，促进化学变化
氧气	与聚合物中被激发的氢结合，使聚合物氧化，发生主链的断裂或交联
水分	把氧运送到漆膜内部渗透入漆膜中，使漆膜膨胀，到达被涂表面，使底部金属腐蚀
热	由于冷热反复引起疲劳劣化，漆膜与基材的热胀系数的差异带来附着力下降
二氧化硫	与铁反应生成铁的亚硫酸盐
海盐离子	提高漆膜的导电性，促进金属的腐蚀
其他	砂粒、灰尘等的冲击使漆膜表面擦伤；微生物引起霉菌，使漆膜劣化

（1）涂层完整，仅有轻微退化，但是没有锈蚀，有下列两种处理方法：

1）如果是因为装饰的原因而准备重涂，只要清洁表面，或进行拉毛处理，然后涂一至两道面漆。

2）如果不重涂，只要冲洗表面即可，这样可以清除掉灰尘、盐分以及其他助长锈蚀的杂质。

（2）涂层明显有老化迹象，粉化或者露出前道涂层，但是没有锈蚀，可进行表面清洁，涂上底漆再涂装一至两道面漆，即可延长涂层的保护寿命。

（3）涂层有起泡或针点锈，级别小于欧洲防腐蚀涂料腐蚀评定标准 Re5（8% 的损伤面积），相当于 ISO 4628-3：2016 *Paints and varnishes—Evaluation of degradation of coatings—Designation of quantity and size of defects，and of intensity of uniform changes in appearance—Part 3：Assessment of degree of rusting*（以下简称“ISO 4628-3：2016”）中的 Ri4，或者相当于 ASTM D610：2019 *Standard test method for evaluating degree of rusting on painted steel surfaces*（以下简称“ASTM D610：2019”）中的 No.4（小于 10% 的锈蚀面积），有下列两种处理方法：

1）如果漆膜除了损伤外，其他地方完整漆膜足够，只要局部清洁清理后从底漆到面漆修补至足够膜厚即可。

2）如果漆膜减薄不够厚度，清理后修补，然后涂一道中间漆打底，再涂 1～2 道面漆。

（4）涂层显示了锈蚀和其损伤达到或超过 Re5，用合适的方法除去所有涂层和锈蚀物，重涂新的涂层系统。其中旧涂层附着力的评估是一件非常重要的事情，一般采用拉开法［ISO 4624：2023 *Paints and varnishes—pull-off test for adhesion*（以下简称“ISO 4624：2023”）］，此方法最适合旧涂层附着力的测试。如果附着力为 $2N/mm^2$ 以上，则说明旧涂层的附着力适于进行良好的复涂。划格法［ISO 2409：2020 *Paints and varnishes-cross-cut test*（以下简称“ISO 2409：2020”），ASTM D3359 *Standard test methods for measuring adhesion by tape test*（以下简称“ASTM D3359：2023”）］对漆膜厚度有限制，一般在 250μm 以下适用，划叉法（ISO 2409：2020，ASTM D3359：2023）则没有涂层厚度的限制。

（三）涂层兼容性评估

在对原涂层评估完后进行基材处理，然后根据原涂层产品制订“维修涂装规格书”，重新配套适用的产品进行维修涂装。需要注意，每一次的维修涂装规格，最好进行小块面积试验来判断其兼容性。选择适用的涂料前要对原涂层进行判断，涂料类型一般分为氧气固化型、物理干燥型和化学干燥型等三类。采用甲基乙基酮（MEK）可以辨别这三种涂料。先清理掉旧涂层表面的灰尘和油污等，然后用抹布蘸 MEK 试剂在涂层表面擦拭 2～10min，观察其结果：

（1）如果漆膜完全溶化并被擦掉，说明是氯化橡胶、丙烯酸、乙烯、沥青或防污漆等。

（2）如果漆膜受到试剂的影响很大，有咬起、起皱等现象，通常是醇酸漆、改性醇酸漆或环氧酯底漆等，这些都是氧气固化型涂料。

（3）如果漆膜不受试剂影响，或者只有极小的影响，一般为化学固化型涂料，如环氧漆、改性环氧漆或聚氨酯漆等。

（4）沥青漆呈棕色或黑色，漆膜较软。

（5）防污漆因为加入了大量氧化亚铜，通常是红棕色，也较容易分辨。

（6）如果是黑色或橙色漆，有时有些铝粉色，表面有稍许黑色或黄变，能闻出沥青味，有可能是环氧煤沥青或聚氨酯沥青漆。

（7）如果漆面呈锌灰色，能刮出锌粉来，则通常是无机硅酸锌或环氧富锌漆，而环氧富锌漆的表面要比无机富锌漆的表面更为平整一些。

（8）环氧漆在室外环境下会有严重的粉化现象，而氯化橡胶漆在长时间的室外暴露下也会有这种现象。

（四）涂层维修

在维修涂装时，并不需要将全部旧涂层处理掉，多是采用新旧涂层的配合，确保以下几点可以将新旧涂层间的附着力问题降低到最小。

（1）新涂层与旧涂层要相容。

（2）表面要进行正确的处理。

（3）材料施工要根据厂商的推荐而进行。

（4）在全部表面涂装前，应先进行小块试验。

根据美国腐蚀工程师国际协会（NACE）指出，新旧涂层的相容性判定，最好先进行小面积测试以确定涂层间的附着力。新涂层涂覆后至少 7d 以后或根据涂料厂商的建议固化后进行附着力测试，如采用 ASTM D3359。该报告附录中不同涂层间的相容性和附着力特性见表 13-61，该表仅作参考，实际使用时要进行小面积测试。

表 13-61 不同涂层间的相容性和附着力特性

项目	1	2	3	4	5	6	7	8	9	10	11	12	13	14	15	16	17
1	G	G	F	G	G	G	X	X	G	X	X	X	F	X	P	G	G
2	G	G	F	G	G	G	X	X	G	X	X	X	G	F	F	G	G
3	G	G	G	G	G	G	X	X	G	X	X	X	G	P	F	G	G

续表 13-61

项目	1	2	3	4	5	6	7	8	9	10	11	12	13	14	15	16	17
4	G	G	G	G	G	G	X	X	G	X	X	X	F	F	F	G	G
5	G	G	G	G	G	G	X	X	G	X	X	X	G	G	F	F	G
6	G	G	F	G	G	G	X	X	G	X	X	X	G	G	F	F	G
7	X	X	X	X	X	X	F	F	G	X	X	X	X	F	X	X	X
8	F	F	F	F	F	F	G	G	G	G	F	F	X	F	G	G	G
10	X	X	X	X	X	X	G	G	X	G①	F①	X	X	F	G	G	G
11	G	G	G	G	G	G	F	G	F	X	G	G	F	P	F	G	G
12	G	G	G	G	G	P	F	G	F	X	G	G	P	P	P	G	G
13	F	F	P	F	P	P	F	F	F	X	X	X	G	F	X	X	X
14	F	F	F	F	G	G	G	G	F	G	G	F①	G	F	G	G	G
15	X	X	X	X	X	X	X	X	X	X	X	X	X	X	G	P	G
16	G	G	G	G	G	G	X	X	X	X	X	X	X	X	X	G	G
17	G	G	G	G	G	G	F	F	F	F	G	X	F	F	G	G	G
18	X	X	X	X	X	X	G	G	G	F	G	G	F①	G①	G	G	G
19	X	X	X	X	X	X	G	G	G	②	G	G	G	G	G	G	G

注：1　1 表示长油度醇酸；2 表示中油度醇酸；3 表示短油度醇酸；4 表示有机硅醇酸；5 表示油改性环氧酯；6 表示酚醛改性环氧酯；7 表示胺固化环氧；8 表示聚酰胺固化环氧；9 表示碳氢树脂环氧；10 表示焦油环氧；11 表示氯化橡胶；12 表示乙烯溶液；13 表示湿固化聚氨酯；14 表示催化固化聚氨酯；15 表示煤焦沥青；16 表示沥青；17 表示乳胶；18 表示无机锌；19 表示有机锌。

2　①表示有时需要特殊的表面处理 / 施工；②其特性与旧涂层使用的树脂相一致。

3　G（good）表示良好（通常情况下没有问题）；F 表示一般（通常都很好，有些情况下例外）；P 表示差（通常都不好，有些情况下没有问题）；X 表示不推荐使用（总是不好）。

（五）《工业设备及管道防腐蚀工程技术标准》GB/T 50726 —2023 中的规定

在国家标准《工业设备及管道防腐蚀工程技术标准》GB/T 50726 —2023 第 3.8.4 条对工业设备及管道外表涂层运行中的维修规定如下：

（1）当外观缺陷面积、电子火花检测结果偏离设计值 30% 以上时，不宜修复。

（2）当涂层附着力、厚度检测结果偏离设计值 50% 以上时，且不能满足使用要求时，不得修复。

（3）维修方案应经原设计单位或建设单位评估。

第九节　工 程 案 例

一、环氧类涂料

（一）工程成功案例

香港某电厂空预器钢结构防护案例，见表 13–62。

表 13–62　香港某电厂空预器钢结构案例

应用单位	时间 / 应用部位	腐蚀环境	涂层配套	使用情况
山东某空预器制造厂	2008 年 10 月 8 日空预器钢结构（壳体表面温度在 150 ~ 160℃）	锅炉燃料燃烧后的尾部烟气、硫化氢等	环氧锌底涂 + 环氧云铁中间涂	需要进行保温，因此不再设计面涂层。使用效果良好

施工程序如下：

（1）现场使用的检测设备经过鉴定校验过并在有效使用期限内，见图 13–39。

（2）按照设计规范选用涂料，合格报告及批次资料齐全，见图 13–40。

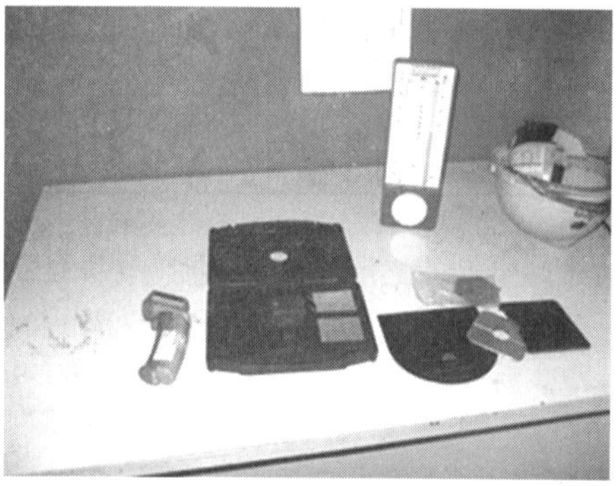

图 13–39　现场使用的检测设备

图 13–40　按设计规范选用涂料

（3）采用的喷砂设备和喷涂设备，见图 13–41。

图 13–41　喷砂设备和喷涂设备

（4）第一遍底漆干燥后，在涂装下道油漆前的表面羽化处理和打磨，见图 13–42。

图 13–42　表面羽化处理和打磨

（5）基层喷砂处理后的表面清洁度对照检测达到了 Sa $2\frac{1}{2}$ 级，见图 13–43。

（6）采用湿膜测厚仪在喷涂中测试漆膜厚度，见图 13–44。

（7）测试底漆干膜厚度达到标准、合格，见图 13–45。

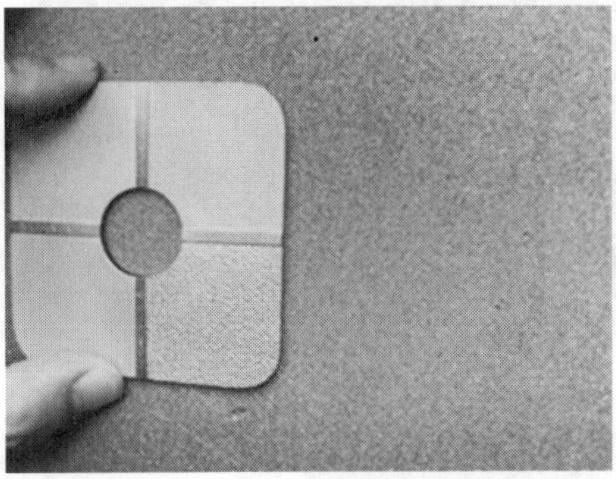

图 13–43　表面清洁度对照检测

图 13–44　测试湿膜厚度

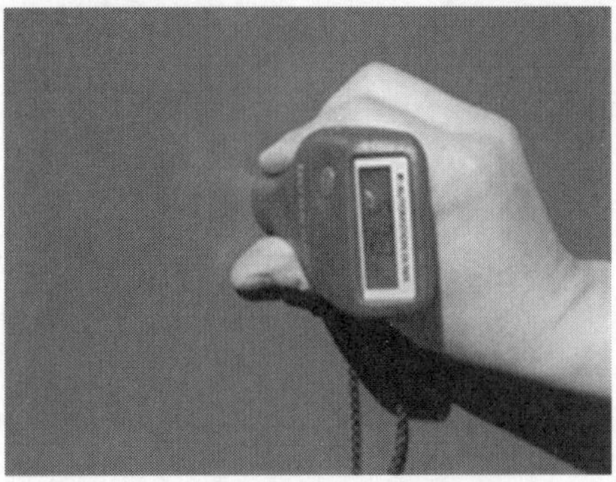

图 13–45　测试干膜厚度

（二）工程失败案例

香港某电厂脱硫钢结构防护，由于喷涂前基层处理不合格而失败，见表 13–63。

表 13–63　香港某电厂脱硫钢结构基层处理案例

应用单位	时间 / 应用部位	腐蚀环境	失败原因	处理措施
山东某预器制造厂	2008 年 10 月 13 日电厂钢结构	锅炉燃料燃烧后的尾部烟气、硫化氢等	基层处理使用砂料为多次使用的石英砂，磨料和粉尘混合，粉尘过多。使用这样的材料对金属表面喷砂、表面处理的粗糙度不明显，达不到标准 Sa $2\frac{1}{2}$ 级	对砂料进行筛选，消除粉尘，把石英砂粒度控制在 10 ~ 20 目，重新进料使用同等目数的铜矿砂

原因分析：

（1）初次使用的砂料达不到基层处理的洁净度与粗糙度，见图 13–46。

（a）砂料（一）

（b）砂料（二）

图 13–46　不合格的砂料

（2）处理措施：筛选更换后的石英砂，见图 13–47。

图 13–47　更换后的砂料

二、氯化橡胶涂料

工程案例见表 13–64。

表 13–64　氯化橡胶涂料案例

应用单位	应用部位	腐蚀环境	涂层配套	使用情况
英国某石油公司	采油平台上层钢结构	海水腐蚀	环氧富锌底涂 + 环氧云铁中间涂 + 氯化橡胶面涂	使用 5 年后效果良好
淮南某化工总厂	碳钢制的煤气脱硫塔钢结构	碱液、硫化氢等	环氧富锌底涂 + 环氧云铁中间涂 + 氯化橡胶面涂	使用 5 年后观察效果良好
华北某冶金企业	干式煤气柜上钢结构	工业大气和含硫化氢的工业液体	环氧富锌底涂 + 环氧云铁中间涂 + 氯化橡胶面涂	使用 8 年后观察效果良好
北京某动力厂	湿式煤气柜上钢结构	工业大气和含硫化氢的工业液体	环氧红丹底涂 + 环氧云铁中间涂 + 氯化橡胶面涂	使用 3 年后观察外观褪色，漆膜有粉化、龟裂现象，起泡。占涂刷面积 30% 左右

三、聚硅氧烷涂料

聚硅氧烷作为高固体份低黏度，低 VOC 超耐候的环保型产品，一般在户外做耐久性防护的面漆来应用，产品配套由常规的配套体系（防腐底涂 + 云铁中间涂 + 防护面涂）调整为适合的配套体系（无机富锌底涂 + 环氧云铁中间涂 + 聚硅氧烷面涂）。工程案例见表 13–65。

表 13–65　聚硅氧烷涂料案例

应用建筑	应用部位	腐蚀环境	涂层配套	使用情况
重庆朝天门大桥	主桁杆和系杆	江上大气	环氧富锌底漆 2×40μm + 环氧云铁中间漆 2×40μm + 聚硅氧烷面漆（浅灰色）1×35μm+ 聚硅氧烷面漆（中国红）1×40μm	使用后效果良好
北京欢乐谷过山车	主体钢结构	大气	环氧富锌底涂 + 环氧云铁中间涂 + 高耐候低 VOC 聚硅氧烷面涂	使用后效果良好
无锡机场候机楼	主体钢结构	大气		
水立方游泳馆（北京）	主体钢结构	水上大气		

四、无机富锌涂料

无机富锌涂料可与环氧铝粉漆、高温有机硅涂料、氯化橡胶、过氯乙烯涂料和铝粉沥青涂料等配套使用，构成长效重防腐涂料体系，既防腐又耐温。无机富锌底涂在化工设备及管道和建（构）筑物上的工程案例见表 13–66 和表 13–67。

表 13–66　无机富锌底涂用于化工设备及管道的案例

设备名称	设备型式及规格	腐蚀环境	涂层配套	使用情况
合成氨冷凝器	淋洒式或管式 ϕ40/60mm，L1728m	管外 10～15℃清水；管内 15MPa 氨气	涂料二层	使用 4 年
焦化车间贫油冷却器	淋洒式或管式 ϕ65mm，L900m	管外 –3～＋26 ℃；管内 110℃贫油	涂料二层	使用 2 年仍在使用
制碱冷却排管	淋洒式或管式 ϕ220mm，L576m	管外 –3～＋26 ℃；管内 40～60℃含氨盐水	涂料二层	使用 3～4 年

表 13–67　无机富锌底涂在建构筑物上的案例

应用单位	应用部位	腐蚀环境	涂层配套	使用情况
中国北海某海上采油平台	主体钢结构	海上大气、海水	无机富锌底漆＋氯化橡胶面漆	使用效果良好
中国某钢厂氧化球罐	罐体	工业大气	无机富锌涂料 2～3 道	使用效果良好
中国大庆某炼油厂油罐	罐体	工业大气	无机富锌涂料 2～3 道	使用效果良好

五、高氯化聚乙烯涂料

高氯化聚乙烯涂料的应用实例见表 13–68。

表 13–68　高氯化聚乙烯涂料的应用实例

应用单位	应用部位	腐蚀环境	涂层配套	使用情况
北京某焦化厂	管道外表面、钢结构	工业大气、硫化氢	环氧铁红底涂＋环氧云铁中间涂＋高氯化面涂	使用后效果良好
铁道部某桥梁厂	弹条扣件、钢结构	工业大气	高氯化聚乙烯底面涂合一产品	使用后效果良好
天津某集团	对钢结构防腐，防止酸气对金属的腐蚀	工业大气	高氯化富锌底涂＋高氯化面涂	使用后效果良好
中建集团某工程	冷却塔及配套混凝土结构外表面，钢结构	工业大气	高氯化聚乙烯底涂＋高氯化聚乙烯面涂	使用后效果良好

六、耐高温涂料

耐高温涂料的应用实例见表 13-69。

表 13-69　耐高温涂料的应用实例

应用单位	应用部位	腐蚀环境	涂层配套	使用情况
河南某水泥厂	窑炉及排气管线外表面	工业大气、高温	300℃黑色机硅底涂+500℃银色有机硅面涂	使用 2 年后效果良好，见图 13-48
中材集团某水泥厂	窑炉及排气管线外表面	工业大气、高温、保温	400℃黑色有机硅耐温底涂 + 面涂	使用 3 年后效果良好，见图 13-49
河南某发动机厂	柴油发动机的排气管及管罩	工业大气、高温	500℃银色有机硅底涂	使用 3 年后效果良好，见图 13-50

图 13-48　水泥窑炉及排气管线外表面

图 13-49　水泥窑炉及排气管线外表面

（a）排气管

（b）管罩

图 13-50　排气管及管罩

13

七、热反射防护涂料

热反射防护涂料的应用实例见表 13–70。

表 13–70 热反射防护涂料的应用实例

应用单位	应用部位	腐蚀环境	涂层配套	使用情况
陕西某燃气转换站	液化气球形储罐外表面	工业大气	BTS–BPU1100 热反射隔热涂料防护的底涂 + 中间涂 + 面涂	隔热效果良好，夏季环境温度达 43℃，实测罐体温度约 32℃，可降温约 11 ℃，运行 3 年整体效果表现良好，见图 13–51
榆林某煤矿公司	甲醇储罐外表面	工业大气	BTS–BPU1100 热反射隔热涂料防护的底涂 + 中间涂 + 面涂	隔热降温防护运行 3 年，效果良好，见图 13–52
陕西某石油公司	轻质油储罐	工业大气	BTS–BPU1100 热反射隔热涂料防护的底涂 + 中间涂 + 面涂	隔热降温防护运行 3 年，效果良好，见图 13–53

图 13–51 液化气球罐外表面

图 13–52 甲醇储罐外表面

图 13–53 轻质油储罐外表面

第十四章

材料使用定额

14

第一节　定额及定额换算

一、定额

（一）定额的概念

在社会劳动条件下，采用平均、科学的方法，制定出生产质量合格的单位产品所必需的人工、材料和机械的数量标准，这种标准就称为定额。

（二）建设工程定额的概念

建设工程定额是在正常的施工条件下，完成一定计量单位的合格产品所必须消耗的人工、材料和施工机械台班的数量标准。建设工程定额体现的是在一定的生产力发展水平的条件下，完成工程建设中的某项产品与各种生产消耗之间特定的数量关系。

建设工程定额的内容除包括人工、材料和机械的数量标准外，还包括工程的适用范围、工作内容、施工方法、质量要求等。

（三）建设工程定额的分类

建设工程定额是建设行业各类定额的总称，包括许多种类的定额，可以按照不同的原则和方法对它进行分类。

1. 按生产要素分类

按照生产要素，建设工程定额可分为：

（1）劳动消耗定额。劳动消耗定额简称劳动定额，也称人工定额，是在正常的施工技术和组织条件下，完成一定数量的合格产品所消耗的人工工日的数量标准。

（2）材料消耗定额。材料消耗定额也称材料定额，是在正常的施工技术和组织条件下，完成一定数量的合格产品所消耗材料的数量标准。材料包括工程建设中使用的原材料、成品、半成品、构配件、燃料和水、电等动力资源。

（3）机械消耗定额。机械消耗定额又称机械台班定额，是在正常的施工技术和组织条件下，完成一定数量的合格产品所消耗的施工机械台班的数量标准。

2. 按使用范围分类

根据使用范围，建设工程定额可分为：

（1）全国统一定额。全国统一定额是国家行政主管部门综合全国工程建设中技术和施工组织管理的情况制定与颁布的定额。全国统一定额反映一定时期社会生产力水平的一般状况，可在全国范围内使用。

（2）行业统一定额。行业统一定额是考虑各行业专业工程技术特点以及施工生产和管理水平编制的定额，由各行业主管部门制定与颁布。行业统一定额一般只在本行业和相同专业性质的范围内使用。

（3）地区统一定额。地区统一定额是各省、自治区、直辖市行政主管部门制定与颁布的定额。地区统一定额主要是考虑地区性特点，对全国统一定额水平做适当调整和补充而编制的。地区统一定额只能在本行政区域内使用。

（4）补充定额。补充定额是随着设计、施工技术的发展，在现行定额不能满足需要的情况下，为了补充缺项所制定的定额。补充定额只能在指定的范围内使用，可以作为以后修订定额的基础。

（5）企业定额。企业定额是施工单位考虑本企业具体情况，参照国家、行业或地区定额的水平而制定的定额。企业定额只在企业内部使用，是企业综合素质的一个标志。

3. 按专业性质分类

由于工程建设涉及许多专业，不同的专业所含的内容也不同，因此建设工程定额需要按不同的专业分别进行编制和执行。

（1）建筑工程定额。建筑工程定额按专业性质可分为土建工程定额、装饰工程定额、房屋修缮工程定额等。

（2）安装工程定额。安装工程定额按专业性质可分为：机械设备安装工程定额，热力设备安装工程定额，电气设备安装工程定额，自动化控制仪表安装工程定额，炉窑砌筑工程定额，工业管道工程定额，消防工程定额，给排水、采暖、燃气工程定额，通风空调工程定额，刷油、防腐蚀、绝热工程定额等。

（3）其他工程定额。其他工程定额按专业性质可分为市政工程定额、园林绿化工程定额、公路工程定额、铁路工程定额、水利工程定额、矿山工程定额、人防工程定额、水运工程定额等。

（四）《通用安装工程消耗量》

《通用安装工程消耗量》是完成规定计量单位分部分项工程所需的人工、材料、施工机械台班的消耗量标准；消耗量水平为全国平均水平，是编制安装工程计价定额的依据，共12册，其中《防腐蚀、绝热工程》列为第12册。

1. 人工

（1）定额中的人工以合计工日表示，包括普工、一般技工和高级技工的工日消耗量。人工包括基本用工、辅助用工和人工幅度差。

（2）定额中的人工每工日按照8小时工作制计算。

2. 材料

（1）定额中的材料泛指原材料、成品、半成品，包括主要材料、辅助材料、周转材料和其他材料。

（2）定额中的材料用量包括净用量和损耗量。

1）损耗量包括从工地仓库、现场加工地点至安装地点的场内运输损耗，施工操作损耗，现场堆放损耗。

2）损耗量不包括场外运输损耗，工地仓库或现场加工地点保管损耗，由于规格和质量不符合要求而报废的数量，规范、设计文件规定的预留量和搭接量。

3. 机械

（1）定额中的施工机械台班消耗量是按照机械正常施工效率并考虑机械幅度差综合取定的。

（2）凡单位价值在2 000元以内、使用年限在一年以内不构成固定资产的施工机械，不列入施工机械台班消耗量，作为工具、用具在建筑安装工程费用定额中考虑，其消耗的燃料、动力等列入材料。

二、定额换算

（一）定额换算的概念

定额换算是按照定额规定的换算范围、内容和方法，对原定额子目中人工、材料、机械的有关内容所进行的调整工作。

（二）定额换算的条件

定额换算的实质是定额子目规定的内容与设计文件规定的内容取得一致的过程。定额换算必须满足下列两个基本条件：

（1）定额子目规定的内容与设计文件规定的分项工程内容不相符的。

（2）定额规定允许换算的。

定额是否允许换算应按照定额说明执行，定额说明主要包括定额手册的总说明、册说明、章说明等，另外，还有定额管理部门关于定额应用的解释。

（三）定额换算的方法

1. 定额换算的分类

根据换算对象，定额换算可分为：

（1）人工换算。人工换算是只对原定额子目中的人工进行换算，其他不变。

（2）材料换算。材料换算是只对原定额子目中的材料进行换算，其他不变。

（3）机械换算。机械换算是只对原定额子目中的机械进行换算，其他不变。

（4）混合换算。混合换算是对原定额子目中的人工、材料或机械进行两种以上的换算。

2. 定额换算的方法

定额换算的基本思路是根据分项工程的设计要求，选定原定额子目或与设计要求相近的原定额子目，按照定额规定换入应增加的人工、材料或机械，换出应扣除的人工、材料或机械，使原定额子目的内容与设计要求的内容相一致。

按照计算方法，定额换算方法可分为：

（1）加减数换算法。加减数换算法是按照定额规定，对原定额子目中人工、材料或机械的某些数量进行增减的换算方法。

（2）乘数换算法。乘数换算法是按照定额规定，将原定额子目中的人工、材料或机械乘以规定系数的换算方法。

第二节　防腐蚀工程定额的使用

本节内容以《通用安装工程消耗量》（TY 02-31-2021）第12册《防腐蚀、绝热工程》为依据，来介绍防腐蚀工程定额的使用注意事项及人工、材料、施工机械台班的消耗量。

一、工程量计算公式

（1）设备筒体、管道表面积计算公式：

$$S=\pi\times D\times L \tag{14-1}$$

式中：S——表面积（m^2）；

D——设备或管道直径（m）；

L——设备筒体高或管道延长米（m）。

（2）矩形管道表面积计算公式：

$$S=2\times(A+B)\times L \tag{14-2}$$

式中：A——矩形管道长边尺寸（m）；

B——矩形管道短边尺寸（m）。

（3）设备椭圆封头表面积计算公式：

$$S=(D/2)^2\times\pi\times1.5\times N \tag{14-3}$$

式中：N——封头个数。

（4）拱顶罐封头表面积计算公式：

$$S=2\pi\times r\times h \tag{14-4}$$

式中：r——拱顶球面半径（m）；

h——罐顶拱高（m）。

（5）阀门表面积计算公式：

$$S=\pi\times D\times2.5D\times1.05\times N \tag{14-5}$$

式中：D——阀门直径（m）；

N——阀门个数。

（6）法兰表面积计算公式：

$$S=\pi\times D\times1.5D\times1.05\times N \tag{14-6}$$

式中：D——法兰直径（m）；

N——法兰个数。

（7）设备或管道法兰翻边表面积计算公式：

$$S=\pi\times(D+A)\times A \tag{14-7}$$

式中：A——法兰翻边宽（m）。

二、基体表面处理

（一）说明

（1）各种管件、阀件及设备上人孔、管口凸凹部分的表面处理已综合考虑在定额内，不另行计算。

（2）钢材表面的锈蚀等级和处理等级的区分标准符合现行国家标准《涂覆涂料前钢材表面处理　表面清洁度的目测评定　第1部分：未涂覆过的钢材表面和全面清除原有涂层后的钢材表面的锈蚀等级和处理等级》GB/T 8923.1 的有关规定。

（3）动力工具或手工工具清理按 St2 级确定。若变更等级，如按 St3 级则定额消耗量乘以系数 1.1。

（4）喷射清理按 Sa2$\frac{1}{2}$级确定。若变更等级，如按 Sa3 级则定额消耗量乘以系数 1.1，按 Sa2 级则定额消耗量乘以系数 0.9。

（5）金属表面除微锈时执行轻锈定额子目，其定额消耗量乘以系数 0.2。

（二）动力工具清理

动力工具清理的人工、材料的消耗量见表 14–1。工作内容包括除锈和除尘。

表 14–1　动力工具清理的人工、材料的消耗量

项目			管道（$10m^2$）		设备 ϕ1 000 以上（$10m^2$）	
			轻锈	中锈	轻锈	中锈
名称		单位	消耗量			
人工	合计工日	工日	0.260	0.584	0.245	0.404
材料	钢丝刷子	把	0.050	0.050	0.050	0.250
	圆型钢丝轮 ϕ100	片	0.200	1.000	0.100	0.500
	碎布	kg	0.200	1.000	0.200	1.000

（三）喷射清理

喷射清理的人工、材料、机械的消耗量见表 14–2。工作内容包括运砂、喷砂、砂子回收、现场清理及工机具维护。

表 14–2　喷射清理的人工、材料、机械的消耗量

项目			喷石英砂			
			设备 ϕ1 000 以上（$10m^2$）		管道（$10m^2$）	
			内壁	外壁	内壁	外壁
名称		单位	消耗量			
人工	合计工日	工日	1.184	0.842	1.488	0.926
材料	石英砂（综合）	m^3	0.138	0.182	0.252	0.263
	喷砂嘴	个	0.080	0.076	0.080	0.076
	喷砂用胶管 中压 *D*40	m	0.200	0.190	0.200	0.190
机械	喷砂除锈机 $3m^3/min$	台班	0.296	0.198	0.336	0.228
	电动空气压缩机 $6m^3/min$	台班	0.296	0.198	0.336	0.228
	轴流通风机 30kW	台班	0.296	—	—	—

（四）抛射清理

抛射清理的人工、材料、机械的消耗量见表 14–3。

表 14–3 抛射清理的人工、材料、机械的消耗量

项目			抛丸		
			大型钢板（10m²）		管道（10m²）
			单面除锈	双面除锈	
名称		单位	消耗量		
人工	合计工日	工日	0.460	0.307	0.378
材料	钢制磨料	kg	2.206	2.206	2.227
机械	汽车式起重机 16t	台班	0.014	0.007	0.016
	门式起重机 10t	台班	0.041	0.021	0.045
	抛丸除锈机 500mm	台班	—	—	0.050
	抛丸除锈机 1 000mm	台班	0.024	0.046	—

三、纤维增强塑料衬里

（一）说明

（1）施工工序：材料运输、填料干燥过筛、设备表面清洗、胶料配制、刷涂、胶泥料配制、刮涂、玻璃布脱脂、下料、铺衬。

（2）如设计要求或施工条件不同，所用胶料配合比、材料品种与定额不同时，以各种胶料中树脂用量为基数进行换算。

（3）纤维增强塑料聚合是按间接聚合法考虑的，如因需要采用其他方法聚合时，按施工方案另行计算。

（二）乙烯基酯树脂纤维增强塑料衬里

乙烯基酯树脂纤维增强塑料衬里的人工、材料、机械的消耗量见表 14–4。工作内容包括填料干燥过筛；玻璃布脱脂、下料和铺衬。

表 14–4 乙烯基酯树脂纤维增强塑料衬里的人工、材料、机械的消耗量

项目			碳钢设备（10m²）					
			底涂层一遍	刮涂胶泥	衬玻璃布一层	衬短切毡一层	衬表面毡一层	面涂层一遍
名称		单位	消耗量					
人工	合计工日	工日	0.551	0.169	3.374	5.527	3.003	0.305
材料	乙烯基酯树脂	kg	1.500	0.250	2.000	9.000	2.000	1.600
	固化剂	kg	0.120	0.002	0.016	0.270	0.060	0.016

续表 14-4

项目			碳钢设备（10m²）					
			底涂层一遍	刮涂胶泥	衬玻璃布一层	衬短切毡一层	衬表面毡一层	面涂层一遍
名称		单位	消耗量					
材料	石英粉	kg	—	0.500	—	—	—	—
	铁砂布 0#～2#	张	—	4.000	2.000	2.000	2.000	—
	玻璃布 δ0.2	m^2	—	—	11.500	—	—	—
	短切毡 300g	m^2	—	—	—	11.500	—	—
	表面毡 50g	m^2	—	—	—	—	11.500	—
	碎布	kg	0.200	—	—	—	—	—
机械	轴流通风机 7.5kW	台班	0.450	0.200	1.240	2.500	1.240	0.290

（三）环氧树脂纤维增强塑料衬里

环氧树脂纤维增强塑料衬里的人工、材料、机械的消耗量见表 14-5。工作内容包括填料干燥过筛；玻璃布脱脂、下料和铺衬。

表 14-5 环氧树脂纤维增强塑料衬里的人工、材料、机械的消耗量

项目			碳钢设备（10m²）					
			底涂层一遍	刮涂胶泥	衬玻璃布一层	衬短切毡一层	衬表面毡一层	面涂层一遍
名称		单位	消耗量					
人工	合计工日	工日	0.425	0.161	3.003	5.527	3.003	0.305
材料	环氧树脂	kg	1.440	0.290	2.080	7.800	2.460	1.380
	T31 固化剂	kg	0.288	0.058	0.416	1.560	0.492	0.276
	环氧树脂稀释剂	kg	0.720	0.058	0.416	1.560	0.492	0.276
	石英粉	kg	—	0.460	0.260	0.710	0.260	0.120
	铁砂布 0#～2#	张	—	4.000	2.000	2.000	2.000	—
	玻璃布 δ0.2	m^2	—	—	11.500	—	—	—
	短切毡 300g	m^2	—	—	—	11.500	—	—
	表面毡 50g	m^2	—	—	—	—	11.500	—
	工业酒精 99.5%	kg	1.500	—	—	—	—	—
	碎布	kg	0.200	—	—	—	—	—
机械	轴流通风机 7.5kW	台班	0.450	0.200	1.240	2.500	1.240	0.290

（四）酚醛树脂纤维增强塑料衬里

酚醛树脂纤维增强塑料衬里的人工、材料、机械的消耗量见表 14-6。工作内容包括填料干燥过筛；玻璃布脱脂、下料和铺衬。

表 14-6　酚醛树脂纤维增强塑料衬里的人工、材料、机械的消耗量

项目			碳钢设备（10m²）					
			底涂层一遍	刮涂胶泥	衬玻璃布一层	衬短切毡一层	衬表面毡一层	面涂层一遍
名称		单位	消耗量					
人工	合计工日	工日	0.425	0.161	3.374	6.207	3.374	0.305
材料	酚醛树脂	kg	—	—	1.990	8.200	2.460	1.320
	苯磺酰氯	kg	—	—	0.200	0.820	0.246	0.132
	环氧树脂	kg	1.440	0.290	—	—	—	—
	T31 固化剂	kg	0.288	0.058	—	—	—	—
	环氧树脂稀释剂	kg	0.720	0.058	—	—	—	—
	石英粉	kg	—	0.460	0.260	0.740	0.260	0.180
	铁砂布 0[#]~2[#]	张	—	4.000	2.000	2.000	2.000	—
	玻璃布 δ0.2	m²	—	—	11.500	—	—	—
	短切毡 300g	m²	—	—	—	11.500	—	—
	表面毡 50g	m²	—	—	—	—	11.500	—
	工业酒精 99.5%	kg	1.500	—	—	—	—	—
	碎布	kg	0.200	—	—	—	—	—
机械	轴流通风机 7.5kW	台班	0.450	0.200	1.240	2.500	1.240	0.290

（五）呋喃树脂纤维增强塑料衬里

呋喃树脂纤维增强塑料衬里的人工、材料、机械的消耗量见表 14-7。工作内容包括填料干燥过筛；玻璃布脱脂、下料和铺衬。

表 14–7　呋喃树脂纤维增强塑料衬里的人工、材料、机械的消耗量

项目			碳钢设备（$10m^2$）					
			底涂层一遍	刮涂胶泥	衬玻璃布一层	衬短切毡一层	衬表面毡一层	面涂层一遍
名称		单位	消耗量					
人工	合计工日	工日	0.425	0.161	3.374	6.207	3.374	0.305
材料	呋喃树脂	kg	—	—	3.680	8.970	3.680	2.530
	呋喃粉	kg	—	—	1.840	4.485	1.840	1.265
	环氧树脂	kg	1.440	0.290	—	—	—	—
	T31 固化剂	kg	0.288	0.060	—	—	—	—
	环氧树脂稀释剂	kg	0.720	0.175	—	—	—	—
	石英粉	kg	—	0.460	—	—	—	—
	铁砂布 0#～2#	张	—	4.000	2.000	2.000	2.000	—
	玻璃布 δ0.2	m^2	—	—	11.500	—	—	—
	短切毡 300g	m^2	—	—	—	11.500	—	—
	表面毡 50g	m^2	—	—	—	—	11.500	—
	工业酒精 99.5%	kg	1.500	—	—	—	—	—
	碎布	kg	0.200	—	—	—	—	—
机械	轴流通风机 7.5kW	台班	0.450	0.200	1.240	2.500	1.240	0.290

四、橡胶衬里

（一）说明

（1）橡胶板用量包括：

1）有效面积需用量（不扣除人孔）。

2）搭接面积需用量。

3）法兰翻边和下料时的合理损耗量。

（2）加热硫化橡胶板的硫化方法，按间接硫化处理考虑，需要直接硫化处理时，其人工乘以系数 1.25，所需材料、机械消耗量按施工方案另行计算。

（3）带有超过总面积 15% 衬里零件的贮槽、塔类设备，其人工乘以系数 1.4。

（二）加热硫化硬橡胶衬里

加热硫化硬橡胶衬里的人工、材料、机械、仪表的消耗量见表 14–8。工作内容包括运料、配制胶粘剂、下料、表面清洗、贴衬、电火花检查、硫化和硬度检查。

表 14–8　加热硫化硬橡胶衬里的人工、材料、机械、仪表的消耗量

项目			设备（$10m^2$）	
			一层	两层
名称		单位	消耗量	
人工	合计工日	工日	10.080	15.905
材料	硬橡胶板	m^2	11.220	22.440
	胶料	kg	1.990	3.580
	橡胶溶剂油	kg	19.100	34.360
	白布	m	0.300	0.300
	丝绸绝缘布	m^2	0.500	0.500
	零星卡具	kg	2.450	4.900
	蒸汽	t	2.070	2.070
机械	轴流通风机 7.5kW	台班	1.610	2.310
	电动空气压缩机 $10m^3/min$	台班	0.130	0.130
仪表	电火花检测仪	台班	0.130	0.190

（三）加热硫化软橡胶衬里

加热硫化软橡胶衬里的人工、材料、机械的消耗量见表 14–9。工作内容包括运料、配制胶粘剂、下料、表面清洗、贴衬、电火花检查、硫化和硬度检查。

表 14–9　加热硫化软橡胶衬里的人工、材料、机械的消耗量

项目			设备（$10m^2$）	
			一层	两层
名称		单位	消耗量	
人工	合计工日	工日	10.080	15.905
材料	软橡胶板	m^2	11.210	22.540
	胶料	kg	1.320	2.370
	橡胶溶剂油	kg	31.680	56.880
	白布	m	0.300	0.300
	丝绸绝缘布	m^2	0.500	0.500

续表 14-9

项目			设备（$10m^2$）	
			一层	两层
名称		单位	消耗量	
材料	零星卡具	kg	2.450	4.900
	蒸汽	t	2.070	2.070
机械	轴流通风机 7.5kW	台班	1.610	2.310
	电动空气压缩机 $10m^3/min$	台班	0.130	0.130
仪表	电火花检测仪	台班	0.130	0.190

（四）自硫化橡胶衬里

自硫化橡胶衬里的人工、材料、机械、仪表的消耗量见表 14–10。工作内容包括运料、配制胶粘剂、下料、表面清洗、贴衬、电火花检查和硬度检查。

表 14–10　自硫化橡胶衬里的人工、材料、机械、仪表的消耗量

项目			设备（$10m^2$）
			一层
名称		单位	消耗量
人工	合计工日	工日	10.723
材料	自硫化橡胶板	m^2	12.000
	底涂料	kg	3.200
	粘合剂	kg	7.000
	甲苯	kg	4.000
	白布	m	0.300
	丝绸绝缘布	m^2	0.500
	零星卡具	kg	1.450
机械	轴流通风机 7.5kW	台班	1.610
	电动单筒慢速卷扬机 10kN	台班	0.200
仪表	电火花检测仪	台班	0.300

（五）预硫化橡胶衬里

预硫化橡胶衬里的人工、材料、机械、仪表的消耗量见表 14–11。工作内容包括运料、配制胶粘剂、下料、胶板打毛、表面清洗、贴衬和电火花检查。

表 14-11　预硫化橡胶衬里的人工、材料、机械、仪表的消耗量

项目			设备（$10m^2$）	
			一层	两层
名称		单位	消耗量	
人工	合计工日	工日	14.389	20.536
材料	预硫化橡胶板	m^2	11.500	23.000
	盖胶板	m^2	0.700	0.700
	底涂料	kg	4.400	4.400
	固化剂	kg	1.400	2.800
	粘合剂	kg	14.000	28.000
	三氯乙烯	kg	2.000	4.000
	工业酒精 99.5%	kg	0.800	1.600
	溶剂	kg	1.360	2.700
	丝绸绝缘布	m^2	0.500	0.500
	零星卡具	kg	1.087	2.073
机械	轴流通风机 7.5kW	台班	1.610	2.310
	电动单筒慢速卷扬机 10kN	台班	0.200	0.400
仪表	电火花检测仪	台班	0.300	0.450

五、铅衬里

（一）说明

（1）铅板焊接采用氢氧焰，搪铅采用乙炔氧焰。

（2）设备衬铅不分直径大小，均按卧放在滚动器上施工，对已经安装好的设备进行衬铅施工时，其人工乘以系数 1.39，材料、机械消耗量不得调整。

（3）设备表面衬铅，铅板厚度按 3mm 考虑，若铅板厚度大于 3mm 时，其人工乘以系数 1.29，材料按实际进行计算。

（二）衬铅

衬铅的人工、材料、机械的消耗量见表 14-12。工作内容包括焊接压板固定法的运料、制作焊条、下料、铺衬铅板、安装压板、包衬铅覆盖板和质量检查。搪钉固定法的运料、制作焊条、搪钉、铺衬铅板和质量检查。

表 14-12 衬铅的人工、材料、机械的消耗量

项目			设备（$10m^2$）	
			焊接压板固定法	搪钉固定法
名称		单位	消耗量	
人工	合计工日	工日	19.314	30.677
材料	铅板 δ2.6～3.0	kg	436.370	436.370
	铅焊条 φ3～5	kg	16.000	107.000
	氧气	m^3	3.000	19.720
	氢气	m^3	3.400	3.400
	乙炔气	kg	—	7.270
	钢板 δ3～5	kg	187.200	—
	低碳钢焊条 J422 φ3.2	kg	1.600	—
	水	t	0.100	0.200
	氨气	m^3	1.600	1.600
	酚酞	kg	0.020	0.020
	工业酒精 99.5%	kg	0.300	0.300
	焦炭	kg	6.400	42.800
	木柴	kg	1.600	10.700
	锌 99.99%	kg	—	0.800
	锡	kg	—	22.200
	盐酸 31% 合成	kg	—	1.100
	碳酸钠（纯碱）	kg	—	0.800
	砂轮片 φ150	片	0.100	0.100
机械	轴流通风机 7.5kW	台班	0.900	0.900
	汽车式起重机 16t	台班	1.000	1.000
	直流弧焊机 40kV·A	台班	—	—
	电动空气压缩机 $3m^3/min$	台班	0.100	0.100

（三）搪铅

搪铅的人工、材料、机械的消耗量见表 14-13。工作内容包括运料、制作焊条、配制焊剂、搪铅和质量检查。

表 14–13 搪铅的人工、材料、机械的消耗量

项目			设备（$10m^2$）	
			设备封头、底	搅拌叶轮、轴类
			搪铅层 $\delta=4$	
名称		单位	消耗量	
人工	合计工日	工日	64.673	108.268
材料	铅焊条（综合）	kg	683.050	683.050
	氧气	m^3	304.200	304.200
	乙炔气	kg	132.600	132.600
	水	t	2.540	2.540
	氯化锌	kg	5.600	5.600
	氯化锡	kg	2.800	2.800
	硫酸 38%	kg	5.000	5.000
	焦炭	kg	273.220	273.220
	木柴	kg	68.310	68.310
	砂轮片 ϕ150	片	0.100	0.100
机械	汽车式起重机 16t	台班	—	0.310
	轴流通风机 7.5kW	台班	15.300	1.310

六、涂料衬里

液体涂料的使用说明及人工、材料、机械的消耗量可以参考本节“设备及管道外表面涂层”的有关内容。

七、玻璃鳞片衬里

（一）玻璃鳞片涂料衬里

玻璃鳞片涂料施工的人工、材料、机械的消耗量见表 14–29。

（二）玻璃鳞片胶泥衬里

设备表面涂抹玻璃鳞片胶泥的人工、材料、机械的消耗量见表 14–14。工作内容包括运料、配制胶泥、涂抹和养护。

表 14–14 设备表面涂抹玻璃鳞片胶泥的人工、材料、机械的消耗量

项目			设备（$10m^2$）
			金属面
名称		单位	消耗量
人工	合计工日	工日	9.870
材料	玻璃鳞片胶泥	m^3	0.024
	碎布	kg	0.020
	铁砂布 $0^{\#}\sim2^{\#}$	张	4.000
机械	涡桨式混凝土搅拌机 250L	台班	1.600
	轴流通风机 7.5kW	台班	2.200
	真空泵 $204m^3/h$	台班	1.600

八、砖板衬里

（一）说明

（1）配制胶泥不分机械搅拌和人工搅拌，均按定额执行。

（2）衬砌砖板按规范要求进行自然养护考虑，若采用其他方法进行养护，应按施工方案另行计算。

（3）立式设备人孔等部位需进行旋拱施工时，每 $10m^2$ 应增加木材 $0.01m^3$、铁钉 0.20kg。

（4）砖板每 $10m^2$ 理论用量计算公式：

$$M=\frac{10}{(a+e)\times(b+e)} \tag{14–8}$$

式中：M——砖板每 $10m^2$ 块数；

a——砖板边长（m）；

b——砖板边长（m）；

e——灰缝宽度（m）。

（5）胶泥用量包括结合层胶泥用量和灰缝胶泥用量。

（二）水玻璃胶泥衬砌砖板

1. 耐酸砖板 65mm 厚（230×113×65）

耐酸砖板 65mm 厚（230×113×65）的人工、材料、机械的消耗量见表 14–15。工作内容包括运料、选砖板、洗砖板、配制胶泥、衬砌、养护和酸洗。

表 14–15　耐酸砖板 65mm 厚（230 × 113 × 65）的人工、材料、机械的消耗量

项目			圆形	矩形	锥（塔）形
			10m²		
名称		单位	消耗量		
人工	合计工日	工日	11.498	10.200	12.356
材料	水玻璃胶泥	m³	0.110	0.110	0.110
	耐酸砖板 230 × 113 × 65	块	389.000	389.000	389.000
	硫酸 38%	kg	2.000	2.000	2.000
	水	t	0.500	0.500	0.500
	砂轮片 ϕ150	片	0.100	0.100	0.100
机械	涡浆式混凝土搅拌机 250L	台班	0.500	0.500	0.500
	轴流通风机 7.5kW	台班	0.600	0.600	0.600
	电动单筒慢速卷扬机 30kN	台班	0.500	0.500	0.500

2. 耐酸砖板 30mm 厚（150 × 150 × 30）

耐酸砖板 30mm 厚（150 × 150 × 30）的人工、材料、机械的消耗量见表 14–16。工作内容包括运料、选砖板、洗砖板、配制胶泥、衬砌、养护和酸洗。

表 14–16　耐酸砖板 30mm 厚（150 × 150 × 30）的人工、材料、机械的消耗量

项目			圆形	矩形	锥（塔）形
			10m²		
名称		单位	消耗量		
人工	合计工日	工日	11.756	10.643	14.341
材料	水玻璃胶泥	m³	0.080	0.080	0.080
	耐酸砖板 150 × 150 × 30	块	455.000	455.000	455.000
	硫酸 38%	kg	2.000	2.000	2.000
	水	t	0.600	0.600	0.600
	砂轮片 ϕ150	片	0.100	0.100	0.100
机械	涡浆式混凝土搅拌机 250L	台班	0.500	0.500	0.500
	轴流通风机 7.5kW	台班	0.600	0.600	0.600
	电动单筒慢速卷扬机 30kN	台班	0.500	0.500	0.500

（三）树脂胶泥衬砌砖板

1. 耐酸砖板 65mm 厚（230×113×65）

耐酸砖板 65mm 厚（230×113×65）的人工、材料、机械的消耗量见表 14–17。工作内容包括运料、选砖板、洗砖板、配制胶泥、衬砌和养护。

表 14–17　耐酸砖板 65mm 厚（230×113×65）的人工、材料、机械的消耗量

项目			圆形	矩形	锥（塔）形
			10m²		
名称		单位	消耗量		
人工	合计工日	工日	11.530	10.170	12.417
材料	树脂胶泥	m^3	0.110	0.110	0.110
	耐酸砖板 230×113×65	块	389.000	389.000	389.000
	水	t	0.500	0.500	0.500
	砂轮片 ϕ150	片	0.100	0.100	0.100
机械	涡浆式混凝土搅拌机 250L	台班	0.500	0.500	0.500
	轴流通风机 7.5kW	台班	0.600	0.600	0.600
	电动单筒慢速卷扬机 30kN	台班	0.500	0.500	0.500

2. 耐酸砖板 30mm 厚（150×150×30）

耐酸砖板 30mm 厚（150×150×30）的人工、材料、机械的消耗量见表 14–18。工作内容包括运料、选砖板、洗砖板、配制胶泥、衬砌和养护。

表 14–18　耐酸砖板 30mm 厚（150×150×30）的人工、材料、机械的消耗量

项目			圆形	矩形	锥（塔）形
			10m²		
名称		单位	消耗量		
人工	合计工日	工日	11.753	9.696	14.408
材料	树脂胶泥	m^3	0.086	0.086	0.086
	耐酸砖板 150×150×30	块	455.000	455.000	455.000
	水	t	0.600	0.600	0.600
	砂轮片 ϕ150	片	0.100	0.100	0.100
机械	涡浆式混凝土搅拌机 250L	台班	0.500	0.500	0.500
	轴流通风机 7.5kW	台班	0.600	0.600	0.600
	电动单筒慢速卷扬机 30kN	台班	0.500	0.500	0.500

九、热塑性塑料衬里

（一）说明

（1）塑料板用量包括：

1）有效面积需用量（不扣除人孔）。

2）搭接面积需用量。

3）法兰翻边和下料时的合理损耗量。

（2）带有超过总面积15%衬里零件的贮槽、塔类设备，其人工乘以系数1.4。

（3）软聚氯乙烯塑料衬里的搭接缝按粘接考虑，若采用焊接时，其人工乘以系数1.8，粘接剂用量乘以系数0.5，聚氯乙烯塑料焊条用量5.19kg/10m^2。

（二）软聚氯乙烯塑料衬里

软聚氯乙烯塑料衬里的人工、材料、机械的消耗量见表14–19。工作内容包括运料、配制粘接剂、下料、表面清洗、粘接和电火花检查。

表14–19　软聚氯乙烯塑料衬里的人工、材料、机械的消耗量

项目			金属表面（10m^2）	
			一层	两层
名称		单位	消耗量	
人工	合计工日	工日	8.270	15.789
材料	软聚氯乙烯板 δ2～8	m^2	11.100	22.200
	二氯乙烷	kg	20.010	40.020
	过氯乙烯树脂	kg	2.990	5.980
	丙酮	kg	1.000	2.000
	铁砂布0#～2#	张	7.000	21.000
	白布	m	0.300	0.300
机械	轴流通风机7.5kW	台班	0.500	1.000

十、氯丁胶乳衬里

（一）氯丁胶乳砂浆衬里

氯丁胶乳砂浆衬里的人工、材料、机械的消耗量见表14–20。工作内容包括运料、配制砂浆、涂抹和养护。

表 14–20　氯丁胶乳砂浆衬里的人工、材料、机械的消耗量

项目			碳钢设备（$10m^2$）			
			底涂层一遍	氯丁胶乳砂浆	衬网一层	面涂层一遍
名称		单位	消耗量			
人工	合计工日	工日	0.330	3.880	0.420	0.440
材料	氯丁胶乳	kg	2.650	31.550	—	1.880
	水泥	kg	2.220	65.000	—	2.330
	石英砂	kg	—	16.500	—	—
	玻纤网	m^2	—	—	11.500	—
	羊毛滚筒	个	0.240	—	—	0.260
机械	轴流通风机 7.5kW	台班	0.200	1.200	0.240	0.290

（二）氯丁胶乳胶泥衬里

氯丁胶乳胶泥衬里的人工、材料、机械的消耗量见表 14–21。工作内容包括运料、配制胶泥、涂抹和养护。

表 14–21　氯丁胶乳胶泥衬里的人工、材料、机械的消耗量

项目			碳钢设备（$10m^2$）			
			底涂层一遍	氯丁胶乳胶泥	衬网一层	面涂层一遍
名称		单位	消耗量			
人工	合计工日	工日	0.330	3.050	0.420	0.440
材料	氯丁胶乳	kg	2.650	15.610	—	1.880
	水泥	kg	2.220	33.310	—	2.330
	玻纤网	m^2	—	—	11.500	—
	羊毛滚筒	个	0.240	—	—	0.260
机械	轴流通风机 7.5kW	台班	0.200	1.200	0.240	0.290
	涡浆式混凝土搅拌机 250L	台班	0.220	1.110	—	0.330

十一、金属热喷涂层

（一）说明

（1）金属热喷涂采用国产 SQP–1（高速、中速）气喷枪。

（2）金属热喷涂采用氧乙炔焰。

（二）喷锌

喷锌的人工、材料、机械的消耗量见表 14–22。工作内容包括运料、锌丝脱脂、热喷涂和质量检查。

表 14–22　喷锌的人工、材料、机械的消耗量

项目			设备（$10m^2$）		
			0.15mm	0.2mm	0.3mm
名称		单位	消耗量		
人工	合计工日	工日	5.209	6.030	6.450
材料	锌丝 $\phi 2$	kg	13.200	17.100	25.600
	氧气	m^3	3.400	4.500	6.700
	乙炔气	kg	2.500	3.300	5.000
	氧气胶管 $\phi 8$	m	1.000	1.000	1.000
	零星卡具	kg	1.771	1.716	1.688
机械	轴流通风机 7.5kW	台班	1.300	1.600	2.000
	电动空气压缩机 $10m^3/min$	台班	0.670	0.800	0.900

（三）喷铝

喷铝的人工、材料、机械的消耗量见表 14–23。工作内容包括运料、铝丝脱脂、热喷涂和质量检查。

表 14–23　喷铝的人工、材料、机械的消耗量

项目			设备（$10m^2$）	
			0.15mm	0.3mm
名称		单位	消耗量	
人工	合计工日	工日	5.352	6.573
材料	铝丝 $\phi 2$	kg	5.000	9.700
	氧气	m^3	3.600	6.800
	乙炔气	kg	3.570	5.040
	氧气胶管 $\phi 8$	m	1.000	1.000
	零星卡具	kg	6.485	6.811
机械	轴流通风机 7.5kW	台班	1.200	1.800
	电动空气压缩机 $10m^3/min$	台班	0.670	0.970

十二、设备及管道外表面涂层

（一）说明

（1）各种管件、阀件及设备上人孔、管口凸凹部分的涂料防腐蚀已综合考虑在定额内，不另行计算。

（2）涂料配合比与实际设计配合比不同时，可根据设计要求进行换算，其人工、机械消耗量不变。

（3）涂层聚合热固化是采用蒸汽和红外线间接聚合固化考虑的，如采用其他方法，应按施工方案另行计算。

（4）未包括的新品种涂料，应按相近涂料的定额子目执行，其人工、机械消耗量不变。

（5）无机富锌底涂料执行氯磺化聚乙烯涂料的定额子目，涂料用量可进行换算。

（6）如涂料施工时需要强行通风，应增加轴流通风机 7.5kW，其台班消耗量同合计工日消耗量。

（7）涂料防腐蚀工程按安装场地内进行涂料施工考虑，如安装前集中进行涂料刷涂，人工乘以系数 0.45；如安装前集中进行涂料喷涂，执行相应涂料的定额子目，人工乘以系数 0.45，材料乘以系数 1.16，增加喷涂机械电动空气压缩机 $3m^3/min$（其台班消耗量同调整后的合计工日消耗量）。

（二）防腐蚀涂料

1. 涂料使用量的计算

（1）涂料使用量计算公式：

$$G=\frac{CF\times\delta\times A\times\alpha}{10\times VS} \tag{14-9}$$

式中：G——涂料的计算使用量（g）；

CF——损耗系数；

δ——漆膜厚度（μm）；

A——涂料的密度（g/L）；

α——涂装面积（m^2）；

VS——涂料中固体的体积分数（%）。

（2）在涂料施工过程中，涂料的实际使用量应考虑施工环境、涂装方法、被涂装的基体表面粗糙度、涂装损失等因素。涂料损耗系数可取 1.5 ~ 1.8。

2. 常用涂料的消耗量

（1）环氧树脂涂料施工的人工、材料的消耗量见表 14-24。工作内容包括运料、表面清洗、配制和涂刷。

表 14–24 环氧树脂涂料施工的人工、材料的消耗量

项目			设备（10m²）		管道（10m²）	
			底涂层一遍	面涂层一遍	底涂层一遍	面涂层一遍
名称		单位	消耗量			
人工	合计工日	工日	0.254	0.180	0.464	0.336
材料	环氧树脂涂料	kg	1.725	1.451	1.885	1.820
	固化剂	kg	0.100	0.100	0.125	0.130
	稀释剂	kg	0.500	0.380	0.565	0.580
	溶剂汽油	kg	0.225	—	0.248	—
	碎布	kg	0.100	—	0.100	—
	铁砂布 0#～2#	张	3.000	—	3.000	—

（2）无溶剂环氧涂料施工的人工、材料、机械的消耗量见表 14–25。工作内容包括运料、表面清洗、配制和喷涂。

表 14–25 无溶剂环氧涂料施工的人工、材料、机械的消耗量

项目			设备内壁（10m²）	管道内壁（10m²）
			干膜 350μm	干膜 350μm（*DN*150～350）
名称		单位	消耗量	
人工	合计工日	工日	0.703	0.563
材料	无溶剂环氧涂料	kg	7.644	6.840
	丙酮清洗剂	kg	1.470	1.370
机械	轴流通风机 7.5kW	台班	0.300	0.300
	电动空气压缩机 6m³/min	台班	0.200	0.200

（3）酚醛环氧树脂涂料施工的人工、材料的消耗量见表 14–26。工作内容包括运料、表面清洗、配制和涂刷。

表 14–26 酚醛环氧树脂涂料施工的人工、材料的消耗量

项目			设备（10m²）		管道（10m²）	
			底涂层一遍	面涂层一遍	底涂层一遍	面涂层一遍
名称		单位	消耗量			
人工	合计工日	工日	0.251	0.180	0.460	0.331
材料	酚醛环氧树脂涂料	kg	1.585	1.451	2.065	1.810
	固化剂	kg	0.085	0.090	0.110	0.120
	稀释剂	kg	0.500	0.380	0.570	0.410
	溶剂汽油	kg	0.225	—	0.248	—
	碎布	kg	0.100	—	0.100	—
	铁砂布 0#～2#	张	3.000	—	1.500	—

（4）聚氨酯涂料施工的人工、材料的消耗量见表 14–27。工作内容包括运料、表面清洗、配制和涂刷。

表 14–27　聚氨酯涂料施工的人工、材料的消耗量

项目			设备（10m²）		管道（10m²）	
			底涂层一遍	面涂层一遍	底涂层一遍	面涂层一遍
名称		单位	消耗量			
人工	合计工日	工日	0.267	0.249	0.454	0.467
材料	聚氨酯涂料	kg	1.040	0.905	1.275	0.970
	稀释剂	kg	0.350	0.370	0.445	0.480
	溶剂汽油	kg	0.225	—	0.248	—
	碎布	kg	0.100	—	0.100	—
	铁砂布 0# ~ 2#	张	3.000	—	0.110	—

（5）环氧富锌底涂料、氯化橡胶云铁中间层涂料施工的人工、材料的消耗量见表 14–28。工作内容包括运料、配制、拌匀和涂刷。

表 14–28　环氧富锌底涂料、氯化橡胶云铁中间层涂料施工的人工、材料的消耗量

项目			设备（10m²）		管道（10m²）	
			底涂层一遍	中间涂层一遍	底涂层一遍	中间涂层一遍
名称		单位	消耗量			
人工	合计工日	工日	0.227	0.295	0.364	0.466
材料	环氧富锌底涂料	kg	2.600	—	2.760	—
	固化剂	kg	0.500	—	0.550	—
	稀释剂	kg	0.504	—	0.560	—
	氯化橡胶云铁中间层涂料	kg	—	5.366	—	5.930

（6）玻璃鳞片重防腐涂料施工的人工、材料的消耗量见表 14–29。工作内容包括运料、配制、拌匀和涂刷。

表 14–29　玻璃鳞片重防腐涂料施工的人工、材料的消耗量

项目			设备（10m²）	
			底涂层一遍	面涂层一遍
名称		单位	消耗量	
人工	合计工日	工日	0.332	0.229
材料	玻璃鳞片重防腐涂料	kg	2.704	2.496
	稀释剂	kg	0.595	0.580
	铁砂布 0# ~ 2#	张	3.600	—

（7）乙烯基酯树脂涂料施工的人工、材料的消耗量见表 14–30。工作内容包括运料、表面清理、配制和涂刷。

表 14–30 乙烯基酯树脂涂料施工的人工、材料的消耗量

项目			设备（10m²）		管道（10m²）	
			底涂层一遍	面涂层一遍	底涂层一遍	面涂层一遍
名称		单位	消耗量			
人工	合计工日	工日	0.368	0.260	0.680	0.497
材料	乙烯基酯树脂涂料	kg	2.070	2.080	2.125	2.200
	固化剂	kg	0.060	0.060	0.064	0.066
	碎布	kg	0.100	0.100	0.100	0.100
	铁砂布 0# ~ 2#	张	3.000	—	3.000	—

（8）有机硅耐热涂料施工的人工、材料的消耗量见表 14–31。工作内容包括运料、配制和涂刷。

表 14–31 有机硅耐热涂料施工的人工、材料的消耗量

项目			设备（10m²）	管道（10m²）
			一遍	一遍
名称		单位	消耗量	
人工	合计工日	工日	0.180	0.256
材料	有机硅耐热涂料	kg	0.934	0.900
	稀释剂	kg	0.130	0.130

附录

附录一 无机富锌涂料衬里和环氧类涂料衬里耐蚀表

附表 1 无机富锌涂料衬里和环氧类涂料衬里耐蚀表

储存液体的中文名称	无机富锌涂料	溶剂型环氧涂料	无溶剂环氧涂料	酚醛环氧涂料
生物汽油 B5			+	+
生物汽油 B100			+	+
生物汽油 B20			+	+
生物汽油 FAMD			+	+
生物汽油 Bio 95	+		+	+
生物汽油 D85	+			+
生物汽油 M85	+			
柴油	+		+，≤ 30℃	+
汽油 <10% 氧化剂	+		+	+
汽油 ≥ 10% 氧化剂	+			+
航空汽油	+		+	+
裂解汽油 <20% 苯	+		+	+
裂解汽油 ≥ 20% 苯	+			+
航空汽油 A	+		+	+
航空汽油 A-1	+		+	+
航空汽油 B	+		+	+
丙酮	+			
乙醇	+A，≤ 43℃			
乙基叔丁基醚	+		+	+
乙酸乙酯	+A，≤ 43℃			
甲醇	+A，≤ 43℃			
甲基特丁基醚	+		+	+
甲基叔戊基醚	+		+	+

续附表 1

储存液体的中文名称	无机富锌涂料	溶剂型环氧涂料	无溶剂环氧涂料	酚醛环氧涂料
原油	+C	+	+	+
提炼后的原油	+C	+	+	+
蒸馏油	+			+
轻油	+		+	+
一号燃油	+		+	+
二号燃油	+		+	+
四号燃油	+C		+	+
五号燃油	+C	+	+	+
六号燃油	+	+	+	+
汽油	+C		+	+
润滑油	+	+	+	+
矿物油	+C	+	+	+
混合油	+C	+	+	+
石脑油—蒸馏	+		+	+
石脑油—重油	+		+	+
石脑油—石油	+		+	+
石脑油—酸味的				+
石脑油—甜味的	+		+	+
苯	+			
异丙醇	+			+
乙苯	+			+
苯乙烯	+			
甲苯	+			+
甲苯二异酚酸酯				+
二甲苯	+			
甲基酚	+			

续附表 1

储存液体的中文名称	无机富锌涂料	溶剂型环氧涂料	无溶剂环氧涂料	酚醛环氧涂料
乙酰苯（俗称安眠酮）	+			
乙烯基酚；酚（基）乙烯	+			
丙烯醇	+			
叔戊醇	+			+
丁烷	+		+	+
正丁烷	+			+
氯苯	+A，≤ 43℃			
三氯甲烷	+A，≤ 43℃			
六氢化苯	+		+	+
二氯甲烷	+A，≤ 43℃			
乙醚	+			
二甘醇	+B			+
二噁烷	+			
环氧氯丙烷	+A，≤ 43℃			
二氯乙烷	+A，≤ 43℃			
乙二醇；甘醇	+B			
糠醇	+A			+
甘油；丙三醇	+B			+
异丁醇	+			+
异戊二烯	+		+	+
丙烯酸甲酯	+A，≤ 43℃			
丁酮；甲基乙基酮；甲乙酮	+			
甲酸甲酯	+A，≤ 43℃			
密斑油；硝基苯	+A，≤ 43℃			

续附表 1

储存液体的中文名称	无机富锌涂料	溶剂型环氧涂料	无溶剂环氧涂料	酚醛环氧涂料
对硝基甲苯	+A，≤ 43℃			
正辛醇	+			+
正戊烷；戊烷	+		+	+
正丙醇	+			+
四氯乙烷	+A，≤ 43℃			
四氢呋喃；氧杂环戊烷；二亚乙基氧	+			
三氯乙烯	+A，≤ 43℃			
二甲基丙烯酸；三甘醇酯	+B			+
尿素溶液				+
氨水				+
二硫化碳	+			
四氯化碳；四氯甲烷	+A，≤ 43℃			
菜籽油；菜油				+D
橄榄油				+D
糖蜜；糖浆				+ ≤ 50℃
豆油；食用油				+D
牛油脂；黄油；动物油				+D，≤ 43℃

注：1 本表内容参考了海虹老人涂料“一般储罐耐化学性能指引”等资料。

2 符号“+”代表储存液体温度可达到 65℃范围内，灌入与卸出时的短时温度可以达到 85℃。

3 A 代表含酸性物质或可水解生成酸性物质。例如酯类产品、无水石膏与卤化物等物质遇水后会产生有机与无机酸；甲醇、发酵后的普通酒精类会含有酸性物质导致无机富锌涂料衬里破坏。上述液体化学介质在灌入时不应含水或含水量 <0.02%，同时酸值 <1；在储存和使用时应尽量避免有水分渗透入罐内。

4 B 代表普通酒精与酒精类液体。在液体含水量 <0.3%，同时酸值 <0.1 的条件可以储存在无机富锌涂料衬里的储罐。

5 C 代表原油及其衍生产品。这些产品一般都带有酸性物质，不论是属于有机或无机，一般是可以使用无机富锌涂料衬里，储存时要求的液体的酸值 <0.4，pH>6。

6 D 代表油脂，成品油和它的添加剂。动植物油，成品油和它的添加剂一般条件下都含有游离脂肪酸（FFA）。当储存液体在采用环氧涂层衬里时，应该保证在注入时没有含矿物酸，同时含水量 <1%。

附录二　各类胶泥的耐腐蚀性能

附表 2　各类胶泥的耐腐蚀性能

介质及浓度 /%		胶泥类别					
		水玻璃	环氧	呋喃	酚醛	乙烯基酯	不饱和聚酯
无机酸							
硫酸	0～5	—	V	V	V	V	V
	5～50	V*	○	V	V	V	V
	60～70	V*	×	25℃	25℃	60℃	50℃
	80	V*	×	×	25℃	40℃	×
	93	V*	×	×	×	○	×
发烟硫酸		—*	×	×	×	○	×
硝酸	<5	—	×	—	—	80℃	70℃
	5	V	×	—	—	80℃	70℃
	20	V	×	×	×	65℃	25℃
	40	V	×	×	×	40℃	×
	浓	V	×	×	×	○	×
盐酸		V	○	V	V	31%～32%，80℃	31%～32%，60℃
磷酸		V	<85%，○ >85%，—	V	V	85%～100%，105℃	85%～100%，70℃
氢氟酸	10	×	×	V①	V①	65℃①	60℃①
	48	×	×	V①	V①	20%，40℃①	×
氢溴酸		V	V	V①	V①	0～25%，80℃①	0～25%，60℃①
氢氰酸		V	V	V	V	100℃	80℃
氢碘酸		V	25℃	V	V	40%，65℃	×
亚硫酸		V	V	V	V	10%，50℃	V
亚磷酸		V		V	V	70%，80℃	V
亚硝酸		V		V	V		
碳酸		V	V	V	V	V	V

续附表 2

介质及浓度 /%		胶泥类别					
		水玻璃	环氧	呋喃	酚醛	乙烯基酯	不饱和聚酯
铬酸	5	V	—	25℃，○	25℃，○	65℃	60℃
	10	V	×	×	—	65℃	60℃
	50	V	×	×	×		×
砷酸		V	V	V	V	80℃	70℃
硼酸		V	V	V	V	0.5% ~ 30%，65℃	0.5% ~ 30%，60℃
钼酸		V	V	V	V		
硒酸		V		V	V		
次氯酸		V	×	—	25℃	25℃	×
高氯酸，25		V	×	×	×	40℃	×
氟硅酸		×	V	V[①]	V[①]	11% ~ 35%，40℃[①]	25℃[①]
氯磺酸		V	V	×	×	×	×
王水		V	×	×	×	×	×
混酸							
硝酸 + 硫酸		V	×	×	×		×
硫酸 + 氯磺酸		V		×	×		×
有机酸							
醋酸，10 ~ 25		V[②]	25℃	V	V	100℃	25℃
醋酐		V	V	100℃	V	40℃	×
甲酸		V	—	V	V	40℃	—
丁酸		V	V	V	V	50℃	25℃
脂肪酸（C_6 以上）		V	V	V	V	V	V
硬脂酸		V	V	V	V	100℃	V
油酸		V	V	V	V	100℃	V
乳酸，25		V[②]	25℃	V	V	100℃	V
氯醋酸		V	<25%，40℃；>25%，—	V	V	<25%，50℃	×

续附表 2

介质及浓度 /%	胶泥类别					
	水玻璃	环氧	呋喃	酚醛	乙烯基酯	不饱和聚酯
草酸	V	V	V	V	V	V
马来酸	V	V	V	V	>0.5，100℃	80℃
苯甲酸	V	V	V	V	V	V
甲基磺酸	V		V	V		
苯磺酸	V	V	V	10%，V	25%，40℃	—
苯酚磺酸	V		V		25℃	
甲苯磺酸	V		V	V	100℃	
苦味酸	V	—	—	×	40℃	×
谷氨酸	V				50℃	
碱及氢氧化物						
氢氧化钠	×	V	V①	×	80℃	×
氢氧化钾	×	V	V①	×	<45%，65℃	×
氢氧化铵	×	V	V①	×	6%～20%，65℃	×
氢氧化钙	×	V	V①	×	100℃	25℃
氢氧化镁	×	V	V①	×	100℃	70℃
氢氧化钡	×	V	V①	×	65℃	25℃
盐						
铵盐						
硫酸铵	V	V	V	V	120℃	V
硝酸铵	V	V	V	V	100℃	V
氯化铵	V	V	V	V	100℃	V
磷酸铵	V	V	V	V	100℃	V
碳酸氢铵	V	V	V		70℃	50℃
硫化铵	V		V	×	V	V
过硫酸铵	V	V	V	V	100℃	90℃
钠盐						
硫酸钠	V*	V	V	V	120℃	90℃

续附表 2

介质及浓度 /%	胶泥类别					
	水玻璃	环氧	呋喃	酚醛	乙烯基酯	不饱和聚酯
硝酸钠	V	V	V	V	V	V
碳酸钠	×	V	V	25℃	80℃	○
磷酸三钠	×	V	V	25℃	120℃	25℃
铬酸钠	V	V	V	V	100℃	90℃
氯酸钠	V		V		100℃	70℃
碳酸氢钠	×	V	V	V	80℃	70℃
氯化钠	V*	V	V	V	V	V
硫化钠	×	V	V	×	100℃	25℃
氟化钠	×	V			80℃	25℃
氰化钠	×	V	V	25℃	100℃	○
次氯酸钠	×	<8%，25℃	×	×	<18%，80℃	×
亚硫酸钠	V	V	V	V	V	V
硫酸氢钠	V	V	V	V	V	V
重铬酸钠	V	V	V	V	V	V
硫代硫酸钠	V	V	V	V	80℃	70℃
氯磺酸钠	V	V	V	V	V	V
亚硝酸钠	V	V	V	V	V	V
铁氰化钠	V	V	V	V	V	V
酒石酸钠	V	V	V	V	V	V
醋酸钠	V	V	V	V	V	V
草酸钠	V		V	V	V	V
钾盐						
硫酸钾	V	V	V	V	V	V
硝酸钾	V	V	V	V	V	V
碳酸钾	×	V	V	25℃	80℃	—

续附表 2

介质及浓度 /%	胶泥类别					
	水玻璃	环氧	呋喃	酚醛	乙烯基酯	不饱和聚酯
氯化钾	V	V	V	V	V	V
溴化钾	V	V	V	V	V	V
硫化钾	×		V		V	V
氟化钾	×				80℃	
高锰酸钾	V	5%～25%，—	60℃	V	100℃	60℃
过硫酸钾	×	×	×		100℃	80℃
碳酸氢钾	×	V	V	V	80℃	○
氯酸钾	V		V	V		
铁氰化钾	×	V	V	25℃	100℃	25℃
亚铁氰化钾	×	V	V	25℃	100℃	25℃
草酸钾	V		V		65℃	
铝盐						
硫酸铝	V	V	V	V	120℃	V
硝酸铝	V	V	×	25℃	100℃	70℃
氯化铝	V	V	V	V	120℃	V
氟化铝	×	V	V	V	25℃	—
溴化铝	V		×			
铝矾	V	V	V	V	V	○
镁盐						
硫酸镁	V	V	V	V	120℃	90℃
硝酸镁	V	V	70℃	V	100℃	70℃
氯化镁	V	V	V	V	V	V
碳酸镁	V	V	V	V	80℃	60℃
钙盐						
硫酸钙	V	V	V	V	V	V

续附表 2

介质及浓度 /%	胶泥类别					
	水玻璃	环氧	呋喃	酚醛	乙烯基酯	不饱和聚酯
硝酸钙	V	V	V	V	V	V
氯化钙	V	V	V	V	饱和，120℃	90℃
次氯酸钙	V	—	—	—	80℃	○
亚硫酸氢钙	V	V	V	V	100℃	70℃
铝酸钙	V	V	V	V	V	V
锂盐						
溴化锂	V		70℃		饱和，120℃	
铁盐						
硫酸铁	V*	V	V	V	V	V
硝酸铁	V	V	V	V	V	V
氯化铁	V	V	V	V	V	V
硫酸亚铁	V*	V	V	V	V	V
氯化亚铁	V	V	V	V	V	V
铁氰化物	V	V	V	25℃	V	V
亚铁氰化物	V	V	V	25℃	V	V
镍盐						
硫酸镍	V*	V	V	V	V	V
硝酸镍	V	V	V	V	V	V
氯化镍	V	V	V	V	V	V
铬盐						
氯化铬	V		V			
铬钾矾	V		V	20℃		
锰盐						
硫酸锰	V		V	V	V	
氯化锰	V		V	V	V	

续附表 2

介质及浓度 /%	胶泥类别					
	水玻璃	环氧	呋喃	酚醛	乙烯基酯	不饱和聚酯
锌盐						
硫酸锌	V*	V	V	V	120℃	90℃
硝酸锌	V	V	70℃	V	120℃	90℃
氯化锌	V	V	V	V	120℃	90℃
锡盐						
硫酸锡	V*	V	V	V	V	V
氯化锡	V	V	V	V	V	V
硫酸亚锡	V	V	V	V	V	V
氯化亚锡	V	V	V	V	V	V
铅盐						
硝酸铅	V	V	V	V	V	V
醋酸铅	V	V	V	V	V	V
氯化铅	V	V	V	V	V	V
镉盐						
硫酸镉	V	V	V	V	V	V
硝酸镉	V	V	V	V	100℃	70℃
氯化镉	V	V	V	V	V	V
钡盐						
硝酸钡	V	V	V	V	V	V
氯化钡	V	V	V	V	V	V
硫化钡	×	V	V	×	80℃	25℃
碳酸钡	V	V	V	V	V	V
铜盐						
硫酸铜	V*	V	V	V	120℃	90℃
硝酸铜	V	V	V	V	V	V
醋酸铜	V	V	V	V	V	V

续附表 2

介质及浓度 /%	胶泥类别					
	水玻璃	环氧	呋喃	酚醛	乙烯基酯	不饱和聚酯
氯化铜	V	V	V	V	120℃	90℃
氰化铜	V	V	V	V	100℃	70℃
银盐						
硝酸银	V	V	○	V	100℃	70℃
汞盐						
氯化汞	V	V	V	V	100℃	70℃
醋酸贡	V	V	V	V	V	V
氰化汞	V		V	V		
硝酸亚汞	V		V	V		
锑盐						
氯化锑	V	V	V	V	V	V
氢氧化锑	V					
酒石酸氧锑钾	V		V			
钛盐						
硫酸钛	V		V	V	V	V
氯化钛	V		V	V	V	V
元素、气体及其他无机化合物						
氯（干气）	V	×	100℃， —	25℃	120℃	40～70℃
氯（湿气）	V	×	—	×	120℃	40～70℃
氯水	V	×	—	25℃	pH<2.5，95℃； pH=2.5～9，○； pH>9，80℃	○
氯（液体）	V					
氟（气）	×	×	×			×
溴（液体）	V	×	×	×	×	×

续附表 2

介质及浓度 /%	胶泥类别					
	水玻璃	环氧	呋喃	酚醛	乙烯基酯	不饱和聚酯
溴水	V	25℃，—	—[3]	25℃	—	—
碘	V	—	×	×	晶体，65℃；蒸汽，80℃	
硫（熔）	V	70℃	V	V	V	V
汞	V	V	V	V	120℃	90℃
水	×	V	V	V	V	V
蒸馏水	×	V	V	V	蒸馏水，80℃	60℃
污水	×	V			V	
过氧化氢 <3		V	30℃		65℃	30℃
过氧化氢 >3	V	V	×	—		X
过氧化氢 30	×	V	×	×		X
一氧化碳			V		气体，205℃	V
二氧化硫（干）	V	V	V	V	205℃	110℃
二氧化硫（湿）	V	V	V	V	100℃	90℃
三氧化硫（湿）	V	V	—	25℃	0.5%～25%，105℃；51%～70%，80℃	×
三氧化硫（干）	V	V	V	V	烟雾，150℃	110℃
氨	—	—	V	V	氨气，40℃	×
氯化氢			V	V	湿气体，110℃	湿气体，90℃
溴化氢			V	V	湿气体，100℃	
硫化氢（干气）	V	V	V	V	110℃	90℃
硫化氢（湿气）	V	V	V	V	V	V
硫酸肼			V			
二硫化碳	V	×	V	V	—	×

续附表 2

介质及浓度 /%	胶泥类别					
	水玻璃	环氧	呋喃	酚醛	乙烯基酯	不饱和聚酯
氯化磷	V	×	×	×	—	×
溴化磷	V					
氯氧化磷	V				—	×
二氧化氯（酸性）	25℃	45℃	×	×	二氧化氯漂白溶液，75℃	25℃
三氧化氯（碱性）	×	45℃	×	×		25℃
氯化硫	V	×	×	×	100%，○ 烟雾，95℃	×
硫酰氯	V		×	×		×
亚硝酰氯	V					
铬酰氯			V			
四氯化硅	V		V			
过氧化钠	×	25℃	×			
过氧化钾	—	V	V			
氧化钼	V		V			
氧化锰	V		V			
醇						
甲醇	V	25℃	V	25℃	40℃	25℃
乙醇	V	40℃	V	25℃	95%，40℃	25℃
异丙醇	V	V	V	—	50℃	25℃
丁醇	V	V	V	—	65℃	25℃
戊醇	V	V	V	—	65℃	25℃
苯甲醇	V		100℃	×	40℃	40℃，○
糠醇	V	V	V	×	25℃	
多元醇						
乙二醇	V	V	V	V	100℃	70℃

续附表 2

介质及浓度 /%		胶泥类别					
		水玻璃	环氧	呋喃	酚醛	乙烯基酯	不饱和聚酯
丙二醇			V			100℃	70℃
甘油		V	V	V	V	100℃	70℃
二甘醇		V	V	20℃	20℃	100℃	70℃
醛							
甲醛	37	V	○	V	V	65℃	65℃，○
	3	V	○	V	V	65℃	65℃
乙醛		V	40℃	V	V	40℃	×
苯甲醛		V	40℃	V	V	○	—
糠醛		V	—	25℃	×	—	×
酮							
丙酮		V	—	○	25℃	—	×
甲乙酮		V	×	○	25℃	—	×
甲基异丁基甲酮		V	V	○	25℃	50℃	×
醚							
乙醚		V	25℃	V	25℃	×	×
丁醚				×	○	40℃	—
石油醚			40℃	—		○	—
酯							
醋酸甲酯		V		V			
醋酸乙酯		V	×	V	25℃	25℃	×
醋酸丁酯		V	40℃	V	○	30℃	×
醋酸戊酯		V	25℃	V	○	50℃	×
醋酸苄酯		V		×			
乙二醇醋酸酯		×		V			
甲基丁二醇醋酸酯		V		V			

续附表 2

介质及浓度 /%	胶泥类别					
	水玻璃	环氧	呋喃	酚醛	乙烯基酯	不饱和聚酯
苯二酸二甲酯		40℃	V	25℃	80℃	—
邻苯二酸二丁酯	V	V	V	25℃	100℃	○
硫酸甲酯	V		V	V	—	×
硫酸乙酯	V	25℃	V	25℃	40℃	25℃
烃及石油产品						
已烷	V	V	V	V	70℃	25℃
庚烷		—	V	V	100℃	70℃
异辛烷		V				
苯	V	—	V	○	40℃	×
甲苯	V	—	V	○	50℃	25℃
二甲苯	V	40℃	V	○	50℃	25℃
萘	V	V	V	○	100℃	80℃
矿油	V	V	V	V	V	V
原油	V	V		○	V	V
石脑油	V	V	V	○	100℃	70℃
汽油	V	V	V	○	50℃	25℃
煤油	V	V	V	V	80℃	25℃
燃料油			V		100℃	40℃
石蜡	V		V	V	V	V
氧化石蜡	V			V	V	
含卤素有机化合物						
甲基氯	V	○	V	V	○	—
二氯甲烷	V	×	V		○	×
氯仿	V	—	V	25℃	○	70℃
四氯化碳	V	25℃，—	V	V	80℃	25 ~ 70℃
乙基氯	V	—	V	V	25℃	×

续附表 2

介质及浓度 /%	胶泥类别					
	水玻璃	环氧	呋喃	酚醛	乙烯基酯	不饱和聚酯
二氯乙烷	V	×	V	25℃	25℃	×
四氯乙烷	V		V	25℃	55℃	25℃
二氯乙烯	V	25℃	V	25℃	○	—
三氯乙烯	V	—	○	V	○	×
碳酰氯（光气）	V			60℃	—	×
乙酰氯	V	×	V		—	×
乙撑氯醇	V	V	V	V	V	V
二氯丙烷	V			25℃	40℃	
烯丙基氯	V	40℃	V	○	25℃	×
戊基氯	V	25℃	V	V	50℃	×
氯苯	V	—	V	25℃	40℃	×
二氯苯	V	40℃	V	25℃	50℃	25℃
1，2，4–三氯苯			V	○	—	×
六氯苯			V	V		
苄基氯	V		V	×	25℃	×
苯酰氯		25℃	V			—
苯磺酰氯			V			25℃
氯萘	V		V			
溴仿		—				
碘仿	V		V			
胺及酰胺						
二甲基甲酰胺		×	×		20%，40℃；100%，○	×
乙胺	V		×		20%，40℃；70%，○	
三乙醇胺		40℃		60℃	65℃	V

续附表 2

介质及浓度 /%		胶泥类别					
		水玻璃	环氧	呋喃	酚醛	乙烯基酯	不饱和聚酯
苯胺		○	—	30℃	—	20%，40℃	×
盐酸苯胺		V	V	100℃	V		—
硫酸苯胺			V	100℃	V	100℃	25℃，○
酚							
苯酚	5	V	×	V	25℃	○	—
	20	V	×	—	—	—	×
甲酚		V	×	V	25℃		<10%，V
硝基酚		V		×	60℃		>10%，×
其他有机化合物							
环氧乙烷		V	×	V		×	
吡啶		25℃，—	×	30℃，—	×	40℃	×
尿素		V	V	V	V	70℃	25℃
硝基苯		V	×	V	25℃	40℃	×
硝基甲苯				×			
硝化甘油		V		×			
硝基酚				×			
磺化萘		V					
硫酸苯肼		V				○	○
光气		V			60℃	—	×
工业液体及产品							
肥皂			V			V	V
洗涤剂			V	V		○	—
镀铬液				V		○	—
造纸工业液体							
白液			40℃	V			×

续附表 2

介质及浓度 /%	胶泥类别					
	水玻璃	环氧	呋喃	酚醛	乙烯基酯	不饱和聚酯
黑液		V	V		105℃	80℃
绿液		V	V		80℃	80℃，—
食物及植物油						
醋		V	V	○	100℃	V
酒			V	V		25℃
威士忌			V	V		
啤酒		25℃	V	V	50℃	V
糖及糖浆		V		V		V
牛奶		25℃	V			60℃
动物油	V	V	V	V	V	V
果汁		V	V	V	V	V
植物油	V	V	V	V	V	V
豆油	V	V	V	V	100℃	80℃
玉米油			V	V	100℃	80℃
椰子油			V			
棉籽油		V	V	V	100℃	80℃
亚麻油	V	V	V	V	110℃	V
蓖麻油		V	V	V	70℃	V
桐油	V	V	V	V	V	V
松节油		25℃	V	V	100℃	V

注：1　表中评定耐蚀性等级符号：

V 表示优良，可用至材料的最高使用温度；

○ 表示在材料的最高使用温度下，有一定腐蚀；

— 表示在材料的最高使用温度下，可能产生强腐蚀，使用须慎重；

× 表示在材料的最高使用温度下，腐蚀严重，不宜使用。

2　* 表示缝隙内可能结晶，引起开裂。

3　耐蚀等级符号栏内标明的具体温度，如 25℃、60℃等，说明只在该温度以下使用。

4　①不可采用含硅填料。

②小于此浓度的稀酸须慎用。

③不宜采用含硅填料。

附录三　各类热塑性塑料的耐腐蚀性能

本附录内容参考了 ISO/TR 10358：1993 *Plastics pipes and fittings – Combined chemical-resistance classification table* 中提供的管材 / 管件在常压下耐化学性的初步分类法，给出了各类热塑性塑料在一定温度范围内的耐化学侵蚀性分级。

该方法采用不同温度、浓度下的化学介质对热塑性塑料的影响，通过测试试样质量和力学性能的变化对其进行分类、分级。试验按 ISO 4433-1:1997 *Thermoplastics pipes – Resistance to liquid chemicals – Classification –Part 1:Immersion test method* 和相关标准规定方法进行。各类热塑性塑料的耐腐蚀性能见附表 3。

附表 3　各类热塑性塑料的耐腐蚀性能

编号	化学品	熔点 /℃	沸点 /℃	浓度（质量分数）/%	温度 /℃	LDPE	HDPE	PP	PVC-U	PVC-C	PVDF
1	乙醛	-123	21	40	20	L	S		NS	NS	NS
					50					NS	NS
					60	NS	L		NS	NS	NS
					80						NS
				工业纯（液体）	20	L	S		NS		NS
					50						NS
					60	NS	L		NS		NS
					80						NS
2	乙酰胺	82	221	5	20						
					50						
3	乙酸	17	118	~10	20	S	S	S	S	S	S
					50					S	
					60	S	S	S	S	S	S
					80						
					100			S			
				10 ~ 40	20	S	S	S	S	S	S
					50					S	S
					60			S	L	S	S
					80						
				50	20	S	S	S	S	S	S
					50					S	S
					60			S	L	S	S
					80					S	
					100			L			

续附表 3

编号	化学品	熔点 /℃	沸点 /℃	浓度（质量分数）/%	温度 /℃	LDPE	HDPE	PP	PVC-U	PVC-C	PVDF
3	乙酸	17	118	40 ~ 60	20	S	S		S		
					40						S
					50						S
					60				L		
					80						
				60	20	S	S		S		S
					40						S
					50						
					60	L			L		
				80	20		S				S
					40						S
					50						L
					60						L
					100						L
				95	20					L	
					40					NS	
				≥ 96	20	L	S	S	NS		S
					40						S
					50						L
					60	NS	L	L	NS		L
					100						L
4	乙酸酐	−73	140	工业纯液体	20	L	S	S	NS	NS	NS
					50						
					60	NS	L		NS		
5	丙酮	−95	56	5	100						S
				10	50						S
				工业纯液体	20	L	L	S	NS	NS	
					50						
					60	NS	L	S	NS		
6	苯乙酮	20	202	工业纯液体	20			S	NS	NS	S
					50						
					60			L	NS		
7	乙酰氯		51	工业纯液体	20						NS
					50						

续附表 3

编号	化学品	熔点 /℃	沸点 /℃	浓度（质量分数）/%	温度 /℃	LDPE	HDPE	PP	PVC−U	PVC−C	PVDF
8	乙炔，电石气	−84		工业纯气体	20						
					60						
9	丙烯腈	−82	77	工业纯液体	20			S			L
					50						
10	脂肪酸	151	265 100	饱和水溶液（1.4%）	20	S	S	S	S	S	
					60	S	S	S	L	S	
					80					S	
					100					L	
11	空气			工业纯气体	20	S	S	S	S	S	S
					50					S	S
					60	S	S	S	S	S	S
					100			S		S	S
					140						S
12	丙烯醇	−129	97	工业纯液体	20	L	S	S	L		
					50						
					60	NS	S	S	NS		
13	烯丙基氯	−136	45	饱和水溶液	20				NS		
					50						
					60				NS		
14	杏仁油			工业纯液体	20			S			
15	明矾	（见编号 21）									
16	氯化铝			饱和水溶液	20	S	S	S	S	S	S
					50					S	S
					60	S	S	S	S	S	S
					80					S	S
					100					L	S
17	氟化铝	250		饱和悬浊液	20	S	S	S	S	S	S
					50					S	S
					60	S	S	S	S	S	S
					100						S
18	氢氧化铝			饱和悬浊液	20	S	S	S	S		S
					50						S
					60	S	S	S	S		S
					100						S

续附表 3

编号	化学品	熔点 /℃	沸点 /℃	浓度（质量分数）/%	温度 /℃	LDPE	HDPE	PP	PVC-U	PVC-C	PVDF
19	硝酸铝			饱和水溶液	20	S	S	S	S	S	S
					50					S	S
					60	S	S	S	S	S	S
					100						S
20	氯氧化铝			饱和悬浊液	20	S	S	S	S		
					50						
					60	S	S	S	S		
21	硫酸铝钾			饱和水溶液	20	S	S	S	S	S	S
					50					S	S
					60	S	S	S	S	S	S
					80					S	S
					100					L	S
22	硫酸铝			饱和水溶液	20	S	S	S	S	S	S
					50					S	S
					60	S	S	S	S	S	S
					100						S
23	氨水溶液			饱和水溶液	20	S	S	S	S	S	S
					50					S	
					60	S	S	S	S	S	
24	氨水，干	−78	−34	工业纯气体	20	S	S	S	S	S	S
					50					S	
					60	S	S		S	S	
25	氨水液体	−78	−34	工业纯气体	20	L	S	S	L		
					50						
					60	L	S		NS		
26	醋酸铵			饱和水溶液	20			S			S
					60			S			S
					100						S
27	二氟化铵			饱和水溶液	20						
					60						
28	碳酸铵（分解温度 58℃）			饱和水溶液	20	S	S	S	S		S
					50						S
					60	S	S	S	S		S
					100						S
					120						S

续附表 3

编号	化学品	熔点 /℃	沸点 /℃	浓度（质量分数）/%	温度 /℃	LDPE	HDPE	PP	PVC-U	PVC-C	PVDF
29	氯化铵			饱和水溶液	20	S	S	S	S	S	S
					50					S	S
					60	S	S	S	S	S	S
					100						S
30	氟化铵			饱和水溶液	100						S
				20	20						S
					60						S
					100						S
31	碳酸氢铵			饱和水溶液	20	S	S	S	S		
					60	S	S	S	S		
32	偏碳酸铵			饱和水溶液	20	S	S	S	S		S
					60	S	S	S	S		S
					100			S			S
					120						S
33	钼酸铵				20					S	
					50						
34	硝酸铵	170		饱和水溶液	20	S	S	S	S	S	S
					50					S	S
					60	S	S	S	S	S	S
					100			S		L	S
35	过硫酸铵			饱和水溶液	20	S	S	S	S		S
					50						S
					60	S	S	S	S		S
					100						S
36	磷酸铵			饱和水溶液	20			S	S		S
					50						S
					60				S		S
					120						S
37	硫酸铵			饱和水溶液	20	S	S	S	S		S
					50						S
					60	S	S	S	S		S
					100			S			S

续附表 3

编号	化学品	熔点 /℃	沸点 /℃	浓度（质量分数）/%	温度 /℃	LDPE	HDPE	PP	PVC-U	PVC-C	PVDF
38	硫化铵			饱和水溶液	20	S	S	S	S	L	S
					50					L	S
					60	S	S	S	S	L	S
					100					NS	S
39	硫氰酸铵			饱和水溶液	20	S	S	S	S	S	S
					50						S
					60	S	S	S	S		S
					100						S
40	乙酸戊酯	−100	142	工业纯液体	20	NS	S	L	NS		S
					50						S
					60	NS	L		NS		
					80						
41	戊醇	−79	137	工业纯液体	20	L	S	S	S	S	S
					50					S	S
					60	L	L	S	L		S
					100			S			S
42	戊基氯	−99	108	工业纯液体	20	NS			NS		S
					50						S
					60	NS			NS		S
					100						S
43	苯铵	−6	184	饱和水溶液	20	NS			NS	NS	
					50						
					60	NS			NS		
				工业纯液体	20	NS	S	S	NS	NS	S
					50					NS	
					60	NS	L	S	NS	NS	
44	氢氯化苯胺配合物	199	245	饱和水溶液	20				NS		
					50						
					60				NS		
45	硫酸蒽醌	214		饱和悬浊液	20				S		
					60				S		
46	氯化锑	73	223	饱和水溶液	20	S	S	S	S	S	S
					50					S	S
					60	S	S	S	S	S	S

续附表 3

编号	化学品	熔点 /℃	沸点 /℃	浓度（质量分数）/%	温度 /℃	LDPE	HDPE	PP	PVC-U	PVC-C	PVDF
46	氯化锑	73	223	90	60						S
				工业纯固体	40						S
47	苹果酱			工业浓度	20	S	S	S	S	S	S
					50					S	S
					60				S	S	S
48	王水			V_{HCl}/V_{HNO_3}=3/1	20	NS	NS	NS	NS	NS	NS
					50						NS
					60	NS	NS	NS	NS	NS	
					90						
					100			NS			
49	吡酸	36		饱和水溶液	20	S	S		S	S	
					60	S	S		L	S	
50	溴化钡			饱和水溶液	20	S	S	S	S		
					50						
					60	S	S	S	S		
					100			S			
51	硫酸钡				20	S	S	S	S	S	S
					50					S	S
					60	S	S	S	S	S	S
					100			S			S
					120						S
52	氯化钡				20	S	S	S	S	S	S
					50					S	S
					60	S	S	S	S	S	S
					100			S			S
53	氢氧化钡	78			20	S	S	S	S	S	S
					50					S	S
					60	S	S	S	S	S	S
					100			S			S
54	硫酸钡				20	S	S	S	S	S	S
					50					S	S
					60	S	S	S	S	S	S
					100			S			S

续附表 3

编号	化学品	熔点 /℃	沸点 /℃	浓度（质量分数）/%	温度 /℃	LDPE	HDPE	PP	PVC-U	PVC-C	PVDF
55	硫化钡				20	S	S	S	S	S	S
					50					S	S
					60	S	S	S	S	S	S
					100			S			S
					120						S
56	啤酒			工业浓度	20	S	S	S	S	S	S
					50					S	S
					60	S	S	S	S	S	S
					120						S
57	苯甲醛	−26	178	0.1	20				NS		
					50						
					60				NS		
				工业纯液体	20	L	S		NS	NS	L
					50					NS	
					60	NS	L		NS	NS	
58	苯	6	80	工业纯液体	20	NS	L	L	NS	NS	S
					50						L
					60	NS	L	NS	NS		
					100			NS			
59	苯甲酸	122	250	饱和水溶液	20	S	S	S	L	S	S
					50					S	S
					60	S	S	S	NS		S
					120						S
60	苯甲酰氯	−1	198	饱和水溶液	20						L
				工业纯液体	20	NS			NS		
					50						
					60	NS			NS		
61	苯甲醇	−15	205	工业纯液体	20	NS		S			S
					50						S
					60	NS		L			
62	氯化苯	−39	179	工业纯液体	20						S
					50						S
					60						S

续附表 3

编号	化学品	熔点 /℃	沸点 /℃	浓度（质量分数）/%	温度 /℃	LDPE	HDPE	PP	PVC-U	PVC-C	PVDF
63	碳酸铋			饱和水溶液	20	S	S	S	S		
					50						
					60	S	S	S	S		
64	硼砂			>10，不饱和	20	S	S	S	S		S
					50						S
					60	S	S	S	S		S
					100						S
65	硼酸			<10，稀溶液	20	S	S	S	S	S	S
					50					S	S
					60	S	S		L		S
					100						S
				饱和水溶液	20	S	S	S		S	S
					50					S	S
					60	S	S				S
					100						S
66	三氟化硼	-129	-101	饱和水溶液	20	S	S	S	S	S	
					60						
67	溴酸分解温度 100℃			饱和水溶液	20						S
					60						S
				10	20				S		S
				工业纯固体	100						S
68	溴，气体	-7	58	工业纯气体	20	NS	NS	NS	NS		
					50						
					60	NS	NS	NS	NS		
					100			NS			
69	溴，液体	-7	58	工业纯液体	20	NS	NS	NS	NS		S
					50						S
					60	NS	NS	NS	NS		S
					100			NS			S
					120						S
70	溴水			饱和水溶液	20					L	S
					60					L	S
					80						S

续附表 3

编号	化学品	熔点 /℃	沸点 /℃	浓度（质量分数）/%	温度 /℃	LDPE	HDPE	PP	PVC-U	PVC-C	PVDF
71	溴乙烷	−119	38	工业纯液体	20				NS		
					50						
					60				NS		
72	丁二烯，气体			工业纯固体	20				S	S	S
					60				S		S
					100						S
73	丁烷，气体	−135	−0.5	工业纯气体	20		S	S	S	S	S
					50						
					60		S		S		
74	正丁醇	−80	117	工业纯液体	20	S	S	S	S	S	S
					50					S	S
					60	L	S	L	L	S	S
					80					L	
					100			L		NS	
75	丁基醋酸盐或乙酸丁酯	−77	126	工业纯液体	20			L	NS	NS	
					40					NS	L
					50					NS	
					60			NS	NS	NS	
					100			NS		NS	
76	乙烯丁醇		171	工业纯液体	20			S			S
					50						S
					100						S
77	丁基苯酚对叔丁基苯酚	98	237	饱和水溶液	20			S	NS		S
					50						S
					60				NS		S
					80						S
78	邻苯二甲酸丁酯	<10	210	工业纯液体	20			S	NS	NS	S
					50						S
					60			L	NS		S
					100			L			
79	丁酸	−5	164	20	20				S	S	S
					50						S
					60				NS		S
					100						S

续附表 3

编号	化学品	熔点 /℃	沸点 /℃	浓度（质量分数）/%	温度 /℃	LDPE	HDPE	PP	PVC-U	PVC-C	PVDF
79	丁酸	−5	164	工业纯液体	20	L	S		NS	S	S
					50						S
					60	L	L		NS		S
					80						S
80	正丁酰氯	−89	100	工业纯液体	20						
					50						
81	亚硫酸氢钙			饱和水溶液	20					S	S
					50						S
					60						S
					120						S
82	溴化钙			饱和水溶液	20					S	
					50					S	
83	碳酸钙			饱和悬浊液	20	S	S	S	S	S	S
					50						S
					60	S	S	S	S	S	S
					100			S		S	S
					120						S
84	氯酸钙			饱和水溶液	20	S	S	S	S	S	S
					50					S	S
					60	S	S	S	S	S	S
					100						S
85	氯化钙			饱和水溶液	20	S	S	S	S	S	S
					50					S	S
					60	S	S	S	S	S	S
					80					S	S
					100			S		L	S
					120						S
86	氢氧化钙			饱和水溶液	20	S	S	S	S	S	NS
					50					S	
					60	S	S	S	S	S	
87	次氯酸钙（分解温度 10% 氯）			溶液	20	S	S	S		S	
					50					S	
					60	S	S			S	
				饱和水溶液	100						L

续附表 3

编号	化学品	熔点 /℃	沸点 /℃	浓度（质量分数）/%	温度 /℃	LDPE	HDPE	PP	PVC-U	PVC-C	PVDF
88	硝酸钙			饱和水溶液	20	S	S	S	S	S	
					50					S	
					60	S	S	S	S	S	
					80						
				50	100						S
89	硫酸钙			饱和悬浊液	20	S	S	S	S	S	S
					50					S	S
					60	S	S	S	S	S	S
					120						S
90	硫化钙			稀溶液	20		L			S	
					60		L				
91	硫化氢钙			不饱和水溶液	20	S	S	S	S	S	S
					60	S	S	S	S	S	S
					120						S
92	樟脑油		175 ~ 200	工业纯液体	20			NS			
					60			NS			
					100			NS			
93	二氧化碳气溶胶			饱和水溶液	20				S	S	
					50					S	
					60				S	S	
94	二氧化碳干气体			工业纯气体	20	S	S	S	S	S	S
					50					S	S
					60	S	S	S	S	S	S
					120						S
95	二氧化碳湿气体			工业纯气体	20	S	S	S	S	S	
					50					S	
					60	S	S	S	S	S	
96	二硫化碳	–112	46	工业纯液体	20	NS	L	S	NS		
					50						
					60	NS	NS	NS	NS		
					100			NS			
97	一氧化碳气体			工业纯气体	20	S	S	S	S	S	S
					50					S	S
					60	S	S	S	S	S	S

续附表 3

编号	化学品	熔点 /℃	沸点 /℃	浓度（质量分数）/%	温度 /℃	LDPE	HDPE	PP	PVC-U	PVC-C	PVDF
98	四氯化碳	-23	77	工业纯液体	20	NS	L	NS	NS	NS	
					50						
					60	NS	NS	NS	NS		
					100			NS			
99	蓖麻油			工业纯液体	20			S			
					60			S			
100	氯，蒸汽	（见编号 102）									
101	氯干气体			工业纯气体	20	NS	L	NS	L		S
					50						S
					60	NS	NS	NS	NS		S
					100			NS			S
102	氯水			饱和水溶液	20	NS	L	S		S	S
					50					S	S
					60	NS	NS	L		S	S
					80					S	S
					100					L	S
103	氯，湿气			工业纯气体	20					S	NS
					50					S	
					60					S	
					80					S	
104	氯乙酸	61	188	不饱和水溶液	20		S	S	S		S
					60		S		L		S
				饱和水溶液	20					S	
					60					S	
					80					S	
					100					L	
				50	100						S
105	氯苯	-45	132	工业纯液体	20	NS			NS	NS	S
					50						S
					60	NS			NS		S
					80						
					100						

续附表 3

编号	化学品	熔点 /℃	沸点 /℃	浓度（质量分数）/%	温度 /℃	LDPE	HDPE	PP	PVC-U	PVC-C	PVDF
106	氯乙醇	-89	129	工业纯液体	20			S	NS		S
					50						S
					60				NS		
107	氯仿	-64	62	工业纯液体	20	NS	NS	L	NS	NS	S
					50						S
					60	NS	NS	NS	NS	NS	S
					100			NS		NS	S
108	氯甲烷	-97	-24	工业纯气体	20	L	L		NS		S
					50						S
					60				NS		S
					100						S
109	氯丙烷	-123	36	工业纯液体<47	20				NS		
					50						
					60				NS		
110	氯磺酸	68	147	50	20						S
			真空	工业纯固体	20	NS	NS	NS	L	NS	
					50						
					60	NS	NS	NS	NS	NS	
					100			NS		NS	
111	硫酸铬钾铬明矾			不饱和水溶液	20	S	S	S	S	S	S
					50					S	S
					60	S	S	S	S	S	S
					80					S	S
					100					L	S
				饱和水溶液	100						
112	铬酸			饱和水溶液	20				S	S	S
					50	S					S
					60						S
					100						S
				10	20				S	S	S
					50					S	S
					60					S	S
					80					S	S
					100					L	S

续附表 3

编号	化学品	熔点 /℃	沸点 /℃	浓度（质量分数）/%	温度 /℃	LDPE	HDPE	PP	PVC-U	PVC-C	PVDF
112	铬酸			20	20		S		S	S	S
					50					S	S
					60		L			S	S
					100						S
				25	20				S	S	S
					50					S	S
					60					S	S
					100						S
				30	20				S	S	S
					50					S	S
					60					S	S
					100						S
				40	20			S	S	S	S
					50					S	S
					60			L		S	S
					100			NS			S
				50	20		S		S	S	S
					50					S	S
					60		L		L	S	S
					100						S
113	柠檬酸	153		饱和水溶液	20	S	S	S	S	S	S
					50					S	S
					60	S	S	S	S	S	S
					100			S			S
					120						S
114	椰子油			工业一般浓度	20			S			S
					60						S
					120						S
115	鱼肝油			工业一般浓度	20						S
					50						S
					120						S
116	氯化铜（Ⅱ）			饱和水溶液	20	S	S	S	S	S	
					60	S	S	S	S	S	
				50	100						

续附表 3

编号	化学品	熔点 /℃	沸点 /℃	浓度（质量分数）/%	温度 /℃	LDPE	HDPE	PP	PVC-U	PVC-C	PVDF
117	氰化铜（Ⅱ）			饱和水溶液	20 60 100	S S	S S	S S	S S		S S S
118	氰化铜（Ⅱ）			稀溶液	100						S
				饱和水溶液	20 60	S S				S	
				2	20 50 60	S S	S S	S S	S S		
119	硝酸铜（Ⅱ）			饱和水溶液	20 50 60 100	S S	S S	S S S	S S	S S S	
				50	100						S
120	硫酸铜（Ⅱ）			饱和水溶液	20 50 60 100	S S	S S	S S	S S	S S S S	S S S S
121	玉米油			工业一般浓度	20 60			S L		S	
122	棉花籽油			工业一般浓度	20 50 60			S S		S S	
123	甲酚	11 ~ 34	191 ~ 203	工业纯液体	20 40 50 60 100			S	NS NS	S S NS	S L
124	甲苯酚			饱和水溶液	20 60		L		 NS		
				50	20 60						
125	巴豆醛	−74	104	饱和水溶液	20 60	L			NS NS		

续附表 3

编号	化学品	熔点 /℃	沸点 /℃	浓度（质量分数）/%	温度 /℃	LDPE	HDPE	PP	PVC-U	PVC-C	PVDF
125	巴豆醛	-74	104	工业纯液体	20				NS		S
					40						S
					60				NS		
126	原油不含芳烃			工业纯液体	20				S		S
					40				S		S
					100						S
127	环己烷	6	81	工业纯液体	20			S		S	S
					50						S
					120						S
128	环己醇	24	161	饱和水溶液	20	L			NS	S	
					50					S	
					60	NS			NS	S	
					80					NS	
				工业纯固体	20		S	S	NS	S	S
					40					S	S
					50					S	
					60		S	L	NS	S	
					80					NS	
129	环己酮	-26	156	工业纯液体	20	NS	S	L	NS	NS	NS
					50					NS	
					60	NS	L	NS	NS	NS	
					80					NS	
					100					NS	
130	环己胺		135	工业纯液体	20						
131	十氢化萘	-51 ~ -36	185 ~ 193	工业纯液体	20		S	NS			S
					60		L	NS			S
					100			NS			S
132	清洁皂			工业纯液体	20						
133	显影剂			工业一般浓度	20		S		S	S	
					60		S		S	S	
134	糊精			稀溶液	120						S

续附表 3

编号	化学品	熔点 /℃	沸点 /℃	浓度（质量分数）/%	温度 /℃	LDPE	HDPE	PP	PVC-U	PVC-C	PVDF
134	糊精			不饱和水溶液	20	S	S	S	S	S	
					50					S	
					60	S	S	S	L	S	
135	葡萄糖分解温度 200℃	146		不饱和水溶液	20	S	S	S	S	S	
					50					S	
					60	S	S	S	S	S	
					100			S			
136	重氮盐			工业一般浓度	20						
					60						
137	二氯醋酸	11	194	50	80						S
				工业纯液体	20			L	NS		
					50						
					60				NS		
138	邻二氯苯	−24 ~ 53	173 ~ 179	工业纯液体	20				NS		S
					50						S
					60				NS		S
139	偏二氯乙烯	−81	34	工业纯液体	20			L	NS		S
					50						S
					60				NS		S
					120						
140	二氯甲烷	（见编号 253）									
141	柴油			工业一般浓度	20						S
					60						S
					120						S
142	二乙醇胺	28	268	工业纯固体	20						NS
					50						
143	二己基胺	−50	56	工业纯液体	20						NS
					50						
144	二溴乙烷	（见编号 160）									
145	二乙二醇	−10	198	工业纯液体	20			S			
					50						
					60			S			

续附表 3

编号	化学品	熔点 /℃	沸点 /℃	浓度（质量分数）/%	温度 /℃	LDPE	HDPE	PP	PVC-U	PVC-C	PVDF
146	二羟基乙酸	148		稀溶液	60						S
				饱和水溶液	20			S			
				18	20				S	S	
					40					S	
					60				L		
147	邻苯二甲酸二异辛酯			工业纯液体	20			S	NS		
					50						
					60			L	NS		
148	二甲胺			30	20				S		NS
149	二甲胺气体	−96	7	工业纯气体	20	NS		S			NS
					50						
					60	NS					
150	甲酰二甲胺	−61	153	工业纯液体	20			S			NS
					50						
					60			S			
151	邻苯二甲酸二辛酯		255 ~ 265	工业纯液体	20	L	S	L	NS	NS	L
					50						
					60	NS	L	L	NS		
152	二氧杂环乙烷	12	100	工业纯液体	20		S	L	NS		L
					50						
					60		S	L	NS		
153	二苯胺	54	310	工业一般浓度	20						
					50						
154	磷酸氢二钠	（见编号 371）									
155	乙醇	−114	78	40	20	S	S			S	S
					50					S	S
					60	L	L			S	
				95	20	L		S	S	S	S
					50					S	S
					60	L		S	L	S	

续附表 3

编号	化学品	熔点 /℃	沸点 /℃	浓度（质量分数）/%	温度 /℃	LDPE	HDPE	PP	PVC-U	PVC-C	PVDF
155	乙醇	-114	78	工业纯液体	20				S	S	S
					50					S	S
					60				L	S	
					100						
156	乙醇胺	-84	171	工业纯液体	20			S		NS	NS
157	乙酸乙酯	-83	77	工业纯液体	20	L	S	L	NS		L
					50						
					60	NS	NS	NS	NS		
					100			NS			
158	丙烯酸乙酯		99	工业纯液体	20				NS		
					60				NS		
159	乙基氯	-139	12	工业纯固体	20	NS		NS	NS		S
					50						S
					60	NS		NS	NS		S
					100			NS			S
160	1，2-二溴乙烷	10	132	工业纯液体	20					NS	
					60						
161	乙撑氯醇（2-氯乙醇）		129	工业纯液体	20				NS		L
					50						
					60				NS		
162	1，1-二氯乙烷	-35	57	工业纯液体	20			L	NS		
					50						
					60			L	NS		
163	1，2-二氯乙烷	-35	83	工业纯液体	20				NS	NS	
					50						
					60				NS		
164	乙二醇	-11	198	工业纯液体	20	S	S	S	S		S
					50						S
					60	S	S	S	S		S
					80						S
					100						S
165	乙醚	-113	35	工业纯液体	20	NS	L	S	NS	NS	S
					50						S
					60	NS		L	NS		

续附表 3

编号	化学品	熔点 /℃	沸点 /℃	浓度（质量分数）/%	温度 /℃	LDPE	HDPE	PP	PVC−U	PVC−C	PVDF
166	乙二醇－乙醚	−90	135	工业纯液体	50						
167	氯化铁			饱和水溶液	20	S	S	S	S	S	S
					50					S	S
					60	S	S	S	S	S	S
					100			S			S
168	硝酸铁			饱和水溶液	20	S	S	S	S	S	S
					50					S	S
					60	S	S	S	S	S	S
					100			S			S
169	硫酸铁			饱和水溶液	20	S	S	S	S	S	S
					50					S	S
					60	S	S	S	S	S	S
					100			S			S
170	氯化亚铁			饱和水溶液	20	S	S	S	S	S	S
					50					S	S
					60	S	S	S	S	S	S
					100			S			S
171	硫酸亚铁			饱和水溶液	20	S	S	S	S	S	S
					50					S	S
					60	S	S	S	S	S	S
					100						S
172	硼酸（分解温度130℃）			工业纯固体	20					S	S
					40						S
					60						
173	氟，干燥气体			工业纯气体	20	NS	NS		NS		
					50						
					60	NS	NS		NS		
174	氟，湿气体			工业纯气体	20	NS	NS		NS		
					50						
					60	NS	NS		NS		
175	氟硅酸			饱和水溶液	20				S	S	S
					50						S
					60				S	S	S
					100						S

续附表 3

编号	化学品	熔点 /℃	沸点 /℃	浓度（质量分数）/%	温度 /℃	LDPE	HDPE	PP	PVC-U	PVC-C	PVDF
175	氟硅酸			25	20				S	S	S
					50					S	S
					60				S	S	S
					100						S
				32	20				S	S	S
					50					S	S
					60				S	S	S
					100						S
				40	20	S	S		S	S	S
					60	S	S		S	S	S
				50	100						S
176	甲醛	−92	−19	30 ~ 40	20	S	S	S	S	S	
					50					S	
					60	S	S		S	S	
				37	100						S
				50	20					S	
					60					S	
177	甲酸	8	101	10	20	S	S	S	S	S	S
					60	S	S	S	S	S	S
					100			L			S
				40	20	S	S	S	S	S	S
					50					S	S
					60	S	S			S	S
					100						S
				50	20	S	S	S	S	S	S
					50					S	S
					60	S	S		L	S	S
					80					S	S
				85 以上工业纯液体	20	S	S	S		S	S
					50					S	S
					60	S	S	NS		S	S
					80					L	S
					100			NS			S

续附表 3

编号	化学品	熔点 /℃	沸点 /℃	浓度（质量分数）/%	温度 /℃	LDPE	HDPE	PP	PVC-U	PVC-C	PVDF
178	氟利昂-F12 氟氯烷		-30	一般浓度	20					S	S
					50						S
					60						S
					100						S
179	果糖	102 ~ 104		不饱和溶液	20			S		S	
					50					S	
					60			S			
					100			S			
180	果酱			一般浓度	20			S		S	S
					50					S	S
					60			S		S	S
					100			S			S
181	糠醇	-29	170	工业纯液体	20	L	S		NS		
					50						
					60	NS	L		NS		
182	人工煤气			工业纯气体	20		S		S		
					60						
183	天然气，干			工业纯气体	20		S		S	S	S
					50		S				S
					60						S
					120						S
184	天然气，湿			工业纯气体	20		S		S		S
					50						S
					60						S
					120						S
185	汽油（燃料）			一般浓度	20	L	S	NS	S	S	S
					50					S	S
					60	NS	L	NS	S	S	S
					100			NS			S
186	明胶			不饱和溶液	20	S	S	S	S	S	
					50					S	
					60	S	S	S	S	S	
187	姜汁			一般浓度	20						

续附表 3

编号	化学品	熔点 /℃	沸点 /℃	浓度（质量分数）/%	温度 /℃	LDPE	HDPE	PP	PVC-U	PVC-C	PVDF
188	葡萄糖（分解温度 200℃以上）	146		不饱和浓度	20	S	S	S	S	S	S
					50					S	S
					60	S	S	S	S	S	S
					100			S			S
					120						S
189	甘油	20	290	工业纯液体	20	S	S	S	S	S	S
					50				S	S	
					60	S	S	S	S	S	
					100			S		S	
					120						
190	乙醇酸	80		不饱和液体	20		S			S	S
					60		S			S	S
					100						S
				30	20	S		S	S		SS
					60	L			S		
				65	100						S
191	柚汁			一般浓度	20		S		S		S
					50						S
192	庚烷	-90	98	工业纯液体	20	NS	S	L	S	S	S
					60	NS	NS	NS		S	S
					80						S
					100						S
193	十六醇	50	340	一般浓度	20				S		
					60				S		
194	己烷	-94	69	工业纯液体	20			S		S	S
					50					S	S
					60			L		S	S
					80						S
195	1- 己醇	-52	158	工业纯液体	20				S		
					60				S		
196	蜂蜜			一般浓度	20	S	S	S	S	S	
					50					S	
					60	S	S	S	S	S	

续附表 3

编号	化学品	熔点 /℃	沸点 /℃	浓度（质量分数）/%	温度 /℃	LDPE	HDPE	PP	PVC-U	PVC-C	PVDF
197	山葵汁			一般浓度	20	S	S	S	S		
					50						
					60	S	S	S	S		
198	氢溴酸	-87	-67	<20	20	S	S		S	S	S
					40					S	S
					60	S	S		L		S
					100						S
				20 ~ 48	20	S	S	S		S	S
					60	S	S	L		S	S
					80					L	S
					100						S
				50	20	S	S		S		S
					60	S	S		L		S
				66	100						S
				工业纯气体	20	S	S			S	
					60	S	S				
199	氯化氢	-112	-85	<10	20	S	S	S	S	S	S
					50					S	S
					60	S	S	S	S	S	S
					80					S	S
					100			S		L	S
				10 ~ 20	20	S	S	S	S	S	S
					50					S	S
					60	S	S	S	L	S	S
					80						S
					100			S			S
				20 ~ 25	20	S	S	S	S	S	S
					60	S	S			S	S
					80					S	S
					100						S

续附表 3

编号	化学品	熔点 /℃	沸点 /℃	浓度（质量分数）/%	温度 /℃	LDPE	HDPE	PP	PVC-U	PVC-C	PVDF
199	氯化氢	–112	–85	30	20	S	S	S	S	S	S
					60	S	S	L		S	S
					100			L			S
				>30	20	S	S	S	S	S	S
					60	S	S		S	S	S
					80					S	S
					100						S
				36	20	S	S	S	S	S	S
					50					S	S
					60	S	S			S	S
					80					S	S
					100						S
				38	20	S	S	S	S	S	
					50					S	
					60	S	S			S	
					80					S	
200	盐酸，干气体			工业纯气体	20			S			
					50						
					60			S			
201	盐酸，湿气体			工业纯气体	20			S			
					50						
					60			S			
202	氰化氢	–15	25	饱和水溶液	120						S
				10	20	S	S		S		S
					60	S	S		S		S
					120						S
				工业纯液体	20						
					60						
203	氢氟酸	–85	20	<10	20	S	S	S	S		S
					50						S
					60	S	S		S		S
					100						S

续附表 3

编号	化学品	熔点 /℃	沸点 /℃	浓度（质量分数）/%	温度 /℃	LDPE	HDPE	PP	PVC-U	PVC-C	PVDF
203	氢氟酸	-85	20	40	20			S	L	S	S
					40					S	S
					60				NS		S
					100						S
				48	20						S
					60						S
					100						S
				50	20						S
					50						S
					100						S
				60	20	S	S		L		S
					60	L	L		NS		S
				70	100					S	S
204	氢氟酸，气体			工业纯气体	20				L	S	S
					40						S
					60				NS		
205	氢气			工业纯气体	20	S	S	S	S	S	S
					60	S	S		S	S	S
					100						S
206	过氧化氢	1	158	<10	20	S	S	S	S	S	S
					50					S	S
					60	S	S		S		S
					100						S
				30	20	S	S	S	S	S	S
					40					S	S
					60	L	S	L	S		S
					100						S
				50	20					S	S
					40					S	S
					60						S
					100						S
				90	20	S	S				
					60	NS	NS				

续附表 3

编号	化学品	熔点 /℃	沸点 /℃	浓度（质量分数）/%	温度 /℃	LDPE	HDPE	PP	PVC-U	PVC-C	PVDF
207	磷化氢	（见编号 287）									
208	硫化氢，蒸汽			稀溶液	120						S
				饱和水溶液	20 60					S S	
				工业纯气体	120						S
209	硫化氢，干气		−61	工业纯气体	20 50 60 120	S S	S S	S S	S S	S S S	S S S S
210	对苯二酚	170	286（730 mmHg）	饱和水溶液	20 50 60	S S	S S	S S	S S	S S	
211	次氯酸			饱和水溶液	20 60					S S	
				70	100						S
212	碘（碘化钾）			饱和水溶液	20 50	NS	NS		NS		
				饱和水溶液	60	NS	NS		NS		
				工业纯固体	80						S
213	碘酒	114	183	一般工业浓度	20 60	NS NS	NS NS	S	NS NS		
214	异丁醇	−108	108	工业纯液体	20 50 60				S S		L NS
215	异丁腈		107	工业纯液体	20						
216	异辛烷		99	工业纯液体	20 60 100			L NS NS			S S S

续附表 3

编号	化学品	熔点 /℃	沸点 /℃	浓度（质量分数）/%	温度 /℃	LDPE	HDPE	PP	PVC-U	PVC-C	PVDF
217	异丙基醋酸酯	-73	90	工业纯液体	20						
218	异丙醇	-90	82	工业纯液体	20 60 100			S S S	S S	S S	S S L
219	二异醚	-60	68	工业纯液体	20			L			
220	煤油		150 ~ 250	工业一般浓度	20 100						S S
221	乳酸	18	119（12mHg）	10	20 60	S S	S S	S S	S L	S S	S S
				28	20 60	S S	S S	S S			S S
				10 ~ 90	20 60	S S	S S	S S	L NS	S	S S
				工业纯液体	20 60 100	S S	S S		L NS		S S S
222	羊毛脂			工业一般浓度	20 50 60			S L			
223	氯化月桂醇	-25	243	饱和水溶液	20 50 60						S S S
				工业纯液体	120						S
224	乙酸铅	75		稀溶液	20 50 60 100	S S	S S	S S	S S	S S S	S S S S
				饱和水溶液	20 50 60 100	S S	S S	S S	S S	S S S	S S S S

续附表 3

编号	化学品	熔点 /℃	沸点 /℃	浓度（质量分数）/%	温度 /℃	LDPE	HDPE	PP	PVC-U	PVC-C	PVDF
225	四乙基铅（分解温度200℃）			工业纯液体	20				S	S	S
					100						S
226	亚麻油			一般工业浓度	20			S		S	S
					40					S	S
					50						S
					60			S			S
					100			S			S
					120						S
227	润滑油			工业纯液体	20						S
					60						S
					120						S
228	碳酸镁			饱和悬浊液	20	S	S	S	S	S	S
					50					S	S
					60	S	S	S	S	S	S
					100			S			S
229	氯化镁			饱和水溶液	20	S	S	S	S	S	S
					50					S	S
					60	S	S	S	S	S	S
				50	100						S
230	氢氧化镁			饱和水溶液	20	S	S	S	S	S	S
					50						S
					60	S	S	S	S	S	S
					100			S			S
231	硝酸镁			饱和水溶液	20	S	S	S	S	S	S
					50						S
					60	S	S	S	S	S	S
					100			S			S
232	硫酸镁			饱和水溶液	20	S	S	S	S	S	S
					50					S	S
					60	S	S	S	S	S	S
					100			S			S
233	马来酸（分解温度160℃）	131		饱和水溶液	20	S	S	S	S	S	S
					40					S	S
					60	S	S	S	L		S

续附表 3

编号	化学品	熔点 /℃	沸点 /℃	浓度（质量分数）/%	温度 /℃	LDPE	HDPE	PP	PVC-U	PVC-C	PVDF
233	马来酸（分解温度160℃）	131		50	100						S
234	苹果酸（升华）	136		不饱和溶液	20 60	S S	S S	S S	S S	S S	S S
				饱和水溶液	20 60	S S	S S	S S	S S		S S
235	人造黄油			一般工业浓度	20 50 120						S S S
236	蛋黄酱			一般工业浓度	20		S		S		
237	氯化汞			饱和水溶液	20 50 60 100	S S	S S	S S	S S	S S S	S S S S
238	腈化汞			饱和水溶液	20 50 60 100	S S	S S	S S	S S	S S S	S S S S
239	硝酸汞			不饱和水溶液	20 50 60 100	S S	S S	S S	S S	S S S	S S S S
				饱和水溶液	20 60 100	S S	S S	S S	S S	S S	S S S
240	汞			工业纯液体	20 60 100						
241	二氯化汞	（见编号 237）									

续附表 3

编号	化学品	熔点 /℃	沸点 /℃	浓度（质量分数）/%	温度 /℃	LDPE	HDPE	PP	PVC-U	PVC-C	PVDF
242	二腈化汞	（见编号 237）									
243	异亚丙基丙酮	-59	131		20 50 60				NS NS		
244	乙酸甲酯	-98	57	工业纯液体	20 50 60			S S	NS NS		S
245	甲醇	-97	65	5	20 50 60 100			S L L	S S S		
				工业纯液体	20 50 60 80	S L	S S	S	S L	S S S	 L L
246	甲胺	-93	6	<32	20			S			
247	甲丁酮	-57	127	工业纯液体	20 50 60				NS NS		L L
248	甲基环己酮		162 ~ 169	工业纯液体	20 50						
249	甲乙酮	-86	80	工业纯液体	20 50 60			S	NS NS	NS	L
250	甲基乙二醇	-85	124		20 50						
251	甲基丙烯酸甲酯		100	工业纯液体	20 60				NS NS	NS NS	S
252	甲基磺酸	-30		工业纯液体	20 60						

续附表 3

编号	化学品	熔点 /℃	沸点 /℃	浓度（质量分数）/%	温度 /℃	LDPE	HDPE	PP	PVC-U	PVC-C	PVDF
253	二氯甲烷	-97	40	工业纯液体	20			L	NS	NS	S
					40						L
					50					NS	
					60			NS	NS	NS	
					100			NS			
254	牛奶			一般工业浓度	20	S	S	S	S	S	S
					50					S	S
					60	S	S	S	S	S	S
					100			S			S
255	矿物油			一般工业浓度	20	L	S		S	S	S
					60	NS	L		S	S	S
					80						S
					100						S
256	糖蜜			一般工业浓度	20	S	S		S	S	
					50					S	
					60	S	S		L		
257	单氯乙酸酯	61	188	85	20					S	
					60					S	
				>85	20			S			
					60			S			
258	芥末，蒸汽			一般工业浓度	20		S		S	S	S
					120						S
259	石脑油			一般工业浓度	20			S	NS		S
					50						S
					60			NS	NS		
					80						
					100			NS			
260	醋酸镍			饱和水溶液	20					S	
					40						
					60					S	
261	氯化镍			饱和水溶液	20	S	S	S	S	S	S
					50					S	S
					60	S	S	S	S	S	S
					100						S

续附表 3

编号	化学品	熔点 /℃	沸点 /℃	浓度（质量分数）/%	温度 /℃	LDPE	HDPE	PP	PVC–U	PVC–C	PVDF
262	硝酸镍			饱和水溶液	20	S	S	S	S	S	S
					50					S	S
					60	S	S	S	S	S	S
					120						S
263	硫酸镍			饱和水溶液	20	S	S	S	S	S	S
					50					S	S
					60	S	S	S	S	S	S
					100						S
264	尼克酸			饱和悬浊液	20	L	S		S	S	S
					60	L			S	S	S
					100						S
265	硝酸			5	20	S	S	S	S	S	S
					50					S	S
					60	S	S			S	S
					80					S	S
				10	20	S	S	S	S	S	S
					50					S	S
					60	S	S	NS		S	S
					80					S	S
					100			NS			S
				20	20	S	S	S	S	S	S
					50					S	S
					60	S	S	NS		S	S
					80					S	S
					100			NS			S
				25	20	S	S	S	S	S	S
					50					S	S
					60	S	S	NS		S	S
					80					S	S
					100						S
				30	20			S	S	S	S
					50					S	S
					60			NS		S	S
					80					S	S
					100			NS			S
					120						S

续附表 3

编号	化学品	熔点 /℃	沸点 /℃	浓度（质量分数）/%	温度 /℃	LDPE	HDPE	PP	PVC-U	PVC-C	PVDF
265	硝酸			35	20				S	S	
					50					S	
					60			NS		S	
					80					S	
					100			NS			
				40	20				S	S	
					50					S	
					60					S	
					80					S	
					120						L
				<45	20				S	S	
					50					S	
					60				L	S	
					80					S	
				50	20	L	L	L		S	
					50					S	
					60	NS	NS	NS		S	
					80					S	
					100			NS			
				>50	20	NS	NS	NS	NS		
					50						
					60	NS	NS	NS	NS		
					100			NS			
				65	120						L
				85	20						NS
	发烟硝酸（带二氧化碳）				20	NS	NS	NS	NS		
					50						
					60	NS	NS	NS	NS		
					100			NS			
266	硝基苯	6	210	工业纯液体	20			S	NS	NS	S
					50						S
					60			L	NS		
267	油脂			工业纯液体	20	L	S		S		
					60	NS	L		S		

续附表 3

编号	化学品	熔点 /℃	沸点 /℃	浓度（质量分数）/%	温度 /℃	LDPE	HDPE	PP	PVC-U	PVC-C	PVDF
268	油酸十八稀酸	16	286（100 mmHg）	工业纯液体	20	L	S	S	S	S	S
					50					S	S
					60	NS	S	L	S	S	S
					80					L	S
					100					NS	S
					120						S
269	发烟硝酸				20	NS	NS	NS	NS	L	NS
					50						
					60	NS	NS	NS	NS		
					100			NS			
270	橄榄油			工业一般浓度	20			S	S	S	S
					50				S	S	
					60			S	S		
					100			L			
					120						
271	亚磷酸	（见编号 288）									
272	草酸（升华）		102	稀溶液	20				S	S	S
					60				L	S	S
				饱和水溶液	20	S	S	S	S	S	S
					50					S	S
					60	S	S	L	S	S	
					100			NS			
				50	100						S
273	氧气			工业纯气体	20	S	S	S	S	S	S
					50					S	S
					60		L		S	S	S
					100						S
274	臭氧			饱和水溶液	20						S
				工业纯气体	20	NS	L		S	S	
					50				S		
					60	NS	NS				
275	石蜡			工业纯液体	20					S	S
					100						S

附录

续附表 3

编号	化学品	熔点 /℃	沸点 /℃	浓度（质量分数）/%	温度 /℃	LDPE	HDPE	PP	PVC-U	PVC-C	PVDF
276	石蜡油（F65）			工业纯液体	20			S		S	S
					40			L		S	S
					60						S
					100			NS			S
277	花生油			工业一般浓度	20			S		S	S
					60			S		S	S
					120						S
278	戊烷	-131	36		20						
					50						
279	胡椒薄荷油			工业一般浓度	20			S			
280	全氯乙烯	-22	121		20					NS	
					100						L
281	高氯酸	-112	39（56 mmHg）	10	20				S	S	S
					60				L	S	S
					100						S
				20	20			S		S	S
					100						S
				70	20				L		S
					60				NS		S
					100						S
282	石油（脂肪烃 / 苯）			80/20	20				NS		
					60				NS		
283	石油醚（轻石油）			工业一般浓度	20			L		S	S
					60			L		S	S
					120						S
284	苯酚	41	182	不饱和水溶液	20	L	S			S	
					60	NS	S			S	
					80					L	
				5	20			S			S
					60			S			S
					120						S
				50	80						S

续附表 3

编号	化学品	熔点 /℃	沸点 /℃	浓度（质量分数）/%	温度 /℃	LDPE	HDPE	PP	PVC-U	PVC-C	PVDF
284	苯酚	41	182	90	20			S	NS	S	
					40					S	
					60				NS	NS	
				工业纯固体	20						L
					50						
					60						
285	苯肼（分解）	20	243	工业纯液体	20				NS	NS	S
					40				NS		S
					60						
286	盐酸苯肼（升华）	240		稀溶液	60						S
				97	20				NS		
					60				NS		
287	三氢化磷	-134	-88	工业纯气体	20	S	S	S	S		S
					40						S
					60	S	S	S	S		
288	磷酸	42		<50	20	S	S	S	S	S	S
					50					S	S
					60	S	S	S		S	S
					80					S	S
					100					L	S
				50～75	20			S	S	S	S
					50					S	S
					60			S		S	S
					80					S	S
					100					L	S
				75～85	20			S	S	S	S
					50					S	S
					60			S		S	S
					80					S	S
					100			S		L	S
				98	100						S
289	三氯化磷	-92	75	工业纯液体	20	S	S		NS		
					50						L
					60	S	L		NS		

续附表 3

编号	化学品	熔点 /℃	沸点 /℃	浓度（质量分数）/%	温度 /℃	LDPE	HDPE	PP	PVC−U	PVC−C	PVDF
290	三氯氧化磷	1	105	工业纯液体	20			L	NS	S	S
					40					S	
					60				NS		
					75						NS
291	邻苯二甲酸	208		饱和悬浊液	20					S	S
					50						S
					100						S
292	苦味酸（升华）	122		饱和水溶液	20	S	S	S	S	S	S
					60	L			S	S	S
					100						S
				10	100						S
				50	100						S
293	硫酸铝钾	（见编号 21）									
294	碳酸氢钾			饱和水溶液	20	S	S	S	S	S	S
				饱和水溶液	50					S	S
					60	S	S	S	S	S	S
					100			S			S
295	重铬酸钾	（见编号 307）									
296	重硫酸钾			饱和水溶液	20	S	S	S	S	S	S
					50					S	S
					60	S	S	S	S	S	S
					100						S
297	硼酸钾			饱和水溶液	20	S	S	S	S	S	S
					50					S	S
					60	S	S	S	S		S
					100						S
298	溴酸钾			饱和水溶液	20	S	S			S	S
					50					S	S
					60	S	S			S	S
					80					S	S
					100					L	S

续附表 3

编号	化学品	熔点 /℃	沸点 /℃	浓度（质量分数）/%	温度 /℃	LDPE	HDPE	PP	PVC-U	PVC-C	PVDF
298	溴酸钾			<10	20	S	S	S	S	S	S
					50					S	S
					60	S	S	S	S	S	S
					80					S	S
					100					L	S
299	溴化钾			饱和水溶液	20	S	S	S	S	S	S
					50					S	S
					60	S	S	S	S	S	S
					80					S	S
					100					L	S
					120						S
300	碳酸钾			饱和水溶液	20	S	S	S	S	S	NS
					50					S	
					60	S	S	S	S	S	
					80					S	
					100					L	
301	氯酸钾			饱和水溶液	20	S	S	S	S	S	NS
					50					S	
					60	S	S	S	S	S	
302	氯化钾			饱和水溶液	20	S	S	S	S	S	S
					50					S	S
					60	S	S	S	S	S	S
					80					S	S
					100					L	S
303	亚氯酸钾			饱和水溶液	20						
					60						
304	铬酸钾			饱和水溶液	20	S	S	S		S	
					50					S	
					60	S	S	S		S	
				40	20	S	S	S	S	S	
					60	S	S	S	S	S	
305	氰亚铜酸钾			饱和水溶液	20				S		
					60						

附录

续附表 3

编号	化学品	熔点 /℃	沸点 /℃	浓度（质量分数）/%	温度 /℃	LDPE	HDPE	PP	PVC-U	PVC-C	PVDF
306	氰化钾			不饱和水溶液	20	S	S	S	S		S
					50						S
					60	S	S		S		S
				饱和水溶液	20	S	S	S	S		
					50						
					60	S	S				
307	重铬酸钾			饱和水溶液	20	S	S	S	S	S	S
					50					S	S
					60	S	S	S		S	S
					80					S	S
					100			S		L	S
				40	20	S	S		S	S	S
					60	S	S		S	S	S
					100						S
308	铁氰化钾			饱和水溶液	20	S	S	S	S	S	S
					50					S	S
					60	S	S	S	S	S	S
					100						S
309	氟化钾			饱和水溶液	20	S	S	S	S	S	S
					50						S
					60	S	S	S	S		S
					120						S
310	亚铁氰化钾			饱和水溶液	20	S	S	S	S	S	S
					50					S	S
					60	S	S	S	S	S	S
					120						S
311	铁氰化钾	（见编号 308）									
312	碳酸氢钾	（见编号 294）									
313	硫酸氢钾	（见编号 296）									
314	硫化氢钾			不饱和水溶液	20	S	S	S	S	S	S
					60	S	S		S		S

续附表 3

编号	化学品	熔点 /℃	沸点 /℃	浓度（质量分数）/%	温度 /℃	LDPE	HDPE	PP	PVC-U	PVC-C	PVDF
314	硫化氢钾			饱和水溶液	100						S
315	氢氧化钾			<50	20			S	S	S	NS
					60			S	S	S	
					80					S	
					100			S		L	
316	次氯酸盐			不饱和水溶液	20	S	S			S	
					60	L	L				
				3	100						S
317	碘化钾			饱和水溶液	20			S		S	S
					50					S	S
					60					S	S
					100						S
318	硝酸钾			饱和水溶液	20	S	S	S	S	S	
					50					S	
					60	S	S	S	S	S	
				50	100						S
319	磷酸钾			饱和水溶液	20	S	S				S
					50						S
					60	S	S				S
					100						S
320	过硼酸钾			饱和水溶液	20						
					60						
321	高铝酸钾			饱和水溶液	20	S	S			S	
					40					S	
					60	S	S				
				10	20			S			
					60			S			
322	高锰酸钾			饱和水溶液	100						S
				10	20				S	S	S
					60				S	S	S
					80					S	S

续附表 3

编号	化学品	熔点 /℃	沸点 /℃	浓度（质量分数）/%	温度 /℃	LDPE	HDPE	PP	PVC-U	PVC-C	PVDF
322	高锰酸钾			20	20	S	S		S	S	S
					60	S	S		S	S	S
					100						S
				30	20			S	S		S
					60				S		S
					100						S
323	过硫酸钾			饱和水溶液	20	S	S	S	S	S	S
					50					S	S
					60	S	S	S	L	S	S
					80						S
324	硫酸钾			饱和水溶液	20	S	S	S	S	S	S
					50					S	S
					60	S	S	S	S	S	S
					100						S
325	硫化钾			饱和水溶液	20	S	S	S	S	S	NS
					50						
					60	S	S	S	S		
326	亚硫酸钾			饱和水溶液	20	S	S	S	S	S	
					50						
					60	S	S	S	S		
327	硫代硫酸钾			饱和水溶液	20	S	S	S	S		
					50						
					60	S	S	S	S		
328	丙烷，气体	−190	−45	工业纯气体	20			S		S	S
					120						S
329	丙酸（初油酸）	−20	141	50	20		S				
					60		S				
				>50	20			S			
				工业纯液体			S				S
							L				S

续附表 3

编号	化学品	熔点 /℃	沸点 /℃	浓度（质量分数）/%	温度 /℃	LDPE	HDPE	PP	PVC-U	PVC-C	PVDF
330	丙醇	-126	97	工业纯液体	20 50 60						S S
331	嘧啶（吡啶）	-42	115	工业纯液体	20 60		S L	L	NS	NS NS	S
332	水杨酸	156		饱和水溶液	20 40 60 100	S S	S S	S	S	S S	S S S S
333	硒酸	25		饱和水溶液	20 60						
334	硅酸			饱和悬浊液	20 60 100					S S	S S S
335	硅油			工业纯液体	20 60 100			S S S			
336	乙酸银			饱和水溶液	20 60 100	S S	S S	S S	S		S S S
337	氰化银			饱和水溶液	20 60 80	S S	S S	S S	S	S	S S S
338	硝酸银			饱和水溶液	20 40 60 100	S S	S S	S S L	S L	S S	
				50	100						S
339	皂液			不饱和水溶液	20 60				S L	S S	

附录

续附表 3

编号	化学品	熔点 /℃	沸点 /℃	浓度（质量分数）/%	温度 /℃	LDPE	HDPE	PP	PVC-U	PVC-C	PVDF
340	乙酸钠			饱和水溶液	20 50 60 100	S S 	S S 	S S S		S 	S S S S
				工业纯固体	80						S
341	重亚硫酸钠	（见编号 346）									
342	锑酸钠			饱和水溶液	20 50 60	S S	S S	S S	S S	S 	
343	亚砷酸钠			饱和水溶液	20 50 60	S S	S S	S S	S S	S 	
344	安息香酸钠			饱和水溶液	20 40 60						
				35	20 60			S L	S 	 S	S
				50	100						S
345	重碳酸钠			饱和水溶液	20 50 60 100	S S 	S S 	S S S	S S 	S S S 	S S S S
346	重硫酸钠			饱和水溶液	20 40 50 60	S S	S S	S S	S S	S S 	
				50	100						S

续附表 3

编号	化学品	熔点 /℃	沸点 /℃	浓度（质量分数）/%	温度 /℃	LDPE	HDPE	PP	PVC-U	PVC-C	PVDF
347	溴化钠			饱和水溶液	20	S	S	S	S	S	
					40					S	
					50						
					60	S	S	S	S		
				50	120						S
348	碳酸钠			饱和水溶液	20	S	S	S	S	S	NS
					50					S	NS
					60	S	S	S	S	S	NS
					80					S	NS
					100					L	NS
				25	20	S	S	S	S	S	NS
					50					S	NS
					60	S	S	S	S	S	NS
					80					S	NS
					100					L	NS
				<50	20	S	S	S	S	S	NS
					50					S	NS
					60	S	S	S	S	S	NS
					80					S	NS
					100			L		L	NS
349	氯酸钠			饱和水溶液	20	S	S	S	S	S	NS
					50					S	
					60	S	S	S	S	S	
					80					S	
					100					L	
350	氯化钠			饱和水溶液	20	S	S	S	S	S	S
					50					S	S
					60	S	S	S	S	S	S
					80					S	S
					100					L	S
				10	20	S	S	S	S	S	S
					50					S	S
					60	S	S	S	S	S	S
					80					S	S
					100			S		L	S

续附表 3

编号	化学品	熔点 /℃	沸点 /℃	浓度（质量分数）/%	温度 /℃	LDPE	HDPE	PP	PVC-U	PVC-C	PVDF
351	亚氯酸钠			稀溶液	80						S
				2	20	S	S	S	S	S	
					60			L			
					100			NS			
				20	20	S		S		S	
					40					L	
					60			L			
					100			NS			
352	铬酸钠			稀溶液	20	S	S	S		S	
					50					S	
					60	S	S	S			
					80						S
353	氰化钠			饱和水溶液	20	S	S	S	S	S	S
					60	S	S				S
					100						S
354	重铬酸钠			饱和水溶液	20	S	S	S	S	S	
					60	S	S	S			
					100			S			
355	铁氰化钠			饱和水溶液	20	S	S	S	S	S	
					60	S	S	S	S	S	
356	亚铁氰化钠			饱和水溶液	20	S	S	S	S	S	
					60	S	S	S	S	S	
357	氟化钠			饱和水溶液	20	S	S	S	S	S	S
					50					S	S
					60	S	S	S	S	S	S
					100						S
358	亚铁氰化钠	（见编号 356）									
359	铁氰化钠（Ⅲ）	（见编号 355）									
360	碳酸氢钠	（见编号 345）									
361	硫酸氢钠	（见编号 346）									

续附表 3

编号	化学品	熔点 /℃	沸点 /℃	浓度（质量分数）/%	温度 /℃	LDPE	HDPE	PP	PVC–U	PVC–C	PVDF
362	亚硫酸氢钠			饱和水溶液	20	S	S	S	S		
					60	S	S		S		
				50	100						S
363	氢氧化钠			不饱和水溶液	20	S	S	S	S	S	
					50					S	
					60	S	S	S	S	S	
					80					L	
				饱和水溶液	20						
					60						
				1	20	S	S	S	S	S	
					50					S	
					60	S	S	S	S	S	
					100			S			
				5	20					S	L
				10～35	20	S	S	S	S	S	
					50					S	
					60	S	S		S	S	
					80					S	
				30	80						NS
				40	20	S	S	S	S	S	
					50					S	
					60	S	S		S	S	
					80					S	
				10～60	20			S	S	S	
					50					S	
					60			S	S	S	
					100			S			
364	次氯酸钠			2	100						S
				5	20			S			
					50						
					60			S			
				10～15	20		S	S			
					50						
					60		S				

续附表 3

编号	化学品	熔点 /℃	沸点 /℃	浓度（质量分数）/%	温度 /℃	LDPE	HDPE	PP	PVC-U	PVC-C	PVDF
364	次氯酸钠			20	20						
					50						
					60						
				2%，Cl	100					S	S
				12.5%，Cl	20		S			S	S
					50					S	
					60		S			S	
					80					S	
					100					S	
				13%，Cl	20				S	S	
					50						
					60				L		
365	偏磷酸钠			不饱和水溶液	20			S			
					50						
366	硝酸钠			饱和水溶液	20	S	S	S	S	S	S
					50					S	S
					60	S	S	S	S	S	S
					100						S
367	亚硝酸钠			饱和水溶液	20	S	S	S	S	S	S
					50						S
					60	S	S	S	S		S
					100						S
368	正磷酸钠	（见编号 372）									
369	过硼酸钠			饱和水溶液	20			S		S	
					50					S	
370	磷酸钠			50	100						S
371	磷酸钠，酸性			50	20	S	S	S		S	S
					50					S	S
					60	S	S	S		S	S
372	磷酸钠，中性			饱和水溶液	20	S	S	S		S	S
					50					S	S
					60	S	S	S		S	S
					100			S			S

续附表 3

编号	化学品	熔点 /℃	沸点 /℃	浓度（质量分数）/%	温度 /℃	LDPE	HDPE	PP	PVC-U	PVC-C	PVDF
373	硅酸钠			不饱和水溶液	20	S	S	S	S	S	S
					50					S	S
					60	S	S	S	S		S
				饱和水溶液	20						
					50						
					60						
				50	100						S
374	硫酸钠			饱和水溶液	20	S	S	S	S	S	S
					50					S	S
					60	S	S	S	S	S	S
					100						S
				0.1	20	S	S	S	S	S	S
					50					S	S
					60	S	S	S	S	S	S
375	硫化钠			饱和水溶液	20	S	S	S		S	
					60	S	S			S	
376	亚硫酸钠			饱和水溶液	20	S	S	S	S	S	S
					60	S	S	S	L	S	S
					100						S
				40	20	S	S	S	S	S	
					60	S	S	S		S	
					100			S			
377	硫代硫酸钠			饱和水溶液	20			S		S	
					50					S	
					60					S	
				50	120						S
378	大豆油			工业一般浓度	20			S			
					60			L			
379	糖，水溶液			不饱和溶液	20				S	S	
					60				S	S	

续附表 3

编号	化学品	熔点 /℃	沸点 /℃	浓度（质量分数）/%	温度 /℃	LDPE	HDPE	PP	PVC–U	PVC–C	PVDF
380	二氧化硫，干气	–73	–10		20	S	S	S	S	S	
					60	S	S		S	S	
381	二氧化硫，湿气	–73	–10		20			S		S	NS
					40					S	
					60						
382	三氧化硫	17	45	工业纯液体	20	NS	NS				NS
					60	NS	NS				
383	硫酸			<10	20	S	S	S	S	S	S
					50					S	S
					60	S	S	S	S	S	S
					80					S	S
					100			S		L	S
					120						S
				15	20	S	S	S	S	S	S
					50					S	S
					60	S	S		S	S	S
					80					S	S
					100					L	S
					120						S
				10～30	20	S	S	S	S	S	S
					60	S	S	S	S	S	S
					80					S	S
					120						S
				10～50	20	S	S	S	S	S	S
					60	S	S		S	S	S
					80					S	S
					120						S
				50	20	S	S	S	S	S	S
					50					S	S
					60	S	S	L	S	S	S
					80					S	S
					100			L			S
				60	120						L

续附表 3

编号	化学品	熔点 /℃	沸点 /℃	浓度（质量分数）/%	温度 /℃	LDPE	HDPE	PP	PVC-U	PVC-C	PVDF
383	硫酸			50 ~ 75	20	S	S		S	S	S
					60	S	S		L	S	S
					80					S	S
				80	120						S
				50 ~ 90	20				S	S	S
					60				L	S	S
					80					S	S
				75 ~ 90	20				S	S	
					50					S	
					60				L	S	
					80						
				90	100						S
				95	20				L	S	
					50					S	
					60				NS	S	
					80					L	
					100						L
				96	20			S	L	S	
					50					S	
					60			L	NS	S	
					80					L	
					100			NS		NS	L
				98	20	L	S	L	NS		
					40						L
					50						
					60	NS	NS	NS	NS		
					80						
					100						
				发烟	20	NS	NS	L	NS		
					50						
					60	NS	NS	NS	NS		
					100			NS			
384	亚硫酸			饱和水溶液	100						S
				<30	20	S	S	S	S	S	
					50					S	
					60	S	S		S		

附录

续附表 3

编号	化学品	熔点 /℃	沸点 /℃	浓度（质量分数）/%	温度 /℃	LDPE	HDPE	PP	PVC-U	PVC-C	PVDF
385	丹宁酸			不饱和水溶液	20	S	S	S	S	S	S
					50					S	S
					60	S	S	S	S	S	S
					120						S
				饱和水溶液	20						S
					60						S
					100						S
386	酒石酸（分解）	170		不饱和水溶液	20	S	S	S	S	S	S
					50					S	S
					60	S	S	S	S	S	S
					120						S
				饱和水溶液	20	S	S	S	S	S	S
					50					S	S
					60	S	S	S	S	S	S
					80						S
					120						S
387	四氢呋喃		66	工业纯液体	20	NS		L	NS	NS	L
					50					NS	
					60	NS		NS	NS	NS	
					100			NS		NS	
388	1，2，3，4- 四氢化钠	-35	207	工业纯液体	20			NS			
					60			NS			
					80			NS			
389	亚硫酰（二）氯	-105	79	工业纯液体	20	NS	NS		NS		NS
					60	NS	NS		NS		
390	噻吩	-38	84	工业纯液体	20			S			
					60			L			
391	二氯化锡	247	652	饱和溶液	20	S	S	S	S	S	S
					50					S	S
					60	S	S	S	S	S	S
					100						S

续附表 3

编号	化学品	熔点 /℃	沸点 /℃	浓度（质量分数）/%	温度 /℃	LDPE	HDPE	PP	PVC-U	PVC-C	PVDF
392	四氯化锡	-33	113	不饱和溶液	20	S	S	S	S	S	S
					50					S	S
					60	S	S	S	S	S	S
					100						S
393	甲苯	-95	111	工业纯液体	20	NS	L	L	NS	NS	
					50					NS	
					60	NS	NS	NS	NS	NS	L
					100			NS		NS	
394	三氯乙酸	58	197	<50	20			S		S	S
					40					S	S
					60			S			
				工业纯固体	40						L
395	三氯代苯	53	219	工业一般浓度	20	NS			NS		S
					50						S
					60	NS			NS		S
396	三氯乙烯	-85	87	工业纯液体	20	NS	NS	NS	NS	NS	S
					50					NS	S
					60	NS	NS	NS	NS	NS	S
					80					NS	S
					100			NS		NS	
397	三乙醇胺	19	190（5 mmHg）	不饱和溶液	20		S	S			
					50						
					60		L				
				工业纯液体	20	S					
					40						L
					60						
398	三乙二醇	-7	280		20				S	S	
399	三羟甲基丙烷	58		<10	20				S	S	
					40					S	
					60				L		

续附表 3

编号	化学品	熔点 /℃	沸点 /℃	浓度（质量分数）/%	温度 /℃	LDPE	HDPE	PP	PVC–U	PVC–C	PVDF
400	磷酸三钠	（见编号 372）									
401	松脂，松节油			工业纯液体	20			NS		S	
					50						
					60			NS			
					100			NS			
402	尿素	133		不饱和溶液	20	S	S			S	S
					50					S	S
					60	S	S			S	S
					80					L	S
					100					NS	S
				饱和溶液	20			S		S	S
					50					S	S
					60					S	S
					80						S
				10	20				S	S	S
					50					S	S
					60				L	S	S
					80					L	S
					100					NS	S
403	尿素（400℃以上分解）			20						S	
404	尿				20	S	S	S	S	S	
					50					S	
					60	S	S	S	L		
405	植物油			工业纯液体	20	S				S	S
					60	L				S	S
					120						S
406	醋			工业一般浓度	20	S	S	S	S	S	
					60	S	S	S	S	S	
407	醋酸乙烯（单体）	–93	73	工业纯液体	20				NS	NS	L
					50					NS	
					60				NS	NS	

续附表 3

编号	化学品	熔点 /℃	沸点 /℃	浓度（质量分数）/%	温度 /℃	LDPE	HDPE	PP	PVC-U	PVC-C	PVDF
408	水				20	S	S	S	S	S	S
					50					S	S
					60	S	S	S	S	S	S
					80					S	S
					100			S		L	S
					120						S
409	水，碱味				20	S	S	S	S	S	S
					50					S	S
					60	S	S	S	S	S	S
					80					S	S
					100			S		L	S
410	水，蒸馏水				20	S	S	S	S	S	S
					50					S	S
					60	S	S	S	S	S	S
					80					S	S
					100			S		L	S
					120						S
411	水，新鲜水				20	S	S	S	S	S	S
					50					S	S
					60	S	S	S	S	S	S
					80					S	S
					100			S		L	S
					120						S
412	水，矿泉水			一般浓度	20	S	S	S	S	S	S
					50					S	S
					60	S	S	S	S	S	S
					80					S	S
					100			S		L	S
					120						S
413	水，饮用水			一般浓度	20	S	S	S	S	S	S
					50					S	S
					60	S	S	S	S	S	S
					80					S	S
					100			S		L	S
					120						S

续附表 3

编号	化学品	熔点 /℃	沸点 /℃	浓度（质量分数）/%	温度 /℃	LDPE	HDPE	PP	PVC-U	PVC-C	PVDF
414	水，海水				20	S	S	S	S	S	S
					50					S	S
					60	S	S	S	S	S	S
					80					S	S
					100			S		L	S
					120						S
415	威士忌酒			一般浓度	20	S	S	S	S	S	S
					50					S	S
					60	S	S	S	S	S	S
					100						S
416	葡萄酒			一般浓度	20	S	S	S	S	S	S
					50					S	S
					60	S	S	S	S	S	S
					120						S
417	葡萄酒及香精			一般浓度	20	S	S	S	S	S	S
					50					S	S
					60	S	S	S	S	S	S
					100						S
418	二甲苯	-53 ~ 13	138 ~ 144	工业纯液体	20	NS	L	NS	NS	NS	
					50					NS	
					60	NS	NS	NS	NS	NS	L
					100			NS			
419	发酵粉			饱和悬浊液	20	S	S		S	S	
					40					S	
					60	S	S		L		
420	碳酸锌				20	S	S	S	S	S	S
					50					S	S
					60	S	S	S	S	S	S
					100						S
421	氯化锌			饱和水溶液	20	S	S	S	S	S	S
					50					S	S
					60	S	S	S	S	S	S

续附表 3

编号	化学品	熔点 /℃	沸点 /℃	浓度（质量分数）/%	温度 /℃	LDPE	HDPE	PP	PVC−U	PVC−C	PVDF
421	氯化锌			饱和水溶液	100						S
				58	20	S	S	S	S	S	
					50					S	
					60	S	S	S	S	S	
422	铬酸锌			饱和水溶液	20						
					60						
423	氰化锌			饱和水溶液	20						
					60						
424	硝酸锌				20	S	S	S	S	S	S
					50					S	S
					60	S	S	S	S	S	S
					100						S
425	氧化锌			饱和悬浊液	20	S	S	S	S	S	S
					50					S	S
					60	S	S	S	S	S	S
					100						S
426	硬脂酸锌	125		饱和悬浊液	20						S
					50						S
				工业纯固体	100						S
427	硫酸锌			饱和水溶液	20	S	S	S	S	S	S
					50					S	S
					60	S	S	S	S	S	S
					100						S

注：相关符号及含义如下：

S 表示耐侵蚀。材料可在既无压力也无其他应力下使用；在有压力下使用时，应经过压力试验后评价；

L 表示有限的耐侵蚀。材料可在既无压力也无其他应力下使用，但化学物质引起的性能变化应在可接受的范围内；在有压力下使用时，最终评价应基于进一步的压力试验；

NS 表示不耐侵蚀。材料被强烈侵蚀，是否有无压力均不适用。

附录四　外表面涂层配套

当外表面涂层用于室外时，涂料的品种选择应符合本手册第十三章的有关规定。

设备及管道常用外表面涂层配套按附表 4–1 选用。

设备及管道耐高温外表面涂层配套按附表 4–2 选用。

附表 4–1　常用外表面层涂层配套

序号	适用温度 /℃	涂装表面材质	涂层构造	涂料名称	涂装层数	每层涂层最小干膜厚度 /μm	涂层最小总干膜厚度 /μm	适用条件
1	–20 ~ +80	钢	底涂层	醇酸底涂层涂料	2	30	120	大气腐蚀，弱腐蚀环境
			面涂层	醇酸面涂层涂料	2	30		
2	–20 ~ +80	钢	底涂层	环氧磷酸锌底涂层涂料	2	40	140	大气腐蚀，弱腐蚀环境
			面涂层	醇酸面涂层涂料	2	30		
3	–20 ~ +80	钢	底涂层	酚醛底涂层涂料	2	30	120	大气腐蚀，弱腐蚀环境
			面涂层	酚醛面涂层涂料	2	30		
4	–20 ~ +100	钢	底涂层	环氧铁红底涂层涂料	2	30	140	大气腐蚀，弱腐蚀环境
			面涂层	高氯化聚乙烯面涂层涂料	2	40		
5	–20 ~ +100	钢	底涂层	环氧富锌底涂层涂料	2	35	240	大气腐蚀，中至强腐蚀环境
			中间涂层	环氧云铁中间涂层涂料	1	80		
			面涂层	丙烯酸面涂层涂料	2	40		

续附表 4–1

序号	适用温度 /℃	涂装表面材质	涂层构造	涂料名称	涂装层数	每层涂层最小干膜厚度 /μm	涂层最小总干膜厚度 /μm	适用条件
6	–20 ~ +120	钢	底涂层	环氧富锌底涂层涂料	2	35	240	大气腐蚀，中至强腐蚀环境
			中间涂层	环氧云铁中间涂层涂料	1	80		
			面涂层	聚氨酯面涂层涂料	2	40		
7	–20 ~ +120	钢	底涂层	环氧铁红底涂层涂料	2	35	250	大气腐蚀，强腐蚀环境（不适宜于室外环境）
			中间涂层	环氧云铁中间涂层涂料	1	80		
			面涂层	环氧树脂面涂层涂料	2	50		
8	–20 ~ +120	钢	底涂层	环氧玻璃鳞片底涂层涂料	2	40	380	干湿交替部位，强腐蚀环境（不适宜于室外环境）
			面涂层	环氧玻璃鳞片面涂层涂料	2	150		
9	–20 ~ +120	钢	面涂层	环氧玻璃鳞片面涂层涂料	3	150	450	干湿交替部位，强腐蚀环境（不适宜于室外环境）
10	–20 ~ +120	钢	底涂层	乙烯基酯树脂（鳞片）底涂层涂料	2	40	280	干湿交替部位，中至强腐蚀环境
			面涂层	乙烯基酯树脂（鳞片）面涂层涂料（厚）	2	100		

续附表 4–1

序号	适用温度 /℃	涂装表面材质	涂层构造	涂料名称	涂装层数	每层涂层最小干膜厚度 / μm	涂层最小总干膜厚度 / μm	适用条件
11	–20 ~ +120	钢	底涂层	环氧底涂层涂料	2	40	180	保温设备及管道，弱至中腐蚀环境
			面涂层	环氧树脂面涂层涂料	2	50		
12	–20 ~ +120	钢	底涂层	环氧富锌底涂层涂料	2	35	170	保温设备及管道，弱至中腐蚀环境
			面涂层	环氧树脂面涂层涂料	2	50		
13	–100 ~ +100	钢	底涂层	聚氨酯底涂层涂料	2	40	80	保冷设备及管道防腐，弱腐蚀环境
14	–30 ~ +80	钢、铸铁	底涂层	环氧铁红底涂层涂料	2	35	370/470	大型设备及管道的潮湿、滴溅液体、液体侵蚀部位，强腐蚀环境（不适宜于室外环境）
			面涂层	溶结环氧粉末面涂层涂料	2	150/200（单层外涂层厚度）		
15	–20 ~ +80	钢、铸铁	底涂层	环氧铁红底涂层涂料	2	35	210	大气腐蚀，弱至中腐蚀环境
			面涂层	氯化橡胶面涂层涂料	2	70		
16	–20 ~ +100	钢、铸铁	底涂层	环氧铁红底涂层涂料	2	35	230	大气腐蚀，中至强腐蚀环境
			中间涂层	环氧云铁中间涂层涂料	1	80		
			面涂层	高氯化聚乙烯面涂层涂料	2	40		

续附表 4–1

序号	适用温度 /℃	涂装表面材质	涂层构造	涂料名称	涂装层数	每层涂层最小干膜厚度 /μm	涂层最小总干膜厚度 /μm	适用条件
17	–20 ~ +120	钢、铸铁	底涂层	冷涂锌底涂层涂料	2	40	240	大气腐蚀，强腐蚀环境
			中间涂层	环氧云铁中间涂层涂料	1	80		
			面涂层	聚氨酯面涂层涂料	2	40		
18	–20 ~ +120	钢、铸铁	底涂层	冷涂锌底涂层涂料	2	40	310	大气、潮湿腐蚀，强腐蚀环境
			中间涂层	环氧云铁中间涂层涂料	1	80		
			面涂层	聚硅氧烷面涂层涂料	3	50		
19	–20 ~ +120	钢、铸铁	底涂层	环氧富锌底涂层涂料	2	35	250	大气、潮湿腐蚀，中至强腐蚀环境
			中间涂层	环氧云铁中间涂层涂料	1	80		
			面涂层	聚硅氧烷面涂层涂料	2	50		
20	–20 ~ +120	钢、铸铁	底涂层	氟树脂底涂层涂料	2	40	310	大气、潮湿腐蚀，强腐蚀环境
			中间涂层	氟树脂中间涂层涂料	1	70		
			面涂层	氟树脂面涂层涂料	3	50		
21	–20 ~ +100	钢、铸铁	底涂层	高氯化聚乙烯底涂层涂料	2	30	140	大气腐蚀，弱腐蚀环境
			面涂层	高氯化聚乙烯面涂层涂料	2	40		

附表 4–2　耐高温外表面涂层配套

序号	适用温度 / ℃	涂装表面材质	涂层构造	涂料名称	涂装层数	每层涂层最小干膜厚度 / μm	涂层最小总干膜厚度 / μm	适用条件
1	≤ 230	钢	底涂层	环氧酚醛底涂层涂料	1	100	200	冷热交替工况，弱至中腐蚀环境
			面涂层	环氧酚醛面涂层涂料	1	100		
2	≤ 400	钢	底涂层	有机硅耐热底涂层涂料	2	25	50	保温设备及管道，弱腐蚀环境
3	≤ 400	钢	底涂层	无机富锌底涂层涂料	1	50	140	高温条件下大气腐蚀，弱至中腐蚀环境
			面涂层	有机硅耐热面涂层涂料	3	30		
4	≤ 400	钢	底涂层	有机硅耐热底涂层涂料	2	25	110	高温条件下大气腐蚀，弱至中腐蚀环境
			面涂层	有机硅耐热面涂层涂料	2	30		
5	≤ 600	钢	底涂层	有机硅铝粉耐热底涂层涂料	2	25	50	保温设备及管道，弱腐蚀环境
6	≤ 600	钢	底涂层	有机硅铝粉耐热底涂层涂料	2	25	110	高温条件下大气腐蚀，弱至中腐蚀环境
			面涂层	有机硅铝粉耐热面涂层涂料	2	30		

参考文献

[1] 涂湘缃 . 实用防腐蚀工程施工手册 [M]. 北京：化学工业出版社，2006.

[2] 天华化工机械及自动化研究设计院 . 腐蚀与防护手册 [M]. 北京：化学工业出版社，2008.

[3]《工业建筑防腐蚀设计规范》国家标准管理组，中国工程建设标准化协会防腐蚀委员会，化学工业部建筑设计技术中心站 . 建筑防腐蚀材料设计与施工手册 [M]. 北京：化学工业出版社，1996.

[4] 左景伊，左禹 . 腐蚀数据与选材手册 [M]. 北京：化学工业出版社，1995.

[5] 李金桂，肖定全 . 现代表面工程设计手册 [M]. 北京：国防工业出版社，2000.

[6] R. 温斯顿里维 . 尤利格 . 腐蚀手册 [M]. 杨武，等译 . 北京：化学工业出版社，2005.

[7] 林玉珍 . 金属腐蚀与防护简明读本 [M]. 北京：化学工业出版社，2019.

[8] Philip A., Schweitzer P.E. Corrosion of Polymers and Elastomers [M]. 2nd ed. CRC Press, 2010.

[9] Paul F. Bruins. Unsaturated Polyester Technology [J]. Gord and Breach Science Publishers, 1978.

[10] 赵仁翔，张德震，陆士平，等 . 三官能团环氧树脂 / 复合固化剂体系的固化研究 [J]. 热固性树脂，2013，28 (04)：16-20.

[11] 张鸿飞，张德震，陆士平 .三官能团环氧树脂常温固化剂的复配研究及其固化动力学 [J]. 华东理工大学学报（自然科学版），2015，41 (04)：477-483.

[12] 陆士平，等 . 纤维增强塑料设备内衬层耐腐蚀性能评估和分项设计系数 K_2 值的试验验证 [C] // 中国硅酸盐学会玻璃钢分会 . 第二十届全国玻璃钢 / 复合材料学术年会论文集（玻璃钢 / 复合材料 2016 年增刊），《玻璃钢 / 复合材料》编辑部，2016：92-102.

[13] 王雄，张德震，陆士平 . 氯丙烯改性甲阶酚醛树脂的性能 [J]. 华东理工大学学报（自然科学版），2016，42 (05)：639-643.

[14] 吴红林，张德震，王雄，陆士平 . 甲阶酚醛树脂的贮存稳定性 [J].华东理工大学学报（自然科学版），2017，43 (03)：335-339，357.

[15] 化学工业部化工机械研究院 . 腐蚀与防护手册：耐蚀非金属材料及防蚀技术 [M]. 北京：化学工业出版社，1990.

[16] 中国就业培训技术指导中心 .《防腐蚀工》全册 [M]. 北京：中国劳动社会保障出版社，2012.

[17] 谢遂志 . 橡胶工业手册（第一分册）：生胶与骨架材料 [M]. 北京：化学工业出版社，1987.

[18] 王梦蛟 . 橡胶工业手册（第一分册）：配合剂 [M]. 北京：化学工业出版社，1987.

[19] 梁星宇 . 橡胶工业手册（第三分册）：配方与基本工艺 [M]. 北京：化学工

业出版社，1987.
［20］张庆虎．丁基橡胶衬里的特性及应用技术［J］．化工时刊，1998，12（06）：24–26.
［21］张庆虎．高温真空设备橡胶衬里的特性及应用［J］．化学工业与工程技术，1998（03）：45–47，4.
［22］雷明虎．橡胶衬里应用及材质选择［J］．广西化工，2001（03）：49–51.
［23］郭济中．橡胶防腐衬里［J］．化工腐蚀与防护，1996（02）：41–46.
［24］尹玲．设备内壁自然硫化橡胶耐蚀衬里［J］．石油化工腐蚀与防护，2002（01）：52–55.
［25］刘肃．预硫化丁基—顺丁复合胶板在修复设备橡胶衬里中的应用［J］．全面腐蚀控制，2001（05）：28–30.
［26］李丰春．防腐蚀工［M］．北京：化学工业出版社，2004.
［27］张明慧，杨兴全．化工腐蚀与防护技术［M］．成都：成都科技大学出版社，1988.
［28］黄建中，左禹．现代腐蚀科学和防蚀技术全书：材料的耐蚀性和腐蚀数据［M］．北京：化学工业出版社，2003.
［29］姜德孚．化工产品手册——涂料［M］．2 版．北京：化学工业出版社，1994.
［30］刘登亮．涂料工艺［M］．4 版．北京：化学工业出版社，2010.
［31］秦国治，田志明．防腐蚀技术及应用实例［M］．北京：化学工业出版社，工业装备与信息工程出版中心，2005.
［32］胡士信，廖宇平，王冰怀．管道防腐层设计手册［M］．北京：化学工业出版社，2007.
［33］张增生，熊金平，左禹．无机富锌漆研究及进展［J］．防腐蚀涂料与涂装专刊，2007（02）：16–20.
［34］李金桂．无机富锌涂层的诞生和应用［J］．防腐保温技术，2005（01）：22–25.
［35］毕学振．熔结环氧粉末涂料的应用与施工介绍［J］．中国涂料，2006（2）：43–45，49.
［36］管从胜，王威强．氟树脂涂料及应用［M］．北京：化学工业出版社，2005.
［37］范东亮，陆士平，陈家麟，王天堂．高度耐腐蚀、耐温、耐磨、高韧性重防腐蚀涂料 ChemLINE 784［J］．全面腐蚀控制，2009，23（07）：59–62.
［38］陆士平，胡剑斌，王晓东．耐蚀鳞片胶泥在脱硫烟道中的应用［J］．腐蚀与防护，2001（01）：30–31.
［39］曾邵，王天堂，陆士平，等．乙烯基酯树脂玻璃鳞片在高炉煤气管道防护中的应用［J］．世界钢铁，2012，12（01）：63–66.
［40］曾邵，王天堂，陆士平．钢铁行业烧结烟气脱硫装置的防腐蚀材料选择探讨［J］．全面腐蚀控制，2012，26（06）：20–26，32.
［41］中国腐蚀与防护学会．腐蚀与防护全书：耐腐蚀塑料［M］．北京：化学工业出版社，1988.
［42］徐文河，刘宝玉，许德芳，等．防腐蚀塑料在氯碱企业中的应用［J］．中国氯

碱，2009（06）：38-39.

［43］由立臣，孙雅娣．软聚氯乙烯衬里在氯碱系统中的应用［J］. 化工设备与管道，2007（06）：66-67.

［44］李向欣，孙立，那桂兰．氯碱装置中塑料设备的耐腐蚀性能［J］．氯碱工业，2004（04）：42-45.

［45］赵劲松，付志敏．CPVC 树脂的应用现状［J］．聚氯乙烯，2013（08）：19-27.

［46］朱晓红，邢俊朝，胡群章．CPVC 等耐腐材料在氯碱装置上的应用［J］．河南化工，2004（08）：38.

［47］高春雨．我国聚烯烃生产工艺现状及发展［J］．合成树脂及塑料，2012，29（01）：1-5.

［48］张玉柱．聚烯烃复合材料 PO 在容器内防腐中的应用［J］. 中国高新技术企业，2017（04）：44-45.

［49］邴涓林，赵劲松，包永忠．合成树脂及应用丛书：聚氯乙烯树脂及其应用［M］．北京：化学工业出版社，2012.

［50］江建安．合成树脂及应用丛书：氟树脂及其应用［M］．北京：化学工业出版社，2014.

［51］秦国治，田志朋．防腐蚀技术及应用实例［M］．北京：化学工业出版社，2002.

［52］黄微波．喷涂聚脲弹性体技术［M］．北京：化学工业出版社，2005.

［53］中昊（大连）化工研究设计院有限公司．纯碱工学［M］．3 版．北京：化学工业出版社，2014.

［54］潘鸿恩，孙锡吾．纯碱生产设备检修与防腐［M］．沈阳：辽宁科学技术出版社，1991.

［55］郭济中．氯丁胶乳品种、特性与应用（一）［J］．天津橡胶：1996（01）：34-42.

［56］李国英．表面工程手册［M］．北京：机械工业出版社，1997.

［57］李绍雄．朱吕民．聚氨酯树脂［M］．江苏．江苏科学出版社，1992.

［58］刘登良．涂料工业［M］．4 版．北京：化学工业出版社，2009.

［59］马庆麟．涂料工业手册［M］．北京：化学工业出版社，2001.

［60］居滋善．涂料工艺：第四分册（增订本）［M］．北京：化学工业出版社，1994.

［61］刘新．防腐蚀涂料与涂装应用［M］．北京：化学工业出版社，2008.

［62］秦国治，袁士霄．石油化工厂设备检修手册：防腐蚀工程［M］．北京：中国石化出版社，2017.

［63］理查德 G. 琼斯，安藤亘，等．含硅聚合物－合成与应用［M］．冯圣玉，栗付平，李美江，等译．北京：化学工业出版社，2008.

［64］赵陈超，张基凯．有机硅树脂及其应用［M］．北京：化学工业出版社，2011.

［65］来国桥，幸松民等．有机硅产品合成工艺及应用［M］．北京：化学工业出版社，2010.

[66] 张招贵，刘峰，余政 . 有机硅化合物化学 [M] . 北京：化学工业出版社，2010.

[67] 晨光化工研究院有机硅编写组 . 有机硅单体及聚合物 [M] . 北京：化学工业出版社，1986.

[68] 高瑾，米琪 . 防腐蚀涂料与涂装 [M] . 北京：中国石化出版社，2007.

[69] 柯伟，杨武 . 腐蚀科学技术的应用和失效案例 [M] . 北京：化学工业出版社，2006.

[70] 冯圣玉，张洁，李美江，等 . 有机硅高分子及其应用 [M] . 北京：化学工业出版社，2004.

[71] 廖明义，陈平 . 高分子合成材料学 [M] . 北京：化学工业出版社，2005.

[72] 王海庆，李丽，庄光山 . 涂料与涂装技术 [M] . 北京：化学工业出版社，2012.

[73] 赵玉昆 . 油田金属管道、容器（储罐）腐蚀检测及防腐保温大修技术 [M] . 北京：石油工业出版社，2003.

[74] 南仁植，魏育福 . 粉末涂料与涂装 [M] . 北京：化学工业出版社，2022.

[75] 冯素兰，张昱斐 . 粉末涂料 [M] . 北京：化学工业出版社，2010.

[76] 罗柏奇 . 腐蚀工程手册 [M] . 吴荫顺，李久青，曹备，等译 . 北京：中国石化出版社，2010.

[77] 张晓翘，刘旭东. 工程造价基础 [M]. 北京：中央广播电视大学出版社，2012.